中国抗日战争史

第三卷
抗日持久战局面的形成（1938.10—1943.12）

张宪文　左用章　等著

U0331432

化学工业出版社

图书在版编目（CIP）数据

中国抗日战争史·第三卷，抗日持久战局面的形成（1938年10月—1943年12月）/张宪文等著.

北京：化学工业出版社，2017.10（2025.2重印）

ISBN 978-7-122-29593-4

Ⅰ.①中… Ⅱ.①张… Ⅲ.①抗日战争史－中国－1938～1943 Ⅳ.①K265

中国版本图书馆CIP数据核字（2017）第096143号

责任编辑：王冬军　王占景
特约编辑：范国平
责任校对：吴　静
装帧设计：水玉银文化

出版发行：化学工业出版社（北京市东城区青年湖南街13号　邮政编码100011）
印　　装：三河市双峰印刷装订有限公司
开　　本：710mm×1000mm　1/16　印张：34¼　字数：499千字
2025年2月北京第1版第2次印刷

购书咨询：010－64518888
售后服务：010－64518899
网　　址：http://www.cip.com.cn
凡购买本书，如有缺损质量问题，本社销售中心负责调换。

定　价：79.00元　　　　　　　　　　　　　　版权所有　违者必究

第一部分　从武汉失守到1939年冬季攻势

第 7 章　华中抗日根据地的巩固与新四军在华中的发展

第 8 章　华南抗日游击战争的开展

第 9 章　东北抗日联军坚持抗日斗争

第 10 章　八路军发动百团大战

小结 ／

第三部分　国民政府的敌后战区

第四部分　太平洋战争爆发前的中国正面战场

第七部分　敌后抗日根据地的恢复和发展

第一部分

从武汉失守到
1939年冬季攻势

第 1 章
中日双方战略指导的变化

一、武汉失守后中国战场上的战略态势

从抗日战争全面爆发至 1938 年 10 月广州、武汉失守，为中国抗战的战略防御阶段。日军挟其战争利器，赢得了每一次中日军队会战的成功，占领了它企图占领的城市。但是，令日军大本营惶恐的是，日军虽在战争中节节胜利，却无法达成其战争目的，即决定性地毁灭中国军队的抵抗能力，迫使中国政府崩溃或屈服。日军占领广州、武汉后，日本愈发意识到结束战争的可能性越来越渺茫。由于兵力不足，日军即使在占领区，也不过控制点线而已。八路军、新四军已在徐州、武汉会战期间成长壮大起来，迫使日军将主要精力转入沦陷区，使之不得不在正面战线上停止全面的、大规模的战略进攻。战争已不可避免地趋于持久化，这一直是中国所期待出现的局面。

早在 1938 年 5 月，毛泽东在《论持久战》中已预见到武汉失守将迎来漫长的抗日战争的战略相持阶段。1938 年 11 月，蒋介石在第一次南岳军事会议上确认，

中国的守势时期已告结束，已进入积蓄力量、准备反攻的阶段。

日军无法速战速决，这意味着国民政府军事委员会的持久消耗战略取得了一些效果。但是，中国方面为此付出了惨重的代价。截至广州、武汉失守，中国沿江、沿海各工商业中心城市尽被日军占领。至1939年年初，沦陷区的面积占全国领土的23%，而且这些地区均属中国政治、经济和文化的发达地区。国民政府已退至离海岸线遥远的西南、西北的内地省份。陕西、甘肃、宁夏、四川、广西、云南、贵州、新疆等边陲和内地省份成为支撑中国抗战的后方基地。这些省份虽然疆土辽阔，但是，除四川盆地有较发达的农业、手工业外，其余省区都是中国经济落后的贫困地区。中国还丧失了91%的关税、97%的机器制造工业、75%的面粉工业、75%的纺织工业。国民政府丧失了大量土地、人口，财政收入锐减，而且中国沿海、沿江地区的现代工业也被日军摧毁殆尽，抗战着的中国几乎完全倒退到农业时代去。这对持久抗战并无致命妨碍，但要积蓄能够用于反攻的力量便极为困难了。就交通而言，日军控制着津浦、正太、同蒲、京沪、沪杭、江南（南京至芜湖）各铁路干线及平汉路北段（新乡以北），约占中国铁道长度的84%。由于交通命脉被日军掌握，沦陷区被分割成条条块块。日军兵力不足，但这一缺陷由于其转运兵力方便快捷而得到某种弥补。中国大后方的内部交通甚为不利，崇山峻岭虽构成大后方的天然屏障，但也使各战区间转运兵力、协同作战颇为困难，后勤补给极为不易，几乎处于各自为战的状况。正面战场上的中国军队处于战略防守尚有余勇，战略反攻则力不从心的状态，从而形成了在华北以包头、大同、运城、博爱、开封、淮阳、亳县之线为作战线，在华中及华东以合肥、黄梅、信阳、岳阳、宁武、芜湖、杭州之线为作战线的敌我战略相持态势。1938年底形成的这一对峙格局维持了很长时间。其后虽不断有局部性的变化，但到1944年日军发动打通大陆交通线的豫湘桂作战时，才发生重大的改变。

二、第一次南岳军事会议与中方战略指导的变化

武汉失守后，国民政府军事委员会为应对新的战争形势，在南岳、西安、武

功等地召开军事会议，目的在于总结从抗战全面爆发至武汉、岳阳失守时期的得失教训，确定以后的战略方针与军事部署，其中以第一次南岳军事会议最为重要。

1938 年 11 月 25 日至 28 日，军事委员会在湖南的南岳衡山举行军事会议，蒋介石及第 3、第 9 战区将领 200 多人参加了会议。

蒋介石在会议开幕时，首先对抗战时期的划分作了说明。在此之前，根据国民政府的官方说法，将"开战到南京失陷为第一时期，鲁南会战到徐州撤退为第二时期，保卫武汉为第三期"，① 蒋介石认为这种划分已不恰当，指出应以从卢沟桥事变到武汉、岳阳失守为抗战的第一时期，其后则为抗战的第二时期。在第一时期中，中国处于守势防御；进入第二时期后，日军力量已涉极限，因而中国开始步入转守为攻，转败为胜阶段。

对于中日军队在战争中的优劣之处，蒋介石作了评判。他认为日军具有如下特点，即勇往直前，誓死达成任务；忍苦耐劳与中国军队相似；贯彻命令的精神与习惯；忠群爱国形成的认同感；擅长搜索情报；战斗纪律极严等。并指出国民党军队有 12 大耻辱，主要是阵亡官兵暴尸战场；伤病员无处收容；不能防止士兵逃亡；军行所至民众逃避；谎报军情；逃避责任；不能贯彻命令，等等。

蒋介石还对武汉失守前最高统帅部战略指导的正确性进行了辩护，表示统帅部的战略是避免在华北与日军决战，而要将日军引诱到长江流域来，从而以空间换取时间，完成了持久作战的各项准备。不过，对于日军从杭州湾金山卫登陆、困守南京的失败、马当要塞的失守与日军从大鹏湾登陆等挫折，蒋介石自称为"统帅职责所在，实在不能辞其责"。②

南岳军事会议最大目的是整理与整训军队，在军事方面改革甚多，对武汉失守后军事委员会的战略指导也有重大影响，主要内容有下列诸方面：

1. 重划战区。南岳会议后，军事委员会调整了战线，划分了 10 个战区，计有第 1、第 2、第 3、第 4、第 5、第 8、第 9、第 10 及鲁苏、冀察战区。第

---

① 《作战经过（二）》，第 127 页。
② 《作战经过（二）》，第 177 页。

1战区：司令长官卫立煌，辖有河南及安徽一部，共有12个步兵师、1个步兵旅、1个骑兵师、1个骑兵旅。第2战区：司令长官阎锡山，辖有山西及陕西一部，共有32个步兵师、14个步兵旅、5个骑兵师和3个骑兵旅。第3战区：司令长官顾祝同，辖有苏南、皖南及浙闽两省，计有22个步兵师、2个骑兵旅。第4战区：司令长官张发奎，辖有广东、广西，计有18个步兵师、2个步兵旅。第5战区：司令长官李宗仁，辖有皖西、鄂北、豫南，计有26个步兵师、1个骑兵队及1个骑兵旅。第8战区：司令长官朱绍良，辖有甘、宁、青及绥远等地，计有6个步兵师、9个步兵旅、4个骑兵师及4个骑兵旅。第9战区：司令长官陈诚（薛岳代），有鄂南及湖南全省，计有52个步兵师。第10战区：司令长官蒋鼎文，辖区为陕西方面，计有9个步兵师、1个步兵旅、1个骑兵师与1个骑兵旅。鲁苏战区：总司令于学忠，辖区为苏北及山东方面，计有7个步兵师。冀察战区：总司令鹿钟麟，辖有冀察方面，共有5个师与1个骑兵师。

2. 减少指挥层级。军事委员会自抗战开始以后，"深感我军指挥阶层太多，自最高统帅部之军委会起，中间经过战区、兵团、集团军、军团、军，始能达到战略单位之师，共有七级"。[1] 由于中国地区辽阔，交通及通讯落后，指挥层级过多，导致命令下达容易迟误，影响指挥及兵力运用，因而决定废除兵团、军团两级，改以军为战略单位，并将师以下的旅也一并撤销，这样在战略单位军以上的指挥机构只有军事委员会、战区、集团军三级，有利于战略与战术指挥。

3. 设立桂林、天水行营。军事委员会为有效统一地指挥南北各战区作战，增设桂林、天水行营。以白崇禧任桂林行营主任，负责协调和指挥南战场各战区作战。以程潜为天水行营主任，负责协调和指挥北战场的各战区。同时撤销了广州、西安、重庆各行营。

---

① 《何上将抗战期间军事报告》，第208页。

4. 设立战地党政委员会。战地党政委员会为沦陷区专管机关，任务是发动沦陷区民众对敌抗战，消灭伪组织，最低限度是使沦陷区人民不与敌伪合作，从而使日军号令不出城门，势力及于城市和交通线，而不能遍及广大农村。战地党政委员会由蒋介石任主任，李济深任副主任，并在各沦陷区设立分会。

5. 整训军队。蒋介石在南岳会议中即宣布："将全国现有部队之三分之一配备在游击区域——敌军的后方担任游击，以三分之一布置在前方，对敌抗战，而抽调三分之一到后方整训。"① 整训的含义就是改良编制、充实装备、统一人事管理，实行军事训练，以加强部队的战斗力。从 1938 年年底至 1939 年 4 月，整训部队为 26 个军和 27 个师，迟至 7 月底完成。第二期部队整训从 1939 年 8 月 1 日起至 11 月底止，参加整训的部队为 40 个军。这一整训措施对中国军队战斗力的恢复和加强有一定的作用。

6. 战略战术指导上的重大变更。根据南岳军事会议的精神，1939 年 1 月 7 日，军事委员会制订了《国军第二期作战指导方案》，主要内容为："国军应以一部增强被敌占领地区内力量，积极展开广大游击战，以牵制、消耗敌人。主力应配置于浙赣、湘赣、湘西、粤汉、平汉、陇海、豫西、鄂西各要线，极力保持现在态势。不得已时，亦应在现地线附近，尽量牵制敌人，获取时间之余裕，俟新战力培养完成，再行策动大规模攻势。"② 军事委员会还提出政治重于军事、民众重于士兵、精神重于物质、训练重于作战、运动战重于阵地战、游击战重于正规战等一系列主张。总的来说，军事委员会的战略比起武汉失守前有相当改变，主要表现在两个方面，一是重视沦陷区，力求加强对日军后方的控制与扰袭，化敌人后方为前方，将日军局促于点线，防止日军实行以华制华、以战养战的企图。为此，军事委员会设立了战地党

① 《作战经过（二）》，第 176 页。
② 《国军第二期作战指导方案》（1939 年 1 月 7 日），国民党中央党部档案，中国第二历史档案馆藏。

政委员会，并日益重视敌后游击战，从而在敌后设立了冀察、苏鲁战区，将一部分正规军输送至敌后从事游击战。二是准备在正面战场上不断发动有限度的攻势与反击。以策应敌后游击战，转变不利态势，因而在 1939 年正面战场有过两次规模较大的反攻，即春季攻势和冬季攻势。

三、日军被迫转入持久态势

日军占领广州、武汉后，日军大本营将国民政府视为一个地方政权，1938 年 11 月作了如下形势判断，即国民政府"既已丧失中原，逃窜内地，失去主要水陆交通线及丰富资源和居民之大半，则我方若适时采取措施，加速其内部崩溃过程，至少使之成为一个地方政权当非难事。故从战略上看，可以这样说：帝国已经摧垮了抗日的中国政权。下一阶段为实行政略进攻，以抵于成"。[①] 所谓政略进攻，就是施展谋略手腕从内部瓦解中国抗日阵营，扶植日军卵翼下的傀儡政权。

1938 年 11 月 3 日，日本政府发表了《关于建设东亚新秩序的声明》，声明中提出："如果国民政府放弃以前的一贯政策，更换人事组织，取得新生的成果，参加新秩序的建设，我方并不予以拒绝。"[②] 这种说法改变了同年 1 月 16 日近卫内阁傲慢的"不以国民政府为对手"的强硬政策，公开诱惑国民政府中的亲日派及对抗战失去信心的动摇分子。12 月 22 日，日本政府发表第三次近卫声明，宣称"日满华三国应以建设东亚新秩序为共同目标而联系起来，共谋实现相互善邻友好、共同防共和经济合作"。[③] 它要求中国政府放弃抗日举动，承认伪满洲国，同意日本在中国特定地区驻兵，在华北和内蒙地区资源的开发利用上向日本提供方便。日本政府在声明中还伪善地宣称，如果中国政府答应日本所提条件，日本不仅尊重中国主权，而且愿意考虑归还租界和撤销治外法权。日本的政治谋略和

---

① 日本防卫厅防卫研究所战史室：《中国事变陆军作战史》第 2 卷第 2 分册，第 56 页。
② 《日本帝国主义对外侵略史料选编》，第 277 页。
③ 《日本帝国主义对外侵略史料选编》，第 285 页。

诱降政策并未动摇中国政府和人民的抗日意志，只有国民党副总裁汪精卫等人甘做汉奸，脱离了抗战阵营。

在军事上，日军开始不得不转入战略持久态势，以适应长期战争的状态。1938 年 11 月，日军大本营陆军部制订了《陆军作战指导纲要》，确定作战的基本方针为"确保占领地区，促使其安定，以坚强的长期围攻态势，扑灭残余的抗日势力"。① 具体指导如下：（1）华北方面，要专心确保占据地区并使之安定，特别要首先恢复河北省北部、山东省、山西省北部及蒙疆等重要地区的治安，并确保主要交通线，按需要可在占据地区内，进行大规模的扫荡作战。（2）华中方面，一方面要确保庐州、芜湖、杭州一线以东占据地区的安定，特别要首先迅速恢复上海、南京、杭州间地区的治安，并确保主要交通线。另一方面，配置在武汉地区的作战军，要以武汉三镇及九江为根据地，协同海军确保从岳州下游扬子江的交通。大概以安庆、信阳、岳州、南昌等地区为作战地区，粉碎中国军队的抗战企图。（3）华南方面，以切断中国军队的补给为目的，配置最低限度的兵力，以广州、虎门为根据地。大概以惠州、从化、清远、北江、西江间为作战地区，粉碎中国军队的抗战意图。1938 年 12 月 6 日，日军大本营又在《昭和十三年秋季以后对华处理办法》中详细规定：（1）如无特别重大的必要时，不企图扩大占领地区。而占领地区划分为以确保治安为主的治安地区与以消灭抗日势力为主的作战地区。（2）治安地区大体包括从包头连接黄河下游、新黄河、庐州、芜湖、杭州一线以东地区，特别是太原平原、山东胶济沿线地区、京沪杭三角地带。（3）上述以外的占领区则为作战地区，在武汉及广州各配置一支新部队，从而成为在政治和战略上压制抗日势力的根据地，中国军队集中兵力来攻击则及时予以反击，消耗其战斗力，但力戒扩大缺乏准备的战线，进行小接触。为此，根据敌我形势而配备的兵力，要控制在最小限度内。②

根据日军大本营的上述战略指导，可以发现，日军占领广州、武汉后，因战

① 日本防卫厅防卫研究所战史室：《中国事变陆军作战史》第 2 卷第 2 分册，第 68 页。
② 日本防卫厅防卫研究所战史室：《中国事变陆军作战史》第 2 卷第 2 分册，第 71 页。

线拉得过长，导致机动兵力匮乏，已自动停止进一步的大规模战略进攻，而使用主要力量扫荡沦陷区内的游击队，巩固占领区域，尤其是华北地区吸引了将近侵华日军总数一半的力量，以对付八路军及其他敌后游击队。在武汉地区只留下第1军，作为唯一的野战机动兵团，对付中国的第5、第9战区部队，以局部的战术攻势，达成战略守势上的有利地位，对中国野战军主力实行反消耗战。为了尽早使中国屈服，日本开始采用各种间接手段瓦解中国政府抗战的信心和力量，在政治上扶植傀儡政府，不断对国民政府进行诱降；在经济上掠夺中国的资源，实行以战养战；在外交上，则对英法等国施加压力，阻止它们在物质上支持中国，同时加强对中国海岸线的全面封锁，以求窒息中国，在持久战中拖垮中国。

第 2 章
南昌、随枣会战

一、南昌失守

武汉会战后，正面战场上的战事一时陷于沉寂，战争双方各自忙于整理补充及全面性的战略调整。从 1938 年 12 月至 1939 年 2 月，正面战场上未发生大规模的会战。不过，中日双方都明白，战事的沉寂是暂时的，对南昌或长沙的攻防将是下一次会战的焦点。

南昌为江西省会，东依鄱阳湖，西傍赣江，它既掩护着联系第 3、第 9 战区的战略运输线——浙赣铁路，又是中国方面集结重兵的战略基地，从而对长江呈一线型展开的日军构成重大威胁。南昌城郊还建有飞机场，中国飞行员经常驾机前往轰炸在长江中航行的日本军舰，使日海军大为苦恼。南昌成为日军所必攻、中方所必守的军事重镇。

早在武汉会战时，日方就决定攻占南昌，但担负此项任务的第 101、第 106 师团在南浔线上一再受挫，勉强占领德安后，已成强弩之末，与中国军队隔修水河对峙长达半年之久。武汉会战结束后，南昌战略位置更显突出，因而日本华中派遣军选择南昌为第一个进攻目标。根据 1939 年 2 月 6 日华中派遣军颁发的《对南昌作战要领》，日军的作战目的在于割断浙赣铁路，切断皖南及浙江方面中国军队的主要联络线。①

第 11 军奉华中派遣军之命负责攻掠南昌，其司令官为冈村宁次中将，下辖 7 个师团和 1 个混成旅团，计 20 余万人。该军以武汉三镇为主要基地，以中国的第 5、第 9 战区为主要对手。冈村宁次以第 3、第 13、第 16 等 3 个师团对付第 5 战区，以第 6、第 9、第 101、第 106 等 4 个师团对付第 9 战区。1939 年 1 月 31 日，冈村宁次制订了攻占南昌的具体作战计划，决定以主力直接突破修水正面阵地，然后经安义、奉新，渡过赣江直取南昌，以避免在南浔线上强攻。他决定以第 101、第 106 师团任主攻，为这两个素质较差的师团配备了第 11 军所拥有的大部分坦克和大炮，计有 1 个坦克联队、2 个独立山炮联队、3 个 15 厘米榴弹炮联队、2 个 10 厘米加农炮大队，使这两个师团具有了强大突击力。他计划以第 6 师团在箬溪、武宁一带助攻，这样，参与南昌作战的日军约 3 个师团。日军并筹划在鄂西和浙江采取有限军事行动分散中方注意力。不过，由于阴雨经旬不绝，道路泥泞，特别是炮兵群集中缓慢，拖到 3 月中旬才准备完毕。

图 2.1　在道路崎岖的鄂西山区，日军炮兵行动困难

---

①　日本防卫厅防卫研究所战史室：《中国事变陆军作战史》第 2 卷第 2 分册，第 114 页。

1939 年 2 月以后，日军进攻南昌的迹象已日渐明显。国民政府军事委员会为确保南昌，试图以强有力的野战兵团从西南向南浔线之敌主动发起攻势，破坏日军的进攻部署。从 3 月初至 3 月 26 日，重庆方面曾三次指令第 9 战区"自主的转移攻势"，① 但该战区一直表示准备不周，并无动作。

第 9 战区拥有 51 个半师，40 余万人，野战重炮合计 139 门。战区辖地为鄂南、赣北及湖南全境，其第一线防御阵地夹在中国两个最大的淡水湖鄱阳湖和洞庭湖之间，战线绵亘 400 余公里，沿线配置有 25 个半师，其中以湖南的汨罗江地区与南昌以北的修水南岸阵地兵力配备密度最大。每 15 公里配备有 1 个师。这一带湖泊众多，本来是利于防御者的，但兵器的变化已扭转了原先的格局，拥有大量汽艇和浅水军舰的日军控制了湖面，反使这些湖泊成为迂回中国军队的绝好通道，令守军在湖防上耗费了大量精力。不过这些地区除两大湖泊多洼地外，其他地方山地起伏，防守较易，而不利于敌方炮骑兵和机械化部队运动。

南昌方面及南昌以北地区的防御由罗卓英部第 19 集团军担任。该集团军拥有 12 个师，主力布防在修水南岸，西自箬溪，东达修水南岸鄱阳湖西岸，呈一线型展开，从西而东依次是第 70 军李觉部（辖第 19、第 107 师），第 49 军刘多荃部（辖 10、第 329 师），第 79 军夏楚中部（辖第 82 师、第 98 师、第 104 师），第 32 军宋肯堂部（139 师、第 141 师），另有直辖的预 5 师等。后方则控制有 3 个师的预备队，其中，第 98 师驻滩溪，第 193 师驻乐化，第 118 师驻万家埠。

3 月 8 日，蒋介石电令第 9 战区"为确保南昌及其后方联络线，决即先发制敌，转取攻势，以摧破敌之企图，攻击准备应于 3 月 10 日前完毕，预定攻击日期为 3 月 15 日"。② 时任第 9 战区代司令官的薛岳对蒋的电令态度消极，以为敌人善于固守，己方则短于攻坚，因而对使用大兵团强攻德安、瑞昌间日军阵地的战略抱有疑虑。由于情报不确，薛岳误认为日军有 7 个师团在第 9 战区内，并错误地判断"本战区当面之敌调动频繁，除仍积极加强工事一面整顿外，目下似无若

① 《军令部关于第 9 战区屡次变更进攻南昌时间的说明及其意见》（1939 年 4 月 24 日），国民政府军令部档案，中国第二历史档案馆藏。

② 《蒋介石致薛岳电》（1939 年 3 月 8 日），国民政府军令部档案，中国第二历史档案馆藏。

何企图"。① 3月17日，日军已部署妥当，开始攻击，反攻之议便自然流产了。

赣北春季多雨，3月3日起连日降雨，修水河水瀑涨了3米，第19集团军各部在修水南岸构筑的工事阵地大部被水浸没，破坏很重，日军抓住时机发动攻势。

3月17日，驻防湖口一带的第116师团1个旅团从湖口乘船横渡鄱阳湖，攻打修水南岸阵地东端的吴城镇，它正位于修水河流入鄱阳湖的入口处。第32军和预5师等屡挫敌锋，第721团坚守至23日，经巷战肉搏后，才于夜间放弃吴城镇，退守二线阵地，使日军无法深入。

图2.2　日军化学部队施放毒气

日军在吴城镇一带的攻击只是牵制性的佯攻，其主攻方面选择在修水南岸的中间阵地。3月20日下午，日军集中200余门大炮的强大火力，将南岸尚在修复中的中国守军阵地基本摧毁，守军牺牲惨重。同时，日军还"混用毒弹"，"76师师长王凌云、旅长龚清文、团长唐际遇、105师团长于汝源相继中毒"。② 傍晚，日军第101师团、第106师团借烟幕掩护从永修、虬津、白槎间强渡修水，一举突破由第79、第49军防守的纵深约两公里的3道阵地。守军在强大炮火的猝然打击下陷于混乱之中，尤其是日军施放毒气，引起军心恐惧，部队联系失灵，各自向后溃退。

21日，罗卓英急令预9师、第118师向前方增援，以图堵住缺口，可两部在

---

① 《薛岳致蒋介石电》（1939年3月17日），国民政府军令部档案，中国第二历史档案馆藏。
② 《罗卓英致蒋介石电》（1939年4月2日），国民政府军令部档案，中国第二历史档案馆藏。

大雨滂沱的情形下行军缓慢，未能稳住战局，且在慌乱中未能彻底破坏通往南昌的公路。第 106 师团指向安义，第 101 师团指向奉新。22 日，突破正面阵地的日军沿公路大道疾驰南下，南昌方面仅有第 139 师在南昌正北的乐化布防，城内只有非正规的保安队，犹如一座空城。

第 9 战区长官部见南昌方面已危如累卵，令高荫槐第 1 集团军（辖第 58、第 60 军）及俞济时第 74 军火速增援南昌方面，以求挽回局势。22 日并令前线各部队"坚守滩溪市东西地区，最低支持 7 日，候 102 师、139 师、第 1 集团军三四个师即可到达乐化、安义之线，然后出击，定可获胜"。可事实是滩溪于 21 日就已弃守，刘多荃第 49 军、夏楚中第 79 军已不能组织有效的抵抗，刘军节节向安义以西撤退，夏军则向源河东岸退去。

军事委员会桂林行营下令，将第 3 战区鄱阳湖东岸的守备部队以及驻防东乡、进贤地区的第 102 师拨归罗卓英指挥。令第 1 集团军第 70、第 74 军迅速展开于南昌西北的高安、奉新、靖安之线。中方增援的主力尚在行军途中，日军机械化部队就冲垮了中国守军在靖安万家埠、安义尚未建成的防线。23 日，日军占领安义，次日攻占了万家埠和奉新。到 23 日夜间，凶猛的日军前锋——石井坦克联队已向南深入 120 公里。占领奉新后，日军以一联队兵力向高安方向进军，阻击第 1 集团军等增援部队。而第 101、第 106 师团主力由安义左旋向南昌突进，绕过守军在乐化等构筑好的强固防御阵地，指向南昌背腹部，而对尚未从混乱中过来，并已被日军抛在后面的中国军队，仅留一部分阻击、牵制。本来易守难攻的南昌城，一下子裸露在日军刀锋之下。

南昌城防空虚，而第 32 军及预 5 师与日军相持于万家埠至吴城镇一线，已成孤立之势。24 日，罗卓英令第 32 军等回调南昌。第 32 军军部奉命星夜迁至南昌坐镇。因军主力尚未到，遂紧急动员南昌的保安队、宪兵和警察布防。

26 日清晨，日军由奉新进抵大城，与刚抵达的第 32 军一部遭遇，展开激战。日军骑兵百余、战车 4 辆突入，抵达赣江，欲渡过中正桥冲向南昌城。当此危急之际，第 32 军所部不顾一切将中正桥炸毁，阻止了日军渡江。不过第 32 军也仅有两营士兵渡过赣江，其余均被隔在两岸与日军背水苦战。

当此之际，由第3战区来援的第16、第79师尚停留在东乡、进贤一线，离南昌尚有数日路程。而第1集团军与第74军强行东进，但远水救不了近火。

图2.3　日军搭建浮桥渡江

3月26日傍晚，日军主力陆续乘坐民船，由生米街等处渡过宽达1000米的赣江口。次日晨，日军从北、西、南三面会攻南昌城。守城部队约两团在狭窄的街道上与日军逐屋巷战，直到深夜，始放弃南昌。南昌城的重要建筑及民房大部被炮火夷为废墟。同日，日军一部南下切断了浙赣铁路。

南昌攻防战激烈进行之时，在南昌西北、修水上游地武宁也发生剧烈战事。此处依傍九宫山，山地崎岖，易守难攻。

3月20日，日军第6师团为配合南昌方面进攻，由箬溪渡过修河进犯武宁。武宁一带的守军为彭位仁第73军，李玉堂第8军和第30集团军（辖第78、第72军），由第30集团军总司令王陵基统一指挥。

20日拂晓，日军攻击第73、第8军的上滩头、麦加王等阵地（均在修水北岸）。21日更以一部渡过修水攻打第78军阵地。王陵基于23日督师反攻，正逢日军也在进攻，一时战斗进入白热化状态。中国军队稳住了阵脚，第15、第3师还击退了当面之敌，克复了棺材山、望人脑等地。

次日，日军全力反扑，第73军伤亡过重，奉命调到后方整补，由第72军接替73军及第8军的防御阵地。交防中，第73、第8军撤离过早，阵地出现缺口，日军乘第 72 军接防立足未稳，挥兵猛进，同时拼命打击第 78 军的侧翼阵地，迫使这两个军从修水北岸的望人脑、棺材山及南岸的洞口、罗坪等阵地后撤。日军连日苦战后，于 29 日拂晓占领武宁。第 30 集团军等部退至武宁以西的烟港街南北之线与日军对峙。

南昌会战是正面战场进入相持阶段后中日军队的首次大战。它也是武汉会战的自然延伸。第 9 战区防守的地区是正面战场上最为适合双方展开战略行动的地区，军事委员会调集精锐主力军守卫，但从 3 月 17 日至 3 月 27 日，日军仅用了 10 天时间便占领了南昌，切断了浙赣铁路，使得第 3 战区与大后方的联络陷于困难，军事补给只能依赖浙赣两省的公路线了，东南各省未沦陷地区的处境更加困难。日方成功地达成了进攻意图，这得力于其炮兵集中使用，火力强大；机械化部队突击力强；善于把握战机，战术部署得当。中方的一系列失误也促使日军顺利进展。战前，第 9 战区未能正确判断敌情，不能知己知彼、先发制人。战事开始后罗卓英等指挥无方是轻失南昌的直接原因，如修水南岸至南昌间缺乏纵深阵地，主力在第一线呈一字形展开，预备队也使用过早等。而第 3 战区未能有效配合南昌方面第 19 集团军作战，而且没有奉命早日在东乡、进贤一带集结 3 个师，以致南昌空虚时，未能迅速派兵前往填防，这也是致命的过失。

南昌保卫战中，中国守军丢失了大量武器装备，而且人员伤亡十分严重，战死 14354 名，受伤 17033 名，失踪 10565 名。[1] 日方宣布日军战死约 500 名，负伤约 1700 名，显然，日方数字有缩小之嫌。[2]

二、中方反攻南昌受挫

日军攻陷南昌后，第 101 师团留守南昌及近郊，第 106 师团则控制于南昌以西，并以主力向西追击，一部沿湘赣公路西进。4 月 2 日，高安失陷，俞济时第

---

[1] 《第 9 战区南昌武宁会战各部队伤亡百分比例统计表》，国民政府军令部档案，中国第二历史档案馆藏。
[2] 日本防卫厅防卫研究所战史室：《中国事变陆军作战史》第 2 卷第 2 分册，第 125 页。

74 军退守高安以西和锦江南岸。薛岳见日军西犯势头方炽，已威胁到湘赣边境，严令第一线官兵"无论如何激烈，伤亡如何重大"，"亦必须确保百丈峰至新余、上高、宜丰及清江、分宜、宜春、万载各要点"，防止日军进入湖南。他警告前线将领如果作战不力，"如此必陷我湘北及赣西北部队于艰苦，须知本战区兵力占国军四分之一以上，如本战区惨败，不仅湘赣灭亡，恐尔后国军即无力抗战"。① 鉴于南昌保卫战中，一些高级将领远离前线有误战机，4 月 2 日，蒋介石特令各集团军总司令均须亲赴前线督战。高安失守后，第 106 师团已无余力西犯，江西战场的形势复趋平稳。日军以为大功告成，便由南昌一带撤走不少军队，没有料到中国军队在新败之余，又酝酿旨在收复南昌的反攻。

4 月上旬，军事委员会要求各战区分别发动春季攻势（也称"四月攻势"），第 3、第 9 战区奉命协力反攻南昌。4 月 19 日，罗卓英根据军事委员会下达的以主力截断南浔路、再以奇兵由赣江以东攻击南昌的指示，② 进行了具体部署。

担负截断南浔路的部队为第 1 集团军和第 74 军。第 1 集团军攻击南昌西北地区，主力由安义、奉新西侧向乐化、永修间南浔路挺进，截断南昌之敌与长江方面之敌的联系，相机攻掠安义、奉新、靖安等要地，孤立南昌。第 74 军攻击南昌西南地区，由高安以西及锦江南岸经大城、万寿宫向牛行、乐化间南浔线挺进，彻底破坏交通，直接协助攻打南昌。

负有奇袭南昌使命的是上官云相第 32 集团军。这支部队为第 3 战区主力，暂时拨归第 9 战区统一指挥。罗卓英令上官云相部以一部兵力由南昌以东的武溪市、谢埠市一带湖沼地区潜进，向南昌城厢周围袭击，另以两师兵力由抚河、赣江自南向北攻，相机占领南昌。

正在整理中的第 19 集团军以主力扼守赣江以南与抚河之间地区，第 49 军刘多荃部以一部攻击锦江北岸及生米街附近的日军，主力留作总预备队。

4 月 21 日，第 74 军主力由高安以西，另一部由高邮市至石头岗间渡过锦江，分头攻击高安、大城、万寿宫一带日军。第 49 军一部渡过锦江，攻击生米街附近

---

① 《第 9 战区四月份战斗详报》，国民政府军令部档案，中国第二历史档案馆藏。
② 《攻略南昌计划》（1939 年 4 月 17 日），国民政府军令部档案，中国第二历史档案馆藏。

日军，揭开了反攻南昌的序幕。

4 月 22 日，战斗全面展开。

西山万寿宫处于锦江与赣江合流的三角地带，扼高安与奉新间公路交通的咽喉，是攻守南昌的战略要地。日军在西山万寿宫设有一所兵站，储存着大量粮草、弹药、汽油。4 月 21 日起，俞济时第 74 军一部就开始围攻西山，但日军不断增援，俞军一直未能得手。西山万寿宫及其北部的奉新等地构成日军在南昌外围的坚固据点。

23 日，俞军第 51 师一度攻入高安，至 26 日终将其完全占领，进而克复祥符观。同时，第 57 师占领大块、鼓楼铺，第 49 军占领石头岗、生米街，第 105 师攻克了高邮市。受到沉重打击的日军一时阵线大乱，几濒崩溃。第 106 师团一部集中西山万寿宫和虬岭死守，并不断反击，企图将中国军队逐出大城和生米街，均未得逞。27 日，第 74 军各部继续推进，向奉新东南的虬岭、赤士街攻击。可惜北面的第 1 集团军未能取得重大进展，致使第 74 军受到奉新方面日军的牵制，未能按预定计划挺进南浔沿线。只有预 9 师 5 月 7 日曾一度突入牛行，由于兵力过于单薄，俞军主力未能跟进，而进攻南昌的上官云相部复遭受严重挫折，日军得以自由转用兵力增援牛行方面，使中方已无暇切断南浔线。

4 月 22 日，第 1 集团军第 184 师和新 10 师攻击奉新、靖安以西日军阵地，另以新 11 师向靖安以北滩溪市挺进。24 日，第 184 师和新 10 师占领了奉新西南及南部的凤凰、桃仙岭、鸦鸠岭一带高地，一部则在奉新以西及西北与日军交火，形成三面包围奉新城的局面。日军伤亡甚重，固守孤城。而新 11 师行动敏捷飘忽，已进至靖安以西的螺丝岭，令日军大为惊恐。27 日，日军一联队增援奉新，双方在奉新周围胶着。第 1 集团军和第 74 军等一样，未能按预定部署切断南浔路。

在反攻南昌的战斗中，上官云相第 32 集团军方面的战事最为紧张激烈。4 月 19 日，上官云相令熟悉南昌附近地形的预 5 师选编约一团人数的便衣队，限于 24 日前混进南昌城，策动城市民众，作攻击部队的内应。第 79 师作为突袭南昌的主力集结于梁家渡以北地区待命，第 26 师接替第 79 师原防区，配合第 79 师攻击南昌。

4 月 23 日，何平指挥第 16 师和预 10 师以一部沿江东岸，主力沿赣粤铁路及闽赣公路两侧向北前进，进展顺利，中午击溃市汉街之敌，24 日占领新村圩及西梁山。25 日、26 日由璜溪市向向塘攻击，一路披靡，直扑南昌东南郊。

负有主攻重任的第 79 师于 23 日由武阳、谢埠市渡过抚河。预 5 师便衣队也于 24 日、25 日晚陆续潜入南昌市区。26 日，第 79 师进抵冈下、吴村，一部攻击莲塘日军，预 5 师一部已抵达南昌机场附近。第 101 师团一时无法遏制中国军队潮水般的攻势，便衣队且在城内起事，市内数处起火，并发生巷战。日军一日数惊，可惜第 79 师主力未能跟进，便衣队被逼出城外。

由于第 1 集团军与第 74 军未能达成切断南浔铁路的任务，南昌日军得到从长江方面增援的海军陆战队及第 116 师团一部的支援。27 日，第 101 师团以海军陆战队为守城主力，而将兵力集中反攻，利用优势的空军猛烈轰炸中方阵地，双方在南昌东南及正南郊约 10 公里以内地区展开将近一周的争夺战，结果日军重新控制了尤口、棠溪、谢埠市、莲塘、向塘、西凉山、璜溪市等要点。

5 月 1 日，蒋介石传令攻城部队须于 5 日前攻占南昌。各路将士再兴攻势。2 日，第 102 师占向塘，翌日复攻克市汉街。3 日，预 5 师、第 79 师与新投入攻击的第 26 师由武陵渡及瑶湖西岸各地向南昌进逼。5 日，重占飞机场，前锋已进至南昌城东金盘路附近，主力则在莲塘附近与敌激战。

中国军队越是迫近南昌城，越是无法避免攻坚，主攻部队早已失去奇袭性质，只能正面强攻。预 9 师第 39 团奉命攻占樊家山，5 月 2 日晨全线出击，到夜间虽已突破两道铁丝网，但最后还是未能奏效，且伤亡严重。7 日，第 101 师团在重炮和飞机的协同下发动反击，前来增援的第 116 师团也在近郊加入反攻，并从莲塘等方面夹击第 26 师等部。战况之惨烈，远过以往。第 79 师师长段朗如畏怯不前，致使第 26 师孤军奋战。7 日下午，第 29 军军长陈安宝、第 26 师师长刘雨卿亲赴前线督战。陈安宝在姚庄腹部中弹殉国，刘雨卿身负重伤，军心亦为之动摇，遂退往抚河东岸的梁家渡、天主渡、市汉街一线。

反攻将临尾声之时，薛岳对蒋介石限期攻占南昌的命令难以赞同，又不便直接向蒋进言，5 月 3 日，他致电陈诚表示："现时已持久，攻坚既不可能，击虚又不可得，敌势虽蹙，但欲求 5 月 5 日前攻至南昌，事实上恐难达成任务。"[1] 请陈诚将此意向蒋介石婉为陈述。6 日，陈诚将薛岳的意见电告蒋介石。此时，桂林行营主任白崇禧也认为："南昌之敌既已有备，且我方兼旬攻击，亦已尽其努力，为顾虑士气与我最高战略原则计，拟请此后南昌方面，以兵力三分之一继续围攻，三分之二分别整理，在外则仍宣传积极攻略，实际则变换攻击目的。"[2] 7 日，陈安宝军长阵亡及攻城部队在日军反击下受挫的消息转到重庆，蒋介石只得于 5 月 9 日下达了停止进攻的命令。日军也未有进一步反攻的行动。

反攻南昌虽未能成功，但确实表露了军事委员会在战略指挥上有了某种进取意识。除个别将领外，参与反攻的指挥官尚能执行上级的战斗命令，陈安宝等以身殉职，下级官兵的斗志也颇为旺盛。但蒋介石决定反攻南昌的目的不是歼灭日军一部有生力量，而是以夺取南昌城为主要目的，甚至在攻击失去奇袭性质后仍固执己见，忽略了己方军队缺乏炮兵且不擅长攻坚的局限性。全力围攻高垒深池的南昌城的结果是难免在日军步炮空联合反击下受挫。

三、随枣会战

从战略形势上看，日第 11 军虽占据了武汉三镇及其周边地区，但仍然处于中国第 5、第 9 战区外线包围之中。为改变不利的战略态势，1939 年 2 月下旬开始，日军沿京（山）钟（祥）路、汉（口）宜（城）路西犯第 5 战区，与第 5 战区右翼集团军张自忠部激战，占领了钟祥等地。3 月初，日军沿安陆、长寿店、汉口镇一线与中国军队对峙。3 月中旬开始，第 11 军转而攻击南昌，从而解除了来自东南侧的一大威胁。

---

① 《陈诚致蒋介石电》（1939 年 5 月 6 日），国民政府军令部战史会档案，中国第二历史档案馆藏。

② 《白崇禧致蒋介石电》（1939 年 5 月 6 日），国民政府军令部战史会档案，中国第二历史档案馆藏。

第5战区辖有鄂北、鄂西、鄂豫皖边境地区，拥兵40余师，不过所属部队系统庞杂，战斗力参差不齐，重武器相当缺乏，战区直辖炮兵也在武汉会战撤退时损失殆尽。不过，第5战区拥有相当优越的地形条件以作凭借，大别山雄峙于东，桐柏山横卧在北，西依荆山，南濒长江，大洪山虎踞其中，汉水（襄河）之险贯通南北。第5战区内另有两条重要交通线，一为汉宜路（汉口—宜昌），一为襄花路（襄阳—花园），该战区进可袭扰平汉线、威胁武汉地区，退可屏障川陕大后方，自古为兵家必争要地。

1939年4月上旬，第5战区发动4月攻势，从东西两面频频扰袭平汉线南段，尤其令武汉日军不安的是，军事委员会为加强第5战区的实力，将汤恩伯第31集团军6个师从湘北移往枣阳，令日军有锋芒在背之感。

第11军决定深入第5战区，打击中国军队主力，使其丧失战斗力，解除来自西北方面对武汉的威胁。从4月中旬开始，日第11军调兵遣将，将第3、第13、第16师团与骑兵第4旅团等部队向钟祥、安陆、应山一线集结，至下旬集结完毕。日军作战的目标是在枣阳一带，消灭中国军队的主力，而不考虑占领城镇，[①]其具体方案是，以第3师团等部将第5战区主力吸引在桐柏山与大洪山之间枣阳一带，左翼由钟祥汉水向北突进，切断中国军队向襄阳方面的退路，并向北迂回包围，另一部由信阳进逼桐柏，切断中国军队向北的退路，然后围歼于枣阳向东北地区。简单而言，就是运用"分进合击，锥形突贯，两翼包围"的战术。日军为了攻击奏效，配备了大量的火炮、战车和飞机。

4月下旬，国民政府军事委员会侦知日军从长江下游抽调第33、第34师团兵力编入第1军，判断日军将向第5战区发动攻势，立即电令第5战区准备应战，要求第1、第3、第9战区牵制当面日军，策应第5战区作战。25日，第5战区命令各部队停止"四月攻势"，积极备战。根据第5战区的请求，军事委员会电令第1战区第2集团军总司令孙连仲率部协助第5战区作战，第2集团军驻临汝的第30师及郾城的第44旅兼程向桐柏集中，第27、第31师迅速向南阳靠拢。

---

① 日本防卫厅防卫研究所战史室：《中国事变陆军作战史》第2卷第2分册，第132页。

4 月 30 日，第 5 战区司令长官李宗仁下达战斗命令："战区决以主力行攻势防御，粉碎敌之企图，长久保持襄河东岸地区，一部渡河攻击，竭力牵制敌之兵力，俾我主力之作战容易。"① 根据部署，第 5 战区所部区分为左集团军、右集团军、江防军、第二线兵团及鄂豫皖边区游击总部。右集团军总司令张自忠，下辖王缵绪第 29 集团军（辖廖震第 44、许济宗第 67 军），张自忠第 33 集团军（辖张自忠第 59 军、冯治安第 77 军、曹福林第 55 军），任务是沿汉水两岸布防，尤其是加强襄河东岸部队，阻击日军北上和渡河。左集团军总司令李品仙，下辖第 11 集团军（辖陈鼎勋第 39 军、覃连芳第 84 军），汤恩伯第 31 集团军（辖张轸第 13 军、王仲廉第 85 军），任务是在随县附近守备现有阵地，阻止日军西进，将主力控制左翼，相机向日军侧背攻击。江防军司令郭忏下辖萧之楚第 26 军、周喦第 75 军、郭忏第 95 军等部，任务是负责江防，并沿汉宜公路布防。一部渡过襄河的归口沙洋一线牵制日军主力。第二线兵团为第 22 集团军，总司令孙震，下辖第 41、第 45 军，作为预备队，策应左、右集团军作战。鄂豫皖边区游击总司令廖磊下辖区寿年第 48 军、张淦第 7 军等，负责向信阳、花园、平汉路段东侧和武汉周围游击牵制日军。第 1 战区孙连仲部则在桐柏山北麓的明港、桐柏一线布防，掩护第 5 战区左侧背。

5 月 1 日拂晓，日军发起全面攻击，汉水沿岸、大洪山外翼至随县附近的第一线阵地完全进入战斗状态。日军分兵，一路以第 13、第 16 师为主力，由钟祥等地攻击汉水沿岸及大洪山西麓阵地，试图沿襄河、大洪山地区北犯枣阳。另一路以第 3 师团的主力，由应山西进，向随县城南北两侧地区进攻。一部日军则在沙洋一带佯攻。

在左集团军方面，防御线由西南向东北倾斜，防守部队分别为第 41 军长寿店—客坡店一线，第 39 军洛阳店地区、第 84 军淅河镇地区，第 45 军吴家店—游河一线，汤恩伯集团军作为第二线兵团位于桐柏山区。5 月 1 日，日第 3 师团主力向第 84 军防守的淅河一线发起攻势，覃连芳第 84 军在蒋家河、塔儿湾阵地上

---

① 《第 5 战区作战命令》，国民政府军令部战史会档案，中国第二历史档案馆藏。

坚守。数日间，塔儿湾阵地失而复得达 7 次之多，日军付出重大伤亡后于 4 日占领塔儿湾，第 84 军第 173 师、第 174 师西退竹林湾、高庙坡阵地继续抵抗。第 31 集团军第 13 军张轸部防守随县东北的高城、殷家店一线，血战数日后，于 6 日被迫放弃阵地，退守漂河西岸。第 45 军利用大洪山外侧阵地抵抗第 13 师团的进犯，其后守军退往大洪山主阵地，顽强抵抗。至 5 月 8 日，左集团军守御的前沿阵地仅局部在变动，敌我双方处于胶着状态。

右集团军的骨干为第 33 集团军，该集团军在 1939 年 2 至 4 月于京山、钟祥地区与日军多次恶战后，实力大损。自 5 月 1 日日军进攻后，张自忠总司令以第 59、第 77 军主力防备襄河东岸及大洪山西翼阵地，以第 55 军、第 67 军担任河防之责。从 5 日起，日军第 16 师团等全线猛攻，6 日，突破中国守军在长寿店、丰乐河一线的主阵地，右集团军退向马家集以北，日军跟踪北上，汉水东岸已是门户洞开。张自忠令第 77 军冯治安部在襄河东岸侧击日军，3 月 8 日后，张自忠亲率第 38 师等部东流襄河，竭力袭扰由钟祥北上的日军主力，歼灭日军 400 余人，截断了日军后方补给线。日军竟不顾侧面受攻与后路被断之险，主力对付侧面的中国军队，其快速部队则向北猛进。第 5 战区长官部急派第 22 集团军第 41 军一师从襄阳驰赴宜城以东布防，但仍未挡住日军进攻势头。7 日，日军攻陷枣阳，8 日，日骑兵第 4 旅团控制了襄花公路上的张家集和双沟镇，切断襄花公路，切断了左集团军的后方联络。

图 2.4　随枣会战中，第 5 战区增援前线的中国军队

由于日军第 13、第 16 师团等主力沿襄河东岸突进，迂回左集团军西去退路，左集团军顿感腹背受敌，第 84 军自 8 日晚开始转移行动，撤向唐县镇，向唐河、白河一带转移，沿途受到日军追击，损失颇重。第 39 军刘和鼎部则奉命留守大洪山游击。第 45 军则在茅茨畈一线与日军激战后，接获左集团军李品仙总司令命令，乘夜色逐次北撤，经由唐河、白河，开往襄樊。日军在完成两翼包围后将作战重点置于捕捉第 31 集团军主力，以歼灭这一机动兵团，遂以主力遮断汤集团军向西的退路，由唐河左岸向东北突进。信阳出发的第 3 师团铃木支队则首先攻克桐柏，切断了汤集团军向北撤退的路线。第 3 和第 13 师团主力则由随枣方面向汤部大举进攻。8 月 8 日，汤军退向唐河。9 日，日军第 3 师团一部在 20 余辆战车掩护下，自天河口向江头店第 85 军王仲廉部猛攻，激战竟日，日军仍未突破守军阵地。战至 10 日，第 31 集团军早已处境危殆，日军将完成合围。汤集团军已无固守阵地的必要，汤恩伯决定钻出日军的包围圈，从内线转向外线，遂令第 13 军两个师留守桐柏山担任游击，掩护主力撤退，自己则率 4 个师向唐河转移，途中因受日军快速部队袭击，部队被分成数段，遭受一定损失。12 日，日军乘中方秩序混乱之际占据了唐河和桐柏，幸好第 2 集团军第 38 军第 119 师在桐柏以东地区阻止日军追击达 6 天之久，汤集团军才于 15 日顺利退向泌阳。

5 月 9 日，第 5 战区长官部因受沿汉水北进日军威胁，从襄阳匆忙迁往石花街。从 9 日至 12 日，战区长官部与各集团军一度失去通讯联络，各部均独立作战，或直接受天水行营指挥。其间，右集团军总司令张自忠决心坚定，始终率部背临汉水向东侧击日军，毙日军数千人，克复丰乐河等地，切断了长寿店以南交通。第 5 战区主力大部退往光化一带整理，一部则退往豫南。

鉴于第 5 战区主力已转移至外线，日军合围计划已失败，而且面临中国军队的反击，日军已达成消耗第 5 战区实力的任务，开始南撤，并乘势围攻在大洪山、桐柏山中游击的中国军队。为了反守为攻，李宗仁提出了反攻计划："第 5 战区目前已成外线作战有利态势，且掌握汉水东岸地区有利地形，似应乘机先以河防两、三师向汉（口）宜（城）、京（山）钟（祥）两路出击，牵制襄花路方面之敌，尔后第5战区左右集团军全线开始反攻。"① 5月10日，军事委员会电令第5战区，令孙连仲率部推进至新野、邓县策应第5战区。汤恩伯部队以南阳后方，会同孙连仲部固守汉中，张自忠退向汉水西边的南漳一带游击，孙震部担负襄樊一线游击。这就是说，军事委员会已准备放弃襄河以东地区。② 14日，汤集团军会合第2集团军孙连仲部自豫西南下，收复唐河。16日，刘汝明第68军第119师克复桐柏。至18日晚，日军开始全线总退却，后退200多公里。中国军队尾随跟踪，19日克枣阳，23日占领随县，日军重新退回钟祥、应山等地据守。

随枣战役前后不及3周，日军使用3个半师团兵力，企图运用两翼包围和中央突破的战略，一举将第5战区主力围歼于随枣地区。在会战中，日军使用主力突破汉水东岸守军阵地，突进至滚河一线，完成一翼包围。但是，其他两路日军则在随县及其北侧地区遭受有力抗击，未有进展，使第5战区主力得以逸出包围圈。尽管第5战区主力在战役中遭受相当损失，日军也死伤13000人，可说是得不偿失。

---

① 《抗日御侮》第6卷，第112～113页。
② 《随枣会战》，国民政府军令部战史会档案，中国第二历史档案馆藏。

第 3 章
第一次长沙会战

一、中国派遣军总司令部的建立

1939 年 9 月 1 日，德国入侵波兰，第二次世界大战爆发。日本政府认为英美法诸国将更无力顾及中国，正是解决"中国事变"的大好时机，首相阿部于 9 月 4 日发表声明，称"帝国不介入欧战，一意向解决中国事变迈进"。[①] 为加速对华侵略的步伐，统一在华的政略、战略，日本大本营陆军部决定撤销原华中派遣军司令部，新设中国派遣军总司令部，统帅全部在华陆军部队。

9 月 12 日，中国派遣军总司令部在南京成立。总司令官由教育总监西尾寿造大将担任，参谋长由前陆相板垣征四郎中将担任。9 月 23 日，日本大本营正式发布了中国派遣军的战斗序列命令，规定华北方面军、驻武汉的第 11 军、驻京沪的第 13 军、驻广州的第 21 军统归中国派遣军总司令指挥。大本营授予中国派遣军

---

① 《抗日御侮》第 2 卷，第 458 页。

的基本任务是："应尽力摧毁敌继续作战之企图，并迅速根据形势变化增强对第三国之战备。"依据此制订了7项具体任务如下：

（1）大致确保西苏尼特王府、百灵庙、安北、黄河、黄泛区、庐州、芜湖、杭州一线以东地域之安定，尤应首先恢复蒙疆地区、山西省北部、河北省及山东省各地域，以及上海、南京域之治安。

（2）确保自岳州起至长江下游之交通，以武汉三镇及九江为根据地摧毁敌之抗战企图。其作战地域大致应为安庆、信阳、岳州、南昌之间。

（3）占据广州附近、汕头附近以及海南岛北部要域，切断敌之南方补给路线，广州附近之作战域大致应为惠州、从化、清远、北江以及自三水起至西江下游之间。

（4）超越上述各项地域作战，须待另行命令。

（5）应适时实施航空进攻作战，压制、扰乱敌之战略及政略中枢，并防止敌空军之再建。

（6）上述各项作战，关于在海岸、水域之作战以及航空进攻作战应与中国方面舰队司令长官密切协作。

（7）为了促进抗日势力之衰亡，应加强有效的谋略压力。①

上述各项任务从1939年10月1日零时开始执行。

尽管中国派遣军总司令在名义上统辖关东军以外的全部驻华日军，然而大本营的命令又规定，华北方面军、第21军只在作战和政务大纲方面归派遣军总司令掌握，其他方面有自主权。而第13军又主要负责京沪地区的治安，所以，日本中国派遣军中只有驻武汉的第11军是纯粹以消灭中国抗日有生力量为主要任务的野战部队。这也预示着未来正面战场的战斗将主要集中在武汉附近地区，第11军将成为中国军队的劲敌。

---

① 日本防卫厅战史室编纂：《日本军国主义侵华资料长编——（日本大本营陆军部）摘译》（上），第495页，四川人民出版社1987年版。

在变更指挥系统的同时，日军对其在华部队的编制也作了调整，除武汉及华南地区外，逐步以主要用于警备的新制师团（由 3 个步兵联队和骑兵、炮兵、工兵、重兵各 1 个联队组成）和独立混成旅团取代主要用于野战的旧制师团（由两旅团四联队组成）。旧制师团调回国休整，以为将来的南进或北进作战之用。①

中国派遣军总司令部的建立，表明日军想借第二次世界大战爆发之际，加速"中国事变"的解决，但总体战略仍以占领武汉、广州后确定的"以华治华"、"以战养战"，以军事进攻与政治诱降相结合的方针，军事上以确保占领地的安全为主，同时相机消灭中国主力部队。对中国派遣军总司令部的成立，中国方面曾"一时为之震动"。②

中国派遣军总司令部建立后的首次大规模军事行动，便是发动第一次长沙会战。

二、日军发动"湘赣作战"

日军第 11 军司令官冈村宁次中将在 1939 年 9 月初制订了旨在消灭中国第 9 战区主力部队的作战计划，中国派遣军总司令部成立后立即将其定为"湘赣作战"的计划付诸实施。

这次军事进攻的目的是多方面的：政治上，为汪精卫叛国集团撑腰打气，在华中地区"树立（汪伪）中央政权的气势"，以促进亲日伪政权的尽早建立；③经济上，湖南物产丰富，素有"湖南稔，天下足"谚语，湖南是战时中方粮食、物资和兵员供应地，日军占领此地区既可扩大经济掠夺，又可威胁中国军队补给线。自然，日军最主要的目的在于军事方面。长沙是华中战略重镇，当粤汉铁路之要冲，自古为兵家必争之地。全面抗战爆发后，中国的重要党政军机关及工厂

---

① 《抗日御侮》第 2 卷，第 30 页。
② 日本防卫厅防卫研究所战史室：《长沙作战》，第 5 页，中华书局 1985 年 9 月版。
③ 日本防卫厅防卫研究所战史室：《长沙作战》，第 4 页。

的西迁，大多是经长沙而完成的，不少军政机关还曾在长沙办公。武汉、广州失陷后，长沙成了正面战场上与敌军对峙的最重要城市，屏蔽西南诸省的门户，战略地位益显突出。

中国为防守长沙及周围地区，派驻了大量部队，负责该区防务的第 9 战区（司令长官陈诚已改任军事委员会政治部长，军政事务由代理司令长官薛岳负责）下辖 52 个步兵师及其他特种部队和游击队，兵力之多，居当时中国各战区之首。中国派遣军司令部一成立，第 11 军就选在长沙附近作战，企图既歼灭中方野战主力，消除武汉周围的威胁，又炫耀中国派遣军的实力，压迫中方投降。此外，当时第 9 战区宣称将发动"九月攻势"，日军要先发制人，争取战场主动权。

1939 年 9 月 1 日，冈村宁次制订了作战计划，以"吕集作命第 343 号"下达给参战各师团，命令称"为打击敌军继续抗战的意志，决定在 9 月中旬以后开始奇袭攻击，以期在最短期间内，捕捉敌第 9 战区主力部队，将其歼灭于湘赣北部平汉及修水周围地区"。[①] 可见日军是以打击中国主力军而不是占领长沙为主要目的。为便于作战，冈村宁次于 9 月 13 日将第 11 军指挥所从武汉迁往咸宁。第 6、第 33、第 103、第 106 等 4 个师团的全部及其他部队约 10 万人也集结完毕，准备在海空军配合下发动进攻。日军依预定作战区域将会战定名为"湘赣会战"，中方则称之为"长沙会战"（亦称"湘北会战"）。

中国第 9 战区负责湖南全省和湖北部分地区的作战，其部队在沿洞庭湖东岸的新墙河、通城、武宁、靖安、奉新及锦江沿岸与日军对峙。战区最主要的任务是长沙不失，长沙虽具有重要战略地位，但其北部的地势却是由湖滨冲击而成的，比较平坦，无险可守，故又是战略家所称易攻难守的"四战之地"。武汉失陷后，中国有官员认为长沙弃守势在必然，准备实行"焦土抗战"，结果，日军尚未入侵便惊慌失措，竟满城放火，酿成骇人听闻的"长沙大火"，产生了极坏的影响。蒋介石盛怒之下，下令枪毙了负责的长沙警备司令酆悌等 3 人，撤了湖

---

① 日本防卫厅防卫研究所战史室：《长沙作战》，第 4 页。

南省主席张治中的职；同时调派其亲信薛岳赴湖南主持军政，勉励其要建功立业。

图 3.1　1938 年 11 月长沙大火后无家可归的儿童

薛岳履任后，与参谋人员研究地形时，认为长沙以北无险可作防守之助，若仅凭借新墙河、汨罗江、捞刀河、浏阳河等天然屏障设置数道防线，显然不足抵抗日军，但其东西两侧有幕府、九岭、万洋诸山构成的山岭地区可作为转兵之用，潜力颇大。薛岳等据此制订了一套号称"天炉战"的后退决战方法，作为未来湘北会战的指导。其要领是，一旦日军来攻，以部分部队坚守既设正面阵地，予敌重大消耗后转移至侧翼山地，继续以伏击、诱击、侧击、尾击诸手段，逐次消耗敌之兵力，挫伤其士气，待敌人进入预定的决战区域，使用绝对优势的兵力，将敌人一举围歼。①"天炉战"成为此后几次长沙会战薛岳一成不变的战略指导思想。

尽管长沙战略地位很重要，但因其地势所限，守之不易，故中国最高军事当

---

① 陈寿恒等编著：《薛岳将军与国民革命》，第 335 页，台湾"中央研究院"近代史研究所编印，1988 年 12 月版。

图 3.2　第 9 战区司令长官薛岳会见外国记者

局在该城的弃守问题上一直犹豫不决。蒋介石在 1939 年 4 月致电薛岳等人，指出一旦日军在湘北进攻，"进取长沙之动态已经暴露，则我军与其在长沙前方作强硬之抵抗则不如应作先放弃长沙，待敌初入长沙，立足未定之时，则起而予其致命之反攻，如能布置精密，运用得当，必可取得最大之胜利"，有放弃长沙的打算。① 然而，4 个月后，蒋又命令薛岳须固守长沙，指示"长沙核心工事，应即加强。先作一师兵力配备之阵地，并作固守二星期时间之准备，则长沙可永不失守，不可以兵力单薄则不能守也"。② 薛岳等人立足于战，制订了未来湘北作战的基本方针："利用湘北有利地形及既设之数线阵地，逐次消耗敌人，换取时间。敌如突入第二线阵地（平江与汨罗江线）时，我军应以幕府山为根据地，猛袭敌之侧背。万一敌进逼长沙，我应乘其消耗既大、立足未稳之际，以预伏置于长沙附近及以东地区之部队，内外夹击，予敌以致命打击。"③ 9 月上旬，第 9 战区侦知日军在湘北等处集结兵力，估计敌人有进攻长沙的可能，下令各部队，一旦日军来攻，要先于现在位置以攻击手段，消耗敌人战斗力。然后"诱敌深入于长沙

---

① 《蒋介石致薛岳陈诚手令》（1939 年 4 月 15 日），见《作战经过（二）》，第 433 页。
② 《蒋介石致薛岳手令》（1939 年 8 月 27 日），见《作战经过（二）》，第 434 页。
③ 《抗日御侮》第 2 卷，第 172 页。

以北地区，将敌主力包围歼灭之。"① 各部队调整部署，加固工事，准备作战，尤其注意对交通线的破坏，不仅毁坏铁路、公路，就是乡间小路也动员民工挖窄，"稻田全犁翻放水"，以限制日军机动性强的优势和重武器的使用。从双方的战前部署看，是针锋相对，都是要消灭对方主力，决战地点也均选在长沙以北地区，只是日方希望决战尽早实现，而中方则想决战前多消耗敌人，只有在敌人消耗很大的情况下才进行决战。

战争迫在眉睫，中方在长沙的弃与守问题上的争论尚未结束，薛岳等前线将领主张守，而白崇禧等高级幕僚人员倾向弃。战前，军事委员会政治部长陈诚和副总参谋长白崇禧到株洲，要求薛岳弃守长沙以北地区，把部队后撤至醴陵、衡山、湘潭一线。薛岳力陈守长沙之必要性与可行性，坚持己见，并以"战败，则我必自杀以谢天下苍生"作誓。双方各执一词，相持不下。最后薛岳在 9 月 15 日深夜向宋美龄电话报告，"声泪俱下"地陈述理由，并说："我以个人生命作保证，一定以血肉保卫长沙"，以死报效蒋介石。② 主张保卫长沙的意见遂为最高当局采纳。

9 月 14 日，驻赣西奉新附近的日军第 106 师团与第 101 师团一部首先向会埠中国第 184 师阵地进攻，揭开了第一次长沙会战的序幕。会战过程中，日军分别从赣西、鄂南、湘北三个方向会攻长沙。其主力配置于湘北，赣西、鄂南属于策应性作战。

9 月 18 日，日军集中了第 6 师团、奈良支队、上村支队及海军陆战队的一部分共 5 万人，在冈村宁次亲自指挥下向新墙河以北的中国张耀明第 52 军前沿阵地发起攻击。中方守卫湘北的是第 15 集团军（总司令关麟征），官兵本着逐次抵抗、消耗敌人的方针，顽强作战。最初几天，双方的战斗异常激烈，不少阵地几经肉搏易手，"失而复得者数次"。③ 在草鞋岭阵地，中国守军战至仅剩一名新兵，

① 《第一次长沙会战战斗详报》，国民政府军令部史会档案，中国第二历史档案馆藏。

② 陈寿恒等编著：《薛岳将军与国民革命》，第 341 页。

③ 《关麟征致蒋介石密电》（1939 年 9 月 19 日），国民政府军令部史会档案，中国第二历史档案馆藏。

仍不退却。① 至22日，第52军被迫撤退到河南岸，新墙河以北的地区完全被日军占领。

9月23日晨，日军第6师团5000多人在80余门重炮的猛烈炮火支持下，强渡新墙河。中国守军乘敌人行至河中央时，轻重火器齐发，日军死伤无数，联队长山村治雄被击毙。日军先后8次渡河，均未成功，"乃以气球升空俯瞰，导重炮远击，毒气烟幕弥漫如云出岫，飞机13（架）游弋掷弹，步兵五六千乘时强渡，我军浴血杀敌，浮尸满河，水流遽塞"。② 中国士兵中毒、阵亡者甚多，日军最后渡过新墙河。

日军在正面渡河作战的同时，又以上村支队一部在海军支援下，从洞庭湖东岸登陆，准备腰袭坚守新墙河一线的中国军队。23日晨，上村支队在汨罗江口附近的营田等处登陆。中方罗奇第95师戒备不严，加之日军事先施放了烟雾，直到敌人上岸，才仓促应战。日军在飞机掩护下猛攻中方阵地，并施放毒气。洞庭湖岸多为沼泽地带，重型地面武器难以使用，日军便用飞机狂轰滥炸，为地面部队开路。"营田为之炸为焦土，营田附近村落，亦被炸光"。③ 中国虽数次派去援兵，终因敌方火力太猛，"伤亡过大，营田遂失守"。④

中方守军的侧翼，因日军在营田等处登陆成功，而受到严重威胁，新墙河防线已有被日军南北夹击的危险，难以再守。23日，第9战区要求各部队"于新墙、汨罗两河间地区予敌彻底打击，以减耗敌之战斗力"，"达成消耗目的后，转移预定地区，续求消耗，不求一地得失"。⑤ 从24日开始，第15集团军主力便撤向汨罗江南岸的第二道防线。至此，中国军队构筑一年之久的新墙河防线完全被敌人突破。

中国最高军事当局仍判断敌方目的在于攻占长沙，25日命令第9战区，湘北

---

① 吴相湘：《第二次中日战争史》（下），第578页。
② 陈寿恒等编著：《薛岳将军与国民革命》，第348页。
③ 第9战区司令长官部编纂：《长沙会战纪实》，第89页。
④ 《关麟征致蒋介石密电》（1939年9月23日），国民政府军令部战史会档案，中国第二历史档案馆藏。
⑤ 《第一次长沙会战战斗详报》，国民政府军令部战史会档案，中国第二历史档案馆藏。

作战应"保持幕阜山根据地，袭敌侧后，敌如真面目进攻长沙时，在铁道正面，可逐次抵抗消耗敌人，换取时间，俟敌突入长沙附近时，以有力部队相机予以打击，尔后依情况该战区主力应依次转移至株洲、浏阳、醴陵地区"。① 第 9 战区随即将兵力向长沙及其以东地区集中。

25 日、26 日两天，日军在大量飞机的掩护下，强渡汨罗江，攻击设在汨罗江南岸的中方第二道防线，遭中国军队顽强阻击，激战竟日，迭次受挫，未能取得突破性进展。

从 9 月 18 日开始，双方在新墙河、汨罗江两岸血战 9 天，日军突破中方两道防线，占领了湘北不少城镇，但在到达预定的决战区域前，人员伤亡、物资消耗都已很大，对日后的作战影响很大。

三、决战未成，湘北日军回撤

汨罗江两岸的攻防战尚在激烈进行时，蒋介石认定日军必占长沙，决定即使长沙不守也要相机在其附近地区予敌以重击。26 日电令第 9 战区："准备以六师兵力，位置长沙附近，由薛长官亲自指挥，袭击向长沙方面突进之敌，予以严重打击。"② 薛岳据此制订了《在长沙以北地区诱敌歼灭战之指导方案》，将战区部队分为正面部队、伏击部队两种，分别负责引诱敌人进入伏击区和围歼敌人，作战指导方案确定："战区以一部埋伏于福临铺、桥头驿附近及其以北地区，以有力部队控制于金井及福临铺以东地区，俟敌进入伏击区域，突起包围敌人而歼灭之。"③ 9 月 27 日，第 9 战区司令长官部撤出长沙，南迁衡阳，薛岳则带少数幕僚到株洲设立指挥部，战区各部队纷纷按指定位置重新集结，准备在长沙周围与敌人决战。

---

① 《第一次长沙会战战斗详报》，国民政府军令部战史会档案，中国第二历史档案馆藏。

② 《蒋介石致薛岳电》（1939 年 9 月 26 日），国民政府军令部战史会档案，中国第二历史档案馆藏。

③ 《第一次长沙会战战斗详报》，国民政府军令部战史会档案，中国第二历史档案馆藏。

27日下午，日军第6师团先头部队约1000人南下进攻福临铺。覃异之第195师已在长沙以北筑起新的防线，选择背山面水的有利地形，埋伏重兵，再派小股部队伪装成大部队，吸引敌人追赶。日军上当，进入伏击圈，等到中国士兵万枪齐放，猛烈射击时，措手不及，当场毙命者500余人。[①] 日军立即派兵增援，双方又在福临铺一带展开拉锯战。日军为迅速突破防线，用炮火猛轰中方阵地，并倾全力攻击一点。日军在激烈混战后占领福临铺，第195师又向南撤至上杉市布防。30日，第6师团从福临铺向上杉市进攻，再遭伏击，伤亡700余人。

30日，日军一部攻破中国在捞刀河的防御阵地，直扑仅距长沙以北30公里的永安市，在与中国张汉初第25师激战后，占领该市。这是日军自湘北南侵所达的最远点。同一天，日军奈良支队已沿汨罗江东侵，攻占了平江，并和自鄂南而下、从东北方向威逼长沙的第33师团主力会合于三眼桥。

至此，日军的三条战线中已有两条汇合起来，进军的直线距离达130公里以上，长沙以北的湘北地区大多为其侵占。但作战过程中，不时受到中国军队的顽强阻击、伏击，已耗时近半月，战力损失也颇重。而且中国军队采取了较为灵活的战术，既不轻易放弃阵地，又不固定死守，且战且退。日军战前所订"以期在最短时间捕捉敌军第9战区主力部队，将其歼灭于湘赣北部平江及修水周围地区"的目标，在时限上和地域上，都已无法实现。同时，日军又侦知大量中国军队正在向长沙集结，有围歼日军的企图。[②] 从赣南、鄂北进攻，策应湘北战场的另两路日军也受到中国军队的不断阻击。冈村宁次决定停止攻击，撤回原驻防地。

10月1日，日军放弃攻势，筹划退却。当天，侵占永安市的日军退回捞刀河北岸。双方进退态势开始转换，会战进入新的阶段。

就在日军退却的同一天，国民政府军事委员会决定把第6战区的防卫区域一划为二：以湘江为界，湘江以东归第9战区，薛岳为司令长官；湘江以西归第6

---

① 第9战区司令长官部编纂：《长沙会战纪实》，第104页。
② 日本防卫厅防卫研究所战史室：《长沙作战》，第4页。

战区，陈诚为司令长官。① 薛岳正式成为战区司令长官，但因会战的几个战场均在湘江以东，故这次战区的重新划分对战斗结果没有什么影响。

2 日，与敌人交战多日的第 15 集团军总司令关麟征发现了日军战术的变化，在断定日军确实是在退却后，他命令所辖各部改变与敌人在长沙附近决战的配置，转为追击阵形，并确定以汨罗江南岸为第一步追击目标。当天下午，正从上杉市回撤的日军 6000 人遭中国第 195 师夹击，"死伤甚多，残部向福临铺溃窜"。② 次日，第 195 师和第 25 师追击到福临铺、金井附近，日军又向汨罗江北岸退却。汇合于平江以东地区的日军第 33 师团和奈良支队。遇到中方杨森第 27 集团军的抗击，不再恋战，分路回撤。奈良支队向南江桥一带退却，第 33 师团经长乐街退回原阵地。4 日，第 15 集团军各路追击部队尾随日军之后，先后收复安定桥、新市、营田等地。

冈村宁次于 5 日下令日军全线撤退，命令称中国军队已潜伏于汨罗江、修水两岸地区，"本军为避免不利态势，应速向原阵地转进，以图战力之恢复，并严密注意华军之追击"。③ 这一命令是由飞机空投的，飞机被中国士兵击落，内容也为中方获知。薛岳立即向各部队发出命令："湘北正面各部队以现在态势立向当面之敌猛烈追击，务于崇阳、岳阳以南地区捕捉之。"他要求已深入敌后的挺进部队破坏交通线，阻止日军退却计划的实施，追击部队要赶到敌人前面去，力行"超越追击"。④

中国各军虽接到"超越追击"的命令，但害怕日军是佯退，会突然反攻，加上前线各军已与敌军鏖战旬日，损耗很重，所以都未能突到日军前面，奋力歼敌，而只是远远地尾随日军之后，收复失地。因而日军的撤退进行得十分顺利。6 日，第 6 师团和奈良支队已分别退向新墙河、南江桥，中国部队才到达平江附近，速度最快的是第 195 师，其挺进部队也刚渡过汨罗江，主力仍在南岸，和日军隔

---

① 《第一次长沙会战战斗详报》，国民政府军令部战史会档案，中国第二历史档案馆藏。
② 《第一次长沙会战战斗详报》，国民政府军令部战史会档案，中国第二历史档案馆藏。
③ 第 9 战区司令长官部编纂：《长沙会战纪实》，第 35 页。
④ 《第一次长沙会战战斗详报》，国民政府军令部战史会档案，中国第二历史档案馆藏。

着相当的距离。

8日，日军全部渡过新墙河，重回北岸，第195师抵达新墙河南岸，收复了鹿角、荣家湾、新墙、杨林街等重要据点，"并派一部渡新墙河搜索"。[①] 到10月10日，中日双方在湘北地区又各自回到9月18日日军发动进攻前的阵地，仍是隔新墙河对峙。

四、赣北及湘鄂赣边区的作战

赣北、湘鄂赣边区是第一次长沙会战的另外两个战场。

在赣北，中日双方相持于靖安、奉新、高安一线。日军配备于该线的是第101师团、第106师团，中方负责该区防务的是卢汉第1集团军、罗卓英第19集团军，作战事务由罗卓英统一指挥。军事委员会曾在5月向第9战区指示未来赣北的作战方针为："以游击战消耗牵制敌人，对该方面敌人予以反击，务希随时随地切实注意，妥为部署，诱敌深入而侧击之。"[②]

9月14日，日军第106师团一部2000人，向会埠以北的中国万保邦第184师进攻，守军经抵抗后即向会埠撤退。赣北方面的作战和整个第一次长沙会战由此开始。

中国方面综合各种情况分析判断，认为日军在赣北的进攻主要目的是配合湘北主战场，"以欺骗我军，使我部队向该方面转移"。[③] 目的在于分散中国军队的兵力，相机消灭其当面的中国军队，且可与湘北日军配合，从东西两面夹击第9战区主力。罗卓英决定，"为掩护战区之作战右侧安全，准备攻击该敌之目的"，[④] 并对现有部队的配置作了调整。

---

① 《第一次长沙会战战斗详报》，国民政府军令部战史会档案，中国第二历史档案馆藏。
② 《抗日御侮》第2卷，第172页。
③ 《第一次长沙会战战斗详报》，国民政府军令部战史会档案，中国第二历史档案馆藏。
④ 《罗卓英致蒋介石密电》（1939年9月23日），国民政府军令部战史会档案，中国第二历史档案馆藏。

赣北方面的战斗，主要由对高安的争夺和在会埠至甘坊一带的激战组成。

15 日，日军第 106 师团又突破了第 184 师的防御阵地，一路转而向南，直奔战略要地高安。至 18 日，日军完全占领了高安附近的村前街、斜桥、祥符观，从三面包围了高安，并和已占领会埠一线的日军形成了对中国第 60 军（军长安恩溥）、第 58 军（军长孙渡）的围击圈。孙、安两军为避免被歼厄运，奋力拼杀突围，退至宜丰、凌江口一线。

日军围歼中国军队不成，便从东、西、北三个方向进攻高安。中方守军李兆瑛第 139 师虽经抵抗，但不敌日军的猛攻，19 日退出高安。由于高安在双方的战略运用上都有重要作用，是必争之地，故桂林行营主任白崇禧立即电令罗卓英，要以攻为守，"予敌以重大打击，恢复高安"。① 第 9 战区更在战前就命令，"高安万不可放弃"。② 所以，中方迅速组织反攻高安。第 9 战区将战区直辖的王耀武第 74 军用于高安方面，该军是国民党军队的主力之一，战斗力较强，到达指定位置后，即派李天霞第 51 师、陈式正第 58 师攻打高安附近的据点，切断日军退路，和第 32 军一起逐渐形成对高安的反包围。

19 日晚，中方反攻高安，第 51 师首先收复村前街。21 日夜，第 139 师乘夜色渡过锦江，驱赶石鼓岭等处之日军。22 日拂晓，中国军队全面反攻高安，由第 139 师、第 141 师（师长唐永良）担任主攻。"高安城垣先为我军拆毁，故此际敌亦无法固守，经我某部反复冲锋，敌守城部队伤亡过半，我乃于 21 日辰时克复高安"。③ 而后中国军队又派兵向北、向东追击撤退之敌，先后收复黄坡桥、祥符观、司公山等处，恢复了 14 日敌人进攻前的阵地。

当高安争夺战激烈进行之时，日军第 106 师团主力从奉新出动，经会埠西侵。9 月 23 日在上富镇附近与权宏光第 183 师、汪之斌第 15 师发生战斗，凭借优势火力和毒气，打开了西行的通道。第 6 师团执意西行，攻占了横桥、甘坊，目的是

---

① 《白崇禧致蒋介石密电》（1939 年 9 月 19 日），国民政府军令部战史会档案，中国第二历史档案馆藏。

② 《第一次长沙会战战斗详报》，国民政府军令部战史会档案，中国第二历史档案馆藏。

③ 第 9 战区司令长官部编纂：《长沙会战纪实》，第 24 页。

要和从通城南下的第 33 师团协力围剿正在渣津、修水一带作战的中国第 27 集团军（总司令杨森）、第 30 军（总司令王陵基）。

中国军队为粉碎敌军企图，消耗其战力，调集了几个师的兵力向甘坊反击。第 184、第 15、第 183 师分别从南、西和西北三面围攻甘坊。同时，中方又攻下上富，切断了敌军回路。27 日，中国军队发动总攻，战况异常激烈，"在甘反复肉搏，不下数次"。日军被首尾截击，"处处受创"。① 日军顽强防守，一度保住甘坊不失，但其主力也被牵制在甘坊附近，脱身不得。

被围在甘坊、横桥的日军第 6 师团不顾退路切断，一意西行，9 月 30 日在飞机的掩护下，冲击中国军队包围圈的结合部，从第 183 师的阵地冲开缺口（师长杨宏光战后因此受到处分）。10 月 3 日。日军连续攻下大街、石街。这时湘北日军已经开始反转，第 106 师团又受到中国第 15 师等的阻击，便迅速停止攻势，经沙窝里向武宁方向退败。此时，中国军队虽已在敌人前后形成夹击态势，可是日军战力仍强，4 日，中国士兵组成奋勇队出甘坊追击北窜之敌，有 30 人"冲入厚田街之铁丝网，敌猛射，全部牺牲，敌旋施放毒气，我官兵中毒者颇多"。② 5 日，薛岳命令罗卓英乘势全歼敌第 106 师团，蒋介石也电令王陵基："积极攻击当面之敌，以行牵制而利全局。"③ 但同湘北的情况一样，敌军的后撤速度极快，中国军队只能跟在后面收复失地。10 月 12 日，赣北日军分别撤回其在武宁、奉新、靖安的据点，赣北战火平息。

第一次长沙会战的第三个战场最后开战的是湘鄂赣边区。

9 月 21 日，驻鄂南通城的日军第 33 师团攻击中国李棠第 140 师在米山等处的阵地，几天内即南下占领了麦市、龙门厂等战略要地。战火延至湘鄂赣边区。日

---

① 《罗卓英致蒋介石密电》（1939 年 9 月 28 日），国民政府军令部战史会档案，中国第二历史档案馆藏。

② 《罗卓英致蒋介石密电》（1939 年 10 月 4 日），国民政府军令部战史会档案，中国第二历史档案馆藏。

③ 《蒋介石致王陵基密电》（1939 年 10 月 9 日），国民政府军令部战史会档案，中国第二历史档案馆藏。

军的企图是从东边避开中方利用河流构筑的防线，同湘北日军夹击第 15 集团军于平江地区。

9 月底，第 9 战区决心歼灭由鄂南出发的敌军，以保证湘北方面的作战。29 日，战区向第 20 军军长杨汉域、第 79 军军长夏楚中下令，要求他们将敌 33 师团阻击于嘉义以北，命令称"如该两军作战不利，使敌窜过以西以南，影响湘北之决战时，唯夏杨两军长是问"。① 两军在龙门厂周围地区对日军奋力阻击，双方战斗十分惨烈，伤亡均大。日军为达成战略目的，不避牺牲，一意南下。又南侵长寿街、嘉义等地。至 30 日，第 33 师团与自平江前来接应的湘北日军奈良支队会合于三眼桥，攻势达到顶点。但因连日苦战，一再受阻，兵力损失严重，加上中国军队采取了灵活的外线作战方式，在湘北将其围歼已不可能。

平江附近的日军第 33 师团和奈良支队在 10 月 2 日开始撤退，分路逐次退往鄂南通城。10 月 10 日，中国第 133 师抵达麦市，与通城之敌对峙。鄂南方面的战斗结束。

从 9 月 14 日至 10 月 15 日，中国第 9 战区部队与日军第 11 军在湘鄂赣的三个战场上激战一个月。这次会战中，中国方面动用了 24 个步兵师、3 个挺进纵队，24 万人；日第 11 军出动 4 个师团、2 个炮兵联队、2 个步兵联队、1 个工兵联队，加上海空军，共约 10 万余人。战斗的结果是，中方伤亡失踪者有 40293 人；日方伤亡约在 3 万以上，各种损失均惨重。双方完全恢复了原有的对峙战线。整个会战，由日军主动进攻开始，由日军自动撤退结束，战场主动权基本上操在日方。仅就局部而言，可说是未分胜败。然而从进入相持阶段的抗战全局而言，却明显对中方有利。日军周密策划，出动重兵，以求达成消灭我第 9 战区野战主力的目的，结果并未成功，反而损兵折将，消耗不少，最后以撤回告终。虽然日军根本就未把攻占长沙作为战略目标，但对如此重要的城市不能攻克，是全面抗战以来少有的。中方将此视为敌人战斗力下降、士气不振，而备受鼓舞。冈村宁次战后

---

① 《第一次长沙会战战斗详报》，国民政府军令部战史会档案，中国第二历史档案馆藏。

总结时说："由此看来，今后进攻作战，一旦攻陷要地，即须予以确保。"① 相反，中国军队的战前准备较充分，战术运用较合理，将士用命，民众配合，敌军计划落空，获得一个重大的胜利。尤其是长沙得以保全，极大地鼓舞了全国军民的抗日斗志。

会战结束之时，正值"双十国庆"，全国许多地方举行了祝捷大会，"以川省之重庆，湘省之衡州，滇省之昆明，粤省之韶关，浙省之宁波，湖北之恩施，广西之桂林，以及皖南、苏北各界……无不举行湘北胜利庆祝大会。参加民众多者数万，少者数千，或飞电祝捷，或宣言讨汪，或举行提灯，或集合演戏"。② 蒋介石认为："第一次长沙大捷，日军伤亡超过 4 万人，乃在国军大获胜利的情况下结束，这项捷报为民国二十八年双十节带来了光辉。"蒋介石在日记中写道："际此双十国庆，适值湘赣告捷，宜乎欢欣鼓舞，无愈于此。"③ 他下令给第 9 战区犒赏 15 万元，湖南省政府出资 2 万，奖慰官兵。第 9 战区短时期内共收到各方捐款34 万余元。④ 各地还派出劳军慰问团，赴前线慰问官兵。

五、第二次南岳军事会议

中国最高军事当局认为，国内战场上第一次长沙会战的胜利和国际上欧洲战争的爆发，对中国的战局有重大影响，甚至在战略上有转折意义。所以，第一次长沙会战刚一结束，就决定在南岳召开军事会议，以"扩大胜利成效"，"检讨得失，策定后期抗战应取之战略"。⑤

第二次南岳军事会议于 1939 年 10 月下旬举行，蒋介石把会议名称定为"江南战场各战区党政军联席会议"，出席者有各战区司令长官、集团军总司令、军

---

① 日本防卫厅防卫研究所战史室：《长沙作战》，第 5 页。
② 第 9 战区司令长官部编纂：《长沙会战纪实》，第 358 页。
③ 陈寿恒等编著：《薛岳将军与国民革命》，第 353 页。
④ 第 9 战区司令长官部编纂：《长沙会战纪实》，第 374 页。
⑤ 邓文仪：《记南岳三会与长沙三捷》，见台湾《艺文志》第 259 期，第 21 页。

长及少数特种师师长、各省主席等高级军政官员 200 余人。该会上主要研讨了第一次长沙会战的经验教训，布置今后的作战方针。桂林行营主任白崇禧代表蒋介石主持会议。会议结束前，蒋介石特意从重庆赶到南岳会场，对高级军政干部训话，以之作为总结。

蒋介石首先分析国际形势的演化，指出中国的国际外交环境，"一天一天好转"。他说，由于欧洲战争的爆发，中国的抗日战争在时间上已与欧战连接起来，抗日战争只有坚持到世界范围内，"公理正气伸张之日"，"才能获得最后的胜利"。[①] 他列举欧洲开战以来美国、苏联等国对日本态度趋向强硬的事实，说明美、苏、英、法诸国"必能坚定其一贯的立场，共谋压制侵略暴力"。因此，他乐观地估计，"此后 3 个月中，国际外交必更利于我之大进步，足以帮助中国抗战的胜利"。蒋介石固然对于国际形势的变化及外国援助抱有极大的幻想，但以往多次碰壁的教训使他不得不告诫部下：抗日战争的最后胜利，"一切要求助于本身"，无论国际形势如何变化，中国始终要靠"自力图强"。[②]

接着，蒋介石又分析了长沙会战胜利所带来的变化。他说，第一次长沙会战的胜利预示着中国抗战局势"已临到胜利的一个大转机"。在国际上，湘北大捷使外国人对中国战场的观感焕然一新，对中国军队也开始"另眼相看"，他们对中国抗战前途的疑虑担心消除了。在国内，敌我双方的气势与心理开始逆转，中国一般国民"格外坚定，与上月底的情形，可以说是完全两样"。相反，日军"上至将领下至士兵，以及其国内一般民众厌战心理已经暴露出来"。因而，第一次长沙会战后的抗战进程，"无论哪一方面看，都已达到了转守为攻，转败为胜的阶段"。[③]

训话的最后，蒋介石说明了未来的抗战战略和政略。在战略方面，要有一个根本的转变，要开始反守为攻，转静为动，积极采取攻势，要在见到敌人厌战畏战之时，决然攻击前进。蒋介石认为，依目前的敌我力量对比，中方尚无力对日

① 《蒋介石对第二次南岳军事会议训词》，见《作战经过（二）》，第 195 页。
② 《蒋介石对第二次南岳军事会议训词》，见《作战经过（二）》，第 192 页。
③ 《蒋介石对第二次南岳军事会议训词》，见《作战经过（二）》，第 190 页。

军发动大规模攻击战。但要设法研究出一套避实就虚、乘间蹈隙的方法，攻击骚扰各地日军；在政略方面，蒋介石强调，中国的抗战是整个世界问题的一环，一经发动，就"一定要与势在必起的战争连接起来，并且要与世界战争同时结束，才能获得最后的胜利"。现在欧战爆发，中国第一步的政略目标，即与世界战场连接已经做到，第二步的政略目标是要争取和世界战争同时获胜。因此，要坚持抗战到底，绝不能幻想中途与日本妥协议和。他要求各级将领本着抗战到底的信念，"在各前线坚守奋斗，愈战愈劲，不问国际形势如何变迁，不管抗日环境如何困难，只是埋头努力一意作战，用最大的韧力，和敌人拼下去"。①

湘北大捷是一段时间以来正面战场上少有的重大胜利，参战部队的各级将领有不少人想借机升官。据参加会议的邓文仪回忆，当时不少人盼着蒋介石论功行赏，当师长的想升军长，军长想当集团军总司令，"会议过程中，充满了这种人事升调的议论与空气，也有不少的（战区）司令长官向蒋委员长申请保举"。蒋介石感到困扰和气恼，特地就人事升迁、保举问题进行批评。他说，中国高级将领的实际才能都很有限，以他自己论，自问只能胜任一个军长，如今却当了全国统帅，"实在感到惶恐"，深觉力不胜任。而各战区司令长官的学识才能，最多只能胜任一个师长，当集团军总司令的人，最多只能胜任一个团长，当军师长者的才识只配充任营连长。现在大家都已做了高于自己才识三级的将军还嫌不够，还要逾格升迁，实在说不过去。蒋介石责问，清朝末年尚有左宗棠、徐树铮等能拱卫西北、蒙古的封疆大臣，在座诸位有谁可以担当左、徐那样的事业。因此，"于此际国家危急存亡之秋，对外长期作战的时令，不宜以个人名位为念，而应作战，建功立业"。蒋介石一阵训斥，怀有邀功请赏之心者如冷水灌顶，场内一片寂静，"全场的人，都感到有些惭愧的神色"。为安抚人心，蒋介石又说，每个人只要切己省察，努力充实自己，日后不愁没有大任担当。②

第二次南岳军事会议利用第一次长沙会战的胜利来鼓舞士气，并判断第一次

---

① 《蒋介石对第二次南岳军事会议训词》，见《作战经过（二）》，第195页。
② 邓文仪：《记南岳三会与长沙三捷》，见台湾《艺文志》第259期，第21页。

长沙会战后中国抗战的内外环境将发生重大变化，试图策定"反守为攻，转败为胜"的新战略方针，以因应新局面。在此战略方针指导下，中国军队不久即发动了全面抗战爆发以来规模最大的局部军事反攻行动——冬季攻势。但会上也暴露出国民党军队的将领胜则居功邀赏，败则诿过推卸的不正常心理。同时，会议对长沙会战中的具体战术部署及运用研究得很不够，以致两年后的第二次长沙会战时，日军采用大致相同的方法进攻长沙，中国军队却吃了败仗。

第 4 章
桂南会战

一、日军偷袭钦州湾

日军占领武汉、广州后，被迫转入对华长期战争，而全面封锁中国，切断中国与海外联系遂成为日军大本营最重要的战略目标之一。中国与国际间的联络主要依靠两大孔道，一是西北国际交通线，由新疆通往苏联，纯属陆上交通，因日军鞭长莫及，这条路线相当安全。苏联援华军用物资由此源源输往中国，有力地支援了中国的抗战。这条交通线的不足之处在于费用昂贵，运输量受到限制。另一个则是海上交通线，也是中国最重要和最便利的对外贸易渠道。但全面抗战开始后，天津、上海、青岛、广州等港口城市相继失守，中国最重要的海上补给线被切断。1939 年 2 月，日军占领了海南岛，6 月占领了汕头、潮州，进一步完成了对中国东南沿海的海上封锁。在此种情形下，西南国际交通线便日见重要了。它主要分为三条路线，其一为滇越铁路，由越南河内抵达云南昆明；其二为桂越公路，自汕头弃守后，桂南的北海等地已成为中国唯一直接的出海口；其三则为滇缅交通线路，但运输条件远逊于滇越铁路和桂越公路。日本军方作出如下判断，即"中国虽已丧失华南沿海主要港口，但仍能自法属安南及缅甸方面获得补给，而广西公路成为中国之主要补给线，其输入量，每月约达 4 千至 6 千吨，占输入额的百分之三十"。① 因此，日军大本营急于切断广西与海外联系的孔道，于 1939 年秋决定进攻南宁。日方在桂南开辟新的战场还有两个重要企图：一是向国内外炫耀武力，掩饰其在中国战场上泥足深陷的窘境，威胁中国西南大后方；二是为南进建立基地，向法属印度支那殖民当局施加压力，伺机侵入越南。

10 月 14 日，日军大本营下达了"大陆命第 375 号"作战命令，陆海军达成作战协定。协定规定，攻占南宁的作战目的在于直接切断中国沿南宁—龙州公路的联系补给路线，作战时间预定为 11 月下旬。② 日军作战行动的第一步就是控制钦州湾，进行登陆作战。

桂南地区山川纵横，地势险峻，位于邕江与桂越公路交会处的南宁是中日双方势所必争的战略重镇。桂南属第 4 战区，应归第 4 战区司令长官张发奎指挥，但因广西是势力强大的桂系集团的故乡，因而广西境内的一切军事部署都由桂林行营主任白崇禧直接处置，他是桂南会战的中方最高指挥官。部署在桂南的夏威等第 16 集团军为广西军队，直接听从桂林行营的调遣，担负着维护中越国际交通线的任务，负责桂南及粤南部分沿海地区的海防。

第 16 集团军为预防日军登陆，对日军登陆作战作了估计，判断有三种可能：一是日军主力由粤南沿海电白等处登陆，然后向宾阳推进，威胁南宁；二是日军主力由北海登陆，攻取灵山、横县后溯江而上，直逼南宁；三是日军一部在北海登陆佯攻，主力则由钦县、防城登陆，沿邕钦公路（南宁—钦县）向南宁进攻。当时判定钦县、防城地形不佳，北海登陆也受公路破坏和防御工事的影响，因而日军最可能采取第一种方案，桂林行营据此制订了桂南会战指导方案。③

---

① 《抗日御侮》第 7 卷，第 9 页。
② 日本防卫厅防卫研究所战史室：《中国事变陆军作战史》第 3 卷第 1 分册，第 41~42 页。
③ 《桂南会战经过》，国民政府军令部战史会档案，中国第二历史档案馆藏。

第一次长沙会战后，国民政府军事委员会认为日军苦于兵力短绌，在桂南实施登陆作战的可能性甚微，因而集中精力筹划年底将要发动的冬季攻势，减少了桂南驻军，原驻桂南的第 31 军 3 个师奉命调往广东西江，桂南驻军仅剩下第 46 军及两个独立团，加上一些地方团队，计约两万余人，且分散配置于南宁、贵县以南亘北海沿岸既设阵地，防守着漫长的海岸线，首尾无法相顾。第 46 军的第 170 师奉调为第 16 集团军的总预备队，第 175 师任北海、电白方面防务，钦州、防城一线只剩下新 19 师，师长黄固指挥所部 4 个团防守 200 公里以上的海岸线，深感兵力单薄。

日军以今村均第 5 师团和台湾混成旅团为登陆作战主力，海军第 5 舰队及海军第 1、第 2 航空队协同作战，由第 21 军司令官安藤利吉统一指挥，准备在钦州以南地区强行登陆。11 月中旬，第 5 师团及台湾旅团先后抵达海南岛三亚湾集中，13 日，由三亚湾出发。15 日黎明，日军舰艇和运输舰船云集钦州湾，以舰炮猛烈轰击海岸，并在企沙和龙门两处登陆。

新 19 师官兵对登陆日军进行了有力的阻击，黄固师长下令部队"务于敌登陆立脚未稳之际，努力将敌歼灭于海滨"。① 日军步兵一波又一波地登陆冲锋。傍晚，守军迫于日军火力甚猛，放弃滩头阵地，退守防城附近后备工事。16 日，由企沙登陆日军向防城进军。另一部在钦县附近的犁头嘴登陆，乘大雨涨潮之际，以汽艇沿渔洪江直趋黄屋屯。面对严峻的形势，第 46 军军长何宣命令新 19 师"竭力固守平旺、钦县附近第二线阵地，无令不得退"。② 17 日，犁头嘴登陆日军凭借飞机掩护，猛攻钦县，一部从中国军队侧背攻入城内，巷战一直持续到傍晚时分，新 19 师撤出钦县。

日军巩固滩头阵地后，以南宁为目标，形成 3 路钳击攻势。左路及川第 9 旅团由防城出发，19 日在贵台墟附近突破守军阵地，进抵唐报，从西南方威胁南宁。中路日军一联队在占领黄屋屯后长驱直入，于 18 日抵达大寺，直逼大塘。右

---

① 《桂南会战经过》，国民政府军令部战史会档案，中国第二历史档案馆藏。
② 《桂南会战经过》，国民政府军令部战史会档案，中国第二历史档案馆藏。

路中村第 21 旅团由钦县沿邕钦公路向小董进攻，18 日占领小董。新 19 师连日苦战，且势单力薄，不得已退守上思、板城。至此，日军已从东南、西南、南三面包围了南宁。南宁城防空虚，第 16 集团军其他部队都距离日军 100 公里以外，最远的达 300 公里。

二、南宁失守

为遏制日军攻势，保住南宁这一西南边陲重镇，国民政府军事委员会令第 16 集团军以两个师"固守南宁，无令不得撤退"，并紧急调遣杜聿明第 5 军由湖南衡山增援桂南，傅仲芳第 99 军由湖南湘潭及贵阳移至柳州，姚纯第 36 军自重庆及湖北当阳南下赴宜山集结。限各军均须在 12 月 15 日前输送集中完毕。但省外援军路途遥远，就是第 16 集团军各部也因过度分散，集中不易，调往西江的第 31 军匆匆回援。中日双方急向兵力空虚的南宁前进。

日军进展甚速，抢先于 19 日进抵唐报、百济一线。第 21 军令台湾旅团留守钦州，掩护第 5 师团的补给线，第 5 师团则穿十万大山，于 21 日向南宁周边的平地进击。第 46 军第 170 师在良庆、蒲庙等地顽强抗击。良庆陷落后，日军于 22 日黄昏抵达邕江，直取南宁。

图 4.1　日军登陆后，迅速进攻南宁

守军在邕江北岸与日军夹江对峙。22 日下午，第 31 军第 135 师师长苏祖馨被委派为邕江北岸守备司令，第 170 师师长黎行恕为守备司令。但这两个师的主力尚未到达南宁时，各路日军已分别开始从剪刀圩、上下洲、良庆圩等处渡江。23 日，第 135 师等部与渡江日军激战 20 余次，但因系兼程而至，仓猝上阵，未能有效阻敌于邕江南岸。24 日，渡江日军已达数千人，在空中掩护下，主力分由东西向南宁夹击，与中国守军激战于市郊。上午 9 时，由良庆圩渡江的日军第 5 师团第 21 旅团第 21 联队率先突入市内，第 135 师因腹背受敌，被迫放弃南宁。南宁周围的第 46 军、第 31 军和第 5 军第 200 师分别退守南宁西北及北面的高峰隘、昆仑关等地。

高峰隘及昆仑关一带地势险要，为南宁北侧之天然屏障。日军为确保对南宁的控制，决意占据这两处天险，为此兵分两路。一路以中村支队及骑兵联队为主力，沿邕宾公路（南宁—宾阳）北进；一路以第 41 联队由邕武公路（南宁—武鸣）北上。25 日，邕武路上的日军推进至二塘，遭到第 5 军第 200 师第 600 团的奋勇抗击，守军伤亡达三分之一以上，团长邵一之阵亡，该团仍死守不退，阻住了日军去路。其后日军攻占了四塘，截断了该团的后方补给线，该团为避免被包围，遂利用夜幕为掩护，与第 170 师等向高峰隘地区撤退。30 日，日军经过一番激战，占领了八塘，中国军队退往九塘。12 月 1 日，日军及川支队进占南宁西北的高峰隘，该方面的中国守军向武鸣方向退却。12 月 2 日晨，韦云淞第 31 军第 188 师在 4 辆坦克及火炮的协同下反攻八塘，日军一度被迫退却，由于道路、桥梁损坏严重，中方坦克难以通行，与日军形成对峙。3 日，中村支队主力由南宁来援，4 日占领了昆仑关。

图 4.2 　中日军队激战过后的四塘墟

6 日晨，中村支队主力仍回南宁，留下 1 个大队日军驻守昆仑关，同时以一部兵力驻守邕宾公路沿线的九塘、八塘、四塘等重要据点。中日双方在高峰隘、昆仑关一线处于相持状态。

三、昆仑关大捷

自日军登陆钦州湾，半个月间，桂南守军一路败退，未能有力遏止日军的快速推进。当中方指挥官白崇禧得悉进犯广西日军仅有一个师团，且缺乏坦克和重型武器装备，遂拟定反攻南宁计划，得到了军事委员会首肯。重庆方面十分重视桂南的战事，认为日军入桂"目的不在广西，而在切断滇缅、滇越及滇黔之交通，已属显然"，[①] 担心日军进攻柳州，威胁贵阳、重庆等心脏地带。为稳定大后方，确保国际交通的畅通，蒋介石于 27 日决定由白崇禧统一指挥反攻行动，参加反攻的军队为夏威第 16 集团军（辖第 31 军、第 46 军）6 个师，叶肇第 37 集团军（辖第 66 军）2 个师，邓龙光第 35 集团军（辖第 64 军）2 个师，徐庭瑶第 38 集团军（辖第 2 军、第 5 军、第 6 军、第 99 军和第 36 军）13 个师，另有桂林行营直辖的第 43 师（师长金德泽）、新编第 33 师（师长张世希），另外还有 4 个独立团，合计有 26 个师，19 万人左右。配合步兵作战的有野战重炮兵 3 个营另 2 个连，空军第 2 路部队以 100 多架战机协助地面部队行动。

11 月 26 日，白崇禧前往江水河北岸的迁江坐镇指挥，12 月 16 日下达了作战命令："军以攻击北犯之敌，收复南宁之目的，一举转移攻势，将敌包围于邕江南北地区而歼灭之。"[②] 依照作战部署，第一个阶段是攻占高峰隘、昆仑关，第二个阶段为攻占南宁。反攻部队编成东、西、北三路军。由第 26 集团军总司令蔡廷锴任东路军指挥官，率第 46 军、第 66 军担负邕江南岸及邕钦公路敌后交通的破

---

① 中国第二历史档案馆编：《抗日战争正面战场》（下），第 879 页。
② 《白崇禧致蒋介石何应钦电》（1939 年 12 月 13 日），国民政府军令部战史会档案，中国第二历史档案馆藏。

坏和袭扰任务；由第16集团军总司令夏威任西路指挥官，率部攻击高峰隘吸引日军主力，以部分兵力进至邕宾公路上的四塘，破坏敌后交通，阻止南宁日军增援，孤立昆仑关日军；由第38集团军总司令徐庭瑶任北路军指挥官，指挥第5军、第99军第92师作为主攻部队，攻击昆仑关，其后与东、西路军协同攻取南宁。

攻击昆仑关的第5军由军长杜聿明指挥，该军辖郑洞国荣誉第1师、邱清泉新22师、戴安澜第200师、军补充第1及第2团，并配备有装甲兵团、炮兵队、高射炮队等，它是中国军队中唯一的机械化部队。它的人员和装备不亚于日军一个师团。杜聿明以新22师为右翼部队，袭击五塘、六塘，断敌退路；以荣誉第1师为左翼部队，协同第200师一部和军补充第1、第2团围攻昆仑关及八塘正面日军；由第200师主力骑兵团充任总预备队。第99军进攻昆仑关以南日军，协助第5军作战，并在五塘一带阻止日军增援。

18日晨，荣誉第1师在战车和炮兵的掩护下，对昆仑关发起正面攻势。据守昆仑关的日军松本大队在中国军队猛烈打击下，纷纷向核心阵地收缩。中午，反攻部队攻占了罗塘、同兴西北高地，随后占领了石寨隘、同平、枯桃岭，一部推进至九塘附近，进展颇为顺利。

日本第5师团师团长今村均不相信中国能集结数十万大军反攻，12月17日尚命令及川支队攻占位于中越边境的要地——龙州，及至中方开始反攻，今村均慌忙于20日下令及川支队放弃龙城，回师协同防守南宁，但该部队沿途受到袭击，至29日始返回南宁。为增援昆仑关方面，今村均急令第21联队长三木率联队主力增援昆仑关，该联队于18日晚分乘31辆汽车沿邕宾路急进，但遭到第99军的拦截，只有一个大队突至昆仑关。

19日上午，荣誉第1师左翼部队向653高地进袭。653高地为昆仑关东北之要点，可以瞰制整个昆仑关战场。因攻击屡遭挫折，我方官兵携手榴弹冲入敌阵，与日军短兵相接，终于掌握了这一制高点。

为协助昆仑关方面作战，新22师在五塘阻击增援昆仑关日军，西路军在高峰隘方面发起攻势，东路军则在小董、钦县、大塘、蒲庙等日军后方重要地区频频出击，昆仑关方面的日军后方联络线被切断，各分散据点及沿邕宾路增援昆仑关的日军后续部队遭到分割包围，整个第 21 联队已陷于极度孤立，但日军冒死固守，相当顽强。

自 20 日起，第 200 师接替消耗甚大的荣誉第 1 师担负主攻任务，包围圈逐渐收缩，但战至 22 日，攻击尚未得手。23 日，杜聿明决定"以重点指向罗塘高地附近，继续对当面之敌攻击"。① 罗塘为昆仑关西侧高地，也是日军的一个主要支撑点。24 日，荣誉第 1 师以第 2 团及迫击炮营担任主攻，以排为单位，梯形配备，向罗塘高地两侧攻击，用大刀等简陋器械连破日军两道铁丝网防线，冲入日军阵地。当时日军已完全靠空投物资生存，快要弹尽粮绝，"已将附近四周残留食物吃光，只能捡拾地里的落穗充饥"。② 第 21 联队联队长三木一面准备烧毁军旗，一面向中村正雄旅团长发电求援，哀叹"傍晚前旅团若来不到，第一线难以确保"。③ 可日军援军已无从增援罗塘高地。24 日晚，荣誉第 1 师克复罗塘，守备该地的日军第 5 中队几乎一卒未剩，全被歼灭。而担负主攻的第 2 团突击营也仅剩下数十人。

昆仑关方面吃紧时，中村旅团主力于 20 日从南宁出发，前往救援，沿途遭到多次阻击，24 日下午才进抵九塘，在荣誉第 1 师的攻击下，旅团长中村正雄被击毙。此时，第 5 师团第 21 旅团主力均已投入昆仑关及邕宾路方面，陷入中国 10 余师的围困之中，有全军覆没的可能。

24 日，第 200 师沿公路两侧，向界首附近高地攻击。界首高地位于昆仑关东侧，峭壁悬崖高耸，与罗塘高地成掎角之势，可东西俯瞰昆仑关。25 日下午，中国 3 架轻型轰炸机、一架驱逐机飞抵昆仑关上空，日军误认为是己方战机，铺置信号板示意，中国飞行员乘势俯冲扫射，投弹 18 枚，全部命中目标，日军遭到重

---

① 《桂南会战经过》，国民政府军令部战史会档案，中国第二历史档案馆藏。

② 日本防卫厅战史室编纂：《日本军国主义侵华资料长编——（日本大本营陆军部）摘译》（上），第 510 页。

③ 日本防卫厅防卫研究所战史室：《中国事变陆军作战史》第 3 卷第 1 分册，第 58 页。

大伤亡。29日，经过重炮轰击、白刃肉搏，第200师终于重新占领了界首附近各据点，顶住了日军的疯狂反扑。

29日夜，新22师超越第200师阵地，接替正面主攻任务。30日，新22师先后攻占了南北同兴、界首村落及其东南各高地，为收复昆仑关创造了条件，这一天日军遗尸百余具，新22师官兵伤亡也达300余名。[①] 31日拂晓，新22师在友军第159师、荣誉第1师的协同下，攻入昆仑关，全部克复昆仑关东西两侧高地，日军向九塘溃退。

图4.3　中国军队击败日军，占领昆仑关。图为守卫昆仑关的中国士兵

1940年1月1日，增援昆仑关的日军台湾旅团与及川支队等已抵达九塘，与昆仑关溃退下来的日军汇合，构筑工事，企图稳定战线，伺机再占昆仑关。第5军决定乘胜追击，向九塘及441高地进攻。441高地是控制九塘至昆仑关公路的战略要点。3日，荣誉第1师在付出重大牺牲后攻占了441高地东部的大部分地

---

① 《陆军新编22师五塘、六塘、混仑关、九塘诸役战斗详报》，国民政府军令部战史会档案，中国第二历史档案馆藏。

区。入夜，日军渐形不支，便残忍地施放毒气助战。荣誉第 1 师的将士们不顾生死，鼓勇而进，441 高地终于被完全收复，昆仑关阵地更形巩固。4 日上午，新22 师攻占九塘，从 5 日起，又与第 200 师尾追日军至八塘。八塘日军以逸待劳，负隅顽抗，第 5 军的进攻势头至此陷于停顿，与日军胶着于八塘一带。11 日傍晚，第 5 军奉命将防务交由第 36 军接管，集结思陇附近整理待命。

反攻昆仑关战斗赢得了最后胜利，第 5 师团在日军中素称精锐，转战山西、鲁南、豫北、广东诸战场，这次在桂南受到严重失败，中村旅团大部被消灭。第5 师团综计伤亡三分之一以上，"第 5 军每个士兵几均得有战利品"。[①] 昆仑关大捷是抗战以来中国军队罕见的一场成功的正面攻坚战。这固然是由于第 5 军将士勇于牺牲，然而，至关重要的是第 5 军在攻击时，不仅人数占绝对优势，而且获得了战车、炮兵乃至空军的有力配合，在桂南战场上，日军除空军稍占优势外，在重炮、战车等方面比起中国军队反而相形见绌。不过，日军训练有素，官兵深受武士道精神熏陶，斗志相当顽强，执行命令彻底，各部队在作战时密切配合，如 12 月 17 日间，担负掩护钦县、防城至南宁间后方联络线的台湾混成旅团得知第 5 师团在中国军队全面压迫下处境危险，便不顾指挥系统的不同，自动将两个联队派往南宁，交由第 5 师团支配使用。中国军队在昆仑关主攻方面属于攻坚战斗，而日军处处死守不退，致使中方每次进攻都得付出很大的牺牲。当时的中国军队一般只有持续 3 到 4 天的攻击能力，而第 5 军已在昆仑关连续攻击两周时间，在反攻中便有 11000 人负伤，5500 人为国捐躯，[②] 因此，这支精锐之师在攻下昆仑关后已是疲惫不堪，未能乘势扩大战果，整个反攻陷于消极停顿，占领南宁这一反攻最主要的目的并未达成。

---

① 《苏联顾问加略诺夫关于桂南作战经过的报告》，国民政府军令部战史会档案，中国第二历史档案馆藏。

② 《桂南会战经过》，国民政府军令部战史会档案，中国第二历史档案馆藏。

四、宾阳之战

日军轻易占领南宁后，从日军大本营、中国派遣军直至第 5 师团指挥官，均轻视中方反攻南宁的决心和实力，及至昆仑关受挫，日方才痛感危机严重，担忧第 5 师团会全军覆没。1939 年 12 月底，第 21 军决定增派近卫混成旅团和第 18 师团至桂南地区，伺机击溃中国军队主力，确保南宁的安全无虞。1 月 22 日，近卫旅团在钦州集结，第 18 师团则运抵南宁以南地区。

中方也继续调兵遣将，国民政府军事委员会从湖南、广东、四川等地调集大量生力军驰援桂南，任命第 4 战区司令长官张发奎具体部署桂南决战，军事委员会政治部长陈诚不居名义，协助白崇禧、张发奎指挥作战。张发奎开始并未参与指挥桂南会战，1 月 27 日始匆忙率幕僚前往迁江指挥，所行之事不过签名画押而已。

从 1940 年 1 月 5 日至 26 日间，桂南战场显得异样沉静，交战双方均在暗中进行决战准备工作，先完成战略展开的一方将赢得战争的主动权。日军机动力强，行动隐蔽快捷，至 26 日已完成增援部署。而中国军队尚在紧张调度中，"桂南用兵三十万，仅桂邕公路为其主要交通线"，迁江与宾阳之间横亘有红水河与清水河，河幅约 20 米左右，共计只有一座公路浮桥，一处公路轮渡及一座徒步单行的军用桥而已，[①] 况且白天要避开日军飞机的袭击，夜间始能运动，致使输送工作迟滞缓慢，尽了最大努力始于 2 月 2 日输送完毕，而这一天宾阳已被日军攻陷，大势已去了。

1 月 25 日起，日军第 18 师团在邕宾路上发起攻势，袭击了第 6 军、第 99 军在七塘等处的阵地，企图突破昆仑关右翼阵地，从右侧背迂回昆仑关方面中国军队主阵地。但第 99 军、第 2 军等坚守不退，日军在正面无法取得进展。27 日，

---

① 《第 101 军桂南昆仑关之役战斗要报》，国民政府军令部战史会档案，中国第二历史档案馆藏。

近卫旅团等在中方毫无察觉的情况下进至永淳，28日，由永淳渡过邕江，中国军队发觉过迟，无从阻止。第18师团一部和近卫旅团分别进入甘棠东西一线，准备迂回昆仑关主阵地的侧背，桂南战局的重心从昆仑关移到甘棠、古辣一带。桂林行营计划在甘棠、古辣一带阻止日军，令第64军、第46军、第2军、第66军向甘棠方向四面合围，惜各军行动迟缓，动作未能协同。第2军李延年部仓促赶到指定地区，因不明情况，逐次投入兵力，消耗很大。第46军冒着日机的轰炸，艰难向目的地前进，但因抵达稍晚，已无补战局。至于第66军则始终彷徨游移，未到达指定地点。该军军长叶肇因迭次临危不前，对战局影响甚大，战后受到撤职交军法审判的严厉处分。

2月1日，日军抢先对甘棠发动陆、空联合攻势，日机对宾阳狂轰滥炸，炸中了第38集团军总司令部。第38集团军辖有桂南战场上中国军队的主力，即第2军李延年部、第5军杜聿明部、第6军甘丽初部、第99军傅仲芳部、第36军姚纯部，集团军司令部为前线各军通讯联络中心，遭到破坏后，各部队之间，各部队与司令部之间的电讯联系中断，陷于各自为战的状态，无从组织有效抵抗。2日凌晨，日军占领甘棠，经古辣一带平原长驱防务空虚的宾阳，于2日下午加以占领。3日，第18师团进入邹墟，控制了邹墟北面的清水河桥梁，截断了昆仑关一线中方大军的后方联络线。

宾阳一失，中方在战略上全盘陷于被动，在昆仑关主阵地的第2、第6、第36、第99、第102军等均因后路被断而处境困难。3日至4日，第46军复克甘棠及永淳。蒋介石认为深入冒进的攻占宾阳的日军后路已绝，正是加以歼灭的良机，4日下令："在迁江附近之主力，应即向当面之敌猛攻，占领宾阳，与我昆仑关各军夹击在昆仑关附近之敌而歼灭之。"[①] 日军第21军司令官安藤利吉坐镇南宁指挥，4日已决定结束战役，但为了便于撤退，日军仍摆出向北突进的架势。中国前线部队虽后路被断，但数量远超过冒险而进的日军，不过，由于指挥陷于

---

① 《蒋介石致白崇禧、陈诚、张发奎电》（1940年1月4日），国民政府军令部战史会档案，中国第二历史档案馆藏。

混乱，前线部队脱离掌握，无从正常调度。素来缺乏独立作战能力的国民党军队，不仅未能把握时机以优势兵力反击冒险深入的日军迂回部队，且因后路被断，自行慌乱，战意顿失，各部忙于自身突围，演变成大溃退的局面。第 2 军副军长兼第 9 师师长郑作民欲率部坚守昆仑关阵地，扭转崩溃局面，不幸战死。昆仑关等要地再度易手。上林、武鸣等也相继弃守，情势至为紧急，幸亏大批第 2 线兵团赶至，战事才转危为安。沿邕宾路北犯日军被新 33 师挡在清水河南岸。5 日起，第 64 军由贵县向宾阳日军侧击，在宾阳至贵县公路上的中国军队从正面发起攻击，经三昼夜激战，终于将日军击溃。

桂南日军冒险深入，战线愈拉愈长，宾阳至海岸交通线延长至 200 多公里，补给困难。从 2 月 9 日起，日军开始大举南撤，先后放弃了上林、武鸣、宾阳诸要地。16 日，第 18 师陆续由钦县及龙门港乘船回粤。桂南日军收缩战线，只谋求巩固对南宁一带切实占领。中国军队尾随南下，先后进抵昆仑关、高峰隘东西阵地。2 月 14 日止，"五塘以上六、七、八、九塘迄昆仑关一带，完全被我克复"。① 日军据守五塘、高峰隘一线以护卫南宁。

宾阳之战，中国在桂南一隅集结了 30 余师精锐部队从事会战。这在武汉会战以后尚属首次，证明国民政府军事委员会有反攻南宁、驱逐日军出桂南的战意。至于日军，经增援后计有 3 个师团兵力，占有空中优势，运用其擅长的迂回包抄战略，利用第 38 集团军部署上的疏忽，抢占甘棠、宾阳，打乱了中方整个战略部署，加上中方指挥中枢被炸，指挥系统陷于瘫痪，昆仑关方面守军主力不幸演成溃败之局面。但因中国军队兵力相当雄厚，兵力单薄的日军终究无力达成歼灭中国野战军主力的目的，能够击溃中国军队主力，已是日方满意的结果了。据日方统计，宾阳之战中，中国军队阵亡 27000 人，被俘 1167 名，日方仅死伤 2300 名。② 宾阳战役的失败，对 1939 年底开始冬季攻势无疑是最大的挫折。

---

① 何应钦：《何上将抗战期间军事报告》（上），第 344 页，文星书店印行，1962 年版。
② 《日本帝国主义侵华资料长编》（上），第 519 页。

五、日军退出桂南

日军大本营于 1940 年 2 月 9 日撤销第 21 军，成立了华南方面军，脱离中国派遣军序列，由大本营直辖，司令部设广州。桂南地区成立第 22 军，由第 5 师团、近卫师团及台湾旅团编成，控制着南宁、钦县、防城及连接它们的交通要道。

日军占领南宁及其以南地区是战术上的成功，在国内、国际间一时有轰动性的宣传价值。但是，从整个中日战争局势的发展来看，其战略价值已成疑问，桂越交通虽被切断，中国通过滇缅路仍可以从国外获得补给。桂南日军孤军深入中国内地，要长期维持占领相当困难，而且维持占领军补给的代价十分昂贵，对整个中日战事并无太大影响。不过，日军占领南宁、龙州不仅是针对中国，而是包藏有更大野心。它是日军准备进驻法属越南的前奏，为南进英、美、法在东南亚的殖民地，设立一个基地。随着国际形势的演变，日军占领桂南对中日战争的影响愈发无足轻重，其战略价值已完全集中在南进上。1940 年春，法国被纳粹德国击败，日本当局乘机决定控制越南，控制越南自然即可切断桂越、滇越之间的交通。为节省兵力，集中力量南进，准备放弃桂南，1940 年 9 月起，驻扎桂南的第 5 师团主力进入越南北部地区。

日军的退却计划因中国军队的不断袭扰而加速进行。1940 年 3 月，第 64 军和第 16 集团军发动春季攻势，邕钦路以东部队为第 64 军和第 46 军编成东路兵团，由吴奇伟指挥。3 月 12 日，第 46 军切断了邕钦路，同时，邕江北岸的中国军队向南宁外廓的日军防卫阵地发起攻击。14 日，台湾旅团一个联队由钦州北上，强行打通邕钦路，以确保南宁，解除侧背威胁。16 日，日军占领陆屋、归州，经与第 64 军激战后，17 日占领了灵山，但日军兵力不敷防守，旋即撤退，22 日中国军队复入灵山。

6 月 17 日，邕江南岸日军沿南宁至龙州路向西进犯，26 日攻陷明江，7 月 12 日占领了龙州。从 3 月 12 日至 10 月 12 日，中国军队在桂南与日军作战百余次，予日军重大消耗。

日军自9月下旬开始从桂南撤军，并严密封锁消息，使得中方"不能适时获得情报，致未及捕捉敌人主力，予以重大打击"。[1] 至10月中旬，中方侦悉日军全面撤退的情报，全线转入反攻。

10月13日，第31军第188师开始围攻龙州，第46军则在龙江以北策应，阻止日军增援。第188师于拂晓一度由西门突入城内，日军进行逆袭，攻城部队伤亡甚重，转移至城外。26日以后，龙州、凭祥日军约2000人陆续撤入越南境内，第31军于28日收复龙州。

龙州克复后，第16集团军奉命肃清邕龙路东段的日军，第3集团军主力则分由邕宾、邕武路尾追日军，直逼南宁。一部在邕江北岸发动攻势。29日占领了高峰隘、三塘、剪刀墟等地，30日克复南宁。日军沿邕钦路这一唯一生命线向钦县南撤。中国军队紧追不舍，致使日军撤退时往往非常狼狈，许多破坏计划均未及实施。为掩护猬集于钦县的日军主力两万余人登舰撤走，日军一部在以黄屋屯为

图4.4　1940年10月底，困守南宁一带的日军无心驻留，逐渐撤退，广西境内已无敌踪。图为中国军官重回南宁以后的留影

① 《第46军周祖晃部在钦县防城追击战斗详报》，国民政府军令部战史会档案，中国第二历史档案馆藏。

中心的一线阵地上阻挡中国军队的追击。11 月 11 日，日军主力已经离开桂南，14 日下午，最后一批日军全部匆匆在龙门港登舰撤离。

经过整整一年的战斗，桂南会战遂告结束，侵入桂南的日军被全部驱逐出境，广西全省重新成为中国抗战的后方基地。

第 5 章
1939 年冬季攻势

一、冬季攻势的背景及计划的制订

抗日战争进入 1939 年后，日军在正面战场上停止了全局性的战略进攻，转而致力于保守和巩固已占领的地域，企图消灭占领区内数目庞大、系统复杂的中国敌后游击部队。对于正面战场上的中国军队，采取攻势防御，只进行局部性的进攻，这种攻势主要包含两种意图：一是占领某些战略要点，改善日军占领区所处的战略态势，攻略南昌的主要意图就在于此；二是寻找机会打击、消耗中国野战军主力，挫折中国军队的士气。这在随枣会战和第一次长沙会战中表现得相当明显。在第二种情形下，日军每次攻势的持续时间均甚为短暂，一般在两周左右，而且攻势结束后都几乎退至原有防线。在广大的中国战场上，日军分散配置于占领区的各处要点，能机动使用的兵力则越来越少，每组织一次大规模攻击行动均须从各处调兵，东拼西凑才能进行，日军兵力短绌的痼疾已是无法遮掩的事实。在第一次南岳军事会议上，蒋介石即已表示，中国已进入第二期抗战，已到了转守为攻的时期。国民政府军事委员会判断日军在国际上四面楚歌，对华战争已是进退维谷，"似在长江、珠江两岸均改取守势，抽调兵力，注重华北方面，实行所谓扫荡我游击队之计划，妄图巩固占领区域"，① 因而，中国军队于 1939 年 2 月决定发动春季攻势，破坏日军战略意图。此后，军事委员会又先后指示各战区抽调部分兵力发动夏季攻势和秋季攻势。其中除春季攻势尚具规模外。夏、秋季攻势均未投入有生力量，效果甚微。不过，值得肯定的是，这种有限度的主动出击的战略指导仍是武汉弃守前所未曾有过的。1939 年秋，发生了第一次长沙会战，日军未受重创便匆匆返回原来防线。这使蒋介石及其左右都相信日本国力穷困，日军的力量已臻极限，日本国内人民及在华士兵都开始产生厌战情绪，因而产生了一种轻敌乐观心理，认为日军已丧失继续进行战争和大规模攻势的余力。且欧战已经爆发，国际反法西斯阵营和法西斯阵营之间的壁垒已日渐分明。中国的抗战已与欧洲战争连接起来，国际形势的演变对中国有利，因此，中国应乘此绝好时机组织大规模的反攻，"企图夺回重要据点，树立最后胜利之根基"。② 恰逢此时，中国的第二期军队整训工作已届完成，部队实力大为恢复和增强，1939 年 10 月底，召开的第二次南岳军事会议遂决定发动冬季攻势，预备将第二期整训部队主力加入攻势，反攻规模将远远超过春季攻势等历次反攻。

1939 年 10 月 10 日，国民政府军事委员会军令部制订了《国军冬季攻势作战计划》。③ 根据这一计划，军事委员会准备将全部兵力的 46%，约 80 多个师投入反攻。规定第 2、第 3、第 5 战区为主攻方面，第 2 战区的使命是肃清同蒲线南段晋南三角地带日军；第 3 战区攻击荻港、贵池等沿江日军，切断长江交通，长江为湘鄂赣华中日军的主要补给线，切断它，整个华中地区的日军便陷于孤立，难以立足；第 5 战区则负责扫荡平汉线南段武汉、信阳间的日军；第 1、第 4、第 8、第 9 及苏鲁、冀察等战区则担任助攻，牵制各地日军，使主攻方面作战容易，同

① 《作战经过（一）》，第 183 页。
② 《林蔚次长冬季攻势讲词》，国民政府军令部战史会档案，中国第二历史档案馆藏。
③ 《国军冬季攻势作战计划》（1939 年 10 月 10 日），国民政府军令部战史会档案，中国第二历史档案馆藏。

图 5.1　抗战开始后，中央陆军军官学校从南京迁到成都。图为成都军校学生

时全面破坏各地交通动脉。该计划确定的作战重点是晋南和华中地区，尤其是华中地区为攻势的重心。第二次南岳军事会议时即已决定："今后华中作战计划，不特应阻止敌军继续西进，并须压迫敌人向东撤退"。① 如有可能的话，就努力占领武汉、信阳、九江等要地。计划决定者显然是乐观和雄心勃勃的，意欲一举扭转中日战局的形势，使其从根本上有利于中国。蒋介石也对冬季攻势寄予莫大希望，亲自确定了各战区应努力夺取的战略要地和重要城市，其中有武昌、汉口、信阳、开封、包头、南宁等，并规定了完成任务应得的赏金，如占领汉口或武昌便奖赏 100 万元。11 月 18 日，蒋介石正式向各部队下达了冬季攻势命令，预定助攻战区于 11 月底开始攻势，主攻战区则于 12 月上旬开始行动。12 月 12 日，冬季攻势全面展开时，蒋介石电示各战区将士，强调了冬季攻势的意义："此次冬季攻势为我抗战转败为胜之唯一关键，亦即我第二期抗战最后胜利之开始"，"我军歼敌唯一之良机，至今确已到来"，"此次进攻不惟足以粉碎敌军冒险侵略之野心，且足以促成敌国对内对外整个之崩溃"。②

————————————

① 《林蔚次长冬季攻势讲词》（1940 年 4 月 1 日），国民政府军令部战史会档案，中国第二历史档案馆藏。

② 《蒋介石致各战区将士电》（1939 年 12 月 12 日），国民政府军令部战史会档案，中国第二历史档案馆藏。

11 月末，日本的中国派遣军总司令部破译了中国方面的密码，掌握了中国军队冬季攻势的计划与意图，并通报各地日军注意警戒。但各地日军对中国军队反攻能力颇为轻视，在冬季攻势即将全面发动的 12 月 10 日，日方许多将领尚断定："所谓抗战第三期的总反攻，肯定是痴人说梦"，因而许多地区的日军并未刻意准备应付中方的冬季攻势。① 在冬季攻势前夕，日军在桂南突然登陆，占领了南宁，从而极大地吸引了重庆方面的注意力，使得反攻南宁成了冬季攻势中最主要的一个方面。

二、第 1、第 2 战区的冬季攻势

第 1 战区为助攻方面，主要任务为破坏陇海路等重要铁路及公路线，消耗、牵制日军，声援第 2 战区肃清晋南三角地区日军。该战区的主要对手为日第 14、第 35 师团及骑兵第 4 旅团等。

12 月 1 日，第 1 战区首先发起冬季攻势，第 3 集团军孙桐萱部以第 81 师及豫鄂边区游击部队 4 万余人遮断开封、兰封间铁路，一度占领龙王车站，截断了淮阳、鹿邑、通许间的 3 处公路交通。同时，第 81 师以一部攻击兰封，主力于 17 日突入开封城，焚烧日军仓库，击毙日军 300 多人。21 日，骑兵第 2 军何柱国以骑兵第 3 师深入商丘一带，破坏商丘、罗王间的交通，阻止日军增援开封。该师一度攻入商丘东门，占领了附近的简易机场，焚烧日军存放的汽油，并击溃由砀山来援的骑兵第 4 旅团一部。

在豫北方面，2 月 6 日，新 5 军攻至安阳南北，破坏淇县、浚县、汤阴、宝遂古车站等 4 座铁路桥，切断了道清铁路两段交通，断绝豫北交通数日之久。第 47 军于 12 月 13 日占领了常口、柏山两座火车站。第 9 军则在黄河以北 20 多公里处切断了平汉铁路。1940 年元旦，第 9 军第 41 师一度攻入沁阳城内，歼灭第 34 师团部分守军，切断沁阳、博爱间铁路交通。

---

① 　日本防卫厅防卫研究所战史室：《中国事变陆军作战史》第 3 卷第 1 分册，第 85 页。

第 1 战区在冬季攻势期间共毙伤日军 5000 余名，缴获机枪 50 余挺，一度还攻入省城开封，并破坏了陇海、平汉、道清等铁路交通及公路交通。第 1 战区司令长官卫立煌指挥部属坚决地执行了军事委员会交付的作战任务。

第 2 战区负有肃清晋南三角地带（翼城、绛县、闻喜、安邑、运城一带）凸出部分日军的重任。根据第 2 战区作战部署，主攻兵团为南路军总司令卫立煌部，下辖第 14、第 4、第 5 集团军；东路军总司令朱德部任务是截断东阳关、娘子关，阻止日军增援，破坏正太、白晋及同蒲路介休至太原段交通，以一部包围长治一带日军；西路军司令陈长捷部协同南路军攻击晋南日军；北路军总司令赵承绶应率部破坏太原以北同蒲路，主力向归绥东南附近地区围攻日军，与第 8 战区协同作战。

晋南素为中日两军激战不已的区域。在第 2 战区攻势发动前，日军第 36 师团及第 108 师团各一部万余人于 12 月 3 日在飞机 30 架、战车 10 余辆的支持下，向在闻喜、夏县以东的第 5 集团军曾万钟部阵地攻击，战斗至为惨烈。8 日，卫立煌总司令赴前线督战，指挥各部分头迎战，至 11 日，日军遭受重大伤亡后，全军退往闻喜。经 9 昼夜苦战，中国军队守住了中条山，击毙日军大队长以下官兵 2000 余人，中方伤亡官兵 2800 人。

12 月 15 日，日军第 37 师团又由翼城、绛县方面向中条山中部发动攻势，恰好与出击的第 14 集团军遭遇，至 18 日，日军攻势受挫，退守夏县张店镇。到 12 月 20 日，南路军围攻同蒲线南段沿线日军，将日军主要据点完全包围，但攻守双方都无足够力量消灭对手，战事胶着至 1940 年 1 月中旬。

晋东南方面，第 27 军范汉杰部向长子、屯留一线进击，12 月 4 日，该军派遣 2 营部队诱长子日军出城，5 日在右哲镇设伏围攻日军，日军死伤百余人，残军退向长子，范军乘势跟踪包围了长子县城，分兵一部进出屯留，13、14 日占领了屯留附近的一些小村镇。1940 年 1 月 1 日，日军 4000 至 5000 人为解长子之围，发动了一次短暂的反攻，第 27 军守住了阵地。3 日晨发起反击，日军不支，中国军队一直追至长子城郊。庞炳勋第 40 军则向壶关外围日军各据点袭击，攻占了修善村、大山、南贾村等日军据点。第 18 集团军第 115 师、第 129 师各一部参加了冬季攻势，12 月 23、24 日，相继收复黎城、东阳关等重要地区。28 日一度攻克潞城，共毙伤日军约 200 余人，缴获长短枪 60 余支。

至于西路军陈长捷部和北路军赵承绶部则在第 2 战区司令长官阎锡山的授意下，利用冬季攻势来消灭决死第 2 纵队等山西新军，发动了"十二月事变"，围攻山西新军。阎锡山及部分晋军将领不仅未按作战部署参加冬季攻势，并且与日军关系暧昧，全力对付新军及八路军，致使第 2 战区冬季攻势计划无从实施。

三、绥西作战

第 8 战区在冬季攻势中的任务是协助第 2 战区作战，但晋北的北路军赵承绶部忙于围攻新军，未对归绥附近日军发动攻势，而担负配合任务的傅作义部在绥西则有出色表现。

第 8 战区副司令长官傅作义负责统率绥西部队。他接到冬季攻势命令后，向军事委员会表示："职已下决心，当以整个力量向敌猛拼，牵制敌人，俾利主攻。"[①] 并选择战略地位重要的包头、固阳、安北一带为主要攻击目标。当时，日军在绥西仅有第 26 师团的第 13 联队，驻归绥、萨县，另有骑兵集团驻扎包头、固阳、安北各地，由小岛吉藏中将指挥。

傅作义决定在战略上各部同时展开攻击，以牵制各地日军，主力则奇袭包头。他将所部兵力分成 4 路，以东北挺进军马占山部为第 1 路军，向归绥以东日军袭扰，因该军仅千余人，素质又欠佳，故颇少战果。门炳岳骑 6 军为第 2 路军，12 月 10 日，骑 6 军由五原出发，向归绥、萨县间袭击日军，18 日破坏萨县附近铁路数段，23 日一度攻入萨县城。以马鸿宾第 81 军为第 4 路军袭击安北，阻敌增援。第 3 路军为攻击军主力第 35 军，该军由傅作义率领，13 日由五原出发，

---

① 《傅作义致蒋介石电》（1939 年 12 月 6 日），国民政府军令部战史会档案，中国第二历史档案馆藏。

进攻包头。

第35军经5夜秘密行军，抵达包头城下，日军当时全然没有发觉。19日，日军驻包头骑兵集团司令官小岛吉藏虽获悉傅作义部准备攻击包头，但对中国军队的方位作了错误判断。20日晨，小岛吉藏派炮骑兵联队长熊川长致率主力出城迎战傅作义军，而傅军孙兰峰新31师便随即乘虚钻入包头城内，迅速抄袭了日军骑兵司令部，缴获大量文件和战利品。张家口的驻蒙军司令官冈部直三郎得知包头情形后，急派萨县的骑兵第1旅团增援包头。安北的骑兵第14联队联队长小林一男与固阳的第13联队联队长小原一明自动率主力支援包头日军，在包头城外受到第35军主力阻击，第13联队伤亡过半，第14联队联队长小林一男被击毙。熊川长致率部白跑一趟后，于黄昏率部返回包头，此时，晋北第26师团主力因晋军赵承绶部忙于反共，遂尽量抽调增援绥西。22日，日军向包头城内外第35军进行总反攻，至23日拂晓，中国军队撤出包头，返回原防地。

图5.2　冬季攻势开始以后，绥远傅作义的部队表现突出，数次攻入包头，给日军重创。图为1940年1月28日，日军集结军队图谋报复

1940年1月下旬，日军为消灭傅作义部主力，调集步炮兵约5个联队、汽车1300余辆，乘冬季结冰，使用机械化部队击退中国军队。2月2日，攻陷傅军根据地五原，4日占临河。傅部实行空室清野，一部向敌后袭击，主力退入宁夏境内和伊克昭盟。日军虽占据了五原等要地，但与傅军主力决战已不可得，固守则

兵力不足，不得不自动向包头方面撤退。

中国军队在日军主力东撤后，收复了临河、善坝等地，但五原仍在日伪军掌握之中。留守五原的有伪蒙军 4 个师，伪警备军，另外有日本军官、特务、文职人员 570 余人。3 月 20 日晚，傅作义亲率主力奇袭五原，至 3 月 22 日彻底消灭日伪军，击毙绥西警备总司令水川信夫中将、特务机关长桑原中佐以下日伪军 3000 余人。3 月底，日军由平绥线增兵北犯，重新占据已遭彻底破坏的五原，但已无余力固守。4 月 1 日，傅军再度恢复五原，至此，后套已全无日军踪影。

绥西战役前后达 4 个多月，与日军作战 57 次，五原三失三得，经过反复较量，终于收复五原及绥西地区，多次重创日军，使日军此后再无侵犯绥西地区的行动。

在华北地区，冀察、苏鲁战区也参加了冬季攻势，破坏津浦、平汉等交通线，但效果甚微。1940 年 2 月 9 日，军事委员会天水行营主任程潜向蒋介石报告了第 1、第 2、第 8 及冀察苏鲁战区冬季攻势经过，并作了如下总结："本行营所辖各战区之冬季攻势，其中虽不乏战绩卓著、成绩优良者，然较之第四、五、九各战区未免逊色，相形见绌，此因……各战区内在种种矛盾之掣肘，常致成极势，使计划无由实施。"[1]

四、稍挫即止的第 3 战区攻势

第 3 战区在华中地区的冬季攻势中处于关键性的地位。它的战略任务为截断长江交通，使武汉方面日军陷于孤立，从而易于第 5、第 9 战区对日第 11 军发动攻击。国民政府军事委员会为使第 3 战区能顺利完成任务，特地增拨了许多门重炮，以便于作战和封锁长江。第 3 战区则计划以 14 个师的兵力达成截断长江的任务。

---

[1] 《程潜致蒋介石电》(1940 年 2 月 9 日)，国民政府军令部战史会档案，中国第二历史档案馆藏。

12月16日，第3战区冬季攻势开始。长江攻击军分左、中、右翼3个兵团向大通、贵池方向进行正面攻击。同时，第32集团军上官云相部和第10集团军刘建绪部分别袭扰南昌与杭州，以牵制日军。

长江攻击军中央兵团由第10军及第86军共6个师组成，为进攻主力，第86军担负主攻。第一阶段准备占领童埠、茅坦、观前等地，然后突至长江南岸，以水雷、重炮封锁长江。右翼兵团为第50军，进攻目标指向铜陵、大通、宁国一线，左翼兵团为第21军，担负吴田铺至湖口一线攻击任务。第40师和第52师为总预备队。至于日军方面，由荻港至湖口一线25里的长江防线上，仅配置一个第116师团，且兵力分散配置于沿江各处及各个据点内。

12月16日凌晨3时，第86军发动攻势，最初只使用了4个团兵力，预10师和第16师师长在使用时最初只派一两个连的兵力，然后逐次增加，尽管用兵不当，预10师和第16师还是突破了日军防线，克复了曾形山、解形山等重要据点，大通前长江航路一度被切断。预10师师长蒋超雄，因右翼郭勋祺第50军按兵不动而意存观望，未充分扩张战果。17日，各线仍进展甚微，师、团长们都以第50军未前进为托词，畏怯不前。18日，预10师终于占领茅坦，但日军援兵已至，开始反攻，预10师、第16师连日战斗，牺牲甚重，未能到达江边，第3战区司令长官顾祝同等决心动摇，认为随着桂南会战展开，第3战区已退居次要地位，部队"即令到达江边，亦必无继续作战的能力"。[①] 19日下午，顾祝同下令停止攻击，转取守势。23日，日军猛烈炮击青阳，但未能占领。26日，日军停止反攻，双方基本停止军事行动。

杭州方面，第10集团军第192师和第62师于12月13日晚分别攻入杭州、富阳、余杭各城，放火烧毁日军设施。1940年1月22日黎明，日第22师团的一个联队渡过钱塘江，在萧山北面登陆，该方面中国守军未能予以有力的抵抗。同日，日军侵占萧山，向绍兴挺进。27日，中国第10集团军发起反击，日军退回

---

① 《总顾问福尔根（苏联）对第3战区冬季攻势作战经过的报告》，国民政府军令部战史会档案，中国第二历史档案馆藏。

萧山。

在鄱阳湖西侧的赣江地区，中国便衣队于 12 月 12 日及 18 日分别混进南昌城，破坏日军设施。21 日，第 32 集团军进攻南昌外侧，但未取得大的战果。

第 3 战区在冬季攻势中毙伤日军数千人，重伤日军中型运输舰 4 艘，轻伤日军船只 5 艘。但未能完成截断长江的主要任务。尤为严重的是，长江攻击军以拥有 4 倍于日军的优势兵力和火力，攻势仅仅持续 3 天即告停顿，致使整个华中地区冬季攻势蒙受不利影响，战后受到重庆方面的严厉批评，第 50 军军长郭勋祺受到撤职处分。

从整个第 3 战区冬季攻势过程来看，国民党军队的固有弱点表露得非常典型。其一，高级军官缺乏进取精神，执行命令不彻底。这是以保存自身实力为原则的必然结果，苏联总顾问福尔根自始至终参与第 3 战区冬季攻势，发现在攻势过程中"确有直接违犯命令及照其私意而为者，毫未遵守纪律及开战前之各种指示"。[1] 为了保存实力，结果总是以小部队进攻，而以大部队主力为预备队，以便减少牺牲。第 3 战区动员了大批部队组成长江攻击军，但战时用于第一线攻击的只有两个师，而这两个师不将全部兵力用于攻击，而是逐次投入。其二，部队之间缺乏协同和足够的信任。12 月 10 日，担当主攻的预 10 师师长就公开声明："在右翼第 50 军占领乌鱼塘以后，我始能前进。"[2] 其他部队存在同样心理，结果互相观望，行动消极。其三，师级指挥官能力缺乏，战术运用呆板，缺乏步炮协同意识，部队缺乏攻坚训练。其四，对日军攻击有恐惧心理，常常过高估计日军力量，超报敌情 3 ~ 4 倍以上，致使上级指挥官难以正确判断战场上的真实情况。

---

① 《总顾问福尔根（苏联）对第 3 战区冬季攻势作战经过的报告》，国民政府军令部战史会档案，中国第二历史档案馆藏。

② 《总顾问福尔根（苏联）对第 3 战区冬季攻势作战经过的报告》，国民政府军令部战史会档案。中国第二历史档案馆藏。

五、第 5、第 9 战区围攻日第 11 军

第 5 战区为主攻方面，负有攻击平汉线南段武汉、信阳方向日军的任务。第 9 战区在冬季攻势之前也列入主攻方面，但因有数十师生力军南下驰援桂南，影响了第 9 战区冬季攻势的威力。

12 月 12 日，第 5、第 9 战区同时对日第 11 军全部正面展开反攻。当时，第 11 军全部分割成小单位分散配置，并无直辖兵团可以机动转用。日军第一线部队及据点起初均陷于中国军队的包围之中，孤立无助。第 11 军司令部只得拆东补西，增援薄弱环节，疲于奔命。

图 5.3　第 5 战区司令官李宗仁（左）、孙连仲、卫立煌（右）

第 5 战区以豫南兵团（辖第 2 集团军、第 68 军、第 92 军、豫鄂边区游击总队）由平汉路以西向信阳南北地区日军攻击。13 日，第 92 军占领泉口店、浆溪店、杨柳河，陆续向花山、平靖关、冯家庄攻击。第 2 集团军向骆驼店、归河、长台关各日军据点迫近。23 日夜，以两团兵力分别向信阳东北及西南挺进，攻击信阳日军。12 月 28 日，第 31 集团军加入该方面作战，1940 年 1 月 5 日，分别向徐家店、平靖关、花山等处日军袭击，与日军第 3 师团激战至 1 月中旬。

右翼兵团辖第 33、第 29 集团军，12 月 12 日，第 74 师渡过襄河向钟祥以南攻击，兵团主力则分别渡河占领朱宝大桥、西虎山，续向罗家坡、三店、炭埠庙一带攻击，13 日占领大小陈冲、张家湾。22 日起，围攻洋梓、钟祥等日军，战至 28 日，日军援兵大至，向右翼兵团全线反扑，两军在普门冲、长寿店以南一线激战至 1 月下旬，均死伤惨重。

江北兵团辖第 75 军、第 41 军、第 128 师。12 月 12 日，开始东渡襄河猛攻日军第 13 师团。日军在罗汉寺方面，相隔五六公里即有一个或两个小队把守的据点，受到江北兵团的围攻，除公议场外，聂家场、同心场等重要据点均为中国军队控制。15 日以后，日军第 116 联队赶来增援，17 日拂晓与江北兵团激战于仙桃、泗港一线，江北兵团予日军重大杀伤，但自己的伤亡亦相当重大，遂以第 55 师及第 13 师在雁门附近牵制日军，主力于 23 日间在襄河西岸撤退。

左翼兵团由第 22 集团军、第 39 军和第 1 游击纵队编成，向随县以东的第 3 师团出击。第 45 军包围了浙河马坪，第 41 军则采用以主力正面攻击，以一部侧背迂回的战术，攻击随县外围的擂鼓墩及滚山两个日军重要据点。28 日起，左翼兵团在洛阳店、徐家店一带与日军增援部队胶着，战事陷于停顿。

1 月 28 日，蒋介石电令第 5 战区停止冬季攻势，并嘉奖了该战区，称"此次冬季攻势获有真价值之战果者，当以贵战区为第一"。①

第 9 战区在赣北、湘北及鄂南同时发起攻势。

赣北方面，第 19 集团军向奉新、靖安、南昌间日军第 33、第 34 师团发起进攻。新 11 师渡过锦江，截断西山万寿宫与南昌间主要交通线，第 51 师占领五步城，截断大城、奉新间日军主要交通线。第 141 师渡过修河，一度截断南浔路。第 32 军攻击靖安一带日军，12 月 21 日夜冲入靖安城内，将张公渡至安义、德安至箬溪间交通通讯破坏。

湘北和鄂南方面，第 15、第 27 及第 34 集团军向粤汉铁路北段日军第 6 师团

---

① 《第 5 战区冬季攻势作战经过概要》，国民政府军令部战史会档案，中国第二历史档案馆藏。

等部攻击，分袭崇阳、通城，羊楼司、桃林等各线，将第6师团各部联络补给完全遮断，使其各自孤立。第79、第73军等主力约9个师围攻崇阳西南的大沙坪，攻击非常顽强，持续了10多天，屡次逼近大沙坪和岳阳城郊。后由于日军第40师团及第6师团其他部队前来救援，中方结束了对大沙坪的围攻。冬季攻势期间，羊楼司车站，阳新、崇阳、慈口镇等地均曾一度被中国军队恢复。

在第9战区冬季攻势期间，南浔铁路未通行一次，粤汉路只通过一次车。

从12月12日至1940年1月底，第5、第9战区围攻日军第11军各处军据点达40余天，出击960次，直接交战的兵力达50多万。"攻势规模之大和行动之顽强是前所未有的"。[①] 日方第11军第一线部队几乎都变成了一个个孤立挨打的小部队，全线处于危急之中，伤亡重大，死伤近万人。日方承认，如果第9战区数十师生力军不南调桂南战场，第11军有被击败之虞。[②]

六、粤北之战

第4战区在冬季攻势计划中本居于助攻地位，由于日军在第4战区的粤北、桂南两大战场陆续引发粤北之战和桂南会战，第4战区在冬季攻势中便充当了极重要的角色。

日第21军为配合南宁方面日军作战，并挫败第4战区行将发动的冬季攻势，决定先发制人，击败粤北的中国军队。其作战目标是攻占第4战区长官部所在的韶关，将占领区域扩展至英德、翁源线，准备使用的兵力为第18、第104师团及近卫混成旅团，由第21军司令官安藤利吉指挥。

粤北守军以第12集团军为主体，约10万人，由第4战区副司令长官余汉谋指挥，第62军黄涛部驻守佛冈、源潭、花县等地区。第63军张瑞贵部驻守从化、牛脊背、梅坑、地派等地。第65军缪培南部驻守英德县青塘和翁源县华屋、大镇

---

① 《昭和十四年冬季作战经过概要》，见《现代史资料9》，第419页。
② 《日本帝国主义侵华资料长编》（上），第520页。

圩，为总预备队。

日军准备兵分 3 路，进犯粤北。由第 104 师团第 107 旅团一部组成的西山支队首先沿粤北铁路北上，由新街进窥银盏坳，恰与该方面发动攻势的中国军队 3 个师遭遇，预备队第 65 军遂投入该方面战斗。当左翼日军在粤汉线方面吸引中国军队大量兵力后，20 日，日军中路和右翼部队大举北犯。一路进展甚速，23 日，已占领源潭、牛脊背等地。由近卫旅团组成的中路军于 25 日越过良口圩，向北突进。右翼日军为第 18 师团全部，由增城沿增江支流北上，先后占领了龙门、地派、梅坑等地。24 日，左翼日军强渡滃江，广东战时省会韶关受到威胁，广东省主席李汉魂向中央求援。国民政府军事委员会调陈烈第 54 军，由湖南驰援粤北。

当日军进展顺畅之时，第 62 军黄涛部转而猛攻日军后方的重要据点——牛脊背。牛脊背在从化县城北约 40 公里处，位于翁源至从化公路上，为日军重要补给据点。黄涛部在牛脊背歼灭日军千余人，使中路日军因后方补给线被截断而不敢放胆北进。29 日，右翼日军攻占翁源。30 日，左翼日军占领英德，先头部队抵达新江墟，韶关危急，广东省府临时迁往连县。30 日，第 54 军主力到达曲江，前锋即向翁源、青塘攻击，第 65、第 62 军则作好从南夹击的准备。恰在此时，进犯粤北的日军已迅速自动撤退。事实是，当 20 日日军北犯时，即因南宁战事，已决定缩小作战规模，将作战目标从韶关改为翁源、英德一线，企图尽快结束军事行动。12 月底，昆仑关日军已朝不保夕，第 21 军急于将在粤北作战的第 18 师团及近卫旅团调往桂南增援。从 1940 年 1 月 1 日起，日军从翁源、大镇、河东之线分头南窜。中国军队则尾随攻击，5 日克复英德。到 9 日为止，已追至增城附近，随后恢复了江口、银盏坳、从化，16 日进占花县。至此，中国军队已完全恢复到 1939 年 11 月 20 日以前的原有态势。

从 1939 年 12 月至 1940 年 2 月，国民政府军事委员会动员各战区参加冬季攻势，北起绥远，南至桂南，全线出击，给予在华日军沉重的打击，是整个抗战时期规模最为巨大的攻势作战。中国军队在反攻过程中旺盛的士气给日方以深刻的印象，日军"在华官兵都亲身感受到中国军队的抗战力是不可侮的"。[①] 日方不得不承认："中国事变八年间，彼我主力正式激战并呈现决战状态，当以此为最"，[②] 日军在冬季攻势期间死伤了 5 万至 6 万人。

不过，冬季攻势未能如军事委员会预计的那样扭转整个战局的形势，也没有一个战区达成预定任务，在这个意义上，冬季攻势无疑是失败了。导致冬季攻势失败的原因主要有下列几个因素：第一，蒋介石及其幕僚判断敌情过于乐观，要求各战区达成的任务过于艰巨。1940 年 2 月 9 日，白崇禧致电军事委员会时曾指出："判断敌情应就战略战术之见地作缜密之考察，不可过度偏于乐观，致贻大局。"[③] 事实上，当时日军在进攻和防守能力上是中国军队远远不及的。它的相对优势是明显的，可以在它选择的任何一个地区发动一场大规模的攻势。日军真正苦恼的是，它的兵力不足以既守备广大的占领区，又有余力全面进攻，它也寻找不到可以一举决定战争成败的机会和地点。第二，国民党军队自身弱点甚多，尚不具备全面反攻的条件。其装备、训练、士兵素质均远逊于日军。第三，指挥失误。从整个战略指导看，冬季攻势缺乏侧重点，处处进攻，处处兵力不足，无法取得应有的战果。从各战区指挥看，则如蒋介石自己承认的，"此次冬季攻势失败，最大的一个原因，即由于前方部队逐渐使用兵力，而非集中全力攻击，以致没有一个县城被我们打下来"。[④] 由于这些因素，冬季攻势中，中国军队虽消耗很大，但未能取得一项显赫的战果。

---

① ［日］井本熊男：《作战日记编成的支那事变》，第 532 页，芙蓉书店出版。
② 《日本帝国主义侵华资料长编》（上），第 521 页。
③ 《白崇禧致蒋介石电》（1940 年 2 月 9 日），国民政府军令部战史会档案，中国第二历史档案馆藏。
④ 《作战经过（二）》，第 242 页。

小　结

武汉、广州失守后，抗日战争进入了战略相持阶段。国民政府军事委员会和日军大本营都清楚地意识到这样一个事实，即中日战争已演变成持久局面。基于新的战争态势，中日双方于武汉会战结束后在政略和战略方面均进行了重大的调整。

日军大本营决定将主要兵力用于确保和巩固已占领地域，消灭中国的敌后游击部队，掠夺中国的资源，实行以战养战，应付长期战争，在正面战场上则暂时停止大规模的战略进攻。为了逼迫国民政府屈服，日军竭力试图截断中国的国际补给线。1939 年间，日军先后攻占了海南岛、潮汕和桂南地区，进一步加强了对华南沿海的封锁。日方还诱惑汪精卫集团脱离抗战阵营，并玩弄外交和政治谋略诱降国民政府。

国民政府军事委员会自第一次南岳军事会议后，调整了战区指挥系统，设立了苏鲁、冀察战区，成立了战地党政委员会，显示出对敌后游击战的重视。对国民政府而言，1939 年是战局趋于乐观的一个年头。首先，日军停止了大规模的战略进攻，缓解了正面战场上的军事压力。1939 年间，日军除占领南昌和南宁时作战意图较为积极外，在随枣会战、第一次长沙会战等作战中都实行攻势防御，实施有限度进攻后，便退回原防地，姿态消极。其次，国际形势巨变，欧洲战争爆发，中国的抗战和世界反法西斯战争开始有结合在一起的趋向。第三，1939 年大后方农业丰收，经济情况稳定。因而，从 1939 年春季攻势开始，军事委员会不断筹划有限反攻，以图扭转战局，显现了较为活跃的战略指导意图，而其高潮则是在 1939 年底发动了正面战场上规模最大的一次反攻作战——冬季攻势。

　　冬季攻势的失败说明，在正面战场上，中国军队处于防守尚有余力，而反攻则力不从心的状态。虽然处于相持状态，但从进攻和防守的能力看，日军显然占有较大优势。这一事实便是在 1939 年间对战局估计偏于乐观的国民政府于翌年遭到严重危机的基本原因。

第二部分

敌后抗日游击战争的

广泛开展

第 6 章
华北敌后抗日根据地在斗争中巩固、发展

一、八路军巩固平原新区的作战

日军占领武汉后，被迫停止了对正面战场的战略进攻，转取以保守占领区为主。由此，中国抗日战争从战略防御阶段进入了战略相持阶段。在这战争形势发生重大变化的情况下，中共中央于 1938 年 9 月 16 日至 11 月 6 日在延安召开了扩大的六届六中全会。会上毛泽东作了《论新阶段》的政治报告，总结了抗战 15 个月来的经验、教训，分析了国内外形势，提出了新阶段全国抗战的总任务以及实现总任务所必须贯彻的方针、政策。全会讨论了这一报告，通过了《中共中央扩大的六中全会政治决议案》，并根据抗战以来我军在敌后发展的情况，确定了"巩固华北，发展华中和华南"的战略方针。为贯彻这一方针，更大规模地展开冀、鲁、豫平原的游击战争，中共中央、中央军委决定将八路军 3 个师主力全部开入平原，协同先期到达的部队和地方党领导的抗日武装，共同执行开辟、巩固平原抗日根据地的战略任务。

1. 八路军第115师主力挺进山东

山东是联结华北和华中的纽带，向南直下华中，往北逼迫平津，与晋察冀的太行根据地成鼎足之势。武汉失守后，日军增加了在山东的兵力，占据了山东大部分城市和交通要道，并开始逐步向乡村伸展。为增强山东地区抗日力量，先于敌人控制山东广大地区，1938年12月，八路军第115师根据总部命令，以第343旅之第685团由晋西开赴山东湖西地区（微山湖以西），与当地民众抗日武装苏鲁人民抗日义勇队第2总队汇合，合编为苏鲁豫支队。不久，又争取了沛县伪军一部反正，编为独立大队，成为拥有8000余人的武装，很快地开辟、创建了以丰（县）、沛（县）为中心的湖西游击新区。[①]

12月，八路军总部再次指示115师，除留部分兵力（第343旅补充团与晋西3个游击大队合编为第115师独立支队）在晋西坚持斗争外，师部及第343旅两个团在代师长陈光、政治委员罗荣桓率领下，由晋西全部进入山东。1939年3月，部队进抵鲁西平原。数日后即向郓城西北之樊坝伪军据点发起攻击，歼敌一个团，打退了郓城日军的救援，首战告捷，极大地振奋了当地群众。[②]

樊坝战斗后，第115师留一营在运西地区坚持斗争，大部继续东进，于3月抵达泰西地区，在那里与张经武、黎玉领导的山东纵队合作，打击匪伪势力，并主动向敌之主要交通线津浦路连续出击。敌不堪骚扰，于4月底调集日伪军5000余人，附汽车、坦克100余辆，分9路"扫荡"泰西，将第115师师直机关和鲁西区党委包围于肥城以南之陆房一带。在这危急情况下，第115师指挥员果断决定以陆房为中心，依托周围山地，构筑环形防御阵地，坚守御敌，再伺机突围。5月11日，敌全线进攻开始，担任防守任务的第115师第686团与敌展开白刃格斗，击退敌一次又一次的疯狂进攻，激战终日，守住了阵地，次日，我被围的主力部队和党政机关都已由敌军间隙处跳出包围圈，转至东平以东地区。是役，杀

---

① 中共山东省委党史资料征集研究委员会：《山东抗日根据地》，第5页，中共党史资料出版社1989年7月版。

② 《樊坝战斗》（1939年3月4日），见《山东军区战史》，军事科学院藏。

死杀伤敌 1300 余人，胜利地粉碎了敌寻我主力决战的企图。① 陆房之战后，第 115 师在运（河）西、泰西地区发动群众，建立抗日政权，使运西、泰西两地根据地连成一片，进一步控制了津浦路西、运河两侧、黄河以南这块三角要地。

7 月底，日军从津浦线抽调第 32 师团一个大队及炮兵、伪军各一部约 400 余人从汶上开进梁山一带，第 115 师决定打击该敌。8 月 2 日，日军到达梁山南麓前集庄附近。我先以骑兵连袭扰敌人，而后迅即撤离。敌果上当，沿梁山南麓向西北搜索前进，被诱入我伏击区，遭到第 115 师特务营等部的猛烈攻击，敌猝不及防，退守梁山西南独山庄。第 115 师于当夜以独立第 3 营向独山庄之敌发起猛攻。敌不支，在炮火掩护下向外突围。我军乘胜追击，敌大部被歼。此役，我共歼敌 200 余人、俘敌 24 人，给敌很大震慑。②

梁山战斗后，八路军总部指示第 115 师"乘敌大举'扫荡'鲁南之际，速向津浦铁路以东、胶济铁路以南的山区挺进，建立巩固根据地"。第 115 师遂以师部率随营学校第 686 团和特务团于 9 月初进入鲁南腹地抱犊岗山区，决定以此向南，控制郯（城）码（头）平原，打通与华中的联系，向西，与湖西区连成一片；向北，打通与鲁北区的联系；向东，发展滨海，与山东纵队活动地区连成一片，使之成为山东抗日武装独立坚持斗争的阵地。

2. 八路军第 120 师主力东进冀中、冀东

冀中是华北最早发展平原游击战的地区之一。自 1938 年 4 月，冀中行政主任公署和冀中军区成立后，冀中平原抗日游击战争又得到了进一步的发展。而敌为保住其在平汉、津浦两大交通干线上的安全，不惜一切代价，对这一地区进行严格控制，"扫荡"、袭扰较之其他地区更为残酷。为支援冀中抗日，1938 年底，八路军第 120 师主力（含师直属队、第 116 团、独立一支队、教导团和大青山地区的第 715 团等）在师长贺龙、政治委员关向应亲自率领下，由晋西北出发，越过

---

① 《陆房反围攻与突围作战》（1939 年 5 月 11 日），见解放军政治学院第一军事教研室编：《中国人民解放军战役战例选编》（一），第 157 页，解放军政治学院 1984 年 10 月版。

② 《梁山战斗》（1939 年 8 月 2 日），见《山东军区战史》，军事科学院藏。

同蒲、平汉两铁路封锁线，于1939年1月进抵冀中河间县惠伯口地区，会合了当地抗日武装和冀中党政军领导机关，于2月中旬成立了以贺龙为书记的冀中军政委员会，统一了冀中地区的党政军领导。

第120师主力开赴冀中之时，正值日军对冀中进行大规模"扫荡"之际，所以部队到达不久，就加入了冀中军民的反"扫荡"作战。1939年1月下旬，敌出动日军第27师团、第110师团和独立混成第8旅团各一部，计7000余人，分别从定县、保定、沧县、泊头等地出动，对潴龙河、子牙河之间根据地军民进行围攻"扫荡"。初抵冀中的第120师主力与冀中部队密切协同，以冀中军区部队一部在子牙河东和潴龙河西牵制敌人，第120师主力部队隐蔽于河间地区待机。2月2日晨，日伪军200余人，由河间县城向肃宁方向进犯，抵达曹家庄附近，第120师716团及独立第一支队突然向该敌发起进攻，战至黄昏，敌大部被歼，仅一小部分逃离河间县城。4日，敌又出动近千人西犯，向我第716团驻地实施突袭。第716团依托村落进行抗击，激战一天，毙敌近300，粉碎了敌围攻企图。敌连连受挫，不甘失败，又于2月9日至15日出动2400多兵力，合击邢家庄、北村地区第120师之715团，又遭我打击。为此，日军变本加厉，于3月18日，出动日伪军9000余人，分由献县、饶阳、河间、安平、大城、藁城出发，向我冀中之主力部队实施围攻。鉴于敌兵力较大，第120师先机摆脱敌之合击，主力转至河间东北的大、小朱村和卧佛堂、齐会村一带，伺机击敌。

4月22日，驻河间县城的日军第27师团第3联队第2大队800余人进抵任丘以南的三十里铺宿营。据判断，该敌有在大城等地日伪军协同下，从东、西两面夹击我军之企图，而第120师在此地区有7个团9000余人，主力相当集中。第120师遂决定利用此条件坚决消灭来犯之敌。4月23日，敌果由三十里铺出动，向第120师716团3营驻地齐会村发起进攻。这时，早有部署的第716团第1、第2两营开始从村外对敌实施反包围，形成对敌内外夹击态势。齐会外围刘古寺、东、西保东、杨庄、四公村等要点均为我占领。至夜，第120师第716团向被围之敌发起猛攻。敌在伤亡惨重情况下于拂晓向南突围。24日，我迅速调整部署，集中 3 个团加 1 个营的兵力围歼逃敌，另以两个团的兵力阻击来援之敌。25 日拂晓，敌在我围击下作最后挣扎，逃出 80 余人，余皆被歼。是役，敌被歼 700 余人，我军第 120 师取得了平原大量歼敌的重大胜利。①

齐会战斗后，日军不敢再以小部队贸然出动，从而减少了日军对冀中区的频繁围攻，冀中抗日力量得到加强。第 120 师则利用战斗间隙，为地方开办了各种军政人员训练班，还协助冀中军区整编了 14 个主力团、回民支队和任（丘）、河（间）、大（城）游击队等地方武装。至 1939 年 7 月，第 120 师在冀中共作战 160 余次，歼灭日伪军 4900 余人，部队也由挺进冀中时的 6000 余人扩至 21000 余人。8 月上旬，当敌将"扫荡"重点转向北岳山区时，第 120 师根据总部指示，由冀中向晋察冀边区的北岳区转进。

3. 八路军第 129 师主力挺进冀南

1938 年 11 月，日军在围攻冀中区的同时，另以独立混成第 3 旅团和第 114 师团各一部，约 3700 余人，对冀南抗日根据地进行"扫荡"，先后占据了根据地边缘的宁晋、永年、恩县、高唐等重要城镇和鲁西北的聊城地区。而后，敌以重兵从东、南、西三面向冀南中心区作压缩、包围。为坚持冀南抗战，八路军总部于 11 月令第 129 师主力挺进冀南，协同冀南军区部队巩固新开辟的根据地。

12 月下旬，第 129 师师长刘伯承、政治委员邓小平率第 386 旅主力和先遣支队一部进入冀南。

1939 年 1 月，日军从平汉、津浦铁路沿线调集第 10、第 110、第 114 师团各一部，共 3 万余人，由东、西两线，分兵 11 路对冀南根据地发起大规模"扫荡"。我军根据敌在平原地区行动迅速，便于集中兵力的特点，把部队分成若干小部队，分区活动。1 月 7 日，敌开始从西线石家庄、邢台、邯郸、大名等地出动，向我根据地作压缩推进，月底前即占领了滏阳河两岸各县城。2 月初，东线之敌也由泊头、德州等地出动，配合西线之敌向冀南推进，占领了冀南中心地区各县

---

① 《齐会战斗详报》（1939 年 4 月 23 日至 25 日），见《120 师 6 个著名战斗统计》，军事科学院藏。

城。在这严峻形势下，第129师各部以若干小部队与敌保持接触，达到迟滞、消耗敌人的目的，主力则转至敌侧后，打击敌之补给线和守备部队。

威县是敌后方补给线上的一个重要据点，由敌第10师团和第40联队各一部守备。其周围之曲周、广宗、清河等据点则守备兵力薄弱。根据这一情况，由陈赓、王新亭指挥的第386旅集团，[①] 决心在威县打一个歼灭战。2月上旬，我方派出小股部队连续对威县、曲周等县城进行袭扰，诱敌出击，主力则抵达威县以南的香成固地区，设伏待敌。10日上午，威县之敌以一个加强步兵中队分乘汽车8辆，组成快速部队，向南出击。是日中午，敌至南草场附近，遭我骑兵连袭击。敌军上当，被骑兵连诱至预伏地区。设伏部队向敌发起猛攻，敌猝不及防，死伤惨重。战至下午，敌开始向西北方向突围，又遭阻击，敌被全歼。是役，敌被毙200余人，被俘8人。[②] 香成固战斗的胜利成为冀南反"扫荡"作战的重要转机。敌遭我打击后，改用组织快速部队，进行分区"扫荡"。我则把主力分散，与地方武装一起，组成游击小组袭敌，并发动群众改变平原地形，挖掘了数万里的沟道，以限制敌人快速部队的行动。日军被迫于3月初停止了对冀南的"扫荡"，逐步把"扫荡"重点移向山地。根据此敌情，第129师师部率第386旅等返回太行山区。

4. 八路军第4纵队挺进冀东

八路军第4纵队进入冀东和冀东人民大规模的抗日武装暴动，对敌占平津大城市和北宁铁路的交通安全造成直接威胁，日军因此从本土抽调第110师团于1938年7月进入平津地区。8月，该师团纠合东北伪满军等，对冀东抗日军民进行大规模"讨伐"。第4纵队苦战数月，由于部队伤亡大，弹药无法补充，主力和暴动武装乃转移至平西整训。西撤途中又遭敌堵，队伍遭到较大损失，暴动武装大部失散，一部随第4纵队抵达平西，少数随冀东党组织返回原地。[③]

---

① 包括该旅新1团、补充团，第343旅之688团，东进纵队，先遣支队和冀南军区部队之一部。
② 《香成固战斗详报》（1939年2月10日），军事博物馆藏。
③ 李运昌：《冀东人民抗日武装大起义》，见《八路军回忆史料》（1），第356页。

11 月 25 日，中共中央致电集总及晋察冀军区，对第 4 纵队挺进冀东所取得的胜利予以肯定，同时严肃指明向平西转移受挫应吸取的教训，指出："估计冀热察区的军事政治环境，认为那地区有许多有利条件，可能坚持游击战争，创造游击根据地。"① 为此，1939 年 2 月中央军委决定以第 4 纵队为基础，成立冀热察挺进军，肖克任司令员，并组成军政委员会，统一指挥平西、平北和冀东的抗日游击战争。

1939 年 2 月，转到平西的部队也回到了冀东。根据中共中央"巩固平西，坚持冀东，发展平北"的指示，挺进军突击扩军，主力扩大。抗日游击大队、支队也纷纷恢复、成立。冀东军民进行了反"扫荡"作战，巩固了平西根据地，冀东游击战争也得到恢复、发展。1940 年初，挺进军一部开始向平北推进，工作重心也由"巩固平西，坚持冀东"发展到"依托平西以开展平北"。② 至是年夏，冀热察边抗日出现新局面。

二、日本华北方面军推行"治安肃正"计划

武汉会战后，八路军在华北各地抗日游击战的发展，引起了敌人的高度重视。1938 年 11 月 18 日，日陆军省重新研究武汉作战后的基本方针，制订了《（昭和）十三年秋季以后的战争指导方针》，指出：为适应长期持久态势，日陆军省将原来的对华处理方针作了修正，陆军将停止以前大规模的地面进攻作战，"以恢复并确立占领区治安为第一要义"。③

根据这一方针，从 1938 年底起，日军开始以主力回师华北，相继从华中、华

---

① 《对冀热察工作的意见》（1938 年 11 月 25 日），见国防大学编：《中共党史教学参考资料》第 16 册，第 69 页。
② 《肖克关于冀热察情况向晋察冀军区、中共中央的报告》（1940 年 6 月 2 日），见《中国人民解放军抗日史料选编》第 1 辑，军事科学院藏。
③ 《陆军对华处理方针》（1938 年 12 月 6 日），见《百团大战史料》，第 348 页，人民出版社 1984 年 5 月版。

南正面战场及其国内抽调了 7 个师团又 5 个独立混成旅团加强华北方面军。至 1939 年 4 月，华北日军总兵力达到 15 个师团、9 个旅团，占其侵华总兵力 30 个师团（不含关东军）的半数以上（6 月，日军从华北调出 5 个师团，但仍保留 10 个师团、11 个独立混成旅团的兵力①）。为保证"确立占领区治安"方针的实施，日陆军省并具体规定了对处理方针实施要领。其中把占领区分为"以确保安全为主的治安地区和以消灭抗日势力为主的作战地区"，河北省北部，包头以东之蒙疆地区，正太路以北之山西（尤其是太原平原），山东省的重要部分（胶济路沿线地区），上海、南京、杭州三角地带更被列为"应迅速确立治安的主要地区"。② 根据陆军省这一部署，日大本营进一步制订出《对华作战指导纲要》，以《大陆命令第 241 号》下达了大本营作战企图和各军的任务，明确指出：大本营之企图为"努力确保占领地区，促其安定，并以强大的长期的围攻态势压制与消灭残余抗日势力"。《命令》给华北方面军的具体任务是"负责现已占领之华北地区的安定，尤其要迅速恢复河北、山东、山西北部以及蒙疆等主要区域的治安，确保主要交通线"。③ 大本营并特别指出：从"方面军占领地区的状况，从我军兵力及治安实情看来，实际势力所及只限于重要城市周围及狭窄的铁路沿线地区，仅仅是'点和线'，其大部是匪占地区"，为完成任务，"方面军必须制订建设华北的正式施策"。④

根据大本营命令，日华北方面军把"以武力为中心的讨伐肃正作为完成确保安定的首要条件"，决以"积极的肃正作战，实现包括重要地区在内的'面'的占领"，来"显示皇军的绝对威力"。⑤ 为迅速恢复日军在河北北部、山东、山西北部以及蒙疆等重要地区的"治安"，华北方面军拟定了《治安肃正纲要》，指出：（1）实行"分区扫荡"，"分进合击"以克服华北地区辽阔、自身兵力不足

① ［日］崛场一雄：《日本对华战争指导史》，第 222～224 页，军事科学出版社 1988 年版。
② 《陆军对华处理方针》（1938 年 12 月 6 日），见《百团大战史料》，第 349 页。
③ 《大本营对华作战指导》，见《百团大战史料》，第 352 页。
④ 日本防卫厅史室编：《华北治安战》（上），第 107 页，天津人民出版社 1982 年 6 月版。
⑤ 《华北方面军治安肃正计划》，见《百团大战史料》，第 352 页。

之困难；（2）实行"集中作战"，"分散配置"，以保证广大地区之占领，同时又可随时集中，进行讨伐；（3）实行"奇袭"和"急袭"，瞅准目标，远道奔袭使"扫荡"部队与守备部队密切配合，延长"扫荡"时间；（4）巩固据点，修建交通线，并以之为基点、基线，逐渐扩张面的占领。[①] 日华北方面军还强调政治上要实行"以华治华"，在占领区加紧扶植、建立伪政权，收买汉奸，推行奴化教育；经济上则推行"以战养战"，加紧对占领区的掠夺和压榨，以完成大本营提出的"使华北在政治和经济方面都能独立经营，尤其应该承担开发和获得日本国内扩大生产所需重要资源的重任"。[②]

为达到上述目标，日华北方面军制订了 1939 年度"治安肃正"计划，确定从 1939 年 1 月至 1940 年 3 月，分三期进行：第一期，从 1 月至 5 月，首先集中兵力，"扫荡"冀中、冀南等平原地区的抗日力量，而后即行转入对晋西、晋北、五台山东等山区根据地的讨伐；第二期，从 6 月到 9 月，在一期作战基础上，实行分散配置兵力，广泛建立据点，并依托据点，反复进行"扫荡"，以实行对占领区域的有力控制；第三期，从 10 月至次年 3 月，继续完成第二期任务。[③] 为保证计划实施，日华北方面军调整了兵力部署：以第 1 军所辖 5 个师团和 3 个独立混成旅团，部署于山西全境；以第 12 军所辖 4 个师团和 3 个独立混成旅团，部署于山东全境和苏皖北部；以驻蒙军所辖 1 个师团和 1 个独立混成旅团及骑兵集团，部署于察绥地区；以方面军直辖的 5 个师团和 4 个独立混成旅团，部署于河北全境和河南北部，实施机动作战。

针对上述敌情，为贯彻中共中央六中全会提出"巩固华北"的战略任务，中共北方局和八路军总部多次向所属各部和地方党组发出"华北将转入严重的艰苦斗争环境，对此我们必须有所准备"的指示。针对日军先"扫荡"平原，后"扫荡"山区的作战意图，八路军制订了坚持平原以巩固山区、巩固山区以支持平原

---

① 《关于对纲要之见解》，见《百团大战史料》，第 370 页。
② 日本防卫厅战史室编：《华北治安战》（上），第 107 页。
③ 日本防卫厅战史室编：《华北治安战》（上），第 109～128 页。

的相应对策，使主力机动于平原和山区之间，对敌之"治安肃正"作战作了充分的迎战准备。

三、华北军民反击日军 1939 年度"肃正讨伐"

1938 年底，日军把"扫荡"目标再次转入山区。为了保卫山区根据地，粉碎敌"扫荡"计划，我在平原作战的八路军主力相继奉令回师山区，投入反"肃正讨伐"作战。

1. 晋察冀北岳区军民反敌围攻、"扫荡"

晋察冀边区之北岳区历来被敌视为"共产军在山西蠢动策源地"。① 在"中攻武汉、南取广州、北围五台"的作战计划下，日军于 1938 年 9 月从平汉、正太、同蒲、平绥四线抽调兵力 5 万余，取分进合击、步步为营战术，分 25 路向我晋察冀北岳区之五台、涞源、阜平中心区大举进犯，并一度入据阜平。我晋察冀军民在第 120 师主力一部配合下，以广泛分散的游击战争给深入根据地腹地的日军不断袭扰，主力则转至敌侧后，寻机给敌打击。经过东西庄②、邵家庄③、滑石片④等大、小 136 次战斗，毙敌 5000 余，在历时 48 天的艰苦斗争中，北岳区军民取得了巨大的胜利。⑤

然而，日军并不甘心受挫，他们又制订了从 1939 年 5 月上旬到 6 月下旬的"五台作战方案"。5 月 8 日，日军 109 师团、独立混成第 3 旅团各一部计 5000 余人开始分三路出动，向阜平以西龙泉关地区的晋察冀军区领导机关猛扑而来。其

---

① 《聂荣臻回忆录》（中），第 433 页，解放军出版社出版。
② 《东西庄战斗》（1938 年 10 月 3 日至 5 日），见《晋察冀军区抗日战史》第 1 章，军事科学院藏。
③ 《邵家庄战斗》（1938 年 10 月 2 日），见《120 师暨晋绥军区战史》，军事科学院藏。
④ 《滑石片战斗详报》（1938 年 13 月 3 日、4 日），军事科学院图书馆藏。
⑤ 《北岳区反敌二十五路围攻战役》（1938 年 9 月 21 日至 11 月 17 日），见《晋察冀军区抗日战史》，军事科学院藏。

中由大营出动的日军独立混成第 3 旅团一个大队 800 余人，在进至台怀后发现我主力已转移，只得续向北进，期至长城岭与五台之敌会合，不料，途中大雪封山，道路阻塞，敌遂准备沿原路回撤。部署在神堂堡地区待机击敌的我晋察冀部队主力第 359 旅旅部及第 718 团针对敌孤军深入的情况，决心利用神堂堡至上、下细腰涧一带险峻地形，集中兵力全歼该敌。

12 日，敌果然从原路北返，行至口泉村附近，即遭我 718 团先头部队和骑兵大队的阻击。双方激战竟日。至夜，敌见经神堂堡撤回大营无望，改由土楼子、上、下细腰涧小道向西突围。次日，敌先头一部 300 余人，窜至纳石岭鞍部附近，被我由东厂地区向南开进之第 717 团消灭。我第 718 团和骑兵营也在上、下细腰涧附近追上逃敌，经激烈战斗，将敌包围、聚歼。① 余敌除留少数兵团困守重要据点外，皆撤至五台。北岳区军民再次赢得反围攻作战的胜利。与此同时，晋察冀第 1 军分区也在河北易县至涞源之间大龙华镇将强迫群众修路的日军 300 余人全歼。② 敌在易县、满城、徐水一带的"扫荡"也被我粉碎。③

敌人在经过一段时间喘息后，又重新制订了"肃清五台"的"秋季讨伐计划"，调来守备石家庄和正太线的日独立混成第 8 旅团，配以部分伪军，约 1500 余人，由灵寿出动，占领慈峪，企图用所谓"牛刀子"战术④，以急袭、奔袭手段，突袭我晋察冀北岳区南部重镇陈庄，寻歼我主力。

1939 年 9 月 23 日，敌开始出动，我八路军第 120 师主力为加强晋察冀反"扫荡"作战，已由冀中调至北岳山。26 日拂晓，进占慈峪镇之敌向镇北的南五河、北霍地区进犯，被我第 719 团击退。次日，敌以 1000 余兵力轻装奔袭陈庄，占领该镇。我第 120 师集中主力至东、西司家庄，高家庄一线，以小部分兵力进至陈

---

① 《上、下细腰涧战斗》（1939 年 5 月），见《八路军事件人物录》，第 140 页。
② 《大龙华战斗详报》（1938 年 5 月 20 日），军事科学院图书馆藏。
③ 《保卫易、满、徐战役》（1939 年 7 月 9 日至 28 日），见《北岳区抗日战争史》，军事科学院藏。
④ "牛刀子"战术是日敌用来对付我游击战的一种战术，取中国俗语"杀鸡焉用牛刀"，反其意用之，意为要以绝对优势兵力来对付八路军的游击战。

庄以东之七祖院、大庄地区，担任诱敌出动的任务，另置一部于南北谭庄和东、西白头山，占领阵地，监视慈峪镇之敌，阻其北援。

27 日夜，第 120 师一部开始从东、西两面对陈庄之敌进行袭扰，敌人惶恐不安。次日 6 时，该敌纵火焚烧村庄，开始撤退。途中被我军主力四面包围。敌殊死顽抗，激战至午，不得突出重围。下午 2 时，灵寿、慈峪之敌共 800 余出援，16 时开始向我南、北五河担任阻敌任务的第 719 团阵地进攻，遭到坚强阻击，被滞于白头山地区。

为尽快全歼被围之敌，我 120 师主力于黄昏后向敌发起总攻击。20 时，敌占据的高地均被我攻占，只好困守冯沟里地区，据村顽抗。次日拂晓，敌待援无望，转向冯沟里南山突围，遭我军第 120 师各部节节阻击，上午 10 时，重新被围于鲁柏山以西高山深谷地区。至夜，我再次发起总攻，敌不支，悉数被歼。援敌闻主力被歼，亦赶紧缩回灵寿，战斗胜利结束。第 120 师陈庄歼灭战历时 6 天 5 夜，我以三倍于敌的优势兵力，取得歼敌千余的战绩。①

陈庄战斗粉碎了日军对北岳区的"秋季大讨伐"。然而时不过一月，日军重又调集其主力第 110 师团和独立混成第 2 旅团，计 2 万余人，对北岳区发起了更大规模的"冬季扫荡"。1939 年 10 月 25 日，敌一部开始由灵丘、涞源出动，结果在上寨、下关地区被我军 120 师第 715 团击退。11 月 2 日，涞源之敌再次出动，又在雁宿崖地区遭晋察冀部队的伏击，被歼 1500 余人。② 日军北线指挥官独立混成第 2 旅团旅团长阿部规秀中将在获悉所部被歼的消息后，不待集结于易县、满城、唐县等地的日军配合，便于 11 月 4 日亲自率领该旅团第 2、第 4 大队约 1500 人，从涞源等据点向雁宿崖方向开进，寻我主力报复，6 日晚到达黄土岭、上庄子一带。晋察冀军区决定利用黄土岭一带有利地形，再次集中兵力，打一个更大的歼灭战，并当即作出部署：令集结于寨坨、煤斗店一线的第 1、第 25 团迅速进

---

① 关于陈庄战斗的歼敌数有几种记载：1500 余（《北岳区抗日战争史》）；1100 人（《中国人民解放军战史》）；1280 人（《中国人民解放军战役战例选编》）；千余人（1939 年 10 月 10 日《新中华报》），文中取《新中华报》的记载。

② 《雁宿崖战斗》（1939 年 11 月 3 日），见《晋察冀军区抗日战史》，军事科学院藏。

入寨坨附近阵地，截敌退路，令位于大安的第3团占领黄土岭至上庄子以南山地；令第120师特务团进至大安，作机动作战准备，又令第2团尾随敌人并以主力绕至黄土岭北占据有利地形，第3支队则担任控制通往涞源要道的任务，从而迅速完成了四面包围敌人的部署。

7日晨，敌主力由黄土岭出发向寨头方向进犯。下午3时，进入我伏击圈。我军当即发起进攻，敌实施反扑，双方展开激战。军分区炮兵连以迫击炮进行轰击，日军中将旅团长，所谓的"山地战专家"阿部规秀当即毙命。当夜，敌拼死突围十余次，均未得逞。次日晨，蔚县、易县、唐县、完县之敌相继出援，向黄土岭逼近。被围日军在5架飞机掩护下，向上庄子西北突围。我晋察冀各部在追敌、截敌、歼敌一部后，主动撤出战斗。[①] 是役，敌被歼900余，大量军用物资被缴，尤其是阿部之死，更引起日军一片悲鸣。日陆军省发布了阿部规秀的阵亡公报，《朝日新闻》以"名将之花凋谢在太行山上"为通栏标题作了报导。黄土岭战斗战绩传出后，中共中央、八路军总部和各友军、抗日团体、著名人士都纷纷电贺这一胜利。蒋介石也给朱德发了贺电，电称："据敌皓日播音，敌辻村部队本月江日向冀西涞源进犯……日阿部中将率部驰援，复陷我重围，阿部中将当场毙命，足见我官兵杀敌英勇，殊堪奖慰。"[②]

图6.1　晋察冀军区司令员聂荣臻看望参加黄土岭之战的部队

黄土岭战斗后，敌曾再次调集重兵攻入阜平。我则避敌锋芒，晋察冀军区领导机关和主力部队先敌转移至敌侧和敌后。敌寻我主力不逞，只好放弃阜平东

① 《黄土岭战斗详报》（1939年11月4日至9日），军事科学院图书馆藏。
② 《军史资料》1985年第6期，第42页。

撤，结果反被晋察冀军区一部尾击，损兵 80 余。[①] 以后敌虽多次出动，"扫荡"我根据地腹地，但均"未有较大战斗成果"。[②] 敌屡遭打击，疲惫沮丧，被迫从根据地腹地撤退兵力，退回原据点。此次反"扫荡"历时 40 余天，我军大小作战 100 余次，毙敌 3600 多人，成功地保卫了北岳抗日根据地。[③]

2. 晋冀豫边太行区军民反敌"扫荡"

1939 年 7 月 3 日，日军以第 20、第 109 师团为主，加上第 10、第 35、第 108 师团和独立混成第 4、第 9 旅团各一部计 5 万余人，在第 1 军司令官统一指挥下，对我晋冀豫之太行山区大举进犯。根据敌人兵力较大，来势凶猛，并欲长期控制我根据地内重要城镇和交通线的企图，八路军总部和太行山区的第 129 师师部决定，以分散、持久的游击战疲惫、消耗敌人，主力避敌锋芒，分散隐蔽，以旅为单位作战，给敌以逐个打击。

7 月 6 日，日军第 109 师团，独立混成第 4 旅团入据沁县、武乡、辽县等县城，并开始沿平辽、邯、长等交通线向我根据地腹地推进，企图合击榆社地区我军主力。我第 129 师各部先以小部队配以民兵游击队对正太、平汉、同蒲等交通线展开破袭，牵制、消耗出动之敌，主力则集结于武乡西北和辽县西南等地区待机。因此，当敌第 109 师团和第 107 联队进至榆社以西时，即遭到我第 386 旅的攻击。与此同时，敌独立混成第 4 旅团在辽县以西石匣村也遭到我军第 385 旅的伏击。而由武安沿邯、长路西犯之敌，在涉县城西之河南店也与第 129 师特务团遭遇，被歼数十，敌合击企图破产。然而敌凭借优势兵力，打通了白晋路北段和邯、长路，至 14 日，沿白晋路南犯之敌占据了长治及其周围的襄垣、屯留、长子、壶关、潞城等城镇。由涉县、潞城出动之敌，东西对进，占领了黎城。敌控制了交通线，对我根据地进行分割，而后逐一"清剿"。针对敌之企图，我第 129

---

① 《阜平追击战》（1939 年 12 月 31 日），见《晋察冀军区抗日战史》第 1 章，军事科学院藏。
② 日本防卫厅战史室编：《华北治安战》（上），第 80 页。
③ 《北岳区冬季反"扫荡"》（1939 年 10 月 25 日至 12 月 8 日），见《北岳区抗日战史》，军事科学院藏。是役日方称"肃清晋察冀边区作战"。

师各部，向敌占点、线，主动展开破袭，以冷枪，埋设地雷，破坏道路、桥涵，切断电话线等多种手段，不断给深入根据地腹地之敌以打击。自 8 月下旬至年底，晋冀豫边区军民共作战 200 余次，毙敌 2000 余，敌所占交通线也经常被切断，不得不以更多兵力分散固守点线。[①] 但由于敌占据了我根据地大部县城，控制了重要交通线，我晋冀太行、太岳区被敌分割，加上敌据点增多，根据地内表现出敌我犬牙交错的形势。敌占点线，我据小块，给根据地游击战的坚持，造成了一定的困难。

3. 山东鲁中区军民反敌"扫荡"

八路军主力在山东的发展，引起日军严重不安，加上我山东纵队各部在沂蒙山区和泰山区游击战争的广泛开展，直接威胁了日军控制的津浦、胶济两铁路干线。为此，日华北方面军把"扫荡"我鲁中抗日根据地作为 1939 年度"治安肃正"的重点，从 5 月下旬起，日军第 12 军以第 5 师团为主力，出动第 21、第 32、第 114 师团和独立混成第 5 旅团各一部，共 2 万余兵力，以鲁中沂蒙山区为主要目标，由北向南，由西向东，采取长驱直入，分进合击之方针，妄图一举歼灭这一地区的八路军主力、中共山东分局、山东纵队指挥机关以及国民党军队于学忠部。

6 月 4 日，敌分由临沂、平邑、新泰、莱芜、临朐、安丘等地出动。9 日，占领莒县、沂水、蒙阴等县城，并控制了台（儿庄）、潍（县）公路和沂、沭两河沿岸以及滋（阳）、临（沂）公路，以此分割、切断鲁中区与滨海区、鲁南区的联系。针对敌之企图，中共山东分局与山东纵队发出反"扫荡"作战指示：要求缩减与分散后方机关，并配备自卫武装，以利独立行动，在作战指导上，避免正面作战，采取内外线相结合的广泛分散的游击战，向敌之侧后薄弱点和交通线出击。据此，山东分局、山东纵队领导机关率特务团转战于沂蒙山北部地区坚持内线斗争，以游击战对敌袭扰。主力部队则分散活动于外线敌之侧后，钳制、打击

---

① 军事科学院军事历史研究部：《中国人民解放军战史》第 2 卷，第 167 页，军事科学院出版社 1987 年 7 月版。

敌人，先后在莱芜东北之苗山和蒙阴以西之旋风峪等地予敌以重创。敌受打击后，开始增兵，从 15 日起向沂蒙山区腹地压缩、包围。国民党军于学忠、沈鸿烈部受到很大损失。我山东纵队则灵活避开敌之合击，保存了主力，并以战斗掩护友军突围、转移。至 7 月上旬，我军共作战 70 余次，歼敌 1000 余人，迫敌撤兵以固其后方，从而取得了反"扫荡"胜利。①

四、华北军民反击日军 1940 年度"肃正作战"

日本华北方面军在总结 1939 年度"治安肃正"未果的基础上，重又制订出"1940 年度肃正建设基本方针"，强调仍将以"'治安第一'为各项施策的基础"，规定方面军的讨伐重点"必须全面指向共军"。② 该计划分两期进行：第一期由 4 月到 9 月，第二期由 9 月到年底；重点"讨伐"地区为平汉、津浦两线之间地区。命令要求在 1940 年度，治安区须扩展到平陆、沁水及泽州（今晋城）平原，打通保定，石门（石家庄）和滏阳河、卫河的水路交通，以第 1 军及驻蒙军"扫荡"山西省北部和南部的抗日根据地。

冀中是日军 1940 年度"肃正讨伐"的重点，其"1940 年度肃正建设计划要领"中特别指出："该地区接近京津，是华北的中枢，是匪团尤其是共产系匪团的根据地。""为此，第 27、第 110 师团，应在独立混成第 14 旅团的协力之下，自 4 月上旬起，在方面军统制下，与有关兵团相配合，准备进行讨伐"。③

4 月上旬，日敌开始实施其"春季扫荡"计划。这次"扫荡"由敌津浦、平汉沿线之第 27 师团、第 110 师团和独立混成旅第 15 旅团各一部协同进行。4 月 13 日，大清河以北地区敌 3000 余人首先出动，向我固安、新城、永清之军分区部队袭击，扑空后转向北进，结果在涿县东部遭我伏击，被毙百余，不得已于 5

---

① 《鲁中反"扫荡"战役》（1939 年 6 月至 7 月 14 日），见《山东军区战史》，军事科学院藏。
② 日本防卫厅战史室编：《华北治安战》（上），第 244 页。
③ 日本防卫厅战史室编：《华北治安战》（上），第 237 页。

月底撤回原防。与此同时，担任唐河及潴龙河一带"扫荡"任务的敌第 110 师团"讨伐队"，也因两次合击我主力不逞，无法在根据地内立足，退回铁路沿线。同样，子牙河地区、沧石路沿线出动之敌也分别在窝北和商家村以东，豆店、时晨镇、刘官庄等地受到我军的打击，只好放弃合击我主力之企图，结束了"全面扫荡"。①

5 月，冀中进入麦熟季节，从下旬起，敌再次频繁出动，四处骚扰。为保卫麦收，中共冀中党委决定以破坏交通、封锁日伪据点、袭击抢粮之敌的行动，对敌出扰进行打击。6 月初，活动于衡水一带的回民支队围点打援，以一部袭击敌安家村据点，主力伏于东西康庄、南漳桥、白庙、白漳河、杨家庄等地，在衡水之敌贸然出援时，予以全歼。6 月 6 日，回民支队又利用张庄周围有利地形，对永清、韩林、杏花房等据点外出袭击群众麦收的敌人进行了坚决打击。据统计，从 6 月 1 日至 25 日，冀中军民为保卫麦收，先后与敌作战 40 余次，歼敌 800 余，攻袭日伪据点 9 处。②

麦收过，青纱帐起，冀中军民又抓住战机，发起"青纱帐战役"。从 6 月 25 日起，冀中军分区以两个团兵力，在肃宁、博野、高阳、安新、清苑、蠡县及河间、献县、青县以北地区利用青纱帐作掩护，连续袭击、伏击日伪军，到 8 月 10 日，冀中军区部队共作战 104 余次，毙敌 2500 余人，攻克据点 15 处，破敌交通 300 多公里，有力地惩治了"扫荡"之敌。③ 在冀中反"扫荡"的同时，晋察冀平西区军民也粉碎了日伪军的"十路合击"。④

日本华北方面军 1940 年度"肃正讨伐"的另一重要目标是晋西北地区。1940 年 2 月，为加强晋西北抗日作战，根据中共中央、八路军总部关于在晋西北

---

① 《冀中反敌全面"扫荡"》（1940 年 4 月 10 日至 5 月 31 日），见《冀中军区战史》，军事科学院藏。

② 军事科学院军事历史研究部：《中国人民解放军战史》第 2 卷，第 186、187 页。

③ 军事科学院军事历史研究部：《中国人民解放军战史》第 2 卷，第 187 页。

④ 《平西反十路围攻》（1940 年 3 月 9 日至 22 日），见《晋察冀军区抗日战史》第 1 章，军事科学院藏。

"南起汾离公路，北至大青山脉之间的地区，化为巩固的根据地，以建立西北和华北的战略枢纽"的指示，第120师主力在协助晋察冀边军民取得反围攻胜利后，由晋察冀返回晋西北。其所属各部立即开展晋中平原与同蒲路北段的游击斗争，同时增加了大青山地区的抗日力量，游击战迅速向绥东发展。为此，日军在其"1940年度肃正建设计划"中特别强调："此一地区，近来共军的渗透颇为显著，任其发展下去，不久即可能变成完全赤色地带。若不趁其根基尚未固之前彻底予以剿灭，则其祸害恐将波及河北、蒙疆。因此必须对其活动严加监视，必要时立即进行讨伐。"①

1940年6月6日，日军第1军独立混成第3、第9、第16旅团及驻蒙军两支队计2万余人组成"讨伐队"开始出动。根据日军这次"山西西北部肃正计划"，敌将首先占领岢岚、岚县两城，驱逐或消灭交城、文水以西八路军，并占领黄河各渡口，切断晋西北通往陕甘宁边区的道路，尔后由东、南、北三面向晋西北抗日根据地中心区合击，以压缩、围歼我军。②

6月7日，集结于静集之敌1100余人分两路进攻岚县。8日，占领该城。12日，文水、交城、古交和静集等地之敌2500余人，分9路向文水西北的双龙镇、对久镇地区合击，由于我军早有防备，并在敌合围之前已跳出包围圈，敌人扑空。我军第120师358旅决心利用米峪镇附近有利地形，对进攻对久镇后向静集撤退之一路敌军先行予以打击。17日晨，我358旅主力向米峪镇方向开进，途中即与敌遭遇，双方展开激战。敌大部被歼。我反"扫荡"初战告捷。

6月20日，敌开始以大兵力向我根据地内推进。当日，岚县之敌千余占领集村、普明、寨子等地，静集、古交、文水之敌2500余经米峪镇向赤坚岭、马坊方向寻歼我军；占领普明之敌也配合向赤坚岭推进，大武之敌千余则向方山进犯，摆出合击我军主力的态势。然而，敌此举再次落空，我358旅已先敌向西转移，于当日到达阳坡、塞上地区，并于21日夜乘夜色掩护，转向北移，摆脱了敌之追

---

① 日本防卫厅战史室编：《华北治安战》（上），第237页。
② 日本防卫厅战史室编：《华北治安战》（上），第270页。

歼。与此同时，日军进占三交、碛口、临县的独立混成第 16 旅团 3500 余人于 24 日、25 日先后进占黄河沿岸之罗峪口、克虎寨等处。日军第 26 师团 4500 余人也于 17 日至 24 日先后进占岢岚、保德、河曲、旧县镇、沙泉等地。针对各路之敌互相配合，向我进击的情况，我第 120 师避敌锋芒，分散活动，绕到敌之侧翼和后方，袭击、疲惫、消耗敌人，断敌交通，迫敌撤退。日军在深入我根据地后，受我威胁，补给供应不上，难以长期立足，只好于 6 月下旬开始撤退，把兵力集中使用于兴县。

6 月 28 日，敌近 3000 人由东、西、南三面向驻兴县八路军和第 120 师领导机关进行分路包围合击。我第 120 师迅速率第 358 旅由兴县以北地区转移至兴县西南的曹家坡等地区。敌在兴县扑空后，大部撤回原防地，兴县仅少数部队尚未撤离。我第 120 师当即决定集中部分主力，在兴县以东二十里铺设伏，打击此股孤立突出之敌，给敌巨大杀伤。敌仓惶突围，于 6 日全部撤离兴县，我反"扫荡"也就此结束。① 晋西北这次夏季反"扫荡"历时月余，共作战 250 次，歼日伪军 2500 余，收复了兴县、临县、方山、保德等为敌所占县城。②

山东鲁南、鲁中区是日军"1940 年度治安建设计划"的又一重要目标。八路军第 115 师主力进入鲁南后，开辟了以抱犊崮山区为中心的临（沂）、费（县）、峄（县）、滕（县）边区，并逐步将抗日游击战扩至郯（城）码（头）平原。1940 年 2 月，第 115 师第 686 团、特务团等部攻占了鲁南重镇白彦。白彦地处鲁南区中心，为鲁南交通之枢纽，故敌为夺回白彦，进行疯狂反扑。从 3 月 7 日起，驻滕县、太平邑（今平邑）、梁丘（费县西）等处日军都曾先后出动，少则 700 余，多至 2800 人，3 次猛攻白彦，屡遭重创，在付出重大代价后，于 21 日占领白彦。不料，是夜我 115 师即以主力反攻白彦，冲入镇内，与敌白刃格斗。至晨，敌伤亡重，只得借毒气掩护，退出该镇，白彦又回到我军手中。这次白彦争夺

① 《二十里铺战斗详报》（1940 年 7 月 4 日、5 日），军事科学院图书馆藏。
② 《晋西北冬季反"扫荡"》（1940 年 6 月 10 日至 7 月 6 日），见《第 120 师暨晋绥军区战史》，军事科学院藏。

战，日伪军被歼 800 余，鲁南根据地得到巩固。[①]

　　4 月中旬，敌因与我争夺白彦失败，乃重新纠集日军第 12 军之第 32、第 21 师团和独立混成第 6、第 10 旅团各一部，计 8000 余人，由邹县、滕县、枣庄、临沂等地分别出动，向我鲁南根据地发起了更大规模的"扫荡"。敌首先以一周时间，"扫荡"根据地边缘地区，建立新据点，而后向根据地中心区压迫推进，以大炉为中心，完成对我第 115 师主力的合围。针对敌之意图，我军采取内外线相结合的方针，以少数部队结合地方武装，坚持内线作战，主力则转移至外线边沿地区，伺机歼敌。因此，在敌"扫荡"开始后，坚持内线作战的部队在抱犊崮山区东麓之大炉、车辋、埠阳一带灵活穿插，与敌周旋，主力则从 4 月 21 日至 30 日，分别在固口山区、费县西北、峄县西南、驼山等地与"扫荡"之敌展开激战。敌不堪打击，又达不到寻我主力决战的目的，遂于 5 月上旬，匆匆结束"扫荡"，撤回原防。[②]

　　在鲁中区，我抗日军民也打退了日伪军的多次进犯。泰安、莱芜、临沂、蒙阴之敌，每出动一次均遭我痛击，不敢轻举妄动。我则乘势拔去了敌在半程和沂河沿岸的汤头、葛沟的 20 多个据点，以沂蒙山、泰山为依托的鲁中根据地日益巩固并逐步与周围地区打通了联系。此外，在山东胶东、清河、冀鲁边、湖西等区，抗日力量也得到发展，山东根据地在日军"治安肃正"中，不仅未被摧毁，反而越战越强。

五、根据地军民展开交通大破击，粉碎敌"囚笼政策"

　　由于华北八路军敌后游击战的广泛开展，且得到广大民众支持，敌虽屡次"扫荡"均难收效。1939 年 9 月，敌华北方面军总司令易人，杉山元离任，多田骏上台，当即提出了"竭泽而渔"的所谓"囚笼政策"。也即以铁路为柱，公路

---

①　《白彦战斗》（1940 年 3 月 7 日至 22 日），见《39 军抗日战史》，军事科学院藏。
②　《鲁南反"扫荡"战役》（1940 年 4 月 14 日至 5 月上旬），见《山东军区战史》，军事科学院藏。

为链，碉堡为锁，辅之以封锁沟、墙，从控制区向根据地构成网状"囚笼"，以此对根据地抗日力量实行分割、压缩、包围，束缚八路军和游击队之机动，便于敌之奇袭、捕捉，同时借此切断八路军与民众的血肉联系。为贯彻这一政策，敌大事修筑铁路、公路、据点、碉堡。公路上每隔10里，铁路上每隔二三里设一据点。在平原、湖泊地区，则迫使群众挖掘新的河沟，把我根据地划成不相联结的若干小块。而后，敌以守备部队与"扫荡"部队相配合，"点"与"面"相联系，实施"分区扫荡"、"分散配置"、"灵活进剿"，以达其"治安战"的目的。

为粉碎敌之"扫荡"，打破敌之"囚笼政策"，我八路军和地方武装在反敌"扫荡"中也做出了相应的对策。这就是主力军、地方武装、民众三结合的"交通破击战"。晋冀豫边是日军"治安肃正"的重点，在敌1939年夏季"扫荡"中，根据地内大部县城为敌所占。日敌还在境内白晋路北段，邯长、平辽、武沙等公路交通线两侧新建了不少据点，以此对我根据地封锁、分割，以实现其由"点"到"面"的占领计划。为粉碎敌企图，战斗在晋冀豫边的八路军第129师号召边区军民：面向交通线，开展广泛的交通破击战，打破敌对根据地实行的"囚笼政策"。从1939年12月起，至1940年6月，在第129师统一指挥下，八路军第129师主力、第115师344旅和晋冀豫军区部队先后在根据地民众配合下，进行了邯长公路、平汉铁路、白晋铁路、武沙公路四次大破击。

1. 邯长公路破击战

1939年冬，我军乘驻白晋铁路及邯长公路之日军第20师团、第36师团以及独立混成第1旅团换防之机，发起了邯长公路破击战。从12月8日起，我地方自卫队、游击小组就开始对邯长线之日伪军作不间断袭扰，以转移敌之注意力，掩护主力集结。14日起，主力部队第688团、689团和第129师特务团开始向潞城、赵店镇、黎城、停河铺、东阳关、响堂铺等敌据点展开袭击。至25日，涉县、黎城、响堂铺、井店等23处敌据点，为我所克，邯长路交通中断，我破击战胜利结束。①

2. 平汉铁路破击战

1940 年初，日军依托平汉铁路向东扩张，先后筑成石家庄至南宫、内丘至巨鹿、邢台至威县、邯郸至大名等公路干线，从而把冀南地分割成若干小块。为阻止敌实现其企图，从 4 月 7 日起，我冀南军区部队在民兵和群众紧密配合下，对平汉铁路以及由该路伸向根据地内的主要公路展开了全面破击。由于事先计划周密，群众发动充分，男女老少一起上阵，民众与部队共同组成破路队、掩护队、预备队，劳动力与战斗力相结合。敌白天修路，我民工、民兵便在太阳落山后，在军队掩护下，从附近村庄一群群出动，抢起铁镐，将敌铁轨挖掉，公路毁坏。敌派重兵护路，我军民今天袭击一处，明天又破坏一处，使敌防不胜防，疲惫不堪。这样，十余日连续作战下来，共破坏内丘至邢台段铁路数公里，石家庄至南宫、邢台至威县、内丘至巨鹿、大名至邯郸等公路干线 100 余公里。至 20 日，平汉铁路破击战结束。②

3. 白（圭）晋（城）铁路破击战

日军在冀南修筑公路的同时，积极抢修山区的白晋铁路，并计划修成临（汾）邯（郸）铁路，以此将太行、太岳根据地分割成 4 块，便于"分区清剿"的进行。为了不让敌之计划得逞，第 129 师部队在根据地群众协助下，于 5 月初发起白晋铁路破击战。在 5 日至 7 日两天中，八路军第 129 师特务团、第 385 旅、平汉纵队和晋冀豫边纵队两个团，以及第 386 旅、决死纵队等部，向白晋铁路沿线沁县、固亦、漳源、权店、南关、来远等敌据点展开袭击，敌守军被歼数百，100 多公里的铁路线数处中断。6 日，太谷、来源、沁县之敌出动，向八路军破袭部队进行反扑，均遭痛击。由于八路军与地方武装根据地群众的密切配合，一两天内敌经营一年的白晋线损坏惨重。至 7 日破击战结束。我根据地军民共破坏铁

---

① 军事科学院军事历史研究部：《中国人民解放军战史》第 2 卷，第 195 页。
② 军事科学院军事历史研究部：《中国人民解放军战史》第 2 卷，第 196 页。

路数十公里，毁坏大小桥梁 50 余座，炸坏火车一列，歼敌 350 余，敌以修路分割晋东南根据地的企图完全落空。①

4. 武（安）沙（河）公路破击战

为割断我太行、冀南两根据地的联系，1940 年初，日军开始修筑邢台至羊范、沙河至公司窑等公路。为打破敌这一计划，6 月中、下旬，八路军第 129 师以第 769 团和第 32 团分别攻击了刘石岗和范下曹的日军据点。战斗进行时，公司窑之敌 600 余人出援，在下关村遭我军第 14 团阻击，敌伤亡百余。6 月 21 日，我第 769 团、第 32 团又相继攻袭刘石岗和范下曹，冀中警备旅袭击了赵店。第 31 团攻占伊郭村，毁敌邢台至官庄段铁路 5 公里，公路多处，给敌分割、封锁我根据地的企图以巨大打击。

1940 年，日军在华北推行"肃正建设"，把进攻矛头全面指向八路军。据日方统计，为贯彻其"肃正计划"，在 1939 年 1 月 10 日至 1940 年 11 月 30 日将近两年期间，日军在华北出动讨伐次数大小合计有 29168 次，讨伐战斗 2759 次。② 另据我方记载：为配合这些"讨伐"，日军大事修筑铁路、公路、据点、碉堡，两年间在华北修复铁路 1870 公里，公路 15600 公里，新建碉堡 2740 个。③ 然而，在敌疯狂"扫荡"、"讨伐"和"囚笼政策"面前，我华北军民同仇敌忾，对此，敌也承认"管区内我最感棘手者为共军"，"共军情报收集、传递，非常巧妙而且迅速。日军的讨伐行动，往往在事前便被侦知，到处都有彼等安插的密探。就连日本方面的雇佣人员，对他们也必须提高警惕，以防他们通敌。与此相反，几乎无人提供关于共军的可靠情报"。④ 日军第 101 师团师团长桑木崇明哀叹根据地的组织是"神秘、微妙、不可理解的"，"老百姓可以随便用眼色或手势传达八路军要知道的消息，速度比电话还快"。⑤ 平原地形有利于敌，不利于我，为了长期坚

---

① 军事科学院军事历史研究部：《中国人民解放军战史》第 2 卷，第 196 页。
② 日本防卫厅战史室编：《华北治安战》（上），第 278 页。
③ 《聂荣臻回忆录》（中），第 452 页。
④ 日本防卫厅战史室编：《华北治安战》（上），第 157 页。
⑤ 《聂荣臻回忆录》（中），第 416 页。

持平原游击战争，根据地军民甚至发起破路拆城，改造平原地形活动。尤其在交通破击战中，更体现了人民战争的力量。据记载，冀中区参加破路的群众一夜之间就达五六万人。[①] 第 120 师太原作战时，参战群众也达 3 万多。日军在我根据地军民的铜墙铁壁面前，碰得头破血流，陷入不可自拔的泥淖之中。

六、华北五大抗日根据地的巩固和发展

创建抗日根据地，必须努力建立抗日民主政权。随着敌后抗日游击战争的猛烈发展，华北根据地也迅速扩大。从 1939 年下半年起，华北抗日根据地各党政领导机关在反敌"治安肃正"军事讨伐的同时，努力推进根据地的政权建设。

晋察冀边军民在连续取得山区、平原反敌"扫荡"胜利后，根据地得到进一步扩展，至 1940 年底，该区已成为地跨晋、察、冀、热四省，包括同蒲路以东，正太路以北，长城以南，渤海以西，北岳、冀中、冀东、平西、平北五块根据地在内的广大地区。为加强统一领导，1939 年 1 月，晋察冀分局改为中共中央北方分局，彭真担任分局书记（1941 年彭真离开边区去延安，北方分局仍改为晋察冀分局），代表中共中央和北方局对边区党、政、军和群众工作实施全面领导。在北方分局的领导下，晋察冀边区于 1940 年开展了基层政权大选举运动，普遍建立了边区至村一级的抗日民主政权。在此基础上，边区政府颁布了《关于晋察冀边区目前施政纲领》（简称"双十纲领"），对各级抗日民主政权的组织原则、任务、人民群众的权利义务以及各项具体政策都作了明确规定，边区建设进一步走向正轨。

在晋冀豫地区，自取得 1939 年度反敌"扫荡"胜利后，又于该年底击败了国民党的反共摩擦，在根据地内结束了两个政权、两种军队并存的局面，太行、太岳、冀南71 县完全为八路军所控制。4 月，中共北方局和八路军总部在黎城召

---

① 日本防卫厅战史室编：《华北治安战》（上），第163 页。

开高级干部会议，决定晋冀豫之太岳区独立，成立军区和党委。为加强统一领导，8 月 1 日，又在黎城成立了晋冀豫边区最高政权机关——冀南、太行、太岳行政联合办事处（简称冀太联办），主任杨秀峰，副主任薄一波、戎伍胜。冀太联办把辖区划分成太行、太岳、冀南 3 个行政区，下设 15 个专区，115 个县，并在普选的基础上，成立了区、乡等基层政权，同时公布了《冀太联办施政纲领》。从此，晋冀豫根据地各项工作由分散走向集中，走向稳固开展，成为一个拥有 10 万部队和 2000 万人口，东起津浦路、西至同蒲线、北接晋察冀、南临黄河，地域辽阔的根据地。八路军总部和中共中央北方局均设在根据地太行区内，成为华北持久抗战的堡垒和核心。

晋绥根据地在粉碎日军 1939 年度"肃正扫荡"后，完全成为八路军和新军活动的区域。与此同时，晋绥大青山根据地的对敌斗争也不断取得新进展。1938 年底，第 120 师第 715 团随师部进军冀中，留下 4 个连兵力结合地方武装组成大青山支队，在当地坚持斗争。为适应该地区斗争的特点，该支队于 1939 年夏改编为骑兵支队，人数由 500 余发展到 1700 多人。1939 年夏，日军由归绥、大同等地调集兵力"扫荡"绥中、绥南、绥西，我骑兵支队转至外线，对敌丰镇、红格尔图等据点进行袭扰，迫敌撤回原防。1940 年 3 月，日军在绥察推行"囚笼政策"，绥中银矿山等地 500 公里地区村庄全被烧毁，牲畜被杀死、抢走，斗争十分残酷。然而，大青山根据地军民在以贺龙为书记的晋西北军政委员会领导下，不仅粉碎了敌之"扫荡"，抗日政权建设仍得到了发展。1940 年 8 月，绥察人民代表会议在武川召开，参加会议的蒙、汉、回各族代表 600 多人，选举成立了绥察行政办事处，并根据会议决定成立了绥西、绥中、绥南 3 个专署和 9 个县政府。晋西北军区成立后，辖大青山游击根据地和 6 个军分区，以八路军第 120 师兼军区领导机关，统一指挥第 120 师、晋西北新军各部及大青山骑兵支队等。从此，北起大青山，南至汾离公路，东到同蒲路，西至黄河广大地区的晋绥抗日游击战争得到了更加蓬勃的开展。

在山东，经过 1939 年和 1940 年的反"肃正讨伐"作战，第 115 师主力在巩固鲁南的基础上，以一部东渡沭河，开辟了临（沂）、郯（城）、赣（榆）之间的广大地区，并打开了向滨海发展的通路。山东鲁中泰山区、沂蒙区抗日军民的游击战争，也在山东纵队直接指挥下得到广泛开展，在 1940 年反敌"扫荡"后扩至临（沂）、费（县）地区；在胶东，以大泽山区为中心的平（度）、招（远）、莱（阳）、掖（县）根据地也在反敌"扫荡"和对反共势力的自卫作战中，得到巩固、扩大。经过一年多战斗，山东境内过去的数块根据地已连成一片，除冀鲁边、鲁西北先后划归第 129 师领导外，胶东、清河、鲁中、鲁南、滨海、鲁西 6 个根据地正式形成。随着根据地的扩大，中共山东分局和各地区党委着手进行政权建设工作。至 1940 年 7 月，山东全省 108 县中，有 66 县建立了民主政权。至年底，县民主政权增至 95 个，并成立了 14 个专员公署，一个行政主任公署。1940 年 7 月 26 日，山东召开联合大会，选举成立了山东省临时参议会和山东省战时工作推行委员会，颁布了《全省战时十大施政纲领》。山东省各级民主政权的建立和抗日工作的开展，标志着山东根据地的发展进入了新阶段。

抗日战争进入相持阶段后，华北军民在敌强我弱形势下取得的反敌"治安肃正"的胜利和根据地的巩固、发展，不仅给侵华日军以沉重打击，而且牵制了敌人大量兵力，拖住了它进攻正面战场的后腿。据日方记载，至 1940 年，日本在华北有 9 个师团和 12 个旅团的强大兵力被钉死在那里，从而大大地消耗了日本的国力，导致日本侵华"整个战局陷入完全被动的局面"。[1] 1940 年春季，日本派遣军总部为了使宜昌作战的第 11 军能顺利完成作战任务，曾要求华北方面军以部分部队进行牵制，并派部分部队支援第 11 军，然而，其时正被中共敌后游击战搞得精疲力竭的华北方面军，不仅未能从命，反而诉苦兵力不足，强烈要求派遣军总部向华北增兵。方面军参谋长笠原亲自到南京联络，强调"减少华北兵力是错误的，巩固华北治安是解决中国事变的重要措施。为此必须增加兵力，迅速确立华北治安"。[2]

---

① 日本防卫厅战史室编：《华北治安战》（上），第 92 页。
② 《百团大战史料》，第 385 页。

华北敌后抗战，收复与保卫了广大国土，在沦陷区，打击了伪政权，建立起抗日民主政权，粉碎了敌"以华治华"、"以战养战"的企图。

华北敌后抗战，动员、组织、武装了广大人民，发展了抗日进步力量，壮大了人民军队，建立并巩固了中共在华北的各级党组织，使之成为支持华北长期抗战的堡垒和核心。

图6.2 八路军攻克日军据点后，拆毁敌碉堡

华北敌后抗战，推动了民运工作，展开了民主政治，成为中国共产党进步主张的实验区，为坚持持久战提供了成功的例证。

总之，正如八路军总司令朱德于1940年6月在延安干部会议上总结华北抗战之意义时所说的："坚持华北抗战是中日战争枢纽的重要构成因素"，它的意义既体现在"战略上、经济上"，还体现在"政治上"，"它告诉全国和全世界，敌人虽然占领了华北许多点线，但是华北究竟是不可灭亡的，我竟有办法从敌人后方赶走敌人，这点极大地巩固和发展了全国人民抗战必胜的民族自信心和自尊心"，而这正是中国抗战之所以必然取胜的最重要的力量源泉。

第 7 章
华中抗日根据地的巩固
与新四军在华中的发展

一、中共中央关于发展华中的战略部署

日军占领武汉后，由于从华中抽调部分兵力集中华北"扫荡"八路军和抗日根据地，留华中的日军又多部署在武汉周围，这给华中敌后游击战争的开展提供了极好机会。根据中共中央六届六中全会确定的"巩固华北，发展华中"的战略，1938 年 11 月，经中共中央政治局批准成立了以刘少奇、朱瑞、朱理治、彭雪枫、郑位三等组成的中共中央中原局，刘少奇任中原局书记，负责领导长江以北，陇海路以南，河南、湖北、安徽、江苏等地的抗日斗争。中原局的成立，对华中敌后抗日游击战的发展起了决定性的作用。

为贯彻中共中央方针，猛烈发展华中敌后游击战，牵制日军对华北的"扫荡"，配合武汉外围地区友军之对日作战，1939 年 2 月至 3 月，周恩来来到皖南新四军军部驻地安徽泾县云岭后，代表中共中央向东南局和新四军领导机关传达了六中全会精神以及中央关于向华中敌后发展的指示，并在军部大会上作了《目

前形势和新四军的任务》的讲话，指出新四军在江南敌后确定发展方向的三条原则：（1）哪个地方空虚，就向哪个地方发展；（2）哪个地方有危险，就到哪个地方去创造新的活动地区；（3）哪个地方只有敌人和伪军，友军友党较不注意，没有去活动，我们就到哪里去发展。① 依据这些原则，周恩来与新四军领导商定了"向北发展，向东作战，向南巩固"的具体发展方针。

1939 年 4 月 21 日，中共中央在国民政府军事委员会批准成立新四军江北指挥部之后，进一步指示新四军，立即部署在华中的大发展工作，强调："华中是我党发展武装力量的主要地域，战略上华中亦为联系华北、华南之枢纽，关系整个抗战前途甚大。"② 中共中央要求东南局和新四军须顾及全国形势和发展华中的重要性，不失时机地抽调力量增强华中；以新四军江北指挥部为中心，统一指挥江北部队，发展武装，建立抗日根据地。

据此，5 月 3 日，新四军军长叶挺由皖南来到江北新四军第 4 支队驻地安徽庐江东汤池，亲自部署新四军江北部队的东进，筹组新四军江北指挥部，以解决新四军向长江以北发展游击战争的统一指挥问题。在叶挺主持下，5 月 5 日新四军江北指挥部成立，张云逸任指挥，徐海东、罗炳辉任副指挥，赖传珠任参谋长，邓子恢兼政治部主任。新成立的新四军江北指挥部统一指挥江北 3 支部队：（1）新四军第 4 支队，辖第 7、9、14 三个团，约 4000 余人；（2）新四军第 5 支队，辖第 8、10、15 三个团，约 2000 余人；（3）江北游击纵队，辖 3 个大队，约千余人。同时，成立了江北指挥部前委，张云逸兼书记。

新四军江北指挥部的成立，对新四军东进起了重要作用，使新四军华中抗战出现了新局面。

---

① 周恩来：《目前形势和新四军的任务》，见《周恩来选集》（上），第 105 页，人民出版社 1980 年 12 月版。

② 《中共中央书记处关于发展华中武装力量的指示》（1939 年 4 月 21 日），见《新四军文献》，第 126 页。

二、苏南抗日根据地的巩固和新四军的东进、北上

中共中央关于"发展华中"的指示，首先在陈毅领导的江南新四军中得到坚决贯彻。1939 年初，新四军第 1、第 2 支队进行了官徒门、延陵镇、东湾、云台等一系列攻克敌据点，打击日伪军的战斗，巩固了以茅山为中心的抗日根据地。① 与此同时第 1 支队第 6 团则由叶飞率领，向无锡、江阴、常熟、苏州、太仓地区东进，扩大和创立新的游击基地。

1939 年 5 月，第 6 团从茅山地区出发，在武进南戴溪桥地区与无锡、江阴等地游击队合编，沿用当地江南人民抗日义勇军（简称"江抗"）番号，组成了"江抗"总指挥部，梅光迪任总指挥，叶飞、何克希任副总指挥，第 6 团改用"江抗"第 2 路番号，并成立了中共东路工作委员会和东路军委会，叶飞任书记。"江抗"总指挥部成立后，一面打击当地日伪势力，一面继续东进。5 月下旬，"江抗"一部在无锡东北与江阴交界之黄土塘与下乡"扫荡"的日伪军遭遇，立即主动向敌发起进攻，激战两小时，毙敌十余人，取得东进途中第一次胜利。② 6 月 24 日，该部又乘夜向苏州以西京沪铁路之浒墅关车站展开袭击，歼灭日军一个小队 20 余人，击毙日警备队长，火烧车站，破坏铁路和桥梁，迫使京沪线交通一度中断。③ 7 月 23 日，"江抗二路"两个连，袭击了上海市郊虹桥机场，烧毁敌机 4 架，给京沪线日伪军造成极大恐慌。④ 此外，"江抗"还与中共上海地方组织领导的常熟、嘉定、青浦等地抗日游击队配合，共同开辟了以苏（州）、常（熟）、太（仓）和澄（江阴）、锡（无锡）、虞（虞山）为中心的抗日游击基地。与此同时，新四军第 1、第 2 支队还派部开辟了宜兴北部和武进南部的太（湖）游击区。9 月下旬，第 1、第 2 支队各一部夜袭镇江东南渣泽车站，镇江之敌出动

---

① 马洪武、王德宝：《新四军征途纪事》，第 70～73 页，江苏人民出版社 1988 年 12 月版。
② 《黄土塘战斗》（1939 年 5 月 31 日），见《新四军征途纪事》，第 83 页。
③ 《夜袭浒墅关车站》（1939 年 6 月 24 日），见《新四军征途纪事》，第 87 页。
④ 《夜袭虹桥机场》（1939 年 7 月 23 日），见《新四军征途纪事》，第 90 页。

往援，又遭我伏击，敌汽车被毁 1 辆，伤亡近百。① 新四军第 1、第 2 支队的东进作战，大大地推动了苏南地区抗日游击战争的发展。

在贯彻"向东作战"方针的同时，新四军第 1、第 2 支队还跨出了向江北发展的试探性步骤。1939 年 2 月，新四军第 1 支队第 2 团（欠一个营）在管文蔚领导的丹阳游击纵队配合下，进入扬中地区，消灭了盘踞当地的汉奸武装，控制了扬中、大桥之沿江阵地，并与驻泰州地区的国民党苏鲁皖边游击军李长江、李明扬部建立了统战关系。1939 年 11 月，新四军第 1、第 2 支队领导机关奉命合并，成立新四军江南指挥部，由陈毅、粟裕分任正、副指挥，统一领导新四军江南部队第 2 团、第 4 团、第 3 团、新 6 团、"江抗"、"丹阳游击纵队"及全区地方武装。新四军江南指挥部成立后，立即整编部署北进，将活动于苏、常、太地区的"江抗"主力西撤至丹阳以北地区，与丹阳游击队合编为新四军挺进纵队，辖 4 个团，在管文蔚、叶飞领导下，渡江北上，进入江都的大桥、吴家桥一带，开展游击战争。另以新四军第 2 支队一部（第 4 团两个营）与挺纵一部合编，成立了苏皖支队，由陶勇率领进入苏皖边之天长、六合、仪征一带活动，同时还成立了苏皖区党委，负责领导苏皖、苏南、苏北三个特委。

新四军江北、江南指挥部的相继成立，标志着新四军已基本完成了长江流域进行战略展开的任务，造成了足跨长江两岸，随时北上东进的有利态势。

三、新四军坚守皖南抗日阵地

皖南之铜陵、繁昌一带为日军与我军争夺的重点地区。日军为巩固其对占领区的统治，确保长江交通，急欲夺取繁昌以作前进阵地，从 1939 年初起，连续对铜、繁地区作频繁"扫荡"。其时新四军第 3 支队已由南陵青弋江地区调至铜陵、繁昌沿江，新四军第 1 支队第 1 团和第 2 支队第 3 团也由苏南调至皖南，归军部

① 《袭击渣泽车站》（1939 年 9 月 25 日），见《新四军征途纪事》，第 96 页。

直接指挥。为保卫我皖南阵地，新四军于 1939 年 1 月至 12 月一年间，在铜陵、繁昌和泾县曾与敌交战 200 余次，其中尤以保卫繁昌的战斗最为激烈。繁昌位于长江突出部，与我后方山地相连，是新四军皖南前线与敌几番争夺、几度失而复得的一个重要据点。1939 年 1、2 月间，我新四军第 3 支队曾两次击败日伪军对繁昌进攻。5 月间又粉碎了敌对我铜、繁地区的"扫荡"。① 11 月，敌因进攻长沙失败，恐我东线军队策应进行战役反攻，同时为了解除长江交通运输的威胁，再次向我守卫的繁昌城发起进攻。这次敌使用兵力颇为强大，我军为避免与敌正面决战，以小部队正面钳制，扼守山头，控制城厢；另以部分部队分散活动，对敌进行袭扰，主力则占领有利地形，置敌之侧翼，相机出击，给敌以打击。②

战斗从 11 月 8 日开始，日军第 15 师团第 52 高品联队之川岛警备部队步、骑兵五六百人由峨桥、三山镇、横山桥出发，分 3 路向我繁昌城发起攻击。8 日午前 9 时，敌借炮火掩护，迫近繁城，并围攻峨山头我之守军，我以短兵火力顽强抗击，经数次反复冲锋，将敌击退。11 时，我置敌侧翼之主力第 3 支队第 5 团第 1 营转进至繁城北门附近，第 5 团第 2 营也迅速赶到西门，将攻城之敌包围，峨山头阵地我之守军也展开反攻。战至下午 5 时，敌不支，在毒气掩护下狼狈溃退。敌第一次攻势被打退。③

敌在第一次战斗中受我打击后，连日重新调动军队，准备发起第二次攻势。这次进攻，敌拟先夺取赤滩，威胁我后方，以孤立繁昌，为整个"扫荡"皖南作准备。11 月 14 日，敌石谷联队集中步、炮兵五六百人，由孙村向汤口坝、赤滩镇方向前进。我第 3 支队第 5 团第 3 营在梅冲附近与敌交火，敌受钳制，不能实现其渡河向赤滩镇前进的企图，便迅速占领汤口坝西北之金从山、九龙石高地，另以一部向乌龟山运动，于是双方在九龙石高地和乌龟山附近展开激烈的阵地争夺战斗。11 时，敌增援部队 200 余人赶到，将我与敌在乌龟山对峙的阵地包围，

① 《铜繁战斗详报》（1939 年 5 月 20 日至 23 日），见《新四军文献》，第 329 页。
② 《繁昌战役详报》（1939 年 11 月 8 日至 23 日），见《新四军文献》，第 335 页。
③ 《繁昌战役详报》（1939 年 11 月 8 日至 23 日），见《新四军文献》，第 339 页。

在我白刃肉搏、反复冲锋下，敌被击退。下午 2 时，敌第二批增援部队 400 余人赶到，向我右翼包围，遭我痛击，敌伤亡惨重，包围企图未能得逞。当晚 7 时，敌第三批增援部队到达黄浒，但这时敌已为强弩之末，无力发起猛攻，援敌仅在黄浒以北之象山附近占领阵地，掩护退却。12 时，敌全部秘密退出战斗，我乘胜向黄浒方向追击，战斗结束。是役历时 22 小时，敌前后增援 3 次，兵力计达 1200 余人，结果损兵折将，川岛指挥官被击毙，伤亡 300 余，敌被迫折回荻港、铁矿山、三江口原据点。①

敌进攻繁昌两次受挫，更为恼怒。20 日晚，敌开始倾其全力，出动驻荻港、铁矿山之日军 2000 余人，分 5 路再犯繁昌。21 日晨，各路出动之敌进至繁昌附近，从午后 3 时起，集中兵力、火力向我峨山头守军包围、冲击，并曾一度占领山头。我新四军 3 支队沉着应战，勇猛反击，峨山头阵地被夺回。由于敌兵力较大，来势凶猛，我为避敌锋芒，决定以运动防御，疲劳、消耗敌人，俟敌攻入城中，再以主力对敌进行包围，并相机打击退却之敌。果然，敌军在与我数度争夺后，大部攻入城内，但城东之峨头山高地却仍然为我所控制，入城之敌处于我峨头山火力威胁之下，始终不得安宁。次日，狂风暴雨，我主力出动，将繁昌城及其以西以北地域内的据点重重包围，并不时向城中日军发起冲击。敌此时死守孤城，粮尽弹绝，恐慌异常。23 日，敌开始突围，我以火力在峨山头附近压制敌人，以突击部队向突围之敌攻击。敌不顾一切向马家坝方向窜逃，繁城为我收复，战斗结束。以后敌又曾于 12 月间对我繁昌发起两次进犯，其结果一如既往。② 新四军第 3 支队在繁昌连续打破敌人 5 次大的进犯，有力地打击了日军之猖狂气焰，不仅胜利地守住了皖南抗日阵地，而且对友军之沿江作战是个有力的支持和配合，同时也使敌不敢轻举妄动，达到了主动制敌的目的。

1940 年 3 月，汪伪政权在日本扶持下粉墨登场。为配合汪政权的成立，日军增兵京、芜，并图再犯南陵、繁昌，以进窥青阳。4 月 23 日，日军驻芜湖、湾

---

① 《繁昌战役详报》（1939 年 11 月 8 日至 23 日），见《新四军文献》，第 345 页。
② 《第五次繁昌战役简报》（1939 年 12 月 26 日），见《新四军文献》，第 350 页。

汃、三山等地的第 51 联队和第 49 联队混合编成步、骑、炮兵计 5000 余人，在空军掩护下，由湾汃、黄墓渡经青弋江攻占南陵。25 日，敌分兵一部，沿青南公路向西南前进，企图迂回青阳。在强敌面前，我新四军皖南部队决心利用南繁一带地形，发挥我山地战的特长，先以游击战与敌周旋，造成敌弱点暴露，而后集中兵力，伺机击敌，以粉碎敌之进攻。

26 日，敌由广济坦向三姓街前进，其先头搜索骑兵与我袭扰部队发生战斗，并发现了我父子岭阵地伏兵。于是敌出动飞机扫射、轰炸，在炮火掩护下，以骑兵向我父子岭西侧阵地作包围进攻，步兵则由大通寺方向展开，实施迂回。在敌包围进攻面前，我父子岭守军以浓密火力，在吕山冲内与敌展开激战，白刃肉搏，杀声震天，给进攻之敌以巨创。4 小时后，敌放弃进攻，退回大路，转向木镇西犯。这场战斗敌伤亡 300 余，我也伤亡 84 人。[①] 在父子岭敌我交战的同时，新四军第 3 支队余部和军直部队也在纪家岭等处分别给沿公路西进和向马家坝、繁昌、赤滩、九朗庙开进之敌以阻击。[②] 26 日，在何家湾，我第 3 团第 1 营与迂回青阳的一路日军 3000 余人遭遇，我当即迅速展开，占据要点，敌虽有空军配合，但在我顽强抵御和猛烈火力下，激战 6 小时，无法越我阵地一步。至晚，敌转向木镇方向退却。[③] 此外，在汪家桥、铁门闩等地，进犯之敌也分别遭到新四军第 3 支队一部的伏击。[④] 在遭到我一系列打击后，敌被迫结束了这次在皖南的蠢动。是役，我与敌交战大小十数次，以劣势兵力和火力杀敌近千，以英勇的战绩粉碎了敌之进犯，支持了友军作战。

敌 4 月间在皖南失败后，并未放弃其企图。经过 6 个月筹措、准备，于 10 月调集其在江南无锡、丹阳、武进、镇江、句容、金坛等地守军以及江北之军队，

---

① 《父子岭战斗》（1940 年 4 月 26 日），见《新四军文献》，第 358 页。
② 《纪家岭战斗》（1940 年 4 月 26 日），《繁昌战斗》（1940 年 4 月 24、25 日），《九朗庙战斗》（1940 年 4 月 25 日），见《新四军文献》，第 359～361 页。
③ 《何家湾战斗》（1940 年 4 月 26 日），见《新四军文献》，第 361、362 页。
④ 《汪家桥战斗》（1940 年 4 月 29 日），《铁门闩战斗》（1940 年 5 月 3 日），见《新四军文献》，第 362、363 页。

图 7.1　1940 年 4 月下旬，新四军在皖南父子岭击败日军，缴获许多战利品

计 1 万多人，以步、骑、炮、空各兵种联合，向皖南新四军军部驻地作倾巢之犯。新四军皖南部队在叶挺军长亲自指挥下严阵以待。10 月 5 日，集结大通之日军分两路向青阳、董家店侵进，铜陵之敌向张家冲、顺安一带南犯，荻港之敌也兵分两路，一向铁矿山、孙镇进击，一路绕繁昌，向黄墓渡猛扑。这是敌之主领兵力，其骨干为日军中号称"骁勇善战"的第 51 联队（属第 15 师团）。面对强敌，皖南新四军各部分置于钟鸣街、鲢鱼山、芦家店、方村、铁矿山、梅冲、赤滩、九朗庙、伏龙山、黄墓渡等处，给来敌迎头痛击，歼敌数百。6 日，敌以主力沿峨岭一线南下，寻我主力决战。当晚在三里店外围与我彻夜激战，7 日晨，三里店为敌所占。敌据三里店后，以 5000 余人分成 3 路，在空军配合下，继续前进；我则利用田方、草鞋店、左坑等处高地阻敌前进。敌夺我高地不成，重将三路合为一路，猛向云上岭外围我之吕山阵地猛扑。我控守两侧高地，给敌以顽强抗击，敌凭借其步、骑、空联合兵种的威力，于 7 日一天，自龙山合乐榆七里之地外，以 5000 余机械化队伍，向我阵地发起十余次攻袭，均无法前进一步。恶战终日，仍然屡战屡败。入夜后，我乘敌疲惫，又从西南和东北方同时给敌以突袭，敌死伤千余，无心恋战，又怕后路被断，乃于 8 日晨在炮兵乱弹轰击掩护下，向大岭头冒险死战，夺路而窜。我当即分兵，围歼敌之后路部队，并乘势收复三里店、

左坑、汀潭，云岭保卫战结束。在云岭遭我打击后，由枫坑越青弋江流窜之敌，过江后向由我新四军之友军驻守的泾县城猛扑，企图盘踞县城顽抗。我新四军追击部队又与该敌激战于枫坑、泾县城之线。9日晨，泾县为我收复，残敌向东北方向逃遁，其后路部队2000余在西峰山窑家垄被我拖住，这时友军亦从东、北两面配合围攻，敌被围无法脱身，两日内伤亡逾百。直至11日拂晓，在敌数十架飞机掩护下，方由琴溪桥向赤滩突围而出。是役历时10天，大小战斗十余次，歼敌近3000，我军取得了东南战场反"扫荡"战事的胜利。[1]

四、新四军打开皖东局面

新四军江北指挥部成立后，在指挥部统一指挥下，经过整编、整理后的新四军第4、第5支队立即分赴津浦路两侧，开展游击战争，着手于皖东抗日根据地的创建。经过两个多月的连续作战，第4支队在津浦路西开辟了以定远东南藕塘为中心的游击根据地，第5支队开辟了以来安东北半塔集为中心的淮南津浦路东游击根据地。

1939年11月，中共中央再次就新四军向东发展问题指示中原局和新四军，强调："整个江北的新四军应从安庆、合肥、怀远、永城、夏邑之线起，广泛猛烈地向东发展，一直发展到海边上去，不到海边决不应停止。一切有敌人而无国民党军队的区域，均应坚决的尽量的但是有计划有步骤的去发展。"[2] 新四军第4、第5支队坚决贯彻中共中央这一方针，在皖东坚持斗争，活跃在津浦线两侧，给敌之津浦线交通构成严重威胁。

1939年12月，日军为巩固其后方，开始集结兵力"扫荡"驱逐我皖东抗日力量，从下旬起，由南京、明光、蚌埠等地调集而来的日军2000余人，分路出

---

① 思明：《我们在胜利中战斗》，见《抗敌报》，1940年10月16日。

② 《中共中央书记处关于江北新四军应猛烈向东发展的指示》（1939年11月19日），见《新四军文献》，第132页。

动，向津浦路西之周家岗、大马厂、古河等地进行"扫荡"。我新四军第 4 支队，利用山地有利地形，阻击、伏击相结合，给"扫荡"之敌以坚决惩罚。

21 日拂晓，敌之一路由大马厂向周家岗开进，行至复兴集即遭我新四军第 4 支队一部的阻击。敌与我展开激战，长达 7 个小时，仍被阻于原地不能前进。占据周家岗之敌往援，正通过我埋伏线内，遭我伏击，被迫退守山根曹、西河家等地，据险顽抗。次日晨，此股敌为与复兴集之敌会合，再次中我埋伏，被歼一部，余敌溃逃复兴集。我乘胜收复了被敌占据的周家岗、大马厂、古河等地，粉碎了敌"扫荡"皖东的企图。

1940 年 1 月，为进一步展开津浦路两侧的抗日斗争，中原局决定撤销皖东省委，成立津浦路东省委和津浦路西省委（是年夏又改为路东、路西两个区党委）。并在两区中先后建立起各级抗日政权机构、群众团体和自卫队武装。新四军第 4、第 5 支队也由原来的 5000 多人发展至 1 万余人。

五、新四军发展豫皖苏边区

新四军游击支队的睢、杞之征，打开了豫东抗战局面。为发展豫、皖、苏抗日游击根据地，1939 年初，游击支队主力再次受命由杞县、太康、淮阳、鹿邑继续向东挺进，开辟商丘、亳县、永城地区。

1939 年 1 月 9 日，游击支队 2 营在亳县以北夜袭芦家庙，歼灭伪军百余名，打开了皖北门户。[1] 1 月中、下旬，部队向永城推进，在永城、商丘一带摧毁"良民区"，打击汉奸、伪匪势力。2 月中旬，游击支队再征睢（县）、杞（县），在杞县瓦岗击败日伪军两千余人的围攻。[2] 3 月上旬，部队进至萧（县）、宿（州）一带，在萧县东南东仁台将土匪武装 400 余人缴械，并在小时村、刘古庄

---

① 《芦家庙战斗详报》（1939 年 1 月 9 日），见《新四军文献》，第 467 页。
② 张震：《东征之后》（1939 年 7 月 1 日），原文载《八路军军政杂志》第 9 期。

等处给敌伪、汉奸势力以沉重打击。[1] 3 月下旬，日军出动汽车 30 余辆、骑兵数十名，企图"扫荡"永城一带新四军。我游击支队一部在永城西南之大胡楼与敌遭遇，迅即投入战斗，敌遭重创，窜回原据点。[2] 4 月下旬，敌再度出动装甲汽车 30 余辆、骑兵数百，向龙岗我军进攻。游击支队在与敌交战后，因众寡悬殊，主动转移阵地，至商、亳、夏、永间袭扰敌人，破坏交通。敌人据孤寨，困守据点，惶惶不可终日。6 月下旬，游击支队一部两次袭攻怀远（怀远与蚌埠为津浦道之要点），毙敌数十，城中守敌慌乱中引起自相火并。[3]

9 月初，因永、夏、萧、宿地区地方杂顽武装投敌，形势紧张，游击支队主力奉令回师。在豫北之永城，皖北之涡阳，苏北萧县三角地区，游击支队边作休整，边配合地方党组织开展根据地建设的各项工作，使萧、宿、永、夏为中心的豫、皖、苏平原游击根据地得到了巩固。10 月，经中原局批准，豫皖苏省委改为豫皖苏边区党委，并先后建立了萧县、亳县、永城、夏邑、杞县 5 个县政权。与此同时，由于抗日武装的发展，游击支队力量得到猛烈扩大。12 月，经中共中央批准，游击支队改称新四军第 6 支队，彭雪枫任司令员兼政治委员，吴芝圃任副司令员，张震任参谋长，肖望东任政治部主任，下辖 3 个团，4 个总队，成为一支拥有万余兵力的抗日队伍。

六、新四军开辟豫鄂边区

豫、鄂边区包括豫南、鄂中、鄂东、鄂南等广大地区，南临长江，北为横（川）南（阳）公路，西为襄（阳）宜（城）公路，东为潢（川）汉（口）公路，由于地处武汉周围，当腰又插进一条交通巨脉平汉路，战略地位十分重要。在这一区域发展抗日游击战争，不仅直接威胁武汉敌人，而且对控制平汉路两

---

① 张震：《东征之后》（1939 年 7 月 1 日），原文载《八路军军政杂志》第 9 期。
② 张震：《东征之后》（1939 年 7 月 1 日），原文载《八路军军政杂志》第 9 期。
③ 张震：《东征之后》（1939 年 7 月 1 日），原文载《八路军军政杂志》第 9 期。

侧、汉水流域和长江上游，牵制宜沙之敌向我大后方进攻，均有重要作用。

1938 年 10 月武汉沦陷前后，豫皖边区广大民众和各阶层爱国人士，要求拿起武器，抵抗日本侵略，纷纷自动组织起来。在这一形势下，中共中央曾一再指示长江局，组织抗日武装，有计划地发展几个基本游击队和游击区。由于王明右倾错误的影响，中央指示未得到很好贯彻，错过了这一地区发动游击战争的最好时机。中原局成立后，为落实中共中央"发展华中"的部署，撤销了河南、湖北两省委，成立豫鄂边、鄂豫皖、鄂中、鄂西北等区党委，并作出决议，明确指出："鄂东、豫南、鄂中敌占区域是今天党开展华中游击战争最重要地区之一。创建坚强的游击队伍，建立鄂东、豫南、鄂中抗日根据地，并使之逐渐打成一片，这是今天鄂豫皖、鄂豫边，以及鄂中三个区党委最主要任务。"① 为迅速开展豫鄂边游击战争，建立游击根据地，中原局于 1939 年 1 月、4 月，先后派李先念、陈少敏（女）各率一支武装和一批干部向豫鄂边区敌后挺进，以联络散处各地的抗日武装，传达中共中央和中原局关于在豫鄂边区开展游击战争的指示。

1939 年 6 月，根据中原局要求于最短时期内创立一支 6000 人以上新四军队伍的指示，陈少敏率以信阳挺进纵队为主的豫南、鄂中数路抗日武装在安陆与李先念率领的独立大队（最初为新四军竹沟的留守部队）会合，进行了统编，成立了新四军豫鄂独立支队，李先念任司令员，陈少敏任政治委员（不久由陶铸代理），下辖第 1、第 2、第 3 团队和挺进团。7、8 月间，又陆续组建了第 4、第 5两个团队。此后，该部在鄂中深入发动、武装群众，打击日伪势力，连续进行了京山新街战斗、西山战斗和大山头反敌"扫荡"战等对敌作战，极大地振奋了鄂中民众的抗日斗志。② 由于游击战争的扩大和部队的发展，1939 年 11 月，豫南、鄂中、鄂东党和军队负责人在信（阳）、桐（柏）、应（山）、随（县）交界之四望山召开了会议，会上决定：撤销豫鄂边、鄂豫皖、鄂中三个区党委，成立新的

---

① 《中原局关于创立鄂东、豫南、鄂中抗日根据地的决定》（1939 年 9 月 8 日），见《新四军文献》，第 551 页。

② 李先念：《一年来鄂豫边区抗日游击战争》（1941 年 3 月 25 日），见《新四军文献》，第 588 页。

豫鄂边区党委，统一领导边区各地党组织和抗日武装，并将鄂中、鄂东、豫南之新四军部队统一改编为新四军鄂豫挺进支队（1940 年 1 月改称新四军豫鄂挺进纵队）。司令员李先念、政治委员朱理治、参谋长刘少卿、政治部主任任质斌，下辖 6 个团，3 个总队，共约 9000 人。①

豫鄂边区党和军队的统一，极大地推动了游击战争的发展和抗日根据地的创建。1940 年 1 月，豫鄂挺进纵队配合第 5 战区冬季攻势，在襄花公路上伏击敌汽车，与敌骑兵三四百人展开激战，歼敌百余。接着，又截击了由皂市开向宋河的敌援兵。又在侏儒山（汉阳）与伪军一部发生战斗，攻占了敌几个重要山头，毙敌近百，使武汉日军因之戒严三天。② 此后，纵队连续作战，2 至 4 月间，纵队第 4 团队和第 2、第 5 团队各一部，在京山、天门、安陆等地连续击退日军 4 次"扫荡"。5 月初至 6 月中旬，日军进攻襄樊、宜昌友军，为钳制日军西犯，纵队各部向鄂中、鄂东敌之据点主动出击，破坏敌交通线，并一度攻入黄陂县、马坪城（随县要镇）等处，活捉马坪维持会长。此外还在小河、界河、新店、张扬店等地对敌展开袭扰，并动员群众 2000 余名，破坏了花园至夏店的公路，使敌很长时间不能通车。③ 与此同时，纵队还出动部分队伍，往援被敌围困的友军川军第 125 师李团，掩护其安全突围。并曾在湖区上空击落日机两架，取得了一系列战果。④

日军攻占襄樊、宜昌后，中原局决定新四军豫鄂挺进纵队向襄河以西敌后发展，以巩固和扩大我鄂中阵地。中共中央也进一步作出指示，要求挺进纵队"必须努力扩大自己，务求在一年内扩大到 4 万人，主要的发展方向是路东（指平汉铁路以东）"。⑤ 据此，挺纵以主力转向大洪山方向，再逐步向襄河以西发展。

---

① 《刘少奇、张云逸等关于李先念部近况致中共中央书记处并项英电》（1940 年 1 月 3 日），见《新四军文献》，第 557 页。

② 李先念：《一年来鄂豫边区抗日游击战争》（1941 年 3 月 25 日），见《新四军文献》，第 592 页。

③ 军事科学院战争理论研究部：《游击战参考资料选编》（七），第 88 页。

④ 《李先念、任质斌等关于两个月作战情况致中共中央书记处等电》（1940 年 7 月 16 日），见《新四军文献》，第 570 页。

⑤ 《中共中央书记处关于豫鄂挺进纵队工作方针的指示》（1940 年 5 月 5 日），见《新四军文献》，第 559 页。

1940 年 6 月，挺纵先后控制了安陆以西的白兆山和坪坝等地。坪坝为白兆山通往鄂中各县的门户，我军控制该处后，对敌构成严重威胁。为此，敌于 7 至 10 月间先后 3 次出动兵力，企图从我手中夺去坪坝。7 月，日军第 3 师团两个大队 1200 余人，从安陆西北雷公店出动，沿公路向坪坝搜索前进，被我挺纵第 1、第 2 团队击退，敌被毙 30 余。9 月，日军第 3 师团又出动 600 余人，改由小路隐蔽出击。当地群众发现后立即报告。我挺纵第 3 团队先敌占据有利地形，给偷袭之敌以迎头痛击，敌溃逃而去。10 月，日军第 3 师团再次出动步、骑兵 100 余人，于深夜向坪坝我军发起突袭，结果仍被击败。在此期间，我豫鄂挺进纵队还在鄂中其他地区粉碎了日伪军的频繁攻击，巩固了鄂中抗日阵地。据统计，自 1939 年春新四军豫鄂挺纵开始作战起至 1940 年 7 月止，纵队共与敌作战大小 281 次，击毙日军 610 名、伪军 1980 余名，缴获武器大、小炮 11 门，重机枪 34 挺，轻机枪 106 挺，步马枪 5774 支，手枪、驳壳枪、掷弹筒、手榴弹、防毒面具等军需品若干，破坏公路 1870 里，大小桥梁 192 座，击落敌机两架，击毁汽车 18 辆，砍电线杆 3000 根，破铁路 120 段，毁大小铁桥 5 座，并曾一度收复安陆、京山、应城、云梦、应天门、随县、汉川、潜江、孝感、应山、经扶、黄安等 13 县，豫鄂边区由此进一步巩固、扩大，逐步成为华中敌后坚强的抗战堡垒。[1]

七、新四军、八路军会师，创建苏北抗日根据地

为加速发展华中，1939 年 11 月中共中原局书记刘少奇两次受命南下，来到新四军江北指挥部部署工作，并于 1939 年 12 月至次年 2 月间 3 次主持召开了中原局会议，讨论华中局势。由于国民党当局对新四军发展的限制，刘少奇就新四军今后的任务和发展方向，向中共中央书记处提出了建议，认为：目前建立完满的皖东抗日根据地的时机已经失去，我党在皖东只能求得某种有限度的发展，而

---

① 陶铸：《鄂豫边区的游击战争》（1941 年 1 月 15 日），见《新四军文献》，第 584 页。

有大发展希望的地区是武汉附近地区、豫东地区和苏北地区，其中又以苏北为我军发展的主要突击方向，应集中最大力量向这方面发展。其具体部署为：（1）第 4 支队之第 7 团、第 5 支队之第 8 团及无为游击队留皖东、津浦路两侧继续坚持皖东的斗争，江南第 6 团进至扬州、六合一带活动；（2）第 9、10、14、15 团北渡淮河配合彭雪枫部向苏北发展；（3）我军在淮阴以北站住脚跟后，即可向南发展，配合我第 7、8 团和江南部队向东北发展。[①] 与此同时，刘少奇还向中央提出了八路军一部南下，江南新四军主力北上，共同发展苏北的建议。

　　1939 年 12 月 27 日，中共中央书记处回电，同意刘少奇意见，"在华中方面以淮北之皖苏地区为主要发展方向"。[②] 早在 6 月间，为增强华中抗战力量，原活动于丰、沛一带的八路军苏鲁豫支队即奉命以两个大队由微山湖地区南下苏皖边，在那里结合地方武装，展开游击战争，曾先后在灵璧以北的张山、小时村等处击退日伪军 2000 余人的进攻。[③] 此后，支队留一部坚持原地斗争，主力西移津浦路西，以便进一步与新四军第 6 支队彭雪枫取得联系。由于苏皖斗争形势的变化，为进一步充实华中实现沟通华北、华中的战略目标，1940 年 3 月，中共中央向八路军总部提议调八路军主力至陇海路淮河间，协同新四军彭雪枫部创立根据地。5 月，八路军第 2 纵队主力第 344 旅和新编第 2 旅 5 个团，计 12000 人组成八路军陇海南进支队，由纵队政治委员黄克诚率领，分成两个梯队，开过陇海路南下，于 6 月下旬抵达豫皖苏边区，在涡阳之新兴集与新四军第 6 支队胜利会师，7 月上旬统一编为八路军第 4 纵队，彭雪枫任司令员，黄克诚任政治委员。7 月初，苏鲁豫支队也根据中原局指示，由丰县一带出发，到达皖东北泗县地区。8 月，中原局根据华中发展的战略需要，再次对部队进行了统一整编。为贯彻"向东发展，向西防御，集中力量发展苏北"的既定方针，以新 2 旅主力、苏鲁豫支队等部约两万人编为八路军第 5 纵队，辖 3 个支队，由黄克诚任司令员，继续执行东

---

　　① 《刘少奇关于目前华中发展地区及工作部署致中共中央书记处等电》（1939 年 12 月 19 日），见《新四军文献》，第 136 页。
　　② 《中共中央书记处关于江南工作的指示》（1939 年 12 月 27 日），见《新四军文献》，第 139 页。
　　③ 《张山、洋沟、小时村战斗详报》（1939 年 6 月 1 日至 5 日），见《新四军文献》，第 517 页。

进任务。以第 344 旅与新四军第 6 支队合编为八路军第 4 纵队，辖第 4、5、6 旅，共计 9 个团 17000 余人，仍由彭雪枫任司令员，执行坚持苏豫皖地区和向西防御的任务。

9 月，八路军第 4 纵队留第 6 旅坚持涡北原地斗争，主力进军淮上（淮河以北，浍河以南、津浦路以西，宿蒙凤公路以东），建立了淮上办事处和怀蒙、怀凤、宿蒙、宿怀 4 县抗日政权，开辟了淮上地区，并于 11 月中旬，粉碎了蚌埠、宿县等地日伪军 500 余人的进犯。与此同时，八路军和 5 纵队东进淮海地区，在那里和地方中共党组织共同努力，建立了沭阳、泗阳、宿迁、淮阴、涟水、东海等 8 个县政权，发展起 4000 地方武装，初步开辟了淮海区。

八路军主力一部南下，极大地增加了新四军在华中的力量，改善了华中的战略态势，也为进一步创建苏北抗日根据地创造了有利的条件。1939 年底，中共中央就华中和江南工作向中原局和新四军江南指挥部发出指示，明确要求："陈毅方面要抽有力部队过江，发展扬州以东"。① 新四军江南指挥部于 1940 年 5 月调集主力，部署渡江北上，执行开辟苏北的战略任务。

由于国民党奉行"溶共、限共、反共"政策，抗日统一战线内部出现了分裂、倒退逆流，国共摩擦加剧。据守苏北泰州地区的国民党苏鲁皖边游击军李明扬、李长江两部在韩德勤威胁下，由中立转向军事反共。1940 年 5 月中，新四军挺进纵队在西援半塔集战斗后，回驻江都县大桥西北之郭村休整。李明扬、李长江部突然向新四军挺进纵队发起进攻，挺纵奋起反击，新四军苏皖支队和江南主力三个团迅即驰援。经一周激烈战斗，二李部被迫向泰州退却。为争取二李共同抗战，新四军江南指挥部指挥兼第 1 支队司令员陈毅到达郭村，亲自出面与二李联系，表示愿与李部恢复统战关系，团结抗日，并表示同意让出郭村，释放俘虏，归还枪支。二李在兵败城危和我一再争取下，接受了陈毅所提条件，谈判议和。郭村战斗的胜利，为新四军东进黄桥，打开苏北敌后抗战局面创造了条件。

---

① 《中共中央书记处关于江南工作的指示》（1939 年 12 月 27 日），见《新四军文献》，第 139 页。

7 月上旬，陈毅、粟裕率新四军江南指挥部主力北渡长江，在苏北吴家桥与挺进纵队、苏皖支队会合。是月中旬，根据中共中央决定，新四军江南指挥部改称苏北指挥部，仍由陈毅、粟裕分任正、副指挥。同时将苏北新四军统一改编为第 1、第 2、第 3 纵队，计 9 个团 7000 余人（在苏南另组新的江南指挥部，指挥罗忠毅、政委廖海涛）。新四军苏北指挥部成立后，立即决定东进黄桥，以黄桥为中心，开辟泰（兴）、靖（江）、南（通）、如（皋）地区，创建苏中抗日根据地。7 月 25 日至 28 日，苏北指挥部所属部队由泰州以西东进，一举占领黄桥，尔后转兵南向，打击日伪部队，连克靖江东北之孤山、西来镇等敌据点。与此同时，新四军苏北部队还派出干部，在泰州、靖江、如皋等县开展群众工作，建立抗日政权，并积极做好迎战日伪军进攻的准备。

由于苏北斗争的成败与华中抗战前途关系极大，在国民党反共势力对新四军步步紧逼的严重形势下，中原局决定集中全力，首先解决苏北问题。9 月 2 日，刘少奇电令黄克诚率八路军第 5 纵队全部南下，向盐城、东台、兴化前进，增援新四军苏北指挥部战斗。10 月 4 日，陈毅指挥的新四军 3 个纵队在黄桥以北地区包围了前来进犯的国民党韩德勤部主力，歼其大部。10 日结束战斗。与此同时，南下的八路军第 5 纵队也东渡盐河，先后击溃苏北国民党第 2 旅、第 8 旅各一部，进占阜宁、东沟、益林，直下盐城、凤谷村等地，进抵东台以北的白驹镇，与新四军苏北指挥部部队胜利会师。至此，八路军、新四军协同开辟苏北的战略任务基本完成。黄桥战役的胜利，有利于开辟苏北，有利于发展与坚持华中敌后抗日作战。

黄桥战役后，中共中央指示在苏北应继续团结地方实力派和开明士绅，大力进行根据地建设和扩大军队。10 月 30 日，经与各方、各界人士商定，在海安曲塘召开了苏北抗敌和平会议，接着又在海安召开了苏北临时参议会，按照抗日民主政权"三三制"的原则成立了苏北行政委员会及县、区抗日政权，组建了地方抗日武装，新四军苏北指挥部主力部队也得到扩大。1940 年 11 月，成立了华中新四军、八路军总指挥部，叶挺、陈毅分任正、副总指挥，刘少奇任政治委员。

图 7.2　皖南事变前的新四军一部分官兵

从武汉失守到 1940 年底，是新四军在华中展开、巩固、发展的关键时期。新四军江南、江北指挥部所属部队，坚决贯彻了中共六届六中全会决定的"猛烈发展华中"的战略方针，选择了正确的发展方向，东进北上，战斗在大江南北，取得了重大胜利。据统计，这一时期，华中新四军对日伪军作战 2400 余次、歼敌、俘敌（包括伪军在内）5 万余，缴获长短枪 14000 余支、轻重机枪 540 余挺、各种炮 30 余门，创建了皖东、皖东北、豫皖苏边、苏中、苏北等抗日根据地，扩大了苏南、皖中的抗日游击战争，新四军由 2 万余人发展到 9 万余人，并实现了新四军与八路军在苏北的胜利会师，基本完成了中共六届六中全会赋予的发展华中抗日根据地的战略任务。①

---

①　军事科学院军事历史研究部：《中国人民解放军战史》第 2 卷，第 231 页。

第 8 章
华南抗日游击战争的开展

一、东江人民的抗日斗争

卢沟桥事变爆发后，日军占领东江之前，中共广东党组织即领导东江人民作了抗日战争的准备。

1937 年 9 月，中共中央派张文彬到广东。10 月，张文彬根据中共中央的指示，对中共临时南方工作委员会（简称南委）进行改组，张文彬任书记，薛尚实任副书记。是年底，中共中央派廖承志到香港，建立了八路军办事处。1938 年初，八路军驻广州办事处成立，云广英任主任。这些组织和机构有力地领导了东江地区抗日战争的准备工作。

1938 年 4 月，张文彬在广州召开了中共广东党的代表会议，传达了中共中央对广东工作的指示，宣布撤销中共南委，成立中共广东省委，由张文彬任书记。会议决定：各地中共党组织把建立民众抗日武装作为自己当前的中心任务，共产党员必须积极参加民众抗日武装。

1938 年 6 月，中共广东省委军委书记林平、组织部长李大林根据中共中央的指示和中共广东省委的决定，在广州召开东莞、增城、番禺、从化、花县党的军事工作会议。会议决定：（1）各地党组织要利用各种合法形式，组织民众抗日武装；（2）推动国民党当局训练民众抗日武装；（3）共产党员要努力学习军事，争取掌握民众抗日武装；（4）在日军入侵广东后，以东江的罗浮山、桂山为抗日游击战争的根据地。

在中共广东省委的领导下，东江地区人民抗日武装斗争的准备工作蓬勃展开。

1937 年冬至翌年春，中共东莞中心支部取得驻东莞国民党军第 153 师的支持，举办了两期军训班。中共党员和进步青年 200 多人参加。军训班为东莞建立民众抗日武装，培训了一批骨干。1938 年 7 月，中共东莞中心县委取得东莞县国民党社训总队的支持，成立了东莞常备壮丁队。其中，共产党员和进步青年 100 多人。与此同时，在农村还建立了以中共党员为骨干的 5 个游击小组，以及民众抗日自卫队。[①]

在宝安县，1938 年初，中共党员黄木芬取得观澜乡开明绅士吴盛唐和唐鸿文的支持，在广泛开展抗日救亡运动的基础上，在观澜、龙华地区建立了抗日自卫队等形式的民众抗日武装。[②]

在增城县，1938 年 9 月，中共党员利用增城县抗日民众自卫团的名义，建立了增城县抗日民众自卫团仙村大队和雅瑶大队。

在惠阳县，1938 年上半年，中共在常柏、坝岗、坑梓、澳头等地建立了民众抗日武装。同年 7 月，中共取得驻淡水国民党军的支持，举办了为期两个月的惠阳沿海武装干部训练班。中共党员和进步青年 150 多人参加。学员结业后，回家乡组织或参加抗日自卫队。10 月，日军侵占惠阳地区之前，全地区各乡几乎都成立了抗日自卫队。[③]

---

① 《东江纵队史》编写组编：《东江纵队史》，第 10 页，广东人民出版社 1985 年 7 月版。
② 《东江纵队史》编写组编：《东江纵队史》，第 10 页。
③ 《东江纵队史》编写组编：《东江纵队史》，第 12 页。

上述军事骨干的培训和民众抗日武装的建立，为尔后东江敌后开展抗日游击战争，打下了良好的基础。

1938年10月12日，日军由大亚湾登陆。次日，中共领导的东莞抗日模范壮丁队在东莞城宣告成立，王作尧任队长，全队150人。20日，模范壮丁队在峡口打退了渡河进犯的日军，翌日，又渡河伏击敌人，打响了东江人民抗日战争的第一枪，给东江人民以很大的鼓舞。① 10月17日，中共领导的增城县第三区常备队，在花仙村圩的竹园涌附近，伏击了日军船只，击沉敌橡皮艇1艘，毙日军10多人，缴获木船1艘和军用物资一批。此后，该队活跃在沙头、大墩、雅瑶等地打击敌人。②

同年12月2日，中共领导的惠宝人民抗日游击总队在惠阳县沙坑周田村正式成立，曾生任总队长。其成员中有许多来自香港、南洋的华侨，全队共100多人。总队成立后，在淡水周围铲除伪政权，惩处汉奸，组织群众自卫队，不断袭击敌人。12月7日，占领淡水的日军，在总队的不断袭击下，仓惶撤退。总队收复淡水镇，摧毁伪政权，成立了东江地区第一个抗日民主政权——惠阳县第二区（即淡水区）行政委员会，并相继建立各乡抗日民主政权。抗日民主政权镇压汉奸，维持社会治安，恢复集市贸易，废除苛捐杂税，深受各界群众的拥护和支持。③ 12月中旬，中共东宝边工委，通过国民党军第913团的统战关系，取得在东宝惠边区成立3个游击大队的番号。该年底，东江抗日根据地初具规模。

1939年元旦，在东宝惠边抗日游击队第1大队和东莞抗日模范壮丁队的基础上，重组了东宝惠边人民抗日游击大队，王作尧任大队长。同年四五月间，为着国共两党联合抗日和联合海外华侨、港澳同胞共同抗日，东宝惠边人民抗日游击大队和惠宝人民抗日游击总队，在保持独立性的原则下，先后接受了国民党军的番号，分别改称为第4战区第4游击纵队直辖第2游击大队和第4战区第3游击纵队新编游击大队。④

---

① 《东江纵队史》编写组编：《东江纵队史》，第15页。
② 《东江纵队史》编写组编：《东江纵队史》，第15页。
③ 《东江纵队史》编写组编：《东江纵队史》，第18页。
④ 《东江纵队史》编写组编：《东江纵队史》，第21页。

1939 年夏，新编大队在大小梅沙、葵涌、沙头角、横岗一带，与敌作战 30
多次，给敌人以很大的打击。9 月中旬，日军 500 余人再次在大亚湾登陆，新编
大队主动出击，收复了葵涌、沙鱼涌，缴获了一批军用物资。12 月，该大队在横
岗鸡心石设伏，毙伤日军 30 余人，击毙战马 3 匹。新编大队的英勇作战，获得第
4 战区司令长官张发奎及惠州指挥所的传令嘉奖，[①] 赞扬"新编大队最能执行命
令，最能打击敌人，最能得到准确情报，最能在军风纪上起模范作用"。[②] 在此期
间，第 2 游击大队在东莞、宝安地区积极开展游击战争。8 月上旬，该队烧毁了
宝太线上的大涌桥，伏击敌运输车辆，破坏敌电话线，迫使日军龟缩于南头据
点。12 月 1 日，该队乘日军兵力薄弱之际，收复南头，取得广东首次解放县城的
胜利。该大队"由于打击敌伪，战绩辉煌，迭受第 4 战区张司令长官（发奎）、
东江指挥所及本区司令王若周传令嘉奖"。[③]

新编大队和第 2 游击大队英勇抗日的事迹，受到东江人民和港澳同胞、海外
侨胞的热烈赞扬。他们纷纷报名参加这两支队伍。到 1940 年初，新编大队和第 2
大队分别发展到 500 余人和 200 余人。

1940 年 3 月初，国民党广东当局调集第 186 师第 1095 团、保安第 8 团及东江
地方武装共 3000 余人，围攻新编大队和第 2 大队。这两个大队被迫向海陆丰转
移，损失很重，到 5 月初，由原来的 800 人锐减至 100 多人，弹药缺乏，给养不
继，处境十分困难。[④] 8 月间，这一百多人根据中共中央指示，重返东江地区创建
敌后抗日根据地。9 月中旬，新编大队和第 2 大队余部在宝安上下坪整编，取消
原番号，改称为广东人民抗日游击队第 3 大队和第 5 大队，分别由曾生和王作尧
任大队长。从此，这两支武装在编制上完全脱离了隶属于国民党军队的关系。这
是东江人民抗日斗争史上的一个重要的转折点。

1940 年 10 月初，第 3 大队挺进东莞敌后开展抗日游击战争。11 月初，该大

---

① 《东江纵队史》编写组编：《东江纵队史》，第 8 页。
② 广东省档案馆编：《东江纵队史料》，第 23 页，广东人民出版社 1984 年 12 月版。
③ 广东省档案馆编：《东江纵队史料》，第 8 页。
④ 广东省档案馆编：《东江纵队史料》，第 43 页。

队在黄潭村附近设伏毙伤敌数十人。随后，该大队连续袭击了厚街、桥头、赤岭、篁村等地的敌伪据点，袭击日军军车，破坏敌通信联络，缴获许多武器装备。该大队还大力进行根据地建设。到1941年，建立了包括连平、大沙等8个乡村"三三制"抗日民主政权在内的大岭山敌后抗日根据地。①

1940年9月以后，第5大队回到宝安敌后开展抗日游击战争。1941年初，该大队击退日军对上下坪的侵犯。是年春，该大队一部在惠阳至大坑多次打退日军的侵犯。到1941年5月，该大队已从30多人发展到300多人，初建了包括龙华、布吉、望天湖等乡抗日民主政权在内的阳台山抗日根据地。②

1941年3月，第3大队和第5大队抽调卢伟良等20多名干部、战士，组成小分队，挺进增城敌后开展游击战争。4月，小分队发展至40多人，改编为广东人民抗日游击队增从番独立大队，卢伟良任大队长兼政委。8月上旬，独立大队在永和公路伏击日军巡逻队，毙日军两人，缴获步枪数支。③ 独立大队的抗日斗争，扩大了东江敌后抗日根据地的范围，并为建立广州市郊增从番敌后抗日根据地打下了基础。

二、琼崖地区的抗日烽火

1938年10月，原琼崖红军游击队和国民党琼崖当局达成合作抗日的协议。12月5日，原红军游击队正式改编为广东民众抗日自卫团第14区独立队。冯白驹任中校队长，④ 下辖3个中队，队员"只百余人"。⑤

1939年2月10日，日军1万余人侵犯琼崖，海口、琼山等地沦陷。国民党军

---

① 广东省档案馆编：《东江纵队史料》，第43页。
② 广东省档案馆编：《东江纵队史料》，第46页。
③ 《东江纵队史》编写组编：《东江纵队史》，第47页。
④ 《广东民众抗日自卫团第十四区独立队布告》（1938年12月9日），见《冯白驹研究史料》，第5页，广东人民出版社1988年2月出版。
⑤ 冯白驹：《在中共琼崖特委第三次执委会议上的军事报告》（1941年2月15日），见《冯白驹研究史料》，第27页。

王毅部，向五指山地区撤走。当天，独立队奔赴海口市东南的潭口阻击敌人，"给日敌一定的杀伤"。由于日军力量大，且有飞机配合，独立队伤亡一些战士及1名排长，便主动撤回云龙。① 潭口一仗，打响了琼崖抗日战争的第一枪。尔后，独立队开赴云龙、道崇、三江、树德、大昌等地，发动群众，开展游击战争。3月中旬，独立队在海（口）文（昌）公路上的罗牛桥，伏击日军军车，歼敌大佐以下 20 余人，缴获步枪 5 支。4 月间，该队在琼山县罗板铺伏击敌军车 1 辆，毙敌 10 余人，缴枪 10 余支。该队还袭击了文昌县城和琼山县文岭、石桥等地的日军。5 月，独立队发展到 1000 余人，扩编为琼崖人民抗日自卫团独立总队。冯白驹任总队长，下辖 3 个大队和 1 个特务中队，活动地区扩展到澄迈、临高、琼东、定安、乐会、万宁等县。9 月 27 日，独立总队一部，化装袭击琼山县永兴市日军据点，歼灭了守敌 1 个班，缴获机枪 1 挺、步枪 4 支、掷弹筒 1 门。② 这一胜利震动全琼，"得到蒋介石复令嘉奖"，③ 也使琼西北地区出现新的抗日高潮。到 1939年底，独立总队共击毙日军 500 余人。

1940 年 2 月，冯白驹率总队部挺进五指山地区发动群众，打击敌伪。经过几个月的艰苦奋战，创建了美合抗日根据地。与此同时，留在琼山、文昌地区的第 1、第 2 大队，坚持游击战争，扩大了活动区域。第 3 大队活跃于琼西儋临地区，在红石岭附近设伏，歼敌 10 余人，毁敌汽车 1 辆，缴获轻机枪 1 挺、步枪 10 余支。第 4 大队开赴琼南昌江敌后袭击敌人。活动于琼南万宁的短枪队发展为一个中队，并开辟了小块根据地。

1940 年 9 月，中共中央派庄田、李振亚、谭威等到琼崖加强领导。琼崖独立总队整编，冯白驹任总队长兼政委，庄田任总队副队长，李振亚任参谋长，王业喜任政治部主任。下辖第 1、第 2 支队，总部直属特务大队和第 4 大队。是年底，全总队发展到 2000 余人，④ 在琼崖 11 个县点燃起抗日烽火，几乎遍及整个海

---

① 《冯白驹研究史料》，第 432 页。
② 庄田：《琼岛烽烟》，第 44 页，广东人民出版社 1979 年 9 月版。
③ 《冯白驹研究史料》，第 435 页。
④ 冯白驹：《在中共琼崖特委第三次执委会议上的军事报告》，见《冯白驹研究史料》，第 27 页。

南岛。

1940年12月17日，国民党琼崖保安团主力和琼山、文昌、澄迈、儋县等县地方武装3000余人，进攻美合根据地。独立总队被迫自卫。但终因寡不敌众，总队领导机关和主力被迫退出美合根据地，向琼文地区转移。美合根据地被国民党军强占。[1]

1941年1月底，冯白驹等率领独立总队主力，返抵琼文抗日根据地，开展抗日游击战争。第2支队挺进儋县、临高地区。第4大队由西向东作战略转移，到万宁六连岭地区，开辟新的抗日根据地。[2]

三、珠江三角洲人民抗日力量的发展

珠江三角洲位于广州以南，澳门以北，西与鹤山、肇庆相连，东隔珠江口与东莞、宝安相望。它包含南海、番禺、顺德、中山等县，及东莞、三水、新会等县的一部分。1938年秋冬，该地区沦陷之前，这里的人民就在中共的领导下，成立了"青年抗日先锋队"、"抗日同志会"、"妇救会"、"利农互助会"等抗日救亡团体，热烈地开展抗日活动。[3] 这为该地区后来开展抗日游击战争，奠定了群众基础。

1938年10月，广州沦陷后，南海、番禺、顺德、中山等县也相继沦陷。该地区人民纷纷组建抗日武装，开展游击战争。其中，以爱国人士吴勤在广州市郊崇文组建的抗日义勇队最为出名。吴勤接受中共广东省委的指导与帮助，任命中共党员刘向东为政训室主任，允许中共在其部队建立党支部。在吴勤和中共党员的努力下，义勇队逐步整编，改造成战斗力较强的武装。

1938年冬，吴勤领导的义勇队在广州市郊的夏滘附近河面，伏击敌运输艇两

① 庄田：《琼岛烽烟》，第85页。
② 庄田：《琼岛烽烟》，第86页。
③ 谢立全：《珠江怒潮》，第15页，广东人民出版社1979年12月版。

艘，毙伤日军10余名，截得面粉数百包，并将面粉赈济难民。这次战斗，打响了珠江三角洲人民抗日的第一枪，给当地人民以很大的鼓舞，参加义勇队的群众日益增多；南海、番禺、顺德等县民众武装和义勇队取得联系，抗日保乡。不久，该队又袭击了广（州）、三（水）铁路上的小塘车站，给西进之日军以打击。国民党广州市长兼西江八属总指挥曾养甫对义勇队的战功"大为嘉许"，并给予义勇队以广州市郊游击第2支队（简称广游二支）之番号，任命吴勤为广游二支司令。①

义勇队两次胜利之后，即遭敌水陆两路大"扫荡"，因众寡悬殊，义勇队向南转入顺德、番禺开展抗日游击战争。

在此前后，顺德、番禺、南海等县民众和华侨组成的武装，也积极袭击日军。其中，顺德的羊额、伦教战斗，禺南的沙湾、平山、南村七星岗战斗，予敌以很大的打击。在南村七星岗战斗中，民众武装3000余人与陆空配合之日军作战，虽然给敌以打击。但是，由于作战经验和指挥人员的缺乏，被敌击溃，损失很重。

1939年6月，广游二支到禺南活动，在禺南建立了群众性的抗日锄奸团体——抗日俊杰同志社，吴勤任正社长。该社多次出击广州市郊的盐步、东望和番禺的市桥等敌据点，破坏敌交通，俘获敌汽船，毙伤俘日军山本正男少尉以下官兵数十名。是年秋，汪精卫投敌引起沦陷区投降高涨的时候，该社区以极坚决的态度，开展锄奸斗争。他们除掉汉奸30余人，给敌伪以沉重的打击，"得到广东省政府主席李汉魂的嘉奖"。②

1939年2月，中共南海、顺德工委利用国民党第7战区第3挺进纵队部属名义，在大良北门蓬莱小学成立了顺德游击队。中共南（海）、番（禺）、顺（德）工委书记林锵云为该队领导人。全队30余人。5月，该队在顺德县城大良附近的

---

① 严尚民：《珠江三角洲人民子弟兵的抗战史》，见《珠江纵队史料》，第91页，广东人民出版社1985年1月版。

② 见《珠江纵队史料》，第93页。

龙眼等地击敌。7月，该队又在大良以南伏击日军汽车。加上其他军民的抗日斗争，日军被迫退出大良。顺德游击队和广游二支等武装收复大良。是年冬，日军再犯大良。广游二支和林锵云部在金桔嘴、旧寨等地打退日军，保住了大良。这一战斗的胜利，威震顺德、南海、番禺、中山等县。许多杂牌军和伪靖国军官兵反正，参加广游二支。

1940年3月，日伪军攻占大良，广游二支和林锵云部退往沙湾、大石、西海等地。10月，林锵云部编为广游二支独立第1中队。林锵云任中队长，开辟了西海抗日游击根据地。11月，日军200余人进犯西海抗日游击根据地。独立第1中队在西海第3、4、5区各乡联防队千余人的配合下，毙伤日军50余人。① 其余日军退回。这一仗，保卫了西海根据地，给顺德、番禺人民以很大的鼓舞。

1939年12月之前，中共中山县委在长洲、张溪、西椰等地举办游击干部训练班，训练了二三百名武装干部，并成立了"乡警队"、"自卫队"、"更夫队"等人民抗日武装。是年底，日军第一次侵犯中山县城。中共中山县第4区工委书记谭桂明率领武装阻击日军。中共领导的青年抗日先锋队成立了支前指挥部，把饭送到火线上，并组织救护队赴火线抢救伤员，有力地推动了当地国民党驻军阻击从横门登陆的日军。这一战斗持续了3昼夜，击退了日军千余人的进攻，保卫了中山县城。②

1940年3月，日军再犯中山县。该县第4、第5区的抗日先锋队队员在中共的统一领导下，在崖口地区屡挫敌锋。日军溃退后，重新组织，分3路向我进攻。各地抗日先锋队英勇阻击敌人，战斗十分激烈。终因敌我力量悬殊，抗日先锋队遭受损失，然后转移到敌后坚持抗日游击战争。

---

① 谢立全：《珠江怒潮》，第54页。
② 谢立全：《珠江怒潮》，第172页。

第 9 章
东北抗日联军坚持抗日斗争

一、日军对东北抗日武装的军事进攻与经济封锁

卢沟桥事变后，东北抗联的发展壮大和英勇斗争，严重地威胁着日伪在东北的统治。为着巩固其统治和战略后方，日伪对东北抗联和抗日民众实行了空前残酷的镇压。

军事上，日本帝国主义不断地增兵东北，以数十倍优势的兵力对我抗联进行连续不断的进攻。卢沟桥事变时，在东北的关东军只有 4 个师团，10 月，增至 5 个师团。1938 年，在东北的关东军增至 7 个师团，至 1939 年秋，增至 9 个师团。[①] 1937 年秋，日伪军对东满游击区实行"梳篦式"的进攻，12 月，日军用 4 个师团的兵力，对黑龙江、松花江、牡丹江地区实行为时半年的重点"讨伐"，妄图将战斗在该地区的抗联各军"聚而歼之"。1938 年秋，日伪对东边道游击区

---

① 李惠：《东北抗日联军斗争史简编》，第 119 页，解放军出版社 1987 年 4 月版。

实行所谓"秋季大讨伐"。1939 年 10 月，日本关东军司令部调集 75000 人的兵力，对东南满地区实施持续 3 年之久的重点进攻。日伪军陆空军、炮兵联合行动，采取"分割包围"、"围攻"、"穷追"等战术。① 与此同时，日军还公然违反国际法规定，先后在哈尔滨平房镇、长春孟家屯，设立代号为"七三一部队"和"满洲一〇〇部队"的细菌研究机构，并在海拉尔、林口、孙吴、牡丹江等地设立支所；使用细菌武器惨无人道地残害抗联官兵和抗日民众。

在经济上，敌人推行经济封锁政策和"三光"政策。敌人在抗联活动区域，禁止物资买卖，实行"专卖"，对民众的粮食、棉布、盐、火柴等生活必需品实行"配给制"；一尺布、一斤棉花、一斤粮食、一两盐都不允许运出。对资助抗联的民众，一经发现，立即杀害。为着厉行经济封锁政策，敌人还划定无人区，大搞"归屯并户"和"集团部落"。对凡不愿迁入"集团部落"的民众及其村庄，日伪军都采取残酷的烧光、杀光、抢光政策，施行"集团之外绝无家屋，食宿之所一律捣毁"。② 据统计，1939 年，驻伪三江省和牡丹江省就有民房 60 万幢被烧毁，被屠杀的人民数以万计。③ 敌人在"集团部落"中建立保甲制度，设置警察侦探网，限制居民出入，严密盘查行人，力图断绝民众对抗联的经济援助和其他援助。

政治上、思想上，敌人采取诱降和欺骗瓦解的方针。敌人到处散发"招降书"。一方面宣扬日军的"武威"，要抗日军民"归顺新国家"，共建"满洲国"。另一方面，造谣说，国共已分裂，抗联某领导人已被捕，抗联某军已投降，等等，企图瓦解抗联指战员的斗志。④ 敌人提出"红军小部队不打，专打杨靖宇"的口号，企图破坏抗联各部的团结。敌人还利用叛徒组成"宣抚班"，引诱抗联人员"归顺"；强迫抗联的家属和亲友给抗联官兵写"亲恳书"，进行劝降活动，无耻

---

① 《东北抗日联军史料》（上），第 19 页，中共党史资料出版社 1987 年 12 月版。
② 《东北抗日联军史料》（上），第 19 页。
③ 王明阁：《东北抗日联军斗争史略》，第 119 页，《北方论丛》编辑部，1980 年 3 月出版。
④ 《魏拯民同志给中共代表团的报告》，见《东北抗日联军史料》（上），第 250 页，中共党史资料出版社 1987 年 12 月版。

地用金银、美女腐蚀抗联官兵。[①]

日本侵略者的上述方针给抗联造成了极大的困难。许多指战员在反"讨伐"作战中，壮烈牺牲，部队大量减员。从 1938 年起，抗联被迫转战到深山密林里。冬季，朔风怒号，大雪飞扬，征马踟蹰。抗联官兵衣着缺乏，仍冒着零下三四十度的严寒，行军作战。休息时抗联官兵过着"火烤胸前暖，风吹背后寒，冷风侵人夜难眠"的艰苦生活，有的甚至被冻伤冻死。[②] 夏季，则经常过着"蚊吮血透衫"的生活。特别是敌人厉行经济封锁后，抗联官兵数天不见一粒粮食是很平常的事，只有吃野菜、野果、野兽、树皮、草根。在严峻的形势和极大的困难面前，少数意志薄弱者投敌、助敌。抗联的抗日游击战争进入极端艰苦的时期。

二、东北抗联的艰苦作战

从 1938 年起，东北抗联广大指战员在极困难的环境中，进行了数年艰苦卓绝的抗日游击战争。

1938 年初，鉴于处境日益艰难，杨靖宇率第 1 路军总部和第 1 军一部，离开宽甸、桓仁游击区，向辑安老岭山区转移。不久，魏拯民率第 2 军一部从临江等地也转移到老岭山区。他们在转战途中，曾取得了奇袭通辑铁路老岭隧道工程现场，七道沟门截击战，巧袭太平沟伪警察分所，攻克蒙江、金川县 10 余个"集团部落"等胜利。5 月初，他们在老岭山区五道沟会师。6 月 12 日，杨靖宇、魏拯民指挥部队在辑安蚊子沟附近设伏，毙伪军 140 余人，缴获枪 140 多支。6 月 19日夜，又乘胜袭击了土口子隧道工程现场 11、12 老岭河桥梁工地，毙日伪军 9名，俘 90 名，解放劳工 700 多人。[③]

1938 年上半年，第 1 路军虽然取得了许多胜利，但总的形势仍很困难。尤其

---

① 孙继英：《东北抗日联军第一军》，第 185 页。
② 刘枫：《东北抗日联军第三军》，第 154 页。
③ 孙继英：《东北抗日联军第一军》，第 237 页。

是第1军第1师师长程斌在敌伪诱降下，于6月29日率部投敌，向敌人供出了第1路军的行动计划、活动特点，使困难剧增。鉴此，第1军总部于7月中旬决定取消第1、2军番号，编成3方面军和一个警卫旅，实行分区作战。① 各军在敌重兵"围剿"和叛徒"助剿"的严峻形势下，以巧妙的战术，英勇击敌，取得了许多胜利。据不完全统计，在1939年下半年，仅杨靖宇指挥的第1方面军一部和警卫旅，进行较大规模的战斗就达23次，毙日伪军676人，俘341人。

1939年秋季开始，日伪集中75000余人的兵力，竭尽全力对第1路军进行疯狂的"讨伐"，形势愈来愈险恶。为了缩小目标，杨靖宇、魏拯民等决定将各部编成小股部队，分散活动。1940年2月23日，杨靖宇在蒙江县三道崴子的反"讨伐"作战中，壮烈殉国。② 这是东北抗联的一个重大损失。杨靖宇牺牲后，第1路军在魏拯民的率领下，继续南满、东满的抗日游击战争。

1938年1月5日，抗联第4、5、7、8、10军正式组成抗联第2路军，周保中任总指挥。7月初，为了避开敌50000兵力的大"讨伐"，第2路军总部决定留部分兵力在下江地区坚持战斗，主力部队突围西征。8月，西征部队冲破敌围追堵截，在抗联第10军的接应下到达舒兰、五常地区。9月初，西征军抗联第5军一部因强敌追击，活动艰难，突围东返。10月上旬，该部东返至牡丹江地区柞木岗山下时，与日伪军遭遇。经激战，大队转移，冷云（郑志民）等8名女战士被围困在乌斯浑河畔。她们英勇地反击敌人，直至弹尽援绝，背扶起负伤的战友，手挽着手，步入波涛汹涛的乌斯浑河，壮烈殉国。③ 同年冬，西征军抗联第4军正、副军长李延平、王光宇相继牺牲，部队损失殆尽。第2路军西征军部队，虽然取得攻占韦河县楼山镇等战斗的胜利，但损失很严重，未能实现开辟新的游击区之计划。

留守下江地区第2路军部队，在十倍于我的敌军围攻之下，分兵活动，曾取

---

① 孙继英：《东北抗日联军第一军》，第186页。

② 孙继英：《东北抗日联军第一军》，第215页。

③ 《东北抗日联军史料》（上），第21页。

得伏击驼腰子日本采金船，袭击宝清日本采金公司等战斗的胜利。但是，形势仍很严重。1939 年 4 月初，该部再次分兵突围到外线作战。4 月 10 日，周保中和柴世荣率第 2 路军、总部和第 5 军军部，在林口县葫芦崴子阻击追踪之日军黑石部，毙敌百余名，伤敌 20 余名。① 4 月 23 日，柴世荣指挥第 5 军一部在穆棱泉眼河伏击追踪之日伪军，激战 5 小时，歼日伪军近 300 人。② 5 月初，第 5 军转战到镜泊湖地区。6 月初，第 2 路军总部转移到宝清、密山地区，坚持游击战。

1938 年秋，战斗在北满的抗联第 3、6、9、11 军的主力，为着打破敌重兵"讨伐"，也分批冲出敌人的包围，转移到外线作战。其战略方向是向西，到小兴安岭西麓的黑嫩平原开辟新区。8 月 7 日，首批西征部队约 200 余人，在抗联第 3 军新、老政治部主任金策、侯启刚和第 6 军第 3 师师长王明贵等领导下，冲破敌人的围堵，穿越深山密林，于 10 月 8 日到达海伦县，与在海伦活动的新编第 3 师师长许亨植领导的队伍会师。③ 8 月间，由第 3 军和第 9 军各一部组成的另一批西征部队在常有钧、郭铁坚等领导下，历尽艰苦，于 9 月和 11 月先后到达海伦县，与王明贵部会师。10 月 10 日，第 6、11 军各一部共 300 多人，在张寿篯的率领下，从宝清出发西征。他们饱受饥寒，冲破了敌人的重重封锁，终于在 12 月底到达海伦县，与先头部队会师。④ 抗联第 3、6、9、11 军的这次西征是成功的，它粉碎了敌人聚歼北满抗联部队于松花江下游的图谋，并开辟了黑嫩平原抗日游击根据地。

为着更好地开展黑嫩平原的抗日游击战争和坚持北满地区的抗日斗争，1939年 5 月 30 日抗联第 3、6、9、11 军在德都县朝阳山地区正式组成抗联第 3 路军，张寿篯任总指挥，冯仲云任政委，许亨植任参谋长。⑤

抗联第 3 路军建立后，黑嫩平原的游击战争有较大的发展。其战斗足迹遍及

---

① 《东北抗日联军史料》（上），第 21 页。
② 《东北抗日联军史料》（上），第 327 页。
③ 刘枫：《东北抗日联军第三军》，第 148 页。
④ 刘枫：《东北抗日联军第三军》，第 154 页。
⑤ 《东北抗日联军史料》（上），第 365 页。

海伦、讷河、德都、龙门、通北、克山、克东、庆城、铁力、木兰、巴彦等十几个县。据统计，从 1939 年 2 月到 1940 年 10 月，不到两年的时间里，仅第 3 路军在龙江北部活动的各部队，就对敌作战 300 余次，攻克了包括讷河、克山县城在内的城镇 27 个，毙敌 500 余名（其中日军 400 余名，伤者未计算在内），俘敌伪军警 1557 人，缴获了大批武器弹药。①

从 1940 年春开始，敌人对黑嫩平原进行持续不断地"讨伐"。由于敌我力量悬殊，第 3 路军大量减员。到 1940 年 2 月，该路军也只有 500 余人，被迫转入深山老林之中，建立军事密营，坚持抗日斗争。

人民群众是竭诚支援抗联的，在抗联极困难的岁月里，很多爱国群众仍冒着生命危险，千方百计地支援抗联。1939 年，临江县错草沟李福生老人把自己的独生子送入抗联队伍，还把深藏在地下的粮食送到抗联密营。后来，他被敌人发现被捕，在严刑拷打面前坚贞不屈。最后，他和他的老伴被残暴的敌人放出狼狗活活咬死。② 桦甸县陈德寿老人长期筹粮和盐送往魏拯民部的密营。③ 此类英雄事迹很多。东北人民给了抗联官兵物质和精神的双重支持。

三、东北抗联实行新战略

1940 年，日本帝国主义为着对付苏联，为着保障其侵略基地的安全，为着解除其发动太平洋战争的后顾之忧，更加紧了对抗联的"讨伐"。是年，在东北的日本关东军增至 11 个师团，次年，增至 13 个师团，约 50 万兵力。据统计，仅 1940 年 1 月至 5 月，日军对抗联的"讨伐"就达 362 次。④ 敌人在用重兵大规模反复"讨伐"、"搜捕"抗联的同时，还厉行殖民统治，千方百计地割断抗联与地方人民群众及中共地方党团组织的联系。敌人在抗联活动地区，实行所谓"大检

---

① 刘枫：《东北抗日联军第三军》，第 173 页。
② 孙继英：《东北抗日联军第一军》，第 208 页。
③ 霍燎原：《东北抗日联军第二军》，第 206 页。
④ ［日］昭和十五年陆海军《军事年鉴》，第 931 页。

举"，致使中共许多党团组织和群众团体被破坏，成千上万的群众被逮捕、被拷打、被杀害。其中，1941 年至 1942 年的"大检举"中，讷河县龙河镇群众被捕 200 多人，被杀害的 50 多人。肇东、肇州、肇源地区有上千人被捕，300 多人被杀害。巴彦、东兴地区有上千人被捕，400 多人被杀害。①

日伪对抗联的重兵连续"讨伐"，和对东北人民的疯狂屠杀，使抗联许多干部相继牺牲，人员锐减，抗联与人民群众及地方组织的联系几乎断绝。抗联的粮食、服装无补给来源，衣食愈加困难。抗联各部队之间的联系也几乎断绝。抗联处于生死存亡的关头。

在极端险恶的形势下，抗联领导人积极寻求新的战略策略方针。1940 年 1 月至 3 月中旬，周保中、冯仲云、赵尚志等在苏联伯力召开了中共吉东、北满党代表会议。该会分析了东北的斗争环境，总结了东北抗日游击战争的经验教训，讨论通过了《关于东北抗日救国运动新提纲草案》。会议提出了"逐渐收缩保存实力的方针"，② 制订了新的游击活动计划。会议决定将抗联第 1、2、3 路军的各军整编为 1 个支队，继续坚持同日伪进行殊死的斗争。会议确定的基本策略方针是坚持"全民族抗日统一战线"。③ 出席会议的周保中等人还与苏联远东军政当局达成协议：苏联争取通过共产国际的帮助，恢复抗联与中共中央的联系。抗联接受苏联某些必要的援助。该会议标志着抗联开始实行新的战略转变。

伯力会议结束后，周保中、赵尚志、冯仲云等立即返回东北贯彻该会精神。1940 年 4 月，第 2 路军第 7 军改编为第 2 支队，王汝起任支队长。第 3 路军所属各部先后改编为第 3、6、9、12 支队，分别由王明贵、张光迪、边风祥、戴洪宾任支队长。各支队组建后，以支队为单位积极开展分散的小型游击战争，巧妙地打击敌人。

1940 年 5 月至年底，第 2、3 路军所属各支队，先后夜袭驻铁力县东北山村

---

① 王明阁：《东北抗日联军史略》，第 120 页。
② 周保中：《忆东北抗日游击战争》，见《星火燎原》选编之四，第 371 页，战士出版社 1980 年版。
③ 《东北抗日联军史料》（上），第 190 页。

的日伪守备队，袭击嫩江县霍龙门车站和日军兵营，攻克肇源、克山县城等，取得了胜利。其中，11月8日，第12支队攻克肇源县城之战，毙、伤、俘日伪军127人，缴获大批军用物资。打开监狱，释放出被关押的同胞，打开粮库，分粮给群众，使当地民众受到很大的鼓舞。[①] 但是，由于敌情严重，抗联第2、第3路军各支队的活动仍是很困难的。

杨靖宇牺牲后，抗联第1路军仍处于敌重兵围困之中。因联系中断，伯力会议关于缩编部队的精神不能及时地贯彻下去。1940年春，第1路军各部在魏拯民的领导下，在敌人"讨伐"的间隙地带穿插突围，伺机击敌。3月25日，第1路军的第12方面军在和龙县红旗河设伏，毙日军"讨伐队"前田部队长以下近百人，俘30余人，缴机枪6挺、步枪100余支，以及大批弹药和粮食。次日，又在花脸砬子毙伤敌人40余人。[②] 6月，第1路军警卫旅在和龙、延吉边境毙伤日伪军20名，获步枪20支。7月11日，第1路军的第12方面军和警卫旅各一部，攻入和龙县卧龙屯，打死日军丰田中尉以下20余人。[③] 此后，该部又攻克安图县新兴"集团部落"，击毙日军福田中佐以下20余人。1940年秋，敌在连遭打击后，即抽调兵力进行报复"讨伐"。魏拯民指挥第1路军各部分成小部队，冲出敦化敌中心"讨伐"区。不久，敌开始冬季"讨伐"。第1路军各部遭受了重大损失。1941年3月8日，魏拯民在桦甸县夹皮沟牡丹岭密营病饿逝世。[④] 这是东北抗联的又一重大损失。在此前后，第1路军余部进入苏联境内。

1940年9月，国际形势日趋紧张。苏联远东边防军，根据斯大林关于紧紧束缚住日本侵略者的手脚，在德国侵略者进攻苏联时，避免苏军两线作战的战略，邀请抗联各路领导人到伯力开会。[⑤] 1941年1月初，周保中、崔石泉、张寿篯、冯仲云等和苏联的代表，在伯力举行了"满洲全党代表会"。会议就东北党和抗

---

① 《东北抗日联军史料》（上），第341页。

② 《东北抗日联军第二军》，第199页。

③ 《东北抗日联军第二军》，第208页。

④ 《东北抗日联军第二军》，第208页。

⑤ ［苏］瓦·崔可夫：《在华使命》第36页，新华出版社1983年3月版。

联的一些重大问题交换了意见。为了统一认识，此后又召开了一系列小型会议。整个会议到了 3 月中旬结束。该会正式确定了苏联远东军与东北抗联的互援关系。同时，出席会议的抗联领导人认定："不论环境多么困难，要团结在党的领导下，保持抗联的旗帜，坚持到最后胜利。"①

1940 年底至 1941 年底，抗联大部相继进入苏境。1941 年初。抗联入苏部队建成南、北野营，并集中进行整训。南野营建在沃罗什诺夫斯克（双城子）附近，人员由第 1 路军和第 2 路军一部组成；北野营建在伯力，由第 3 路军和第 2 路军一部组成。南北野营共有 1000 余人。其整训内容：在军事方面有列队、射击、刺杀、投弹等一般性训练；还有结合东北抗日斗争实际的滑雪、空降等特殊技能的训练。②此外，还组织官兵学习时事政治和文化知识，自己动手修建营房、开荒种地。

1942 年 8 月 1 日，经共产国际同意，东北抗联统一改编为东北抗日联军教导旅，周保中任旅长，张寿篯任副旅长，崔石泉任副参谋长。这一领导机关的建立，对于抗联的整训和其他活动的开展起了核心作用。

抗联主力在苏联集中整训期间，抗联还有许多小部队在东北坚持抗日游击战争。其中，坚持在黑嫩平原和黑龙江北部边境的，有金策、许亨植、郭铁坚、王明贵、张光迪等领导的部队；坚持在松花江以南和饶河地区的，有王效明、刘雁来等领导的部队；坚持在敦化和牡丹江地区的，有柴世荣、金日成、曲玉山等领导的部队。③

在苏联集中整训的抗联主力，也经常从营地派出小分队回东北进行抗日游击活动。小分队每队 10 至 15 人，他们宣传群众，侦察敌情，破坏敌人的交通。1942 年 2 月 12 日，赵尚志率返回东北的小分队，在攻打梧桐河警察分驻所时受重伤被俘。敌人企图从他身上获得我军活动的重要情报，对他突击审讯，百般威

---

① 周保中：《回忆东北抗日游击战争》，见《星火燎原》选编之四，第 371 页。
② 《东北抗日联军史料》（上），第 233 页。
③ 《东北抗日联军史料》（下），第 440 页，中共党史资料出版社 1987 年 12 月版。

图 9.1　1943 年 10 月 5 日，教导旅的指战员野战演习以后留影

胁和劝诱。赵尚志坚贞不屈，英勇就义。①

从 1941 年至 1945 年夏，抗联教导旅还帮助苏联远东军搜集日军的情报，教导旅派出许多侦察小分队返回东北，获得了日本关东军在东北的兵力、防御体系、武器装备等重要情报。这对于苏军保卫苏联的东部边境安全和后来的对日作战，都起了重要的作用。

1945 年 8 月 8 日，苏联对日宣战后，抗联一部分指战员担任苏联向导，一部分指战员空降到日军后方执行侦察任务。抗联主力分为 3 路，在苏联运输机的帮助下，由张寿篯、周保中、冯仲云率领，分别挺进哈尔滨、长春和沈阳。接着，抗联各种部队分别组成若干工作组，分赴东北各主要城市，担任各地警备司令部的工作。他们有力地配合苏军收复了我国的东北。②

东北抗日联军，坚持东北抗日游击战争达 14 年之久，为中国的抗日战争和世界反法西斯战争的胜利，作出了非常重要的贡献。

---

① 刘枫：《东北抗日联军第三军》，第 181 页。
② 《东北抗日联军史料》（下），第 441 页。

第 10 章
八路军发动百团大战

一、百团大战的战略意图和部署

1940 年夏秋，侵华日军在德国法西斯军队横扫西北欧，取得暂时胜利的刺激下，决心利用有利时机，"迅速解决中国事变"，[①] 从而在政治、军事、经济诸方面大大加快了对中国的侵略步伐。在已占领地区，日军则更加紧了其"治安肃正"计划的推行，以"囚笼政策"封锁、切割我抗日根据地，给华北游击战的开展造成一定困难。为给猖獗之敌以迎头痛击，"以显著成绩，影响全国，兴奋抗战军民，争取时局好转"，[②] 八路军总部决定以华北八路军为主，对敌主动出击，在华北广大地域之内，给日占交通沿线和大小据点之敌以一次摧毁性的打击。

1940 年 7 月 22 日，八路军朱德总司令、彭德怀副总司令、左权副参谋长签

---

① 日本防卫厅战史室编：《华北治安战》（上），第 206 页。
② 《战役预备命令》（1940 年 7 月 22 日），见国防大学编：《中共党史教学参考资料》第 16 册，第 368 页。

图 10.1　1940 年中共北方局、八路军总部和第 129 师将领在检阅部队，举手答礼者为八路军副总司令彭德怀

发了上报中央军委、下达各作战部队，进行大规模交通破袭战的《战役预备命令》。《命令》首先分析了全国的抗战形势和华北的整个战局，指出此次战役行动的重大政治意义，同时根据华北各抗日根据地之敌情态势，要求八路军参战各部"乘目前青纱帐与雨季时节，敌对晋察冀、晋西北及晋东南'扫荡'较为缓和，正太沿线较为空虚的有利时机，对连接山西与河北的重要交通命脉正太铁路进行大举破袭"。①《命令》把此次战役的具体目标确定为："彻底破坏正太线若干要隘，消灭部分敌人，收复若干重要名胜关隘、据点，并乘胜扩大、拔除该线南北地区若干据点，开展该路沿线两侧工作，基本截断该线交通。"②《命令》中要求晋察冀军区派出 10 个团，第 120 师派出 4 个团，第 129 师派出 8 个团，加上总部炮兵团大部及工兵一部，总共不少于 22 个团的兵力直接参加正太线作战。其他各

---

①　《战役预备命令》（1940 年 7 月 22 日），见国防大学编：《中共党史教学参考资料》第 16 册，第 368 页。

②　《战役预备命令》（1940 年 7 月 22 日），见国防大学编：《中共党史教学参考资料》第 16 册，第 368 页。

铁路线配合作战之兵力由各兵团自行规定。①

8 月 8 日，参战各部基本完成了战役所需的地形与敌情侦察、兵力部署、道路选择、爆破器材准备以及对部队战斗动员及对民众参战部署等各项准备工作，八路军总部也正式下达了"战役行动命令"，其具体部署为：晋察冀军区破击正太铁路东段之石家庄至阳泉（不含）段，重点为阳泉至娘子关段；第 129 师破击正太铁路西段之阳泉至榆次段，重点为阳泉至张净镇段，并以 1 个团位于潞城、襄垣间地区，阻止日军向正太铁路增援；第 120 师破击忻县以北之同蒲铁路和汾（阳）离（石）公路，以重兵置于阳曲南北地区，阻止日军向正太铁路增援；另以部分兵力进至榆次南北地区，配合 129 师作战，总部特务团集结于武乡东南的下良、西营地区待命。"命令"还要求各部对其他有关铁路、公路线，也应分配足够兵力进行破击，并相机收复某些据点，阻止可能向正太线增援之日军。②

"命令"规定战役由八路军总部直接指挥，限于 8 月 20 日正式开始行动。

二、百团大战第一阶段之作战

正太铁路是日军在华北的重要战略交通运输线和经济开发地区，也是敌分割、破坏我抗日根据地的重要封锁线。为此，百团大战在发起的第一阶段作战（1940 年 8 月 20 日至 9 月 10 日）中，即以交通破袭为主要手段，目标为正太、同蒲、平汉、北宁、平绥、石德等铁路线和代蔚（代县至蔚县）、沧石（沧县至石家庄）、平辽（平定至辽县）各公路，其中尤以摧毁正太路为主要目的，③ 并首先从攻占敌据点开始。

---

① 战役中，我方投入兵力最初指定为不少于 22 个团。战役发起后，参战兵力迅速增至 100 个团以上，其中晋察冀军区 39 个团，第 120 师（含决死第 2、第 4 纵队等）20 个团，第 129 师（含决死第 1、第 3 纵队等）46 个团，共 105 个团，20 余万人。此外尚有许多地方游击队、民兵参战，故称此战役为"百团大战"。

② 《战役预备命令》（1940 年 8 月 8 日），见国防大学编：《中共党史教学参考资料》第 16 册。第 370 页。

③ 《百团大战史料》，第 310 页。

8月20日20时，战役在敌人事先毫无所知的情况下突然展开。八路军各部队按预定计划，向华北（除山东）各主要铁路、公路交通沿线之敌伪同时发起了全线攻击。

晋察冀部队在司令员聂荣臻指挥下，组成左、中、右3个纵队，向正太铁路东段敌之东站、据点、要隘以及沿线矿区展开全面出击。娘子关是晋、冀两省交界的要隘和正太铁路的咽喉。担任主攻任务的晋察冀军区右纵队一部，向娘子关日军发起强攻。经两小时激战，守敌大部被歼，余部退据关西之龙王庙。我以一部与敌对峙，一部进占磨河滩。程家垴日军500余乘铁甲车赶来增援，我在与敌反复争夺，予敌重创后退出。①

在攻打娘子关的同时，中央纵队之另一路向娘子关（不含）至微水（含）段之日军据点展开了攻击。担任井陉煤矿攻击任务的第3团在矿工支援下，占领了主要矿井东王舍新矿，毁坏了该矿设施，使之"半年多恢复不了生产"。② 该团之另一部攻下了南正敌据点，将南正至微水之铁路破坏五六里，毁铁轨百余根，烧枕木12000余根。③ 中央纵队之第2团攻入了蔡庄，毁坏了乏驴岭桥梁。第16团攻占了地都、北峪、南峪等敌据点，破坏了南峪、地都间的全部石桥、铁道。④ 左纵队也于20日至22日间，攻击了微水至石家庄段的岩峰，上安据点和沿线车站。

担任正太路西段破击任务的第129师，在战役发起后，以左、右翼破击队和总预备队对正太路阳泉至太谷段和平定至辽县的公路发起了重点攻击。其左翼部队之第16团，在进攻芦家庄战斗中，连克碉堡4座，消灭大部守敌，并将芦家庄至段廷铁桥的铁路全部炸毁。⑤ 右翼队之第30团，在进攻桑掌和铁炉沟战斗中，

---

① 《娘子关、磨河滩战斗》，见《百团大战史料》，第97、98页。
② 《日独立混成第8旅团汇报井陉新矿情况》，见《百团大战史料》，第423页。
③ 《中央纵队战况》，见《百团大战史料》，第95页。
④ 《中央纵队战况》，见《百团大战史料》，第95页。
⑤ 《芦家庄战斗》，见《百团大战史料》，第211页。

全歼守敌 130 余人，桑掌铁桥和燕子沟两座铁桥，也被我彻底毁坏。① 第 28 团则在战斗打响后，攻占了敌之狼峪、张净等车站和据点，歼灭了大部守敌。②

图 10.2　八路军第 11 团攻占烧毁日军据点后，正在拆除敌人堡垒

第 129 师总预备队担任着对战役要地狮垴山的抢攻任务。狮垴山位于阳泉西南，是正太铁路西段之咽喉要地。为防止敌人控制狮垴山，攻击我侧背，战役一发起，总预备队即开进平定以西之天华池、苇池村地区，同时派出主力第 14 团抢占了狮垴山，借此攻击阳泉之敌，掩护我破击队战斗。敌为扰乱我破路之进行，从 21 日起至 26 日，在飞机掩护下，施放毒气，向狮垴山发起一次又一次猛烈进攻。我第 14 团勇士坚守阵地据险阻击，与敌激战六昼夜，歼敌 400 余，完成了任务，保障了破击战的顺利进行。③

担任同蒲铁路北段和汾离公路破击任务的第 120 师，也于攻击发起的当晚，投入 20 个团的兵力，对该段铁路和铁路两侧之主要公路展开了大规模破击。8 月 21 日晚，第 358 旅强袭忻（县）静（乐）公路上日军之重要据点康家会，全歼守敌。独立第 2 旅收复了同蒲铁路上的重要据点阳方口；暂编第 1 师一度袭入五寨县城。决死第 2、第 4 纵队破击汾离公路，攻入王家池日军据点，独立第 1 旅则

---

① 《芦家庄战斗》，见《百团大战史料》，第 211 页。
② 《芦家庄战斗》，见《百团大战史料》，第 211 页。
③ 《狮垴山战斗》，见《百团大战史料》，第 213 页。

攻占了石门墕，袭击了寨子村，并围困了岚县县城。据统计，自战役发起至 9 月 5 日，第 120 师各部共作战 163 次，伤敌 2700 余名，俘虏日军 25 名、伪军 142 名，破坏铁路 50 余里、公路 470 余里、桥梁 40 座，打坏敌火车一列、汽车 9 辆，烧毁敌船 6 只；我方伤亡 885 名。[①]

在八路军主力全面出动的同时，我地方游击队、民兵和根据地广大民众也积极参战，主动配合，对所在地各主要铁路、公路、桥梁、隧道进行了大规模破坏。晋察冀北岳军分区部队主动破击平汉路北段，攻占了边区周围的日据点。冀中区出动 10 多万群众，除破袭本区内沧石、石德等敌交通线外，还攻打了固安之临城铺、永清之赵家务等敌据点，并一度攻占渠沟，攻入廊坊、万庄，打进高碑店，破坏了平汉、北宁两铁路。冀东军民破击了北宁铁路和境内大部公路线，拔除了一批日伪据点，并一度袭入唐山市。冀南军民破袭了元氏至安阳段的平汉路，迟滞了日军对德石路的抢修，太岳军民破击了白晋铁路和同蒲铁路南段。

在八路军突然发起的猛烈攻势下，正太铁路沿线的日军数日内联络中断，情况不明，陷入混乱状态。及至情况察明，日军便紧急调动兵力，进行疯狂反扑。在正太路西段，日军从白晋路沿线和同蒲路临汾段抽调第 36、37、41 师团各一部，配合独立混成第 4、第 9 旅向第 129 师部队实施反击。在正太路东段，日军从冀中、冀南抽调约 5000 人，至石家庄、娘子关及其以北地区，配合独立混成第 8 旅团向晋察冀军区部队反击。与此同时，同蒲路北段之日军也开始组织力量进行反扑。[②]

由于敌援兵大部开到，八路军总部依据战役变化，及时调整了作战部署，决定"在正太路已不能坚持作战或已彻底完成正太战役任务的情况下，我军之行动方针应采取开展正太线两侧之战斗，去收复敌深入各该根据地内之某些据点，继续坚持正太沿线之游击战争，缩小敌占区，扩大战果，同时以一部兵力进行休

---

　　① 贺龙：《百团大战的一个侧面——晋西北》（1940 年 9 月 8 日），见《八路军军政杂志》第 2 卷，第 10 期。

　　② 《第一次反击作战》（8 月 30 日至 9 月 18 日），见《百团大战史料》，第 429 页。

整"。① 从 8 月底开始，八路军各部及时转移兵力，乘正太路遭我破坏，敌不能转移兵力之有利时机，完成第二步行动计划。

9 月 2 日，日军第 36、37 师团和独立混成第 4、第 9 旅团各一部，约 8000 余人，合击正太铁路南侧安丰、马坊地区的第 129 师。第 129 师以 4 个团的兵力英勇抗击来敌，掩护了师领导机关安全转移。9 月 6 日，第 129 师于榆社西北双峰地区将日永野大队包围，激战一昼夜，毙其大队长以下 400 余人。同日，第 385 旅在张建设伏，重创了向辽县撤退之日军。与此同时，晋察冀军区各部乘敌集中兵力向正太铁路南侧反击，北侧较空虚之际，以主力向盂县周围之敌出击，收复了会里、上社、下社等 6 个敌据点，歼敌百余。败逃之敌也被包围于罗里掌山，大部被歼。②

第 120 师各部则于此期间对同蒲铁路忻县至太原段继续进行破击，使敌难以继续从该线抽调兵力增援正太沿线。由于各部的协同、配合，在正太铁路南侧对我第 129 师主力进行报复作战的日军独立混成第 4 旅团，从 9 月 5 日起，被迫陆续回调寿阳、阳泉、盂县地区，企图先解盂县之围，再图寻我主力决战。在此情况下，八路军总部于 9 月 10 日下令各部结束第一阶段作战，并开始为转入第二阶段作战做准备。

百团大战第一阶段作战，八路军各部进行大小战斗 360 余次，破坏铁道 600 余里、公路 1500 余里，攻战敌据点 86 处，歼灭日伪军 7000 余人，正太路三分之二路基被我毁灭，井陉新矿被我完全破坏，平汉路北段与同蒲路北段均一度被断 7 至 10 天之久。③ 为此，日方也承认："共军乘其势力大增，突然发动的百团大

① 《总部作战命令》（8 月 26 日 23 时于晋东南），见《百团大战史料》，第 105 页。

② 《罗里掌再歼残敌》，见《百团大战史料》，第 112 页。

③ 《百团大战史料》，第 311 页。关于歼敌数字此处取《中国人民解放军战史》记载，与《八路军军政杂志》第 2 卷第 10 期上 10250 人和新华社晋东南 9 月 15 日电 6000 人的记述不同。此外，日方统计人员伤亡数与我之记载有相当大出入，参见日本防卫厅战史室编纂：《日本军国主义侵华资料长编——（大本营陆军部）摘译》（上），第 581 页。

战，给我以极大打击。"①

三、百团大战第二阶段之作战

早在第一阶段作战进行时，八路军总部就在致各兵团并报中央军委的电报中提出了乘胜扩大战果的设想，电报指出："彻底毁灭正太路和同蒲路之忻县、朔县段，如能达到目的，使三个基本根据地连成一片，在任何方面都与我们有利，并可引起华北战局某些变化。"② 八路军总部的这一设想得到中共中央的肯定。中共中央于 9 月 10 日发出了《关于军事行动方针的指示》，指出第二阶段（1940 年 9 月 20 日至 10 月上旬）作战的中心任务和基本方针为继续扩大第一阶段之效果，继续破击交通线，而重点则在歼灭交通线两侧和深入我根据地之中的日军据点。

9 月 16 日，八路军总部正式发出第二阶段作战命令。其部署为：（1）120 师以截断同蒲路北段交通为目的，集结主力破击宁武、轩岗段同蒲路而彻底毁灭之；（2）冀中、冀南部队以打击日寇修筑沧石路、石德路、邯清路之目的，应集结主力彻底毁灭各该路已修成之部分及前线路基；（3）晋察冀军区以开展边区西北方面工作为目的，集结主力破袭涞灵公路，夺取涞源、灵丘两城，并以有力一部在同蒲东侧积极配合 120 师之作战；（4）129 师以收复榆社、辽县为目的，开展榆辽地区斗争，并以有力一部不断破击白晋路北段；（5）晋察冀与第 129 师原留正太线行动之部队不变，并积极阻挠敌修复铁路；（6）挺进军应以有力部队在平汉路北段、平绥路及北平城郊积极活动。冀中应以有力部队在北宁路及津浦路北段积极活动，不断破路倾车，扩大影响，阻敌增援。其余各大、小交通线之配合作战部队，由各战区自行配置。③ 根据以上部署，百团大战第二阶段进行的主

---

① 日本防卫厅战史室编纂：《日本军国主义侵华资料长编——（日本大本营陆军部）摘译》（上），第 575 页。

② 《令继续扩大战果》（1940 年 8 月 31 日），见国防大学编：《中共党史教学参考资料》第 16 册，第 371 页。

③ 《百团大战第二阶段作战命令》，见国防大学编：《中共党史教学参考资料》第 16 册，第 372 页。

要战役有:

1. 涞灵战役

9 月 22 日,晋察冀军区部队迅速将主力由正太线北调,执行涞灵作战任务。涞灵地区驻扎着日军驻蒙军独立混成第 2 旅团和第 26 师团各一部,计 1500 余人,另有伪军千余。晋察冀军区决定首先夺取涞源城,同时拔除县城附近敌之据点。是夜 22 时,由晋察冀部队 5 个步兵团、2 个游击支队、1 个骑兵营、1 个特务营组成的右翼队率先向涞源城发起猛攻。由于城中守敌工事坚固,防守严密,我军缺乏攻坚手段,一昼夜激战后,仅夺得东、西、南 3 个城关和两个外围据点。23 日晚,敌涞源城外围重要据点三甲村、东团堡均遭到我攻击,双方发生激烈战斗。三甲村之敌在与我激战竟夜后,大部被歼灭。① 东团堡之敌放火、放毒,死守房屋,我军伤亡极大,中毒者就达 300 余,但仍坚持战斗,攻击不懈。24 日晚,我再发起总攻,残敌完全陷入绝境。至 26 日,涞源城日军外围据点被我军攻克 10 余处。我军乃以一部继续在涞源外围扫荡剩余据点,同时以主力集结涞城东北,准备相机打击敌之援兵。

28 日,张家口敌汽车 30 辆、坦克 20 辆,载日伪军 3000 余人,在 4 架飞机掩护下,在突破我阻击阵地后,进抵涞源县城。在敌我力量悬殊情况下,我决定放弃原拟打击增援日军的计划。被我攻克之大部据点复为敌收回。我攻城部队放弃夺取涞源,主力向灵丘、浑源方向转移。

10 月 7 日至 10 月 9 日上午,在灵丘、浑源一线之我军先后向南坡头、抢风岭、金峰店、青磁窑等日军据点发起猛攻,并占领上述据点。9 日下午,大同日军以汽车 70 余辆,载敌千余赶到增援。10 日,晋察冀第 6 团一部与敌在桃沙附近展开激战,由于敌我悬殊过大,我在给敌以重创后退出战斗。② 与此同时,易县、保定、定县一线也发现大量敌军出动,晋察冀军区遂果断决定结束全战役之主力攻势。③

---

① 《三甲村战斗》,见《百团大战史料》,第 139 页。
② 《桃沙阻击战》,见《百团大战史料》,第 145 页。
③ 《百团大战史料》,第 148 页。

2. 榆辽战役

榆社是榆辽公路上日军之主要据点，榆辽公路则是日敌楔入我根据地平辽公路的前锋段，敌人一直存有利用这条公路，从榆社经武乡向西南延伸，与白晋铁路相连，以分割我太行北部地区的企图。为粉碎敌之企图，第129师乘正太战役刚结束，敌交通尚未恢复、运输接济不上、兵力疲惫之际，适时发起了榆辽战役。其具体部署为：第129师以第5旅（附第32团）为右翼队，重点攻取榆辽公路东段各据点，并联络新编第10旅相机收复辽县，以太岳纵队为左翼队，重点消灭王景、沿华、榆社线上之敌，收复、摧毁其据点、公路；以第10旅主力为平辽支队，在和顺至辽县线上破击作战，克复据点，打击援敌，以配合榆辽线上主力作战；以太岳军区第17、第57团组成沁北支队，破击白晋铁路沁县至分水岭段，钳制敌人从白晋铁路抽调兵力增援榆辽地区，配合主力作战。[①]

榆辽战役于9月23日打响，是夜23时，第129师主力右翼、左翼队同时向预定目标发起攻击，第386旅在陈赓指挥下攻打榆社。守敌在飞机掩护下，施放毒气，据险顽抗，我三次强攻未下，乃改取坑道破爆，于25日发起第4次总攻。在敌人火力封锁下，我突击队突入敌阵，与敌进行白刃搏斗，除个别漏网外，守敌藤本中队长以下近400人被我聚歼，榆社被我攻占。[②] 与此同时，敌另一处重要据点管头也在第386旅第13团昼夜进攻下被克复。至30日，榆辽线上沿壁、王景村、铺上、小岭底、石匣等据点也先后为我克复。

正当第129师进一步作攻击辽县之部署时，敌援军独立混成第4旅团约800余人由南北两面向辽县开来。我第129师当即决定先打援敌，后攻辽县，遂迅速转移兵力于红崖头、官地垴地区。30日上午9时，东犯之敌进入红崖头南北山地我伏击区，我即迅猛向敌发起进攻，正待一举歼灭时，辽县出动的敌援兵400余人赶到。由于敌实力增加，我在给以重创后撤出战斗，同时结束该役。

榆辽公路是日军穿行太行山脉，花了一年多时间才修成的，沿线据点坚固，

---

① 《百团大战史料》，第210、211页。
② 《百团大战史料》，第466页。

防守严密，但在我此次战役打击下，该公路基本被摧毁。敌据点被悉数荡平，日片山旅团主力第 13 大队和第 1、第 2 中队几乎被全歼。此外，为配合榆辽战役之进行，我晋东南部队在敌之其他交通线，如白晋北段、平汉、同蒲铁路、长治、潞城间公路等处也广泛展开了破击，敌丰东、古墓营、南大王、漳源等车站、铁桥被毁，沿线据点被拔，德石铁路修筑被滞，晋东南之敌受到沉重打击。[①]

3. 晋西北同蒲路宁武南北段破击战役

为扩大第一阶段作战之胜利，第 120 师在进入第二阶段后，于 9 月 14 日由驻地向同蒲铁路沿线开进，对同蒲路再进行破袭。为阻扰我主力之开进，静乐、忻州及以北各据点之敌纷纷出动。15 日，第 120 师特务团首先在杜家村与宁化堡与出动之敌 200 余人展开激战，将敌大部歼灭。16 日至 18 日，第 120 师第 3 旅雁北游击支队也在后河堡西北地区与千余日军进行激战，敌被我击溃后逃走。第 120 师第 3 支队一部则于 18 日夜袭击了宁北堡、寨子间的头马营敌据点，围攻两昼夜，将敌大部歼灭。22 日，第 120 师独立 1 旅夜袭忻口及以西之楼板寨、奇村等敌据点。同晚，雁北支队也分途出动，向原平、轩岗间敌之据点出击，歼敌一部。工兵连则将黎井到上阳武铁道完全破坏，炸毁铁桥一座。第 120 师第 8 团第 3 营也于是晚强袭头马营，特务团破击段家岭车站炮台。23 日战斗继续进行，独立第 2 旅攻袭宁武、石湖河两车站，朔县、神池、阳方口之敌分三路驰援，均被击退。为协同配合同蒲路破击战，第 120 师第 717 团第 3 营于 20 日夜分途袭击了柳林西之高村、李家恒敌据点。该团另一部在柳林以北龙化园附近与敌遭遇，将敌击溃。同日夜，暂 1 师分途袭击凤子头、义井和五寨之敌，歼敌一部，并占领了凤子头。我大青山部队亦在此期间在得胜窑、大小哈达战斗多次。[②]

由于各路协同，至 23 日，我 120 师各部在攻击中前进，基本扫除了向同蒲铁路开进的障碍，进占了铁路线，并控制了阳方口至宁武、宣武，宁武至大牛店，

---

① 《百团大战史料》，第 218 页。
② 《120 师百团大战第二阶段战斗总结》，见国防大学编：《中共党史教学参考资料》第 16 册，第 434 页。

大牛店至忻口间的铁道。9月24日起，独立第1旅破击忻县至原平段，第358旅破击原平至宁武段，独立第2旅破击宁武至朔县段，另以部分兵力破击公路线，袭击敌据点，钳制敌人，配合作战。截至9月27日，敌同蒲路朔县至原平之间多处铁路、桥梁、车站被毁，该线交通再度陷于瘫痪。

百团大战第二阶段作战，八路军各参战部队共作战620余次，攻克敌据点12座，毙敌伤敌近7000人（包括伪军）。[①] 由于此阶段日军对我之攻击已有防备，调整了部署，加强了交通沿线的控制，从而增加了我军攻击的困难。因此，这一阶段我军虽取得了一些胜利，但进展困难，重点攻击的4座敌占县城，除榆树得而复失外，余皆未能攻克。且因此时我军以主力去攻打一些深入根据地内设防又比较坚固的据点，客观上造成敌人力量内调，给根据地腹地带来相当破坏，一些得不偿失的攻坚战也使我军付出较大的代价。10月初，敌开始转入进攻，对我根据地实行报复性"扫荡"。为此，八路军总部作出决定：第129师因疲劳过甚、伤亡较大，拟即结束战斗。估计增援榆辽之敌可能顺势"扫荡"太北地区，故除第129师以有力部队向正太路积极活动外，晋察冀军区留正太路以北部队应乘敌南援，积极破路，配合第129师反"扫荡"作战。第120师在太原西南积极活动，牵制该方面之敌。根据这一部署，八路军百团大战参战部队先后转入反"扫荡"斗争。

四、百团大战第三阶段之作战

日华北方面军连续遭到八路军沉重打击后，为稳定华北局势，紧急调遣重兵，从10月6日起，对我华北各抗日根据地实行疯狂的报复性"扫荡"。敌这次"扫荡"意在对我抗日根据地采取空前毁灭政策，在敌广泛散发的布告传单中声称："因各个铁道交通迭遭'共产八路军多次之断绝破坏，不胜遗憾之至，皇军

---

① 《晋察冀军区百团大战统计》《129师百团大战战绩统计》《120师百团大战冬阶段战斗统计》，见《中共党史教学参考资料》第16册，第423、434、453页。

决以坚忍意志并施行猛烈之手段，向八路军猛烈冲击，死无回顾之余地。"① 在这一严峻形势下，八路军总部于 10 月 19 日向各部队下达了反"扫荡"作战命令，要求华北"我党政军民密切配合，深入战争动员，领导群众，空室清野，做好反'扫荡'的一切准备"，要求各部队"广泛开展游击战争，坚决歼灭敌一路至二路，给敌以沉重打击，粉碎敌之'扫荡'"。命令下达后，八路军参战各部投入了反"扫荡"作战，百团大战进入第三阶段（1940 年 10 月 9 日至 1941 年 1 月下旬）。

1. 太行地区的反"扫荡"作战

敌人的"扫荡"首先从太行开始，次第在平西、晋西北、晋察冀、冀中等地进行。从 10 月 6 日起，日军独立混成第 4 旅团、第 36 师团各一部，近万人，连续"扫荡"了太行地区榆社、辽县、武乡间的浊漳河两岸和清漳河东、西地区，搜寻我 129 师主力和八路军总部、北方局等根据地党政军领导机关。为粉碎敌之企图，第 129 师各部展开了英勇的反"扫荡"作战。10 月 14 日，新编第 10 旅一部在和（顺）辽（县）公路间的弓家沟设伏，歼敌 1 个运输队，毁其汽车 40 余辆。② 26 日，由武乡犯黄烟洞之日军 1 个大队 500 余人，企图取道蟠龙以东之关家垴一带山地西犯，被我第 129 师主力和决死第 1 纵队两个团包围于关家垴高地。被围之敌抢占了关家垴西南之凤垴顶高地，固守待援。我攻击部队不顾日机轮番轰炸，向敌勇猛冲击，迅速突破了敌防御阵地，敌大部被歼，残存之敌也被压迫至狭小地区。31 日，敌援兵两路赶到，并有飞机十余架助战。我避免与敌决战，主力转

图 10.3　八路军副总司令彭德怀亲临前线指挥百团大战

---

① 《日山西派遣军布告》，见《百团大战史料》，第 53 页。
② 《和辽公路弓家沟伏击战》，见《百团大战史料》，第 219、220 页。

移。① 敌扑空后，分路西进，妄图合击我八路军总部机关所在的砖壁、王家峪、东田等地区。为掩护总部机关转移，第129师第386旅担任阻击任务，战斗从11月3日上午进行至次日晨。5日，敌因合击无望，向白晋铁路回撤。到14日，各路"扫荡"之敌全部退回原驻地。

2. 太岳地区反"扫荡"作战

11月17日，日军第36师团、第41师团、独立混成第9旅团共7000人，分路大举进犯太行地区。敌这次"扫荡"采用了"捕捉奔袭"、"辗转抉剔"、"铁壁合围"之术，首先集结重兵合击沁源及其以北之郭道镇地区。针对敌之来势，我八路军采取"避实就虚"战法，先跳出敌之合围圈，再另行伺机击敌。敌合击扑空后，转向"分区清剿"，以"梳篦战术"，对我根据地民众进行大烧、大抢、大杀，仅沁源一县，被害群众就达5000余人。为打击敌之凶焰，23至27日，八路军沁西支队主力于官滩、胡汉坪、马背地区对敌展开袭击，歼敌260余。沁东支队也在光凹、陈家沟、龙佛寺、吾元镇、南卫村、南里等地予敌重创，仅龙佛寺一战就毙敌百余。日军在根据地内守则防袭，行则被击，无法久驻，乃于12月5日前，陆续撤离太岳区。

3. 晋察冀边区反"扫荡"作战

晋察冀边区是第三阶段敌对我抗日根据地进行报复性"扫荡"的重点。10月13日起，日军驻蒙军第1军第110师团、独立混成第15旅团、临时混成第101旅团各一部，加上部分伪军，计万余人，分10路"扫荡"平西之斋堂、三坡地区。晋察冀平西部队和游击队、民兵一起，以游击战，内线外线相结合给敌以袭扰，敌因达不到合击我主力目的，于27日撤退。11月上旬，敌再次以大部队"扫荡"北岳区，并逐步转入对晋察冀的全面"扫荡"。11月12日，敌两路合击管头扑空，在附近大肆烧杀泄愤后，又将主力转向西、南，先后"扫荡"银坊、黄土岭地区。结果又扑一空。敌"扫荡"一分区未达目的，转而于19日"扫荡"西南

---

① 《关家垴战斗》，见《百团大战史料》，第219页。

三分区，对店头、父子山、军城、台峪作分途出击。晋察冀部队按照"不轻易或被迫地与敌交战"的方针，适时将主力转移，仅以小部队协同游击队组织，在不脱离自己根据地的情况下与敌周旋。敌虽占据了我根据地内各要点，但苦于兵力不足，抽不出大部队驻守，小部警戒又要时刻提防被歼，加上我游击部队的袭扰，主力部队的机动作战，① 使入侵之敌不堪困扰，疲惫达于极点。至 12 月初，敌将阜曲线主力大部回撤，保留下千余人在阜平、王快、党城、灵山等地加紧构筑据点、运输粮食，企图久踞。

为驱逐残敌出我根据地，晋察冀军区于 12 月 13 日发起了阜（平）王（快）战役。战役期间，晋察冀军区各部广泛出击，以连续袭扰战、消耗战疲惫据点之敌，为主攻部队收复据点创造有利条件。同时展开积极的交通破击，打击敌运输、补给，破坏敌修桥修路，陷敌联络于停滞。21 日，王快之敌百余人向阜平押运 100 多驮军需品，被我军区第 2、第 3 团围歼于王林口。② 26 日，平汉路敌由北南开军用车一列在定县以南之宣村被我游击队一部炸毁，押车之敌大部在车倾覆时被压毙，我将车内所载之汽车 12 辆、坦克车一辆全部烧毁后撤离。③ 根据地军民对敌进行的一系列袭扰，使敌十分不安。敌人试图以较大兵力向我出击，驱逐我军脱离其点线。27 日拂晓，阜平、东庄之敌 1200 余人出动北犯，我晋察冀部队在沿途伏击敌人，敌被毙百余，缩回据点。④ 至此，敌在根据地内已无计可施，加上一月来伤亡、消耗过大，乃被迫放弃据守阜平等据点的企图，于 12 月底开始从阜王线各点撤退。

30 日，阜平之敌 600 余人在 3 架飞机掩护下，分 3 个梯队向东撤退。集结于机动地区我之主力兵团不失时机，予以追击。1941 年 1 月 1 日，阜平、东庄为我收复。3 日，敌伪 150 余突袭我南龙岗第 17 团 3 营驻地，反被我拖住、包围、全

---

① 《百团大战史料》，第 161、163、164、167 页。
② 《百团大战史料》，第 172 页。
③ 《百团大战史料》，第 173 页。
④ 《百团大战史料》，第 173 页。

歼。4日晨，敌人从王快仓惶退至党城，我即将王快克复，阜王战役结束。① 此次晋察冀北岳区反"扫荡"作战前后持续55天，共歼日军700余人。此外，敌因集中兵力"扫荡"北岳，对冀中暂取守势，我冀中军民则乘隙从1940年11月15日起开始了以破击石德路为主，同时遍及全区的交通大破击，有力地策应了山区反敌"扫荡"战斗的进行。②

4. 晋西北反"扫荡"作战

从10月下旬起，日军即开始以部分兵力向晋西北米峪镇地区作试探性"扫荡"，被我军民击退。12月中旬，日独立混成第3、第9、第16旅团和第26、37、41师团各一部，计两万余人，开始对晋西北进行全面"扫荡"，几天内敌攻占了除保德、河曲两县以外的晋西北全部县城、大部集镇和黄河渡口。敌以空前残酷手段对付我根据地民众，实行烧光、杀光、抢光之"三光"政策，致使许多村庄成焦土，家庭被杀绝，妇女被奸淫。据不完全统计，晋西北全区被害群众达5000余人，烧毁房屋、窑洞达1.9万余间。③ 敌人的兽行更激起根据地军民与敌血战到底的决心。因此，从12月14日至月底，我根据地军民在万分困难的条件下，连续与敌作战近100次，迫使敌人停止"清剿"，改取怀柔政策，并以修路、建点为主，企图长期据守。为打破敌人计划，晋西北第120师各部以部分部队与游击队、民兵协同，坚持区不离区、县不离县的地区斗争，另以部分主力机动作战，对敌主要交通线进行破击，兴县至岚县，万山至大武，三交至大武，离石至军渡，汾阳至柳林，神池至宁武、朔县间之敌交通线和据点均遭我多次袭击和破坏，小股出动之敌又遭我坚决打击。敌困守于根据地内，粮弹接济困难，孤立无援，遂于1941年初开始撤退。我第120师各部立即展开追击作战，予敌以不同程度打击。1月24日，侵入我晋西北根据地之日军全部撤离。历时41天的反"扫荡"中，我根据地军民与敌作战217次，歼敌2500余，取得了反敌报复性"扫

---

① 《百团大战史料》，第176页。
② 《百团大战史料》，第177页。
③ 《中国人民解放军战史》第2卷，第214页。

荡"的胜利。

图 10.4 1939 年 12 月 21 日，朱德总司令（左四）在武乡县王家
峪八路军总部会见印度援华医疗队成员柯棣华（左五）等人

百团大战第三阶段作战历时 3 个多月，由于各地区具体情况不同，反"扫荡"战发展和终结时间亦不一致。计晋东南太北区从 10 月 6 日至 11 月 12 日，平西区自 10 月 10 日至 28 日，晋西北自 10 月 27 日至 11 月初，雁门区自 11 月 7 日至同月中旬；晋察冀边区自 11 月下旬至 12 月 5 日，太岳区自 11 月 18 日到同月底，太南区之反"扫荡"战则自 12 月初开始。此外，还有冀中、冀南、大青山等处局部反"扫荡"等。① 此阶段，敌因在第一、第二阶段中迭遭打击和失败，表现出百倍的疯狂报复心理，因此敌"扫荡"的主要特点是连续、反复、持久、多路、残酷、野蛮，企图一举歼灭我主力，摧毁我抗日基地。然而敌之企图在我华北军民奋勇反击下，没有得逞。我八路军各部和根据地军民以灵活多变的战术，广泛、积极的游击战，迫使深入我根据地的敌人最终放弃了控制交通线、久据根据地、摧残我军民抗战意志的企图，胜利地结束了整个战役。

自 8 月 20 日起至 1941 年 1 月下旬止，历时 5 个多月的百团大战，以我华北敌后军民的伟大胜利和日军的惨重损失而告结束。这场战役作战地区囊括冀察全

---

① 《百团大战总结战绩》（1940 年 12 月 10 日），见《百团大战史料》，第 242 页。

境、晋绥之大部以及热南大部等，加上配合地区之作战，战线延及鲁省全境，皖东、豫东、苏北广大地区。按交通线说，则包括彰德以北之平汉路，德州以北之津浦路，临汾以北之同蒲、正太全线，平绥路归绥以东段，北宁、平古全线，沧石路、德石路、邯济路邯郸聊城段，以及津浦、胶济、陇海之部分铁路段与公路线等。从参战人数来看，此次大战中计有日军第110师团及第25师团全部，第26师团、第36师团、第41师团各两个联队，第37师团、第35师团各一个联队，独立混成第1、第2、第3、第4、第5、第7、第9旅团全部，独立混成第15、第6旅团各一部，还有伪治安军、伪蒙军、伪满洲军、伪警备队、伪警察、伪宪兵等，计30余万人。① 我方投入兵力也有100多个主力团，加上配合作战之根据地军民，共达数十万之众。从战绩上讲，仅在前3个半月，我敌后军民对日作战，大、小战斗1824次，毙伤日军20645人，伪军5155人；俘日军281人，伪军18407人；日军投降47人，伪军反正11845人。② 战斗中拔除日伪据点2993个，破坏铁路9900多里（正太铁路全线大部毁灭），公路3000多里，桥梁、车站被毁260多处，煤矿被毁5所，并缴获大批武器、弹药和其他军用物资。③ 此外，抗战以来3年中，中共领导下的抗日武装虽曾与日敌进行了无数次战斗，坚持和发展了敌后游击战，但战斗多半以对敌破坏为主，军事部署上还不是"主动的大规模的战役进攻"；而此次大战改变了这一形势，八路军完全处于主动地位，并以百团以上兵力，同时向华北敌后敌之各个交通命脉展开大规模破击、进攻。这在八路军抗战史上是空前的，在全国抗战史上亦甚少见。尤其是会战展开之际，正值国际形势发生大变化，中国抗战进入空前困难，国内投降妥协危机与分裂反共逆

---

① 第18集团军总司令部野战政治部：《百团大战总结战绩》（1940年12月10日），见《百团大战史料》，第243页。

② 关于整个战役歼敌数，此处以第18集团军总司令部野战政治部公布的数字为依据，见《百团大战史料》，第244页。除此之外还有三说：（1）毙伤日伪军5800人，见北京五所院校编《抗战中的中国军事》；（2）毙伤日伪军2万人，见胡华主编：《中国革命史讲义》；（3）毙伤日伪军25800余人，见中共中央党史研究室：《中共党史大事年表》，人民出版社1987年版。

③ 第18集团军总司令部野战政治部：《百团大战总结战绩》（1940年12月10日），见《百团大战史料》，第244、245页。

流又形高涨的时候，大战以胜利的事实，兴奋了广大抗日军民，坚定了他们抗战胜利的信心，争取了时局好转。因此百团大战的意义，不仅是军事上的，也是政治上的，"它是抗战史中最光荣的一页"。①

百团大战也存在着一些问题，主要是战役规模过大、持续时间太长。特别在第一阶段作战后，我军没有以主要力量去巩固和发展已取得的胜利，却提出了以主力去攻打和夺取敌设防比较坚固的城市、集镇，因此在第二阶段采取一些与八路军装备不相适应的阵地攻坚战，造成八路军有生力量的过多消耗。破袭的铁路、攻克的据点，多数为敌恢复，根据地的人力、物力受到损害，给以后的华北长期坚持抗战带来一些困难。这种以攻坚战为主的打法也不符合中共中央一贯强调的"基本的是游击战，但不放弃有利条件下的运动战"的战略思想和作战方针，造成部队较大伤亡、减员，也造成在第三阶段反"扫荡"中的严重损失。

---

① 《八路军军政杂志》第 2 卷，第 12 期。

小 结

自 1938 年 10 月武汉会战后，侵华日军变"速战速决"的军事战略方针为取"持久战略态势"。中国抗日战争由战略防御阶段转入战略相持阶段，敌后抗日游击作战也随之由战略防御阶段的辅助地位上升到主要地位。

在这战争形势发生重大变化的情况下，中共中央在扩大的六届六中全会上，确立了"巩固华北，发展华中和华南"的战略任务。在这一方针指导下，八路军在完成了对华北的战略展开，山区根据地根基巩固的前提下，以 3 个师主力部队分别挺进至冀中、冀南、冀鲁豫边平原和山东地区，协同当地抗日军民广泛开展抗日游击作战，有力地牵制了日军对正面战场的进攻，粉碎了其"以华制华"、"以战养战"的图谋，发展了抗日力量，华北敌后抗日根据地也在斗争中得到了进一步巩固和发展。华中新四军也在中共中央"发展为主"的方针指引下，东进北上，足跨大江南北，取得了开辟苏中、苏北、豫皖苏边、豫鄂边和皖东等区抗日根据地的重大胜利。华南东江、琼崖、珠江地区的抗日游击作战也在中共南方局和广东地方党组织领导下得到了蓬勃的开展。东北抗日联军则在极为艰苦的环境中坚持了对日斗争。中国共产党领导下的抗日武装和抗日根据地成为坚持持久抗战的决定因素。在此期间，国民政府各战区也遵照国民政府军事委员会关于"加强游击作战"的指示，派部进入敌后，使游击战与正规战相配合，对敌进行袭扰、牵制作战，取得了一定的战果。

由于相持阶段到来后，日军以"确立占领区治安为第一要义"，集中了其主要兵力一半以上，对我华北和其他地区的抗日根据地进行了所谓"肃正作战"，妄图以频繁讨伐，残酷"扫荡"和"囚笼"政策，给我抗日根据地以毁灭性打击。然而，在中国共产党领导下，抗日军民团结战斗，根据地不仅未被摧毁，反而越战越强。尤其是八路军在华北广大地区展开历时三个半月的百团大战，更给日军之嚣张气焰以沉重的打击。据统计，在相持阶段到来后不到两年时间中，粉碎了敌千人以上至5万人的"扫荡"近百次，作战万余次，歼灭大量的日伪军。八路军、新四军也发展到近50万人，抗日根据地人口达1亿多。① 这些充分显示了相持阶段中，敌后游击作战在整个抗战全局中所起的重大战略作用和中国共产党倡导的"全面抗战"的巨大威力。

① 军事科学院军事历史研究部：《中国人民解放军战史》第2卷，第254页。

第三部分

国民政府的

敌后战区

第 11 章
国民政府军事委员会敌后游击作战方针的确立及举措

一、国民政府军事委员会敌后游击作战方针的确立

在古今中外一般军事家的眼界里，游击战是不登大雅之堂的。他们的理由是：决定战争胜负的战争形式是阵地战（正规军在固定战线上的作战）和运动战（正规军在非固定战线上的作战）。游击战（一般由普通民众承担，正规军不介入）排在阵地战、运动战之后，属于辅助性的战争形式。其重要性是微不足道的。抗日战争时期，国民政府军事将领和国民政府军事委员会对敌后游击战重要性的认识，经历了逐步深化的过程。

1938 年 6 月，国民政府军事委员会在汉口召开军事会议，会上有人提出"以游击战配合正规战"之议。建议者认为：以我劣势装备对优势装备之敌，以我脆弱之空军对优势空军之敌，若仍像徐州、淞沪、太原等会战，采用正规战与敌硬拼，势恐难持久。为适应长期战争需要，在战略上实行"消耗持久战"方针的同时，战术上应采游击战与正规战配合，加强敌后游击，扩大面的占领，争取沦陷

区民众，扰袭敌人，使敌局促于点线之占领。同时打击伪组织，由军事战发展为政治战、经济战，再逐渐变为全面战、总体战，以收"积小胜为大胜，以空间换时间"之效。①

汉口会议上的这一建议为国民政府军事委员会采纳。会后，军委会通令各战区，作好游击作战准备。徐州沦陷时，军事委员会留置第69军于津浦铁路北段（黄河以北）地区，第89军于津浦铁路南段（黄河以南）地区，领导并支援冀、鲁、苏三省地方武力展开游击。第1、第2、第5、第8战区也奉令在平汉铁路北段和同蒲、正太、平绥等重要铁路线以及被日军侵据的豫北、山西、绥远及鄂、皖边区，以部分兵力展开游击战，并借恒山、五台山、太行山、中条山、吕梁山、大别山及太岳诸山脉之复杂地形，建立游击根据地，为进一步实施游击作战打下了基础。

1938年10月，武汉、广州失陷后，日军停止了对正面战场大规模的战略进攻，转而保守占领区。抗日战争进入战略相持阶段。同年11月下旬，国民政府军事委员会在湖南衡山召开第一次南岳军事会议，总结抗战第1期"一线式"阵地防御作战、节节抵抗、逐步消耗敌人的经验及教训，研究第2期抗战方针。蒋介石在该会上特别强调在第2期作战中"政治重于军事"、"游击战重于正规战"的原则。② 根据这一原则，会上做出的第2期作战的战略指导、作战方针为："连续发动有限度之攻势与反击，以牵制、消耗敌人，策应敌后方之游击部队，加强敌后之控制与袭扰，化敌后方为前方，迫敌局促于点线，阻止其全面统治与物资掠夺，粉碎其以华制华，以战养战之企图，同时抽出部队，轮流整训，强化战力，准备总反攻。"③ 在这一方针指导下，国民政府军委会决定派出相当于60个师的正规部队转入敌后（其中大部已在敌后），并划分前方若干地区为游击区。军委会并明确规定："各战区要以三分之一兵力于敌后扰袭敌人，于本战区内担任游

---

① 陈三井等著：《白崇禧先生访问记录》（上），第350、351页，见台湾"中央研究院"近代史研究所口述历史丛书（4），1984年5月版。

② 陈三井等著：《白崇禧先生访问记录》（上），第373页。

③ 《抗日御侮》，第6卷，第2、3页。

击作战任务。"①

1939 年 1 月，国民政府军事委员会正式颁布敌后游击作战指导方案。其方针确定："国军应以一部增强被占领区内力量，积极展开游击战，以期消耗敌人，极力保持现在态势，不得已时，亦应固守，以便于地区附近牵制敌人，藉获时间上之余裕。俟新的战力培养完成，再行策动大规模之攻势。"② 其指导要领则对各战区游击战进行之重点地区、力量部署、打击目标作了具体规定：（1）第二战区继续展开广大之游击战，其重点指向正太、同蒲各要线。以有力部队配合中条山地区与黄河右岸河防部队协力阻止敌军渡河。敌若由包头、归绥进犯甘肃、宁夏，应以有力部队，由晋北向包、绥侧击敌人。（2）第 8 战区应加强绥西五原、临河之守备，并向宁夏以北附近地区，配置有力部队，确实保持西北国际交通。（3）第 10 战区应与第 2 战区协力巩固河防设备，分别控制有力部队于潼关、大荔、韩城及西安各地区，策应第 1、2、8 各个战区之作战。（4）冀察战区应于冀中及冀西太行山区，建立游击根据地，极力保持之，并发动民众展开广大游击战，重点指向平汉、津浦、北宁、平绥各要线，尽力牵制、消耗敌军。（5）鲁苏战区应于鲁南山岳地带及苏北湖沼地区，建立游击根据地。发动军民，展开广大游击战，重点指向津浦、陇海、胶济各要线，尽量牵制、消耗敌军，策应第 1、5 及冀察各战区之作战……除上述具体部署外，方案还指出了游击作战的"反扫荡战"，"应战"以及"破坏敌伪政治、经济实施"的主要作战形式和达成目标。③

二、国民政府军事委员会落实敌后游击作战方针的主要举措

为适应游击作战发展的需要，为加强游击作战配置坚强、有力的骨干，蒋介石接受中国共产党的建议，决定在南岳由国共两党共同举办游击干部训练班，以

---

① 何应钦：《日军侵华八年抗战史》，第 268 页，台湾黎明文化事业股份有限公司 1982 年 9 月版。
② 《抗日御侮》，第 6 卷，第 58～60 页。
③ 《抗日御侮》，第 6 卷，第 58～60 页。

训练各战区军政游击干部。

南岳游击干部训练班的开办有一个酝酿过程。1938 年 10 月，蒋介石在武汉召开高级将领会议，邀请朱德参加。朱德到武汉后，与周恩来商定，向国民党建议两党合作举办游击干部训练班，并起草了一份建议书，提交蒋介石，蒋介石表示同意。随后，周恩来和叶剑英研究制订了游击干部训练班教育训练大纲。同年 11 月 25 日，国民党邀请周恩来和朱德参加南岳最高军事会议，正式决定创办游击干部训练班。由于中国共产党领导的武装具有游击战争的丰富经验和卓越战绩，国民党方面就特别邀请中共派人到游击干部训练班担任教官。中共中央派出了以叶剑英为团长的中共代表团 30 多人参加游击干部训练班的工作。中共的积极建议和大力支持，促成了南岳游击干部训练班的开办。

该游击干部训练班隶属于国民政府军事委员会，从 1939 年 2 月 15 日起开办，最初以第 31 集团军司令汤恩伯兼任主任，叶剑英为副主任。不久由军委会军训部长白崇禧以军事训练机构应隶属于军训部为由，报经蒋介石批准，改隶军训部，由蒋介石兼任主任，白崇禧、陈诚兼副主任，汤恩伯改任教育长（后由李默庵担任），叶剑英改任副教育长。训练班拟定招收学员的对象，是各战区部队营长以上的军官和高级司令部的中级幕僚人员，要求以军为单位选派战术修养较好而又有作战经验的军官参加训练，毕业后回原部队办班，训练连、排、班长等基层军事骨干，编组游击队伍，到敌人的侧面和后方去，开展游击作战。

该训练班以 3 个月为一期，教育训练实行政治、军事并重。共产党的干部以及许多中外知名人士在训练班讲课、演说、作报告。叶剑英主讲"游击战概论"。他政治、军事上造诣高深，讲课深入浅出，理论联系实际，令人耳目一新，因而轰动一时。连驻在附近的国民党军队一些将领也慕名而来，听课人数多达两三千人，教室容纳不下，就到操场上讲大课。边章伍、李涛、李伯崇、薛子正、吴奚如等备课认真，并有丰富的实践经验，也深受学员的欢迎。副总参谋长白崇禧非常欣赏毛泽东《论持久战》一书的战略远见，特别向训练班教育长推荐，要其将此书摘要印发给学员学习、研究。教官们以毛泽东关于游击战争战略战术为指

图 11.1　1939 年 4 月，参加南岳游击干部训练班的八路军全体工作人员合影

导，结合八路军、新四军开展游击战争的实践经验，采取集体研究、讨论的方法，编写出《游击战术讲义》和《抗日游击队政治工作教程》，作为教材。南岳游击干部训练班的举办，成为国民党和共产党合作抗日的亮丽篇章之一；反映了国民政府对游击战争地位、作用的重视。① 此外，国民党还采取多种途径培养了大量的游击干部，分赴敌后，从而有力地推动了国民党领导的敌后游击战争之开展和敌后战场的建立。

为加强对游击战争战略之指导，南岳军事会议后，国民政府军委会军训部还编辑《游击战纲要》一书，分发至各战区及军事学校作为开展游击战之教材。《纲要》共有 14 篇 389 条及纲领 9 项，对于游击队之任务与作战主旨，游击队之组成与领导，根据地之创设与扩展，游击队之政治工作与军民关系，游击队之战法与战斗技术之训练等，均作了详尽规定和说明。② 南岳军事会议后，国民党各战区敌后游击战曾一度得到较大的发展。

---

① 1940 年夏，南岳游击干部训练班改名为西南游击干部训练班，7 期共毕业学员 5659 名。
② 《游击战纲要》，军事委员会军训部军事编译处编印，1939 年 10 月版。

　　此外，国民政府军委会在 1939 年春变更战斗序列。为加强日军后方之游击力量，特设冀察、鲁苏两游击战区，以统一指挥冀、察方面和江苏苏北及山东敌后的游击作战。为了实施"加强游击作战"方针，加强战地政务，国民党中央又于 1939 年 3 月在日军占领区设置了以蒋介石为委员长的战地党政委员会，以担负发动民众抗战，消灭日伪组织，阻止日军政治、经济、文化侵略的任务。该委员会在各沦陷区设立了分会，以各战区最高军事长官兼任主任委员。

　　上述方针和举措，为国民政府敌后战区的建立奠定了良好的基础。

第 12 章
第 2 战区的晋绥游击区

一、晋绥游击区概况

晋绥游击区是国民政府之主要游击作战地区之一。自太原沦陷后，国民政府军委会在汉口开会，决定第 2 战区部队不得退过黄河，须就地打游击，违者以军法从事。军委会调第 1 战区司令长官卫立煌兼第 2 战区副司令长官，率所部第 14 集团军进入山西，加强防守力量，确保山西根据地。嗣后，抗战进入相持阶段，国民政府军事委员会加强实施游击战方针，指示第 2 战区和山西境内各军游击战与正规战并用，在中条山、吕梁山、太行山及陕北，分南、东、西、北 4 路建立起游击根据地，其部署为：

南路军：以卫立煌为总司令（兼），辖第 3、第 9、第 14、第 15、第 17、第 38、第 47、第 93、第 96、第 98 等 10 个军，计 16 个师另 6 个旅，分别部署于晋西南中条山、王屋山等处，建立游击基地。任务为向同蒲路南段沿线之敌袭击，并协助第 1 战区，歼灭企图渡黄河之敌。

图 12.1　中国军队守卫黄河禹门口，与日军隔河对峙

东路军：以朱德为总司令，辖第 18 集团军 3 个师。任务以和顺、辽县为根据地，向正太路沿线之敌袭击，并破坏其交通。

西路军：总司令杨爱源，辖 8 个师另 3 个旅，主力建立吕梁山根据地，一部对同蒲路两侧之敌袭击，破坏其交通。

北路军：总司令傅作义，辖 7 个师另 8 个旅。其任务以一部对朔县、宁武间铁路施行破坏，主力向大同以西之敌袭扰。

五台区：总司令杨澄源，辖暂编第 2 师及一部游击部队。任务为以一部向同蒲路沿线以东施行袭击，主力在雁门以东山地建立游击根据地。按上述初步部署，第 2 战区各部队分别就位，据守有利地形，实施作战任务。

二、晋绥游击区的抗日斗争

1938 年 2 月，阎锡山奉命策应津浦、平汉两线之作战，决定反攻太原。此时，日军分途南下，谋略取晋南。日军第 108 师团沿平汉线南下，由河南武安转攻山西东阳关，直趋临汾；第 20 师团沿同蒲线南下，将第 2 战区军队逼至晋南黄河沿岸。阎锡山决定以第 2 战区副司令长官兼前敌总指挥卫立煌负责反攻，阎本人由石口镇、隰县进入吕梁山，向吉县转移。卫在霍县指挥所部第 14 集团军在临汾以北韩信岭与日军激战 20 天，呈胶着状态。晋绥军傅作义部在文水、川口、石口、隰县、午城等地抗击日军。3 月初，卫部撤离临汾，向中条山转进，晋绥军各部亦分别转入太行山、吕梁山，开展全面游击战争①。

1938 年 12 月，日军 2 万人分九路会攻吉县。阎锡山亲自指挥作战，人民实行空室清野，协助军队作战，旬日之间，将敌击溃。次年 1 月，阎在山西省五龙宫召开高级将领会议，决定在第 2 战区普遍建立健全巩固的游击根据地②。

图 12.2　守卫晋南的军事将领（从左至右）：李默庵、卫立煌、郭寄峤、王劲修、文朝籍

1939 年 2 月，日军第 108 师团 2 万余人，分由离石、汾阳、交城、太原、忻县、宁武会攻晋西北各地。第 2 战区第 61 军陈长捷部于黑龙关围歼敌军，第 19 军王靖国部攻袭中阳、离石公路，切断敌后交通，第 9 骑兵军赵承绶部在离石、方山、岢岚一带，将敌诱至吕梁山北部，苦战兼旬，毙敌 2000 余人，晋西北根据地得以保全。

同年 4 月 10 日，中国各路军队分别出动，并按作战计划向敌发起攻击。敌军凭坚固守，双方沿同蒲和绥包路展开激战；敌占夏县、解县等重要据点曾一度被攻克，交通也被毁坏多处，但敌工事坚固，抵抗顽强，大多据点屡攻无效。在给敌以一定打击，初步达成战斗目标后，各部留少数兵力监视敌人，主力相继退回中条、吕梁基地。

①　《抗战八年第二战区军事概况》，第 20 页。
②　《抗战八年第二战区军事概况》，第 21 页。

第2战区春季攻势后，由于各部以太行、中条、吕梁、五台、恒山等山脉为游击根据地，占领了广大正面，使日敌只能困守于正太、同蒲两铁路沿线的狭长地带，给敌以很大压力。为此，自1939年春后，敌结合其"肃正作战"，曾8次攻打中条山等地，企图摧毁第2战区主力所在之游击基地。

1939年5月下旬，敌第109师团由汾阳、孝义向离石、中阳移动。6月2日进攻军渡，遭第2战区游击部队西路军第13集团军坚决阻击后撤退。6月上旬，日军第1军以主力两个师团分由夏县、解县南进，进攻中条山，沿途即遭第4集团军阻击。13日，敌突进至茅津渡、平陆附近，又遭第2战区一部迂回侧击；遂放弃企图，于17日开始撤退，中国军队恢复原阵地。

1939年7月，正当第2战区各部奉令策应发动夏季攻势，向山西境内之敌作主动出击时，日军突于7月2日，在晋东南蠢动，先后向中国军队发起攻击行动。敌此举之目标为打通白晋公路，以沟通同蒲、道清两铁路线之联系。敌这次出动取分进合击术，其主力第9师团、第108师团、第20师团，分由同蒲路南段白圭镇、平遥、洪洞、翼城等处东越太岳山区，向长治、晋城地区进攻。另有豫北之日军第35师团，由博爱向北攻晋城，以作策应。13日至18日，长治、高平、晋城先后陷敌手。第2战区南路军卫立煌部先避敌锋芒，主力转至附近山地，俟敌进据晋东南各城镇，深入游击根据地后，乘敌兵力分散，据守点线之际，全力展开反击。中国军队出动主力围攻长治、高平、晋城、屯留、沁水、端氏、董封等城镇的驻守日军，并于7月20日至8月11日，连续收复了董封、端氏、阳城、沁水、沁源等处，迫使入侵晋东南之日军放弃其占据的大部区域，除在白晋沿线占据的少数要点留下部分兵力据守外，大部退回原据地。白晋公路也因不断遭我游击部队袭击、破坏，日军打通白晋，沟连同蒲、道清两线之企图也未能得逞。

日军7月间在晋东南的攻势作战未获理想战果，乃于10月间再次调集重兵作"扫荡潞安周围作战"，以达成"驱逐消灭山西境内之国民政府军（重庆军、山西军）"的企图。结果由于中国军队坚强抗击，敌虽占据了铁路、公路、沿线城镇和一些据点，但驱逐中国军队的目的终未达到。

是年 12 月 3 日至 18 日，日军再次发动"东作战"，占领了潞安地区，但其南面山地以及中条山脉地区仍在中国军队控制之下。

1940 年 3 月，南路军卫立煌将 1 个军主力从黄河南岸向高平（潞安南约 70 公里）一带推进。担任山西防御任务的日军第 1 军为扩大治安区，消灭晋南中国军主力，遂下决心将"扫荡"晋南地区作为 1940 年度"肃正讨伐"的重点，特从第 12 军和驻蒙军中各抽一部兵力配属于第 1 军，令第 35 师团的一部从清化镇向泽川活动，以全面策应第 1 军晋南作战。

1940 年 4 月 17 日起，日军各部在第 1 军统一指挥下，以第 37 师团攻击运城以南中条山脉的中国军；第 41 师团从沁水东面，第 36 师团从陵川、高平袭击各自面前的中国军队，企图一举进占泽川平原。日军的各路进攻均遭到凭据坚固阵地作战的中国军队顽强的抗击。① 由于晋南作战，日军同蒲沿线守备力量减弱，我军之一部乘虚出击，与沿线日军多次展开激战。敌受此袭扰，不得已命正在晋南作战之第 37、41 师团转向乡宁方面，图以此两师团协同，对我军实施夹击。而晋南我军之各部则乘机展开积极反击，迫使乡宁方面作战的日军从 5 月 17 日起转向汾河平原，夹击我军意图作罢。5 月 15 日至 6 月 20 日，我军主动向晋东南之日军展开反击，但由于日军力量较强，未有大的进展。是年底，日军作短暂喘息后卷土重来，再次向吕梁、中条、太岳之第 2 战区中国军队发起进攻，均未得手。

进入 1941 年后，由于晋南为"蒋直系国民党军残存的唯一地区"，② 十多万正规军的存在使日军如芒在背。为达到"将山西南部中国军队在黄河左岸予以歼灭"的目的，华北日军在确定其 1941 年度打击目标时，仍以中条山中国军队为主要目标，于 5 月间，集结十余万兵力，从东、西、北三面围攻中条山，发起晋南会战，欲以此一举粉碎第 2 战区游击实力。5 月 7 日，三路日军合击豫北之盂县、济原。由于卫立煌所部疏于防范，加上敌我力量悬殊，在敌大举进犯中，我军损失严重。8 日，日军占领盂、济两县及垣曲。12 日，日军封锁黄河沿岸各渡口。

---

① 日本防卫厅战史室编：《华北治安战》（上），第 113 页。
② 日本防卫厅战史室编：《华北治安战》（上），第 264 页。

蒋介石急召卫立煌回洛阳，增强黄河防务。卫抵洛后，立即调整部署军队，除以一部于中条山继续抵抗外，主力向敌之背后转移。13日，部队开始突围。18日至20日，中国军队主力大部突至敌后方，后转向晋东、晋中山区坚持游击，继续牵制了日军约7个师团的兵力。①

1942年2月，日军五六万人，由乡宁至孝义600余公里之间，围攻吕梁山根据地。4月8日，阎锡山在克难坡洪炉台前举行誓师大会，决心进行"民族革命根据地大保卫战"，经过3个月奋战，挫败了日军侵占晋西的计划。

1943年4月，日军2个师团2个旅团5万余人，向太行山根据地进攻。第24集团军总司令庞炳勋指挥李振青第40军于林县，孙殿英新5军于临洪镇，刘进第27军于陵川，分途还击日军，旋遭失败。孙殿英、庞炳勋先后被俘投降，新5军全军覆没。7月，日军继续进攻太行山，刘进接任第24集团军总司令兼太行山区游击总司令，率部于陵川方面游击，损失过半。8月，刘部南渡黄河，至此，国民党军失去了太行山根据地②。

1944年春天，日军发动豫湘桂会战，第2战区奉命由梁培璜第61军进击上党，并以另一部由稷山向晋南三角地带袭击，策应第1战区作战。4月初，第34军同日军5000余人在稷山附近血战10余日，毙伤日军500余人。22日，汾南各据点日军5000余人再度进犯稷山，第34军马儒魁师同敌军激战旬余，将敌击溃。5月8日，汾城、新绛日军千余围袭义泉（新绛北），第68师与敌军激战一昼夜，义泉失陷，旋第68师与暂37师向敌反包围，敌乃溃窜。

---

① 《抗日御侮》第6卷，第69页。
② 《作战经过（四）》，第156页。

第 13 章
国民政府冀察、苏鲁游击区

一、国民政府冀察游击区

冀察游击区为国民政府军委会在南岳军事会议后，为"加强游击作战"而特设的敌后游击主要战区之一，成立于 1939 年 1 月。原河北游击总司令鹿钟麟任战区总司令，石友三为副总司令，统一指挥冀察地区之游击部队。其兵力计有：第 69 军（军长石友三兼），第 97 军（军长朱怀冰），新编第 5 军（军长孙殿英）及第 94 师、新 24 师及一骑兵旅，加上原来活动于这一地区的张荫梧河北民军和孙良诚部，人数不下 10 万。

1939 年 2 月，国民政府军事委员会令"冀察战区应于冀中及冀西太行山地区建立游击根据地，极力保持之；并发动民众展开广大游击战，重点指向平汉、津浦、北宁、平绥各要线，尽力牵制消耗敌军"。[①] 冀察战区奉令后制订作战指导方

---

① 《抗日御侮》第 6 卷，第 70、71 页。

案，规定作战方针为："本战区以牵制消耗敌军实力，完成持久战之目的，确立游击根据地，发动广大游击战，间接协力我国军作战。[①]

1939年2月上旬，日军为摧毁冀南游击根据地，确实控制冀南各县，调集津浦路沧县、德县及平汉路保定、石家庄各据点之主力，采取分进之态势，向冀南合击，于8日攻占郑家口，9日与河北民军第10、12两团激战于新河，相持一昼夜，县城失而复得。10日，郑家口、桑园、交河之敌分路进犯，冀南，衡水、南宫、新河等县先后失陷。当敌围攻南宫时，与游击队第3纵队第2旅激战竟日，旅长胡金波与所部伤亡殆尽，民军第1、6、7团撤往束鹿、宁晋、新河一带。

同年4月初，日军华北方面军司令官杉山元与伪河北省长高凌霨等视察南宫、德县、邢台及保定等地并召集会议，部署向冀中增调兵力，石家庄增敌万余人，大炮18门、飞机12架，德县、冀南及津浦路以东各县敌兵力均有增加。4月22日，第69军新编第4师师长高树勋率部至乐林、善化桥一带游击，与德平、商河、惠民等县日军1600余人激战，肉搏10余次，卒将日军击溃，毙敌300余人。4月26日，定县日军百余向安国前进，遭民军伏击，死伤80余。蠡县、博野之敌500余围攻杨林镇民军总指挥部，几度攻入镇内，均被击退。旋中国军队援军赶至，激战数小时，中国军队内外夹攻，敌分向博野、安国撤退，是役毙敌600余，民军伤亡200余。

同年5月9日晨，德县、枣强、清河、武城及南宫等县日军快速部队，分途向孙良诚部游击队攻击，孙良诚率部在枣强迎战，相继肉搏，敌施放毒气，并集中炮火猛攻，激战至午，孙军阵地全毁，遂向西转移，毙敌400余，毁汽车10余辆，缴获机枪20余支，孙部伤亡80余。6月3日下午，冀县日军700余围攻小寨冀察战区总司令部，直属部队力战至夜，第69军援军赶至，经内外夹攻，战区司令部得以向北突围。7月上旬，日军主力分别向津浦、平汉两铁路撤退，冀南战斗暂告结束。

---

① 胡璞玉主编：《抗日战史（冀察游击战）》，第7页，台北"国防部"史政编译局1981年版。

1939 年 6 月 22 日，国民政府军事委员会发动"夏季攻势"，冀察战区奉命于 7 月 11 日起，以第 69 军主力及河北民军对德石铁路、津浦铁路沿线及武邑、武城、威县、南宫日军据点攻击，以第 69 军新编第 6 师及冀东地区游击队攻袭天津。平汉铁路沿线及冀鲁边区各部队均展开攻击行动。

1939 年 7 月，冀察战区部队发起夏季攻势，向日占据之德石铁路、津浦铁路沿线以及冀中、冀南敌据点主动出击，给敌以一定的袭扰。然而河北民军司令张荫梧不事抗日，专事摩擦，在冀中、冀南一带收容汉奸、土匪武装，与八路军战地动员委员会和抗日群众团体相抗，进而于 1939 年 6 月制造"深县惨案"。八路军冀中部队被迫还击，张部逃退。以后国共双方在冀察境内屡有冲突。石友三、孙良诚、朱怀冰部多次挑起摩擦，由于反共不得人心，所部在河北难以立足。

同年 10 月 10 日，国民政府军事委员会策应"冬季攻势"，冀察战区奉命由第 69 军主力及河北民军攻击枣强、威县，于德石路以南地区与日军周旋，所部新 6 师于津浦铁路东侧宁津附近与日军战斗。第 97 军向平汉铁路高邑、内邱段攻袭，破坏铁路，炸毁日军列车。游击第 2、3、4 纵队及河北民军一部分别于平汉铁路沿线邢台、元氏间地区及武安、大名、冀县一带开展游击，并破坏日军铁路运输，使其常陷于中断。

1940 年 3 月中旬，鹿钟麟率部南移至晋豫、鲁苏边区，离开河北省境，由孙良诚统辖第 69 军和新编第 8 军在冀鲁豫三省边区游击。后鹿钟麟被免职，军委会改任石友三为冀、鲁、豫三省总司令兼第 39 集团军总司令，以濮阳为根据地。

1940 年 5 月，冀察战区总司令由第 1 战区司令长官卫立煌接替鹿钟麟。同月，第 97 军、新编第 5 军在晋豫边区与第 40 军会合，编为第 24 集团军，庞炳勋为集团军总司令，以太行山为游击根据地，在平汉铁路及道清铁路一带游击。

1941 年，濮阳一带的高部遭日伪攻击。经两个月的激烈交战，高部退至东明、濮阳县。

1941 年 10 月初，日军第 35 师团策应第二次长沙会战，向郑州攻击。同时，晋东南长治、沁阳之日军第 36 师团及翼城、临汾之日军第 41 师团，向国民党太岳山区游击根据地进攻。冀察战区第 24 集团军、晋豫边区游击部队奉命于 10 月 1 日至 12 月底，攻击平汉铁路汤阴、淇县、新乡各车站及其铁路两侧之日军各据点，破坏铁路多处，毁日军铁甲车数辆，并扰乱黄河铁桥修复工程。

1942 年春至 1944 年秋，冀察战区总司令由第 1 战区司令长官蒋鼎文兼任。

1942 年 4 月，日军又以 3 个师团重兵从运城、南乐、菏泽分途向高部合击，高部伤亡惨重，加上补给困难，主力被迫退过陇海路，于皖北涡阳整补、休整，仅留少数部队在鲁西坚持游击，冀察战区名存实亡。尤其是晋南会战后，第 2 战区中条山根据地的丢失，冀察之太行山根据地即呈孤立之势。

1943 年 4 月，日军以 2 个师团 2 个旅团计 5 万余人，向太行山中国军队游击基地进攻。冀察战区第 24 集团军总司令庞炳勋指挥李振青第 40 军、孙殿英的第 5 军、刘进第 27 军，分别于林县、临洪镇、陵川击敌。由于士气低落，部队消极避战，在敌攻势下，游击部队溃不成军。新编第 5 军军长孙殿英、第 24 集团军总司令庞炳勋、预备第 8 师师长陈孝强等先后被俘投敌，新 5 军全军覆没。

同年 7 月，日军继续进攻太行山，刘进接任第 24 集团军总司令兼太行山区游击总司令，率余部游击于陵川一带，在与敌交战中，损失过半。

同年 9 月上旬，刘部南渡黄河，退出太行，河北最后一块游击根据地也丧失了。冀察游击区名义虽存，但冀、察两省已无国民党军活动。

二、国民政府苏鲁游击区

苏鲁游击区是与冀察游击区同时特设的另一游击战区。由于韩复榘消极避战，山东鲁北、胶东等地很快沦陷。以后韩复榘被军法处置，第 3 集团军由孙桐萱率领停止退却，留驻鲁西南。不久庞炳勋的第 40 军也开入鲁南堵住战线的缺口，但已沦陷的鲁北、鲁中地区没有留下中国军队主力。

1937 年 10 月，不随韩复榘南逃的原山东六区专员、保安司令范筑先在鲁西北树起抗日旗帜，并将鲁西北各县保安队和该区各色武装整编为 36 个支队，共 5

万余人。

1937 年 11 月，国民党山东省党部委员秦启荣在鲁北惠民组织了鲁冀边区游击司令部。鲁中沦陷后，该部移至沂水、莱芜一带活动。与此同时，国民党原青岛市市长沈鸿烈也率部分海军陆战队和地方武装撤至鲁中诸城一带。徐州会战开始后，为加强对敌后方袭扰，沈鸿烈被任命为山东省政府主席兼保安司令，接收了原第 3 集团军吴化文部，改编为新 4 师。庞炳勋、孙桐萱部调往河南，鲁南由石友三部接防。另调第 51 军牟中珩部由豫南进驻山东沂蒙山区。第 57 军缪征流部由苏北进驻鲁东日照，共同担任山东地区游击。江苏省政府则迁至苏北淮阴，由原省主席韩德勤将苏北各县保安团组编成第 89 军、新编第 6 旅和省保安旅团等。

1939 年 1 月，苏鲁游击区正式设立，国民政府军委会任命于学忠、韩德勤分任正、副总司令，下辖第 51 军（军长牟中珩）、第 89 军（军长李守维）、第 57 军（军长缪徵流）、吴化文的新编第 4 师和沈鸿烈的海军陆战队。地方部队则有苏鲁皖游击纵队（总指挥李明扬、副总指挥李长江），山东保安部队（辖 1 个师另 5 个旅），江苏保安部队（辖 9 个旅）等，总计有正规军 7 个师，10 余万人，加上地方部队 24 个旅，约 15 万人以上。① 该地区日军约 4 个师团，1 个独立旅团及海军陆战队一部，共 10 万人。

国民政府军委会设立该战区时规定其任务为："在鲁南山岳地带及苏北湖沼地区建立游击根据地，发动军民，展开广大游击战，将重点指向津浦、陇海、胶济各要线，尽量牵制、消耗敌人，策应第 5、第 1 及冀察各战区之作战。"② 根据这一任务，战区做出分工为：由沈鸿烈主要负责鲁南方面，主要根据地为莒县、蒙阴地区；苏北方面由韩德勤指挥，主要根据地为淮阴、宝应、高邮、兴化地区。按此分工，战区各部分头展开游击。

苏鲁战区的设立和敌后游击力量的加强，引起日本占领军不安。1938 年初，

① 《抗日御侮》第 6 卷，第 75 页。
② 《抗日御侮》第 6 卷，第 75 页。

日军由陆、海两面攻占海州，继占淮阴。是年 10 月，日军企图打通苏北运河航道，以驻长江北岸江都附近之第 15 师团一部及两淮（淮阴、淮安）、涟水、阜宁一带之第 21 师团，分由南、北两正面向兴化根据地进攻。运河沿岸宝应、界首、高邮等地及滨海之盐城统为敌所陷。苏北韩德勤指挥的部队避敌锋芒，主力转至淮安以东之曹甸、蚂蚁甸一带，以部分兵力对进犯之敌进行阻击和袭扰，造成敌一定伤亡，并收复了部分失地。敌虽通过此役打通了运河航路和通海公路，但运河两侧广大地区大部仍在中方控制之下。

1939 年 6 月 5 日，日军第 21 师团北川联队由陇海铁路、第 114 师团一部由津浦铁路、第 5 师团主力由胶济铁路分别向鲁南游击区围击。苏鲁战区第 57 军第 111 师在临沂东北，第 112 师在费县西北阻击该敌后，分向莒县以东及费县西南山区转移。第 51 军第 114 师在蒙阴与敌激战后转移至沂水、蒙阴以北山区，第 114 师师长方叔洪在激战中牺牲。敌以数千伤亡的代价，方得进据莒县、沂水、蒙阴。6 月 9 日，日军续陷山东省府所在地东新店（沂水西北）。10 日，苏鲁战区总部所在地坦埠失陷。第 51 军第 113 师及新编第 4 师在诸城西南及沂水北侧阻击敌军后，转移至临朐、沂水间山区。

1939 年 10 月，日军第 21 师团、第 15 师团、第 13 旅团各一部，一由阜宁、淮阴南进，一由镇江经江都北进，一由蚌埠沿运河东进，从三面围攻苏北游击根据地。韩德勤副总司令令第 89 军第 117 师，税警第 5、6 两团分别阻击淮阴、阜宁之敌，保安第 3 旅阻击江都之敌，独立第 6 旅及保安团阻击蚌埠之敌。是役，日军攻占高邮、宝应，打通运河及通海公路。中国军队向淮安以东之曹甸、蚂蚁甸一带转移，仍控制运河两侧地区，继续游击。

1939 年 11 月底至 1940 年 2 月，苏鲁战区奉国民政府军事委员会"冬季攻势"命令，由第 51 军、第 57 军、第 89 军、新编第 4 师及山东省游击部队向津浦路日军第 10、13 两独立旅团进攻，并分别在鲁南之泰安等 10 余县及苏北宝应等 5 县袭击日军据点，破坏铁路、公路、桥梁、火车及电信设备甚多。

1940 年 5 月 17 日，日军自高邮、宝应抽调兵力千余向苏鲁战区韩德勤副总司令部所在地兴化外围进迫。19 日，高邮之敌 600 余突破保安第 2 旅防地占领一沟、二沟及三垛。20 日，宝应经界首、马棚湾之敌 300 余，续向东进，韩德勤调独立第 6 旅至三垛及柘垛以东阻击。23 日，三垛之敌向老阁及河口镇第 1 游击区第 2 纵队防地进攻，旋有一部渡河北犯兴化。24 日，第 117 师第 351 旅第 701 团向柘垛之敌进攻，收复三郎庙。25 日，韩德勤命第 2 游击区总指挥李明扬、第 89 军军长李守维率部收复高邮县城，独立第 6 旅主力协同。同日 6 时，保安第 3 旅及第 1 游击区第 2 纵队向三垛之敌进攻，8 时，敌陷河口镇、三郎庙。12 时，第 351 旅第 701 团收复三郎庙。午后，敌 400 余在老阁及河口镇间渡河北犯抵兴化附近之五里厅。26 日下午 2 时，五里厅之敌进攻将军庙，韩德勤调第 701 团防守。4 时，敌占领将军庙，当夜陷兴化城，江苏省府卫队 200 余人阵亡。29 日，兴化之敌千余自动撤退，第 89 军第 702 团进入兴化城。苏北兴化战役，日军伤亡千余，中国军队伤亡 1500 余。

1940 年间，日军为打击、消灭中国军队敌后抗日力量，在加深对山东、江苏境内八路军、新四军抗日武装"肃正讨伐"的同时，也一并把讨伐矛头指向国民党军敌后游击部队，曾三次发动对山东鲁南地区的进攻，两次"扫荡"苏北，但均未获大的成效。

然而在此期间，国民党当局消极抗日，坚持反共，蓄意挑起摩擦，苏鲁战区内国、共两党两军关系恶化。1939 年 4 月，秦启荣在鲁中制造"博山惨案"。8 月，八路军被迫自卫还击，将秦部击溃。1940 年，军事摩擦又有所加剧，重心移至苏北、苏中。4 月，韩德勤所部向挺进苏北的新四军江南部队大举进攻。与此同时，第 5 战区之李品仙部也在皖东北向新四军发起袭击，企图驱逐新四军出淮北。因而自 1940 年 5 月至 10 月，新四军先后在界头牌、郭村、黄桥、兴化等地进行反击，先打垮了苏鲁皖游击纵队李明扬、李长江部，后又击溃韩部主力第 89 军。1941 年，李长江部准备投敌，被新四军苏北部队消灭。是年春，韩德勤在皖北汤恩伯部配合协同下，再次向新四军苏北部队发起进攻，结果韩部被击溃。

1941 年 12 月 8 日，太平洋战争爆发。国民政府军事委员会于 12 月 9 日下达电令，要旨为："国军应积极策应英美作战，并为达迅速策应之目的，各战区于12月30日发动全国游击战争，持续时间15日。""实施游击时，各战区第一线部队及敌后部队，应同时实施，并各以所有部队分编多数纵队，以正面深入敌后，实施广泛之破坏战，遮断交通通讯，并向敌各据点轮流袭击，相机夺取之，务期获得决定之效果。"[①]

是时，苏鲁战区牵制日军共约三个半师团。12月14日，苏鲁战区下达作战命令，山东游击区及苏北第1、第2游击区分别各向所在地之日军出击，经15日之战斗，计毙伤敌军1530余人，破坏铁路八公里、公路46公里、桥梁13座、电杆4913根、电线2225公斤，炸毁火车27辆、汽车3辆，获步枪362支，我军伤亡762人。[②]

1942年2月5日，日军调集鲁西第32师团一部，胶济路沿线及鲁南各县之独立第5、第6两旅团各一部，共约1.5万人，向鲁南山地进击。日军以苏鲁战区总部、山东省府、第51军及新编第4师为主要目标，企图打通沂青公路，发动鲁南"扫荡"战，被中国军队歼灭数千，击落日机4架。旋国民政府军事委员会根据于学忠总司令之请求，密令汤恩伯速组援鲁部队，并于7月中旬指定李仙洲、王仲廉各率1个军进入苏鲁地区支援作战。苏鲁战区为确保原有根据地，经与汤恩伯协定，做出部署：第51军及第111师确保鲁南根据地，第89军及第112师确保苏北根据地，第92军（李仙洲部）由皖北经鲁西向鲁南蒙费山区挺进，暂编第55师（王仲廉部）及苗纵队由皖北向苏北挺进。

1943年1月18日，驻鲁南之新编第4师师长吴化文率部投敌，所部改编为伪军，并勾引日军打击我军，使鲁南形势逆转。吴部联合日军在原新4师驻地鲁村、三岔店等地修筑炮楼，增设据点，使日军深入了苏鲁战区鲁南游击根据地的腹地，而且与苏鲁战区总司令部所在地东里店，仅咫尺之隔。日军乃调集原驻胶东的独立混成第5旅团一部，原驻胶济线的独立混成第6旅团主力等部共约1.5万

---

① 胡璞玉主编：《抗日战史（鲁苏游击战）》，第64页。
② 胡璞玉主编：《抗日战史（鲁苏游击战）》，第73页。

余人，配合飞机数十架，在独立混成第 6 旅团旅团长兴村的指挥下，发起对沂蒙山区苏鲁战区总司令部的大"扫荡"。2 月 20 日夜，日伪军约 3000 余人，正式开始"扫荡"；以后不断增兵，最多达 1 万余人。

　　苏鲁战区当时在总司令部附近的部队只有第 51 军，兵力计有 51 军军部率辎重兵团、独立第 1 团，第 113 师师部率第 338、339 两个团，第 114 师 342 团和 340 团的两个营，以及配属指挥的第 2 挺进纵队，山东省政府特务营等，总兵力不足 5000 人。加之吴化文部叛军的引导，"扫荡"战开始不久，日军便相继攻占了第 113 师和第 114 师一部扼守的重要阵地。国民党军队伤亡惨重，第 2 挺进纵队司令厉文礼、第 113 师师长韩子乾先后受伤被俘，苏鲁战区总司令于学忠也负伤，113 师 339 团团长王珉和该团第 1、2 营营长等牺牲，339 团和 338 团第 1 营损失殆尽。战至 3 月上旬，日军已基本清扫了苏鲁战区司令部所在地，便撤走日军，仅留吴化文部编组成游击小组，四处活动，"清剿"苏鲁战区。该役，苏鲁战区部队歼灭日伪军共千余人，自己则伤亡千余人、失踪千余人，合计 2000 余人，即损失过半。战后苏鲁战区总司令部在鲁南根据地难以立足，经请示国民政府军委会后，获准撤离鲁南，移往皖北。①

　　1943 年 2 月，日军扫荡苏北，韩德勤率部向淮东突围。同时日军连续两次扫荡鲁南，致防区据点丧失殆尽。国民政府军事委员会鉴于苏鲁战区形势日趋险恶，战区所属部队需待整补，乃命令放弃鲁南及苏北根据地，向皖北转移，转至安徽阜阳。鲁南之国民党军沂蒙游击基地也在 1941 年日军"扫荡"中丢失。1942 年，鲁中、鲁西的国民党军苏鲁战区主力在日军连续"扫荡"下呈不支状态，计划中前往增援的第 92 军李仙洲部又在鲁西南与八路军摩擦中战败。

　　1943 年 8 月，国民政府军事委员会将干部撤出山东。至此，苏、鲁两省敌后已无国民党军主力，徒有其名的苏鲁战区于 1944 年 5 月明令撤销。

---

　　①　胡璞玉主编：《抗日战史（鲁苏游击战）》，第 89～93 页。

第 14 章
第 5 战区之鄂、豫、皖边游击基地

一、鄂、豫、皖边游击基地概况

第 5 战区鄂、豫、皖边游击基地由大洪山、桐柏山、大别山等游击根据地组成，蜿蜒三省接壤地区，以大别山根据地为主基地。大别山绾毂苏、鄂、豫、皖，俯瞰江淮河汉，是中原和华北、华东的结合部，在华中、华北和华东全局的战略地理上为腹心之地。鄂、豫、皖边区游击区①位于崇山峻岭的大别山中，故又称为大别山游击区。

1938 年 5 月徐州会战后，武汉会战进行时，国民政府军委会曾明确指示第 5 战区"在以现态势确保大别山之主阵地，积极击破沿江及豫南进犯之敌"外，"应指定 8 个师以上兵力在大别山设立游击根据地，向皖北、豫东方面挺进游

---

① 第 5 战区豫鄂皖边区游击区所述史实均参见李品仙：《李品仙回忆录》，（台北中外图书出版社印行，1975 年版），第 165～223 页。

击"。① 按照这一指示，第 5 战区司令长官李宗仁以战区主力广西部队张淦第 7 军和张义纯第 48 军为主干，加上安徽等地的一些地方团队，组成了鄂豫皖边区游击部队（后改为鄂豫皖游击兵团），以第 21 集团军司令廖磊为边区游击总司令，并兼安徽省政府主席、省党部主任委员，担负开辟大别山游击基地的任务。

图 14.1　第 21 集团军总司令、安徽省主席廖磊

武汉会战后，第 5 战区主力转进鄂西北随、枣、襄、樊一带，开辟了桐柏山、大洪山基地，与大别山互为犄角，东、西呼应，攻可威胁武汉，守可屏障川陕。这不仅使武汉之敌如芒在背，坐卧不安，而且因游击基地范围广大，地势险要，北据淮河，南扼长江，东出津浦，西迫平汉，给敌之三条重要交通线以巨大威胁。

二、鄂、豫、皖边游击基地的抗日斗争

鄂豫皖边游击战对敌之西进、南下均起到牵制作用，日军必欲去之而后快。

1939 年春至 1941 年夏两年中，日军 3 次调集其精锐部队向我第 5 战区之桐柏山、大洪山游击基地以及布置在鄂北、襄东、豫南的战区主力部队，发起大规模围攻（详见随枣、枣宜会战）。我 5 战区部队在反敌围攻"扫荡"中不仅粉碎了敌之进犯，而且给敌以重创，守住了川陕的侧门。

1939 年 4 月下旬，第一次随枣作战时，我大别山游击部队奉命向平汉、津浦路南段守敌以及皖中、皖北敌军发起袭扰，以牵制敌军西攻。袭击战中，第 48 军第 176 师主力等奇袭安庆，突入城内，与敌军激战数小时，焚毁敌军营房、仓库，

---

① 《抗日御侮》第 6 卷，第 114 页。

缴获不少军用品。①

1939年10月，廖磊病逝于立煌，所遗各职由李品仙接任。李品仙于1940年1月6日抵立煌视事。

1940年5月初，日军发起枣宜会战，大别山游击部队为牵制敌军西进，第7军第172师由麻城向黄陂进击，豫南游击纵队由礼山向黄安、应山方面进击，豫东游击纵队分向浠水、蕲春、兰溪口等处遮断长江水路交通，第48军第176师袭击黄梅、武穴，第138师袭击安庆，李品仙由立煌至乘马岗设立前进指挥所，指挥各部向平汉线南段之敌进击，佯攻武汉。至5月中旬，第5战区襄樊方面主力部队获胜，会战结束，大别山各游击部队始撤回原防。这次大规模的战役配合行动，给西犯之敌巨大的袭扰，给5战区襄樊方面的反围攻作战以有力的支持，但由于出击兵力过于分散，战斗未收最佳之效果。②

1941年3月1日，日军以第13旅团为主力，加上第15师团之一部，分由滁县、全椒、合肥、定远，向皖东一带作大规模"扫荡"，企图以梁园为目标，围歼第138师。第138师以一部作内线防守，主力则置外线待敌，另以第172师向合肥附近前进，第171师向淮南铁路以东出击，给第138师反"扫荡"以增援。7日、8日，中日双方在梁园村附近接火，发生激战。日军在中国军队内外夹攻下，伤亡近千，渐感不支，至10日，分向定远、全椒退走。古河等据点为游击队收复，李品仙部阵亡团长一名，官兵伤亡数百人。此为大别山游击区最惨烈的一仗，对支持游击区的长期抗战意义至关重大。

1941年9月，日军发动第二次长沙会战。豫鄂皖边区总部奉国民政府军事委员会命令，派第84军有力之一部协同豫南游击纵队攻信阳附近之敌。另由张淦第7军派遣有力部队协同鄂东游击队，向礼山、花园方面出击，与随枣方面之第5战区部队相呼应，袭击平汉线两侧之敌。第48军向长江沿岸敌军据点袭击，以遮断长江航运。皖东第171师亦配合游击队向津浦线南段袭扰，破坏敌军之运输。

---

① 台北"国防部"史政局：《中日战争史略》（下），第449页。
② 《抗日御侮》第6卷，第148～155页。

各部队牵制日军，使其不能参与长沙会战者，大约不下 3 个师团，对第 9 战区取得第二次长沙会战的胜利，起了一定的作用。

1942 年 12 月 8 日，日军新任第 11 军司令官塚田攻大将由南京飞汉口途中，经大别山麓鄂东黄梅县境张家榜上空，被第 48 军第 138 师驻防部队击落，机毁人亡，同机并有高级参谋 9 人，截获敌方机密文件甚多。日军为报复及寻找塚田攻尸骸，调集大军围攻大别山游击区。12 月 18 日，日军第 3 师团、第 116 师团、第 44 师团、第 68 师团及独立第 44 旅团，采取分进合击作战方法，向立煌进攻。李品仙部第 39 军、第 84 军及第 2、第 16、第 17 游击纵队分别于浠水、英山、罗田、麻城及立煌、商城等地逐次抵抗，战斗激烈。1943 年元旦，立煌失陷。次日晨，第 7 军赶回立煌附近，日军闻讯撤走。1 月 12 日，日军自大别山全部撤走，大别山游击区完全恢复①。

1944 年 12 月 28 日，国民政府军委会为加强大别山游击区攻防力量，电令鄂豫皖边，加上山东大部、苏北及豫东，划为第 10 战区，任命豫鄂皖边区游击总司令李品仙为第 10 战区司令长官，统一管辖，指挥战区内党、政、军一切事宜，迄日本投降为止。因此，鄂豫皖边区之敌后游击战对牵制日军西犯、南侵，破坏日军交通运输，打击日伪均起了重要的作用。

---

① 《作战经过（三）》，第 158～159 页。

第 15 章
国民政府其他各战区之敌后游击作战

一、第 3 战区的游击作战

第 3 战区之游击作战始于杭州失陷后。1938 年元旦，白崇禧代表蒋介石偕第 3 战区司令长官顾祝同到金华召开紧急会议，商讨浙江前线军事部署，决定以黄绍竑为第 3 战区副司令长官兼浙江省游击总司令，组织部队深入沦陷区，在敌后开展有效的游击活动①。

1938 年 2 月，国民政府军第 10 集团军各部陆续深入浙西敌后开展游击战争，打击日伪据点，破坏敌主要交通线。2 月 6 日，余杭一度被克复，17 日，百余官兵奇袭乔司日军，歼敌 40 余人。3 月中旬，日军对苏浙皖边一带游击队发动大规模"扫荡"，在浙江的军事目标则是占领安吉、孝丰，以巩固杭州、武康，掩护京杭国道。当日军的波田旅团从杭州出发，进至安吉、孝丰地区时，遭到国民政

---

① 魏思诚：《关于浙江抗敌自卫团的回忆》，见《浙江文史资料选辑》第五辑；《国民党第三战区司令长官司令部纪实》（下），见《上饶市文史资料》第 8 辑。

府官兵的围攻，有 1000 余人被歼灭，此役成为"东战场近三月来之空前大捷"。据统计，在苏浙皖边的整个战役中，日军共伤亡五六千人，"扫荡计划"被彻底粉碎，日军在津浦路北段和太湖西南岸南北两战场同时受挫。3 月 28 日，国民政府军由翁家埠冲入杭州城内，袭击了日本领事馆；4 月 19 日，一度收复了崇德县；5 月 6 日，进入海盐城，激战 10 天，16 日收复海盐。

据不完全统计，在 1938 年上半年，第 10 集团军各部包括第 19、62、63、79、128、192 师及独立 45 旅在海宁、桐乡、嘉兴、嘉善、平湖、海盐、崇德、富阳等地共毙日伪军 4500 余人，获敌长短枪 170 余支、重机枪 5 挺，毁敌汽车 40 余辆，破坏敌占区铁路公路桥梁 70 余座，铁路公路多处。

1939 年 2 月 15 日，日军由杭州、吴兴、武康 3 路进兵，向横湖、筏头、递铺进犯，妄图进攻浙西天目山。当天下午，日军到达筏头，然后分兵两路向钱家边、桥坑进犯，驻守筏头的第 62 师第 367 团予敌以猛烈回击，激战近一昼夜，使敌阴谋受挫。第二天拂晓，日军在飞机、大炮及骑兵的配合下再次进攻，又被击退，只得回窜到筏头。

1939 年 3 月 29 日夜，第 368 团团长谢明强带领士兵掩护群众，在莲花桥破坏沪杭铁路，使碳石日军运输中断；5 月 13 日又猛攻桐乡县城，迫使日军龟缩在总部待援；5 月 20 日，第 62 师的 3 个团围攻石门日军，击毙日军 70 多人。5 月 24 日，驻守灵安的第 368 团巧设圈套，伏击日军，打死日军 20 多人。同年 6 月，第 62 师第 371 团奇袭乌镇南栅日军，打死打伤日军 10 余人，营长陈乐涛不幸中弹牺牲。驻守炉头周围的第 371 团第 2 营于 1939 年到 1940 年间在毛家渡、双桥、金牛塘、龙翔寺 4 次伏击敌军。1939 年秋，第 367 团 3 次攻打崇德县城，第 368 团在羔羊塘成功地阻击了日军，日军损失惨重。同年 10 月，第 62 师集中第 367、368 团主力向杭州进袭，杭州城里的地下抗日志士举火烧毁敌机关，予以配合。1939 年 11 月到 1940 年 3 月，第 367 团又袭击塘栖、王店，破坏敌占区交通，毙伤日伪军数十人，炸毁火车头一个。9 月，该团第 3 营夜袭武康，俘日伪军 20 余人。

1940 年 7 月，日军大本营决定攻占镇海要塞。7 月 17 日上午，面对日军的凶猛来势，炮台守军及江南岸守军第 580 团竭力抵抗，但终因力量薄弱、伤亡过重，使南岸阵地大部分失守。预备队第 581 团奉令驰援不及，只能扼守土地岭至陈家山一线阻敌前进，当天镇海沦陷。17 日下午，国民政府军援军进抵乌鲤鱼山、东山，主力前进至陈山下芦家村，开始向日军反攻。当时战局的重点是戚家山，中日双方以戚家山为中心展开激烈的争夺。从 19 日到 21 日中国军队多次击退日军的进攻，特别是 21 日猛烈攻击戚家山，得而复失数次，最后终于收复戚家山，日军不得不在炮舰掩护下撤退。21 日午夜，中国军队对残敌进行最后攻击，第 16 师第 48 团攻克了金鸡山，第 194 师攻克港口。22 日凌晨，又先后攻克了泥湾及宏远、威远炮台，镇海终得以光复。

1940 年 10 月上旬，日军一部从富阳渡富春江窜犯诸暨、绍兴一带，10 月 13 日在景山乡（今常安镇）沧头、黄泥山一带遭到第 79 师第 235 团的阻击，日军在飞机大炮的掩护下疯狂攻击，驻军在当地人民的支援下利用有利地形灵活运动，与敌展开肉搏战，经半天血战，日军败走沧头。在这次景山阻击战中，中国军队击伤日机 1 架，缴获大炮 1 门及大批枪支弹药等战利品，并使日军付出了较大的伤亡代价。但中国军队损失也很大，副营长林仁杰等官兵 157 人阵亡。

1940 年 10 月 18 日，日军 3000 多人深入诸暨境内，并窜入城内。当时国民政府军已撤出诸暨城，预先布置在诸暨四郊的山岳地区。日军进入诸暨城后，国民政府军奋起反攻，将日军三面包抄。由萧山南下增援的日军也受到国民政府军的堵截。国民政府军一部又抄出敌后，攻克富阳的场口，19 日晨，冒着大雨加紧反攻诸暨城，与敌激战。日军在伤亡较大的情况下，被迫向萧山回窜，上午 9 时，国民政府军完全克复诸暨城。①

1941 年 4 月 19 日拂晓，日军第 5 师团和海军陆战队在军舰、飞机的配合下分四路同时在浙东沿海的瑞安、海门、石浦、镇海等地登陆。国民政府军第 33 师第

---

① 金普森、陈剩勇主编，袁成毅著：《浙江通史》第 12 卷（民国卷），第 251 页，浙江人民出版社 2005 年。

66 团一部在日军猛攻下，不战而撤出瑞安。日军轻易入城，使温州海防正面打开了一个缺口。瑞安沦陷后，日军又分兵 300 余人越桐岭直奔瑞永，在距温州城 30 公里的潘桥与瑞安县保安第 8 大队第 2 中队遭遇，第 2 中队伤亡惨重。而此时温州方面第 33 师主力则在沿海设防，一时无法抽调部队回援应急，致使温州城防空虚，在日军兵临城下时，仅有刚刚开到的荣誉军士大队 100 余人在新桥抵挡了一阵，这才使温州城内各机关及民众得以撤退。20 日晨，温州陷落。5 月 2 日，日军满载所劫物资撤出温州，国民政府军才乘机收复了温州、瑞安。

1941 年 4 月 19 日，日军海军陆战队一部侵犯黄岩，国民政府军激烈抵抗后被迫撤退，台州守备指挥部少将指挥官蒋志英在激战中牺牲。20 日，日军进占临海，23 日，日军又在温岭木耳山、甘坎登陆，接着进犯淋川，将淋川房屋纵火焚毁，并大肆抢劫。5 月 1 日，黄岩日军退回海门，5 月 3 日又从海门撤出，国民政府军随即收复了黄岩、海门。

1941 年 10 月，国民政府军事当局鉴于日军战线过长，兵力分散，补给运输困难，第 3 战区命令第 49 军第 26 师、第 105 师收复绍兴。第 78 团冒着日军密集炮火接近绍兴城南，第 3 营营长杨松林带着一个步兵连抢先渡过城河，攻入五云门。国民政府军的入城使日军大为惊慌，日军一面立即配置火力封锁城河，阻止国民政府军后续部队渡河，一面集中兵力堵击攻入城内的中国部队。杨松林部与敌展开激烈巷战，最后在弹尽援绝的情况下，全部壮烈牺牲。第 77 团进至禹陵庙后又逼近稽山门，几次试图渡河均未能得手，而此时日军则向中国军队后方发起进攻。在此情况下，进攻绍兴的国民政府军各部只好后撤，在途中再次与敌遭遇。当时日军处于山地峡谷之中不易疏散，在中国军队炮火袭击下伤亡较大，被迫撤回绍兴城内。这次战斗虽未能收复绍兴，但予敌以重大打击。

1942 年 5 月 15 日开始，日军分左、中、右三路在东起奉化、西至富阳约 150 公里的正面采取分进合击的战术，在空军的掩护下侵犯衢州。这是浙赣战役的起点。在衢州保卫战中，国民政府军与占优势的日军激战 4 昼夜，共毙伤日军 18000 余人，同时也付出了 2200 多名官兵伤亡的代价。

浙赣会战从 1942 年 5 月 15 日开始至 8 月底结束，历时 3 个多月。据国民政府统计，在浙赣会战中日军伤亡 45661 人。这说明中国军队在一定程度上达到了消耗日军力量的目的。但整个战役是日军取攻势，国民政府军取守势，日军在中国腹地长驱直入，达到了破坏中国国际机场的目的，并长期占领了金华、兰溪等战略要地。

在浙赣战役期间，侵华日军 731 部队和容字 1644 部队再次在浙赣沿线的金华、龙游、衢州、义乌、浦江一带实施细菌战。

1942 年 9 月，日机先是在崇山村上空投下了鼠疫菌，致使当地居民染疾后陆续死亡，此次鼠疫流行达两个月之久，全村发病 391 人，死亡 386 人，有 19 户人家灭绝。1942 年 11 月 18 日，日军侵入崇山村，用枪刺逼村民检查身体、吃药、喷药水，然后就把村民拉到山林寺，对平民百姓开膛挖胸进行活体解剖，事后又在崇山纵火焚烧，400 余间房屋被焚。日军在侵占建德、兰溪、金华、衢州等地时，还多次使用毒气，致使大量中国军民中毒或死亡。①

日军于 1942 年发动的浙赣战役并未能消灭浙赣地区的国民政府主力部队，其所占领的地区除金华、兰溪 9 个县外，大部分被国民政府军克复。日军视为重要战略区域的京沪杭三角地区仍然处于国民政府军的马蹄形包围中。

1943 年 9 月 30 日晚，日军以 4 个师团的部分兵力约万余人，从 4 个方向向广德为中心的太湖西南地区疯狂进攻，并进行分区"扫荡"。10 月 8 日以后，日军在孝丰、安吉、广德、郎溪、宣城等地构筑据点和工事，并修筑了长兴、广德、宣城与孝丰间的公路，以图长期占据。在此情况下，国民政府军向日军展开局部攻击，先后攻克广德以南的柏垫、宣城以南的水寺及孝丰以西的小白店等据点，并与日军展开了长期的拉锯战。10 月 25 日，国民政府军展开攻击，日军退到告岭白沙村。27 日，日军各部均退至孝丰以南的统里庄、报福、老石口村。国民政府军乘胜追歼，一部由孝丰东南的白水湾及东北的递铺由侧面压迫孝丰，激战至

---

① 金普森、陈剩勇主编，袁成毅著：《浙江通史》第 12 卷（民国卷），第 290 页。

28 日，日军被迫向北溃退，国民政府军遂于午后 2 时攻克孝丰城。日军后来在飞机的配合下增援反扑，30 日，孝丰再次沦陷。11 月 1 日，国民政府军增援部队赶到后，再次反攻，终于克复孝丰城，残敌向安吉方向溃退。

1944 年 8 月 23 日，日军攻破桐琴、黄碧一线国民政府军的防区后，经缙云直下，于 25 日兵临丽水北面山地，开始炮轰城垣。第 63 团团长彭学儒率全体官兵奋起抗击，予敌以重挫。日军从正面难以入城，便选择了国民政府军防卫较为薄弱的西南一隅，一经攻击便突入城内，双方展开激烈的巷战，一直到半夜战事才稍趋平静。第 63 团官兵大部分壮烈牺牲，团长彭学儒阵亡，丽水城于 8 月 26 日沦陷。丽水沦陷后，日军分兵继续南侵，占领碧湖，企图攻陷云和，到处搜集民船、抢劫物资。8 月 28 日，日军护送满载物资的民船沿瓯江东下，向青田、温州进犯，而主力则分数路向永康、义乌、武义、金华等地北撤。9 月 16 日，国民政府军乘势收复丽水。

1945 年 5 月，日军开始向长江三角洲撤退。国民政府军针对日军的转移相继展开收复作战。5 月初，浙东的国民政府军进攻武义城，12 日，在武义城内与日军展开激烈巷战；17 日收复武义城。接着国民政府军又收复了新昌、嵊县等地。5 月 25 日，盘踞在浙江永嘉、乐清的日军黎岗支队 3000 余人，为接应由福建沿海撤退的日军第 62 旅团残部，由永嘉向瑞安进犯，并进入瑞安城，27 日又陷平阳。6 月 9 日，闽浙两股日军会合，浙江省保安第 2 纵队予来犯之敌以猛烈攻击，收复了平阳，迫使敌渡飞云江向北回窜。13 日，中国军队又收复瑞安，并以主力尾追败退之敌。18 日，敌退出永嘉，继续向瓯江北岸退却。23 日，国民政府军克复乐清，敌向台州方向撤退。敌窜抵临海后，又分两路撤退：一路经三门抵宁海，与奉化窜来之敌会合；一路经天台抵新昌，与嵊县之敌会合，新昌又告沦陷。这次日军流窜台州地区达 95 个乡镇，各地所受损失严重。

第 3 战区在浙江省的游击战重要特点之一，是由正规军和地方游击队共同进行。地方游击队主要是浙江国民抗敌自卫团。"抗敌自卫团共编为 8 个支队，由省会警察队、内河水警、卫士营及绍兴、余姚等地方部队改编；另有各区自卫总队 9 个，区自卫队由原来区有之武力改编；在县则为县自卫队。至 1941 年，自卫支队与区自卫总队共约十七八个团，加上原有 4 个保安团，省属武力，共为 21 个团，县自卫武力，亦有 2 万余人"①。

浙江国民抗敌自卫第 5 支队是活跃在浙西的一支著名的游击队。1938 年 9 月 5 日，支队司令郑器光率队自绍兴渡过钱塘江，进入杭嘉湖，开展敌后游击战，至 1939 年上半年，在沪杭线、平嘉线、杭善路附近，与日军接战 20 余次，毙伤敌军 300 余名。② 第 5 支队派出勇士，在群众掩护下混入海盐市街，入夜袭击日军兵营，乘海盐日军调防之机，歼敌百余，于 10 月 1 日收复海盐县城。1938 年 10 月 13 日，第 5 支队收复吴兴县新丰镇，并于 11 月中旬在崇德县马家桥之役中，击退日军 400 余名，毙伤百余名，使浙北混乱的局面安定了下来。海盐、海宁、嘉兴、嘉善、崇德、桐乡、平湖 7 县的县政府，"由于有了第五支队雄厚的军事力量来掩护，得以顺利地推行县镇工作，巩固乡镇保甲，并且办学校，办报纸，使被摧毁的文化教育，重新恢复起来"③。在第 5 支队渡过钱塘江后，徐志余司令率领第 6 支队，黄权司令率领第 3 支队，也先后进入浙西，同当地游击队配合开展游击战。

浙西各县于 1937 年 12 月至 1938 年 2 月先后建立的游击队，共有 54 支。其名称有"游击队"、"保安队"、"自卫团"、"太湖别动队"、"抗日义勇军"、"忠义救国军"等，每支队伍人数多至数千，少则几十，控制着广大乡村。④

浙西游击队活跃于杭嘉湖、沪杭铁路、京杭国道、天目山南北，袭击日军据点，打击伪组织的首要，在 1938 年头几个月内，就有几次攻打县城的战斗，一度收复孝丰、安吉、临安 3 县，并转向余杭推进，一度冲入余杭县城。⑤ 长兴县长

---

① 黄绍竑：《五十回忆》（下），第 388 页，云风出版社 1945 年版。
② 《在战斗中生长的第五支队》，见新野：《浙西游击散记》，第 57 页，绍兴战旗分店 1939 年版。
③ 《在战斗中生长的第五支队》，见新野：《浙西游击散记》，第 57 页，绍兴战旗分店 1939 年版。
④ 汪浩：《抗战中之浙西》，第 36～41、16 页。
⑤ 汪浩：《抗战中之浙西》，第 36～41、16 页。

王文贵率游击队自合溪冒雪突袭县城，3 月 14 日晚冲入城中。[①] 1938 年，浙西游击队重要战斗 200 余次，歼敌 9700 余人。[②]

浙西游击队的活动，使日军寝食不安。为了消灭游击队，稳定其占领区，从 1938 年 3 月开始，敌人曾多次对游击区进行"扫荡"，从 1942 年 1 月至 1944 年间，对游击区进行过 3 次"清乡"。敌人的"扫荡"、"清乡"，虽然给游击区带来了很大的困难，但都没有得逞，游击区仍然得以存在和发展。

第 3 战区在江苏省的第一支敌后游击正规军是独立第 45 旅。该旅残部在淞沪会战后撤出上海，收容其他正规军散兵，扩编成一支 3000 余人的队伍，滞留淞沪敌后从事游击战，1938 年底发展到 7000 余人。

1938 年初，第 3 战区在苏南开展较大规模的敌后游击战。先是命令第 10 和第 32 集团军，分遣第 62、67、52 师和独立第 45 旅并指挥多支游击部队，组织 3 路攻击军，深入浙西、苏南敌后，破坏沪杭、京沪铁路交通。

同年 4 月，第 3 战区拟定了《第三战区第二期作战指导方案》，将该战区所辖的 3 个集团军分组 4 个野战兵团和 4 个游击兵团，分别承担正面防守和敌后游击的任务。并规定："各游击兵团无论何时何地及任何时机，应以一部散置于敌前进路之两侧及其侧面，不断施行机敏果敢之袭击，以遂行游击任务，而疲劳及消耗敌之战斗力；大部应对敌逐次抵抗，努力迟滞敌主力之前进，并掩护我野战兵团之攻击行动。"[③] 该方案还规定："野战兵团与游击区，不分割集团军之建制，统属集团军总司令指挥，使正面抵抗部队与侧击游击部队协同动作。"[④]

此期间敌后游击战中，比较突出的有溧阳、广德、宜兴、宣城等地的战斗。1938 年 3 月，日本上海派遣军和台湾部队出动 4000 余人，分由长兴、宜兴、溧阳、宣城等处，对苏皖边区进攻，以保京杭公路之安全，被第 3 战区第 60 师在宜

[①] 王梓良：《浙西抗战经略》，见台北沈云龙主编：《近代中国史料丛刊》。

[②] 汪浩：《抗战中之浙西》，第 36～41、16 页。

[③] 《第三战区第二期作战计划》（第一号）（1938 年 4 月 20 日），第二历史档案馆藏，战史会档案 787～2968。

[④] 《近代中国史料丛刊续编》第 71 辑第 705 册，第 93～94 页。

兴、溧阳、张渚一带诱其深入，予以重创后，转移至广德、独山间，又遭第 67 师第 201 旅的痛击。

1938 年 7 月至 9 月，第 3 战区第 79 军各部队，对盘踞在宜兴的日军第 4 师团第 19 联队，溧阳的第 3 师团第 24 联队，武进、金坛、丹阳、句容一带的第 9 师团第 51 联队，镇江的第 5 师团第 60 联队等，不断发起攻击，多次袭击南京至宣城等公路，主动进攻武进、丹阳、镇江之敌，夺取铁路沿线诸据点，切断铁路交通，有力地配合了武汉会战。

1939 年 5 月，第 3 战区拟定了建立游击区和根据地的初步计划。同年 10 月，根据 6 月在重庆召开的国民政府军事委员会最高幕僚会议和军委会 5 月颁发的《游击队调整计划》的精神，修订原计划，制订了《第三战区建立游击根据地计划》，建立了第 1、第 2 游击区等根据地。

第 1 游击区辖区为太湖之东南，苏浙两省交界的杭嘉湖三角地区，核心根据地是浙西以天目山为中心的临安、于潜、昌化、孝丰地区，包含浙西沦陷的 12 个县和当时属于苏南（今属上海郊区）的 8 个县：上海（指上海县，城关闵行镇）、南汇、奉贤、川沙、松江、青浦、宝山、嘉定、金山，共计 21 个县。[①] 该地区与南京、上海成三足鼎立之势，京杭国道，京沪、沪杭、浙赣铁路穿越其间，地位重要。

1940 年 1 月，国民政府军委会正式颁布《游击区总指挥部组织大纲》后，该游击区总指挥部于 2 月 1 日正式成立，由第 10 集团军第 28 军军长陶广兼任总指挥。该军的第 62 师、新 30 师常驻游击区内，1940 年 5 月，又增调第 192 师加强。该 3 个正规师是第 1 游击区的主要军事力量。行政机构有浙江省政府浙西行政专员公署。第 1 游击区在浙西和沪郊有多次袭击日伪军的战斗。

第 2 游击区在太湖以西，位于苏南、苏皖边地区，"东依太湖，西及北面以

---

① 浙西 12 县是指杭县、长兴、吴兴、德清、武康、崇德、桐乡、海盐、海宁、平湖、嘉兴、嘉善。参见陶广讲述《第一游击区之作战经验及教训与今后之对策》，第 1～2 页，第三战区第一游击区总指挥部印，1940 年 12 月。

长江为界"，西南达苏皖边界，南至苏浙边界，范围包括苏南 17 个县和皖南 6 个县，合计 23 个县。① 核心根据地是靠近苏皖边的江苏溧阳、高淳、宜兴 3 个县，其余为游击区。该游击区于 1939 年 11 月 12 日正式成立，初由第 3 战区司令长官顾祝同兼任总指挥，冷欣任副总指挥。后改为第 32 集团军总司令上官云相兼任总指挥，仍以冷欣副之。第 32 集团军的第 52、63 师常驻游击区内。1940 年 5 月又增调第 40 师加强第 2 游击区。即第 2 游击区常驻 2 师 1 旅正规军作为开展游击战争的骨干。行政机构有江苏省政府江南行政公署，1939 年 1 月成立于皖南绩溪县城附近梅林，4 月进入苏南敌后，10 月完善行署班子。第 2 游击区副总指挥冷欣兼任江南行署主任。

第 2 游击区的抗日游击战斗很多。1939 年 4 至 10 月，第 32 集团军独立第 33 旅，第 108、52、67、63 等各师，挺进第 2 纵队，铁路工人 2 队等部，在京沪铁路以南地区，兵分几路，多次挺进无锡、武进，丹阳、南京间，破坏公路 241 公里、铁路 18 公里、桥梁 138 座、电杆 775 根、电线 185 公里等，并袭击宜兴、溧水、天王寺、湾沚、九里山等敌伪军据点，俘获日军官兵 11 人、俘虏伪军官兵 59 人，毙伤日伪军 5000 余人。自身也付出了伤亡 4260 人的重大代价。②

1940 年 4 月下旬，第 63 师两个多团，在宜兴抗击了日伪军 1 千余人对游击根据地的"扫荡"，毙伤敌军 300 余人，胜利保卫了宜兴附近的游击根据地。

1941 年 1 月下旬至 2 月上旬，日军千余人，进占宜兴和长兴之间、位于太湖西岸的蜀山镇、鼎山镇附近 10 余处高地、要地，以确保京杭国道之安全。第 32 集团军第 63 师 2000 余官兵，向日军发动反击，毙伤日军 200 余人，收复香山、南山等多处要地，逼迫日军收缩于鼎山镇、蜀山镇等几个孤立据点。

1941 年 12 月下旬，日军第 15 师团、独立第 11 旅团附伪军一部共七八千人，兵分 5 路，"扫荡"第 2 游击区的中心宜兴、溧阳、溧水、高淳及安徽郎溪地区，第 32 集团军第 40 师全体官兵 1 万余人，坚决保卫根据地，采取正面固守、两翼

---

① 《顾祝同致军委会之支电》（1940 年 6 月 4 日），第二历史档案馆藏，战史会档案787～3117。
② 《各地游击战》（二），第 193～197 页。

侧击、后路袭扰等战术，先后毙伤日伪军 1000 余人，自身也付出伤亡、失踪 1000 余人的重大代价，但打退了敌军的进攻，保卫了第 2 游击区的核心根据地。

除了上述浙江省、江苏省游击区之外，为遮断敌之长江补给线，1940 年 4 月中旬，第 3 战区派第 32 集团军第 147 师组织了若干支队，每队附以炮兵、战防炮与水雷等，潜往皖南长江南岸敌之交通要点、重要地区，向敌舰袭击，以水雷、漂雷和炮弹击毁、击沉敌舰多艘，并曾一度攻入敌马当要塞，将矶田守备队歼灭大半，焚毁了其弹药库与司令部。迫敌增派 1 个师团以上兵力守备长江交通线。

二、第 9 战区的游击作战

1938 年 10 月，武汉失守之前，国民政府军委会就曾指示：第 9 战区以九宫山、幕阜山一带为根据地，取积极行动，夹击转攻武汉之敌，同时截断敌后方之联络线；第 9 战区应以 4 个师以上兵力，在九宫山建立游击根据地，向敌后方游击。武汉、岳阳沦陷后，湘、鄂、赣边区就成为第 9 战区的前哨阵地和敌后游击区。第 9 战区遂奉命在鄂南九宫山建立游击根据地。以后发展成为湘鄂赣边区游击区，以幕阜山为中心，包含九宫山、庐山、岷山等山岳地带；设游击总指挥部，在边区内再划分若干小的游击区，称作第 1、第 2 游击区等。

鄂南游击区的范围大致包括通山、通城、崇阳、咸宁、蒲圻等县的鄂南山区，位于幕阜山北侧与粤汉铁路之间，其地理位置和交通条件非常重要。占据此山地，西进可袭击粤汉线，进而影响嘉鱼与岳阳间的长江交通，北进则可威胁黄石、武昌间的长江运输，因此，这一地区成为国民政府军的重要游击根据地之一。

早在 1938 年 11 月 2 日，第 92 军第 197 师（师长丁炳权）即奉令开往幕阜山中段九宫山，以建立敌后游击根据地。1939 年 3 月南昌会战开始时，日军为牵制我军，向通山进犯，国民政府军第 20 军杨汉域部奉第 27 集团军总司令杨森之命，进行了艰苦的通山保卫战。4 月 16 日，第 20 军开始袭击通山、咸宁、汀泗桥的敌人，并破坏通山至崇阳的公路，以便占据有利态势。国民政府军第 1 挺进纵队孔荷宠部第 1、2 两大队，进袭慈口长滩（通山东北 24 公里）之敌，一直激战到拂晓，歼敌数十名，敌人溃逃而去。6 月 8 日，第 8 军第 15 团在唐家桥与敌人激战 3 小时，毙敌 60 余名，获步枪 30 支。

1939 年 12 月，即在冬季攻势开展前，薛岳电令孔荷宠部须将武昌至咸宁间的铁路、公路、乡村大道及电报、电话线等交通、通信设施彻底破坏，且应戮力向武昌、咸宁之敌攻袭，以遏制敌人南援粤汉铁路之日军。12 月 22 日，孔部遂奉命向蒲圻、咸宁一带进袭，破坏敌人的交通、通信设施，并向贺胜桥、桃林铺、横沟桥、官埠桥等地全面猛攻，激战约 6 小时。战至下午 4 时，由于数架敌机轮番轰炸，敌战车 10 辆、装甲车 3 辆由武昌紧急赶来增援，孔部被迫向南撤退。日军穷追不舍，孔部奋勇回击，将日军丸山部队击溃，毙战马 20 余匹，获战马 10 余匹，并将贺胜桥铁道炸毁。

1940 年 12 月，第 15 集团军奉薛岳电令向从长沙会战后溃退至通城附近的日军第 6 师团第 45 联队 2000 余人攻击。13 日，通城日军 400 余人进犯堆山、大嶂山一带，李棠部第 140 师的 1 个团与日军殊死奋战，日军仓皇退回通城。18 日，李棠师向景山、九宫山攻击，一部向吴家大屋及毛家一带前进，几经奋战，击溃敌军，接着向景山追击。因损失过重，旋即退守吴家大屋，与敌对峙。20 日，李棠师之第 835 团再攻景山，刚接近日军第二道铁丝网，10 余架日机轮番轰炸，该部虽损伤惨重，但终于胜利突破日军第二道铁丝网。同日，日军一部 400 余人，由赛公桥进犯石壁寺，另一部 300 余人，由铁柱港进犯石壁寺西北，两路并进，气势汹汹。李棠师为减少损失，从侧路抄袭，日军以烟幕作掩护，与李棠师展开激烈的白刃战。这次战斗与日军周旋了半个多月之久，消灭了大量日军。

1941 年 9 月，第二次长沙会战期间，为贯彻薛岳向湘鄂赣边挺进军下达的"以主力向咸宁之敌攻击，一部向崇阳地区破坏交通、通信、截夺辎重、断敌补给"的命令，挺进军总指挥李默庵即令鄂南指挥部指挥官王劲修率第 4、5、8 挺进纵队攻击驻咸宁的日军，令第 6 挺进纵队袭击驻崇阳的日军。各部奉令后，于 12 日开始攻击。至 30 日，摧毁日军工事、交通、通信及后勤设施多处，一度攻占汀泗桥，并突入咸宁城。10 月 1 日前后，进犯长沙的日军陆续开始撤退。湘鄂赣边挺进军遂加紧破坏蒲圻至咸宁之间的交通、通信设施，并截击北退之日军，炸毁其火车数列。7 日夜还一度攻占蒲圻羊楼司车站。15 日，日军退守咸宁。

1941 年 12 月，驻汉第 11 军出动第 3、6、40 师团及独立混成第 9 旅团等部队，发动了第三次长沙会战。为减轻长沙会战的压力，湘鄂赣边挺进军游击于武宁、阳新、通山、崇阳、蒲圻一带，袭扰日军后方，破坏鄂湘、鄂赣间交通设施，迫使日军对铁路各车站、各桥梁及公路各要点，均须构筑据点工事，分兵防守。自 1941 年 12 月 28 日至 1942 年 1 月 18 日，第 9 战区以 5 个挺进纵队的兵力，袭击粤汉铁路及临湘、咸宁间各据点，并切断交通。各挺进纵队向羊楼司、蒲圻、咸宁等处不断袭击，给日军以很大的困扰。① 这次交通破袭战极大地牵制了日军的兵力，迫使每当日军抽调所处兵力发动进攻时，仍须留置约三分之一的兵力守备各据点。由于没有固定根据地和部队缺少灵活机动的游击战术及各种伪化行动（如便衣队、职业掩护等），尤其未能取得民众的广泛支持，国民政府军在鄂南山区的游击战后期成绩不大。

在汉阳、岳阳、潜江之间的江汉三角地带中，活跃着一支特殊的抗日武装，即王劲哉②率领的国民政府军第 128 师。早在武汉会战末期，属于第 9 战区的王劲哉部在粤汉路咸宁一带进行游击战有功，曾受到蒋介石在电报中的多次表扬。1938 年 11 月，当他发觉所部有被蒋介石嫡系汤恩伯部吞并的危险时，便带领残部经嘉鱼北渡，在沔阳东部沙湖芦苇地带休整，后移驻彭家场和汉水南岸的仙桃镇。1939 年春，日军侵占仙桃，部队南退至沔阳县治沔城一带，师部则驻东荆河南之峰口（沔城东南 16 公里）。3 月，该师改属第 5 战区江防司令部。1940 年二三月间，日军又进攻峰口，师部迁监利官湾（柳关东偏北 4 公里），1941 年 5 月

---

① 《抗日御侮》第 8 卷，第 117 页。

② 王劲哉（1895～1968 年），陕西渭南县人，原系西北军杨虎城将军的第 17 路军的一名旅长，抗日战争爆发后，他参加了豫东会战、武汉会战，后在日军发动的"江北歼灭战"中被俘。抗战胜利后，因与蒋介石及胡宗南的尖锐矛盾而投奔陕北革命根据地，被任命为陕西自卫纵队司令员，1948 年加入中国共产党。解放后曾任渭南军分区副司令员、陕西省政协常委等职。

迁百子桥（监利东北戴家场南偏西 3.5 公里）。①

第 128 师占驻的汉水、洪湖间地区为水网地带，交通不便。所谓道路，几乎全是河、沟两旁的堤埂，日军大部队和重武器难以运动。当时，日军兵力有限，只是通过北方的汉宜路和南方的长江水道占据这一地区的北面与南面，因而这一地区成为日军后方，王部则利用这一有利地形和敌我态势，在此建立敌后战场，威胁武汉西南和汉水及长江交通，并多次抗击日寇。

初到沔阳，王部与新四军达成共同抗日、互不侵犯的协议，又奉令在仙桃成立汉（川）沔（阳）游击区指挥部。除对原部队加紧训练外，还积极收编伪军和地方游杂部队，并征募新兵，培养军事骨干。后部队从不足 4 个团扩大到 3 个正规旅，共 1 万余人。自 1939 年起，为解决部队的服装问题，王部就地设立被服厂。还在戴家场附近的侯家湾建立修械厂，不但能修理步枪，还可生产迫击炮弹。在作战方式上，王部巧妙地利用堤坝连接处和道路交叉处修筑大批堡垒。第128 师在这一地区与日军作战达数十次。

1940 年夏，日军为了打通经仙桃、白庙、汉河通往江南蒲圻、临湘的通道，并将江汉三角地带拦腰斩断，派重兵进攻东荆河南岸第 128 师的军事要地陶家坝（白庙西南偏西 8.5 公里）、崔家横堤。6 月 7 日，王劲哉亲临前线指挥部队阻击，经整整两天两夜敲激战，日军攻势受挫。后敌集结 600 余人的兵力，在坦克掩护下，向陶家坝阵地猛烈冲击。王劲哉指挥部队与日军白刃格斗，毙伤并俘虏日军400 余人。此役为襄南地区首次大捷，极大地鼓舞了第 128 师将士的抗日斗志。他们便乘胜追击，先后收复峰口和汉河。

位于沔城东南、东荆河南岸的军事要地施家港，是日军进攻第 128 师后方中心区的突破口。1941 年 1 月，日寇集中 1 万余人的兵力进攻东荆河南岸，占据白庙。接着，便向西南之施家港进攻，第 128 师奋起抵抗，终因敌强我弱，施家港失守。为挽回损失，王劲哉采取围魏救赵的战术，令张海平团偷渡东荆河，北袭

---

① 柳唏扬：《王劲哉驻官湾》，见政协湖北省荆州地区联络组王劲哉史料征编组：《抗日战争中的王劲哉》，第 50 页，1987 年编印。

仙桃、沔城、张家沟。乘施家港之敌回救仙桃之时，王劲哉率主力前堵后追，收复了施家港。7 月上旬，日军调动 1 万余众，在飞机、大炮的掩护下，再次向施家港发动猛烈攻击。王劲哉指挥两个精锐团与日军奋战了 7 昼夜，击毙日军官兵 1800 余人，击毁坦克 4 辆，日军不支，丢盔弃甲而逃。

1942 年 5 月初，日军第 11 军第 58 师团对王部发动了"沔阳作战"，战事主要在峰口周围进行。事先，新四军第 5 师送来了敌军将攻击第 128 师的情报，王部有了准备。经几天激战，王部最后利用夜袭，粉碎敌之攻势，并在追击中收复峰口。敌退至白庙，共伤亡 1800 余人。① 1942 年 7 月，日伪军 1 万余人以坦克、大炮作掩护，第三次进攻施家港。王劲哉电令驻施家港官兵"死守"，并令 10 余里外的骑兵团 2 营支援。援军沿东荆河堤坡草丛中潜行至敌人背后，与守军一道对敌人首尾夹击，打退了敌军。这次战斗，歼敌 1000 余人，击毁坦克 4 辆。

1943 年二三月间，日军为改变在中国战场日趋不利的战略态势，企图打通赤壁、岳阳至沙市间之长江航运，乃纠集约 4 万人的兵力，实行所谓"江北歼灭战"，消灭第 128 师。2 月 18 日至 23 日，日军先后发动第 1 期、第 2 期攻势。第 128 师在柳关、瞿家湾、峰口等地凭借堡垒在敌步炮兵和飞机联合进攻下顽强抵抗。激战至 25 日，第 128 师守军为避免不必要的损失，分批撤退。日军于中午占领峰口。据日本战史记载，至 2 月 26 日，第 128 师在此战役中共牺牲 2200 人，被俘 3750 人。② 该师所剩人员撤至白露湖和洪湖等地后，一部分投入新四军第 5 师继续参加抗日战争。25 日晨，第 128 师司令部百子桥被来自白露湖方面之第 13 师团一部攻占后，王劲哉在窘境中带少数随从人员乘船向内荆河上游撤离，第 40 师团骑兵队队长太田寿男中佐奉命率部队追捕。傍晚，王劲哉只身一人躲在内荆河西岸彭李湾（卢家湾西南 1 公里余）后面菜园里，因一绰号为"叫花子"的村民彭明辉告密而被俘。③ 第 128 师瓦解。

①　敖文蔚：《湖北抗日战争史（1931－1945）》，第 231 页，武汉大学出版社 2006 年版。
②　日本政府防卫厅防卫研究所战史室编著：《昭和十七、十八年（1942、1943 年）的中国派遣军》（下），第 40 页，中华书局 1984 年版。
③　王德元：《王劲哉被俘目击记》；政协湖北省荆州地区联络组王劲哉史料征编组：《抗日战争中的王劲哉》，第 225～226 页，1987 年编印。

第 128 师在沔阳、监利等地的英勇斗争，沉重地打击了日伪军，在客观上支援了鄂中等地国、共友军的对敌斗争，并保卫了这一地区的人民生命财产少受日军侵犯。

国民党在湖南组织的游击队，除了第 9 战区在湘北、湘鄂赣开展游击战的正规部队外，还有湖南省政府和各县区乡政府组织的地方游击队。这些游击武装大小数十支，其中较为著名的有以下几支：

临湘国民兵团：1938 年 11 月成立，后改为第 9 战区挺进第 4 纵队第 11 支队，下辖 3 个大队 9 个中队，后升格为纵队，兵力扩充为 6 个支队。

湘阴人民抗敌自卫团：由湘阴县县长何源渤组建。团部在洪源洞，何源渤兼任团长。

沅江蠡云乡与汉寿县蠡山乡自卫队：由该两乡乡长于 1944 年沅江、汉寿沦陷时组建，有 250 余人枪，轻机枪 5 挺。

祁东自卫总指挥部：由在乡的国民党军队师长蒋伏生等组建，有 8 个支队、2 个特务大队，指挥祁东、零陵、东安等 3 个县的游击战。

衡南地区抗敌自卫团：团长是衡阳县县议长，曾任湖南人民抗敌后援会常委兼主任秘书，该自卫团有 13 个大队，800 余支枪。

此外，各沦陷区乡都有国民党地方政府组织的游击队，如益阳县抗敌自卫团、衡山抗日自卫游击队、湘乡抗日自卫团、新化抗日自卫团等。

上述各游击武装都积极开展敌后抗日游击战，给侵略者以打击。其主要是：

积极配合国民党正规军抗击日军的进攻。例如，1938 年 1 月，临湘国民兵团配合国民党第 20 军一部，在云溪太平桥、天福桥、郭家嘴一带设伏，毙伤日军 300 余人，缴获了大批枪支弹药。1941 年 3 月下旬，国民党第 133 师某团在游击队的配合下，在福寿山歼灭日军 100 余人，缴枪 80 余支。1942 年端午节前一天，游击队与国民党第 133 师第 39 团一部联合拔除了驻柳厂南端尖山的日军据点，歼敌 100 余人。1944 年 8 月，游击队 100 余人主动营救被日军包围在棋子山的国民党第 134 师一个连，内外夹击，歼敌 80 余人。

积极配合和支援国民党第 9 战区长沙会战和常德会战。每次会战前后，湘北各县游击队都组织爆破队与第九战区粤汉铁路破坏队配合，破坏交通通讯，将粤汉铁路北端的桥梁、涵洞悉数毁坏，甚至日军刚刚修复即遭游击队破坏，电线也常常被割断，给日军的运输和指挥调动造成了极大的困难。

打击四处掳掠的日军，截击日军的武器弹药，保卫乡间。深入敌后方，打击日寇，惩治汉奸。[①]

此外，游击队还积极营救国民党被俘官兵和被日军击落的中美飞行人员。1944 年 5 月第四次长沙会战时，盟军第 13 航空队 3 架飞机受伤迫降在临湘县方山洞日军据点附近。游击队立即将飞行员抢救脱险，护送到江西遂川机场。衡南地区抗敌自卫团第 7 大队队员邹国斌在三塘豆家村设计将看守国民党第 10 军被俘官兵的日军灌醉，救出 128 名被俘人员，并吸收他们参加游击队，成为游击队的一支生力军。衡南地区抗敌自卫团特务大队机智地救护了 1 名被日机击落的美国飞行员忒布以及中美航空大队大队长吴国栋和教官吴国梁，受到国民政府军事委员会的嘉奖。

三、第 4 战区的游击作战

1939 年 3 月，第 4 战区决定在沦陷的广东沿海珠江三角洲划 5 个游击区。随后又两次调整计划。实际上第 4 战区建立的游击区和根据地，1939 年为珠江三角洲地区 5 个，粤东潮汕地区 1 个，海南岛琼崖根据地，共计 7 个游击区。后来又增设了雷州半岛的阳春、阳江游击区和海丰、陆丰游击区，共计 9 个游击区。

海南游击区以五指山地区白沙、保亭、乐东等未沦陷的山区 3 县为核心抗日根据地，面积约 1.2 万平方公里，占全岛面积约 35%；以沦陷的沿海 13 县为游击活动区。各县均组织了民众自卫武装，称游击自卫大队，每县 1 至 6 个不等，共

---

① 罗玉明：《抗日战争时期的湖南战场》，第 307～310 页，学术出版社 2002 年 7 月版。

为 37 个大队，1 个特务大队，4000 余人。游击区遍及全岛，由地方保安团和各县民众自卫队等地方武装开辟和坚持。

1939 年 1 月，日军因准备南进，派第 21 军攻占海南之海口、榆林等处。当时担任海南守备的海南保安司令王毅指挥保安第 11、15 两个团和一些自卫纵队退守五指山，坚持游击战抗敌。

海南游击区，在无正规军、无军饷、无行政经费（仅有海南籍的行政院长宋子文私人捐助 600 万元经费）、缺干部、少训练、乏械弹的艰苦环境下，从 1939 年 2 月海口沦陷至 1945 年 9 月抗战胜利，坚持达 7 年之久。其间大、小战斗有千余次之多，较大的战斗有 180 次，我军民牺牲二三十万人。①

四、国民政府领导下的其他抗日游击战

1. 忠义救国军的抗日游击战

1937 年 9 月初在淞沪抗战中成立的苏浙行动委员会别动队，以戴笠为苏浙行动委员会书记长，刘志陆为别动队总指挥，下辖 5 个支队、1 个特务大队，共计万余人。该别动队在淞沪会战中伤亡很大，战后一部奉命退入法租界，一部奉命转移到浦东建立游击根据地。1938 年初，戴笠奉军委会之命收容淞沪会战后各部遗留在淞沪、沪杭沿线的散兵，编组游击队。至 5 月，共收容 1.1 万余人，连同原别动队残部 4 千余人，合计 1.6 万余人，整编为 7 个支队、1 个直属大队、1 个南京行动总队，改称苏浙行动委员会忠义救国军。其总指挥部设汉口，但部队在宁沪杭一带从事游击战。同年 10 月，武汉沦陷后，忠义救国军总部移驻浙江孝丰。1939 年 3 月，在上海设忠义救国军淞沪指挥部，部队也扩充至 3 个纵队、12 个支队。同年底，该军在孝丰整编，缩编为 3 个支队（又称教导团）和 4 个直属队，共 1.5 万余人。然后总部移驻皖南广德，直属第 3 战区指挥。

---

① 海南抗战三十周年纪念会编印《海南抗战纪要》(1，2)，见沈云龙主编：《近代中国史料丛刊续辑》，第 707、708 页。

1941年1月皖南事变后，整训完毕的忠义救国军兵分4路（苏嘉沪区、澄锡虞区、锡武宜区、京丹溧区），重回京沪杭沦陷区，开展敌后游击战。其队伍扩展很快，至5月，扩大为3个教导总队、3个行动总队（淞沪、南京、苏常）、3个教导团、16个支队、1个大队，官兵达5万余人，活跃在上海市区，浦东，京沪、沪杭铁路和京杭国道沿线。但不久就受到日军的拦截和攻击，一部被迫退入太湖，大部在长江南北辗转，部队缩编为4个纵队。

1942年3月，国民政府军事委员会整顿游击队时，决定将忠义救国军划归新成立的别动军管辖。1943年忠义救国军和别动军一起接受中美合作所的训练，受训后忠义救国军由4个纵队缩编为3个纵队（原忠救军第3、4纵队加上别动军第7纵队，合编为忠救军第3纵队），换发美式装备，接受中美联合指挥，继续在苏浙皖敌后坚持游击战。1944年，在浙西于潜方元铺成立忠义救国军前进指挥所，由忠义救国军总指挥马志超负责，下辖忠救军3个纵队、64个支队或地方行动队，在苏、浙、皖、赣一带开展游击战，控制浙赣线北段，京沪、沪杭铁路沿线，以及杭甬铁路西段等地交通。其下又辖3个地区指挥部：温台指挥部，在浙东沿海地区和沿海岛屿，以及浦东、崇明等地区作战；淞沪指挥部，在淞沪附近地区作战；鄞、杭指挥部，在富春江和杭州湾一带作战。

1944年9月至1945年5月，忠义救国军比较突出的游击战绩有：连续破坏浙赣线诸暨附近铁路25处、哨所2个、桥梁2座，焚毁浙赣沿线日军仓库多处。[①]先后炸断浙赣线上的钱塘江大桥、浦阳江大桥和小桥梁数座，破坏沪杭铁路沿线哨所和铁轨多处并颠覆火车。1945年6月6日，忠义救国军南京行动总队会同中美合作所行动区一部，化装潜入苏南宝成煤矿，将该矿炸毁，使其停产。

1945年8月中旬，日本投降后，为了和已在江南敌后的新四军抗衡，忠义救国军和在东南地区的中美合作所美军300余人一起，奉命开进京、沪、杭、芜地区抢先接收。[②]

---

① （美）梅乐斯：《另一种战争》（中），第618～624页，台北新生报译印，1981年10月第三版。
② 李孝民、史滇生主编：《江苏抗日战争史》，第148～149页，中共党史出版社2007年版。

2. 布雷游击队的抗日斗争

海军舰艇在淞沪会战后，损失很大。海军将受伤军舰和陈旧老舰沉入江底，阻塞水道，阻挡日本海军沿长江溯攻上游；自己弃船登岸，变成"陆军"。此后海军主要以 3 种方式参加抗战：第一是将军舰上的大炮拆卸下来，运到岸上，建立江防、海防炮兵要塞，轰击水上日本海军舰艇和运输船只；第二是组织布雷队，在海港、江河湖泊的重要地区，布设水雷，阻止日本海军沿水路进攻；第三是充实海军陆战队，参加陆地作战。

1940 年 1 月间正式发动布雷游击战。1 月 20 日，在安徽贵池附近江面布下第一批漂雷 15 颗。当天即炸沉日军 1 艘汽艇，艇上日军 13 人毙命；翌日又炸沉 1 艘运输舰，舰上敌军兵员伤亡、损失惨重。至 3 月底，共炸沉敌船 32 艘，战绩辉煌。①

从 1940 年 1 月下旬至 1943 年 6 月初约两年半时间，海军布雷游击队在长江中游共出击 93 次，布放漂雷 1600 余具。不计炸伤船只，仅炸沉敌中型军舰、巨型和中型运输舰、商船、汽艇等，即达 156 艘。②

3. 铁道破坏队的抗日斗争

铁道破坏队成立于 1938 年秋。到 1940 年 5 月，国民政府军事委员会江北铁道破坏队指挥部下设 5 个大队，每个大队 336 人，加上指挥部 100 人，总计1780 人。

铁道破坏队炸火车，扒电轨，锯电杆，割电线，毁桥梁，并时常与敌伪铁路警戒部队交战，取得丰硕的成绩。以 1940 年为例，据统计，军委会江北铁道破坏

---

① 欧阳晋：《大江雷声》，《海军杂志》（海军总司令部编译处主办）第 15 卷第 9 期（1943 年 3月），第 9 页，该文说第一次布雷当天即炸沉 3 艘敌舰，恐有夸大。本文参照《湖口江阴布雷游击区战绩一览表》作了调整，参见《水雷战》，第 7 页。

② 陈绍宽：《抗战六年来的海军》（1943 年 6 月），见《海军杂志》第 16 卷第 1 期（1943 年 7月），第 4 页。1942 至 1943 年上半年数据为笔者计算所得。目前尚未查到 1943 年 6 月以后的完整数据；有材料说，自 1940 年 1 月至抗战胜利为止，中国海军在长江中下游"不断往复布放漂雷，先后击沉敌人舰艇千艘之多"，此数似有夸大。参见《作战经过（三）》，第 51 页。

队指挥部下辖第一至第四大队，游击破路工作共计189次；破坏成绩为：炸毁机车69辆、平车及车厢等285辆、客车17辆、其他汽车28辆、炮车7辆；锯电杆194根，缴获电线1924公斤；破坏桥梁25座、铁路路轨22649米，炸毙、颠覆毙命日军2036名，伤1107名，毙为敌伪工作的中国司机、升火等技工116名，其他工人及民夫141名；破坏和缴获大炮5门、机枪11挺、步枪49支、骡马55匹、其他军用品甚多。① 获得军事委员会、天水行营、各相关战区、集团军、军、师等各级嘉奖共计36次。② 同时，铁路破坏队也付出了巨大的牺牲。该年度，该指挥部下辖4个大队共计牺牲38人。其中，最年轻的仅16岁，最年长的仅41岁。③

粤汉铁路敌区铁道破坏大队成立于1939年。据统计，1940年1月，该大队在粤汉铁路南北两段共进行破坏工作47次。共计：炸毁铁路桥梁13座、机车8辆、查道车4辆、兵车3辆、敞车16辆、货车9辆，炸毁车站1座；击沉日军汽艇1艘；彻底炸毁路轨293根，拆毁路轨638根；锯电杆476根，缴获电线14000余公斤；颠覆毙命日军官兵及司机、司炉296人；另在公路上炸毁卡车1辆、装甲车7辆，公路桥2座。自己仅牺牲5人、受伤4人。④

1943年以后，平汉、粤汉等铁路破坏队，接受中美合作所举办训练班的训练，装备了美国新式武器，以新的面貌，继续在敌后破袭铁路等设施。其较突出的战例有：

1944年1月12日夜，平汉铁路破坏队编为6个行动组，破坏河南焦作煤矿，共计炸毁焦作煤矿第39号矿井发电机3部，锅炉6个，抽水机8部，电高车、汽

---

① 《廿九年工作总报告》之附件二：《军事委员会江北铁道破坏队各大队廿九年工作简报表》，中国第二历史档案馆藏，战史会档案。

② 《总报告》附件三：《军事委员会江北铁道破坏队各大队廿九年受奖励统计表》，中国第二历史档案馆藏，战史会档案。

③ 《总报告》附件四：《军事委员会江北铁道破坏队各大队廿九年死亡一览表》，中国第二历史档案馆藏，战史会档案。

④ 《粤汉铁路特别党部敌区铁道破坏大队二十九年度破坏工作一览表》，中国第二历史档案馆藏，战史会档案。

高车、压风机各 1 部；另炸毁铁桥 2 座、水泥桥 1 座、汽车 4 辆、碉堡 1 座、铁轨 8 根；使该第 39 号矿生产停顿，附近交通受阻。①

1944 年 1 月 21 日夜，平汉铁路破坏队在别动军 300 余人的掩护下，冲破日军严密防守，强行破坏郑州之北的黄河铁路大桥，炸毁该大桥桥身梁柱 50 余根（该大桥全长 2000 余米，桥身共计 119 根梁柱），使平汉铁路中断达两个月之久（该大桥 3 月 25 日才修复通车），推迟了豫中会战的爆发。②

---

① 张霈芝：《戴笠与抗战》，第 394～395 页。
② 台湾"国防部"情报局编：《中美合作所志》，转自张霈芝《戴笠与抗战》，第 395 页。

小 结

自 1938 年 10 月武汉会战后，侵华日军变"速战速决"的军事战略方针为取"持久战略态势"。中国抗日战争由战略防御阶段转入战略相持阶段。在这战争形势发生重大变化的情况下，国民政府军事委员会及时地总结了全国抗日战争的经验及教训，于 1938 年底 1939 年初确定了敌后游击战的方针，并切实地从军事区域划分、游击干部培训、军事干部配置、军事行政领导强化、《游击战纲要》和《建立全国游击区方案》的制订等诸多方面，大力贯彻、落实敌后游击战的方针。

国民政府各战区遵照国民政府军事委员会关于"加强游击作战"的指示，派正规军和高级将领进入敌后，在华北、华中、华南先后建立了 10 多块抗日根据地。

国民政府的敌后游击作战，使游击战与正面战场的正规战相配合，对扩大战斗空间；牵制日军之南下、西进；消耗敌之战力；破坏敌之交通、治安；支持正面战场御敌等诸多方面，均起了积极的作用，取得了一定的战果。尤其是山西、安徽、山东等地，由于派遣的正规军较多，使日军如芒在背，一段时期成为日军进攻的重要目标。

1939 年尤其是 1943 年之后，国民政府敌后游击根据地严重萎缩、陆续丧失，士气急剧低落。至抗战后期，敌后游击部队大部已溃不成军，甚至出现高级将领打着"曲线救国"旗帜，率部成批投敌的"伪化"现象，成为抗战的阻力。坚持留在敌后的二三万人，也多陷入"游而不击"、苟且图存的状态，以致日军在对后方的"扫荡"讨伐中，也不再视国民党敌后部队的存在为威胁。相反，一再强调"今后讨伐肃正的重点对象，应集中地指向共军，专心一意地努力消灭之"。① 而在"皇军威力暂时不能到达的地区，可以默认不同皇军对抗的杂牌军（指国民党非中央系军人）的存在。尤其重要的是，要利用它对一些地区的暂时占领，防止共军之潜入"。②

　　抗战后期，国民政府敌后战区的严重萎缩、衰落，与国民党当局心胸狭窄，排除异己，坚持反共；部队严重地脱离广大群众，得不到群众的广泛支持；内部派系林立、成分复杂；将领之间猜忌较多，配合较少；国民党敌后各游击区、各根据地的部队，为了保存自己的实力，一般坐观友军失败，而不施以援手，还有的内部自相火并，自相消灭；③部队长期地固守一地，大兵团行动，战术呆板；在艰苦、残酷的战争环境中，军心涣散、惧敌心理严重、斗志消沉等密切相关。对国民党军在敌后抗战的评价，既不能夸大，也不能缩小，应该全面地、实事求是地加以论述。

---

①　《百团大战史料》，第399页。

②　《百团大战史料》，第396页。

③　参见洪小夏：《抗战时期国民党敌后游击战争研究（1937—1945）》，第297页，南京大学博士论文，2007年4月。

第四部分

太平洋战争爆发前的

中国正面战场

第 16 章
汪精卫投敌与汪伪政权的建立

一、日本加紧诱降活动

日本在决定采取"政治诱降为主,军事进攻为辅"的新侵华方针后,便加紧实施诱降策略,相当长的一段时间里,诱降活动是日本侵华的最重要内容。

为达成目的,日军制订了各式的诱降计划,建立了专门实施的特务机关,发动了一场大规模的诱降行动——"和平运动"。

早在攻占武汉以前,日本大本营陆军部就制订了旨在分别诱降中国各类势力的"谋略计划"。该计划内容庞杂,涉及面广,各项阴谋都取了代号。第一部分定名为"鸟工作",要"起用唐绍仪及吴佩孚等一流人物,酿成强有力的政权趋势",目标是在政治上削弱抗战阵营,在中国建立较有影响力的伪政权;第二部分定名为"兽工作",要"使蒋政权统治下的杂牌军瓦解归顺,削弱其势力",目标是在军事上分化抗日力量,被其列入拉拢名单的有:宋哲元军、韩复榘旧部、东北军旧部、阎锡山军、石友三军、刘建绪军、徐源泉军及其他的武装团体;第三部分定名为"山工作"，主要是对李宗仁、白崇禧的广西军队进行拉拢；第四部分为利用银行破坏法币，以扰乱中国经济。①

为实现阴谋计划，日本决定设置代号为"竹机关"的"对华特别委员会"，由土肥原贤二中将主持（故又称"土肥原机关"），专门负责在华的各项政治、经济"谋略"活动。

土肥原起初计划策动唐绍仪、吴佩孚等出面组织"中央政府"，作为日本的傀儡政权，并作了不少努力。当时，曾在民国元年出任中华民国第一位内阁总理的唐绍仪居住在上海，土肥原竭力拉拢唐出山组成伪政权，但国民党军统派人以利斧将唐劈死。吴佩孚在与土肥原的接洽过程中，坚持要日本从中国完全撤军，并附加了一些条件，土肥原难以接受，以至前后经过半年多仍未有结果。后又想撮合吴佩孚同汪精卫结盟，也没成功。吴佩孚于1939年12月患牙病并发败血症而死，土肥原的计划受挫。

日军还试图利用国民党军队内部的派系矛盾，分化抗日力量。1939年下半年战火燃至广西境内，日军深知桂系和蒋介石有宿怨，而两广曾聘请过日本军事顾问，便想实施谋略，特派当年在南宁担任军事顾问的中井增太郎大佐出任前线部队的特务机关长，中井派出代表与李宗仁、白崇禧、龙云等密谈多次，得到的印象是，三人"对更换蒋介石并不介意，但在目前形势下必须慎重，不可轻举妄动"。② 中井也发出"致李、白将军书"，威逼利诱。李宗仁等人义正词严地指出："日本穷困的情况，中国是非常清楚的"，"战争是日本发动的，战争的停止当然必须也应该由日本提出……如果真正希望停止战争，必须恢复战前的一切状态。"③ 回绝了日军的诱降。

对桂系拉拢招降工作只是前线部队的短期行为，而对阎锡山的诱降工作则是由陆军部负责，"并曾抱有希望，领导了该项工作"。④ 由于阎锡山的代表是其侄

① 龚古今、唐培吉：《中国抗日战争史稿》（上），第374页，湖北人民出版社1983年版。
② 《日本军国主义侵华资料长编——（大本营陆军部）摘译》（上），第505页。
③ 《日本军国主义侵华资料长编——（大本营陆军部）摘译》（上），第506页。
④ 《日本军国主义侵华资料长编——（大本营陆军部）摘译》（中），第174～183页。

子，谈判过程中称阎锡山为"伯父"，故日本把对阎的诱降活动命名为"对伯工作"。日本利用阎锡山军固守山西一隅，困难重重，阎本人生性多变的情况，对阎锡山展开了强大诱降攻势，由日军第 1 军（司令官岩松义雄）具体实施，"以极大热情努力推动工作"。阎日双方在 1941 年 9 月签订了"基本协定"和"停战协定"，规定日本向阎锡山部队提供军费、武器，阎锡山则发表独立宣言，声明与重庆政府脱离关系。双方一度联系频繁，后日军因太平洋战争爆发，无力付给允诺的军费，曾毁约向阎军发动进攻以施加压力。1942 年 5 月 6 日，阎锡山与日军第 1 军司令官岩松在安平村会面，但未达成实质性协议。此后日军采取软硬兼施的手段，仍企图使阎锡山投降，还把阎在安平村和日军军官会见的情况印成传单，广为散发，以"离间阎蒋关系"。以后相当长的时间内，日军与阎锡山仍保持着若即若离的暧昧关系，但日本终未达到使阎锡山公开脱离抗日阵营的目的。

当然，日本要达到其侵略目的，最直接的办法，还是诱降蒋介石领导下的重庆国民政府。为此，日本很快就放弃了"不以国民政府为对手"的声明。对蒋介石个人的出路，日本也不断让步。第二次"近卫声明"中，仍要中国改变政策，"更换人事"，即蒋介石下野。第三次"近卫声明"就放弃了此条件。后来，日本又通过华北特务机关长喜多诚一之口透露出下列信息："尊重蒋介石上将的地位，而给予崇高的位置。"

为能和重庆政府谈判，日本寻找了不少渠道，千方百计与重庆方面的人士接触。如日方代表在香港、上海与孔祥熙的心腹乔辅三、樊光的接触；通过燕京大学校长司徒雷登和重庆政府联系的"司徒雷登路线"；企图利用交通银行董事长钱永铭等作为居间调停人的"钱永铭路线"等，是其中较有影响的。[①] 但在上述接触中，都没有取得实际结果，多是无疾而终。

日本和重庆国民政府真正坐下来谈判的仅有一次，即 1940 年的"桐工作"——双方在香港等地的接触。

---

① 具体经过见《今井武夫回忆录》，第 182 页～198 页，上海译文出版社 1978 年 5 月版。

　　1939年底，日本参谋本部派铃木卓尔中佐为机关长（公开身份为武官），要他设法和重庆国民政府建立联系。铃木履任后，与自称是宋子文弟弟、西南运输公司主任宋子良的人搭上了线，经过互相摸底，双方均表示愿意进一步"谈判"。日本方面制订了详细的谈判计划，并把此次谈判定名为"桐工作"。1940年3月7日，双方在香港举行预备性会议，日方出席者为铃木卓尔、今井武夫（代表中国派遣军）、臼井茂树（代表参谋本部）；中方出席者为重庆行营参谋处副处长陈超霖、国防最高会议秘书主任章友三和宋子良。①

　　谈判开始，中方提出3项条件：日军必须保证撤兵；日本明确"和平"的条件；会谈绝对保密。经过4天讨论，日方提出了备忘录，要中方代表签字，中方却在最后关头提出了名为"和平意见"的8条修正案，要日方代表签字，结果双方争执不下，没有形成共同签字的文件。

　　6月3日，双方在澳门举行第二次预备性会议，在中国放弃"抗日容共政策"、"共同防共"、"经济合作"、"聘请日本顾问"等问题上达成谅解，但在日本要求的在华北驻兵权、中国承认"满洲国"、蒋介石与汪精卫合作等问题上却有分歧。接着，双方又开始筹划由蒋介石、汪精卫、板垣征四郎3人参加的高层正式谈判。但此后，重庆方面的热情大减，并提出以日本须在"满洲国"和在华驻军问题上让步作为继续谈判的前提。日本方面觉得蒋介石缺乏"诚意"，陆相畑俊六于10月1日下令"军方立即与和平工作断绝关系"。"桐工作"正式收场。②

　　综观日本诱降活动，虽然拉过去了少数卖国求荣的汉奸，但结果与日本政府的预定目标有很大差距，多数正直爱国的中国人都不为所动，坚守了抗日阵营。

　　以蒋介石为首的国民政府，虽然未与日本签订卖国协定，但在民族战争如火如荼的情形下与日方的这些接触，在民众的心理与士气方面造成了一些不良影响。

---

　　① 据《今井武夫回忆录》，"宋子良"是由军统特务装扮顶替的。见该书第180页。
　　② 《今井武夫回忆录》，第179页。

二、汪精卫集团投敌叛国

汪精卫是国民党内地位仅次于蒋介石的第 2 号人物，时任国民党中央政治会议主席、国民党副总裁、最高国防会议副主席、国民参政会议长等要职。汪精卫对抗战前途感到悲观，一向主张对日议和，被人视为"亲日派"的代表。在他周围形成了一个主张通过妥协来与日本停战的集团，其主要成员有国民党中央宣传部代理部长、侍从室第 2 处副主任周佛海，国民党中央监察委员、汪精卫妻子陈璧君，国民党四川省党部主任委员陈公博，外交部亚洲司司长高宗武等。他们在各种场合下宣扬"抗战必败"、"抗战必亡"的消极悲观论调。

汪精卫集团对陶德曼调停充满幻想，调停失败后，他们惟恐与日本联系的管道被切断，急于要恢复与日本的"和平谈判"，由高宗武利用职务之便秘密与日方有关人员接触。1938 年 7 月初，高宗武在周佛海授意下，从日本控制下的上海出发，秘密访问了东京。高在日本会见了陆相板垣征四郎、参谋次长多田骏等人，得到了日本希望在蒋介石之外的国民党要人中寻找议和对象的信息。板垣征四郎还让高宗武带信，表示日本愿以汪精卫取代蒋介石为"和平运动中心"。高宗武回国后向有关上级汇报，蒋介石对此大为恼火，但汪精卫、周佛海等却因此摸清了日本的底，决心继续联系，争取谋和。

同时，日本政府已经把在中国扶植傀儡政权以尽早结束战争作为战略方针提出来。7 月 12 日"五相会议"上通过《适应时局的对中国谋略》，提出了以"起用中国第一流人物，削弱中国现中央政府和中国民众的抗战意识，同时，酝酿建立巩固的新兴政权的趋势"为谋略要点，在华"建立反蒋、反共、反战的政府"，决心以政治诱降推动军事侵略的步伐。[①]

经过一段时间的互相试探摸底，汪精卫等人与日方已建立了较为密切的关

---

① 《适应时局的对中国的谋略》，见《汪精卫集团投敌》，第 89 页，上海人民出版社 1984 年版。

系。武汉、广州失陷后，汪精卫的"抗战必败"理念更加坚定，他甚至公开向日本求和乞降，说什么"如日本提出议和条件，不妨害中国国家之生存，吾人可接受之，为讨论之基础，否则无调停余地。一切视日方所提出之条件而定"。① 1938 年 11 月 3 日，日本首相近卫文麿发表"第二次对华声明"，除继续威胁如国民政府坚持容共抗日政策，"则日本不到将其溃灭断不收兵"外，也有"倘国民政府能放弃向来的指导政策，更换人事，实求新生，来参加建设新秩序，日本并不拒绝"的内容。② 日本修改了"不以国民政府为对手"的既定方针，汪精卫集团视此为与日本谈判"和平"的好时机，当月初派高宗武、梅思平为全权代表，赴上海和日本陆军参谋本部中国课课长今井武夫等进行投靠日本前的预备会谈。会谈在日方安排的重光堂进行，主要讨论双方所能开出和接受的条件。高宗武等提出了一份详细的计划，主要内容是：汪精卫借机逃出重庆；日本发表声明提出"和平"的先决条件；汪发表断绝与蒋介石关系，呼应日本的声明；云南、四川、广东等地的军队响应汪的号召"起义"；汪精卫等在中国南部日本尚未占领地区建立新政府。③ 经过一番讨价还价，11 月 20 日以高宗武、梅思平和今井武夫、影佐祯昭（陆军部军务课课长）个人的名义签订了《日华协议记录》、《日华秘密协议记录》等 3 个文件，即所谓"重光堂密约"，并制订了汪精卫等逃出重庆、脱离抗战阵营的具体步骤，约定一俟汪精卫等叛逃成功，便由近卫首相再次发表对华声明，汪精卫通电响应。

重光堂会谈结束后，梅思平回到重庆向汪精卫报告结果。经密商，汪精卫一伙终于决心卖身求荣，他们拟定了分别离开重庆逃往越南河内或香港的计划。12 月 1 日，梅思平到香港向日方报告，汪精卫已承认重光堂的协议，决定逃出重庆，投靠日本。④ 在一番紧张的策划后，12 月 19 日，汪精卫、周佛海、陶希圣、陈璧

---

① 《申报》，1938 年 10 月 22 日。
② 《日相近卫"建设东亚新秩序"之声明》，见《中华民国重要史料初编——抗日战争时期》第六编，《傀儡组织（三）》，第 32 页。
③ "中国方面的行动计划"，见《今井武夫回忆录》，第 98 页。
④ 《今井武夫回忆录》，第 99 页。

君等人从昆明乘龙云代租的飞机逃到河内，走上了叛国之路。

日方获悉汪精卫到达河内，便按约定于 12 月 22 日发表"第三次近卫声明"，表示日本虽准备"始终一贯地以武力扫荡抗日的国民政府"，但也希望和"具有卓识的人士"合作，并提出了"实现相互善邻友好、共同防共和经济合作"为合作的条件（即"近卫三原则"）。① "第三次近卫声明"所提的 3 项条件，均在"友善"的词藻下包藏着险恶的祸心，而所以在用词方面比以前稍有和缓，目的在于迅速引诱汪精卫一伙下水。而汪精卫也在叛国的路上越走越远，12 月 29 日竟以向蒋介石和国民党中央通电的形式响应"近卫声明"，并在香港《南华日报》上公开发表通电（因 29 日的电报代码为"艳"，故该通电又称"艳电"）。汪精卫在"艳电"中完全为日本的侵略政策辩护，不顾日军在中国烧杀抢掠的事实，竟说日本对中国没有领土要求，"日本不但尊重中国之主权"，还将帮助中国"能完全其独立"。他要求国民政府能以"第三次近卫声明"为蓝本，与日本交换"诚意"，则"不但北方各省可以保全，即抗战以来沦陷各地，亦可收复，而主权及行政之独立完整，亦得以保持"。② "艳电"公开为侵略者唱赞歌，为自己的叛国行为涂脂抹粉。它的发表说明汪精卫等已彻底与日本合流，走向了中华民族全民抗战的对立面。

汪精卫等人以为，国民党高级军政人员内不乏希望与日本妥协讲和者，凭汪在国民党内的历史影响及地位，一旦他起而号召，定会有人紧随其后。但他们的如意算盘打错了，叛国行为遭到全国人民的反对。云南的龙云在 19 日送走汪精卫等后，立即向重庆作了报告。而在"艳电"发表后，汪精卫集团受到全国人民的声讨。一些原与汪关系较好的军政人员，如广东张发奎、余汉谋，云南龙云等也纷纷通电，斥责汪精卫，"谬论谬辞，为敌张目"，卖国求荣，要求对他"通缉归案，明正典刑，以肃纪纲而振士气"，③ 并表示拥护政府，"抗战到底"。国民党在

① 《日本近卫内阁第三次对华声明》，见《汪精卫集团投敌》，第 368 页。
② 《汪兆铭手书主和之艳电》，见《傀儡组织（三）》，第 53 页。
③ 《张发奎等以汪危害党国请通缉归案明正典刑之徵电》（1939 年 1 月 5 日），见《傀儡组织（三）》，第 65 页。

舆论的压力下，于 1939 年元旦召开临时中常会，通过了永远开除汪精卫党籍、撤销其一切职务的决议。决议中称 "汪兆铭承本党负托之重，值抗日紧急之际，擅离职守，匿迹异地，传播违背国策之谬论……而其电文内容尤处处为敌人要求，曲意文饰，不惜颠倒是非，为敌张目；更复变本加厉，助其欺蒙。就其行为而言，实为通敌求降。" "其违反纪律，危害党国，实已昭然若揭，大义所在，断难姑息，即予永远开除其党籍，并撤消一切职务，藉肃党纪，以正视听。"① 会上不少人主张通缉汪精卫，蒋介石为留有余地，暂缓执行。

蒋介石在汪精卫出逃后曾派一些党政要人赴河内，试图劝说其回心转意，然汪叛意已决，无可挽回。于是便由军统特务在 1939 年 3 月 21 日夜袭击汪在河内的住所，企图刺杀他。不料当晚汪精卫恰巧与曾仲鸣调换住房，侥幸得免一死，曾仲鸣成了替死鬼。②

汪精卫集团因此与蒋介石集团彻底决裂，他们惟恐躲在河内难免杀身之祸，同时原来期望国民党内军政人员会响应，结果得到的是全国人民的同声声讨，极端孤立。只得求助于日军的庇护，以早日离开河内，结束终日杯弓蛇影的逃亡生活。1939 年 4 月 25 日深夜，汪精卫等又偷偷潜出河内，在日军的协助下，乘船驶往日本占领下的上海。

三、汪精卫伪政权的建立

在从河内到上海的船上，汪精卫向影佐祯昭等日方人员提出，放弃重光堂会谈时所提在日军尚未占领的中国南部地区建立政权的设想，改为在日军占领区 "建立和平政府"。③

汪精卫等人到上海后，住进日军控制的地区，开始着手建立汉奸政权。他们

---

① 《开除汪兆铭党籍决议文》，见《傀儡组织（三）》，第 125 页。
② 事见陈恭澍：《河内汪案始末》，台湾传记文学出版社 1983 年版。
③ 《影佐祯昭供词》，见《汪精卫国民政府的成立》，第 21 页，上海人民出版社 1984 年版。

先以《关于收拾时局的具体办法》拟定建立政权的具体步骤，同时作为与日方谈判的基本条件。汪精卫虽是在日本卵翼之下才得以立足的，但他们仍要些"颜面"遮羞，希望能盗用"国民党"、"国民政府"的名义为未来的伪政权张目。《关于收拾时局的具体办法》提出，"收拾时局办法的根本精神在于笼络人心，因此，不变更政体和法统，而以变更国策收拾此次时局为要务"。其步骤为先召开"国民党全国代表大会"，以国民党决议的形式作为政权建立的基础；由汪精卫出面组织"中央政治会议"，决定"政府"建立的时间、五院院长及下属各机构的负责人选；"国民政府"还都南京，所有伪政权统一于汪精卫领导之下。①

在筹建伪政权过程中，汪精卫等基本上是照上述办法进行的。其活动大致可分为三项：

1. 签订"汪日密约"

争取日本支持是汪伪政权建立的最重要前提。对汪精卫等人来说，没有日本的许可，什么事也办不成。所以他们积极向日本乞怜，以换取组织政权的可能。1939 年 5 月 31 日，汪精卫率周佛海等大小汉奸喽啰前往日本谈判建立伪政权的条件。

虽然日本在华有直接利益的各机关，如陆军省、海军省、外务省、兴亚院等在帮助汪精卫建立一个统一的汉奸政府问题上是一致的，但在一些细节，如怎样保证本机关在以后对华决策中的主导权，如何利用此次机会迫使汪精卫出卖更多的中国权益等问题上却有分歧。为统一意见，日本政府在与汪精卫等会面前特召开由首相平沼骐一郎主持的"五相会议"，协议通过了《树立新中央政府的方针》作为与汪精卫谈判时的依据。该方针规定，未来的"中央政府"须由汪精卫、吴佩孚、其他变节的重庆政权分子、已有的临时和维新两个汉奸政权等共同组成；须事先完全接受日本所提《调整日华新关系原则》；同时还提出了许多日本在华的"特殊要求"。②

---

① 《今井武夫回忆录》，第 328 页。
② 《汪精卫国民政府的成立》，第 86 页。

在谈判中，汪精卫面对日本的酷苛要求也颇感失望，不甘心只做全无实权的傀儡，他要求日本能遵守"尊重中国领土主权完整"的诺言，帮他组成一个统一的、有实权的、一定程度"独立"的"中央政府"，并做了有限度的抗争。但在日本的软硬兼施之下，最终不得不放弃自己的设想，"没有达成实质性的协议"，几乎是空手而返。①

日本对汪精卫集团采取的是步步引诱的策略，所索取的要求也是层层加码，它在伪政权成立前利用汉奸们急于粉墨登场的心理，再次进行敲诈。兴亚院以汪日双方要"缔结条约奠定基础"为借口，制订了《日华新关系调整纲要》等文件，作为汪必须接受的酷苛条件，内容包括了日本对中国的一切都有控制权，连今井武夫等日方人员也觉得条件太严苛，违背了日华双方的"重光堂密约"，"超出了第三次近卫声明的精神"，"不过是赤裸裸地暴露了帝国主义设想的要求而已"。②

1939 年 11 月，日汪之间依兴亚院的条件为基础进行谈判，汪精卫等对日方的贪得无厌感到震惊，他提醒日本注意，所提条件"似与近卫声明宗旨有相当差异"，一些人为此痛感失望，已脱离"和平阵营"。③ 谈判过程中，汪精卫希望能得到较多的"独立自主权"，以装饰门面，而日方则强迫汪全盘接受，一度发生了激烈的争辩，致谈判中断。谈判持续了两个月，日方只在细节上稍有退让，汪精卫在日本软硬兼施的威逼之下，被迫在自称为"卖身契"的密约上签字。④

汪精卫以全盘接受日本的酷苛条件换取了日方对其组织汉奸政权的支持。日本依密约获得了在中国政治、经济、军事等方面的各种特权，由于条约太酷苛，暴露了日本灭亡中国的野心，双方约定对其内容"永不公布"。

2. 与其他伪政权的讨价还价

汪精卫等人原本看不起在日本刺刀下建立的临时政府、维新政府等汉奸组

---

① 日本防卫厅防卫研究所战史室：《汪政权树立工作》，见《汪精卫国民政府的成立》，第 40 页。
② 《今井武夫回忆录》，第 122 页。
③ 黄美真等：《汪精卫集团叛国投敌记》，第 186 页。
④ 陶希圣：《未说出的一句话》，见《汪精卫国民政府的成立》，第 595 页。

织，认为它们名声太臭，不愿与它们合作。然而，日本则坚持新"中央政府"要包含所有新旧汉奸政权，并强迫汪精卫立即开始和它们会商合并事宜。

汪精卫先试图联络日本正在拉拢的吴佩孚，但两人对"中日和平"内涵的见解有差异，"立场不无稍异"，对未来新政权权位的分配也各有打算，吴佩孚对汪的人格也颇蔑视，表现较冷淡，甚至对汪不无戏弄，他在汪所送去邀请参加伪政权的信上写道："公离重庆，失所凭依。如虎出山入柙，无谋和之价值！果能再回重庆。通电往来可也。"① 吴佩孚虽是失意军阀，但终于未落水当汉奸。

此后，汪精卫在日军的安排下着手与华北"临时政府"行政委员会委员长王克敏、华中"维新政府"行政院长梁鸿志协商合作建立"中央政府"事宜。王克敏等自恃投靠日本在先，不肯轻易就范，他们同汪争"独立地位"和在未来政权中的职位。经过几番讨价还价，最后以"临时政府"改为独立性极大的"华北自治委员会"，对"维新政府"的要员委以高官才得以结束。新老汉奸终于合流。

图 16.1 华中"维新政府"行政院长梁鸿志（左）与华北"临时政府"行政委员会委员长王克敏（右）

3. 召开"国民党第六次全国代表大会"

汪精卫为使其建立汉奸政权获得"党统"根据，于 1939 年 8 月 28 日在上海

---

① 吴相湘：《第二次中日战争史》（上），第 517 页。

开了"国民党第六次全国代表大会"。当时汪精卫集团已臭名昭著，正直的人们耻与为伍，因而就是东拉西拽也未能凑够预定的人数。汪精卫在会上正式提出"和平反共建国"的口号，为其叛国行为辩护。会上通过的《整理党务案》宣称，自1939年1月以后的国民党中央"所有一切决议及命令，完全无效"；各级党务机关须"听候改组"；废止国民党内总裁制，改设主席一人，行使"总理"职权。会议选举汪精卫为国民党的"主席"。[①]

汪伪"六大"之后，汪精卫又拉了几个"合法政党领袖"及"社会名流"，于1940年3月20日拼凑召开"中央政治会议"，讨论通过伪政府的各种机构设置、"组织条例"和人事安排，决定完全仿照重庆国民政府的结构组建伪国民政府，并用"还都南京"的名义在南京正式登场。汪精卫称会议确定了和平与宪政两大方针，"从此以后，和平运动已确立稳固基础，将来当努力克服困难，负责救国家民族之责任，实现东亚永久和平"。[②]

图16.2　1942年12月，汪精卫与东条英机会面

1940年3月30日，中国近代史上最大的汉奸政权——汪精卫的伪国民政府在南京成立。其主要头目分别是：国民政府代理主席汪精卫（主席一职仍留由重

---

①　《中国国民党在沪举行第六次代表大会》，见《汪精卫国民政府的成立》，第340页。
②　汪精卫：《招待在京记者的谈话》，中华日报，1940年3月21日。

庆国民政府主席林森担任）、行政院长汪精卫（兼）、立法院长陈公博、司法院长温宗尧、监察院长梁鸿志、考试院长王揖唐，其他大小汉奸也各得其所，如周佛海出任财政部长、褚民谊任外交部长等。当天发表的"还都宣言"中不隐讳其傀儡地位，称该政府要与日本共同努力，"本于善邻友好、共同防共、经济提携之原则，以扫除过去之纠纷，确立将来之亲善关系"。重庆政府已是"非法"，"如仍对内发布法令，对外缔结条约协定，皆当然无效"。要求重庆政府的军队必须立即对日军停战，党政人员必须到南京向伪政权报到。① 同日，"临时政府"、"维新政府"宣布解散。

汪伪政权是一个彻头彻尾的傀儡政权。日本在其政府的各级机构中均设有"顾问"进行控制。它在日本的压力下订立了卖国的《中日基本关系条约》，进一步把中国变成日本侵略者的殖民地。

汪精卫集团从出走叛国到建立汉奸政权，分裂了中国的抗日阵营，破坏了中国人民的抗战事业，对中华民族犯下了滔天大罪。他们是中华民族的千古罪人。汪伪政权成立后，全国掀起了声讨汉奸卖国贼的浪潮。重庆国民政府悬赏十万元缉拿汪精卫，称汪通敌祸国触犯惩治汉奸条例，"公然与敌人签订丧权辱国条约，狂悖行为，益见彰著，亟应尽法惩治，以正视听"。②

① 《伪国民政府还都宣言》，见《傀儡组织（三）》，第 191 页。
② 《国民政府悬赏拿办汪兆铭之命令》，见《傀儡组织（三）》，第 195 页。

第 17 章
国民政府的战时经济体制

一、国民政府战时经济体制的建立

在国家存亡的紧要关头，如何把国家经济体制从平时状态转入战时运作，集中全国所有财力、物力、人力，为抗日战争服务，是中国政府亟待解决的问题。由于战前中国的经济体制运作已不正常，日本军队的侵略步伐又很快，故在全国抗战之初中国政府只能进行部分应急的调整与转变。如在淞沪会战开始后，财政部即指示中央、中国、交通和中国农民四大银行在上海建立四行联合办事处，尝试着将国家银行的某些功能合并；战时最高机构军事委员会内也增设了农产、工矿、贸易三个调整委员会，着手对全国经济按行业进行适合战时的调整。

1938 年 3 月，国民党在武汉召开临时全国代表大会，制订"抗战建国"的各项方针政策。大会最后通过的文件中，对经济问题相当关注，在其纲领性文件《抗战建国纲领》中既规定了抗战时期"经济建设应以军事为中心"，又确定了达成这一目标的 8 项具体措施：实行计划经济，扩大战时生产；全力发展农村经济；

开发矿产，鼓励轻工业，发展手工业；推行战时税制；统制银行业务；巩固法币，统制外汇，安定金融；整理交通系统；严禁奸商垄断居奇，实施物品平价制度。①《在抗倭战争中必须举国一致，一切建设以军事为中心，以期完成国军建设案》中强调，在"国防第一，军事第一"的前提下，国家的物质建设"自宜以极精密之筹划，行最严格的统制。一面使工业之发展，与资源之开辟，完全适应于军事的要求，以充实其（指军队——注）储备；一面使农村的生产，尽量增加，金融的流转，益见灵活，以改善其生活，全国上下尤应厉行节约，以供军需。"② 其他如《非常时期经济方案》、《工业政策实施大纲》等议案，都强调了战时经济以服务军事为中心内容。

图 17.1 工业合作运动（简称工合）在抗战时期很流行。图为西南地区合作社代表在邵阳办事处合影

国民党当局对抗战经济的发展也比较重视，蒋介石提出过第二期抗战的原则是"三分军事，七分经济"，称"我们以后经济成败就是抗战的成败"，经济部门

---

① 荣孟源主编：《中国国民党历次代表大会及中央全会资料》（下）第 487 页，光明日报出版社 1985 年 10 月版。

② 荣孟源主编：《中国国民党历次代表大会及中央全会资料》（下）第 493 页。

对于抗战胜利所负的责任比军事部门更大。① 国民党历次会议均有关于经济的议案通过，如五届五中全会的《改进财政系统，统筹整理分配案》，七中全会的《动员财力，扩大生产，实行经济统制案》，九中全会的《确定战时经济基本方针案》，十中全会的《限价政策案》，等等。

国民党关于抗战经济的各项文件，奠定了战时经济体制的基本构架。

战前，国民政府内与经济事业有关的部门很多，各守一摊，效率很低。1938年初，国民政府实行改组，设立经济部，下辖 21 个行政单位，22 个专业单位，包括了原来属行政院领导的实业部、建设委员会、全国经济委员会的水利部分和原军事委员会下属的第三部、第四部、资源委员会、工矿调整委员会、农业调整委员会的各职能部门。经济部由此成为战时总揽全国经济生产大权的中枢机关。② 当局还扩充与改组了上年底建立的四行联合办事处，使其成为抗战时期国家最高的金融、财政政策的决策机关。机构的统一，是建立战时经济体制的重要步骤。

二、国民政府与大后方经济发展

和日本相比，中国的经济总体上落后很多，而发展又极不平衡。富庶的东部沿海沿江地区陷入日军之手后，中国政府要在近代工业极少的西部大后方立足，还要支撑巨大的战争消耗，供应军需民食，其艰难程度可想而知。通过发展生产，推动西南西北地区的经济开发和建设，是国民政府渡过难关的最主要办法。

为开发大后方，国民政府曾先后颁布《非常时期工矿业奖励暂行条例》、《奖励工业技术暂行条例》等，以提供贷款、减免税率、帮助购置原材料、招募技术工人等具体措施，鼓励设厂生产。一时间，大后方掀起了设厂高潮，1938 年内新设工厂数为 218 家，1940 年为 575 家，1941 年更达 862 家，1942 年仍有 569 家。③

---

① 蒋介石：《在党政训练班第八期开学典礼讲话》，见《"总统"蒋公思想言论总集》卷17，第335 页，（台）国民党党史会 1984 年版。
② 《行政院工作报告》，见《战时建设（三）》，第 583 页。
③ 国民政府经济部档案，中国第二历史档案馆藏。

新增工厂以 60% 以上的年平均增长率成长。新设工厂与内迁工厂结合，在国统区形成了一个包括石油化工、纺织、食品、机械、电力、冶金等上百个工业部门并基本可以自给的工业体系。

重工业生产与军需密切相关，又是民用轻工业的基础，国民政府比较注重扶植，向电力、机械、钢铁、石油等部门投入了大量资金，使生产以较快的速度增长。到 1941 年，国统区内重工业的产值比 1938 年增加了 60 倍左右，其中工业用机器由 1938 年的 842 部增加为 1940 年的 3755 部，钢铁产量从 1938 年的 52900 吨增加到 1942 年的 108900 吨。① 国统区重工业生产的发展，不仅支撑了大后方的经济，供应前线军需，而且一定程度上改善了战前中国重工业十分落后、轻重工业比例严重失调的状况。

在民族资本较为集中的轻工业部门，也有显著的增长。以 1941 年为例，棉纱较战前增加了 3.36 倍，面粉增加了 2.34 倍，肥皂增加了 2.91 倍，火柴增加了 1.56 倍。②

农业生产事关战时军民的衣食，又为工业提供原材料，是其他经济事业发展的基础。国民政府也予以相当的重视。1941 年成立农林部，通过扩大农田面积，推广优良品种，改进耕作技术，除虫灭灾，向农民提供贷款，加速水利建设等措施，希望发展农业生产，复兴农村经济。如在扩大耕作面积方面，大后方各省冬作田亩 1944 年比战前增加了 20%（约 5000 万市亩）；因兴修水利而获益的农田至 1944 年达 1000 万余市亩；改良稻种 100 余种，改良麦种约 50 种；③ 政府给农民的贷款 1937 年为 3952.9 万元，1942 年为 62880.5 万元，增长了 16 倍以上。④ 抗战期间，国统区的农业生产有了较显著的增长，稻、麦、棉等主要农作物的种植面积上升，总产量虽有起伏，大体上呈较明显的成长趋势。以 1939 年国统区的主要农产品产量与抗战前的 1936 年相比，水稻产量增长了 54%，棉花产量增长

---

① 王桧林：《中国现代史参考资料》，第 272 页，高等教育出版社 1988 年 9 月版。
② 《抗日战争时期国统区主要工业品增长表》，国民政府经济部档案，中国第二历史档案馆藏。
③ 《行政院工作报告》，见《战时建设（三）》，第 818 页。
④ 史全生：《中华民国经济史》，第 433 页，江苏人民出版社 1989 年 6 月版。

了 77%，麦产量增加幅度最大，竟达 11 倍。[①]

三、国民政府与战时物资统制

尽管国统区的经济有了较大幅度的发展，可是对于满足军需民用这一根本目标来说，差距仍然很大，处处捉襟见肘。整个抗战期间，军费支出占了政府总支出的 60% 左右，其中 1940 年曾高达 78%。[②] 为加强对经济的控制，弥补财政不足，使有限的物质生产力能有效地掌握在政府手中，国民政府在国统区实行了统制政策。

1938 年 10 月，国民政府颁布《非常时期农矿工商管理条例》，决定对大后方经济实行全面统制。被列入统制的物资有 5 大类：粮食类，包括米、麦、杂粮等；日用必需品类，包括棉花及棉制品、煤、食油等；工业器材类，包括机器、钢铁、水泥、各类酸碱工业成品及原料；外销物资类，包括用于外销、外贸的各种物资等；专卖物资类，包括糖、盐、卷烟、火柴。国民政府建立了专门机构，负责对列入统制的各类物资用统购包销、限价、专卖等方式，从生产到流通领域，实施全面管制。

随着抗战相持阶段的延续，大后方物资供应益显困难，出现了物价飞涨，民不聊生的情况。国民政府更加注重对有关产品的统制，1942 年颁布了《国家总动员法》，列出军用器材、粮食及被服用料、药品及医药器材、船舶车马等运输器材、土木建筑器材、电力与燃料、通信器材等为国家总动员物资，申明国家有权征用及征购其一部或全部，"政府于必要时得对国家总动员物资及民生日用品之交易价格、数量加以管制"。[③] 接着成立了国家总动员会议常务委员会作为全国管制物价的最高决策机构，由行政院正副院长、各部有关部长组成，行政院长蒋介

---

① 史全生：《中华民国经济史》第 442 页。
② 王桧林：《中国现代史参考资料》，第 278 页。
③ 《国家总动员法》，见《战时建设（三）》，第 478 页。

石负责召集。

当局实行统制政策，是要用政治力量干预生活，平抑供需之间的差距，维持政府基本运作所需要的最低限度的物资供应。如粮食是军队、平民不可或缺的生活必需品，又是工业生产的基本原料，国统区的粮食产量供不应求，因此粮价常常上涨，如 1940 年 6 月的粮价比半年前涨了 1 倍。[①] 粮价上涨后，军费就要相应增加，如此循环，政府不堪负担。为舒缓由粮价上涨带来的一系列困难，国民政府于 1940 年 8 月专设全国粮食管理局，在各省设立粮食管理局，县设立粮食管理委员会，至次年 7 月，再裁粮食管理局，专设粮食部，以提高其地位，增加其权力。各级粮管部门以限制粮价、田赋征实等手段对国统区的粮食实行统一管制。田赋征实，就是规定农民将应缴的田赋款额按战前的粮价折合成粮食实物，以缴粮食取代缴款。在粮价已大幅上涨后，仍以战前较低的物价比来强迫农民多缴粮食，某种意义上讲是对农民的掠夺。据统计，仅至 1941 年底国民政府就以 13.3 亿元的支出，征得了当时价值 42.52 亿元的粮食，实际上是将 29.2 亿元的差价转嫁到了农民头上。[②]

国民政府以战时经济体制扶助生产，一面开源，一面节流，对中国在艰难的条件下，坚持八年抗战是有贡献的。但是，国民政府的战时经济体制弊端很多，一是经济发展不平衡，当局投资和扶植的重点是以国家资本为主体的重工业，而民族资本为主体的轻工业受到的照顾较少，结果到抗战后期，中小企业步履艰难，出现了倒闭风潮；二是统制政策和相关措施是建立在对农民、中小企业主剥削基础之上的，如统购包销时，对产品的收购价核定过低，有时甚至不及成本，严重挫伤了中小企业主的生产积极性，田赋征实也是把通货膨胀的恶果转嫁到农民头上；三是政府发展经济的政策仅停留在宣传上，不少措施完全靠政权的强力去推行，违背基本经济规律，执行过程中贪官污吏又从中渔利，因而抗战后期国统区内出现了物价飞涨、民不聊生的情况。抗日战争胜利后，国民党曾对战时经

---

① 王洪峻：《抗战时期国统区的粮食价格》，第 140 页，四川省社会科学院出版社 1985 年版。
② 吴相湘：《第二次中日战争史》（下），第 633 页。

济政策作出检讨，认为田赋征实作用极大，"在全部抗战史中，实有其不朽的纪录"。但物价管制则总不见大效，而安定金融、增高生产、补助内迁工厂、节制私人资本、裁抑地主兼并等措施，却由于各种内外因素肘掣，均"未能收获预期的效果"。①

四、战时交通事业的发展

现代战争是交战双方综合国力的抗衡，而综合国力的运用和全民动员，依赖交通甚多。交通运输对于战时军队及军需品的调动补充，人力物资的转移，资源的开发利用，粮食及日用品的调运等，都有重要作用。中国要在抗日战争中充分利用有限的国力战胜强大的日本，须首先改善与发展交通事业，然而，战时的交通事业是在两难的境地中发展的：一方面急需迅速大力兴建；另一方面中国却缺乏兴建交通（尤其是铁路）所需的材料、资金和技术人才，需要外国的支援，当时的国际交通线又多为日军阻断，筑路所需的国外钢轨等不易运入，往往要拆旧轨铺新路；战时物价、工价高涨，筑路费用比战前高出数十甚至数百倍；西南西北地区地质情况复杂，施工条件恶劣，常常事倍而不能功半，所有这些，更增加了发展交通的困难。②

抗战时期交通事业的发展在时间上大致分为两个阶段：武汉广州失陷前，主要是加紧修筑战前已经开始修筑的铁路公路，以应各战场军队、军需品调动及机关工厂转移之急需为目标；此后则以保持与国外联系，维持对日军作战及国民政府的生存为主要目标。

1. 武汉、广州失陷前

中国的近代交通事业比较落后，是国家经济不发达的原因之一。全面抗战爆

---

① 吴铁城：《对国民党六全大会党务检讨报告》，见《战时建设（三）》，第305页。
② 《交通部长张嘉墩在国民参政会第三届第一次大会所作交通部工作报告》（1942年10月23日），见《战时建设（三）》，第999页。

发前，中国的交通运输已有一定的进步，当局在规划新的铁路公路网线时，也曾把未来战争需要作为考虑因素。但因种种原因，修筑速度缓慢，离满足战时需要尚有较大距离。全面抗战开始后，国民政府督令各筑路工程加快进度，并建立相应指导机构。

在公路方面，军事委员会于 1937 年 8 月专门召开后勤会议，紧急布置在苏、浙、皖、赣、鄂、闽、鲁、晋、陕、豫、冀等 11 省内赶筑与作战运兵有关公路线 3600 余公里，并分南北战场确定了各自最紧急的工程，北战场方面是河北省内沧（州）石（家庄）、德（州）石（家庄）等 4 条军用公路，要求在 20 天内能够简易通车；南战场方面是抢修江苏、浙江省内各公路干线上被日军飞机炸毁的桥梁。[①] 当时公路的抢筑工程主要由全国经济委员会督导实施。这些应急性的工程，对抗战初期部队的转运起了一定作用。1938 年内，当局在公路建设方面的着眼点是为武汉会战做准备，赶修武（汉）长（沙）和（武）汉宜（昌）两条公路干线，及武汉邻近地区公路网的建筑。同时，为保证弃守武汉后后方与前线部队的联络，及西南、西北地区的交通联系，也着手对西南、西北的公路进行整理改进。结果武长、汉宜两路工程在武汉弃守前不久竣工，使武汉的军民物资顺利运出。

在铁路方面，因临时筹建不易，主要加紧在建工程的进度，抢筑几条最重要的路段：一是实现浙赣铁路全线通车。该路已经基本完成，但铁路公路两用的钱塘江大桥尚未竣工，淞沪会战爆发后，当局急令加快施工进度，钱塘江大桥终于在 10 月完成通车，大大增加了浙赣路的运力。两广的军队多通过此路奔赴前线战场，北方及上海的重要战略物资器材也多经由此线撤退至西南后方。中国军队自上海撤退后，为防铁路被敌人利用，主动将大桥炸毁。二是接通粤汉线与广九线。这两条铁路都以广州为终点，然而车站却分建在城东和城西，给香港经广州转运内地的物资运输带来很多不便。抗战开始，香港成为中国获得国际援助的重

---

① 侯家驹：《抗战时期我国交通建设》，见《抗战建国史研讨会论文集（1937～1945）》，第 169 页，台湾"中央研究院"近代史研究所编，1985 年 12 月。

要口岸，为节省运输时间，当局决定将粤汉线和广九线连接起来。同时，还修建了广州至黄浦港的支线，加快了物资北运的速度。三是沪杭甬铁路杭（州）曹（娥江）段，于 1937 年 11 月完成该段 80 公里的铺轨。四是京赣铁路安徽、浙江境内的路轨在 1937 年 11 月前全部铺设完毕。五是同蒲铁路阳方口至大同段 152 公里的路轨原定在 1937 年 11 月通车，但因战火已燃至山西境内，无法完成。除了赶筑线路之外，铁路工人们还有一项重要任务，就是冒着极大的危险把即将沦陷地区的路轨拆毁，连同机车一道运往后方，既防止日军利用，又为将来后方铁路建设保留了大量的原材料。

2. 武汉、广州失陷后

抗日战争进入相持阶段，战局相对稳定，但中国的交通环境，特别是与外国的联络却更恶劣，国民政府为其生存计，重视交通事业的拓展，尤其是"求取国际路线"的发展。[①] 一方面使国外的军事援助能源源不断地运入，另一方面则是为了国内农矿产品的出口换汇。在东部沿海、沿江国土沦陷的情况下，建设国际交通线的重点在西南和西北地区，两地区的交通线均由铁路和公路构成。在加强铁路公路修建的同时，还开辟了数条国际航空线。

中国最高军事当局对战时交通的发展也较重视。1940 年 3 月，蒋介石鉴于交通运输形势不断恶化，特召开了交通运输会议，决定成立军事委员会运输统制局，统一领导所有与交通运输有关的机构，以提高效率。运输统制局由参谋总长何应钦任主任，交通部长张嘉墩等为副主任，后方勤务部长俞飞鹏为参谋长。该局成立时，蒋介石亲自对高级干部训话，强调运输事业比前方军事还要重要，他说："须知今后我们抗战之胜败，不仅决于前方将士之战斗，而要看前方作战所需之一切补充与接济，后方之交通运输能否尽速源源赶上为断！否则，前方虽有很多军队作战，因运输接济不济，亦必归于失败！"[②] 以后他又强调，"交通事业

---

① 龚学遂：《战时交通史》，第 9 页，商务印书馆 1947 年版。
② 《蒋介石对军委会运输统制局高级职员讲话》（1940 年 4 月 20 日），见《战时建设（三）》第 946 页。

对于今后抗战，关系更加密切"！①

图 17.2　抗战时期油料供应紧张，工程技术人员一直寻求替代品。
图为企业家支秉渊发明的木炭汽车

　　在西南，交通建设的主要目标在于使通过越南、缅甸两国进入我国的外援物资能迅速转运至重庆或前线各战区。当时经越南进入中国的外援物资占了相当大的比重，当局为缩短运输距离，决定修建湘桂铁路（自镇南关至衡阳），接通原有的滇越铁路和粤汉铁路。经与法国政府协商（时越南为法属殖民地），决定法方负责越南境内的全部工程，并提供中国境内第一阶段铺设镇南关至南宁段所需的部分材料。因战局及经费关系，整条湘桂线又划分为四段：衡（阳）桂（林）段，长 361 公里；桂（林）柳（州）段，长 174 公里；柳（州）南（宁）段，长 260 公里；南（宁）镇（南关）段，长 234 公里，各段开工、竣工时间不同，日军为切断中国的这条国际通道，常常以飞机狂轰滥炸，并在北海登陆，直攻南宁，筑路工人在极艰苦的条件下冒着枪林弹雨工作，终于在 1939 年 10 月大致完工通车。此路之修通对外援物资的运入提供了较大的便利。南宁会战期间，中国第 5 军机械化部队利用湘桂线快速赶赴前线，在昆仑关与敌军激战。

---

　　①　蒋介石：《在党政训练班第八期开学典礼讲话》，见《"总统"蒋公思想言论总集》卷 17，第 335 页。

日军占领南宁后，湘桂铁路部分路段拆毁不复利用，但北段仍发挥作用。当局为充分利用湘桂铁路，联络已有西南铁路网。又决定修筑黔桂铁路，由贵阳通柳州全长 460 公里，该路 1939 年 4 月动工，至 1944 年也只完成柳州至都匀约 300 公里路轨的铺设。另外，当局还希望通过修建川滇铁路（由四川宜宾至云南昆明）将原滇越铁路延伸至四川，修建滇缅铁路使经缅甸的援华物资不致因交通而耽搁。所以在 1938 年底同时动工修筑该两路，但川滇铁路后因经费不足，完成昆明至占益段，能够转运从印度空运物资后便停工，而滇缅铁路则因英国政府迟疑不决，进度缓慢，至日军攻占缅甸，也仅铺下很少的路轨。

西南原有桂越、滇越公路。从越南缅甸运入外国援助的军需品，构成了主要的国际交通线。1940 年法属越南当局对日本屈服，不允许中国物资过境，桂越、滇越公路遂失去了国际交通线的功能。当局动员 15 万民工用 7 个月时间建成的长达 959 公里的滇缅公路，便成了中国在西南对外联络的唯一通道。但滇缅路的作用时常受到英国对日本政策的影响，1939 年英国受日本胁迫，封锁了滇缅路 3 个月，其后英国又重开该路，并帮助中方整理路运状况，提高了运输能力。1942 年日军占领缅甸后，滇缅路被切断。此后为向中国军队提供支援及反攻缅甸，中美两国以军队工兵为主，开始修筑由印度雷多经缅北至昆明的中印公路（亦称"史迪威公路"），同时铺设输油管道。该公路沿线地形十分险峻，工程艰难，经中美双方共同努力，逐段施工完成，全路自 1943 年开工，至 1945 年才全线通车，当年 2 月 4 日，满载军援物资的车队直达昆明，受到热烈欢迎。

在西北，国际交通线主要是求与苏联的联络。陇海线是通往西北的动脉，可因沿途地势险恶，经费又严重不足，战前的进度缓慢。从西安至宝鸡一段耗用了 3 年多时间还未竣工，抗战军兴，当局全力催办，才在 1937 年底通车。此后续建宝鸡至天水段，仍因经费难筹，工程时断时续，150 多公里的路段竟用了 7 年多时间，直到抗战胜利的 1945 年底始竣工通车。无力修筑费用大、周期长的铁路，当局便重视在西北建公路。滇缅路中断后，西南的陆路国际交通完全中断，修建西北国际公路，从苏联运入援助物资更是刻不容缓的事。1942 年起先后兴建了 3 条公路：康青公路，自西康的康定至青海的歇武，全长 790 公里，1944 年 10 月通车；青藏公路，自青海的西宁至玉树，与康青线相连接，全长 790 余公里，通车时间比康青公路稍早；南疆公路，起自甘肃敦煌，止于新疆若羌，全长 730 多公里，到抗战胜利后的 1946 年始告完工。

除了倾全力发展国际交通线外，国民政府也对大后方的交通系统依军事和经济的需要进行了整理和改建，整理工作以改造旧路为主，也适当筑些新路。如为连接西南、西北的公路网络，修筑了川陕公路（由汉中经成都至重庆）；为运输四川綦江出产的煤供应后方的工厂，修筑了綦江铁路，等等。

抗战八年期间，国民政府共建铁路 5000 公里，为战前中国拥有铁路总长度的 40% 以上；到 1944 年底，共筑公路 13000 多公里，相当于战前公路总里程的 10% 以上。现将有关铁路、公路的修筑营运情况列表如下：①

抗战期间公路修筑营运情况表

年份	新筑里程（公里）	改善里程（公里）	客运（千人）	货运（千吨）
1937			6245	54
1938	973	5584	1432	49
1939	2583	9802	1141	39
1940	949	9313	916	36
1941	2616	11883	484	347
1942	755	15347	372	324
1943	1571	16666	3875	324
1944	2228	10306	17433	130
总计	11675	78901	31898	1303

① 表中客运和货运栏中括号内的数字为运送军人和军品数。两表系根据国民政府行政院向国民党六全大会所做工作报告中有关交通部分的数字制成，原文见《战时建设（三）》，第 956～983 页。

抗战期间铁路修筑营运情况表

年份	通车里程（公里）	客运（千人）	货运（千吨）
1938	4999	8543（2050）	7350（1249）
1939	2144	10282（2467）	3560（605）
1940	2231	12045（2968）	2636（459）
1941	2289	14134（2089）	3136（363）
1942	2235	13459（2131）	3069（380）
1943	2325	18972（2984）	3741（455）
1944	3041	9288（1529）	1611（250）
总计	19264	86723（16218）	25103（3761）

战前中国在航空运输方面很落后。抗战开始，中国开辟了几条国际航线，分别从苏联、越南、缅甸、印度和香港等地接运物资，以补陆路运输之不足。其中尤以中印航线运输最为著名，该航线要飞越"世界屋脊"喜马拉雅山，条件很艰难，被称为"驼峰飞行"。滇缅路被切断后，美国支援了几百架运输机，使中印航线成为中国在南方对外联系的唯一通道，要从印度运进大量的军事援助物资，从国内运出还债的农矿产品，最高运量达每月 2400 吨。

在战争环境下，中国要大力兴建交通事业，财力和人力都有许多困难。为应战时急需，便利用"中国旧有的工具和办法，发动人力与兽力的运输"，恢复传统的驿运，以人拉、马驮和小木船载来弥补现代化交通网运输能力的不足。[1] 驿运线路主要在大后方各省一些交通落后地区，但也有两条与国际交通线相连接的驿运线路。为统一管理全国驿运，交通部在 1940 年专设了驿运总管理处，各省也设置相应的机构。1945 年初，全国驿运干线达 7200 公里，支线达 3 万多公里。驿运以短途为主，仅 1941 年至 1942 年的 10 个月中，运输货物量达 83 万吨。[2] 驿运

---

① 《蒋介石对军委会运输统制局高级职员讲话》（1940 年 4 月 20 日），见《战时建设（三）》，第 947 页。

② 《交通部长张嘉璈在国民参政会第三届第一次大会作交通部工作报告》（1942 年 10 月 23 日），见《战时建设（三）》，第 1003 页。

线的发展，减轻了铁路、公路的压力，承担了大量军需民用物资的运输。

战时交通事业的发展，对保证前线所需人力物力的运输，开发大后方经济，起了重要作用。而且，当时的铁路、公路基本上修筑在原来交通十分落后的中国西部地区，一定程度上改变了全国交通布局不合理的状况。

第 18 章
战时兵役制度的建立与运作

一、募兵制到征兵制的转变

现代征兵制的确立是现代国家建立的标志之一，不仅美英法诸国早已建立起征兵制度，日本也在明治维新之后于 1880 年迅速实行征兵制。

抗战前夕，国民政府实行的是征兵与募兵兼行的制度，而以募兵为主。募兵制在中国已有数千年的历史，其流弊在于"无一定服役期限，无相当的基本教育，现役军人但求生活之解决，颇少国家生存之观念，以至军纪不易维持，军费消耗尤多，而复员实施极感困难"①，故现代民族国家多以征兵制替代募兵制，对长期处于生存危机中的中国而言，征兵制的实行意义更为深远。

国民政府于 1933 年 6 月 17 日公布中国首部《兵役法》，确定以平等、平均、平允作为征兵的三平原则。第一重在平等。办理兵役应不问阶级、不论贫富，凡

---

① 《革命文献》第 27 辑，第 229 页，台北出版。

届兵役年龄之男子，均须服任兵役之义务。第二重在平均。按征兵一定数目，依地方人口壮丁之比例，平均征集。第三重在平允。凡届兵役年龄之男子，依兵役法实施细则应予免役缓役者，即免缓其兵役。其不当免役者，虽富贵子弟，亦不能除外，以平允办法处理。至于《兵役法》具体内容只有简略的 12 条，规定兵役分国民兵役与常备兵役两种。常备兵役先采取募兵制，年满 20 岁至 25 岁男子，志愿应募者充任，在地方自治完成后改为征兵制。国民兵役为 18 岁至 45 岁男子，平时受规定之军事教育，战时依国民政府令服役。

兵役法的颁布，象征着中国征兵制的确立。该兵役法直到 1936 年 3 月 1 日才进入正式实施，1936 年 8 月 15 日，国民政府内政部、军政部公布了兵役法实施办法即《兵役法施行暂行条例》。9 月 8 日，国民政府颁布《推行征兵制度昭告国民令》，决定在全国范围内普遍实行义务兵役制，5 年内在全国设立 60 个师管区，并征兵 50 万[1]，作为中国常备兵的兵源。

1936 年，军政部在苏、浙、豫、鄂、皖、赣等长江中下游 6 省成立了两级兵役机构，一共设立了 12 个师管区，每个师管区下辖 4 个团管区，形成师、团二级管区制度。到 1936 年底，共征集新兵 5 万人。他们在新兵训练营里接受了 3 个月的军事训练，然后分派到各部队作为补充兵。[2] 中国义务兵役制就此开始。但战前兵役制度的实施范围因各省的治理情况受到各种局限，兵役法规定，"在地方自治未完成的区域，得就年龄合格自愿服兵役之男子募充之"，故形成实质上是以募兵制为主，征兵制为辅的格局。更重要的是，征兵制度在各省的推行程度要视各省主政者的治理能力及其与中央政府关系的情形而定。

1937 年 6 月 16 日，原属军政部军务司的兵役科，扩大为军政部兵役司，作为主管全国兵员征补的机构。中央役政机构开始成型。兵役司内设役务、征募、编练、补充科、国民兵科五个科，司长由原兵役科长朱为珍升任。

---

① 王国强：《抗战中的兵力动员》，见《抗战胜利四十周年论文集》（上），第 790 页，（台北）黎明文化出版公司 1986 年版。

② 王国强：《抗战中的兵力动员》，见《抗战胜利四十周年论文集》（上），第 790 页。

按照原计划，5年内必须将征兵制推行于全国，但因不到一年就开始了全面抗战，征兵制草创的诸省迅速受到战事波及，无法按原计划推行征兵制。由此可知，抗战全面爆发前，中国的现代兵役制度在全国尚未普遍建立起来，普通公民既没有受过起码的军事教育，也没有树立义务服兵役的观念，中国补充兵员和后备兵员严重短缺。征兵制度建立的迟缓以及实施中的弊端对抗战大局影响巨大。时人曾这样评说："列强先兵役而后战争，我国先战争而后兵役。"①

二、征兵制的实施与成效

全面抗战期间，中国军队抗击装备优良、训练有素的日军，伤亡巨大。从抗战爆发到南京失陷，损失官兵447114人。从南京失陷到徐州会战，损失官兵597090人。仅抗战第一年，兵员损失竟然多达1044204人。② 以淞沪会战为例。中国军队伤亡达25多万人左右，平均每天死伤官兵在2500人以上。老兵阵亡，用新兵补充，但部队战斗力急剧下降。国民政府军政部就曾表示："目下现役部队略已使用完尽，此后补充者多系新募，故战斗力益见低劣。"③ 特别是1938年10月武汉、广州沦陷后，中国军事指挥中枢迁移重庆，中国抗战转入最艰苦的阶段。那时全国增加至11个战区。战事中伤亡官兵人数激增，但随着沦陷省区愈来愈多，可以正常征兵的范围却愈来愈小，建立、实施与完善兵役制度变得迫在眉睫。募兵比较困难，因对日战争的伤亡远超内战时期，当兵危险性大增，加上战时经济陷入困境，士兵们的待遇已远不如战前，到了1938年后应募当兵者为数甚少。利用征兵制的办法招收新兵，成为迫在眉睫之事。尽管户政没有基础、教育很不普及、经济困窘落后，交通阻滞、风气未开，先天不足，后天失调，国民政府却迫不得已地去利用刚刚建立，还远未健全的兵役制度，以便完成抗战兵员征

---

① 引自万金裕《抗战八年四川人民在征兵服役上之贡献》，见《成都文史资料选辑》第11辑，82~83。
② 《抗战一年来国军官兵伤亡统计表》，《抗战第一、一年度军政部统计提要》，重庆图书馆藏。
③ 王桧林主编《中国现代史》（下），第497页，北京师范大学出版社1999年版。

补的艰巨任务。

图 18.1　1938 年武汉市的征兵宣传

在抗战前期，国民政府的兵员补充实际上是抽调、募兵和征兵并行，兵役管区和战区并行。1939 年兵役会议及该年 6 月施行的《修正兵役法施行暂行条例》重申征募并行原则，规定常备兵役分必任义务制与志愿制两种。从 1937 年 8 月至 12 月南京沦陷，国民政府从兵源较多的湘、鲁、豫、陕、川、甘等省招兵，经过两个月的募集，核准点验的志愿兵就达 10 万人，但是由于在志愿兵的募集中出现了不少弊端，1940 年兵役会议决定，从该年 4 月起停止招募志愿兵。从 1939 年起到 1940 年 9 月，《管区募集志愿兵办法》废止，一年半的时间内，国民政府共招募志愿兵团 79 个营，23 个连，10 个补充兵团，人数约 20 万。①

兵役制度因抗战爆发而备受各方重视，1939 年 2 月国民政府将兵役司扩编为署，以程泽润为署长。下设总务处、役政司、征补司、国民兵司。权力集中于设计兵役、制定法规和调拨兵源。役政实质性的操作层面在兵役管区。抗战八年间，兵役管区机构经历了由最初的师、团二级制变军、师、团三级制，再改成军、师二级制，最后回到军、师、团三级制。

---

① 役政月刊社编：《抗战八年来兵役行政工作总报告》，第 47 页。

1938 年，各省的兵役管区司令部及国民军事训练委员会合并改组为军管区司令部，全权处理兵役事宜，从此管区从师、团两级制转变为军、师、团管区三级制。按照《兵役法施行暂行条例》45 条规定，大后方主管和实施征（募）兵事务的机构主要是军政部及内政部，还有省政府、师管区（后各省多成立军管区）、团管区、县市政府、区、乡镇（联保）。其中，"军政部是全国兵役行政的总发令机关，兵役署是全国兵役总规划机关，军管区司令部是全省兵役总筹划总执行机关，师管区司令部是分区的承转指导机关，团管区司令部是直接指导督促的机关，团区以下，则国民兵团及其所属区队、乡（镇）队、保队、甲班等与夫常备队、自卫队、预备队等各级队之组织，为训练服役机关，县政府的军事科及区、乡（镇）公所为征集机关"。

1939 年后，军政试图改善兵员补充的乱局，按交通状况和人数比例，将各野战军与各团管区，结对配属，企望借此使每个军在固定管区内树立兵役基础，军队、管区、地方民众连成一片，达到推进役政、便利补充，达到"征补训合一"的目的。抗战之初严重战斗减员的军队，能得以迅速恢复规模，1939 年后，军队基本稳定在四五百万之众，应归因于征兵制度的实施。

由于 1933 年《兵役法》是在和平时期制订的，其规定过于宽松，缺乏强制性和约束力。更为困扰的是，中国尚未建立起完善的户籍制度，征兵时实难做到公平。于是，国民政府遂采取了一种特殊的方式征集壮丁作为兵员，这就是征额配赋制度。所谓征额配赋，就是由国民政府军政部按照《兵役法》的规定订定各年度的《征补兵员实施办法》，确定每年的征补兵额总数，然后再按照各省的人口数、现役及龄壮丁人数和交通状况等确定各省当年应征的兵额。各省按照应征兵额分三到四次征兵，完成规定的征兵任务。国民政府还于 1941 年简化了兵役机构，将原来的团管区一律撤销，全国合并成 15 个军管区和 109 个师管区，于是，军、师、团三级管区制又改为军、师二级管区制，

1941 年，国民政府军政部公布了《民国三十年度征补兵员办法》，规定 1941 年征补兵额总数为 200 万名，1942 年的征兵额也概定为 200 万名，征兵额数确定

后，然后再按照各省的人口数、现役及龄壮丁人数和交通状况确定了配赋给各省的兵额，各省每三个月征集一次，一年四次，完成征兵任务。1942 年底，国民政府公布了《战时征补兵员实施办法》，对征兵调查、检查、抽签、征集、新兵交接、宣传和优待出征军人家属等都做出了详细规定。1943、1944 年的前期征兵都是按照《战时征补兵员实施办法》执行的。

抗战战事的急迫使得政府用抽壮丁来征集新兵，国民政府所征召之壮丁主要来自西南及南方各省。壮丁是指国民政府为补充兵源而征募的 16 至 40 岁、体格健康的男青年。国民政府征兵制的征集对象就是合格壮丁，入伍士兵就是从这些壮丁中抽签选出的。抗战时期，征集的壮丁数量庞大。其中川、湘、豫三省，排在各省出兵额的前三位。四川居首，共征集壮丁 2751853 人。如将西康征送的 3 万余名及各特种部队暨军事机关、学校在川直接招募和出川各军在川自行招募各项数额并入计算，则达 300 万人。① 其次是湖南、河南，征集壮丁数都超过了 150 万。江西和广东征集壮丁数也多达 90 多万。上述 5 省共征集壮丁 700 多万，已占全国征集壮丁数的一半。②

因此，以上几家之言归纳起来，在 8 年抗战中，全国征兵总数为 1400 多万，四川就占五分之一强。战争期间四川省总人口不过 4000 多万，壮丁仅有 600 万左右。据不完全统计，川军阵亡 263991 人，伤 365269 人，失踪 26025 人，共 65 万余人。③

抗战期间，国民政府通过抽调、招募和征兵征集到 1400 万壮丁，补充给作战部队 1200 多万，征补兵员数量巨大，相当于抗战前国民政府军队兵员总数的 6～7 倍，而且至战争结束时作战部队的人数亦扩大到了 300 万。

---

① 四川省文史研究馆、四川省人民政府参事室编撰：《四川国民党史志》，第 237 页，四川人民出版社 1994 年版。

② 据何应钦《八年抗战之经过》（金文图书有限公司 1982 年版）附表十：《抗战期间各省历年实征壮丁人数统计表》统计。

③ 《抗日战争时期四川各地阵亡人数统计》，见四川省地方志编纂委员会编：《四川省志民政志》，第 157～158 页，四川人民出版社 1996 年版。

三、征兵制实施中的积弊

抗战时的征兵中的问题一直为人所诟病。本来征兵就困难重重，国民政府缺乏紧急应变的能力，以致征兵制度很快恶变。征兵制度规定的征募壮丁、抽壮丁和派壮丁异化为了"拉壮丁"。"拉壮丁"现象遍及于大后方各征兵省份，越到战争后期愈发突出。在此过程中，因为征兵的方法及管理之不健全，基层保甲长素质的欠缺，产生很多流弊，壮丁的折损率很高，造成了人力上的巨大浪费，影响军队战力和国民政府的声誉。抗战时期本应由人民承担杀敌报国光荣职责的征兵制度，演变成为民怨沸腾和农民暴动。为此 1939 年 5 月 10 日，白崇禧曾致电蒋介石说："保甲组织在抗战期间多未能尽领导发动民众之职能，反乘战事征工、征兵、募债等等机会，鱼肉民众，黑幕重重，徒增民众困苦，对政府之不满"。①1938 年 12 月 5 至 11 日，四川中江县发生连续七昼夜、波及 11 区 10 余乡场的农民暴动，农民打死自卫队壮丁、联保主任、保长眷属数十人，暴动民众被打死100 余人，双方伤者更多。事件亲历者承德芳在暴动情形报告中分析事变的起因有六个方面，其中三个方面与当时的征兵制度直接相关：即"征丁不公平，征贫免富，营私舞弊，勒索肥私"；"已征壮丁在营受到待遇太苦，衣不得暖，食不得饱，来信向家中诉苦，父母妻儿因而伤感者"；"优待出征壮丁之办法不见兑现"等等②。

重庆的《新华日报》、《大公报》经常批评征兵中的问题。1941 年 3 月国民参政会二届一次会议就兵役问题曾专门作出决议，要求政府废止"纳金缓役办法"。此后国民参政会两次大会就兵役问题质询，又曾连续通过近 10 件与征兵相关的决

---

① 《白崇禧关于安徽省保甲组织剥削和危害民众情形致蒋介石电（1939 - 05 - 10）》，见中国第二历史档案馆：《中华民国史档案资料汇编：第五辑第二编政治（一）》，江苏古籍出版社 1998 年版。

② 承德芳关于四川中江县农民暴动情形报告及四川资阳县农民因国民党役政苛虐进行暴动被镇压屠杀有关文件，见中国第二历史档案馆：《中华民国史档案资料汇编：第五辑第二编政治（一）》，江苏古籍出版社 1998 年版。

议案。① 1944 年，蒋介石目睹虐待新兵的事实，愤怒地用手杖敲击兵役署署长程泽润。程被撤职拘押，不久被枪决。

抗战时的征兵中，有几个问题值得关注：

其一，动员率并不高。根据近代人口学家之研究，中国及役年龄的男子（18~45 岁）约为全国人口比例的 18%~20%，即 5000 万至 5600 万。以八年抗战的总时间计算，壮丁的总数可达 7500 万以上。然而以国民政府征召的壮丁实数来计算，中国的"动员率"其实远远低于二次大战中的其他主要作战国家。中国的"动员率"只有 0.4%，而日本为 1.3%，英国为 1.4%，美国为 2.4%，苏联为 3%，德国为 3.8%。②

其二，兵员素质欠佳。一是兵员多为文盲和半文盲。1944 年底，兵役部长鹿钟麟巡查发现，"一百个壮丁中，想找一小学生都非常难"。二是新兵身体素质欠佳。当时国民身体素质普遍较差，为此，征兵条例不得不一再降低义务兵的体检标准。在身高方面，从 165 厘米降到 155 厘米，有时身高实在达不到要求，就再降低标准，只要身体健康，身高不达标也可以征集。1939 年，各师管区给军事委员会的报告中称，应征壮丁身体检查不合格者，约占五分之三。此后，情况越来越严重。

其三，壮丁征集过程中损耗惊人。国民政府虽征集兵员总数达 1400 万，但实际补充到各部队的只有 1200 多万，其余近 200 万或死伤，或逃亡。自抗战始至1944 年底，损耗的新兵包括潜逃、病故、开除的新兵达 1827799 人。③

其四，征兵之中失去公平。抗战初期，有关兵役法令规定，独子与身体畸形残废者可获免役，公职人员、士绅子弟、大中学生及产业工人可依法缓役。因此，一批受过教育的青壮年男子排除在征召行列之外，征召的多为城镇平民和乡村农人。其中大部分为为未受正规教育的文盲或半文盲，掌握和使用现代化武器

---

① 国民参政会史料编纂委员会编：《国民参政会史料》，第 243 页、第 282~283 页、第 329~330 页，台湾兴台印刷，1962 年版。

② 徐乃力：《抗战时期国军兵员的补充与素质的变化》。

③ 许高阳：《国防年鉴》，第 35~38 页。

有相当难度。蒋介石说道："在军队方面得不到知识青年的参加，因之战斗力亦无形减低，这是我们国家与军队最大的弱点。"①

1938 年 2 月 1 日，国民政府教育部颁布纲领，鼓励 18 岁以上的学生参加战时前后方服务，由专门机构进行预备训练，原学校保留其学籍。这是战时第一次正式鼓励青年学生应召入伍或参与后方服务。该年 3 月，国民党临时全国大会为推进兵役，通过《为达成长期抗战之目的，必须一致努力推行兵役制度案》，首倡公务员与党员应劝勉子弟服任兵役。1939 年 1 月，国民党五届五中全会通过《党政军各级人员应率先遣送应服兵役之子弟入营服役，以资倡导而利抗战案》，要求所有党政军人员遣送适龄子弟服役，为民表率。

1943 年 3 月，国民政府公布《修正兵役法》6 章 32 条，对 1933 年公布的第一个兵役法进行了较大的修改和补充，其中特别取消了对初高中学生的缓免役规定。11 月，四川军管区参谋长徐思平赴三台县东北大学，发表演说，令数千名大中学生深受触动，志愿投笔从戎，几天内编成一个团，成为知识青年志愿从军运动的真正发端。12 月，军政部兵役署颁布《学生志愿服役办法》，规定中等学校以上的学生志愿服役，其年龄应达到 18 岁以上，通令各军师管区实施。1944 年 9 月，国民政府推动"十万知识青年从军"活动，提出"一寸山河一寸血，十万青年十万军"。通过了知识青年从军方案：凡年满 18 ~ 35 岁，受过中等以上教育，身体健康的青年为应征对象；服役年限为两年，另外颁布了对知识青年从军的许多特殊优待条例，如对在职人员停职留薪；学生保留学籍；从军青年家属受优待等。一时间形成知识青年从军热潮。为此，国民政府成立知识青年从军指导委员会以及青年训练总监部，负责应征入伍青年的提前训练。学生入伍后，为便于编训，还成立了教导团（营）进行初步军事训练。先后在重庆、曲江、西安等地成立 7 团 3 营，总人数为 61042 人。② 从 1944 年 9 月动员后的仅一年多的时间里，

---

① 蒋介石：《对从军学生训话》（1944 年 1 月 10 日），见张其昀主编《先总统蒋公全集》第 2 册，台北中国文化大学出版部 1984 年 4 月版。
② 中国第二历史档案馆馆藏档案，775 宗 426 卷。

陆续征集入伍的知识青年近十万。他们用所学的专业知识，担任翻译、军需管理、航空、通信技术等职，为抗日战争的最后胜利作出了贡献。

其五，不能让出征军人家属的优待真正得以落实。对军人家属的优待，各地方法标准不一，优待谷和优待金的多少要看各地办理机构的态度来决定，这种情形下，许多征属往往难以得到优待。据国民参政会川康建设视察团 1939 年视察报告，四川有的地方只给征属象征性的发"两个粽子和一个盐蛋，以后就一直无人问津"。① 1940 年 3 月 26 日，军政部长何应钦在兵役会议闭幕训词中曾列举了有关优待出征军人家属方面的八个缺点："一、各地办理优待机关，多未确实组织成立，已成立的又多不能实实在在去办理优待。二、各地办理优待的基金，多限于临时捐募，未能筹定款。三、代耕队和义务帮工队，原为最易办而最切要的，但多未能收到实效。四、对于出征军人家属，未能确实调查，以至无法实施优待。五、优待方法，没有确实宣布给人民知道。六、出征军人家属未为社会尊重。七、优待事务的实施，未能按照办理成绩，分别考核奖惩。八、常有依势欺负出征军人家属，各地未能确实予以保障。"② 迟至 1942 年 12 月，国民政府才公布施行《战时征补兵员实施办法》，对征兵调查办法、抽签办法、检查办法、征集办法、兵员补充办法、新兵交接办法、征兵宣传办法、优待军人家属办法等做出较为详细全面的规定。

除上述问题外，征兵过程中还发生捆绑、虐待壮丁、行贿受贿、徇私舞弊等现象。导致如此困局的原因众多，比如中央政令不能通达各省基层，户籍制度不完善，役政经费及承办人员训练明显不足等。中央役政机构的权力比较凌空，真正掌握兵役行政的人还是在基层。

正如军政部在给各军管区的通告中所说，征兵就成为"各管区向县府索兵，县府则责之各区乡长，各区乡长则上下其手，藉兹渔利。富者输金可免，或贿买

---

① 《国民参政会川康视察团报告书》，见《近代史料丛刊》第 61 辑，第 89 页，文海出版社 1983 年第 1 版。

② 何应钦：《今后役政应改革之点》。

乞丐无赖代役，故所征皆愚鲁懦弱之辈，征时既未抽签，惟派遣持枪兵登门拘捕，乡民愤恨，无可如何。区乡长以能如数缴县府为责，县府以能如数送之管区为了事，管区以能点交部队为其任务完成，至其所征之兵，素质如何，能否堪任战斗，能否英勇作战，均非彼等所置念"。①

基层乡镇保甲是战时征兵的主要执行者，"拉壮丁"是必须完成征兵任务的无奈之举，也可以乘机寻求私利，产生舞弊行为。各级接兵部队负责壮丁的验收、接送，接兵官长借以营私，得以渔利，与权力的寻租相关联。结果导致役政上的恶性循环，被征壮丁所受的种种苛待伤害了壮丁从军热情，兵源的匮乏使得中央兵役机关对基层征兵施加压力，而基层保甲便更加致力于拉壮丁。《兵役法》对义务兵的服役年限虽有规定，但抗战八年，士兵不是超期服役就是受伤阵亡，只见入伍不见退伍。如上种种因素致使一些民间适龄壮丁视当兵为畏途，想方设法避免应征。其方式主要有：适龄壮丁通过金钱或人际关系到政府机关寻求一个较为可靠的职务，有的甚至是空挂其名，实际并不在岗；或向有关机关购买介法证明以逃避服役；取得独子身份以避役；自残身体以避役等。

1943 年 2 月国民政府公布《战时征兵竞赛成绩考核奖惩办法》，将兵役行政（征兵、优抚等）的考绩，列为四川各级机关各项政绩之首，甚至占到县（市）长行政考核评分的 90%。② 四川省政府拨出巨款作为安抚壮丁家属及优待军属之用，总数达到 1 亿美元，约相当于 1945 年该省财政预算的五分之三。

1944 年 11 月，国民政府召开全国兵役会议，其最主要议题就是役政改革。11 月 15 日，兵役署撤消，兵役部于次日正式成立，和军政部并立，隶属行政院。1945 年 10 月又改为兵役署，复归军政部，负责统筹全国役政。为改善役政，国民政府修改了兵役法及有关条令条例，将壮丁的征集改为一年一次，同时改善新兵的待遇，以提高役政的效率，减少民众的恐惧心理。

---

① 林振墉：《兵役制度概论》，第 244～245 页，正中书局 1940 年版。
② 万金裕：《抗战八年四川人民在征兵服役上之贡献》，见四川省政协文史资料委员会编《四川省文史资料集粹》第二卷，政治军事编，第 347 页，四川人民出版社 1996 年版。

抗战中，征兵制度为各方诟病，甚至成为国民参政会历年质询的话题，蒋介石曾为发现壮丁遭到虐待而勃然大怒，以致用手杖痛击兵役署长程泽润。不过，据实而论，征兵中产生的大量问题，绝非该署长一人罪，而是实行征兵制的基本条件明显还没有具备。

坚持抗战的最沉重的责任是由中国普通士兵承受的。数千万目不识丁的壮丁被迫离乡背井，为国效力，除了敌人的炮火威胁生命，艰苦的军中生活、长官的漠视、疾病、营养不良等随时影响他们的健康，乃至危及生命。战时国军士兵因大部分未受过教育，远不具备与大规模机械化战争相适应的技能和智能，到了抗战后期，甚至连较为原始的冷兵器战争、火器化战争所要求的体能也无从保障。漫长的战争依靠这样的军人坚持到最后，堪称 20 世纪的奇迹。

第 19 章
中外关系的曲折发展

一、中美关系的缓慢发展

以蒋介石为首的中国政府重视争取国际的同情与支持,《抗战建国纲领》中"外交政策"篇,居于军事、政治、经济诸项之前。该纲领中称,要"联合一切反对日本帝国主义侵略之势力,制止日本侵略,树立并保障东亚之永久和平。对于世界各国现存之友谊,当益求增进,以扩大对我之同情"。① 随着抗日战争进入相持阶段,中国政府面临种种困难,争取外援更成了渡过难关、支撑局面的重要措施。

中国政府争取的主要对象是美国。日本独占中国的侵略战争,侵害了美国在华利益;日本所奉行的法西斯主义也和美国信奉的政治理念格格不入。然而美国在中国抗战之初却表现出一种软弱的妥协立场,原因在于美国国内"孤立主义"

---

① 《国民党历次大会资料》,第 485 页,光明日报出版社出版。

情绪浓厚，害怕得罪日本而卷入战争，当局者一面希望中国坚持抗战，一面又企图牺牲中国保全其在华利益。故美国政府在对华援助问题上摇摆不定。对中国一再伸出的求援之手，反应冷漠。

1938 年 1 月，蒋介石自汉口致信美国总统富兰克林·罗斯福，请求援助，内称"中国鉴于中美间之非常友谊在此并力奋斗国家存亡一发千钧之时，其所希望美国之援助，尤属势所必然"，"吾人急迫之愿望，则美国即于此时在经济及物质上予中国以援助，助俾得继续抵抗"。① 但美方并无确实回应。

为争取美国各界的广泛同情，国民政府于 1938 年底派遣在美国颇有些影响而没有外交经验的学者胡适为新的驻美大使，同时加派上海商业储蓄银行总经理陈光甫专程赴美求援。蒋介石在给罗斯福总统的电报中说，如果美国能予中国相当数量的贷款，则中国"抵抗日方之攻击亦必获有更大之实力与效果"。② 胡适等到任后，奔走于美国政府各要人之间，参加各类演讲会，陈述中国独自支撑抗日战争之艰辛，诉说美国对于中国抗战之至关重要。

日本扩大侵华战争，美国在华利益受损的程度加深，美日矛盾也随之激化。据美国驻日本大使格鲁（Joseph C. Grew）统计，自抗战开始至 1939 年底，共发生日本侵犯美国在华利益事件 382 起，平均不到三天便有一次。③ 日本政府在 1938 年 11 月发表声明，要以其独占中国的"东亚新秩序"代替各国在华利益均沾的"门户开放"，此事深深地刺激了美国。胡适等人的求援工作有了结果。次年 2 月 8 日，中美双方签订了《桐油贷款协定》，规定美方给予中方 2500 万美元的商业贷款，以购买美国商品，中方则以桐油运往美国来偿还本息。此为七七事变后美国给中国的第一次实际援助。因怕引起日本的反弹，这笔贷款不是由美国政府出面，而是以美国的进出口银行和中国的世界贸易公司的名义协议签订的。协定中还规定中方不得以此款购买美国飞机、汽油等重要战略物资。

---

① 《蒋介石致罗斯福信》（1938 年 1 月日），见《战时外交（一）》，第 79 页。
② 吴相湘：《第二次中日战争史》（上），第 706 页。
③ Joseph C. Grew：《Ten Years in Japan》，第 307 页，转引自吴东之：《中国外交史（中华民国时期 1911～1949)》，第 456 页。

1939 年下半年后，远东和世界形势均有较大变化。欧战爆发后，英国深受困扰，其在远东的地位大跌，而美国则有意乘机强化在远东的作用。就在英日《有田—克莱琪协定》公布后 3 天，美国宣布半年后即将废除 1911 年签订的《美日商约》。这对英国和日本都有一定程度的打击。1940 年，重庆国民政府财政日益短绌，法币难以维持。胡适数次求见罗斯福总统，恳请再次予以中国贷款。3 月底，汪精卫伪政权建立。美国为使中国能坚持抗战，于 3 月 30 日发表了不承认汪伪政权的声明，并决定再次向中国贷款。4 月 20 日，中美《华锡借款合约》成立，合约规定美方贷给中方 2000 万美元，中方则以滇锡为抵押。

1940 年 9 月，德意日同盟成立后，美英等国对日本的态度趋向强硬。罗斯福总统在 10 月 12 日声明："美国援助被侵略者，无意屈从于胁迫、威吓而走向独裁者们所开示的道路。"[①] 随后，蒋介石在重庆两次约见美国大使詹森（Nelson Trusler Johnoson），表达中国希望与美英合作的意愿，除了阐述合作的若干原则外，蒋介石特别提出了三国合作的四个项目：贷款 2 亿至 3 亿美元给中国；美国海军每年售给中国战斗机 500 至 1000 架，1940 年内先交付给中方 200 至 300 架；英美派遣军事、经济等代表团来华，组成合作机关，其成员由中国政府聘为顾问；一旦英美与日本开战，中国陆军全部参战，联军可以使用中国空军的所有场所。[②]由此可见，蒋介石强调与英美合作的目的，主要是想获得两国的军事、经济援助。6 月，中国政府又加派宋子文为全权代表，携同美籍财政顾问杨格赴美，争取更多的援助。

美国虽拒绝了蒋介石的合作要求，但其援华的步骤明显加快。德意日三国同盟成立前后，美国决定再借款 2500 万美元给中国，以缓中方外汇之急需。这笔贷款的谈判十分顺利。10 月 22 日，规定中方以钨砂为抵押的中美《钨砂借款合约》签字。之后，宋子文又向美方提出，中国至少需要 2 亿至 3 亿美元的外汇支持（美方要立即支付 1 亿美元），少于此数则无济于事。詹森大使也向白宫报告，如

---

① 《蒋总统秘录》第 12 册，第 60 页。
② 《蒋总统秘录》第 12 册，第 64 页。

果没有大宗外汇的支持，重庆政权就会垮台。① 11 月 30 日，日本与汪伪政权签订日汪基本条约之日，美国宣布将继续承认重庆国民政府，并予中国以 1 亿美元的贷款。这笔贷款分别由 1941 年 2 月的中美《金属借款合约》和 4 月的《平准基金协定》完成。此为抗战以来中国获得的最大一笔贷款。美方告诉中方代表，美国尚未参战，借 1 亿美元巨款已经是尽其全力了，"美国政府深盼此款于中国抗战前途有所补助"。② 蒋介石得知消息，即致电罗斯福总统衷心感谢，内称："当此日本承认伪组织与日伪签订条约，正在敝国危急之秋，幸蒙贵大总统适于此时宣布贷与我国以币制与信用之巨款，所以增强敝国对侵略者抗战力量，提高我军民自信心理与安定社会经济基础者裨益实无限量。"③

中美关系从此走上了日渐热络之路。1941 年 2 月，由驻美代表宋子文出面，邀请罗斯福总统的行政助理居里（Lauchin Currie）来华考察中国经济状况，研讨美援的运用。居里一行抵达重庆后，蒋介石奉若上宾，多次与他会谈，内容涉及中国的经济、政治、军事等多方面。蒋介石把招待居里当作向罗斯福示好，争取更多援助的机会。居里在渝期间，为全面了解中国政治，还提出与中共代表周恩来会晤的要求，获蒋介石同意。④

居里在华考察 3 周，深为中国人民在物资奇缺的条件下坚持抗战的卓绝精神所感动，对蒋介石也颇具好感。离华前，他以《观感与刍议》为题给蒋介石留言，提出一份内容广泛的建议，返美后曾数度发表演讲，主张美国应大力支持中国人民的抗日战争。蒋介石托居里给罗斯福夫妇带去一份厚礼，罗斯福酷爱集邮，礼品中包括收有民国以来发行邮票的邮册。⑤

5 月，罗斯福宣布，鉴于中国的防务对美国国防至关重要，《租借法案》将正

① 《美国十字军在中国》，第 38 页。
② 《宋子文胡适致蒋介石电》（1940 年 12 月 5 日），见《中国外交史（中华民国时期 1911 ~ 1949）》，第 483 页。
③ 《蒋介石致罗斯福电》（1940 年 12 月 1 日），见《战时外交（一）》，第 286 页。
④ 《蒋介石居里谈话记录》（1941 年 2 月 15 日），见《战时外交（一）》，第 552 页。
⑤ 《罗斯福致蒋介石函》（1941 年 4 月 9 日），见《战时外交（一）》，第 607 页。

式适用于中国。这是美国援华一个最重要的步骤，中美军事合作迈出了第一步，中国由此公开获得了美国的军事援助，也可在美自由购买军火。1941 年内中国在《租借法案》的名义下获得了美国拨给的 2600 万美元的物资。同时，中国也在美成立了专门负责采购军火的中国自卫供给公司。①

居里离重庆时，蒋介石曾托其转请罗斯福总统代为物色才识优秀而又深得罗本人信任的人来华担任他的私人政治顾问，借以密切中美关系。5 月，罗斯福推荐霍普金斯大学国际政治学院的拉铁摩尔（Owen Latimore），但说明拉铁摩尔只能以私人资格出任，不具政府官员身份。② 蒋介石愿意接受。7 月。拉铁摩尔来华履任。

总之，到太平洋战争爆发前夕，中美之间已经建立了较为密切的关系，经过一段徘徊后，美国援华的态度从犹豫走向积极。

二、封锁滇缅路前后的中英关系

国民政府对英国出面阻止日本侵略寄予厚望，因为英国是战前在华拥有最大利益的国家。然而，大英帝国因其国力日渐衰微而在处理国际事务中的作用不断下降，为维持自身利益，英国采取了妥协姑息的政策。在欧洲，英国与希特勒德国签订了《慕尼黑协定》；在亚洲，英国惟恐以强硬措施反对日本的侵略会招致其在远东利益受损，因而拒绝对日本实行制裁和禁运，对中国政府的经济、军事援助请求，则推三挡四，拖延敷衍。英国驻华武官戴尼斯（L. E. Dennys）曾直言不讳地告诉中国官员，英国在远东的基本国策就是要"避免与日本发生战争"。③

日军侵占中国东部沿海大城市后，英国与日本的矛盾激化，其焦点主要集中在中国海关收入和英国在华租界两大问题上。英国在其利益受到极大伤害的情况

---

① 吴东之：《中国外交史（中华民国时期 1911~1949）》，第 484 页。
② 《居里致蒋介石电》，见《战时外交（一）》，第 725 页。
③ 《商震等与戴尼斯谈话记录》（1941 年 7 月 24 日），见《战时外交（二）》，第 164 页。

下，虽有所抗争，但最终却不脱以退让妥协平息事端的结局。关于海关问题，英日两国达成协议，规定日本占领区内各海关所征得的一切关税，以税务司（英国人梅乐和）的名义存入日本正金银行；关税收入首先要用于偿还中国政府以关税为担保的各种借款和赔款；中国自抗战后停止付给日本的庚子赔款，应立即拨付，以后按期照付。[①] 关于租界问题，在日本封锁英租界的威逼之下，被迫将在天津英租界的 4 名中国抗日志士引渡给日本卵翼下的伪政权。

英国张伯伦政府在处理上述两项事关中国主权的重大问题时，完全无视中国政府的一再反对，违反了国际关系准则，是其企图在远东推行"慕尼黑政策"的明证。

英日交涉的中心在东京，英国驻日大使克莱琪（Robert Craigie）是对日妥协政策的执行者。他对于驻华大使卡尔（Orchibald Clark Kerr）向伦敦所提有关促进中英合作的建议"必加反对，破坏之不遗余力"。[②] 1939 年 7 月，克莱琪与日本外相有田八郎举行谈判，达成了《有田—克莱琪协定》，协定内容为："英国政府完全承认日本军队正在中国进行大规模战斗之现实事态，且认识在此状态继续存在情况下，在华日军为确保其自身之安全与维持其占领地区之治安，具有特殊之要求，并有必要排除妨碍日军或有利于其敌人一切行为及原因。在日军达成上述目的时，英国政府无意对之施加任何干扰行为或措施，并向在华英国官员及侨民明确指出，在此时机对此种行为及措施应加以控制，以确认上述政策。"[③] 尽管英国政府同时宣布它将不改变对华政策，但《有田—克莱琪协定》承认日本侵华局面为合法，违反了国联历次决议，出卖了中国利益。对此，蒋介石专门致电英国《新闻纪事报》发表感想，以争取英国舆论的同情。他首先声明："任何协定如不得到中国政府之承诺，无论在法律上、在事实上均丝毫也不能生效。"蒋介石针对英国普遍存在的以妥协换苟安的幻想指出："英国欲为保护其在中国利益，即

---

① 吴东之：《中国外交史（中华民国时期 1911～1949）》，第 462 页。

② 《蒋介石卡尔谈话纪录》（1940 年 11 月 18 日），见《战时外交（二）》，第 54 页。

③ 日本防卫厅战史室编纂：《日本军国主义侵华资料长编——（大本营陆军部）摘译》（上），第 487 页。

使欲作暂时的让步，亦无异于以血肉喂猛虎。即使英国想以百年来在华所有整个权益，悉数让与日本，日本军阀亦断断不能停止其侵略的行动。"他因此希望英国取明智态度，"立即停止与日本之谈判"。①

尽管英国常常无视中国的权益与要求，中方对争取英国的支持与结盟却抱有热诚。欧洲战争爆发后，蒋介石即让中国驻英大使郭泰祺向英政府转达同情，表示中国"愿在军事之外，以人力与物力协助一切之方式出之"。② 两天后，郭泰祺将此意告诉英国外交副大臣贾德干（Alexander Cadogan），贾德干仅轻描淡写地说："中国参战与否，于英国对远东之既定政策，及远东目前形势，均无何不同。"③

同时，日本也不以英国的有限让步为满足，它利用欧战爆发后英国更无力东顾，急于想通过妥协来保护在华利益的心理，向英国提出了封锁滇缅路的要求。

当时越南和缅甸分别为法国和英国的海外殖民地。日本军队在1939年11月攻占河内，强迫已向德国投降的法国贝当政府的驻印度支那长官切断滇越铁路，拆毁路轨，并陆续封闭了由越南通往中国的各条公路，扣留了大批原来要运往中国的物资。这样，由云南昆明通往缅甸腊戍的滇缅公路成了中国从南方与外国联系的唯一交通要道。滇缅公路沿途地形复杂，路况较差，原本运量不大，到1940年也仅每月4000吨。但在中越交通线被封后，其地位日显重要。日本为逼迫中国政府屈服，必欲切断这条交通线而后快。1940年6月24日，日本外务次官谷正之向英国驻日大使克莱琪正式提出，禁止通过滇缅路向重庆政府运送军火、汽油、卡车等可能增加其抗战能力的物资，即要求英国从缅甸一方切断滇缅路交通。为达目的，日本以对英宣战及攻击香港为恫吓。④

中国政府得讯，利用一切办法规劝英方拒绝日方要求，英国方面则对中方敷衍。7月1日，郭泰祺大使访问英外交部，重申"缅运与我抗战及英自身利害关

---

① 《蒋介石致新闻纪事报电》（1939年7月28日），见《战时外交（二）》第102页。
② 《蒋介石致郭泰祺电》（1939年9月12日），见《战时外交（二）》第32页。
③ 《郭泰祺致蒋介石电》（1939年9月14日），见《战时外交（二）》第33页。
④ 吴东之：《中国外交史（中华民国时期1911～1949）》，第468页。

系之重大，在道义及现实政治各方面而论，万不可不维持"。英国官员不正面作答，只空泛地说，英国"不致卖中国而自毁立场……当坚持原则与日本周旋"。① 7 月 8 日，郭泰祺再访英外交部，英方的含糊态度使郭产生了错觉。他在发回重庆的电报判断为："英方真意在延宕，当无意接受敌人（即日本）要求，但亦不肯断然拒绝。"②

然而，英国方面却于 7 月 16 日正式宣布，同意关闭滇缅路 3 个月，其间禁止由缅甸边境向中国运送军械、弹药、汽油、载重汽车及铁路材料。同时，也禁止自香港向大陆运输上列物资。③

英国屈从日本压力，关闭滇缅路，对中国抗战进程有相当的影响。它不仅阻断了中国西南唯一的陆路国际通道，使抗战急需的物资只能靠运力极差的空运来完成，而且具有很强的政治意义。切断滇缅路之时，恰逢日军攻占宜昌并猛烈轰炸重庆，以及日本积极进行诱降蒋介石的"桐工作"，几种因素形成合力，使重庆的部分人抗战决心有所动摇。美国驻重庆的记者写道："中国人中关于对日和平问题的议论急剧上升，一般认为战争将在六个月内结束，政府将还都南京。"④ 因此，中国外交部发表声明，指责英国接受日本的无理要求，无异于帮助中国的敌人。蒋介石也公开发表谈话指出，滇缅路的封锁并不能压迫中国向日本屈服。他说："如果英国视为停止滇缅路可以缩短远东战争者，余复断言：其结果必更助长远东之战祸……"⑤

1940 年 9 月，德意日三国同盟成立，英日实际上成为敌对国家，英国的对日态度受美国影响而趋向强硬，中英关系也有好转。中方一直为争取重开滇缅路而努力，蒋介石在致英国首相丘吉尔的电报中请求："为贵我两方利益计，从速恢

---

① 《郭泰祺致外交部电》（1940 年 7 月 1 日），见《战时外交（二）》，第 113 页。
② 《郭泰祺致外交部电》（1940 年 7 月 8 日），见《战时外交（二）》，第 114 页。
③ 吴东之：《中国外交史（中华民国时期 1911～1949）》，第 469 页。
④ 日本防卫厅战史室编纂：《日本军国主义侵华资料长编——（大本营陆军部）摘译》（上），第 540 页。
⑤ 《蒋总统秘录》第 12 册，第 44 页。

复缅甸运输路线。"① 10月3日，驻英大使郭泰祺正式向丘吉尔提出重开滇缅路的请求，并希望能改善滇缅公路的运输条件、扩大运量，着手筹备修筑滇缅铁路。丘吉尔同意重开滇缅公路，也愿协商中方的其他要求。10月17日，滇缅路重新开放。为加强管理、提高运量，英方建议成立中缅混合委员会，管理滇缅路的一切运输。在中英美三方共同努力之下，滇缅路的路况大有好转，运量成倍增加，1941年元月运量为4000吨，至11月增为15000吨。所运入的物资虽难以满足抗战之需，然亦可稍解燃眉之急，对抗日军民的人心士气有激励作用。中英双方还曾开始滇缅铁路的筹建工作，后因日军侵占缅甸，整个计划遂告中止。

重开滇缅路后，中英间联系趋向密切。1940年10月至1941年5月间，蒋介石与英国驻华大使卡尔等举行了12次以上的会谈，详细讨论两国军事合作事宜，恳请英国予以经济、军事援助。多次讨论，加深了互相了解，可实际成果却相当有限。在军事合作及军援方面，英国同意派现役的戴尼斯少将来华，"名义上为使馆陆军参赞，实则与贵国（中国）参谋本部取得密切联络"，研究双方军事合作的"妥善方法"。② 戴尼斯抵重庆后，蒋介石和军事委员会办公厅主任商震等多次与之会谈，协商军事合作具体方案，中方所提的要求包括军火援助、转售飞机、派遣空军志愿队来华、英国驻新加坡和马来亚的空军直接支援中国战场、两国共同防御云南和新加坡等；英方则热衷于要求中国战场全面反攻，使日军无力南侵，为此英方愿派军官来华帮助训练15支游击队，扰乱日军后方。1941年6月英国同意将美国所售144架Vultee（伏尔特）型飞机转售给中国。③ 对中国方面的其他要求，英方要么以英日尚未开战，要么以英国也已深陷战争，人物皆乏为由，予以婉拒。双方争执最久的是关于军事合作正式实施的时间。中方希望军事合作应以日本攻击云南或新加坡为起点，理由是"如果昆明被敌占领，则中英合作路线必被截断，再无合作可言"。如英空军协防云南，则日军无力再攻新加

---

① 《蒋介石致丘吉尔电》（1940年7月20日），见《战时外交（二）》，第116页。
② 《蒋介石与卡尔谈话记录》（1940年12月12日），见《战时外交（二）》，第59页。
③ 《卡尔致蒋介石函》（1941年6月10日），见《战时外交（二）》，第158页。

坡，"而远东之英属（地）乃安全确保矣"。① 戴尼斯则受其政府训令，坚持合作只能在英日宣战（即日军进攻新加坡之后）才能开始，日军若在此之前攻云南，英国必采取避战态度，"仍守中立"。② 由于未形成共识，致多次协商并没有对后来战局的发展产生影响，太平洋战争爆发后，日军很快就攻占了香港、缅甸及马来亚。

在经济援助方面，抗战开始后法币贬值，已无法维持与英镑的原汇率，英国政府基于与法币的特殊关系，曾一度表示愿资助中国维持法币。1939 年 3 月，英国分别向中国贷款 50 万镑和 500 万镑，前者用于购卡车，后者作为维持法币汇率的平准基金贷款。但因当时国民政府外汇储备已近枯竭，财政陷入危机，500 万镑只是杯水车薪，无济于事。结果，汇率仍是暴跌。蒋介石再向英国要求 1000 万至 1500 万镑的外汇基金贷款，无奈英国已陷入欧洲战争，财政上无力资助中国，遂拒绝。1940 年 12 月，美国宣布给中方 1 亿美元贷款，英国表示愿再贷给中国1000 万镑，一半为法币平准基金，一半为信用贷款。蒋介石希望英方将数额增至和美国相等的 2000 万镑，并强调若不能达到此数，不仅中国军民心理上对英国失望，且于"抗战之影响无益也"。③ 英方则说，英国财力原就无法比美国，又饱受战争摧残，自己尚在向美国"乞怜"，凑足 1000 万磅已属不易，万难再增。蒋介石又提出，谅解英方难处，只需英方宣布贷款数，表面上把钱划归中国即可，并非要求立即兑现，甚至"实物之有无与迟早犹在其次也"。④ 为争取英国增加贷款数，蒋介石在重庆、宋子文在美国、郭泰祺在伦敦进行了广泛的活动，均无结果。蒋介石大为不满，甚至向卡尔说，若只借 1000 万镑，则不如不借，"务请不予发表"。⑤ 英国政府不为所动，12 月 10 日正式宣布向中国贷款 1000 万镑。

太平洋战争前的中英关系中，中国对英国的期望过高，而英国因自身困境，

---

① 《蒋介石致郭泰祺电》（1941 年 3 月 25 日），见《战时外交（二）》，第 151 页。
② 《蒋介石与戴尼斯谈话纪录》（1941 年 4 月 14 日），见《战时外交（二）》，第 155 页。
③ 《蒋介石致郭泰祺电》（1940 年 12 月 10 日），见《战时外交（二）》，第 231 页。
④ 《蒋介石致郭泰祺电》（1940 年 12 月 10 日），见《战时外交（二）》，第 231 页。
⑤ 《蒋介石与卡尔谈话纪录》（1940 年 12 月 9 日），见《战时外交（二）》，第 227 页。

不仅未能满足中国的要求，反而做了有损中国抗战的事，给中国人民的抗战事业增加了困难。欧洲战争爆发后，英国希望中国能在远东抗击日军，以缓其压力，中英关系遂渐趋密切，但英国对华的实际援助仍相当有限。

三、欧洲战局对中国战场的影响

中国独自苦撑抗战两年多之后，希特勒统治下的法西斯德国于 1939 年 9 月 1 日悍然入侵波兰，英国、法国向德国宣战，欧洲战争爆发。世界局势开始向有利于中国的方向发展。蒋介石判断，如果欧洲战事延长，日本必不甘寂寞，会乘机南下，"占领英、法在远东之属地与权益，据为己有"。因此，中国的抗日战争和英国在远东的利益关系更加密切，中国战场事实上已与欧洲战场联成了一片。蒋介石对于欧战爆发后英国对远东问题的立场十分关心。他向英国政府探询："英、法以后对远东与对华、对日之政策，能否固守国联盟约会员国之立场？对于国联所有对华之决议，能否始终履行？并将来英、法与中国对日侵犯英、法在亚洲之一切利益时，英、法希望与中国如何互助合作？"他还明确表示，中国现在即愿意用军事以外的任何办法来帮助身陷欧洲战争的英法两国。[①] 希望以欧战发生作为中英合作的契机。

欧洲战争爆发后，中国对抗战的目标也有修正。蒋介石在当年 11 月召开的国民党五届六中全会上说，从前中国的抗战要求是恢复七七事变以前的原状，现在欧洲战争爆发，中国战场已成为整个世界战争的组成部分，所追求的目标已变成要和整个世界问题同时解决，中国战场"一定坚持到与世界战争同时结束，才是真正的解决"。[②]

蒋介石关于日本会乘机南侵的判断没错，但对英国反应的预期则过于乐观。事实是，英国为应付欧洲战争，急于避免在远东与日本发生冲突，采取了比以前

---

① 《蒋介石致郭泰祺电》（1939 年 9 月 12 日），见《战时外交（二）》，第 32 页。
② 《抗日御侮》第 2 卷，第 277 页。

更软弱的绥靖政策，不仅拒绝了中国支援欧洲战场的善意，而且在日本压力下还封锁了滇缅路，增加了中国抗战的困难。

1939 年 9 月，德、意、日三个法西斯国家结成同盟，世界政治格局再次大变。侵略者的结盟促进了反侵略阵营的团结。由于日本与德国结盟，它已成为美英两国的敌对国家，英国首相丘吉尔指出："任何跟着希特勒走的个人或国家，都是我们的敌人。"① 英美加深了对中国战场重要性的认识，对日本的态度趋向强硬并开始采取切实措施支援中国。在中国方面，虽然德意日结盟使中国增加了德、意两个强大的敌对国家，可德、意由于各自的处境，投入中国战场帮助日本的可能性微乎其微，而日本为配合其盟国的战略，无论是北上进攻苏联，还是南下开辟太平洋战场，都势必要从中国抽调兵力，如此，将大大缓解中国战场的压力。而英美为使中国拖住日本军队，必然会对中国政府长期的军事、经济援助要求做出回应。综合以上各点，蒋介石在其日记中不无欣喜地写道，三国同盟的建立，"在抗战与国际形势上于我实求之不得者，抗战必胜之定矣"。②

三国同盟的成立，确为中国抗战外交好转的关键。此后，美英两国对中国的支援大幅增加（当然，距中方实际需要相差仍远），英国重开了滇缅路，美英为反对日本与汪伪政权所订"基本条约"，于 1940 年 12 月，分别宣布贷款 1 亿美元和 1000 万英镑。中国收到了抗战以来最大的一笔经济援助。中美、中英关系朝密切的方向发展。

另一个与中国抗战有密切关系的国家是苏联。苏联政府对中国抗战是积极支持的，在中国向英美求助无门的最困难时期提供过军事、经济援助。这一方面是由于其执行和平外交路线，反对侵略战争；另一方面也是出于自身的战略考虑，苏联自知是日本、德国战略上的假想敌，终有一天会遭到攻击。苏联领导人斯大林最担心的是，一旦战争开始后，会受德、日两强从东西两面的夹击。所以他希望通过支持中国的抗日行动，使日本深陷在中国，无力北上进攻苏联。斯大林认

---

① 蒋孟引主编：《英国史》，755 页，中国社会科学出版社 1988 年 1 月版。
② 《蒋总统秘录》第 12 册，第 52 页。

为，只有苏联等国大力支援，"蒋介石即使不能打退日本的侵略，也能长期拖住它"。① 也许正是因为这一点，无论是当时还是以后都有人说苏联予以中国援助"是为了苏联的利益才借中国人的手打日本"。②

苏联虽与德国签订了互不侵犯条约，但对于战争的准备仍在加紧进行。1939年 6 月间，中苏双方签订了苏联向中国贷款 1.5 亿美元的协定，并订立了《中苏通商条约》。欧洲战争爆发后，苏联对中国的接济没有减少，"且较前益加增进"。③ 同年底，斯大林派出曾经有过在华工作经验的崔可夫中将担任苏联驻重庆使馆的武官，兼任蒋介石的军事顾问。斯大林当面指示崔可夫，苏联驻华使馆的任务，"就是要紧紧束缚日本侵略者的手脚。只有当日本侵略者的手脚被捆住的时候，我们才能在德国侵略者一旦进攻我国的时候避免两线作战"。④ 崔可夫为首的 15 名苏联军事顾问来华时随身带着一笔不小的军援物资——150 架战斗机、100 架轰炸机、500 辆汽车、近 300 门大炮及相应的装备和零配件。

在苏联的战略构想中，主要敌人是纳粹德国。斯大林一面支持中国抗日，另一面也主动与日本改善关系。1941 年 3 月，日本外相松冈洋右抵达莫斯科，受到斯大林等人高规格的接待，中国政府极为关注与震惊。4 月 13 日苏日两国签订了《日苏中立协定》，同时双方还发表声明称"苏联誓当尊重满洲国之领土完整与神圣不可侵犯性，日本誓当尊重蒙古人民共和国之领土完整与神圣不可侵犯性。"⑤此一声明显然损害了中国的主权和领土完整，对中国政府也是一次不小的打击。次日，中国外交部发表声明指出，东北及外蒙古均为中华民国之领土，中国政府和人民对于第三国间所为妨害中国领土与行政完整的任何约定，绝不承认，苏日之间关于东北和外蒙的声明，"对于中国绝对无效"。⑥ 面对中国的抗议，苏联外交部长莫洛托夫向中国大使邵力子保证，苏日协定绝不涉及中国问题，"苏联对

① ［苏］瓦·崔可夫：《在华使命》，第 35 页，新华出版社 1980 年版。
② ［苏］瓦·崔可夫：《在华使命》，第 37 页，新华出版社 1980 年版。
③ 《蒋介石致斯大林函》（1939 年 12 月 1 日），见《战时外交（二）》，第 336 页。
④ ［苏］瓦·崔可夫：《在华使命》第 36 页，新华出版社 1980 年版。
⑤ 《战时外交（二）》，第 391 页。
⑥ 《中国外交部声明》（1941 年 4 月 14 日），见《战时外交》，第 390 页。

中国继续抗战问题，毫不变更"。① 苏联驻华大使潘友新也以同样的说辞来向蒋介石解释。虽然如此，苏日协定的签订对中国军民士气的负面影响是不言而喻的。"重庆政界对苏日中立条约的反应起初是极其神经质的"。蒋介石一连几天召开各种会议，显得"不知所措，惶惶不安"。② 权衡利弊之后，蒋介石惟恐反应过于激烈会得罪苏联，"为敌利用"，故指示对于苏日协定仅由外交部声明对满蒙的主权，其他内容不予置评。

两个月后，德国大举进攻苏联。苏德战争的爆发为动荡的世界又投进了一个巨大的变数。中国战场牵制日军的战略价值更高了，这增加了中国与各大国交涉的筹码，也为中苏进一步合作提供了条件。蒋介石致电斯大林，对苏联人民的卫国战争予以声援与支持，表示"我中苏两国友谊深厚，唇齿相依。在今后更应在反抗侵略之同一线上……同舟共济"。③ 中国政府向苏联政府暗示，如果苏联遭到日本攻击，它完全可以得到中国军事力量的支持。中方希望能借机和苏联结成旨在击败日本的军事同盟。另一方面，中国当局又担心苏联被德国打败，德日打通欧亚战场，中国将遭遇到难以克服的困难，所以对苏德战场的前景，日本的动向等，都十分关注。

1941 年 7 月 1 日，德国、意大利相继承认汪精卫政权，国民政府立即发表声明，宣布与两国断绝外交关系，中国和美、英、苏的关系更向前迈进了一步。

在中国独自支撑难以彻底战胜日本，国际形势又瞬息万变的大背景下，蒋介石过分依赖外援，消极被动地等待国际局势发生对中国有利的变化。其表现在战场上，就是国民党军队不主动地向日军发动积极有效的进攻，而日军在兵力已经相当短缺的情况下，仍能对中国重要城市和野战主力发起攻击，尤其是对重庆的空袭。因此，出现了 1940 年中国战场上的相对平静和 1941 年中国军队在上高会战、中条山会战中连遭败绩的结果，以及皖南事变等国共摩擦事件。

---

① 《邵力子致外交部电》（1941 年 4 月 15 日），见《中国外交史（中华民国时期 1911～1949）》，第 486 页。

② ［苏］瓦·崔可夫：《在华使命》，第 101 页，新华出版社 1980 年版。

③ 《蒋介石致斯大林电》（1941 年 7 月 21 日），见《中国外交史（中华民国时期 1911～1949）》，第 487 页。

第 20 章
第二次长沙会战

一、扫荡大云山，日军再犯湘北

第一次长沙会战之后，中日双方在湘北仍隔新墙河对峙，没有发生大规模的冲突，日军第 11 军对中国第 9 战区的战力一直想寻机击破。

1941 年春，日本大本营制订了《对华长期作战指导计划》，确定在华日军该年度的作战指导方针是"继续对华实施压力，不容稍懈；尤须利用国际情势，以谋解决中国事变"。要求在该年夏秋之交，"对敌施以重大压力，促使事变解决"。并规定作战"以维持占领地区为主目的，必要时得行短暂时间的奇袭作战。作战目的达成后，以归还原驻地为原则，不得扩大占领地区"。① 可见，日军在 1941 年仍希望维持"长期持久"的局面，以待国际形势的变化，或通过时间和地域上有限度的攻击，达成压迫中国屈服的目的。

———————————

① 《抗日御侮》第 2 卷，第 481 页。

日军仍将消灭在湘北的第 9 战区主力视为以有限的兵力实现其战略目的的手段。1941 年初，第 11 军发生人事变动，阿南惟几中将继园部和一郎中将之后，出任第 11 军司令官，木下勇少将任军参谋长。他们到任后，发现"参谋部及军司令部的气氛普遍沉闷"。因而希望"积极运用武力击破周围的重庆军"，一方面提高士气，另一方面对中国施加压力。在他们的催促下，第 11 军的参谋幕僚再次制订在长沙以北歼灭第 9 战区主力的作战计划。①

就在第 11 军紧锣密鼓地准备长沙作战时，6 月 22 日，德国突然进攻苏联，世界局势为之骤变。日本大本营内为是否乘机"北进"或"南进"、一举实现其侵略野心产生了争论，犹豫不决。7 月 2 日，日本御前会议决定，一旦苏德战局有利，立即北上攻击苏联。为此，举行了规模空前的"关东军特别大演习"（即"关特演"），从各地抽调大量的兵力和器材，使关东军的兵力剧增为 70 万人。同时，也不放松对南方（美国）的作战准备。在日本战略目标未定的情况下，第 11 军的作战计划必然被搁置下来。然而，阿南惟几和木下勇都十分热衷于该项计划，私下仍积极准备，还派人向上级主管游说。

经过研究权衡，日本大本营决定静观待机，先不盲动。至 8 月 26 日，第 11 军的作战计划终获批准，但大本营同时附加了两个条件：不得动用准备参加南方作战的部队；作战必须尽快结束。②

阿南惟几等为制订作战计划，费尽心机，他们反复派飞机侦察湘北周围的地形和中国军队配置，认真参考第一次长沙会战的经验教训，同时召开各师团参谋长参加的军事会议，征询意见，进行兵棋演习。最后确定了代号为"加号作战"的作战计划（9 月 29 日改称"长沙作战"）。该计划要旨为，第 11 军主力于 9 月中旬从新墙河一线南攻，在汨罗江以南长沙以北地区消灭第 9 战区主力，10 月上旬反转。这次奔袭作战的主要目的是沉重打击中国野战军主力，摧毁中方抗战意

① 日本防卫厅防卫研究所战史室：《长沙作战》，第 13 页。
② 日本防卫厅防卫研究所战史室：《长沙作战》，第 18 页。

图，而不是"占领地点"和"取得物资"。①

8月底，日军先后在湘北集结了第3、第4、第6、第40师团等部队和工兵、炮兵、战车、海军、空军约10万人。第一次长沙会战中，第11军为牵制中方用兵，曾3处开战，结果分散了自己的兵力。接受那次教训，日军将众多的主力并列于狭窄的正面，"以期进行纵深突破"。②

第一次长沙会战结束后，第9战区仍以保卫长沙为其主要任务。蒋介石在1940年9月指示薛岳："以后我第9战区作战准备，专注意长沙之一点，其他不必过虑，以免处处设防，处处薄弱，以致备多力分也。"③ 战区为完成任务，在沿新墙河南岸从西向东配置了第27集团军（总司令由战区副司令长官杨森兼）所辖欧震第4军、杨汉域第20军、孙渡第58军、韩全朴第72军，其中第4军和第58军各有一部前进到河北岸的大云山（在湖北南部），建立了根据地，破坏敌人后方交通线和通讯设施，不断袭扰敌军。1941年3月，第9战区针对日军可能的进攻制订了"第九战区反击作战计划"。打算套用上次会战的战术，一旦敌军主力从湘北沿粤汉路向长沙进犯，中国军队将"诱敌于汨罗江以南、捞刀河两岸地区，反击而歼灭之"。④ 战区组织兵团参谋旅行及干部演习，以求指挥人员熟悉战地形势，增进战斗技能。从双方战前的作战计划看，大致都与上次相同，选择长沙以北为决战区域。

日军为掩护其主力集中，解除后顾之忧，决心在攻击湘北前先对大云山的中国军队进行扫荡。9月7日，第6师团分别由桃林、忠坊出发，从东、西、北三面围攻大云山。中国部队奋起迎击，日军攻势甚猛，并有空军的火力支援。经两天激战，双方伤亡3000多人，日军占据了大云山区的大部分。但中方仍在坚持，并从新墙河南岸抽调兵力往大云山增援。

10日，日军第40师团从京口到达桃林，与第6师团换防，第6师团无视尚有

---

① 日本防卫厅防卫研究所战史室：《长沙作战》，第22页。
② 日本防卫厅防卫研究所战史室：《长沙作战》，第25页。
③ 《蒋介石致薛岳电》（1940年9月28日），见《作战经过（二）》，第525页。
④ 《第九战区第二次长沙会战战斗详报》，国民政府军令部战史会档案，中国第二历史档案馆藏。

一部正在甘田与中国军队酣战的事实，只简单地交代说："已扫清大云山方面之敌，故沙河以北将不会出现大量敌军。"① 第 40 师团放松了警觉，不料在甘田附近和中方增援大云山的新编第 10 师（师长鲁道源）主力遭遇，双方立即展开一场混战。第 40 师团原定目的地为与新墙河相连的昌水北岸，便不顾阻截，尽力向南冲，沿途常常受到侧袭。12 日，薛岳向军事委员会报告："由忠坊、桃林、西塘出扰之敌，经我军连日痛击，伤亡两千。现敌正处孟城、大云山、石塘场、甘田、白羊田村地区，仍与我新 10、新 11、第 59 师各一部及第 102 师对峙中。"② 13 日，全力向南推进的第 40 师团又在白羊田遭到阻击，第 11 军军部闻讯，急忙派出荒木支队前往援救。中国新编第 11 师（师长梁得奎）也投入了战斗，在马嘶塅的激战中，中国士兵将敌人压迫在狭窄的山路上，用手榴弹消灭了许多敌人。第 40 师团连遭截击，行动迟缓，到 17 日始完成集结，准备向湘北发动进攻。

日军是为了保证长沙作战的顺利开展，给第 40 师团的南下提供安全保障，才进行大云山扫荡战的，但是由于低估了中方的实力，麻痹轻敌，结果第 40 师团损失较重，其在大云山战斗中的伤亡占整个会战伤亡总数的半数以上。③ 而中国方面对敌方大云山扫荡战的目标判断失误，认为是一次孤立行动，薛岳在日军已开始大云山扫荡战后给蒋介石的报告中判断："战区当面之敌，除以少数兵力向我扰乱外，似无大企图。"④ 军令部派驻战区的联络参谋张元祐在 14 日给上级的电报中仍说，从日军的态势和部署看，"似无攻略长沙之企图"。⑤ 这表明大战在即，中方各种准备均不足，因此没有集中兵力去牵制甚至歼灭第 40 师团，使日军有机会做好了攻击长沙的准备。战后，第 9 战区副司令长官杨森检讨说：日军扫荡大云山时，战区始终未予重视，以为是其正常换防前的掩护动作，"及至久经鏖战

---

① 日本防卫厅防卫研究所战史室：《长沙作战》，第 33 页。

② 《薛岳致蒋介石密电》（1941 年 9 月 12 日），国民政府军令部战史会档案，中国第二历史档案馆藏。

③ 日本防卫厅防卫研究所战史室：《长沙作战》，第 36 页。

④ 《薛岳致蒋介石密电》（1941 年 9 月 8 日），见《抗日战争正面战场》（下），第 1090 页。

⑤ 《第二次长沙会战军令部联络参谋张元祐各项报告》，国民政府军令部战史会档案，中国第二历史档案馆藏。

不退，始疑别有企图"，"判断敌情一般似嫌偏于主观"。[1]

二、湘北激战

1941年9月18日拂晓，日军配置在新墙河北岸的第3、第4、第6和第40师团的45个步兵大队同时向南岸进犯，300门大炮齐轰中方阵地。此时正好与前次长沙会战相隔两年。

图20.1　1941年9月，日军进攻长沙，意在夺取有"粮仓"之称的湖南

与日军当面的中国第4军因连日参加或策应大云山战斗，损耗很大，加上对敌人发动大规模全面进攻的准备不足，不敌日军的猛烈炮火，只守了几个小时，即放弃新墙河防线，后撤到第二线阵地。但第4军的新防线当天下午又被突破，无法再事正面抵抗，只能转移到右翼山地待机。日军故伎重演，由海军护卫一部穿越洞庭湖，在位于湘江口的青山强行登陆，以图腰袭、夹击中国守军，策应主力的正面攻势。日军的进攻异常顺利，到19日中午，各师团均已抵达汨罗江北岸

———————————

[1]　《杨森关于第二次长沙会战之检讨与所见所闻敌军之新战法的报告》（1941年10月），见《抗日战争正面战场》（下），第1106页。

各要点，开始强行渡河，速度最快的第 6 师团已有一部在上午即从长乐街过了汨罗江，占领了南岸的颜家铺、浯口。

19 日，军令部确定"长沙为军事、经济要地，应尽量确保"。以此为前提决定了第二次长沙会战的战略方针为："国军决确保长沙，并乘虚打击消耗敌人之目的，第九战区应先以一部占领汨罗江以北地区，行持久战，并各以有力一部固守汨罗江以南各既设阵地。以于平江附近外翼地区，求敌侧背反包围而击破之。"①

日军只用两天就完全突破了新墙河防线，攻抵汨罗江北。而第一次长沙会战时，同样的路程却耗用了日军 8 天时间。薛岳一时惊慌失措，急令傅仲芳第 99 军、陈沛第 37 军率主力在汨罗江南岸设防阻击；命令第 4 军、第 20 军、第 58 军在新墙河南岸"衔敌后侧，攻击前进"，以迟滞敌人进军速度；命令第 26 军军长萧之楚率部推进至金井附近，伺机从东南方侧击南下日军。② 不幸的是，该命令下达时被日军破译。第 11 军针对中方的新部署，决定放弃原定将主力用于湘江方面的作战指导，改为在中方第 26 军的更东侧实行反包围，"于捞刀河北方地区捕捉歼灭敌军"，并令各师团快速向东挺进。③ 此次会战中，第 9 战区使用的无线电码过于简单，屡被敌军破译，是导致失败的原因之一。

22 日，战情吃紧，军令部派驻战区的联络参谋张元祜急电重庆，要求第 5、第 6 战区迅速开始总攻，以牵制分散敌人兵力，否则，"兵力悬殊，难以应付"。④

日军强渡汨罗江后，从 22 日开始分别对中国第 37 军和第 26 军展开围歼。由第 4、第 3 师团围打第 37 军，日军在飞机掩护下，向该军主阵地下武昌、狮形山、兴隆山猛攻。经 3 天激战，第 37 军态势逐渐不利，被迫转移。同日，第 6、第 40

---

① 《军令部关于第二次长沙会战之军事部署》（1941 年 9 月 19 日），见《抗日战争正面战场》（下），第 1084 页。

② 《第九战区司令长官薛岳报告第二次长沙会战情况文电》，国民政府军令部战史会档案，中国第二历史档案馆藏。

③ 日本防卫厅防卫研究所战史室：《长沙作战》，第 45 页。

④ 《第二次长沙会战军令部联络参谋张元祜各项报告》，国民政府军令部战史会档案，中国第二历史档案馆藏。

师团也围打金井附近的第 26 军。中国士兵虽奋起反击，无奈敌人火力猛，情报准，始终无法逃出被动挨打的境地。25 日夜，日军一部攻下何家坪、五台洞，已威逼第 26 军司令部。第 26 军有全军覆灭之虞。薛岳电令萧之楚，不能平均使用兵力，各个方向都被动防守，要"迅速集结兵力，攻敌一点"，设法向更鼓台、石湾方向突围。[1] 第 26 军经苦战，方杀出重围。

薛岳命第 10 军军长李玉堂增援陷入困境的两个军，22 日第 10 军到达明月山、粟桥、福临铺、金井一线，不料立足未稳，即遭敌军攻击，双方展开了激战。第 10 军措手不及，第 190 师的司令部被围，突围时，师长朱岳重伤，副师长赖侍湘阵亡。[2] 全师一片混乱，纷纷向福临铺突围。预备第 10 师（师长方先觉）也为第 3 师团所击溃。到 26 日，第 10 军终因"伤亡过大"，退出战场。中方的汨罗江防线完全瓦解。

面对敌人的猛烈进攻，国民党军队呈涣散之势，贪生怕死，"不战而走者，不在少数"。[3] 日军突入汨罗江南岸后即有部队"望风披靡，官长全失掌握，士兵四处溃散，纷纷到平江、浏阳，络绎不绝，甚至团长亦有只身后遁者"。而溃散的逃兵普遍军纪败坏，欺扰百姓，奸掳烧杀，无恶不作。[4] 薛岳为此下令各军、师组织"督战队"，专门负责收容逃跑士兵，"如有不服从收容者，就地枪决"。[5] 但效果极为有限，收容者仅为逃亡官兵的十分之一，据杨森战后概算，当时在前线作战的部队，"其实作战未终伤亡者不过十分之一二，溃散逃亡者十分之五六，在战场作战者亦不过十分之二三而已"。[6] 有的将领视所辖部队为私产，图一己之苟安而不顾整个战局，甚至在战局极度紧张时期，不肯拼命与友军协力，反抛弃

---

① 《第九战区第二次长沙会战战斗详报》，国民政府军令部战史会档案，中国第二历史档案馆藏。

② 《第九战区第二次长沙会战战斗详报》，国民政府军令部战史会档案，中国第二历史档案馆藏。

③ 《第二次长沙会战军令部联络参谋张元祜各项报告》，国民政府军令部战史会档案，中国二历史档案馆藏。

④ 《杨森关于第二次长沙会战之检讨与所见所闻敌军之新战法的报告》，见《抗日战争正面战场》（下），第 1107 页。

⑤ 《第九战区第二次长沙会战战斗详报》，国民政府军令部战史会档案，中国第二历史档案馆藏。

⑥ 《杨森关于第二次长沙会战之检讨与所见所闻敌军之新战法的报告》，见《抗日战争正面战场》（下），第 1107 页。

任务，不通知上级及友军便率部遁入深山，"将有线、无线通信停止，故意隔绝，致命令无法下达。事后见敌已退去，始出而电询战况者，大有人在"。①

汨罗江防线的失利意味着长沙北方门户已洞开，形势严峻。桂林行营主任白崇禧曾前往衡阳督战，薛岳也在 24 日把战区司令部从长沙撤往湘潭，并部署在捞刀河一线做最后的抵抗。此时，日军所在位置正是第 9 战区预定与敌决战的战场，但由于中方已有数军丧失了战斗力，余者畏敌如虎，避之惟恐不及，根本无力再与之决战了。

在捞刀河两岸阻击日军的是王耀武第 74 军，该军系战区最精锐部队，战前蒋介石指示一定要将该军集中使用，"将来能作策应长沙会战之总预备队"。② 在战局危急之时，战区不得不提前动用。26 日，第 74 军与直奔长沙的敌军遭遇，试图乘敌人立足未稳，一举将其击溃。一天激战下来，王耀武军损失较重。而日军源源不断地由北向南压下来，有的已经绕至其侧背，形成合围之势。第 74 军只得向南撤退。这样，日军通往长沙的屏障已全部扫清了。

27 日晨，南下速度最快的日军早渊支队在飞机火力的支援下突破中国王甲本第 98 师的阵地，渡过浏阳，开始攻击长沙。下午 6 时许，早渊支队一部自长沙城的东北角冲入市内，刚从前线败退下来的中国士兵不能组织有效的抵抗，日军开始曾想全部俘获，但因人数太多应接不暇，"不得不在市街北部将其击退，使向湘江方面溃逃"。③ 当晚，早渊支队占领了长沙。29 日，第 4 师团也开进长沙，而第 3 师团为争战功，向军部提出："长沙已空虚，攻占意义不大，莫如一举挺进株洲，远出捕捉敌之退却部队，并迅速破坏该地军事设施，方为适合之措施。"④ 尚未获得上级批准，第 3 师团便径自向长沙以南的株洲挺进，29 日上午，日军冲入株洲，破坏了军事设施后自行回撤至金潭附近。

---

① 《杨森关于第二次长沙会战之检讨与所见所闻敌军之新战法的报告》，见《抗日战争正面战场》（下），第 1108 页。
② 《蒋介石致薛岳电》（1940 年 9 月 28 日），见《作战经过（二）》，第 525 页。
③ 日本防卫厅防卫研究所战史室：《长沙作战》，第 78 页。
④ 日本防卫厅防卫研究所战史室：《长沙作战》，第 80 页。

中国军队没有能力立即反攻长沙，只是29日由美国支援的陈纳德志愿飞行团派出8架飞机轰炸了长沙。这是"飞虎队"在华第一次实际参战。

到28日，第11军司令部认为已达到击溃第9战区主力的作战目的，"以后的最大目标就是如何巧妙地进行反转"。[①] 因此对第3师团攻击株洲的要求也未予批准，并以木下勇的名义下达反转命令，定30日半夜为反转的开始时间（实际上是10月1日开始后撤的）。

在各主战场鏖战之时，第9战区的一些部队利用敌人战线长，护卫供应线路的兵力较少等弱点，曾进行了袭扰战，虽有些斩获，但对整个战局没有多大影响。

军事委员会得知日军退却的消息，立即由军令部命令第9战区"以有力部队分路跟踪追击，相机攻略岳阳，牵制敌人向北转移，使五、六战区作战有利"。[②] 10月3日，对前线实际战况尚不明了的蒋介石接到第4军军长欧震的报告，称正在与撤退之敌激战，"毙敌人马极多"，万分欣喜，批字写道："此次如不能俘敌至万人以上。则不能算革命军矣。"[③] 中国部队遵命对日军展开追击、阻击，取得了部分战果。其中第98军在捞刀河北岸伏击敌军，早渊支队措手不及，伤亡甚重，有两名大队长中弹毙命。原守卫新墙河的几个军，也沿途阻截日军，给敌人制造了许多困难。

湘北日军主力回撤时，中国第6战区部队正在围攻宜昌，城内日军已朝不保夕，固守待援。因此，蒋介石要求第9战区全力迟滞日军退却速度，使其不能回援宜昌。无奈各军已遭严重打击，战力所剩无几，根本无法达成上述目标。第9战区的失利，也导致了第6战区攻宜昌功败垂成。

10月9日，日军第11军各部队陆续撤回新墙河以北，改为守势，中国部队随后追击赶到，双方再次以新墙河为界，隔河对峙。

---

① 日本防卫厅防卫研究所战史室：《长沙作战》，第83页。

② 《军令部第一处致部长、次长签呈》（1941年10月1日24时），见《抗日战争正面战场》（下），第1102页。

③ 《欧震致蒋介石电》（1941年10月3日），见《作战经过（二）》，第527页。

三、围魏救赵，第 6 战区攻打宜昌

第二次长沙会战期间，中日双方为策应湘北主战场，还在周围地区发生了规模较大的战斗。

在日军方面，第 34 师团在鄂南赣北第 9 战区的左翼发动进攻，以牵制中方配置在此的 4 个军；第 35 师团在河南进攻郑州，准备以此为据点，"随时向南方攻击，以牵制京汉线南段的中国军"。[①] 10 月初，第 35 师团南渡黄河，占领了郑州，但随着湘北战事的结束，又在该月底渡河北返，放弃了郑州。

在中国方面，国民政府军事委员会于 9 月 20 日向第 9、第 3、第 5 和第 6 战区下达命令："为使九战区作战容易，第 3、6、5 战区应各以有力一部出击，策应九战区作战。"命令还详细规定了各战区的具体任务；第 3、第 5 战区向当面日军全面游击，相机袭扰日军所占的重要据点，如南昌等；第 6 战区"对于荆（门）、宜（昌）敌人，应以多数小部积极袭攻，策应九战区作战"。[②] 此后，各战区以牵制日军用兵于湘北为目标，开展了一些军事行动。其中尤以第 6 战区所属部队乘敌后方空虚猛攻宜昌，效果最彰。

宜昌位于长江上游，是长江交通的咽喉要地，日军第 11 军在 1940 年 6 月占领了宜昌，希望能够以此"南北分割敌（中国）第五、第六战区，确保攻击敌后方的空军基地，对重庆军从物质和精神双方施加压力"。[③] 此后从宜昌起飞的日军飞机不断袭击重庆。宜昌成为中方急欲拔除的眼中钉。

日军主力会攻长沙，宜昌顿显空虚，只留建制不全的第 13 师团守备，周围也只有第 39 师团。9 月 22 日，军事委员会获悉湘北日军攻势甚猛，若非采取有力措施加以牵制，情势更危，便指示第 6 战区司令长官陈诚："敌人有攻占长沙之

---

① 日本防卫厅防卫研究所战史室：《长沙作战》，第 87 页。
② 《军令部关于第二次长沙会战之军事部署》（1941 年 9 月 19 日），见《抗日战争正面战场》（下），第 1085 页。
③ 日本防卫厅防卫研究所战史室：《长沙作战》，第 7 页。

企图，第六战区立即攻克宜昌。"① 而不是原先所要求的只以小部队加以袭扰。中国最高军事当局想以围魏救赵的战术，用猛攻宜昌来吸引湘北日军回援，减轻第 9 战区的压力，甚至一举攻占宜昌，解除心腹之患。而当时在此地区的中国第 6 战区作战兵力多达 12 个军 34 个师，有可能达成以上目标。

陈诚虽决心集中 14 个师攻打宜昌，但惧怕两股日军汇合，希望先打第 39 师团，扫清宜昌周围，再以主力攻宜昌。他瞻前顾后，部署较慢，到 9 月 28 日以后，各部队才陆续开始行动。这时，湘北日军已经准备后撤，攻击宜昌不再具有减轻第 9 战区压力的意义，反而需要第 9 战区尽力迟滞日军主力回撤速度，保证第 6 战区顺利攻打宜昌。到 10 月 2 日，第 6 战区切断了日军第 39 师团和第 13 师团的联系，清扫了宜昌外围。同时陈诚也得到了"不顾牺牲务于三日内克复宜昌"的命令。② 3 日，陈诚下令布置各军攻打宜昌的具体作战任务，以李延年第 2 军所辖张金廷第 9 师为攻城突击部队，要求该部"于五日晚钻隙渗入宜昌城，夺取宜昌，并将飞机场焚毁破坏"。③ 各部队奋力作战，予敌人很大打击。担任主攻的第 9 师虽然在 6 日利用日军防守间隙渗入宜昌东北，不断向城内冲锋，但因日军殊死抵抗，始终无法得手。到 9 日夜，仍留在宜昌城外。

日军第 13 师团没有料到会遭受如此大规模的攻击，在四方被围的情况下，顽强作战。兵员不足时，由勤务队、卫生队、轻伤员组成"宜昌防卫队"，投入战斗。师团长内山英太郎在朝不保夕的危局下，已为全军覆没作出了安排，选定了包括他自己在内的高级军官城破时自杀的地点，做好了烧毁军旗、文件和尸体的准备，并拟好致第 11 军司令部的最后电报稿，内有"皇国官兵均竭尽军人的天职，高呼大元帅陛下万岁后死去"等语。④

---

① 《抗日御侮》第 7 卷，第 171 页。据曾任蒋介石苏联军事顾问团团长的崔可夫称，围宜昌以救长沙之围，是他向蒋介石建议的。参见［苏］瓦·崔可夫：《在华使命》，第 123～146 页，新华出版社，1980 年 9 月版。
② 《第九战区司令长官薛岳报告第二次长沙会战情况文电》，国民政府军令部战史会档案，中国第二历史档案馆藏。
③ 《抗日御侮》第 7 卷，第 182 页。
④ 日本防卫厅防卫研究所战史室：《长沙作战》，第 115 页。

10 月 8 日，第 11 军主力北撤基本完成，阿南惟几从岳阳前方指挥所回到武汉，了解到第 13 师团的险境，"立即决定发起攻势"，除下令第 39 师团迅速向宜昌增援外，更要求自湘北回撤的各部队向宜昌集结，试图予第 6 战区主力以打击，战局由此发生逆转。

中国方面知道攻击宜昌的时机正在消失。8 日夜，国民政府军事委员会通知陈诚 10 日夜停止攻势，迅速恢复原态势，准备敌人的反攻，但同时对放弃近在眼前的宜昌又心有不甘，电文中有"如在十日前，我军能克复宜昌城……主力仍应依既定计划完成部署"一语。不久又电陈诚，把停止攻势的期限推迟至 11 日夜，"限于十一日前，尽最大努力猛烈攻击，完成任务为要"。① 陈诚增加了攻城兵力，为攻下宜昌作最后的冲刺。9 日，各军全面猛攻，其中第 9 师等部在与敌激战一昼夜后，克复了宜昌近郊的胡家大坡、大娘子冈、慈云寺等重要阵地，第 9 师组织的 3 个突击营在强烈炮火掩护下，冲入宜昌城内，占领了东山寺、土城等据点，并曾冲锋到离第 13 师团司令部仅 1000 米的地方，日军大量施放毒气，配以飞机轰炸，中方突击营伤亡惨重，被迫退出城外。至 10 日，各攻城部队均未取得实质性进展。

10 日中午，陈诚命令江防军总司令吴奇伟再调精锐部队攻城。然而 11 日整日大雨，中国军队的攻势深受限制，而日军增援的早渊支队及第 3、第 4 师团已进至宜昌不远处。第 6 战区奉蒋介石命令停止进攻，利用大雨和阴天摆脱日军的围击，撤回原阵地。

第 6 战区围打宜昌 12 天，歼敌颇多，给日军不小的震撼。但因行动迟缓，致使 14 个师的兵力未能攻下日军一个不完整师团固守的宜昌。

第二次长沙会战后，虽中日双方又恢复了战前对峙的阵地，但日军完全掌握着会战主动权，第 11 军在湘北重创第 9 战区主力，攻占长沙，并追击到了株洲。经日军打击，中国第 37、第 10、第 26 军三个军被击破，第 4、第 74 军的伤亡也

---

① 《抗日御侮》第 7 卷，第 189 页。

很大，"有两个师达百分之五十以上，第五十八师，第六十师伤亡也在百分之四十以上。第一零二师、第五十二师伤亡亦在百分之三十左右"。① 第 9 战区事先敌情不明，应对失当，将各军逐个送到敌军主力的正面，被其各个击破。会战结束时，中国方面伤亡及失踪者达 7 万多人，日军伤亡 6000 多人，只是由于日军的主动撤退，才保全了原驻守区域。② 薛岳自知战败，会战一结束，即致电军事委员会请求处分。电文称会战过程中上级指示周详，将士浴血奋战，"而卒未能收歼敌之功，且贻各将领处置失当之过，此皆职指挥无方所致，职责所在，咎无可辞，拟恳从严议处，以明赏罚为祷"。③

第二次长沙会战的结果十分明显地反映了战略相持阶段中日双方的实际战略与战力。日军为准备发动更大规模的侵略战争，削减了在华兵力，仅以能防守既占地区为限。可有些前线指挥官却急功冒进，设法挑起战端，尽管他们已不能像抗战初期那样以攻城掠地来建立战功，甚至像长沙这样的重要城市也只能弃而不守。但他们利用有限的战力，选择突击奔袭的战术，企望能一举歼灭中方主力，一劳永逸。在具体战役的策划准备上，细致而又周详，造成局部的绝对优势兵力，突然袭击。中国军队虽经休整，敌人的压力也大为减缓，但畏敌心理依旧，战斗积极性不高，且内部许多固有的弊端又蔓延开来，所以仍吃败仗，常把敌人的主动退却当作"战果"大事张扬。第二次长沙会战中，中国军队基本上是不战而弃长沙，日军为宣传起见，破城后"严肃军纪、严禁破坏和掠夺，"未像以往那样大事烧杀破坏，长沙未留下"任何被占领的痕迹"，中国方面竟以此宣传日军根本就未占领过长沙，这次长沙会战是"第二次长沙大捷"，令日军在感到"啼笑皆非之外，复生出不少感慨"。④

---

① 陈寿恒等编著：《薛岳将军与国民革命》，第 369 页。

② 《作战经过（二）》，第 528 页。

③ 关于会战双方的伤亡数字记载不一。日方说中方死亡及被俘者为 58300 人，日方死伤 6854 人，见日本防卫厅防卫研究所战史室：《长沙作战》；中方记载日方伤亡 48372 人，己方伤亡失踪总数为 70029 人，参见《第九战区第二次长沙会战战斗详报》；《薛岳将军与国民革命》一书中说中方伤亡约 59000 人以上，日方伤亡约 40000 人以上。

④ 日本防卫厅防卫研究所战史室：《长沙作战》，第 78 页。

四、第三次南岳军事会议

为及时总结第二次长沙会战的经验教训，以指导今后作战，中国最高军事当局于 1941 年 10 月中下旬在南岳召开军事会议（即第三次南岳军事会议），对第二次长沙会战进行总评。第 9 战区的高级将领及相关的军事首长参加会议，蒋介石主持会议并发表了一系列讲话。与前两次南岳会议明显不同的是，此次会议召开于中国军队刚受挫于长沙之际，蒋介石十分气恼。他结合国民党军队在会战过程中暴露出来的种种弊端，对战略战术的确定、将领的指挥、部队的管理及军心士气的低落等均有严厉的批评，对今后的改进方向也指示得相当具体。

蒋介石讲话时强调，中国要想获得抗日战争的最后胜利，最重要的战略方针就是以持久战对抗日本的速决战，以空间换取时间。他说："我们对敌的方略，就是要争取时间，要持久战斗，使敌人对我们阵地不能随便被他袭击占领，然后我们可以随时捕捉时机来歼灭他！这是我们此次抗战最重要的战略方针。"[1] 以空间换时间，并非意味着空间地域不重要，只有较多地占有空间，才能赢得更多的时间，特别是在抗战相持阶段，日军已消耗相当大，对一些重要战略地域往往只能采取突袭攻击的战术，无力进行稍长时间的攻坚战，一遇顽强抵抗，就会撤退。可是，中国的高级将领却畏敌避战，存着保存实力的不健康心态，在所驻守的重要防地不注意构筑坚固的工事，遇有日军来攻，只守上三五天，"就以为是尽了自己作战抵抗的责任了，阵地移动后退都不要紧，甚至以为就有词可藉了"，任日军进退自如。蒋介石把这种心态斥骂为"完全是一种卑劣怯懦亡国奴的心理，实在可说是无耻之极"。[2] 第二次长沙会战期间，中国军队在长沙市区内没有核心工事，连城郊附近的复廓工事都没有，日军因此能够轻易攻下长沙，充分说明高级将领仍抱持"陈旧腐败的脑筋"，对现阶段的抗战根本战略缺乏足够认识。

---

① 《蒋介石对第三次南岳军事会议训词（一）》，见《作战经过（一）》，第 353 页。
② 《蒋介石对第三次南岳军事会议训词（一）》，见《作战经过（一）》，第 361 页。

蒋介石说："现在敌人要打我们那一点，他就打我们那一点，他要占领我们长沙，就可占领我们长沙。他要几时来，他要几时撤退，皆可大喊大叫的用广播先通告我们，而且他一定能照他预定的时间，丝毫不爽的实施做到。各位将领：这是何等耻辱的事呀！"[①]

　　蒋介石指示一定要吸取此次长沙失守的教训，在长沙、韶关、衢州、南宁、福州等战略要地构筑坚固工事。修筑工事的要诀是："由内及外，由小而大。"他解释说："从今以后，我们要保守一个地方，必须先作好核心工事，只求一团人或一营人所能固守，然后再作一师人的工事，然后再作复廓和外围工事，必须先能稳固核心。而后求其他。这样才是稳扎稳打，也才能歼敌致胜。"[②] 蒋介石还要求在上述长沙等处平常至少也要派一个军的兵力守备，一旦日军来犯，要顽强抵抗，不能再让其轻易得手。

　　第二次长沙会战的一个重要败因，是中方指挥官作战时未能集中使用兵力，而将总数上占优势的兵力逐渐使用于战场。"犯了逐次推进与陆续消耗之错误"，[③]致使局部战斗中处于劣势，被敌各个击破。这一方面是兵力部署不当，另一方面则是由于指挥官胆小畏敌。蒋介石说，此次长沙会战有雄厚的兵力，良好的态势，却被日军轻易击穿而直取长沙，就是因为第9战区未能集中全部兵力。各军师长胆量又小，听到敌人枪声就分兵迎击，结果敌情、地形未弄清楚，兵力已分散用完，等到敌人主力来攻，决战时机形成，手边却已无兵可用，完全陷于被动挨打，以致"敌人来了，不能抵抗。敌人退了，不能追击，几次战斗，毫无俘获"。[④] 他要求各战区和高级将领在今后的作战中，战略上一定要切实掌握部队，第一线的兵力配备可减少一些，而对日军必攻的重要据点，如长沙、韶关等地，须派重兵把守。战术上各级主管官临战时一定将兵力集中起来，绝不轻易分散使

---

① 《蒋介石对第三次南岳军事会议训词（一）》，见《作战经过（一）》，第354页。
② 《蒋介石对第三次南岳军事会议训词（一）》，见《作战经过（一）》，第356页。
③ 《蒋介石对第三次南岳军事会议训词（一）》，见《作战经过（一）》，第356页。
④ 《蒋介石对第三次南岳军事会议训词（二）》，见《作战经过（一）》，第374页。

用，要把兵力的使用"看得和自己的生命一样的宝贵"。①

除了强调构筑工事和集中使用兵力两个攸关战役全局的重要战术之外，蒋介石还针对中国军队在第二次长沙会战中暴露出的问题，提出了须亟待改进的几个方面：（1）训练组织特种部队，以对付敌人的伞兵及便衣队；（2）阵地上要多筑小据点及防毒设施；（3）封锁小路要隘，严密交通警戒；（4）实行保甲连坐，防止汉奸敌探；（5）研究克制敌军骑兵的办法；（6）整顿射击军纪；（7）注重掷弹练习；（8）多练拼刺刀技术；（9）高级将领应精研典范令；等等。

在第三次南岳军事会议上，蒋介石特地用一次训话时间对国民党高级将领的畏敌怕死、争权夺利、骄奢淫逸大加谴责。他说，几年来日军已渐趋疲惫衰弱，而中国士兵的装备、数量及质量均有进步，然而中方却仍吃败仗，证明中国军队实在太无用、太怯懦，而部队没有战斗力的根源就在于高级军官的腐败。蒋介石重提两年前他在第二次南岳会议上的训词，称国民党的高级军官升得太快，其精神修养与学问能力，"实在不配担当现在这样高级的职务和阶级"。然而，他们却无自知之明，一旦"有了势力与地位，就目中无人，矜骄自满，以为什么人都不能教训我，甚至正言不入于耳，过失无从自知"，对上欺瞒敷衍，对下恃职傲物，不学习，不研究，不求上进，平时不严格训练部队，战时畏敌如虎，更有甚者，腐败堕落，赌博，利用经济封锁走私谋利，前方军官竟随军携带家眷等，造成军心涣散，士气不振，打起仗来必败无疑，"自误误国"。② 蒋介石责问与会的将领："像这次长沙会战，我们有这样雄厚的兵力，有这样良好的态势，我们一定可以打败敌人，一定可以俘虏敌人很多的官兵，一定可以缴获敌人的无数的军械！即使没有一万，也应该有一千！一千没有，总要有一百！一百没有，少而言之，也应该有十人，但是现在连十个俘虏都没有！如何对得起自己的职守?！……现在敌人反而俘虏了我们的士兵，常常穿了我军制服，混入我们的阵地，我们作战于

---

① 《蒋介石对第三次南岳军事会议训词（一）》，见《作战经过（一）》，第 359 页。

② 《蒋介石对第三次南岳军事会议训词（二）》，见《作战经过（一）》，第 379 页。

我们国土之内，还不能照样拿到敌军的俘虏吗？"① 他同时罗列了国民党军队中的一些不良现象，如病兵、逃兵增加，虐待新兵，伤兵无妥善救护办法，后方留守人员招摇不法，泄露军情，自我标榜，毁谤友军等，严加批评，责令参加会议的高级将领们要接受教训，彻底觉悟，彻底反省，"以后必须改弦更张。以期及时补救"。②

会议结束时，对第二次长沙大战各部队依表现进行赏罚，对第 79 军首先渡河进攻长沙的两个团等单位及第 57 师指挥李翰卿等死亡官兵予以奖赏。第 58 师师长廖龄奇临阵脱逃，经军法审判，予以枪决。第三次南岳军事会议召开于第二次长沙会战之后，当时中国的宣传机器为激励士气正大肆颂扬"第二次长沙大捷"。然而，严酷的战争结果使中国最高军事当局不能不面对现实，在会上较客观地评价会战成败，提出"现在长沙虽然得以保全，但并不能算我们打了胜仗，我们不但没有任何虚荣，而且要引以为耻辱！"③ 并以此认识为基点，结合会战过程对国民党军队的积弊，从战略战术的运用，高级将领的怯懦无能，到军队内部存在的管理训练问题都有较深刻全面的反省。针对日军消耗已大，持续攻击力不强，作战求速战速决的弱点，蒋介石制订了一套以对重点地域的顽强防守与集中使用战场兵力相配合的"磁铁战"，作为今后一切战略的最高原则。所谓"磁铁战"，就是在敌人进攻战略要地时，我军必须顽强抵抗，像磁铁一样紧紧吸引敌人，使其欲进不得，欲退不能，造成有利于我军的时机，然后倾注全部的主力与预备队，围歼敌人。④ 这一战略原则，较符合相持阶段中国军队粉碎日本速决战的实际情况。

第三次南岳军事会议刚结束，蒋介石又下手令，指示对国民党军队的"素质、训练、补充、编制、装备各种事项，必须有一彻底研讨与改革"，提出未来防御的重点，重庆以外，"第一要点为昆明，第二要点为西安"，特别强调对云南

---

① 《蒋介石对第三次南岳军事会议训词（二）》，见《作战经过（一）》，第 378 页。
② 《蒋介石对第三次南岳军事会议训词（二）》，见《作战经过（一）》，第 380 页。
③ 《蒋介石对第三次南岳军事会议训词（三）》，见《作战经过（一）》，第 397 页。
④ 《蒋介石对第三次南岳军事会议训词（三）》，见《作战经过（一）》，第 384 页。

的防守，要能应付日军 6 个师团的攻击，昆明市区要构筑可供两个师使用的工事，限于 11 月底完成。①

尽管第三次南岳军事会议上确定的战略战术，大多停留在会议文件上，"磁铁战"也没有在日后的正面战场上普遍采行，国民党军队内的腐败现象更是愈演愈烈，然而，蒋介石的痛骂重责毕竟尚有震慑作用，第 9 战区在对长沙市区的防御兵力配置和工事修筑上不敢再掉以轻心，为第三次长沙会战的胜利打下了基础。

---

① 《蒋介石指示湘北战后须研讨改革国军事项及对西南作战部署手令》（1941 年 10 月 26 日），见《作战经过（一）》，第 397 页。

第 21 章
枣宜会战

一、日军谋犯宜昌

1939 年 9 月，纳粹德国入侵波兰，欧洲大陆爆发战争，日本军方既感到兴奋，同时也很苦闷。美法与德国之间开始进入战争状态，便无暇顾及远东，从而为日军实行南进政策提供了难得的良机，急躁的日本军阀面对富庶的英、法、荷在东南亚的殖民地跃跃欲试，亟想染指其间。但由于中日战争迟迟不能结束，日本军方担心丧失南进的机会。因此，日本军方企图在国际形势发生巨变的情况下，寻求迅速解决中日战争的途径，但对如何着手则意见分歧。日军大本营力图削减在华兵力，节省兵力准备世界大战，甚至设想以从华中、华南撤兵为条件，谋求与蒋介石政府妥协，从而结束中日战争，从泥潭深陷的中国大陆脱身。中国派遣军则力持异议，认为不彻底打垮中国军队主力，便无法使中国政府屈服，因而应趁国际视线集中于欧洲战争的大好机会，积极策划新的作战。第 11 军司令官冈村宁次于 1939 年 11 月 14 日提出《迅速解决日华事变意见书》，力主打击国民党军主力，占领战略要点并加以固守。他提出了 3 个方案，一是攻打长沙、衡阳；二是占领宜昌；三是打通京汉线与华北日军取得联络。① 这就要求日军大本营改变消极保守占领区的战略，企图以大规模的军事行动来打破中日战争的相持状态。1939 年 12 月初开始，中国发动了"冬季攻势"，这是中日战争以来中国发动的规模最大的攻势，第 11 军遭到第 5、第 9 战区中国军队的全面攻击，伤亡甚重。侵华日军深感在中国军队战力尚存、士气尚盛之际，依靠外交或诱降等谋略手段是不能奏效的。试图进行一次大反击作战以进行报复。1939 年 12 月中旬，第 11 军正式提出攻占宜昌的方案，并得到中国派遣军总司令言西尾寿造的赞成，他要求东京方面予以批准，并增派两个师团协助作战。该计划起初未得到谋求削减在华兵力的日军大本营的首肯，随着欧洲方面德国军事行动的节节推展，日军大本营好像注入了一剂兴奋剂。4 月 10 日，东京批准了宜昌的作战计划。

1940 年 4 月中旬，日军开始将鄂东麻城，赣北奉新、靖安等据点放弃，并抽调湘北的第 6 师团及赣北第 40 师团各一部，连同原驻湖北的第 3、第 13、第 39 师团，陆续向钟祥、随县、信阳等要地集结。第 11 军预定整个作战分两期进行。第一期作战以枣阳为中心，计划在汉水东岸的枣阳周围构成数道包围圈，消灭第 5 战区主力，以便解除进攻宜昌的后顾之忧和侧面威胁，然后转入第二期作战，在汉水两岸进行两翼包围，将汉水两岸的中国军队消灭在宜昌附近，并占领宜昌。

中国方面在 4 月初便觉察日军兵舰在长江下游上海至汉口间往返频繁，第 5 战区正面日军显著增加。为此，第 5 战区于 4 月 13 日、14 日召开各集团军总司令会议，商讨对策。战区判断，日军若进窥宜昌、沙市，似将主力由襄花路方面攻击，企图歼灭襄河以东地区野战军，解除侧面威胁。第 5 战区决定将襄河以东第 5 战区主力配置于襄花路以北地区，作战指导方针为："战区以一部取正面分路挺进敌后方，积极施行扰袭，主力适宜控置于后方，相机以先发制敌行动，于枣阳

---

① 《中国事变陆军作战史》第 3 卷第 1 分册，第 112 页。

以东荆（门）、当（阳）以南地区，与敌决战。"① 第 5 战区决定，由江防军司令郭忏指挥第 26、第 75、第 94 军、第 128 师等 10 个师及第 6、第 7 游击纵队，利用襄河东岸、荆河右岸阵地，巩固大洪山南侧各隘路，主力配置于长寿店以北地区，阻敌北犯；以黄琪翔为总司令的中央集团军，辖有第 11 集团军（欠第 39 军）、第 45 军、第 127 师等 6 个师及第 1 游击纵队，负责随枣地区的正面防务和桐柏山、大洪山的游击战；以孙连仲为左集团军总司令，下辖第 2 集团军 6 个师及鄂东游击队等，负责迎战信阳方向的日军；机动兵团由汤恩伯任总司令，下辖第 31 集团军 11 个师集结于枣阳东北地区，担任侧击西犯日军的任务；预备兵团为第 22 集团军，由孙震指挥，辖第 41 军 3 个师；鄂豫皖边区游击总司令李品仙指挥第 21 集团军 5 个师及游击部队，从事对沿江日军据点和平汉路南段的游击战。

二、襄东地区的包围与反包围

1940 年 5 月 1 日，日军由信阳、随县、钟祥 3 个地区发动进攻，而信阳、随县的日军又各分两路推进，形成日军 5 路合围进攻的严峻局面。信阳日军为第 3 师团和第 40 师团，主力从游河、长台关一线发动攻势，企图经明港转向泌阳、唐河，第 3 师团石本支队则沿桐柏—西新集大道前进，准备抢占枣阳以北地区。随县方面的日军为第 39 师团及第 6 师团的一个旅团，主力由随县正面攻枣阳，一部北攻吴家培。钟祥日军为第 13 师团，由钟祥北进，直指双沟集、张家集一线地区。日军基本沿袭随枣会战时的两翼包抄、分进合击的战术，对唐河、北河一带构成外层包围圈，同时在樊城、枣阳之间构成内层包围圈，以求捕捉第 5 战区主力加以消灭。第 5 战区则准备以一部兵力固守桐柏山、大洪山，随枣路方面军队则一面抵抗，一面逐次转至唐河流域，战区主力部队则采取迅速向左右两翼外侧

---

① 《李宗仁致蒋介石电》（1940 年 4 月 18 日），国民政府军令部战史会档案，中国第二历史档案馆藏。

移动的步骤，争取外线主力地位，退至唐河、新野之线以北、以西及汉水西部地区。

在左集团军方面，第 3 师团由信阳向北进攻，5 月 1 日占领了明港、狮子桥。同日，日军一部占领了信阳西北的小林店，然后向西及西北突进，5 日占领了泌阳和桐柏，7 日占领了唐河，并南向攻击枣阳。

在右集团军方面，5 月 1 日，日军第 13 师团在战车 20 余辆，飞机十余架的掩护下发动进攻，右集团军主力撤至长寿店。3 日，力图阻敌北进的右集团军未阻止日军攻势，丢失了大洪山西麓的长寿店。在攻占丰乐河、汪家店后，6 日，日军进攻在田家集、黄龙垱以西的第 33 集团军，第 41 军第 122 师奉命前往流水沟、田家集支援，该师装备很差，新兵较多，未能稳住阵脚。7 日，流水沟、田家集陷落，第 33 集团军退守襄东岸，日军第 13 师团便长驱北上，得以和由唐河西进的第 3 师团取得联系。

在随县的中央集团军方面，日军第 39 师团及第 6 师团一个旅团为等待左右两翼完成包围，直至 4 日才向第 11 集团军发动攻势。5 日，随县西北的高城、安居等阵地先后被日军攻占，第 84 军等守环潭、唐县及高城以北之线，以第 174 师守备唐县，主力撤至枣阳附近阵地。因沿汉水北进的日军向枣阳的方向突进，中央集团军侧背受敌，枣阳至襄阳公路被日军切断，第 173 师陷入多面受围的困境，遂决定放弃唐县、枣阳，日军逐次攻占随阳店、吴家店，8 日从北、东、东南及西面进入枣阳。中央集团军主力向唐河、白河西岸转移，在日军战车及快速部队追击下，损失甚重。第 173 师在唐县掩护第 84 军主力从枣阳撤退，后在太平镇一带与日军遭遇，该师损失过半，师长钟毅不幸阵亡。

10 日，日军第 3、第 39、第 13 师团等三路会合于枣阳以西的唐河白河畔，占领了襄东地区，以为包围行动大攻告成，孰知此时中国军队主力已快速突出日军包围圈，除第 29 集团军、第 45 军陈鼎勋部及鄂豫边区挺进军王仲廉部分别局促于汉水以东的大兴山、桐柏山外，其余均退至汉水、唐白河西岸及新野泌阳唐河一带整顿。从内线转成外线，日军 10 天攻势，结果是扑了一场空。相反，中国军队机敏地对日军进行反包围，将日军左、右翼向中央地区压迫，将其大部分兵力包围于襄东平原地区。

图 21.1　第 33 集团军总司令张自忠

10 日，国民政府军事委员会电令第 5 战区："鄂北之敌经我多日围攻，粮弹殆尽，必将向原阵地退却。第 5 战区应乘敌态势不利退却困难之好机，以全力围攻捕捉。"① 同日，右集团军总司令张自忠首先率 5 个师东渡汉水，横断随、枣公路，堵住了日军南退和西进的去路。第 31 集团军与第 2 集团军第 10 个师从北面新野、唐河一线迅速南下，围困住了第 3 师团。第 5 战区司令长官李宗仁为彻底击败日军，从防守宜昌的江防军中抽调第 75 军、第 94 军等主力北上参加围攻，汉水西岸的第 39、第 53 军也西进加入反攻。

日军于 5 月 8 日已决定结束襄东战事，但被第 5 战区反攻部队咬住后，一时进退两难。第 13、第 39 师团向南撤退，第 3 师团被中国军队孤立包围，后路被切断，粮食弹药都已告尽，但为牵制住中国军队主力，苦守不退。5 月 10 日，日军鉴于退路被堵，决定围攻进抵黄龙垱、方家集的张自忠部，第 13、第 39 师团等部围攻第 33 集团军，双方拼死对战，"张自忠部在黄龙垱、琚家湾、浴山一带毙敌七八百名"。② 枣阳方面，中国军队仍在围攻第 3 师团 14 日，攻占枣阳北面的湖阳镇，第 68 军攻占长台关，第 3 师团被迫向枣阳以南收缩。此时，军事委员会电令："第五战区应以遮断敌退路，断其补给为主眼，克服一切困难，迅速围歼枣阳一带敌之主力。"③ 张自忠将军接奉命令，以必死的决心致书第 33 集团军副总司令冯治安，表示："因为战区全面战事之关系及本身之责任，均须过河与敌

① 《枣宜会战文电》，国民政府军令部战史会档案，中国第二历史档案馆藏。
② 《第二、五战区战况通报（1940 年 5 月 15 日）》，国民政府军令部战史会档案，中国第二历史档案馆藏。
③ 《枣宜会战经过及其检讨》，国民政府军令部战史会档案，中国第二历史档案馆藏。

一拼"，如不能与各师取得联络，即"奔着我们最终之目标（死）往北迈进。无论作好作坏，但求良心得到安慰，以后公私均得请我弟负责。自现在起，以后或暂别，或永离，不得而知，专此布达。"16 日，张自忠亲率第 74 师主力及特务营从宜城渡河，驰往大洪山北麓沟园地区南瓜店，孤军深入日军后方。日军第 39 师团主力两路围攻，张自忠将军及所率部队陷入重围，张自忠率残部奋勇作战，左肩、胸部均中弹，为防落入敌手，遂拔枪自杀，壮烈殉国，所率特务营等也伤亡殆尽。第 33 集团军遭此打击，攻势顿挫。日军左侧威胁得以解除。日军主力于17 日再度转兵北进，与第 3 师团协力反攻中国围攻部队，当时中国部队十余师迫近枣阳周围，第一线部队近者距离仅一公里，远者也只有四五公里。[1] 19 日拂晓，日军各兵团全线总攻，第 5 战区各部被迫从枣阳一带分别向新野及汉水、白河西岸转移。日军反击大获成功，但第 39 师团在白河渡河作战中遇到一个严重挫折。21 日，第 233 联队于零时左右抢渡白河时，遭到埋伏的中国军队的突然扫射，转瞬之间就将联队长神崎哲次郎大佐以下 300 余人击毙在毫无遮拦的河中沙洲上。[2]

在襄东地区战斗中，中日双方展开了包围与反包围的激战，日军在付出死伤3850 人的代价后，才勉强完成了第一期作战任务。中方阵亡 3 万余人，其中包括张自忠、钟毅两位高级将领。张自忠将军战死实为中国方面一重大损失。他在临沂一战挫败日军锐气，为台儿庄大捷之先声；徐州会战结束时，担负后卫，掩护大军安然撤退。其后参加武汉会战、春季攻势、随枣会战、冬季攻势均有卓越战绩。像他这样彻底地将身心乃至生命献给神圣抗战的高级将官在国民党军队中是罕见的，不愧为抗战军人之魂。

三、宜昌攻防战

5 月 21 日，日军命令各部主力在唐河以南地区集结，准备以后作战。第 40

---

① 日本防卫厅防卫研究所战史室：《中国事变陆军作战史》第 3 卷第 2 分册，第 13 页。
② 日本防卫厅防卫研究所战史室：《中国事变陆军作战史》第 3 卷第 2 分册，第 13 页。

师团接任平汉铁路及襄东守备，第 3、第 39、第 13 师团在枣阳及钟祥地区稍事休整。此时，在第 11 司令部内，对是否按原计划实施第二期作战发生争论，由于第一期作战中，日军遭到了预料之外的打击，已感疲惫，从第 11 军新任司令官园部和一郎以下将领，多数对实施新的作战感到犹豫不决，直至 23 日深夜才决定继续作战。25 日，第 11 军下达了准备从汉水渡河的命令，要求第 3 师团应于 5 月 31 日半夜从襄阳东南方奇袭渡过汉水并攻占襄阳，第 39 师团同时从王家集一带奇袭过汉水，配合第 3 师团作战。① 担负运输任务的第 13 师团等则在其后完成了在钟祥南方沙洋地区的集结任务。

图 21.2　日军第 3 师团攻进襄阳城

　　5 月 31 日晚，日军第 39、第 3 师团先后渡过汉水，进攻襄樊。军事委员会令第 41 军死守襄樊，以等待第 30 军增援。② 第 41 军战力脆弱，当日军渡过时，河防守军误将日军渡河使用的马达牵引的橡皮船当成水陆两用坦克，军心恐慌，河防崩溃。第 3 师团于 6 月 1 日攻占了襄阳。第 5 战区长官部所在的老河口及南阳陷于危急，第 5 战区判断日军将继续西进，立即组织新的防线，令第 75 军由吕堰驿南下驰援樊城，第 31 集团军汤恩伯部火速由枣阳向襄阳推进。第 30 军池峰城

　　① 日本防卫厅防卫研究所战史室：《中国事变陆军作战史》第 3 卷第 2 分册，第 15～16 页。
　　② 《军事委员会会议记录》（1940 年 6 月 1 日），国民政府军令部战史会档案，中国第二历史档案馆藏。

部赶至老河口待命。2 日，军事委员会令第 41 军反攻襄阳，同时将第 5 战区划分为左右两个兵团，左兵团辖孙连仲第 2 集团军、孙震第 22 集团军、汤恩伯第 31 集团军、刘汝明第 68 军等各部；右兵团辖冯治安第 33 集团军、王缵绪第 29 集团军、郭忏江防军及由第 9 战区增援的部队，由军事委员会政治部长陈诚兼任兵团长。

日军第 3、第 39 师团分沿襄阳、南漳、遂安道及宜城、荆门、当阳道转而南下，平行而进，目标指向宜昌，主力从襄阳至唐河一线突然全部撤退，3 日攻陷南漳、宜城。第 41 军、第 77 军尾随日军，3 日收复襄阳，4 日占领南漳。此际，战局重心移至荆门、当阳地区，此种情形实出第 5 战区意料之外。6 月 4 日夜，第 13 师团等日军南路军复从旧口、沙洋附近强渡襄河，分向沙市、江陵、十里铺一带西进，企图与北路的第 3、第 39 师团会合后，围攻汉水西岸中国军队于宜昌以东地区。

宜昌是武汉和重庆间最大和最重要的内河港口，为进入四川的咽喉，其西即为地势异常险要的三峡，因而宜昌实为战时首都重庆的门户，并且是沟通大江南北第 1、第 3、第 5、第 9 战区的后勤补给枢纽。由于荆门、当阳方面的战况瞬息万变，第 5 战区已难以指挥。为了适应局势，确保宜昌，军事委员会决定重划战区，长江两岸划为第 6 战区，由陈诚任战区司令长官，孙连仲任副司令长官，该战区北与第 5 战区，南与第 9 战区相为犄角。

6 月 1 日，陈诚离开重庆，4 日抵宜昌，负责重组战线保卫宜昌。防守宜、沙的主力原为江防军，但襄东地区战事紧急时，江防军主力第 75、第 94 军北上增援，江防已形空虚。江防军在荆、当预设立阵地筑有纵深防御阵地，仅都是正面朝东，没有构筑对北的阵地，由于日军意外地从襄阳南下直扑荆、当，但南路日军从汉宜公路正面展开攻势，致使江防军正侧两面同时遭受巨大压力，处于慌乱状态，第 26 军萧之楚部放弃汉水西岸一线阵地，退守沙市、后港、建阳驿、拾回桥第二线阵地。由湘、黔调来的第 2 军李延年部赶赴当阳一线布防。第 9 战区增援部队第 20 集团军、第 53 军、第 73 军则在长江南岸策应宜、沙防卫战。陈诚得到重庆方面的准许，将彭善第 18 军由重庆运输到宜昌，他所指挥部队的后勤补给改由重庆方面直接负责补给。

图 21.3　宜昌是陪都重庆的重要屏障，武汉失守时中国的大量物资人力从这里运往内地

第 5 战区协助陈诚所部作战，第 75 军、第 30 军从樊城跟踪日军南下，汤恩伯率第 13、第 29、第 85、第 92 军由襄阳附近渡河，沿襄阳公路向南前进，增援荆、当地区。而第 33 集团军因主将张自忠阵亡，且侧背受敌，防线已乱，纷纷向荆门西北山区撤退，当阳一线阵地完全暴露。6 日，经短暂交火，第 26 军放弃了荆门、沙市、十里铺、拾回桥等重要地区。9 日，日军北路率陆空联合进攻第 2 军在当阳东北观音寺一带布防阵地，新 33 师张世希部一触即溃。第 2 军主力退归当阳，日军跟踪追击，9 日占领当阳，前来增援的第 75、第 30 军只得在当阳北侧与日军对峙，汤恩伯部则在荆门以北与日军交战。10 日，日军第 11 军下达攻占宜昌命令："军决定攻占敌军具有战略意义的长江南北联络要冲宜昌。"① 11 日拂

---

① 日本防卫厅防卫研究所战史室：《中国事变陆军作战史》第 3 卷第 2 分册，第 18 页。

晓，日军向宜昌城郊第 18 军阵地展开全面攻击，展开了两天殊死的攻防战，双方伤亡甚重。12 日，宜昌失陷，第 18 军等退至宜昌以西阵地。日军虽占领了宜昌，但对是否长期占领宜昌却拿不定主张。6 月 12 日夜，日第 11 军下令准备撤离宜昌，并以一周为限，毁掉宜昌市区的各种军事设施。15 日，园部和一郎司令官正式下令撤离宜昌。第 18 军发现日军退却，迅速跟进，17 日先头部队进入宜昌。谁知日军大本营因德国打败了法国而激起疯狂的热情，16 日晚电令第 11 军确保宜昌，结果撤退日军又突然回师，双方展开激战，至 24 日，日军才完全恢复对宜昌及其周围地区的控制。作为决策错乱的代价，日军回师后死伤近 300 人，而且宜昌在日军撤退前已作了大破坏，重返宜昌的日军连可以住的营房都没有。

日军占领宜昌后，将主力集结于当阳与汉水附近地区，中国军队则在江陵、宜昌、当阳、钟祥、随县、信阳以北之线，对日军保持侧击之势，历时近两个月的枣宜会战至此方告结束。

枣宜会战中，日军造成中国军队死伤 56000 人的重大损失，还占领了战略要点宜昌，对重庆构成一定威胁。日军在宜昌修建飞机场，对四川大后方等地狂轰滥炸。枣宜会战后，中国方面还丢失了鄂北鄂西江汉平原富裕的产粮区，第 5 战区不得不以贫瘠的鄂北山区为后方根据地。日军在枣宜会战中死伤约两万人左右，为了确保宜昌，日军大本营不得不增派第 4 师团从东北到武汉地区增援。

宜昌失守后的 1940 年夏、秋之季，对中国政府而言是 8 年抗战中最感到困难和动摇的时刻。欧洲战争爆发后，蒋介石等人抱有过分乐观的看法，但德军在欧洲战争中节节胜利，就在宜昌失守的 6 月 12 日，法国首都巴黎被德军占领，英国军队虽度过敦刻尔克危机，但只能困守英伦三岛，美国则仍主中立政策，国际法西斯侵略阵营的气焰十分嚣张。蒋介石等国民政府上层人士原指望欧战发生后能得到英、美、法等的直接援助。但英、法在战争中一败再败，不仅无力援助中国，而且还在远东谋求与日本妥协。1940 年 4 月，英、法、美大使就曾劝告蒋介石早对日媾和，蒋介石当时表示，如果日本不撤兵就不可能谈和。6 月 23 日，法国在日本压力下宣布封锁滇越路。7 月 18 日，英国也为讨好日本，宣布封锁滇缅路 4

个月，封闭了中国西南国际交通线。苏联忙于准备应付欧洲局势，有意与日本改善关系，对中国的军事援助有所削减。不仅国际局势中的暗云密布令国民政府上层人士悲观失望，国内政局和战事的演变也使他们严重丧失抗战到底的信心。第一次长沙会战后，蒋介石等对日军战争能力估计过低，及至冬季攻势失利，枣宜会战受挫，已意识到日军力量仍居优势地位，宜昌一失，重庆已有唇亡齿寒之感，加上日军大本营从5月2日起下达了对中国内地重要战略目标特别是重庆实施空中攻击的命令，5月中旬，由日本陆军和海军航空兵联合进行，作战时间为3个月，日本空军对重庆、成都等城市狂轰滥炸，屠杀了大量无辜平民，市民们忍受了难以诉说的苦难，但国民政府中的某些人已准备与日本中途妥协。随着国共摩擦日益显著，国民党及其政府对中国共产党所领导的八路军、新四军力量的壮大越来越感到恐惧，想方设法限制中共力量的发展，对日妥协的空气亦十分浓厚。蒋介石利用司徒雷登与日方联系，1940年3月至7月间，并派宋士杰、陈超霖、章友三等与日方的铃木卓尔、今井武夫、臼井茂树等在澳门、香港等处多次秘密谈判。对此，日本方面有如下评述："在这昭和15年（1940年）6月中旬以后约一个月时间内，的确出现了事变行将解决，日中两国最接近的一刹那。所以如此，应该说在八年的日中战争中。蒋介石感到危机最严重的，实际上是在宜昌失守的时候。中共察觉到日中进行和平谈判的危机，突然发动了……百团大战。"①

---

① 日本防卫厅防卫研究所战史室：《中国事变陆军作战史》第3卷第2分册，第55页。

第 22 章
正面战场上的拉锯战

一、豫南会战

豫南地区是指陇海线以南黄泛区以西的河南广大地区。它东连皖北，西靠秦陇，南接鄂北，平汉铁路纵贯其间，公路交通发达，战略地位十分重要。1940 年 6 月枣宜会战结束后，日军在鄂北豫南侵占了宜昌、当阳、钟祥、随县、信阳等据点及该线以南地区，负责守卫该区域重要据点的是日军第 11 军下辖第 13、第 39、第 4、第 3、第 40 等师团。中国军队则在此线以北以西地区利用伏牛山、桐柏山的屏蔽，伏有重兵。在此区的东部，中日军队沿黄泛区对峙着。同时，中方还在大别山麓驻有主力，对豫南鄂北之敌的侧后翼形成威胁。驻守在豫南及周边地区的中国军队自北向南分属第 1 战区（司令长官卫立煌）、第 5 战区（司令长官李宗仁）及第 6 战区（司令长官陈诚），共驻有 15 个军约 36 个师。

枣宜会战之后，日军日益感到周围中国军队对宜昌、信阳等据点及平汉线的巨大威胁，分兵把守，则不免分散兵力，捉襟见肘，陷于被动。因此，日军决定倾力攻击平汉线两侧的中国第5战区部队，试图在双方的主力决战中一举击溃中国军队，彻底解除中方的威胁。1941年1月，日军开始集中第11军的第3师团、第40师团主力及第4师团一部，并从驻守京沪的第13军抽调第17师团主力及第10师团一部，和大量火炮、骑兵、战车、空军，集中于豫南应山、信阳、罗山一线，统一由第1军司令官园部和一郎中将指挥，准备攻击中国军队。

日军将攻击豫南的部队分为3路，其配置如下：左路——第3师团、第4师团的一个联队及战车队，由第3师团师团长丰岛指挥，沿小林店、泌阳、商水、舞阳一线从南向北进攻；中路——第17师团主力，附加一个联队和战车队，由第17师团师团长平林指挥，自明港出发，沿平汉线北攻；右路——第40师团主力，由该师团师团长天谷率领，从正阳、槐角镇先强渡淮河，再沿野猪岭、汝南、上蔡线向北攻，3路大军在空军掩护下以平汉线为中轴，由南向北平行推进，而以左路为主力。

中国最高军事当局根据以往的经验，预料日军迟早会在豫南及附近地区发动旨在围歼中方野战主力的进攻，并判断日军可能以奔袭的战术寻求双方主力决战。军事委员会战前曾指示第5战区司令长官李宗仁，一旦日军来攻，要避免与对方形成决战局面，使其企图落空。具体部署是，第5战区应"以一部于正面行持久抵抗，牵制敌之主力，一部向敌后截断其交通，主力由外翼侧击而击灭之"。[①] 李宗仁遵命在平汉线正面配置了一个师与敌保持接触，主力则留在离铁路较远的两侧，保持机动，伺机向日军两翼及后背攻击。

为转移中国军队的注意力，配合豫南主战场的攻势，日军先在东西两侧发起佯攻，1月20日中午，日军驻守当阳的独立混成第18旅团、驻江陵的第39师团、驻钟祥的第4师团一部首先在鄂北襄河两岸向与其对峙的中国第29集团军、第33集团军进攻，以牵制该方面的中国军队；在豫东皖北方面，日军第21师团一部由宿县向西攻击蒙城、涡阳，第4骑兵团由亳县西攻鹿邑、涡阳；在北方，开

---

① 《抗日御侮》第6卷，第44页。

封的日军也派兵南下通许、朱仙镇，企图策应豫南日军的行动。

面对日军在襄河两岸的进攻和在豫南的大量集结的情况，蒋介石1月25日致电防守豫南的第31集团军总司令汤恩伯，指示作战要旨："敌军必于下月初或本月底向弟所属各部进攻，务希严令各部积极准备，不可为敌所制，此次敌之攻势，其范围必较远大，豫东南之商城、阜阳、郾城，豫西之南阳、临汝，皆为其预定之目标，近则舞阳、泗阳、桐柏、确山、正阳自为其必审之途，希以此敌之意图，速作对策，限于本月底布置完妥，总以避免与敌正面决战，而以少数兵力在正面节节抵抗，引其深入，以主力在敌各进路之翼，做主动的侧击；另以有力一部埋伏敌后，等其前进以后，专事切断其交通。"① 从电文可以看出，大战之际，蒋介石对敌方的攻击目标及方向仍无法做出明确的判断，只含糊地认为"其范围必大"，然而，"避免与敌正面决战"的作战方针是确定不疑的，保存实力是蒋介石这一时期的战略指导思想。

1月25日晨，豫南日军分左、中、右3路在空军配合下同时发起进攻，豫南会战正式打响。中国第一线部队第2集团军（总司令孙连仲）下辖刘汝明第68军遵上级命令，并不死拼硬守，只用少数部队与敌正面接触，阻滞日军前进速度，主力则与敌保持距离。3路日军均未受到大规模的阻击，行动颇为顺利，26日，分别到达泌阳、高邑、邢店、确山一线。27日，又抵达龙王庙、沙河店，驻马店、汝南一线。

这时，中方统帅部才大致弄清了日方所投入的兵力及主攻方向，判断敌人总兵力约在一个师团以上，"似无大规模企图"。因此，决定不再一味避战，指示各军集结队伍，"待敌窜至汝南、驻马店附近之线"，"各部队应积极将敌围击，务期于淮河以北、遂平间地区歼灭之"。② 中国军队开始部署向日军两翼出击，第31集团军下辖的张轸第13军由舞阳南下象河关附近；李楚瀛第85军由临泉东进，向上蔡附近机动；已被日军冲散的第68军重新集结，尾随左路日军之后；第33

---

① 《蒋介石致汤恩伯电》(1941年1月25日)，见《作战经过（二）》，第492页。
② 《军事委员会办公厅主任贺耀组报告》(1941年1月28日)，见《作战经过（二）》，第494页。

集团军（总司令冯治安）统辖的曹福林第 55 军自南阳东移，向陇海线左侧的黄河靠近；黄维纲第 59 军主力则从樊城北上南阳，填补第 55 军留下的空白。

由于这一积极围击敌人的部署同原先避免与日本决战的命令完全相反，加之此时日军已突破至统帅部拟定的决战区域遂平附近，各军将领不知所措，行动迟疑观望，伺机歼敌的计划无法实现。

29 日起，重新部署的中国各军开始与北进的左右两路日军遭遇，第 13 军在舞阳以南的接官厅、小史店附近地区同左路日军第 3 师团发生较大规模的战斗，"日军伤亡三千余人，战车被毁六辆"；[①] 第 85 军则在汝南附近，侧击左路日军第 40 师团。中路日军未遇正规抵抗，顺利抵达遂平。

日军正因中方避战无法形成双方的主力决战而犯愁。两军的战斗接触，使其感到有机可乘，园部和一郎于 1 月 31 日改变了三路大军平行北进的配置，把中路一分为二支援两翼：第 17 师团主力向左迂回，迅速占领舞阳，企图切断中国军队北边的退路，与担任左路的第 3 师团南北夹击中国第 13 军；另一部分则向右旋转，从遂平向上蔡一带攻击，企图与第 40 师团夹击中国第 85 军。

中方侦知日军企图，立即恢复避战态势，第 13 军和第 85 军迅速与日军脱离接触，在敌人的包围圈形成以前，先后逸出。左右两路日军于 2 月 2 日分别占领舞阳和上蔡，但围歼中国主力部队的企图再度落空。

日军长途奔袭，连连扑空，侧翼和后方补给线又受到袭扰与威胁，士气不振，此时，中国军队再次集结，第 29 军（军长陈大庆）、第 59 军、第 60 军分别从泌阳、唐河及以北地区袭击左路日军。在右路，第 84 军（军长莫树杰）于 1 月 29 日攻克日军背后的正阳。日军指挥官判断战场形势渐趋不利，主动权正在丧失，便决定向南退却，在后撤过程中再相机打击中国军队。2 月 2 日，两路日军在分别清扫舞阳、上蔡地区之后同时返转。

担任豫南会战主力的左路日军在撤退时兵分两路，第 3 师团经方城攻击南阳。

---

① 《军令部呈豫南战况》（1941 年 2 月 4 日），见《作战经过（二）》，第 498 页。

2 月 4 日，再由南阳向东南攻击唐河；第 17 师团则从舞阳直下象河关，企图对集结在泌阳、唐河地区的中方第 29 军、第 68 军、第 55 军实行围攻。但是第 3 师团在南阳附近遭到中国第 59 军的阻击，双方"激战两昼夜，敌我伤亡均大"。[①] 第 17 师团也在象河关附近先后与中方第 68 军、第 29 军发生激战。日军无法围歼中国军队，反而有被反包围之虞，便放弃战前的计划，迅速沿唐（河）泌（阳）大道和桐（柏）信（阳）大道撤回，2 月 27 日，抵达信阳。相比之下，右路的日军第 40 师团的返转较为顺利，从上蔡经汝南至信阳，一路未遇截击。

中国军队尾随日军之后，将敌人回撤时放弃的城镇一一收复，至 2 月 7 日，豫南主战场完全恢复了战前的态势，豫南会战结束。

皖北日军第 21 师团为策应豫南作战，一度东进连陷三堵集、太和、界首数城，豫南日军返转后，第 21 师团也随即退回原驻防地。

豫南会战中，中日双方仅有小规模的遭遇战，伤亡损失均不严重，加之会战时间只有十来天，很快就恢复了原先的态势，所以对整个战局影响不大。会战过程中，日方以歼灭中国野战主力为目的，积极进攻，且随战局变化而变更部署，支战场与主战场配合策应也算及时。然而，长途奔袭却无功而返对其士气是有一定负面影响的。中国方面，确定避免主力决战的作战方针实有其不得已之处，各部队能迅速与日军脱离接触，使敌人接连扑空，但是，由于战前对日军企图及部署不明，甚至畏惧，形成整个会战过程中，一味避战，以致在一些局部占很大优势的时候，不敢主动反攻，任日军进退自如。这是保存实力的消极防御战略指导思想和将士畏敌情绪的必然结果。会战一结束，蒋介石就指示军令部长徐永昌："检讨此次豫南作战经过，敌我优劣各点之比较，以及以后我军作战应改正与注意之点。"[②]

二、上高战役

豫南战役中，中国守军汤恩伯丢城失地，更加助长了日军的嚣张气焰。时隔

---

① 《军令部呈豫南战况》（1941 年 2 月 4 日），见《作战经过（二）》，第 498 页。
② 《蒋介石致徐永昌手令》（1941 年 2 月 9 日），见《作战经过（二）》第 499 页。

一月，日军又在赣北发动所谓"鄱阳扫荡战"，企图攻略高安、上高，摧毁赣江、抚河两条流域间的中国军队，直捣江西心脏，以消耗中国的反攻力量。

防守赣北的第 9 战区第 19 集团军罗卓英部采取诱击战术，在以上高为重心的赣江两岸地区发起上高会战，予敌重创，挫败了日军扫荡赣江两岸物资的大规模"鄱阳扫荡战"计划。这次战役，改变了中国军队对日军队"历次会战兵力六比一之惯例"，① 打破了日军"攻必克"的妄念，推迟了日军调往华北的时间，被视为正面战场上"空前战捷"。②

高安、上高两城，位于赣西北，居群山环绕之间，扼制赣江、锦河水面交通，地形险要，成为反攻南浔的前沿阵地，也是樟树、吉安的外围堡垒。

日军自 1939 年 3 月下旬占领南昌后，中日双方为争夺南昌及外围据点曾经多次交锋，高安阵地一度失而复得，日军被迫据守靖安、武宁一线，与中国赣北守军对峙。豫南战役前后，赣北的中国守军奉命不断对日军进行侧袭，使敌惊恐不安。为了巩固南昌外围的据点，保证占领区安全，华中日军决定打击赣北方面第 9 战区部队，夺取战略要地上高。

赣北战场中国守军分区设防，赣东防区：自南昌东南（赣江东岸）至鄱阳湖东岸属第 3 战区第 32 集团军总司令上官云相指挥；赣北防区：自赣江西岸，由西山方面起，经高安、奉新、安义、靖安，由第 9 战区副司令长官，兼 19 集团军总司令罗卓英指挥；赣西防区：自靖安以西，武宁至鄂南通山，由第 30 集团军总司令王陵基指挥。

1941 年春，据守南昌、安义、箬溪等地的日军，着手西犯准备，加紧补充兵员。日军原驻守赣北兵力约 5 万人，计有第 33、第 34 两师团及独立混成第 14 旅团。其中第 33 师团驻南昌东南至永修间南浔铁路沿线，第 34 师团驻安义、武宁及其附近公路线，独立混成第 14 旅团驻南浔北段九江方面。1941 年 2 月中旬，

---

① 赵曾俦：《抗战纪实》第 3 册，第 89 页，商务印书馆发行。
② 《蒋介石致熊斌卫立煌电稿》（1944 年 3 月 30 日），见《抗日战争正面战场》（下），第 980 页，江苏古籍出版社出版。

驻守长江下游的日军独立混成第 20 旅团及第 3 飞行团，奉命抽调至赣北，分别集结于牛行、望成岗地区及南昌机场。3 月初，日军主动放弃武宁县城据点，以集中兵力，缩短防线。为了掩护西犯企图，眩惑中国守军耳目，日军行声东击西故伎。一方面佯装东攻临川、鹰潭，一方面故作玄虚，征集民夫修筑道路，将赣江东岸部队向连塘、上堪店等地移动。飞机、地面战车，也佯作东犯姿态。

日军虎视上高，是中国守军意料之中的事。早在 1940 年 5 月。第 9 战区制订的反击南昌作战计划中规定："敌如进犯高安、上高、万载，则诱之于分宜、上高、宜丰以东地区，反击而歼灭之。"① 据此，赣北防区第 19 集团军决定由东向西部署三道阵线。第一阵地线：由瑞洪（不含）沿抚河右岸，经锦河南岸至塘里一线。第二阵地线：自青岚湖西岸的罗岭起，跨赣江西岸至锦河北岸泗溪至九仙汤一线。敌军进犯时，逐次抵抗，等到敌军进入第三阵线，再集中兵力围歼之。

按照上述计划，罗卓英命令第 70 军李觉部（辖唐伯寅第 19 师，宋英仲第 107 师，张言传预 9 师）为左翼诱击兵团，利用第一、第二两阵地有利地形逐次抵抗，诱敌深入后，适时转移，插入敌后侧背，截断日军后方。右翼，由划属罗卓英指挥的第 3 战区第 49 军刘多荃部（辖王克俊第 26 师、王铁汉第 105 师、曾戛初预 5 师）从赣江东岸秘密出击，与左翼友军配合，对敌施行外线反包围。正面以第 74 军王耀武部（辖李天霞第 51 师、余程万等 57 师、廖龄奇第 58 师）为决战兵团。待左翼部队将日军诱吸到第三阵地线时。协同各兵团，将其合击歼灭。②

1941 年 3 月 14 日，日军利用夜间分三路秘密转移集结。北路，第 33 师团 14000 余人，集结于干洲街附近；中路，第 34 师团除一部留守原阵地外，主力约 2 万人，集结于西山、万寿宫附近；南路，独立混成第 20 旅团 8000 余人，集结于厚天街附近。日军的战役企图是分路合击上高，然后东渡赣江，窜扰樟树、丰

---

① 《第九战区反击作战计划》，《上高会战军委会与各战区司令军事情报文电》，国民政府军令部战史会档案，中国第二历史档案馆藏。

② 《十九集团军总部机密作战日记》（1944 年 1 月 15 日），国民政府军令部战史会档案，中国第二历史档案馆藏。

城。"扫荡"赣江两岸物资，攻击中国第 19 集团军正面，巩固南昌外围，实现"鄱阳扫荡战"的目的。①

3 月 15 日晨，北路日军第 33 师团在樱井指挥下，自安义城北宋埠、西干洲两地向中国第 70 军正面进犯。一股约千余人，另一股约万余人，两股日军成钳形向西伸展，包抄奉新。驻守奉新的 70 军第 19 师在城西设防阻击，预备第 9 师留守城东迎敌。日军凭借空军和重炮掩护，急速向奉新外围阵地推进。预 9 师第 26 团一部奋起迎击，力阻敌锋。因敌军炮火猛烈，众寡悬殊，被迫放弃外围阵地，撤向奉新城内。是日晨，奉新城外日军兵临城下，攻至奉新东南方向洪田的敌人，利用重炮侧击奉新，日军正面炮兵也向奉新城猛射，盘旋于奉新城上空的 9 架敌机滥肆轰炸，旋即，奉新失守。日军占领奉新后，很快越过潦河，一部向退守凤凰山至五步城一线预 9 师攻击，一部向 19 师阵地肺头赵进犯，主力则向西突进，预 9 师五步城一线阻敌失利，又北撤到米峰，石子陵一线与敌相持。此时，第 19 师与预 9 师阵地隔潦河相望，千余日军利用暮色由潦水南岸第 19 师与预 9 师结合部间隙钻入车坪、棺材山一带。预 9 师第 26 团虽与敌激战一夜，由于第 19 师未能配合夹击，使日军乘隙西进。16 日拂晓，敌进入水口甘附近。与此同时，进犯第 19 师第 57 团巴茅山阵地的日军，遭到该团猛烈还击，经过一昼夜激战，17 日晨，敌军向东退缩，但是，北路日军主力已进至铁夫铃、樟树岭。同时，由宋埠进至赤田张的敌人也连夜西犯，与敌军相持的我米峰、石子陵阵地遭到 8 架敌机大肆轰炸，预 9 师指挥部人员因避空袭，猝未及防。日军已窜至伍桥河，逼近预 9 师师部所在地。由于连遭日军攻击，预 9 师伤亡颇重，被迫西撤至潦水上游罗坊附近整理。

第 19 集团军司令部根据敌已分股进到南山河、村前街及高安城北的火陵上附近的形势，对部署及时作了调整："令任诱敌作战之 70 军作离心退却，陷敌分离后对敌反击，并由抚河东岸抽调第 49 军第 26 师王克俊部兼程西进，集中樟树以

————————————

① 第 19 集团军参谋处编：《上高会战概述》，国民政府军令部战史档案，中国第二历史档案馆藏。

侧击敌人。"18 日，第 70 军奉命撤入第三阵地线的下观童、花门楼待命。19 日晨，第 19 集团军命第 2 挺进纵队配合第 19 师主力向东出击，迂回到敌后骚拢袭击北路日军。敌 33 师团由于孤军深入，虽突破中方第一、第二阵地线，但出动仅数日，已伤亡 2500 余人，加之合击上高的计划未得到南路及时配合，退路面临我 70 军切断的危险，不得已于 19 日沿潦河向安义退却。①

南路日军池田指挥的独立混成第 20 旅团兵力约 8000 余人。5 月 15 日晨，自赣江北岸牛行出发，企图与北路以"两臂合抱之态势先捕捉我军主力于高安、上高间地区而歼灭之。"② 日军利用夜幕，两次偷渡锦河，遭到驻守河口夏的第 70 军第 107 师宋英仲部的阻击。16 日晨，敌凭借炮兵、飞机的掩护，再次强渡锦河得逞，第 107 师退却至仙姑岭一线，此时，第 74 军第 51 师李天霞部一团兵力奉命调往独城附近，增援 107 师。由于我军增援及时，使南路进犯日军在红石岭山地一带"遗尸 400 余具"。③

南路日军派出的赣江支队 18 日窜至泉港街、姜家渡等地，他们的任务是为沿赣江南犯，攻占清江、樟树、丰城后作渡河准备，以接应主力攻占上高后渡江东犯。次日晨，敌赣江支队派出 200 余人的先头部队偷渡赣江东岸，企图进犯樟树镇，适逢中方右翼王克俊师由赣江东岸抽调西进，乘敌半渡予以迎头痛击，残敌仓惶落水，退守江心沙滩，由泉港开拨的敌增援船只，也被击沉，余敌向曲江方面退去。同日，由坂本率领的赣江支队主力经兰家桥、张家山企图窜过陈家坊急袭清江县城，截断中方赣江两岸联络。王克俊师第 76 团由樟树上游迅速渡过赣江，乘敌立足未稳，在张家山、崇祯观附近予敌以歼灭性打击，仅崇祯观一带消灭敌人 40 多人，缴获军马 30 多匹，使樟树、清江免遭日军践踏。王克俊师被当

---

① 《蒋介石致熊斌卫立煌密电》（1941 年 3 月 30 日），见《抗日战争正面战场》（下），第 979 页。
② 第 19 集团军参谋处：《上高会战概述》（1941 年 5 月 15 日），国民政府军令部战史会档案，中国第二历史档案馆。
③ 第 19 集团军参谋处：《上高会战概述》（1941 年 5 月 15 日），国民政府军令部战史会档案，中国第二历史档案馆。

地民众誉为"神兵"。[①]

中路敌军为大贺指挥的第 34 师团，兵力约两万人。在北南路敌军发动的次日即 16 日拂晓开始行动，以高安为目标，沿湘赣公路西犯，企图与南北两路合力从两翼包围中国第 74 军。

中路日军先以战车 20 辆冲到我 70 军第 107 师左翼阵地小岭、祥符观一带。然后分兵转攻 107 师赵家山、莲花山阵地。激战至中午，赵家山、莲花山阵地相继失守，高安城顿失屏障。日军凭借飞机、战车掩护，攻击高安城北的火陵上附近。第 107 师右翼主力退守高安，面对强敌，形势严峻。是守是撤，守城官兵产生动摇。17 日夜，第 107 师锦北岸高安附近的部队先脱离战场，接着第 107 师主力自动放弃高安，并违令在高安至灰埠间的沿河部署警戒，使敌步骑兵 400 余人得隙渡河南犯，第 107 师仓惶突围，各级指挥失控，队伍陷于紊乱，撤退途中，又屡遭敌阻截，伤亡颇重，余部退往田南圩。

中路日军占领高安后，乘势西进突破中国军队阵地线前沿阵地龙团圩，并逼近第三阵地线前沿。其时中方两翼诱击兵团正在牵制日军，未及抽兵对敌施行反包围。第 74 军如不采取果断灵活战术，主动出击，扰敌待援，必将孤军决战，不仅上高不保，也不能完成协同各兵团合击歼灭敌军计划。

18 日上午，日军进至龙团圩后，第 74 军军长王耀武即将第三阵地线的前沿阵地推进至龙团圩附近的龙王岭、扬公圩、黄峰岭一线，与敌成对峙势态。同时命令第 57 师进入坎头岭至下曹港一线，第 58 师进入桥头至黄家浦一线以加强警戒。为了摸清敌情，第 74 军利用夜间派出搜索部队，分途施行威力搜索，在龙团圩西南，搜索部队一部与敌展开了遭遇战。接着千余日军向扬公圩前沿阵地扑来，受到第 57 师补充团的阻击，敌虽一再增援，但直至 19 日中午，始终未能突破我前线阵地。当日下午，敌 34 师团一部在 9 架飞机和重炮的掩护下，经石塘、

[①] 第 19 集团军参谋处：《上高会战概述》（1941 年 5 月 15 日），国民政府军令部战史会档案，中国第二历史档案馆藏。

姜田圩进犯官桥街，第 58 师以一团拼死力拒，鏖战至黄昏，双方伤亡惨重。此时，敌 34 师团主力援兵万余人赶到并对中方前沿阵地实施反包围。中国军队见势不利，为完成合击歼敌计划，撤退至上高东北泗水西部阵地与敌对峙。

第 74 军在正面利用既设阵地，顽强抵抗，争取了时间，为两翼兵团适时转移，插入敌军后方，施行外线反包围，起了重要作用。

19 日，中国军队左翼诱击兵团预 9 师向仙姑坛、丁家山一线出击，第 19 师唐伯寅所部主力东进抵湾里湖至许江许一线，压迫北路残敌。右翼第 26 师王克俊部则绕袭敌侧右翼，江西省保安司令部也奉命派出钟石磬第 3 挺进纵队所属的 3 个保安团，向奉新、高安一带截击回犯的日军。第 9 战区电令各军"积极对敌猛攻，务将深入捣乱之敌，歼灭于高安锦河南北地区"。[①] 同时抽调西北第 72 军陈良基新 14 师，付翼新 15 师西进增援。

日军分进合击上高企图遭受严重挫折后，又面临着被局部围歼，各个击破的厄运。为了挽救败局，日军企图通过反击调整兵力部署，使南北两路日军向中路日军主力靠拢，以集中兵力夺取上高。

3 月 20 日，南路日军池田独立混成第 20 旅团一部，向锦河南岸中国第 51 师鸡公岭一线主阵地发动反攻，遭到守军顽强抵抗。守军利用迫击炮火掩护，与日军展开肉搏，血战竟日，歼敌 200 多人。中国军队百余人以身殉国。[②] 旋即，池田所部五六百人利用飞机、大炮掩护，再次向鸡公岭阵地猛攻，炮击 500 余发，一营守军大部伤亡，敌乘机蜂拥而上，营长率一连兵力机警地绕敌侧背发动奇袭，消灭日军 300 多人，阵地失而复得，迫使残敌退至猪头山一线。两小时后，日军池田旅团的 3 个独立大队联合反扑，势在必夺第 51 师主阵地线。中国守军拼死相拒，勇猛杀敌，经过两天激战，共歼敌达千余名。南路日军余部虽达到与中

---

① 《薛长官致罗总司令指示作战机宜皓电》（1941 年 4 月 19 日），国民政府军令部战史会档案，中国第二历史档案馆藏。

② 第 19 集团军司令部：《上高会战战斗详报》（1941 年 3 月 15 日至 1941 年 4 月 9 日），国民政府军令部战史会档案，中国第二历史档案馆藏。

路主力日军汇合的目的，但反击锐气遭我挫伤，分进合击的左臂被斩断。这就为中国军队从两翼对中路敌军达成包围创造了条件。

中路第 34 师团是日军进犯上高的主力。自 19 日逼近第 74 军正面前线阵地后，气焰尤其嚣张，在南昌发了题为"上高陷落在目前"的"大师报号外"①。与敌对峙的第三阵地线只有第 50 师、第 58 师两师兵力。该部李天霞第 51 师已奉命作机动，深入日军侧翼，因此阵地防广兵单（每营守备约 7 公里）。为了确保上高，第 19 集团军一方面命唐伯寅第 19 师抽调一加强团挺进高安，扰乱敌后，一方面自两翼抽兵以加强第 74 军主战场，同时命第 74 军余廖两师以守为攻，拖住日军，实行围歼。第 74 军为缩小正面战线，对日军施行包围，将核心阵地移至下陂桥一带。

20 日，日军集中 10 余门大炮、30 余架飞机集中袭击泗水西岸第 74 军塘坎、港西罗地区，廖师一部奋力阻击，激战至夜，我塘坎附近阵地被敌突破。21 日，廖师转至白茅山、樟树、下荷含一线与 57 师潘家桥、云头山阵地成斜交阵地。余廖两师，经过一天激战，打退了日军三次进攻，日军夺取斜交阵地终未得逞。

22 日晨，中路日军集中近万兵力，凭借 20 多架飞机掩护，向第 74 军阵地猛攻。守军"拼死力拒，虽然血肉纷飞，伤亡惨重，仍不稍退，是日一日间全线敌我伤亡均在 4 千以上"。② 为增援第 74 军，赢得时间，集团军司令部将特务营派往前沿阵地参战。

日军困兽犹斗，23 日，日军师团长大贺坐镇毕家指挥，集中 34 师团主力约 6000 余人，进犯聂家、下陂桥、徐楼一线核心阵地，意在必得上高。由于守军炮火猛烈，使敌未能得逞。俄顷，日军又以 10 余架飞机对中方阵地低空轰炸，以掩护步兵夺取阵地。守军奋勇抗击，往返冲杀，下陂桥核心阵地失而复得三次。日军虽受重创，仍倾全力反复攻击，守军官兵死伤枕藉，仍奋力固守。24 日晨，守

---

① 赵曾俦：《抗战纪实》第 3 册，第 109 页。
② 第 19 集团军参谋处：《上高战役概述》（1941 年 5 月 15 日），国民政府军令部会档案，中国第二历史档案馆藏。

军又夺回了一度被日军占领的白茅山阵地。同日中午，日军孤注一掷，与中国军队争夺下陂桥、白茅山阵地。大贺师团长亲自督阵，将南路池田残部 3000 余兵力也拼凑其间。日军出动的 70 架飞机，反复狂炸下陂桥、白茅山阵地，投弹多至 1700 余枚，阵地大部被炸毁，中国军队伤亡惨重，情况十分危急。关键时刻，第 74 军预备队先后 7 次与敌肉搏，毙敌 2000 余人。第 74 军将士舍身拼杀，为实施两翼对敌包围赢得了宝贵时间。同日，中国军队两翼部队第 70 军、第 72 军、第 49 军部进入预定战位，完成了南北直径 10 华里、东西 30 华里椭圆形包围圈。

日军见陷入重围，急电汉口日军司令部求援。24 日午，援敌一路 2000 余人，自九江南驰。另一路是第 33 师团第 215 联队从奉新开出西犯伍桥河，分向棠浦、官桥急行。

中路日军妄图利用救援伺机突围。25 日晨，日军首先选择中方左翼部队预 9 师阵地坑口冷、介子坡、南茶罗一线为突破口，发动了猛烈进攻，预 9 师官兵奋力抵抗，激战至中午，双方伤亡均重。此时日军援军已迫近棠浦、官桥，预 9 师因顾虑遭受日军前后夹击，擅自决定东撤，向第 19 师阵地凉子脑、桐子坑阵地靠拢。适逢日军猛犯第 19 师阵地，混乱之中，第 70 军副军长张言传错误决定放弃既设阵地，令第 19 师、预 9 师分向北凤凰圩、庄坊附近撤退。此举，使包围圈扯开了一大缺口，敌援军第 215 联队得以直入官桥与第 34 师团主力会合，给围歼增加了困难。

26 日，集团军又重新调整兵力部署，由预 9 师、第 19 师于官桥附近堵击日军，防敌突围与增援，分令第 74 军 57 师余程万一部经潘家桥向北进击，第 58 师廖龄奇部，第 71 军第 107 师宋英仲部向官桥进击；第 49 军第 105 师王克俊部于官桥以东攻敌侧背；第 72 军新 15 师付翼部向江家洲以南，新 14 师陈良基部经棠浦转向东南，迅速聚歼敌人。[①] 与此同时，第 74 军从正面开始向东全线出击，由

①《上高会战军委会与各战区司令军事情报文电》，国民政府军令部战史会档案，中国第二历史档案馆藏。

于雨雾蒙蒙，敌机无法施展威力，为中国军队重施紧缩包围提供了条件，同日午夜，日军已被包围在以官桥为中心南北直径不满 5 公里包围圈内。

27 日拂晓，第 74 军分途挺击取得了很大的进展，第 57 师克复泗溪。中午第 58 师几经血战后克复傲古山、炉下、河段一线。下午，第 74 军第一线官兵又冒着日军投掷的大量毒瓦斯弹，收复毕家（原第 34 师团指挥所所在地）。此时距官桥仅 4 里，正在前进之际，自动后撤的第 107 师忽报白茅山发现敌人，第 50 师考虑到左翼完全暴露，不得不停止前进，回师防范。实质上，正是担任实施左翼包围的第 107 师作战不力，延误了攻取官桥的计划。原来 27 日晨，敌人发现再次被围后，倾全力从第 107 师防守薄弱环节离谢楼附近突围，由于第 107 师一部与协同作战的新 15 师发生冲突，引起混乱。日军则乘乱对离谢楼突然猛攻。中国军队仓猝应战，混战至天明，伤亡惨重。敌骑兵 500 多人直冲到西源里新 15 师指挥所，中国军队顿时陷于混乱状态。日军千余人由此突入水口圩，南袭第 107 师左侧，第 107 师仅以一部防守堵击，主力自动撤退，造成中方左翼完全暴露。东进之第 58 师掉头回防，攻取官桥计划又成泡影，而日军一部得以突围东遁。

28 日，集团军司令部饬令各部以官桥街、南茶罗为目标，猛烈进攻，彻底围歼残敌。当日中国军队主力进迫官桥，日军被迫退守官桥市内。经过一日巷战，官桥街全部被收复。日军遗尸累累，第 34 师团少将指挥官岩永被击毙。

与此同时，第 105 师王克俊部在杨公圩南北高地对突围东遁之敌进行截击，自湘赣经高安赶来增援的千余日军，也被我军阻击于龙团圩附近。

29 日午，战区司令部又令第 49 军军长刘多荃率领 4 个师的兵力组成右追击军，沿湘赣公路，经高安，向牛行追击；第 70 军长李觉率 3 个师兵力组成左追击军，沿伍桥河、奉新道向安义追击。

30 日，中方第 26 师、第 105 师、预 9 师、第 19 师在龙团圩、杨公圩围歼日军 2000 多人，接着按追击部署向高安、奉新方向追击。

31 日晨，陷入敌手半月之久的高安城被中国军队克复，日军东遁归路被截断。

4 月 1 日晨，日军以 15 架飞机掩护突围，向斜桥方向逃窜。中国军队在追击中，沿途收复了陷于敌手的城镇据点。4 月 2 日，中国军队除恢复战前原态势外，并攻占西山万寿宫。4 月 8 日、9 日，又克安义外围的长埠、宋埠、干洲、弓尖各要点。上高战役始告结束。上高战役，中国军队伤毙日军少将指挥官岩永，大佐联队长滨田以下 15000 余人，军马 2800 余匹，击落飞机 1 架，俘虏日军百余，缴山炮、迫击炮 10 门及步枪千余支。[①] 这在国民党抗战史中"殆可谓难能者矣"，不仅国内各地开会庆祝，也引起了国际舆论的重视。美国各大报纸"多以显著地位揭载赣北日军大败新闻"。英国特派驻华大使馆武官史丹尼少将"前来参观战绩"。[②]

上高战役，中日双方兵力大略相等，中国武器装备远不及日军，但战场全局的主动权基本操之于中方，该战役指挥适当应为取胜的主要原因。蒋介石曾亲自总结上高战役作战教训，"转饬所属遵照，并师长以上皆须阅读研究"。[③] 可事隔月余，与上高战役态势相近的中条山战役，中国军队却惨遭败绩。

三、中条山战役

1941 年 5 月，华北日军以约 10 余万兵力，发动了对晋南中条山的围攻。曾声称要"坚持山西，确保河防"的卫立煌部近 18 万人，面对日军进攻，"一经中间突破，各部皆陷于包围零乱之中竟至不可收拾"。[④] 结果，日军以近 1 比 20 的极小伤亡代价打败了中条山地区的国民党军队，给晋南抗战带来严重的困难，成为"抗战史中最大之耻辱"。[⑤]

太原沦陷后不久，日军继而占领了晋南长治。中国军队为了减少损失，不以扼守城镇为目的，分散在晋南山地进行游击作战，建立了以中条山为依托的游击

---

① 《上高会战经过与检讨》（1941 年 4 月），国民政府军令部战史会档案，中国第二历史档案馆藏。
② 赵曾俦：《抗战纪实》第 3 册，第 92 页。
③ 《蒋介石致熊斌卫立煌等密电稿》，见《抗日战争正面战场》（下），第 982 页。
④ 《蒋介石对晋南作战失败之检讨》（1941 年 5 月 28 日），国民政府军令部战史会档案，中国第二历史档案馆藏。
⑤ 《蒋介石对晋南作战失败之检讨》（1941 年 5 月 28 日），国民政府军令部战史会档案，中国第二历史档案馆藏。

根据地。

中条山位于豫北晋南交界处，横亘黄河北岸，东连太行山，西接吕梁山，瞰制豫北、晋西，屏蔽洛阳、潼关，是便于向华北进击的要地。[①] 驻晋豫两省的中国军队分由第 1 战区卫立煌、第 2 战区阎锡山统辖，由朱德率领的第 18 集团军也编入第 2 战区战斗序列。

图 22.1　1941 年 5 月 12 日，日军第 23 师团从阳城出发，进攻中条山

抗日战争进入相持阶段后的二三年内，日军不仅向八路军各抗日根据地大举进攻，对中条山地区也发动了 10 多次围攻，企图摧毁抗日根据地，肃清黄河北岸的中国军队，扫清南犯西进的障碍。由于中国军队的抗击和配合，日军始终未能得逞。驻守中条山地区的第 1 战区卫立煌部近 18 万人，与环绕中条山外围 4 个师团日军成对峙状态。

1940 年，由八路军在华北发起的百团大战，沉重打击了日军的嚣张气焰。原决定采取一切措施，"剿灭"占领区内共产党的日军，在选定山西境内 1941 年度

---

① 何应钦：《八年抗战之经过》，第 108 页。

打击目标时，则改变了主意，他们认为八路军在进行了百团大战以后，战斗力恢复得很慢，而卫立煌部在中条山地区则以众多兵力，长期牵制着日军 4 个师团，山西境内的阎锡山部队又无意与卫立煌军队合作，战斗力也低，因此决定首先击破晋南中国军队后，再全力对付八路军。

据此，日军进行了部署和战前准备。环绕中条山外围与卫立煌部对峙的，是日本华北方面军第 1 军司令官筱冢率领的第 25、第 36、第 37、第 41 师团，分布于豫北的沁阳、博爱及晋南的晋城、沁水、绛县、闻喜、夏县、安邑一线。为了加强进犯中条山的力量，中国派遣军先后从华中、苏北抽调第 33、第 21 师团配属第 1 军。日军大本营于 4 月 19 日从关东军调来飞行第 32、第 83 战队，第 3 飞行集团主力（轻轰 6 个中队，侦察 3 个中队，直协两个中队，战斗 1 个中队）在运城、新乡两个机场展开，担任空中配合。①

日军的部署是：参战的日军主力置于张马—垣曲一线，将战场分成东西两个地区，作战重点放在西部地区。从全部 42 个大队中集结了 35 个大队。正面，利用黄河障碍和既设阵地，以挺进部队从两侧地区楔入，切断中国军队退路，施行包围。接着以迅速的歼灭战和反复扫荡，将中国军队完全围歼。为了使包围得逞，日军部署了双重包围，并编成了精悍的挺进队，专事抢占黄河北岸的重要地点，截断其退路。在"胜败在于八分准备"②的口号下，日军一方面进行适应作战地区、地形战况的训练，另一面利用准备性作战，击退了晋东陵川一带的中国军队 27 军和翼城以南、绛县以东与主力脱离的中国第 15 军。这样，就为向中条山的进犯造成了有利态势。

与日军积极准备、严密部署相反，中条山地区的国民党军队由于执行"反共"、"限共"政策，名为中条山游击根据地，但驻守的军队对日本并不主动出击，以致黄河北岸各"渡口生死攸关桥头堡，毫不注重，而且未闻有何工事"。③

① 日本防卫厅防卫研究所战史室：《中国事变陆军作战史》第 3 卷第 2 分册，第 133 页。
② 《卫立煌致蒋介石密电》（1941 年 10 月 28 日），见《抗日战争正面战场》（下），第 1025 页。
③ 《蒋介石对于晋南作战失败之检讨》，国民政府军令部战史会档案，中国第二历史档案馆藏。

"中条山地区险要各部与敌对阵将近 3 年，而并未积极加强阵地工事构筑"。[①] 更没按战时需要储备给养，参战区域"物资极度贫乏，根本不能辅助军事"。[②]

1941 年 4 月，日军开始向中条山周围地区集结。4 月 18 日，何应钦在洛阳召开黄河沿线第 1、第 2、第 5 战区军以上长官军事会议，研究中条山地带作战计划，各战区在汇报中充分地暴露了在日军大举侵犯面前疏于防守的状况。有的提出，守备兵力不足；有的强调，当地粮食不能自给；还有的提出重兵器不足，等等。更有甚者，不顾大敌当前，还纠缠讨论如何瓦解共产党问题，致使长达四个半小时的会议未能拿出任何作战方案。直到 4 月 20 日，第二次"晋南三角地带作战检讨会"上，何应钦才提出对中条山地区作战指示和注意事项。

国民政府对于晋南三角地带作战，采取的是消极防御的计划。何应钦指出，为了确保中条山，第一步应相机攻取高平、晋城、阳城、沁水间地区，以恢复 1940 年 4 月前的态势；第二步与晋西军及第 2、第 8 战区协力包围晋南三角地带的敌人；最低限度亦须确保中条山。但是，中国军队处于内线，疏于防守，背水列阵，千里馈粮，士无斗志，谈何确保？

4 月 28 日，国民政府军事委员会判断日军有由济源、模皋大道会犯垣曲的企图，做出了加强阵地工事，破坏阻塞主阵地前道路，打破敌之攻势的先敌出击的计划。然而，这一出击计划在下达各战区过程中，因中间指挥系统繁杂，迟延费时，加之卫立煌尚在返洛阳途中，各阵地中国守军对敌"如常时而毫无万分之一之准备"，[③] 直至 5 月 5 日，所策定的出击部署仍未全部实施，而日军已于 5 月 7 日下午以钳形与中央突破的方式，由东、北、西三个方面发起了进攻。中日双方兵力部署如下：豫北（道清西段）日军第 35 师团一部、第 21 师团一部、骑兵第

---

① 《国民党军委会桂林办公厅对豫北晋南会战失败之检讨陈述意见》（1941 年 5 月～7 月），国民政府军令部战史会档案，中国第二历史档案馆藏。

② 《卫立煌致蒋介石密代电》（1941 年 10 月 28 日），第 1 战区中条山会战要报，见《抗日战争正面战场》，第 1924 页。

③ 《蒋介石对于晋南作战失败之检讨》（1941 年 5 月 28 日），国民政府军令部战史会档案，中国第二历史档案馆藏。

4 旅一部，共 1 个半师团，计 25000 余人；中国军队为第 9 军裴昌会部及丁树本部，共约 4 个师 3 万余人。晋南（阳城、绛县、闻喜、夏县、平陆一带）日军主力第 33 师团一部、第 41 师团一部、独立混成第 9 旅、第 36 师团、独立混成第 3 旅团、第 24 师团，共计 5 个师团计 7 万余人；中国军队为第 93 军刘戡部、第 98 军武士敏部与毕梅轩纵队、第 15 军刘茂恩部、第 43 军赵世铃部、第 74 军一部、第 17 军高桂滋部、第 85 军李楚瀛部的 94 师、第 3 军曾万钟部、第 80 军乔明礼部。总计敌军约 7 个师团，计 10 万余人，中国军队 19 师 1 个旅 3 个游击纵队，兵力约十五六万人。[①]

7 日下午，道清西段之敌分三股向济源、孟县进犯，分段防守济源地区的第 2 战区第 9 军郭寄峤部并未加强阵地工事构筑，见日军来势凶猛，于 8 日中午自动放弃济、孟两地，西撤至封门口既设阵地。封门口为日军西进之要道隘口，敌增兵猛攻，自 9 日上午激战至 10 日晨，封门口被日军攻破，第 9 军第 42 师一部及第 47 师由狂口南渡。12 日晨，分路攻进的日军在邵源附近会合。当日，日军占领并封锁了黄河沿岸各渡口。由于第 9 军"并未坚强抵抗，全军自由后退未加制止，使敌得以迅速合围，影响 14 集团军作战甚大，狂口渡亦早落敌手，豫北退路全被闭锁"。[②]

晋南方面，日军第 33 师团附独 4 旅团一部，自 7 日起分经阳城、沁翼大道向董封东西线南犯；第 41 师团主力附独立混成第 9 旅团由绛县向横皋大道南犯；第 36 师团经沁水、侯马、闻喜、堰掌方面向东南犯；第 37 师团附独立混成第 3 旅团一部及伪军第 24 师，分由夏县、张茅大道东犯，重点指向横皋大道及夏县方面。日军分编多数纵队，成广正面钻隙迂回，将重兵分置于各要点，构筑工事，封锁山口、渡口，逐步紧缩包围，并利用汉奸、快速小部队袭截我通信联络及各指挥部。由于中方"未能于会战前反内线成外线，

---

① 《国民党军委会桂林办公厅对豫北晋南会战失败之检讨陈述意见》（1941 年 5 月 ~ 7 月），国民政府军令部 战史会档案，中国第二历史档案馆藏。

② 《国民党军委会桂林办公厅对豫北晋南会战失败之检讨陈述意见》（1941 年 5 月 ~ 7 月），国民政府军令部战史会档案，中国第二历史档案馆藏。

致受敌之围攻，到处被其突破，始终陷于被动"。①

　　会战开始第二日，"情况剧变，敌之来势极猛，致一日间师以上多数司令部为敌阻击，致指挥部通信时有中断"。② 董封东西一线，第 98 军官兵经多日顽强抵抗，由于敌增援反攻，激战至 13 日，董封失陷，守军第 98 军、第 15 军撤退至横河镇东西地区。

　　沿横皋大道南犯的日军约两万多人矛头直指黄河最重要的渡口垣曲。在此设防的中国第 43 军赵世铃部历来战斗力低劣，一经日军中间突破，纷纷后退。8 日黄昏，垣曲失陷，此时，中条山的国民党军队已被敌军截为东西两部，通讯断绝，失去联络。

　　9 日、10 日，日军自垣曲分股向东西方向挺进，分别包围刘茂恩、曾万钟集团军。由于狂口渡早落敌手，豫北退路全被闭锁。刘、曾集团军背水困战，整个战局十分危急。而战区长官司令部"并无重大处置，任各军各自为战"。10 日，曾万钟全军陷于重围。战区虽命令其向北转移，但因当时"通讯工具全毁，与各部已失联络，命令无法下达"。③ 此时，日军从四面进逼，曾万钟决定以团为单位向西北突围。至 13 日，只有第 3 军、第 17 军各 4 个团突破敌包围，向汾河西岸转移。11 日，刘茂恩直接向重庆蒋介石发电，一方面电告战斗失利情况，一方面求援，电文中称："狂口补给线已被截断，潦山内瘠，苦又无屯粮，大军已绝食 3 日，四周皆有强敌，官兵枵腹血战，状至可悯，若不急筹办法，恐有溃散之虞。"④ 原来"中条山地区未有按作战要求屯粮，应需给养只输送至黄河各渡口为止，各军不得不抽派三分之一以上的战斗兵力不断往返搬取，以应每日需要。因

---

　　① 《国民党军委会桂林办公厅对豫北晋南会战失败之检讨陈述意见》（1941 年 5 月～7月），国民政府军令部战史会档案，中国第二历史档案馆藏。
　　② 《卫立煌致蒋介石密代电》（1941 年 10 月 28 日），见《抗日战争正面战场》（下），第 1026 页。
　　③ 《国民党军委会桂林办公厅对豫北晋南会战失败之检讨陈述意见》（1941 年 5 月～7月），国民政府军令部战史会档案，中国第二历史档案馆藏。
　　④ 《国民党军委会桂林办公厅对豫北晋南会战失败之检讨陈述意见》（1941 年 5 月～7月），国民政府军令部战史会档案，中国第二历史档案馆藏。

此部队战斗力减低，且战斗开始即告断炊，致因饿而致死者甚多"。① 刘茂恩本"拟率军主力向沁、翼以北扩展，并于阳城以南酌余一部，以期就食"。② 不料行至沁河附近，遭日军截击尾追，激战竟日，双方伤亡均重。卫立煌考虑"该部迁延时日太大，北上殊多危险，留置现地游击，给养困难，将士疲劳"，遂电令刘茂恩即率主力"分期分组南渡"。③

晋南闻喜、夏县东南的日军第 36 师团主力、第 37 师团及独立混成第 16 旅团各一部，于 7 日下午向张店镇以东第 80 军、第 3 军的结合部猛攻，激战数小时，守军阵地被突破。8 日下午，第 80 军、第 3 军撤至四交河亘望原一线。9 日午夜，由于日军攻势猛烈，宋军被迫退至台砦村附近。激战中，新编第 27 师损失较重，师长王峻、副师长梁希贤，参谋长陈文权均壮烈殉国。10 日晚，余部奉命陆续南渡。

日军自 11 日起进行南北篦梳"扫荡"。12 日，东进日军在邵源与西进日军会合。中国各军主力于 13 日开始突围，几经艰苦周折，至 20 日，第 93、第 19 两军分别突围到达稷山、乡宁，第 98 军的两师到达沁水以北地区。其余部队被冲散，有的被日军阻袭折回济垣路以北地区。

奉命渡河南撤的国民党突围部队，沿途无不受到日军截击，加之缺乏渡河船只，损失惨重。第 14 集团军总部及第 15 军军部就是靠仅有的两只小船（每只仅能容 7 人，往返需 1 小时）往返数十小时，至 26 日才脱险南渡。

中条山战役中，八路军对友军进行了积极配合。会战初期，陈赓太岳部应卫立煌之约进入中条山及汾南三角地区，担任了同蒲、白晋路南段破袭任务，从侧面牵制日军。5 月 22 日以后，八路军为团结对敌，应蒋介石要求，在平津、平保及太原北铁路线部署了较大规模的游击战，并在临汾、安阳南北，进行灵活出

---

① 《国民党军委会桂林办公厅对豫北晋南会战失败之检讨陈述意见》（1941 年 5 月~7 月），国民政府军令部战史会档案，中国第二历史档案馆藏。

② 《刘茂恩与蒋介石来往密电》（1941 年 5 月 11 日），见《抗日战争正面战场》（下），第 1005 页。

③ 《卫立煌致蒋介石密代电》（1941 年 10 月 28 日），见《抗日战争正面战场》（下），第 1015 页。

击，使日军交通中断二三日，拔除了中条山根据地日军的一些据点，有力地牵制了日军，掩护了南撤的国民党军队①。

中条山战役从5月7日开始至27日战斗结束，中国军队阵亡42000余人，被俘35000余人，而日军伤亡2800多人，以近1比20的极小的伤亡代价打败了中条山地区所有的国民党军队，占领了中条山地区，他们惊呼："这是事变以来罕见的战果"。②

中条山战役国民党十多万军队被日军击溃，固有战区长官战役指挥失当之处。但晋南守军消极抗战疏于防守、士无斗志的根本原因是国民党保存实力准备反共的政策造成的。

抗战初期，国共两党关系较好，

图22.2　1941年，山西日军进攻中条山，中国守军损失惨重，被俘数万人，许多人被关入战俘营，后来成为劳工

驻守山西境内的双方军队也能在抗击日本侵略的共同目标下互相支持。但是，1939年1月国民党五届五中全会后，在"反共"、"限共"方针指导下，国民党在政治上取缔共产党的抗日民众运动及所组织的抗日群众团体；军事上，严禁第18集团军的发展，不断制造与八路军的摩擦事件。1939年底至1940年初，发生了国民党军队对八路军的大规模武装进攻，八路军被迫反击，日军则乘机向中条山侵犯。为了维护抗日民族统一战线，中共中央一方

---

①　陈廉：《抗战时期我党建立敌后根据地的战略部署》，见《近代史研究》1984年第1期，第43页。
②　日本防卫厅防卫研究战史室：《华北方面军的治安肃整战》第3卷第2分册，第132页。

面对国民党军队停止追击，另一方面分别与阎锡山、卫立煌休战谈判，结果确定以临（汾）屯（留）公路和长治、平顺、磁线为界，该线以南为国民党军队驻区，以北为八路军驻区；商定以汾河为晋东南和晋西南的分界线，以汾阳经离石至军渡公路为晋西南与晋西北的分界线。晋西南为阎军活动地区，晋东南、晋西北为八路军与新军活动地区。卫立煌对"反共军事行动并不积极赞成"，① 而蒋介石为实施对陕甘宁边区的包围，不断从晋南抽兵增援黄河西岸兵力。据卫立煌致蒋介石密电称："战区自 28 年后，由晋南调出者，则有第 2、第 4、第 22 各集团军全部，第 5 集团军之第 14 军，第 36 集团军之第 47 军、第 76 军。而只代以第 80 军之两个师与第 34 师。因敌人之日渐推进，我军工事之增加，其需要兵力，在原则上原应随时日以俱增，方合时势上之需要。但以倡导晋南军队太多之声浪日益高涨，致晋南作战军迭次抽出，以致防广兵单，既无纵深兵力，复无控制兵团。故一经接触，短期间预备队即使用罄尽，致难与进犯之敌作长时间周旋。斯种情形，迭经多方请求陈述各在案，终以后方无兵击无果。"② 蒋介石坚持防共抽兵，增加了中条山会战机动兵力转运的困难。1941 年 3 月，日军重犯中条山的迹象已很明显，各地不断有敌情上报，而蒋介石却置之不顾，一再敦促卫立煌所属庞炳勋、高树勋部，限期由晋南、豫北入冀，继续进攻八路军。尽管庞、高强调"林县、平顺以北奸军（诬指八路军）封锁极严"，"入冀通过较难"，卫立煌也表示："待及晋南敌情稍缓再饬令各部相机北进"，③ 可蒋介石仍不满意，严令卫立煌查明不能按期实施的原因。同时，对国民党杂牌部队亦采取严行监视，一经发现"亲共嫌疑"，即送往重庆"受训"或送劳动营"改造"，致使晋南前线国民党"干部方

---

① 《中央一九四一年三月政治情报》（1941 年 3 月 22 日），见《中共党史教学参考资料》（2），第 320 页，人民出版社。
② 《卫立煌致蒋介石密电》，（1941 年 10 月 28 日），见《抗日战争正面战场》（下），第：1025 页。
③ 《卫立煌呈复冬申令一元度电》转报《高树勋所据奸党不法动态并意见之陈述》，国民党政府军令部战史会档案，中国第二历史档案馆藏。

面"有"若干分赴多方面受训"，使得"指挥机构，又失去若干效能"，① 中条山战役开始前不久，军统特务首领康泽向国民党军委会军令部密报第 4 集团军孙蔚如部"有倾向中共嫌疑"，建议将部队"调长江以南分割使用，积极改造"，② 军令部旋即电令卫立煌核办。卫立煌根据前线敌情，对这种瓦解军心的作法提出异议。他在给蒋介石特急电文中指出："查该部所有左倾之嫌疑分子大部已送中训团，一部送劳动营感化，目前可无顾虑，且无部队可接防，以请免调。"这样，才对孙蔚如部"暂准免调"。③

1941 年 4 月，中条山周围已集结数万日军。敌兵压境，国民党仍念念不忘反共。4 月 18 日，何应钦在洛阳主持的晋南三角地带作战检讨会上，一开始便将敌情、"匪情"（诬指八路军）相提并论，要求各战区"先将晋南方面敌情、匪情及该方面地形详细报告，然后再谋防匪驱敌之方"④，致使讨论瓦解共产党问题成为中条山地带作战会议的重要议题。而山西境内的阎锡山部队与卫立煌军队又无意合作，使会战区域内的"晋南军环境关系，甚难获得政治上的配合"。加之"作战军编制待遇未能一律之影响"，部队士气受到很大影响，"疾病、逃跑等缺额随之增加"。⑤ 这样的军队千里馈粮、背水列阵，安有不败之理。

---

① 《卫立煌致蒋介石密电》（1941 年 10 月 28 日），见《抗日战争正面战场》（下），第 1026 页。

② 《中国陆军军官学校特别训练班康泽致何应钦电》（1941 年 1 月 27 日），国民政府军令部战史会档案，中国第二历史档案馆藏。

③ 《何应钦致卫立煌电》（1941 年 2 月 28 日），国民政府军令部战史会档案，中国第二历史档案馆藏。

④ 《对晋南三角地带作战之第一次检讨会》（1941 年 4 月 18 日），国民政府军令部战史会档案，中国第二历史档案馆藏。

⑤ 《卫立煌致蒋介石密电》（1941 年 10 月 28 日），见《抗日战争正面战场》（下），第 1025 页。

小 结

日本在占领武汉、广州后，战线拉得很长，无力再在中国战场进行大规模全面的战略攻击，抗日战争进入了相持阶段。日本在新阶段采取了"政治诱降为主，军事进攻为辅"的方针。经过一系列诱降活动，终将国民党内对抗战前途感到迷惘无望的汪精卫集团拉下水。

汪精卫集团投敌后，与南北的新老汉奸组成了"国民政府"，成为日本侵华的工具。虽然汪伪政权遭到全国人民的唾弃，但它的建立及存在，仍给中国人民的民族解放事业增加了不少困难。

国际上，英美等国对日本侵华曾一度持绥靖观望的态度，甚至企图以牺牲中国来换取日本保护其在远东利益，做出诸如封锁滇缅路等伤害中国人民抗战事业的事，对中国的求援亦甚为冷淡。然而，随着日本侵华程度及对英美在华利益侵害的加深，双方的矛盾激化，英美援华的态度趋向积极。至太平洋战争前夕，英美都对中国提供了一定数量的经济援助。而且，欧洲战争爆发后的国际形势，也逐渐朝着有利于中国的方向发展。

进入相持阶段后，国民政府进行了必要的经济、交通方面的调整和建设，以应付长期战争。但随着日军军事进攻力的减轻和国际局势的好转及初期抗战中损失很大，国民党在抗战策略上有了变化，消极起来。

1940~1941年的正面战场，日军基本停止了大规模的军事进攻，只是为歼灭中国军队的主力或为保护其占领地的安全而发动了一些局部攻击。中国军队被动应战，有一定损失，但因日军力量有限，主动脱离战场，故双方形成了拉锯战，攻防态势及战线并没有多大变化。

第五部分

敌后战场坚持
抗日斗争

第 23 章
抗日根据地面临的严重困难及对策

一、日军在华北推行"治安强化运动"

1940 年，八路军发动百团大战，给日军以沉重的打击。日军华北方面军认识到："剿共一事，仅靠武力进行讨伐，不能取得成效。必须以积极顽强的努力和统一发挥军、政、民的力量，摧毁破坏敌的组织力量和争取群众为重点。"[①] 此后，日军大力扶植、利用汉奸和伪军，重视政治战、经济战、思想战，并使之与军事"扫荡"相配合。

与此同时，德、意、日三国军事同盟成立。日本帝国主义为着发动太平洋战争，急欲摧毁华北敌后抗日根据地，以便其有一个稳定的后方，并力图从华北取得煤、铁、盐、棉等物资，以资其扩大对华和对太平洋地区的侵略战争。

因此，日军从 1941 年春开始，调整政治和军事的策略，把过去日军对敌后抗

---

① 日本防卫厅战史室编：《华北治安战》，第 364 页。

图 23.1　1941 年 1 月 25 日，日军血洗丰润县潘家峪村，屠杀了 1298 名无辜的村民

日根据地实行军事"扫荡"为主的方针，发展成为大力扶植、利用汉奸和伪军，日伪合作，对我华北敌后抗日根据地进行所谓"三分军事，七分政治"，集军事、政治、经济、文化、交通、特务为一体的"总力战"，以达其确保华北占领之目的。① 日军由此把"治安肃正运动"发展成为"治安强化运动"。"治安强化运动"是日本帝国主义"以华治华"、"以战养战"方针的具体运用。

为着实现其战略目标，日军把华北划分为三种地区：一是"治安区"（即日军占领区）；二是"准治安区"（即游击区）；三是"非治安区"（即敌后抗日根据地）。对这三种地区，日军分别采取以"清乡"为主，以"蚕食"为主，以"扫荡"为主的方针。从 1941 年春到 1942 年底，日军在华北连续推进了 5 次"治安强化运动"。

第一次是从 1941 年 3 月 30 日到 4 月 3 日，为时 5 天。由伪华北政务委员会委员长王揖唐等汉奸活动于第一线，实则"由日方在暗中幕后极力指挥"，主要内容是："剔抉、破坏共产党组织；训练行政机关职员；扩大保甲制的地区，统一实行户口调查；扩充及训练自卫团"；"普及宣传东亚新秩序"。② 其重心是加强和

---

① 《晋察冀军区抗日战争史》，第 205 页，军事科学出版社 1986 年 8 月版。
② 日本防卫厅战史室编：《华北治安战》（上），第 411 页。

巩固汉奸统治能力。

第二次是从 1941 年 7 月 7 日至 9 月 8 日。其特点是：以日军对晋察冀抗日根据地进行长达两个月的"封锁"和"扫荡"为主，伪华北政务委员会官员密切配合。伪官员"分赴各该管辖区，进行巡视和鼓励，或身临前线指挥讨伐，或领导加强自卫组织，建设治安道路"。① 日军还组织政治工作班，对华北居民进行欺骗性宣传、医疗、宣抚，从思想、政治、经济、文化等方面，配合其军事"扫荡"。②

第三次是从 1941 年 11 月 1 日至 12 月 25 日。其重点是："在于进行灵活的军事行动的同时，断然进行有力的经济战。"即实行"彻底封锁"，使抗日根据地的"一切物资，一概不准外流"。其目的，是使华北成为其"总兵站基地"的同时，使抗日根据地"陷入贫困的境地"，"摧毁"抗日根据地军民的抗战意志和生存条件。③ 为实现其目的，日军对抗日根据地实行残暴的烧光、杀光、抢光政策。

第四次是从 1942 年 3 月 30 日到 6 月中旬。它发生在太平洋战争爆发后不久，日本帝国主义认为，"华北担负着建设和确保大东亚战争兵站基地的任务"。④ 日军急于稳固华北，这次治安强化运动的特点是，在过去 3 次治安强化运动的综合基础上：（1）以"先发制人的手段"，对共军进行彻底的不间断地"肃正讨伐"。⑤ 首先把主要着眼点放在河北省的彻底"肃正"与迅速"恢复治安"方面。因此，在这一次治安强化运动中，日军对华北敌后各抗日根据地的"扫荡"显得空前频繁和残烈。其中，冀中、冀东、冀南等区尤甚。（2）大力诱导、扶持伪华北政务委员会下属官兵"独立自主"地积极开展活动。（3）把"肃正讨伐"与行政、经济、文教等各种行动措施，有机地结合起来进行活动。⑥

---

① 日本防卫厅战史室编：《华北治安战》（上），第 420 页。
② 日本防卫厅战史室编：《华北治安战》（上），第 440、449 页。
③ 日本防卫厅战史室编：《华北治安战》（上），第 440、449 页。
④ 日本防卫厅战史室编：《华北治安战》（下），第 3、103、101 页。
⑤ 日本防卫厅战史室编：《华北治安战》（下），第 3、103、101 页。
⑥ 日本防卫厅战史室编：《华北治安战》（下），第 3、103、101 页。

第五次是从1942年10月8日至12月10日。其特点是：（1）日军"开展了激烈的肃正作战"。（2）采取设置经济封锁线、物资流通限制线、物资检查所，制造长城沿线等地区的无人区等残毒方法，进一步加强对抗日根据地的经济掠夺和经济封锁。（3）"特别注意与军事工作相配合的文化工作"。①

"五次治安强化运动"的基本特点是：规模一次比一次扩大，手段一次比一次凶残毒辣。其中，太平洋战争爆发后的第四、第五两次尤甚。

日军在华北推行的五次"治安强化运动"，虽然大力扶植、利用华北的汉奸出面主持，但是，每次几乎都是以日军的军事"扫荡"作为主要手段。总计1941年至1942年，日军对华北抗日根据地进行的"扫荡"，使用兵力在1000人以上的达174次，较前两年增加三分之二，使用总兵力有833900余人，较前两年增加一倍。② 其中，万人以上的"扫荡"有30次。日军"扫荡"采用所谓"铁壁合围、捕捉奇袭、纵横扫荡、反转电击、辗转抉剔"等空前残暴的方法。日军"扫荡"的时间也比过去延长，有的长达3个月。日军常集中大量兵力，在长时间里对一个地区进行长时间的反复辗转的、梳篦式的"扫荡"和"清剿"，并在"扫荡"中实行烧光、杀光、抢光政策。1941年8月，日军"扫荡"晋察冀北岳区一地，就烧毁房屋15万多间，残杀群众4500余人，抓走17000余人去东北做苦工，抢去粮食5800万斤，牲畜10000余头。与此同时，日军在华北抗日根据地大量建立据点，修筑碉堡、封锁沟、封锁墙，并且野蛮地毁村灭屯，制造"无人村"、"无人区"、"人圈"。其中，河北

图23.2　1942年日寇在冀热辽搞集家并村，图为被赶到"人圈"中缺衣短食的儿童

---

① 日本防卫厅战史室编：《华北治安战》（下），第248页。
② 何干之：《中国现代革命史》，第242页，上海人民出版社1985年8月版。

冀东长城线两侧的"无人区"西起古北口，东到山海关，东西长约 350 公里，南北宽约 30 公里，面积约 1 万余平方公里。[①] 1942 年 10 月，日军华北方面军参谋长安达二十三夸耀说："华北碉堡已筑成 7700 余个，遮断壕也修成 11860 公里之长，实为起自山海关经张家口至宁夏的万里长城的 6 倍，地球外围的四分之一。"[②] 到 1942 年止，冀中一地，仅 6 万多平方公里的土地上，日军就建立了 1700 多个据点和碉堡，修筑了 7500 多公里的公路，挖了 4000 多公里的封锁沟，使据点、碉堡、公路、铁路和封锁沟来相连接，密如蛛网。[③] 日军的这些设施，与其军事"扫荡"，经济掠夺、封锁，利用伪政权、伪军，加强特务统治、奴化教育等密切配合，使美丽富饶的华北平原，成为"抬头见岗楼，迈步登公路，无村不带孝，到处是狼烟"的人间地狱。日军的"治安强化运动"和"扫荡"，对广大华北人民欠下了一笔无比巨大的血债。

二、日军在华中的"清乡运动"和"扫荡"

日军在华北推行"治安强化运动"之际，在华中推行了"清乡运动"。这两个运动有许多相同之处。它们都是日本帝国主义为着摧毁敌后抗日根据地，巩固其占领区，尤其是为着发动太平洋战争有个稳定的后方和以经济为中心的战略基地，都大力扶持和利用伪军，实行军事、政治、经济、思想、文化、特务的总力战。归根到底，它们都是日本帝国主义"以华制华"、"以战养战"方针的具体实施。它们主要不同点是：前者利用伪华北政务委员会，后者利用汪伪国民政府。

华中的"清乡运动"，是汪伪国民政府军事最高顾问日军影佐祯昭少将首先

---

① 军事科学院外国军事研究部编著：《日本侵略军在中国的暴行》，第 96 页，解放军出版社 1987 年 5 月第 2 版。

② 《五年来敌"扫荡"华北的情况》，见国防大学编《中共党史教学参考资料》第 17 册，136 页，国防大学出版社 1985 年 10 月出版。

③ 《晋察冀抗日根据地史料选编》（下），第 377 页，河北人民出版社 1983 年版。

提出来的，并得到日军中国派遣军总司令官畑俊六大将的赞成和支持。[①] 1941年3月，日军在苏州设立第13军"清乡"司令部，着手"清乡"的准备工作。日军中国派遣军司令部派梅机关军事顾问晴气庆胤中佐等到当地，担任"清乡运动"的全面指导联络工作。[②]

1941年春，汪精卫、李士群等在日军的经济援助和政略指导下，制订了"清乡运动"的计划；成立了"清乡"的各种组织机构；训练伪军和特工人员；建立基层情报网，搜集华中抗日根据地的情报。5月22日，汪伪国民政府公布：汪兆铭任"清乡"委员会委员长，陈公博、周佛海任副委员长，李士群任秘书长。[③]

1941年6月18日，日军第13军参谋长和李士群签订了《关于苏州地区清乡工作之日华协定》。其中规定：汪伪政府的军队、保安队、警察及其他武装团体"受当地日军之调遣"。[④] 此后，日伪对华中其他敌后抗日根据地的"清乡"都签订了类似的协定。

1941年7月1日，日伪对苏州、常熟、太仓地区的第一期"清乡"正式开始。日伪军出动15000余人，采用闪电战术，从四面八方围击这一地区的新四军主力和抗日领导机关。接着，在该地区交通点线上增设据点，在据点之间用铁丝网、竹篱笆、电网等建成若干封锁圈，封锁水陆交通，派出部队，进行分区"清剿"。继之，派出大量"清乡"人员，深入根据地内，分期分区地建立保甲制度和各种伪组织，并进行经济搜刮和奴化教育，企图将梅花式的"点线"占领逐步扩展为全地区的面的占领。"清乡运动"的内容是很广泛的，可以分为以下几类：

军事清乡：集中优势兵力，寻找新四军主力作战；对抗日根据地进行"搜剿"；血腥镇压一切抗日力量。这是整个"清乡运动"的主要内容。

政治清乡：摧毁中共地方组织、抗日民主政权和抗日民众组织；摧残一切抗

---

① 余子道：《汪精卫国民政府"清乡"运动》，第155、158页，上海人民出版社1985年5月出版。

② 余子道：《汪精卫国民政府"清乡"运动》，第155、158页。

③ 余子道：《汪精卫国民政府"清乡"运动》，第157、186页。

④ 余子道：《汪精卫国民政府"清乡"运动》，第157、186页。

日势力；建立各种伪组织，并对伪组织的人员进行教育和训练。①

行政清乡：建立伪行政、保安、警察机构和保甲制度。建立大小检问所，严查居民和行人，"夜间交通，一律禁绝"。②

经济清乡：严控物资进出；整理、增加各种捐税；设立追租处，协助业主催追田租；统制货物进出，统一税收，禁止各伪方系统走私、漏税或私设关卡。

特务清乡：建立情报网，收集各种信息；密察居民的言行，稍疑即捕；实施邮电检查，发现可疑之点，即传讯或拘讯寄件人。③

文化清乡：宣传"大亚洲主义"、"中日共存共荣"、"抗战之有害无利"，鼓吹"忠孝仁爱信义和平为中国之立国精神"。主张"复兴固有文化"；实施图书杂志、新闻、电影、广播等文化宣传作品之"严格审查及检查"，凡有碍"中日邦交"之各种印刷品及歌谣等，都"销毁禁绝之"。④

心理清乡：提出"清乡必先清心"的口号，造谣说，清乡的目的，是"使人民安居乐业"，"抗战不是为救国，而是为英美出力牵制日本"，等等。

1941 年 9 月中旬，日伪对无锡、江阴、常熟地区进行第二次"清乡"。此后，日伪对华中各抗日根据地次第进行"清乡"。有的地区则反复进行多次。

1941 年和 1942 年，日军在华中推行"清乡运动"之同时，对华中抗日根据地的"扫荡"也比过去更为频繁和残酷了。据统计，日军在华中抗日根据地周围的据点增至 2500 处以上。日伪军发动千人以上的大"扫荡"达 20 次之多。其中 1941 年 13 次，1942 年 7 次。至于千人以下的袭击、"清剿"，则非常频繁。⑤

日伪的"清乡运动"和频繁的"扫荡"，给华中抗日根据地党政军民造成了严重的困难。

---

① 陈毅：《苏南反"清乡"斗争的总结》，见《游击战参考资料选编》（八），第 9 页，军事科学院战争理论研究部，1981 年 3 月。

② 余子道：《汪精卫国民政府"清乡"运动》第 324、285 页、第 394~402 页。

③ 余子道：《汪精卫国民政府"清乡"运动》第 324、285 页、第 394~402 页。

④ 余子道：《汪精卫国民政府"清乡"运动》第 324、285 页、第 394~402 页。

⑤ 余子道：《新四军征途纪事》第 166~266 页，江苏人民出版社 1988 年 12 月版。

三、抗日根据地克服困难的基本方针

1941年和1942年，由于日军对敌后抗日根据地施行"治安强化运动"和"清乡运动"，进行空前残酷的"扫荡"，加之华北各地连续几年发生了水、旱、虫灾等严重的自然灾害，以及重庆国民政府部分军队对敌后抗日根据地实行围困和封锁，使敌后抗战出现了空前严重的困难局面。1942年，八路军由40万人减少到30余万人，新四军由13万人减少到11万人。解放区人口由1亿降到5000万以下。根据地的财政经济和军民生活发生了极大的困难。陕甘宁边区军民"几乎没有衣穿，没有油吃，没有纸，没有菜，战士没有鞋袜。工作人员在冬天没有被盖"。[①] 1942年春天，晋察冀、太行等地的抗日军民不得不以野菜、树叶、树皮充饥。[②]

面对空前严重的困难，中共中央先后提出了克服困难的十大政策。这就是：加强对敌斗争，建立"三三制政权"，开展减租减息运动，实行精兵简政，开展拥政爱民和拥军优抗的群众运动，加强党的统一领导，开展生产运动，整顿党的作风，审查干部，时事教育等。

加强对敌斗争的基本方针是以分散的游击战争和广泛的人民战争对付敌人的"扫荡"。实行主力兵团地方化，地方武装群众化，大力发展民兵，把发展地方游击队和民兵放在重要地位，建立起正规军、地方武装和民兵三位一体的军事机构。广泛发动和依靠人民群众，采取伏击战、交通破击战、运动游击战、地道战、地雷战、麻雀战等多种方式打击敌人，粉碎敌人的"扫荡"。组织武装工作队，深入敌后之敌后，到敌人的"心脏"里，神出鬼没地打击敌人。

"三三制政权"是抗日民主政权，是中共领导的抗日民族统一战线政权。它在人员分配上，共产党员占三分之一，非党左派进步分子占三分之一，中间派占

---

① 《毛泽东选集》第3卷，第847页，人民出版社1966年7月版。
② 《聂荣臻回忆录》（中），第537页，解放军出版社1984年8月版。

图 23.3　八路军太行军区部队官兵在开荒种地

三分之一。它有利于巩固和增强各抗日阶级的团结和合作，有利于对日伪实行强有力的专政。"三三制政权"是中共领导的多党合作和政治协商制度之胚胎。

减租减息，是抗日根据地解决农民土地问题的基本政策。在减租减息中，一般地实行二五减租和年利一分至一分半的利息。减租减息既调动了农民参加抗日和生产的积极性，也有利于团结地主抗日，有利于战胜当时的严重困难。它是中国共产党抗日民族统一战线方针在经济方面的重要体现。

精兵简政，是为克服"鱼大水小的矛盾"。[1] 1941 年 12 月，中共中央指出，精兵简政的目的是：精简、效能、节约，要求各根据地的脱产人员不得超过人口总数的百分之三。精兵简政对于减轻人民负担，提高工作效率，提高部队的战斗力，克服严重困难，起了重要的作用。

加强党的统一领导，是贯彻执行抗日根据地各项政策的重要保证。1942 年 9 月 1 日，中共中央政治局通过了《关于统一抗日根据地党的领导及调整各组织间关系的决定》。该决定明确规定：中国共产党领导一切其他组织，如军队、政府

---

[1]　《毛泽东选集》第 3 卷，第 838 页。

与民众团体；中共中央代表机关（中共中央局、分局）及各级党委为各地的最高领导机关，统一领导各地区的党政军工作；中共各级组织和党员必须执行下级服从上级，全党服从中央的原则；中共对政权系统的领导，是原则的、政策的、大政方针的领导，而不是事事干涉、包办代替；中共及其领导的政府和军队不干涉民众团体内部的生活，中共经过自己的党员和党团实现对民众团体的领导。①

图23.4　1942年太行根据地召开群众大会，宣传减租减息政策

整风运动是一次普遍的马克思主义的教育运动。其内容是：反对主观主义以整顿学风；反对宗派主义以整顿党风；反对党八股以整顿文风。其方针是"惩前毖后，治病救人"。

大生产运动是敌后抗日根据地军民普遍开展的生产自救和生产竞赛运动。

整风运动和大生产运动是十大政策中的两个中心环节。它们分别在精神上和物质上为克服困难，坚持抗战，起了"决定性的作用"。②

①　《中共中央文件选集》第12册，第124～131页，中共中央党校出版社1986年11月版。
②　《毛泽东选集》第3卷，第1055页。

第 24 章
华北敌后军民的反"治安强化运动"
和反"扫荡"斗争

一、华北敌后军民的反"治安强化运动"斗争

1941 年 4 月至 9 月，华北敌后军民针对敌人发动的"治安强化运动"，一方面集中力量反击敌人的军事"扫荡"；另一方面，派出大量武装宣传队，深入敌占区，开展政治攻势。第 129 师派出 59 个武装宣传队，携带 50 万份宣传品进入敌占区，揭露敌人的阴谋，镇压甘心附敌的汉奸，开展统战工作，瓦解了不少伪军和伪组织。① 晋绥区组织便衣工作队，在七七抗战 4 周年纪念日前后，对日伪军发动了连续 1 个多月的政治攻势，在敌占区散发了 30 余万份宣传品，揭露日军"治安强化"的阴谋，瓦解伪军政人员。我便衣工作队在宁武、崞县、神池、朔县等地恢复了 210 多个自然村公开或秘密的抗日政权。② 晋察冀军区，派出由敌

---

① 中国人民解放军第二野战军战史编辑室：《129 师暨晋冀鲁豫军区抗日战争史》，第 95 页，1962 年 2 月编印。

② 红二方面军战史编辑委员会：《抗日战争时期 120 师暨晋绥军区战史》，第 106 页，1964 年编印。

工部、侦察分队、各县公安局及游击队等组成的武装宣传队，专门打击敌人的别动队，使日伪不敢远离据点活动。山东军民大力开展对敌政治攻势，争取了许多伪军和伪组织，使其暗中为我服务。① 在华北军民的打击下，敌人的第一、第二次"治安强化运动"以失败告终。

图 24.1　平西根据地军民集会的情形（1941 年）

同年 11 月至 12 月，针对敌进行以经济战为主的第三次"治安强化运动"，华北各抗日根据地军民，在中共北方局和八路军总部的统一领导下，一方面派武装宣传队到敌占区开展政治攻势，一方面以地方武装带领广大群众开展反经济封锁的斗争。在根据地边缘区，积极破坏敌人的交通线和封锁沟墙，保证我方所需要的各种物资能够输入根据地。其中，北岳、平西区群众共平封锁沟 140 余公里，破路 50 余公里，推倒封锁墙 60 余公里，炸毁碉堡 24 座、桥 3 座、岗楼哨棚 60 个，割电线 9200 余公斤，并从游击区运回粮食约两千吨。冀中群众 20 余万人参战，平沟 100 余公里，破路 324 公里，毁碉堡 37 座，炸桥 12 座、火车 1 列，收缴电线 8000 余公斤。② 在根据地内，加强金融和市场管理，打击伪钞，提高边币地位，打击敌伪的武装掠夺和奸商套购根据地物资的活动，严禁粮、棉、油等重要战略物资流入敌占区。在夏、秋收获季节，号召并组织群众快收、快打、快藏，

---

① 军事科学院军事历史研究部：《中国人民解放军战史》第 2 卷，第 293 页。
② 《晋察冀抗日根据地史料选编》（下），第 526、527 页。

做到空室清野。此外，还大力生产，厉行节约，加强经济建设，增强根据地的经济实力。华北军民，经过艰苦的斗争，终于粉碎了敌人的第三次"治安强化运动"。①

1942 年 3 月，中共北方局和八路军总部根据打破敌前三次"治安强化运动"的经验，特别是根据第 129 师等部组织武装宣传队和小部队深入敌占区开展斗争的经验，决定广泛地组织武装工作队（简称"武工队"）深入敌占区，打破敌人的第四次"治安强化运动"。

华北各抗日根据地根据上述决定，普遍地建立了由军分区或旅统一领导的武工队。武工队成员，由军队优秀的连、排、班干部和地方精干的党政干部、敌工干部、翻译人员组成。队长、政委必须是坚强的营级干部。②武工队之主要任务是进行政治斗争，揭露敌人之各种欺骗宣传；宣传敌必败，我必胜，提高敌占区人民对于抗战胜利的信心；争取敌占区开明绅士参加抗日工作；打击死心塌地的汉奸，争取两面派分子、伪军和伪组织成员。

同年 3 月至 8 月，太行、太岳和冀南 3 个地区共抽调 1400 人组成了 42 支武工队。其中太行地区的武工队，深入赞皇、内丘、井陉、昔阳等地敌后，组织群众，对敌开展军事、政治、经济、文化的斗争。仅在 4 月 10 日至 18 日的 9 天中，共进行战斗 45 次，毙伤日伪军 310 名，俘虏 50 名，摧垮伪组织"维持会"300余个，镇压死心事敌的汉奸 400 余名，隐蔽地开辟和恢复了 5 万人口的游击根据地。③晋西北抗日根据地自 6 月起，共组织了 37 支武工队，深入敌占区和游击区，经过 4 个月的艰苦斗争，收复了 200 多个自然村，改变了敌进我退的不利形势。晋察冀北岳区以主力部队三分之一的兵力，组成几十支武装工作队，挺进敌占区，开展军事和政治攻势，瓦解伪军和伪组织，收复和开辟了 1600 多个村庄，其中不少村庄成为游击根据地或隐蔽根据地。山东、冀鲁豫根据地，也由主力部

---

① 军事科学院军事历史研究部：《中国人民解放军战史》第 2 卷，第 294 页。
② 《太岳区党委及纵队政治部关于建立各分区武工队的决定》，《抗日战争史料选编》第 2 辑第 4 册。
③ 军事科学院军事历史研究部：《中国人民解放军战史》第 2 卷，第 324 页。

队派出若干小部队，深入敌占区，发动和组织群众，巧妙灵活地打击敌伪。实践证明，武工队的组织形式和斗争形式，有利于贯彻"敌进我也进"的方针和开展全面的对敌斗争，对于粉碎敌人的"治安强化运动"起了重要的作用。①

二、晋察冀军民的反"扫荡"斗争

1941年8月中旬至10月下旬，日军华北派遣军总司令冈村宁次，集中5个师团、6个混成旅及一部分伪军，共7万兵力，对晋察冀北岳区、平西区进行了空前规模的大"扫荡"。在战术上，他采取"铁壁合围"、"梳篦式清剿"、"马蹄形堡垒线"、"鱼鳞式包围阵"等多种形式。他把此战役称为"百万大战"，意即报复八路军的"百团大战"。②

7月22日，晋察冀军区根据敌情，下达了反"扫荡"的训令，③ 全区军民做了反"扫荡"的思想动员工作和各项准备工作，并主动出击，打击敌人。

从7月22日起至8月18日止，我冀中部队乘青纱帐期的有利时机，在博野、任丘、高阳、深泽、武强、献县广大地区展开大规模的攻袭破击战，计进行了大小战斗86次，毙伤敌军657名，缴获步枪24支，轻机枪3挺。我伤亡600余名。

8月1日至9日，我一分区部队在易县、满城开展大规模的破击战，毁敌堡4个、汽车2辆，电杆百余根，毙伤敌21人。我伤亡各4名。

7月26日，我二分区一部向上社守敌施行总攻，共毙伤敌130余名，我伤亡84名，教训是炮兵技术低，攻击没有选一个突破口。④

8月14日，日军开始"扫荡"。日军首先分割包围北岳区和平西区，着重对平西区的古北口、密云地区和冀中安平地区"扫荡"。该地区的八路军主力部队，

---

① 军事科学院军事历史研究部：《中国人民解放军战史》第2卷，第325页。
② 《聂荣臻回忆录》（中），第521页。
③ 《晋察冀军区反"扫荡"战役总结》，中国人民革命军事博物馆藏，分类号5334/7，编号0938。
④ 《晋察冀军区反"扫荡"战役总结》。

为避免与敌决战，转到外线击敌。8 月 23 日起，日军"扫荡"的重点转到北岳区，企图打击晋察冀军区首脑机关和主力。军区首脑机关和主力巧妙地与敌周旋。9 月初，军区首脑机关和主力跳出敌人的合围圈。日军的企图失败后，即对根据地进行分区"扫荡"，反复"清剿"我小部队和地方组织，加紧建立伪政权和组织，并对根据地中心区进行残酷的烧杀和抢劫。根据地军民广泛地开展游击战，灵活地打击敌人。

与此同时，八路军第 129 师、第 120 师及冀中部队，积极向平汉、正太、石德、同蒲等路出击，攻克南和、沙河、清河等城镇和忻口车站，有力地配合晋察冀边区的反"扫荡"斗争。"扫荡"之日军被迫分散兵力，撤退部分主力保其后方，留下部分在根据地内继续"清剿"。根据地军民乘机广泛地伏击、袭击敌人。仅 9 月 19 日至 23 日 5 天内，我军用伏击袭击，共毙伤敌 600 多人，有些仗打得很出色，如第 9 军分区部队在焦家瑙凭借山险阻击日军，从 20 日中午到第二天下午，毙伤敌 120 余人，我无一伤亡。①

9 月 25 日，日伪军 3000 余人合围狼牙山。第 1 军分区第 1 团第 7 连掩护指挥机关和群众转移。该连完成任务后向外转移。该连第 6 班为掩护连主力撤退，把敌人引向主峰棋盘峰，连续打退敌人 4 次冲锋，毙伤敌 90 余人。最后，全班仅剩下的马宝玉等 5 人在弹尽粮绝又无退路的情况下，誓死不当俘虏，跳下悬崖。马宝玉、胡德林、胡福才壮烈殉国，葛振林、宋学义落在树丛上负伤被救。马宝玉等 5 人后被誉为"狼牙山五壮士"。②

在我军的连续打击下，日军于 10 月上旬开始总退却。我军乘势伏击、阻击、围困敌人。迄 10 月 17 日，边区内地除晋冀边界敌新建据点及塘湖、界安等接近外线之据点外，已渐恢复旧观，反"扫荡"战役至此乃告结束。③

此次反"扫荡"斗争为时两个月，边区军民共作战 800 余次，毙伤日伪军

---

① 北京军区晋察冀战史编写组：《晋察冀军区抗日战争史》，第 258 页，军事科学出版社，1986 年 8 月出版。

② 《晋察冀抗日战争史》，第 261 页。

③ 《晋察冀军区反"扫荡"战役总结》，军事博物馆藏，分类号 5334/7，编号 0938。

图 24.2 "狼牙山五壮士"中幸存的葛振林（右）和宋学义

5500 余人，冈村宁次不得不承认失败，说"肃清八路军非短期间所能奏效"，而以"狮子扑鼠，效力不大"来自我解嘲。[①]

根据地军民在反"扫荡"斗争中，也遭受了巨大的损失。我军伤亡达 5000 余人，被杀害和抓走的群众达 21000 余人，房屋被烧 15 万余间，粮食被焚毁和抢去 5800 万斤，牲畜被抢掠 10000 余头。敌人的残酷烧杀、抢劫，使根据地遭到严重破坏，给人民的生活、生产带来严重的困难。

太平洋战争爆发后，日军为着使华北成为其"总兵站基地"，[②] 更加紧进行晋察冀地区，尤其是冀中地区的"肃正作战"。[③] 1942 年 5 月 1 日，日军集中第 110、第 41、第 27 师团，第 7、第 9 混成旅团及骑兵第 13 联队等部共 5 万余人，由冈村宁次亲自指挥，对冀中平原开始了空前规模的大"扫荡"。

从 5 月 1 日到 10 日，日军由平汉、津浦、石德、沧石等路出动，对冀中根据地实施四面包围，并在根据地边沿区进行反复的"扫荡"，敌大力增设据点，增修碉堡及封锁沟墙，加紧特务活动，逐步向根据地中心区推进，企图将冀中根据地领导机关和主力压缩诱逼至中心区消灭之。

---

① 《聂荣臻回忆录》（中），第 530 页。
② 日本防卫厅战史室编：《华北治安战》（下），第 247、101 页。
③ 日本防卫厅战史室编：《华北治安战》（下），第 247、101 页。

　　冀中根据地领导机关识破了敌人的这一阴谋，决定留下少量兵力在内线坚持反"扫荡"斗争，主力转移到外线击敌。但是，由于对敌情的严重性和"扫荡"的规模估计不足，冀中根据地领导机关和部队的大部，没有及时地跳出敌之包围圈，被迫退向中心区。

　　在此期间，冀中军民英勇地开展反"扫荡"斗争。5 月 3 日，我警备旅一个半连和 30 个民兵，在深泽城东的白庄村取得毙伤敌晋藤联队长以下 400 余人的胜利。5 月 1 日至 23 日，我军两个连在民兵的协同下，在无极、定县间的赵户村，打退敌 4 次进攻，取得毙伤敌 250 余人的胜利。①

　　从 5 月 11 日起，日军将冀中分为 4 个"合围区"，进行"分区清剿"，"拉网扫荡"，并以大部队突击奔袭，连续合击。到 13 日，冀中领导机关和部队，大部先后突出重围，转移到外线，但遭受部分损失，根据地大大缩小。冀中军区留在内线的部队和民兵，在严酷的条件下，依靠人民群众，运用地道战、地雷战、麻雀战、交通战等方式英勇击敌。转移到外线的部队，在敌侧后击敌，相继攻克大城、安图等 20 余个城镇，毙伤敌 600 余人，俘伪中队长下 110 余人，破坏公路 29000 里，毁火车 2 列。敌我处于犬牙交错之势，反"扫荡"斗争极为艰苦。

　　6 月初，日军对冀中根据地中心区，实行全面"清剿"，更频繁地"扫荡"我坚持内线斗争的部队。同时，日军建立伪政权和伪组织。用杀光、烧光、抢光政策，对付抗日军民。冀中军民不屈不挠地开展反"清剿"斗争。6 月 9 日，我军 200 余人在深泽县宋庄打退敌 2500 余人的 30 多次进攻，击毙日军板本旅团长以下官兵 600 余人，毙伤伪军 200 余名。② 此战是我军平原村落战胜利之典范。6 月 12 日，冀中党政机关和第 27 团在南宫和威县间的掌史村，与敌激战终日，毙伤日伪军 300 余人。我军伤亡 90 多人。当晚 10 时，我军胜利突围。③

　　与此同时，晋察冀各分区的部队，为配合冀中反"扫荡"，向平汉、正太路

---

　　① 《光辉的游击战》，第 229 页。
　　② 《宋庄战斗详报》，见《光辉的游击战》，第 233 页，军事科学院藏。
　　③ 《晋察冀军区抗日战争史》，第 332 页。

的敌"点"、"线"出击，作战百余次，有力地配合了冀中军民的抗日斗争。6 月中旬，日军主力开始退兵，月底，反"扫荡"结束。

从 5 月 1 日到 6 月底，冀中军民在整个反"扫荡"战役中，共作战 270 余次，毙伤日伪军 11000 余人，保存了我军主力和地方武装的大部，粉碎了日军一举消灭冀中领导机关和主力部队的图谋。打击了日军的凶焰。日军事后承认：此次与共军的作战，是"令人恐惧的战争"。[1] 宋庄战斗中幸得生还的日军中有 1 名中队长和 7 名士兵，因精神沮丧而自杀。[2]

在冀中反"扫荡"战役中，我方损失也十分严重。冀中军区部队减员46.8%，群众伤亡和被掳走的共达 5 万多人。抗日根据地被分割成 2670 多小块，形成"格子网状"，大部分沦为敌占区，部分变为游击区。[3] 日伪军留在冀中根据地的守备部队继续进行"清剿"。此后，冀中敌后游击战争进入了更加残酷和困难的阶段。

1942 年 8 月下旬至 10 月上旬，冀中军民发起青纱帐战役，消灭日伪军 1200多人，争取了 350 余名伪军反正，恢复了一些小块的游击抗日根据地。

1941 年和 1942 年，晋察冀边区的冀东、冀热察等区抗日军民。也进行了艰苦激烈的反"扫荡"斗争，给日军以有力的打击。

三、晋冀鲁豫军民的反"扫荡"斗争

晋冀鲁豫边区包括太行、太岳、冀南和冀鲁豫 4 个行政区署。平汉、同蒲、正太、道清、白晋、德石等 6 条铁路线横贯其间，战略位很重要。中共和八路军在华北对日作战的最高领导机关——中共中央北方局和八路军总司令部驻该边区。日军对该区的"扫荡"格外频繁。1941 年和 1942 年，日军对该区的"扫荡"

---

① 日本防卫厅战史室编：《华北治安战》（下），第 169 页。
② 《抗日战争时期的八路军和新四军》，第 156 页。
③ 军事科学院军事历史研究部：《中国人民解放军战史》第 2 卷，第 321 页。

达 500 余次，其中千人以上的大规模"扫荡"有 19 次。

从 1941 年 1 月起，日军即不断地对太行、太岳抗日根据地进行"蚕食"、"扫荡"和奔袭。9 月 20 日，日军集中两万余人对我岳南新区进行大规模的"扫荡"，我太岳南进支队采取了以小部队与敌保持接触，疲惫、消耗敌人，主力避免与敌拼消耗的方针，使敌合击我军主力的图谋屡次扑空。[①]

图 24.3　1941 年 8 月晋冀鲁豫边区临时参议会召开，全体参议员合影

10 月 3 日起，日军把"扫荡"重心移到岳北区。日军集中 3 万余人，采取"铁壁合围"、"反转电击"等战术。我军采取了主力分遣作战，广泛开展游击战，内外线积极配合的反"扫荡"方针。[②] 到 10 日，我军主力先后突出敌重围。日军施行"清剿合击"，连遭我军打击，乃于 13 日撤兵。我军乘敌归巢之际，在安泽县疙塔沟、沁源县将军沟等地歼灭了一部分日军。与此同时，我地方武装破击同蒲路，毁敌机车 3 辆。敌退出我根据地。18 日，反"扫荡"结束。北岳军民共毙

---

① 中国人民解放军第二野战军战史编辑室：《129 师暨晋冀鲁豫军区抗日战争史》，第 97 页。

② 中国人民解放军第二野战军战史编辑室：《129 师暨晋冀鲁豫军区抗日战争史》，第 97 页。

伤日伪军 916 人，俘伪军 13 人。① 10 月底，日军又出动 7000 余人，把"扫荡"矛头指向太行区，企图捕灭我第 129 师主力及指挥领导机关，并图谋摧毁我军工厂。敌鉴于其"铁壁合用"战术在太岳等区之一再失利，此次乃改用"捕捉奇袭"战术。② 10 月 31 日夜，敌分由潞城、襄垣等地出动，连续夜袭黎城、赤岸（129 师师部驻地）、西井（八路军总部驻地）等地。我军采取的对策是：调大批干部，建立了县、区、村各级指挥部共同组织指挥；充分准备；空舍清野；留少量兵力钳制、疲惫敌人，主力转移于敌侧背待机击敌。③ 敌"扫荡"开始，即遭到我游击战、麻雀战、地雷战的不断打击，日军受到大量杀伤。11 月 6 日，日军撤至黎城、辽县、武乡。我收复涉县。9 日，敌以"反转电击"战术，重占涉县，并沿清漳河北上，奔袭西井、黄烟洞等地。10 日晚起，日军进攻黄烟洞我兵工厂。八路军总部特务团等部坚守抵抗，连续激战 8 昼夜，打退日军数十次进攻。16 日夜，我守军奉命撤出战斗。17 日，日军进入厂区，又遭地雷的杀伤。兵工厂终于被敌摧毁。黄烟洞保卫战，敌伤亡官兵 1850 余人，我军仅伤亡 350 人，创造了敌我伤亡 5.3：1 的光辉战例。④

与此同时，八路军外线部队先后攻克了东崔店等敌侧后村庄。19 日，敌仓惶撤退，在横岭等地遭我军伏击，死伤 300 余人。这次反"扫荡"共 22 天。我军作战 420 余次，毙伤敌 3000 余人，粉碎了日军消灭第 129 师主力及指挥机关的图谋。

摧毁太行、太岳抗日根据地，袭击八路军指挥中枢和第 129 师领导机关，是日军处心积虑的图谋。为此，1942 年春、夏，日军对我太行、太岳区发动了更大规模的毁灭性的大"扫荡"。

---

① 魏宏运主编：《华北抗日根据地纪事》，第 262 页，天津人民出版社 1986 年 6 月版。

② 刘伯承：《129 师太行区 1941 年冬季反"扫荡"总结报告》，军事博物馆藏，分类号 5333/10，编号 0948。

③ 刘伯承：《129 师太行区 1941 年冬季反"扫荡"总结报告》，军事博物馆藏，分类号 5333/10，编号 0948。

④ 《黄烟洞战斗详报》，军事科学院藏；《十八集团军总司令发言人关于黄烟洞保卫战的谈话》，见《晋察冀日报》（1941 年 12 月 7 日第 4 版）。

图 24.4 129 师政治部工作人员在驻地涉县王堡挖窑洞，解决住房困难

1942 年 2 月，日军第 36 师团等部 1 万余人，采取"捕捉奇袭"、"铁壁合围"、"辗转清剿"、"反转电击"等战术，对太行、太岳区发动春季大"扫荡"。我军确定的反"扫荡"方针是：军民协力，加强县、区指挥部及游击集团，坚持腹地游击，打击"扫荡"、"清剿"之敌，保护人民生命财产。同时向敌临时补给线实施破击，断敌运输补给。另以正规军一部组织轻便支队，深入敌后，乘虚袭击敌之交通城镇，吸敌归巢。①

2 月 3 日，敌奔袭驻桐峪、唐城等地八路军总部机关和太岳军区领导机关。我领导机关及时转移，敌奔袭扑空。此后，敌即在辽县、武乡等地"辗转清剿"，肆意烧杀，残害根据地群众。我军民用游击战、地雷战、夜袭战，灵活地击敌。2 月中下旬，敌又两次合击八路军总部，均遭失败。八路军主力一部乘机袭击敌后方城镇长治，太行区基干武装向白晋、平汉线出击，破路炸桥，袭击敌据点。

在我军民夹击下，日军原定两个月的"扫荡"计划，仅 31 天即被迫撤兵。太行、太岳军民共毙伤日伪军 3000 余人。我太行第 3、第 6 分区司令员郭国言、范子侠以下数百人在作战中牺牲。群众被害 4000 余人，民房被烧 9000 多间，粮食损失 37000 多石，牲口被抢走 8000 多头。太行、太岳根据地均遭严重破坏。其中的教训是：我部分地区干部在此次反"扫荡"中麻痹轻敌，备战工作不够认

① 中国人民解放军第二野战军战史编辑室：《129 师暨晋冀鲁豫军区抗日战争史》，第 104 页。

真，因此遭受严重的损失。①

　　5 月，日军对太行、太岳抗日根据地又发动大规模的夏季"扫荡"。15 日，日军第 36、第 69 师团 7000 余人"扫荡"太岳南部地区，主力奔袭东峪村和马壁村地区，企图围歼驻该地的我太岳军区的机关和部队。太岳军区机关和部队及时转移到外线，使敌奔袭企图失败。

　　19 日，日军集中第 36 师团等部共 25000 余人，"扫荡"太行北部八路军总部和中共北方局所在地区。我军主力及时转移到外线。24 日夜，日军对没有来得及转移的八路军总部司政后机关、中共华北局部分机关和八路军总部特务团形成包围。25 日，日军 10000 余人在飞机大炮的配合下，向我猛攻。我机关和部队在彭德怀、左权的指挥下与敌激战，从西、南、北三面突出重围，歼敌 300 余人。因我兵力单薄、"机关庞大、工作人员，特别是后勤人员大部分不会军事行动"，左权副参谋长在指挥突围作战中于辽县十字岭英勇殉国，② 机关和部队也受到一定的损失。

图 24.5　八路军总部、129 师和边区政府等对左权将军及抗日烈士举行公葬典礼后合影

---

①　中国人民解放军第二野战军战史编辑室：《129 师暨晋冀鲁豫军区抗日战争史》，第 106 页。
②　李达：《抗日战争中的八路军一二九师》，第 239 页，人民出版社 1985 年 8 月版。

26 日，日军转入"辗转清剿"。转到外线之我军，乘敌后方空虚，向平汉、白晋、邯长、辽武等主要交通线之敌出击。30 日，我第 385 旅的 1 个连在民兵的配合下，在辽县苏亭设伏，战斗半小时。共毙伤敌伪 80 余人，获骡马 28 匹。我仅伤亡各 1 名。[①] 此后，日军视自辽县经粟城到黄漳的补给线"为畏途，除在重兵掩护之下，便不能交通"。[②] 31 日，我新 1 旅一部奇袭长治日军机场，毁敌机 3 架，汽车 14 辆，汽油库两座。

6 月初，太行、太岳军民反"扫荡"斗争进入高潮。太行、太岳地方武装先后毁铁路 40 余里，攻克敌据点 25 处，摧毁许多伪组织。敌在我内线、外线夹击下，主力被迫撤回长治、潞城，回救邯长公路线日军。

6 月 9 日，日军第 36 师团等部 12000 余人，突然将第 129 师直属队等部 2000 余人合围于太行南部涉县石城、黄花地区，时值酷暑，部队缺粮断水，形势十分险恶。刘伯承师长指挥部队乘夜色从敌间隙中巧妙地突出重围。[③] 19 日，日军从太南地区撤退。

此次反"扫荡"历时 38 天，太行、太岳军民共作战 449 次，毙伤敌 3000 余人，攻克敌碉堡、据点约 30 个，摧毁伪组织 340 多处。但是，由于敌我力量悬殊，我方对敌改变战术注意不够，造成了八路军总部被袭，左权副参谋长以下 7000 余人伤亡，根据地面积大为缩小。教训也是严重的。[④]

同年 10 月 20 日，日军为推行第五次"治安强化运动"，集中 16000 余人再次"扫荡"太岳、太行抗日根据地，企图歼灭八路军主力，并抢劫根据地粮食。我军采取广泛的游击战，内线坚持与外线击敌相结合等战术，主力军、地方军和民兵相结合，灵活地打击敌人。同时，动员群众，实行坚壁清野，保卫粮食。在我军的不断打击下，日军主力被迫于 11 月中旬退出太行、太岳抗日根据地。

---

① "苏亭伏击战斗"，见《光辉的游击战》，第 245 页。
② 刘伯承：《太行军区 1942 年季反"扫荡"的军事总结》，见《游击战参考资料选编》（八），第 49 页。
③ 李达：《抗日战争中的八路军一二九师》，第 251 页。
④ 何理：《抗日战争史》，第 316 页，上海人民出版社 1988 年 10 月版。

图24.6　1942年8月，太行区"日本士兵觉醒联盟"改名为"在华日本人反战同盟太行支部"。图为太行支部宣告成立

日军为着使华北成为其总兵站基地，在对太行、太岳山区抗日根据地"扫荡"的同时，也加紧了对冀南、冀鲁豫平原抗日根据地的封锁、"蚕食"和"扫荡"，企图隔绝我山地抗日根据地与平原抗日根据地之间的经济交流和相互支援。

1941年，冀南根据地军民在反封锁、"蚕食"和反"扫荡"斗争中，对敌作战2928次，毙日伪军官后121881人（包括日军小同联队长以下官兵523人），俘虏日伪军军官387人、士兵7663人，伪军投诚1403人。①

1942年，日军对冀南区"扫荡"更加突然和频繁。上半年平均每日"扫荡"两次，其中，千人以上的大"扫荡"即达10次。② 冀南区军民反"扫荡"斗争十分艰苦壮烈。

1月9日，日伪军4000余人奔袭、合击我冀南一分区部队，我部队遭袭击，受到重大损失，被迫退出部分地区。

1月25日，日军2000余人袭击八路军驻邱县吕洞固地区的新8旅。该旅主力大部转到外线，但部分主力受损。

3月25日，日伪军2400余人合击冀南三分区主力。我主力大部安全转移到外线。但第769团的两个连在邱县烟屯村陷入重围。这两连指战员利用村落与拥

---

① 魏宏运主编：《华北抗日根据地纪事》，第286页。
② 中国人民解放军第二野战军战史编辑室：《129师暨晋冀鲁豫军区抗日战争史》，第111页。

有坦克、大炮之敌军千余人激战 5 小时，歼敌甚多，但终因敌我力量悬殊太大，而全部壮烈殉国。[①]

4 月 29 日，日军集中独立混成第 1、第 7、第 8、第 9 旅团等部 1 万余人，对冀南地区进行空前规模的合围"扫荡"。日军首先闪击、合围八路军驻武城西北地区的冀南军区党政军机关和部队，以及驻香城固、下堡寺地区的新 4 旅和第 4 分区部队。驻该地的八路军主力部队，与敌激战一昼夜，大部突围到外线。但是，机关、部队所受的损失，也相当严重。第 4 分区司令员杨宏明、政治部主任孙毅民、新 4 旅政治部副主任陈元龙等多人光荣牺牲。[②] 接着，日伪军即在这两个地区进行残酷的"清剿"，血洗村庄，建立伪组织；同时，增修公路、封锁沟墙，增设据点、碉堡，使冀南抗日边区变成了抗日游击根据地。

5 月中旬，冀南军区根据中共中央北方局和第 129 师的指示，认真地检查了造成被动退缩局面的原因，作出精简领导机关、部队改变为辖四五个连的小团进行活动、组织武工队进入敌占区、大力发动和组织基本群众、发展地方武装等决定。[③]

6 月 11 日，日伪军集中 12000 人对枣强以南地区进行大规模的"铁壁合围"。由于冀南领导机关已较前精干，转移及时，使日伪军的合击扑空。七八月间，冀南区派出许多小部队和武工队，挺进敌占区，开展群众性的游击战争，在敌占区内重建了小块抗日游击根据地。

9 月 12 日，日军又集中 10000 余人，对枣强以南地区进行大"扫荡"。冀南军区领导机关和部队先机跳出敌包围圈，使敌扑空。该区军民还利用青纱帐，采取内、外线结合打击敌人，很快地粉碎了敌人的"扫荡"。

从 7 月初到 10 月上旬，冀南区军民共进行大小战斗 540 多次，毙日伪军 4000 余人，攻克据点、碉堡 59 处。到该年底，冀南抗日根据地的形势开始好转。

---

① 中国人民解放军第二野战军战史编辑室：《129 师暨晋冀鲁豫军区抗日战争史》，第 111 页。
② 中国人民解放军第二野战军战史编辑室：《129 师暨晋冀鲁豫军区抗日战争史》，第 112 页。
③ 陈廉：《抗日根据地发展史略》，第 262 页，解放军出版社 1987 年 10 月版。

从 1941 年初起，冀鲁豫区抗日军民也进入了艰苦的反"扫荡"斗争年代。

1 月 11 日，日军集中第 32 师团部等部 1 万余人，配备汽车 400 余辆，采取远距离袭击战术，对我冀鲁豫区的鲁西区进行大"扫荡"。鲁西区军民采取了分散坚持斗争的方针，主力与地方武装紧密配合，紧密依靠群众，以灵活机动的游击战术击敌。共毙伤敌 700 余人，粉碎了日军的大"扫荡"。①

4 月 11 日，日军集中第 35 师团、独立混成第 1 旅团等部及伪军共 1 万余人，对我冀鲁豫边区的内黄地区进行大规模的"扫荡"。敌先以伪军一部向我进犯。15 日晨，当进犯之伪军即将被我歼灭时，日伪军主力突然向我军发起合围。我军主力利用敌合围部队之间隙，突围到外线。敌"合围"扑空后，即在内黄地区进行反复"清剿"，大肆烧杀、投毒、抢劫，将南张堡、薛村等 140 多个村庄烧成废墟，屠杀群众达 3000 多人。② 日军的暴行，更加激起内黄地区军民的仇恨，他们不屈不挠地与敌人作斗争。

此后，直到 1942 年 6 月，冀鲁豫军民进行了长期艰苦的反"蚕食"、反"封锁"斗争。虽然给日伪军以不断的打击，迟滞了敌人的"蚕食"，但未能完全停止根据地日趋缩小的严重困难局面。

1942 年 9 月 27 日，日军集中第 32 师团、第 59 师团等部及伪军共 1 万余人，对以范县为中心的冀鲁豫抗日根据地进行大规模的"扫荡"。敌首先以"铁壁合围"战术，图谋一举歼灭驻该地的我冀鲁豫领导机关和部队。冀鲁豫领导机关和主力部队，经过战斗，较顺利地突围到外线，但还有部分机关及抗大分校，因缺乏战斗经验，遭敌合围，伤亡 200 余人，被俘和被冲散的约 1000 余人。③ 我转到外线之部队，与内线军民积极击敌，到 10 月中旬，粉碎了敌人的"扫荡"。

11 月，冀鲁豫军民粉碎了敌 3000 余人对内黄一带的"扫荡"。12 月下旬，又粉碎了敌万余人对微山湖西的"扫荡"。但是，敌情仍较严重，冀鲁豫军民仍在

---

① 中国人民解放军济南军区战史编辑室：《抗日战争时期山东军区战史》，第 94 页，1963 年 2 月。
② 中国人民解放军第二野战军战史编辑室：《129 师暨晋冀鲁豫军区抗日战争史》，第 99 页。
③ 中国人民解放军第二野战军战史编辑室：《129 师暨晋冀鲁豫军区抗日战争史》，第 135 页。

严重困难的条件下,坚持反"扫荡"、反"蚕食"、反封锁斗争。

四、晋绥军民的反"扫荡"斗争

从 1941 年春起,日军即在晋西北抗日根据地周围广设据点、碉堡,挖封锁沟;进行频繁的"分区扫荡"和"蚕食";同时采取野蛮的"三光政策"。从 1941 年 7 月至 1942 年 6 月的一年中间,日军在晋西北抗日根据地内共增设了 70 多个据点,连同原有的据点共达 250 多个,使原来的游击区大部变成敌占区,原来根据地的一部分也变成了游击区或敌占区。根据地的面积与百团大战前比较缩小了三分之一,人口减少了三分之二,形势十分严重。[①]

在 1941 年内,第 120 师兼晋西北军区在非常艰苦的条件下,顽强地与敌人进行多种形式的斗争。据统计,晋绥军民共进行大小战斗 1200 多次,歼灭日伪军 1 万余人。但是,由于我仍以单纯的军事手段对付敌人的"蚕食",比较被动,因而不断地由平川抗日根据地向山地后退。[②]

1942 年 1 月底,日军集中第 3、第 16 独立混成旅团等部共 1 万余人,对晋西北抗日根据地进行春季大"扫荡"。日军首先采取远距离"奔袭"、"分进合击"战术,同时奔袭保德地区我第 2 军分区指挥机关及暂 1 师和兴县地区我晋西北党政军领导机关及部队,企图一举消灭我军指挥中枢及我军主力。[③] 我领导机关和部队早有准备,先机转移,使敌首次"奔袭"、"合击"失败。

2 月 7 日,敌合击我转移到兴县西北水江头的军区机关,再次扑空。此后,日军即改用"梳篦战术",在根据地内分兵"清剿",并且大肆进行烧杀和抢劫。我军留下部分主力于内线,在地方武装、民兵和群众的配合下,积极开展游击战争,不断袭扰敌人,主力部队则转到外线击敌。第 358 旅在界河口、二十里铺间

---

① 红二方面军战史编辑委员会:《抗日战争时期 120 师暨晋绥军区战史》,第 111 页。
② 何理:《抗日战争史》,第 322 页。
③ 红二方面军战史编辑委员会:《抗日战争时期 120 师暨晋绥军区战史》,第 118 页。

截断岚县至兴县的公路交通，打击日军的运输队。第 2 军区部队在岢岚、保德间伏击日军的交通运输队，袭击五寨、三岔、神池等地敌据点。第 4、第 5、第 8 军分区的部队也积极袭击敌据点，破坏敌后方交通线，配合中心区的反"扫荡"斗争。日军在我内线、外线军民的打击下，顾此失彼，被迫于 3 月初退回原据点。

晋西北军民春季反"扫荡"斗争，历时 1 个月，作战 180 余次，消灭日伪军 570 余人。① 我军伤亡百余人。日军捕走青壮年数千人，劫去粮食 100 余万公斤及牲畜一部。

5 月 14 日，日军第 16 混成旅团的村川大佐不甘心失败，亲率其第 85 大队 600 余人及伪军百余人，再次奔袭兴县地区我军区领导机关。我军先以小部队和游击队袭扰、疲惫敌人，同时在兴县城里实行空室清野。17 日，日军进占兴县空城后，方知我军有备，乃退出。晋绥军区领导决定，集中主力，彻底歼灭这股日伪军。18 日，我军在二京山设伏，将敌先头部队百余人大部歼灭。敌后续部队即西逃，被我阻击；南逃，又遭我堵击。19 日，我将该敌包围在田家会。经激战，日伪军大部被我消灭。小部逃散之敌，又遭我军阻击。至 20 日上午，日军除二三十人逃走外，都被我军消灭。此次战斗，共歼灭日伪军村川大佐以下 500 余人，俘 40 余人，缴获山炮 1 门，轻机枪 6 挺。

田家会战斗中，当敌前进时，我以小部诱敌孤军深入；当敌撤退时，我集中兵力，以追击、堵击、伏击等战术，逐次杀伤其有生力量；待敌疲惫不堪、粮弹不济、待援无望、士气低落时，一举包围歼灭之。我军始终打得主动。这是一次成功的歼灭战，给在极端困难情况下坚持抗日的晋绥军民很大的鼓舞。② 此后，晋西北地区的日军再也不敢孤军深入。

1942 年 6 月，晋西北抗日军民根据中共中央和中共中央北方局的指示，积极开展反"蚕食"斗争。主力部队、地方武装和民兵密切配合，分散进行游击战

---

① 红二方面军战史编辑委员会：《抗日战争时期 120 师暨晋绥军区战史》，第 121 页。

② 《田家会战斗详报》，军事科学院藏。又见《抗日战争时期 120 师暨晋绥军区战史》，第 121～128 页、第 111 页。

争；中共晋绥区党委从党、政、军、民机关团体抽调 340 多名干部，成立了 15 支武装工作队，① “深入敌后，袭击敌要害部门，打击死心塌地的汉奸，争取一切有民族良知的人士，摧毁伪政权机构和伪组织。到 1942 年底，晋西北军民共摧毁伪村级“维持会”360 多所，有力地打击了敌人对根据地的“蚕食”。

在晋西北抗日军民进行反“扫荡”、反“蚕食”之同时，大青山抗日游击根据地军民也进行艰苦的反“扫荡”、反“蚕食”斗争。

1941 年 1 月至 4 月，日伪军出动 3000 余人，不断地对大青山区进行“扫荡”。5 月以后，敌之“扫荡”愈加频繁和残酷。从 5 月到 12 月，日伪军对绥中区进行千人以上的大“扫荡”就达 5 次。我大青山骑兵在人民群众的帮助下，采取了敌到抗日根据地“扫荡”，我到敌占区袭击敌据点；敌到这一地区“扫荡”，我到另一地区活动的方针，并抓住有利时机，以设伏、突然袭击等战术击敌，不但粉碎了敌人的“扫荡”，而且扩大了队伍。②

1942 年。日军为解除其北进时的后顾之忧，对大青山抗日游击根据地进行更为频繁和残酷的“扫荡”。7 月 25 日，日伪军集中 5000 余人，采取“铁壁合围”战术，“扫荡”绥中地区。大青山根据地党政军领导机关和绥中部队主力，露宿山头，忍饥受寒，人不离枪，马不卸鞍，经过艰苦的努力，于 8 月初突破敌人的合围，安全转移到绥南。日伪军暂时控制了绥中地区。③

日军发现我大青山根据地的党政军领导机关及绥中地区的部队已转移至绥南地区，乃于 8 月 9 日调集步骑兵 4000 余人，分 7 路“扫荡”绥南区。八路军在牤牛山等地设伏，给敌人以很大的杀伤后，灵活地与敌周旋，主力转移到偏关、雁北地区，使敌歼灭我军主力的企图再次失败。我骑兵第 1 团北上满汉山坚持绥南地区的斗争，骑兵第 2 团的两个连北上至财神梁地区活动，并寻机返回绥中区。

10 月 15 日，日军又集中了日伪军 6000 余人采取“梳篦”战术，反复“扫

① 《田家会战斗详报》，军事科学院藏。又见《抗日战争时期 120 师暨晋绥军区战史》，第 121～128 页、第 111 页。

② 《大青山抗日战争史》，第 119～120 页，内蒙古人民出版社 1985 年 7 月版。

③ 红二方面军战史编辑委员会：《抗日战争时期 120 师暨晋绥军区战史》，第 124 页。

荡”绥西地区，企图消灭我绥西地委、专署和骑兵第 3 团。我绥西区领导机关和步兵部队转移至萨拉齐山区，骑兵部队转移至绥中归武区活动。

同年 11 月、12 月，日军再次集中 2000 至 3000 余人的兵力对绥中、绥南区进行“扫荡”。①

上述我军反“扫荡”的基本特点是：利用山区有利地形设伏，给敌以一定杀伤后，分散转移，待机击敌。

大青山抗日根据地的党政机关和骑兵主力，在严重敌强我弱的条件下，与敌周旋，粉碎了敌彻底消灭大青山抗日武力的大“扫荡”计划，为继续坚持大青山抗日游击战争保存了有生力量，因此受到中共中央军委和晋绥分局的表彰。但是，日寇的“扫荡”也给根据地人力、畜力造成了很大的损失。此后，大青山的游击战争进入了极困难的时期。②

五、山东军民的反“扫荡”斗争

1941 年 11 月初，日军集中第 17、第 21、第 32、第 33 师团等部及伪军共 50000 余人，对沂蒙山区抗日根据地进行大“扫荡”，图谋一举围歼山东抗日根据地领导机关和沂蒙区我军主力。我方早已掌握了敌人的动向。10 月上旬和中旬，中共山东分局、山东军政委员会和第 115 师先后发出反“扫荡”的指示，山东抗日军民做了反“扫荡”的各项准备工作。③

11 月 5 日，敌 20000 余人在飞机坦克大炮的配合下，在临沂以北孙祖、留田地区对中共山东分局和第 115 师等领导机关形成合围，形势严峻。5 日夜，我军利用留田东南 10 余公里铁山子附近一公里半的敌间隙，迅速秘密地通过了敌之第一道封锁线。接着，又在一个两公里的敌间隙中通过了第二道封锁线。6 日拂晓，

---

① 红二方面军战史编辑委员会：《抗日战争时期 120 师暨晋绥军区战史》，第 125 页。
② 《大青山抗日斗争史》，第 260 页。
③ 中国人民解放军济南军区战史编辑室：《抗日战争时期山东军区战史》，第 97 页，1963 年 2 月。

我没费一枪一弹,胜利地突破了日军的重重包围,安全地转移到蒙山南端的黄埠。这次突围成功,使我方由被动变为主动,由内线变为外线,改变了我之不利地位。随我军一起突围的国际友人、德国记者希伯,热情地称赞这次突围是"无声的战斗",并钦佩突围指挥的神奇。①

6 日晨,敌合围留田扑空后,即对我沂蒙基本区实行分割封锁,另以兵力一部寻找我主力作战。8 日和 9 日,敌合击芦山,我鲁中军区司令员刘海涛殉国。

为了调动敌人,减轻敌对基本区的压力,我派出小部队在费县东北石兰一带设伏。9 日,歼敌运输队 300 余人。临蒙公路上的敌人果然纷纷调至东西蒙山地区,寻找我军主力决战。与此同时。敌仍以大部在我基本区建立据点,修筑公路,实行"清剿",挨户逐处搜查,实行大规模的"三光政策"。

为了保卫基本区,粉碎敌之"清剿",11 月 10 日,第 115 师命令部分部队进入沂蒙基本区,坚持内线斗争;部分部队继续在外线击敌。② 17 日,第 115 师和中共山东分局等机关东越临蒙公路,挺进沂蒙基本区,直接指挥内线的反"清剿"斗争。

第 115 师等领导机关重返沂蒙基本区后,即从机关中抽调大批干部组成工作组,分赴各地领导群众开展游击战争,并指挥进入内线的部队,狠狠地打击敌人。

19 日,第 115 师特务营在垛庄附近设伏,毙敌数十人。24 日。该营击退蒙阴东旧寨南犯之敌 200 余人。25 日,该营又在旧寨东南三角山抗击敌 700 余人的进攻,毙伤敌 300 余人。29 日,该营与山东纵队第 2 旅一部,进攻绿云山附近之敌,歼敌百余人。③ 此外,活动于东西蒙山地区的蒙山支队和抗大一分校的部队,也多次打击了"清剿"之敌。

11 月 30 日拂晓,中共山东分局第 115 师司政等机关在大青山大谷台南遭敌合击,蒙受很大损失。

---

① 中国人民解放军济南军区战史编辑室:《抗日战争时期山东军区战史》,第 99 页。
② 中国人民解放军济南军区战史编辑室:《抗日战争时期山东军区战史》,第 100 页。
③ 中国人民解放军济南军区战史编辑室:《抗日战争时期山东军区战史》,第 101 页。

沂蒙人民在反"清剿"斗争中，涌现了许多可歌可泣的英勇事迹。沂南鲁山后、艾山后等5个村庄的群众，不怕牺牲，千方百计地转移、隐蔽、护理1300名伤病员，保证了所有伤病员的安全。沂水西王拱桥村长因保存价值50万斤粮食的军用物资，被敌发现后抓去，敌将他投进铡刀内3次，刀破了他脖子，逼他交出所藏的军用物资，他视死如归，始终没有屈服。敌发觉《大众日报》社埋藏在沂水西南朱家岭、高家庵子的部分机器后，将这两村群众抓去300余人。敌首先用火烧死1人，继之刺杀两人，威胁群众交出机器，但没有1人向敌屈服，完整地保存了机器。[1]

至12月初，敌人大部撤走，但在我基本区仍留下6000余人，配合伪军继续分区抢劫，搜索与推行伪化活动。我军一面尾追截击敌人，一面集结兵力，不断袭扰留在根据地基本区的敌人。

在整个沂蒙反"扫荡"期间，山东其他各区军民都以多种方式广泛地打击敌人，有力地配合了沂蒙区的反"扫荡"斗争。至12月28日，沂蒙山抗日根据地基本上得到恢复。

在沂蒙山两个月余的反"扫荡"中，我军共作战150多次，歼敌2000多人，粉碎了敌消灭我领导机关和主力的企图，基本上支持了沂蒙山抗日根据地。但是，由于我军民对敌人"扫荡"的规模估计不足，反"扫荡"准备不够充分；由于没有贯彻执行减租减息政策，群众尚未充分发动起来；山东的军事指挥还不统一，地方武装和人民武装组织还不健全，群众性的游击战争开展不够，因而使我军民在这次"大扫荡"中受到严重的损失。[2] 我军伤亡1400多人，群众被杀害和抓走的达14000余人，被抢走粮食160余万斤，[3] 留下了深刻的教训。

1942年10月下旬，日军集中15000余人对我鲁中地区进行"拉网合围"式大"扫荡"。27日，日军集中临沂、蒙阴、沂水三地之兵力，约12000余人，在

---

① 中国人民解放军济南军区战史编辑室：《抗日战争时期山东军区战史》，第103页。
② 罗荣桓：《分散游击战与作战指挥》，见《游击战参考资料选编》（9）第108页。
③ 军事科学院军事历史研究部：《中国人民解放军战史》，第2卷，第292页。

图 24.7　胶东日军的攻击目标主要是八路军山东纵队。图为日军
草木皆兵，对乡间农民如临大敌

数十门大炮、7 架飞机和大量骑兵的配合下，合围驻南墙峪地区的我山东军区机
关、鲁中军区机关和部队。当敌合围未构成时，山东军区机关、鲁中军区机关大
部和主力大部，即迅速跳到外线。但是，山东军区后勤部、鲁中第 2 军分区各一
部，还有 10 余个区中队和民兵、群众等，共 8000 余人，遭敌合围。被围我军依
托南墙峪以南的高山，顽强反击，激战一天，毙敌 200 余人，我伤亡 50 余人，黄
昏后，分路突出重围。①

　　11 月 2 日拂晓，日伪军 8000 余人，在空军和炮兵的配合下，突然向我对崮
山区实施"拉网合围"。我山东军区机关、鲁中第 2 分区第 1 团和抗大一部，利
用有利地形抗击敌人，战斗异常激烈。我军连续打退了敌人的 8 次猛烈冲击，共
毙伤敌 600 余人。黄昏后，我机关和部队分路突出重围。②

　　11 月 7 日、9 日、10 日，敌又先后组织了 3 次合围，都扑了空。15 日，敌以
5000 之众合围博山东马鞍山之我军一个区中队和在此休养的伤病员。我守军英勇
抗敌，子弹打尽，搬石头击敌。终因敌众我寡，守军大部壮烈殉国。③

　　我山东其他各区积极配合鲁中区的反"扫荡"。11 月初，我教 2 旅采用"翻

---

① 中国人民解放军济南军区战史编辑室：《抗日战争时期山东军区战史》，第 107 页。
② 中国人民解放军济南军区战史编辑室：《抗日战争时期山东军区战史》，第 108、109 页。
③ 中国人民解放军济南军区战史编辑室：《抗日战争时期山东军区战史》，第 108、109 页。

边战术”，即“敌打到我这里来，我就打到敌那里去”的战术，组织了海陵反“蚕食”战役。6 天内，我军攻克敌据点 16 处，恢复 3 个半区，有力地支援了鲁中的反“扫荡”作战。

到 11 月中旬，我军终于粉碎了日军对鲁中区的大“扫荡”。

同年 12 月，胶东军民粉碎了敌 15000 余人为期 40 天的拉网合围大“扫荡”。① 湖西区军民粉碎了敌万人的拉网合围大“扫荡”。但敌将我湖西抗日根据地的基本区占领了将近一半。②

---

① 《胶东军民粉碎了敌冬季“扫荡”》，见《游击战资料选编》（13），第 120 页。
② 中国人民解放军济南军区战史编辑室：《抗日战争时期山东军区战史》，第 109～103 页。

一、华中军民的反"清乡"斗争

1941 年 7 月 1 日，日军独立混成第 11 旅团主力和伪军共 15000 余人，按预订计划对苏州、常熟、太仓地区的抗日根据地实施第一期"清乡"。3 月，陈毅、刘少奇、赖传珠发出《对苏南反"扫荡"准备工作的指示》。17 日，新四军第 6 师第 18 旅政治部发表《告江南同胞书》，号召江南同胞，不分贫富，不分党派，全体一致动员起来，为粉碎日伪的"清乡"计划，保卫抗日民主根据地而斗争。

由于缺乏反"清乡"斗争的经验，新四军第 18 旅将敌"清乡"误判为一般性的"扫荡"。因而只作了一般的反"扫荡"准备，并决定以内线、外线相结合的战术反击敌人。[①] 日伪"清乡"初期，第 18 旅主力转至外线击敌，摧毁了敌伪的许多据点，直逼无锡、苏州、江阴近郊敌占区。但是"清乡"之敌仍不撤退回

---

① 谭震林：《江南反清乡斗争的经验教训》，见《新四军抗日战争史资料选编》第 22 册，第 816 页，南京军区档案馆藏。

援。我留在内线坚持斗争的部队和党政机关，虽然奋勇作战，但是，在敌伪大部队"清剿"和严密割封锁下，活动范围日益缩小，伤亡很大，仅部分突出重围。①

为了保存力量，8 月下旬，我第 18 旅一部奉命北渡长江，进入苏中，协助苏中部队开辟了江都、高邮、宝应地区。

9 月到 12 月，日伪集中 4000 余人，对澄、锡、虞地区进行"第二期清乡"。我军总结了苏、常、太地区反"清乡"斗争的经验教训，采取了合法斗争与武装斗争相结合，以合法、隐蔽的斗争为主的方针，改过去的集团行动为分散行动，主力部队适时转移到外线澄西地区，以少数地方武装，依靠群众，坚持原地斗争。12 月，我军攻克了丹阳地区的访仙桥、夏墅等敌伪据点，恢复了大片地区。

为着配合澄、锡、虞军民的反"清乡"斗争，新四军第 6 师第 16 旅积极出击句容、丹阳、武进、金坛、溧水地区之日伪军。该旅先后攻克了延陵、九里铺等敌据点 30 多处，恢复和扩大了金坛、丹阳、武进抗日根据地，有力地支援了澄、锡、虞军民的反"清乡"斗争。

11 月 28 日，日军第 15 师团和伪军各一部共 3000 余人"扫荡"溧阳地区。第 16 旅旅部由于对敌情不明，在塘马遭敌包围，虽奋战终日，反复冲杀 10 余次，毙伤日伪军数百人，但是，除一部突围外，第 6 师参谋长兼第 16 旅旅长罗忠毅、旅政委廖海涛以下 270 余人壮烈牺牲。塘马战斗后，16 旅在谭震林的主持下进行了整顿，继续坚持以茅山为中心的抗日斗争。

1942 年 2 月至 6 月，日军第 15 师团一部和伪军，对昆山、吴县、江阴、武进等地进行"第三期清乡"。第 16 旅根据新四军军部的指示，在京沪路以北，采取以隐蔽斗争为主的方针，组织精干的便衣武装打击小股敌人，坚持阳澄湖以西地区的斗争；在京沪路以南，采取以地方武装、民兵为骨干，开展群众性游击战，打击"扫荡"之敌。第 16 旅主力则转到丹阳、金坛、武进、太湖、滆湖、横山、大官圩等地分散游击，恢复了这 4 块抗日游击根据地。②

---

① 军事科学院军事历史研究部：《中国人民解放军战史》第 2 卷，第 301 页。
② 军事科学院军事历史研究部：《中国人民解放军战史》第 2 卷，第 335 页。

1942 年 7 月至 1943 年春，日伪把"清乡"的重点转到太湖以南的苏浙边区和上海郊区。日伪的"清乡"，使苏南抗日根据地的人力、物力、财力遭到许多损失，但并没有达到其消灭苏南新四军主力、摧毁苏南敌后抗日根据地之目的。

二、华中军民的反"扫荡"斗争

1941 年 1 月，正当新四军重建军部、整编部队、恢复和发展华中敌后抗日根据地之际，日军为乘机围歼新四军军部和新四军主力，加紧了对华中各抗日根据地的"扫荡"。

1 月中旬，驻泰兴日伪军 3000 余人进攻苏北新四军，并侵占了黄桥镇。与此同时，日军加紧引诱驻泰州地区的李长江部投降，企图在李长江投降后，立即"扫荡"海安、东台、盐城等抗日根据地。①

我军为着团结李长江部抗日，曾花大力争取李长江留在抗日民族统一战线之内；同时，在军事上也做好应变的准备。此外，还指示各根据地军民加紧进行反"扫荡"的准备工作。

2 月 13 日，李长江率部 7000 人公开投敌。汪精卫将该部编为伪第 1 集团军，任命李长江为总司令。② 18 日，李长江在泰州就职。

图 25.1　新四军军部重建，刘少奇担任政委

18 日，新四军代军长陈毅、政治委员刘少奇发出《讨伐李逆长江命令》，特任命粟裕为讨逆总指挥。粟裕即率隐蔽集结在海安以西地区的新四军第 1 师主力，

①　军事科学院军事历史研究部：《中国人民解放军战史》第 2 卷，第 296 页。
②　军事科学院军事历史研究部：《中国人民解放军战史》第 2 卷，第 296 页。

发起讨逆战役，19 日，攻克姜堰、石家岱、苏陈庄。20 日，攻克泰州。李长江率部向泰州以西界沟等地溃逃，我军分路追歼逃敌。此役俘虏李长江部官兵 5000 余人，并争取了李部两个支队的反正，沉重地打击了投降势力，伸张了民族正气。

2 月 20 日，日军为援救李长江部，出动 3000 人由如皋、黄桥等地出动，乘虚侵占海安、曲塘、东台等地。同时，扬州日伪军 4000 余人由大桥、嘶马、宜陵等地进攻泰州，21 日，侵占泰州。此后，敌伪即在海安、东台、曲塘、姜堰、泰州一线增设据点，建立伪政权和伪组织，分割封锁根据地。我军从城镇转入乡村，以游击战与敌伪斗争。4 月间，我军结集优势兵力发动攻势，连续作战半个月，先后攻克孤山镇、南阳村、苏陈庄、大泗岱、姚家庄等日伪军据点，破坏敌伪公路交通线，打破其封锁。①

7 月 20 日，日军独立混成第 12 旅团和第 12 军第 17 师团一部，及伪军李长江残部共 17000 余人，由东台、兴化、陈家洋等地出动，对苏北进行第二次大"扫荡"。敌"扫荡"之重点是盐城地区，图谋合击并消灭新四军领导机关和主力部队。

早在 7 月上旬，中共华中局和新四军军部就确定了反"扫荡"的作战部署，并动员、组织盐阜、苏中两区群众做好反"扫荡"的准备工作。10 日，新四军军部撤离盐城，转移到阜宁西部陈集地区。22 日，"扫荡"敌军在遭我军阻击、袭击，受到一定杀伤后，侵占盐城及其周围地区。由于我军军部和主力先期分散转移，敌合击计划落空。

此后，日伪军即对盐阜抗日根据地实行分割、封锁、"清剿"，寻歼新四军军部和主力部队。我军化整为零，依靠群众，与敌周旋，同时，积极开展游击战争，袭击、打击"扫荡"之敌。

24 日，鲁迅艺术学院华中分院 230 余人在北秦庄与日军遭遇，战斗中，邱东平、许晴等不幸牺牲。27 日起，日伪军重点"扫荡"阜宁、东沟、益林地区。战

---

① 《华中抗战史料》（下），第 3 页，中国人民革命军事博物馆藏，分类号 533/11，编号 2。

斗在盐阜地区的新四军第 3 师等部，依靠群众，开展游击战争，打击"扫荡"之敌。

为着配合盐阜区军民的反"扫荡"作战，新四军苏中军区各部根据军部的指示，袭击泰兴、靖江、如皋、南通地区的十几个敌伪据点；围泰州、泰兴城和姜堰；攻克天星桥、黄桥、季家市、古溪、加力市、金沙、马塘、石庄等日伪军据点，毙伤敌伪数千人；并破击南通、如皋、东台至盐城之公路交通线，迫使"扫荡"盐阜地区的日伪军转移兵力于苏中地区。[①] 8 月初，日伪军大部兵力，被迫撤出盐阜地区，转向苏中地区，进行报复"扫荡"。苏北地区我军乘机收复了阜宁、东沟、益林等城镇。

为配合苏中地区的反"扫荡"，新四军军部决定立即在盐阜地区发动反攻。8 月上旬，新四军第 3 师第 8 旅攻克上冈、海河镇、陈家洋、通洋港等地，各歼日伪军一部。第 1 师第 2 旅、军部特务团和"抗大"等部，分 5 路袭击了盐城地区的伍佑、刘庄、冈门、南洋岸等日伪军据点，攻克了盐城东南的裕华镇、大中集，歼灭了日伪军 300 余人，生俘日军 5 名。[②] 继又攻克了秦南仓等日伪军据点。这些战斗，使盐城之敌极为恐慌，被迫将其"扫荡"苏中之部分兵力北调。以守卫其在盐城等地的占领区。8 月底，盐阜区、苏中区军民完全粉碎了敌之"扫荡"。

在 1 个多月的反"扫荡"中，我军共作战 135 次，毙、伤、俘日伪军 3000 余人，争取伪军反正 600 余人，缴获平射炮两门，轻重机枪 25 挺，步枪 1000 余支。新四军伤亡 900 余人。[③] 盐阜、苏中两区军民，在新四军军部的统一指挥下，密切配合，相互策应，对于反"扫荡"斗争的胜利，起了很重要的作用。

同年 12 月 8 日，日伪军 2000 余人，"扫荡"苏中区南线如皋、丰利地区。9 日，日伪军又出动 1000 多人，向苏中区北线东台、三仓进犯，以配合其南线的"扫荡"。新四军 3 旅一部在丰利南花市街伏击由掘港出动的日伪军 600 余人，激

---

① 《华中抗战史料》，第 4 页。
② 《裕华镇、大中集战斗简报》，见《新四军抗日战争史资料选编》第 11 册，第 751 页，南京军区馆藏。
③ 《八路军新四军一年来的反"扫荡"》，见《晋察冀日报》，1942 年 7 月 22 日第 3 版。

战1日，毙伤日伪军100余人，俘日军3名，俘伪军200余人。"扫荡"三仓区之伪军抵三仓后，即被我军围攻，激战17小时，敌不支，仓促窜回原地。花市街战斗胜利后，我军即集中10个团的兵力，向如皋、古溪、掘港、栟茶、李堡、余西、二甲、双甸、岔河、临泽等11处日伪据点发起攻击，战斗于13日结束。这次反"扫荡"战斗，总计毙伤日伪军500余人，俘获极多，并夺回丰利和三仓。①

在盐阜、苏中区军民进行反"扫荡"斗争期间，淮南、鄂豫地区军民也进行了反"扫荡"斗争。

3月18日至25日，新四军第2师第5旅一部和第6旅在淮南津浦路西地区击退日伪军7000余人的进攻。4月中旬，第2师第4旅、第5旅各一部，在地方武装的配合下，连续出击天长、仪征地区之敌，取得了谢家集、金牛山等战斗的胜利。我军共毙伤日伪军660余名，俘日军3名，伪军84名，缴获重机枪4挺、轻机枪8挺、步枪200余支。敌我伤亡之比是3∶1。② 5月下旬至6月初，来安、滁县、天长、六合、盱眙等地日伪军5000多人，对我淮南津浦路东抗日根据地的中心区半塔集、竹镇地区进行报复"扫荡"。新四军第2师部队在地方武装的积极配合下，先后取得了龙王山、狮子山、小谢营等地20余次战斗的胜利，毙伤日伪军500余人，打破了日伪军的"扫荡"。③

同年5月11日，日军以3000余人的兵力"扫荡"安陆、天门、潜江、黄陂、黄安地区，新四军第5师在鄂豫边地方武装和民兵的配合下，利用河湖港汊等有利地形伏击、袭扰敌人。在我军民的打击下，"扫荡"黄陂、黄安以南之敌被迫撤退。11月，日伪军3000余人再次"扫荡"黄陂、黄安地区。第5师部队协同地方武装和人民群众，袭扰、疲惫敌人，阻止敌人修路筑堡，日军难以立足，被迫撤走。④

1942年，日军对华中抗日根据地的"扫荡"更为频繁。11月13日，日军第

---

① 《苏中十团大战》，见《新四军抗日战争史资料选编》第17册，第765页，南京军区档案馆藏。
② 《天长仪征扬州反点线战斗详报》，中国人民革命军事博物馆藏，分类号5335/4，编号3111。
③ 军事科学院军事历史研究部：《中国人民解放军战史》第2卷，第299、306页。
④ 军事科学院军事历史研究部：《中国人民解放军战史》第2卷，第299、306页。

17 师团、独立混成第 13 旅团各一部及伪军一部，共 6000 余人，从徐州、宿迁、睢宁、泗县、固镇等地出动，在飞机、坦克、骑兵的配合下，分 5 路"扫荡"淮北抗日根据地，企图合击、消灭驻青阳、半城地区的新四军第 4 师主力。第 4 师主力先机转移至泗县、灵璧地区，使日伪军的围歼计划落空。

11 月 23 日，日伪军又奔袭半城，再次扑空。此后，日伪军在我淮北根据地增筑据点，并反复进行"搜剿"。第 4 师转移到外线的部队乘机袭击日伪后方据点，留在内线的部队在地方武装的配合下，积极开展游击战争。

12 月 9 日，青阳、归仁集、金锁镇等地的日伪军 1000 余人，分 3 路合击我驻泗洪朱家岗的第 4 师第 9 旅第 26 团。该团指战员依托村落围寨英勇击敌，战斗非常激烈。在 18 个小时里，我军打退了日伪军的 10 多次冲击，毙伤日伪军 280 余人。后来，我第 25 团和旅骑兵连赶来支援，迫使敌弃械遗尸，仓惶逃窜。① 接着，我军又乘胜收复青阳、马公店、金锁镇等重要城镇，拔掉了日伪军在根据地中心区建立的据点。

在历时 33 天的反"扫荡"中，淮北军民共毙伤敌伪 500 余人，俘敌伪官兵 270 余名，缴获枪支 290 余支、弹药 2400 余发；我军也伤亡 346 名。日伪虽然安设 317 个据点，但是其奸灭第 4 师主力摧毁淮北抗日根据地之企图成为泡影。②

11 月末，日军在对淮北抗日根据地进行"扫荡"之同时，还以其独立混成第 13 旅团一部及伪军共 2000 余人，"扫荡"淮南抗日根据地之定远地区。我淮南津浦路西军民粉碎了日伪的"扫荡"。

11 月 14 日，几乎是日伪军"扫荡"淮北、淮南抗日根据地之同时，日军第 17 师团、第 13 混成旅团各一部，及伪军第 36 师、第 15 师、第 28 师等共 7000 余人，对淮海区发动大"扫荡"。日伪军分别从泗阳、淮阴、涟水、新安镇、沭阳等地出动，采取分进合击战术，企图消灭驻六塘河张圩地区的淮海区党政军领导机关和部队。新四军第 3 师第 10 旅以主力一部协同地方武装，坚持内线反"扫

---

① 马洪武、王德宝：《新四军征途纪事》，第 263 页。
② 《华中抗战史料》，第 3 页。

荡"斗争。淮海党政军领导机关和第3师第10旅主力大部向灌云东北方向转移，敌合击扑空后，就在淮海区增筑据点，修筑公路，实行分割"清剿"。淮海区军民采取内线、外线相结合的战术，不断伏击、袭击日伪军。经过1个多月的艰苦作战，共歼敌500余人。但是，根据地被敌严重分割，使淮海区敌后抗战面临着严重的困难。①

1942年，日军对鄂豫边抗日根据地和浙东抗日根据地的"扫荡"也较之前频繁。

1942年1月、4月、6月、11月、12月，日军先后5次"扫荡"鄂豫边抗日根据地，企图消灭新四军第5师主力，摧毁鄂豫边抗日根据地。我第5师留少数部队，依靠群众和地方游击队，坚持内线斗争；领导机关和主力跳到外线，广泛袭击敌后方据点，内、外线斗争相结合反"扫荡"。在上述5次反"扫荡"斗争中，我军民共歼敌1100余人，不仅粉碎了敌人的5次"扫荡"，坚持了原来的抗日根据地，而且还开辟了以大幕山为中心的鄂南抗日游击根据地。②

浙东抗日根据地创建于1941年夏、秋。1941年4月，日军进犯闽浙沿海地区，连陷镇海、宁波、慈溪、余姚等地。6月初，淞沪游击队第5支队等部共700余人，根据新四军军部、中共苏南区党委和中共浦东工委的指示，从浦东渡海进入余姚、慈溪和镇海三县的姚江以北地区（简称三北地区）。第5支队等部队到达三北地区后，依靠群众，开展游击战争，打击敌伪，经过艰苦斗争，至10月，初步开辟了浙东抗日游击根据地。

1942年5月，中共华中局又派谭启龙、何克希等一批干部，到三北地区开展工作，不久成立中共浙东区军政委员会和三北游击司令部，将浙东部队整编为第3、第4、第5三个支队。10月初，经过艰苦努力，开辟了四明山抗日游击根据地，并在三北地区取得了杨葛殿反击战、竹山岙伏击战、黄山湖战斗等战斗的胜利，粉碎了敌人的扫荡计划。③

---

① 军事科学院军事历史研究部：《中国人民解放军战史》第2卷，第339页。
② 军事科学院军事历史研究部：《中国人民解放军战史》第2卷，第341~343页。
③ 军事科学院军事历史研究部：《中国人民解放军战史》第2卷，第339页。

三、华南抗日军民的反"扫荡"斗争

在东江地区，1941 年 6 月 10 日，日军长濑大队 400 余人及伪军 200 余人奔袭大岭山抗日根据地中心区百花洞，图谋一举消灭广东抗日游击队第 3 大队主力，摧毁大岭山抗日根据地。第 3 大队依靠群众和有利地形，与敌激战两天，毙日军长濑大队长，毙伤日伪军 50 余人，毙敌战马多匹，缴获一批枪支、弹药和辎重。日军哀叹："这是进军华南以来最丢脸的一仗。"①

同年 6 月 17 日至 8 月 18 日，日军先后出动 1000 余人对阳台山抗日根据地进行夏季"扫荡"。我第 5 大队以游击战术击敌，毙伤敌 70 余人，粉碎了日军的"扫荡"。8 月底，第 3、第 5 大队发展到 1500 多人，控制了宝太线和广九线以西的大片地区，成为东江地区抗击日伪军的主要力量。

12 月中下旬，九龙、香港沦陷以后，第 3、第 5 大队派出两支武工队分别进入沙头角、西贡、大浦附近地区和罗湖、元朗、沙田地区，开展敌后游击战争。1942 年 3 月，这两支武工队发展成为广东人民游击队港九大队，蔡国梁任大队长，陈达明任政委，下设长枪队、短枪队、海上队、市区队。港九大队活跃在香港、九龙地区，打击敌伪，破坏敌人的交通运输，有力地配合和支持了东江地区的游击战争，扩大了我军在国际上的影响。

九龙、香港沦陷后，中共广东党组织和广东人民抗日游击队，经过 6 个多月的紧张斗争，从港九地区抢救了爱国民主人士和文化界知名人士 300 余人，并护送他们回到大后方。其中包括何香凝、柳亚子、茅盾、邹韬奋、胡绳、夏衍、戈宝权、张友渔、黎澍、沈志远、千家驹、刘清扬、宋之的、萨空了、范长江、胡风、韩幽桐、于伶、袁水拍、胡蝶等。被抢救脱险的还有数千名工人、学生以及英印军官和各国留港人员。② 还有国民党官员陈汝棠和国民党第 7 战区司令余汉

① 《东江纵队史》编写组编：《东江纵队史》，第 49 页。
② 王作尧：《东纵一叶》，第 171 页。

谋夫人上官德贤等十余人。① 茅盾认为，这次抢救工作，是"难以想象的仔细周密"，是"抗战以来（简直可以说是历史以来）最伟大的'抢救'工作"。②

1942年1月下旬，广东人民抗日游击总队正式成立，梁鸿钧任总队长，林平任政委。下辖1个主力大队和4个地方大队。即在原第5大队的基础上成立主力大队，东莞地区部队仍为第3大队。惠阳、宝安、港九地区部队分别编为惠阳大队、宝安大队、港九大队。

1942年2月下旬，增从番独立大队在增城黄旗山与数十倍于我的日军激战一天，毙伤日军20多人，我军亦伤亡7人。5月14日，惠阳大队在宝安县铜锣径伏击日军骑兵分队，毙敌15人，伤敌20多人，毙敌战马30多匹，缴获敌战马3匹。广东人民抗日游击总队越战越强。

在琼崖地区，1941年2月，琼崖总队发展到20余个中队，2000余人。③ 3月，琼崖总队第1支队袭击琼东县潭门港日军据点，歼敌10余名。5月初，第1支队一部深入文昌北部平原敌后。9日一天之内，进行3次伏击战和袭击战，毙伤日军50多人，缴获轻机枪1挺、步枪39支、军用品一批。④ 在此前后，第2支队在重兴公路上伏击日军军车2辆，缴获长短枪10多支。日军集中千余人向我活动地区进行报复性"扫荡"。我军及时转回琼文中心地区。同年秋，琼崖总队诱击美德据点日军，毙日军30余人，缴轻机枪3挺、重机枪1挺、长短枪20余支、子弹2000多发，军用品一批。7月前后，文昌、琼山、琼东、万宁等县先后成立了抗日民主政府。在此基础上，11月10日，琼崖东北区抗日民主政府在琼山县树德乡成立，冯白驹当选为主席。东北区政府颁布了《施行纲领》等民主法令。琼东抗日根据地得到巩固和发展。⑤

太平洋战争爆发后，日军为着把琼崖作为其南进兵站，加紧对琼崖抗日根据

---

① 《东江纵队史》编写组编：《东江纵队史》，第63页，第64~65页。
② 《东江纵队史》编写组编：《东江纵队史》，第63页，第64~65页。
③ 《冯白驹研究史料》，第27页。
④ 庄田：《琼岛烽烟》，第98页。
⑤ 《冯白驹研究史料》，第488页。

地的"蚕食"和"扫荡"。1942 年春，日军在琼文根据地周围建立据点、碉堡、公路，对根据地实行分割、封锁。独立总队依靠群众，以交通破击战、游击战、地雷战等战术，给日军以重大的打击。日军遭打击后，即出动了千余人"扫荡"琼文抗日根据地。独立总队一部在文昌潭牛公路上的竹炭桥伏击日军，消灭了大批敌人，缴获轻重机枪、迫击炮等战利品。1942 年 5 月 31 日。日军出动 6000 余人及伪军 3000 余人，对我根据地进行全面持续"扫荡"，并施行"三光"政策。独立总队针对敌"集中兵力，分进合击"之战术，采取化整为零、组成游击小组的方法，打击敌人。我第二大队的几个游击小组一天就歼敌 40 余人。[①] 到 7 月，独立总队攻下了敌占领的 3 个县城和 10 多个敌人据点，创造了"七·七"一夜打下了敌 7 个据点的战绩。至 9 月底，粉碎了日伪的第一期大"扫荡"。[②]

1942 年冬，日军在琼崖新增两个警备队，集中 10000 余人及伪军 5000 余人，采取步兵、坦克兵、空军联合行动，对我抗日根据地和游击区施行更大规模的全面的"扫荡"和"蚕食"。独立总队团结人民，进行艰苦激烈的反"扫荡"反"蚕食"斗争。是年底，琼文抗日根据地日益缩小，我军缺乏回旋余地。中共琼崖特委决定：留下小部力量坚持内线斗争，主力突围到外线作战，创建新区。1943 年 1 月，第 1 支队主力西进，开辟了儒万山、绿现山抗日根据地。第 2 支队东进至琼东、安定地区开展游击战争。第 3、4 支队坚持琼崖南部等地区的反"扫荡"、反"蚕食"斗争。至 1943 年 1 月，第 1、第 2 支队在坚持琼文根据地的反"蚕食"、反"扫荡"斗争中，共毙伤日伪顽军 1200 余人。[③]

在珠江三角洲，1941 年 10 月，伪军李塱鸡部在日军的指使下，集中 3000 多人，"扫荡"我西海抗日根据地。我独立支队只有 300 多人，在西海人民的大力支援下，毙伤伪团长兼"前线总指挥"祁宝林以下 500 余人，俘伪副团长以下 300 余人，缴获轻机枪 5 支、长短枪 500 余支，大获全胜，称为"西海大捷"。接

---

① 庄田：《琼岛烽烟》，第 151 页。
② 蒲吾：《琼崖独立奋斗简史》，见《前进文萃》第 2 辑，香港九龙出版社 1946 年 5 月版。
③ 《冯白驹研究史料》，第 645 页。

着，独立中队乘胜追击逃往碧江、韦涌的残敌，又取得歼敌近 200 人的战果。[①]
西海大捷给珠江三角洲人民以很大的鼓舞，由此出现了抗日斗争的新高潮。

1942 年初，敌伪军图谋再次"扫荡"西海抗日根据地，我军除加强警戒对付敌"扫荡"之外，派出 50 多人的突击队深入敌后，于 2 月 14 日奇袭伪韦涌据点，全歼伪军两个连（其中俘 90 人），缴获步枪 90 余支。2 月 17 日，日伪军 1000 余人"扫荡"西海抗日根据地。我军用游击战术在路尾围、石尾岗等地痛击敌人，毙伤日伪军 200 余人，粉碎了敌人的"扫荡"。

1942 年 5 月 7 日，广州市区游击第二支队司令员吴勤被国民党军挺三纵队部属林小亚杀害。此后，林锵云任广游二支代司令。[②]

1942 年 10 月，日军为确保其"南进"的后方安全，集中日伪军万余人分路对南、顺、番、中山、新会等地区，连续实行"梳篦式"的大"扫荡"。敌情严重。同时，我军又面临着饥饿和疾病的威胁。因此，我军除留下阮洪川、李冲等 19 人组成武工队在西海坚持抗日游击战争外，主力在林锵云等率领下，向禺南的南、顺边境和中山县转移。[③] 1943 年春，我主力部队在中山县建立了以五桂山为中心的敌后抗日游击根据地，坚持珠江三角洲的抗日游击战争。

---

① 谢立金：《珠江怒潮》，第 96 页。
② 《珠江纵队史料》，第 106 页。
③ 谢立金：《珠江怒潮》，第 181 页。

小　结

　　1941 年和 1942 年，日军为巩固其占领区，为从其占领区掠夺人力、物力资源，用以扩大其侵华战争和发动太平洋战争，对敌后抗日根据地频繁地举行空前规模的大"扫荡"。同时，日军还大力扶植汉奸和伪军，推动"治安强化运动"和"清乡运动"，对敌后抗日根据地实行军事、政治、经济、文化的"总力战"。加之顽军的封锁、摩擦和华北等地严重的自然灾害频频发生。因此，1941 年和 1942 年，成为敌后抗战最困难的时期。

　　中共中央制订了战胜严重困难、渡过难关的十大政策和一系列方针。八路军、新四军、华南游击队和各抗日根据地人民群众，坚决地贯彻执行中共中央制订的方针和政策，军民一致，军政一致，同仇敌忾，英勇顽强，艰苦奋斗，经受住了严峻的考验。

　　在这两年中，敌后各抗日根据地虽然面积较前缩小，人口较前减少，八路军、新四军和华南游击队的人数也较前减少。但是，我军民终于粉碎了日军消灭我军主力，摧毁我抗日根据地之图谋。日军承认"中共游击战和地下工作异常巧妙"，[①] 承认"华北治安战是既未收到预期的成果，也未能达到作战的目的"，[②] 还承认我军民的抗日战争使日军"真正地掉在泥潭中"。[③]

　　敌后军民的英勇抗战，牵制了日伪的主力，有力地支持了正面战场的抗战。

---

① 　日本防卫厅战史室编：《华北治安战》（上），"译者说明"第 2 页。
② 　日本防卫厅战史室编：《华北治安战》（下），第 472 页。
③ 　何理：《抗日战争史》，第 354 页。

敌后军民在这两年中创造的正规军、地方武装和民众武装相结合、内线斗争与外线斗争相结合、以群众性的广泛的游击战争击敌、派遣武工队深入敌占区打击日伪等经验，为后来取得反"扫荡"、反"治安强化运动"、反"清乡"斗争的胜利奠定了基础，并为后来的战略反攻、夺取抗日战争的最后胜利提供了极其宝贵的经验。

第六部分

太平洋战争爆发后的
中国正面战场

第 26 章
太平洋战争的爆发与国际反法西斯统一战线正式形成

一、太平洋战争的爆发

日本发动太平洋战争的蓄谋由来已久。早在 1936 年 8 月 7 日，日本政府通过的决定日本国策的纲领性文件《国策基准》就定下了日本对外侵略扩张的基本方针：在侵占中国后，"北上"进攻苏联，"南进"夺取南洋，"陆军军备以对抗苏联在远东所能使用的兵力为目标……海军军备应以对抗美国海军，确保西太平洋的制海权为目标"。① 中国人民的英勇抗战困住了日军的铁蹄，方使它侵入太平洋的企图久久不能实现。

1940 年上半年，德国向北欧、西欧发起闪电进攻，并频频得手。6 月 14 日，德军占领巴黎。20 日，法国的贝当政府正式宣布向德国投降。此时，英伦三岛已处在德军直接威胁之下。

---

① 日本历史学会编：《太平洋战争史》第 1 卷，第 226 页，商务印书馆 1959 年版。

德国一系列令人眼花缭乱的进攻，使英、法无力东顾，大大地减弱了日本向南洋扩张的阻力。日本认为这是天赐良机，急于武力南进。"'不要错过公共汽车'的暗语流传开来，'南进良机热'沸腾起来，日本要从欧洲战乱中，火中取栗"。①

日本为了推进向南洋发展的新政策，在军、政各界的策动下，1940 年 7 月 16 日，米内内阁总辞职，7 月 22 日组成第二次近卫内阁。7 月 27 日，该内阁和大本营举行联席会议，决定了伴随世界形势发展的《时局处理纲要》："帝国要在应付世界形势的变化，改善内外形势，促进迅速解决对华战争的同时，抓住时机，解决南洋问题。在没有结束对华战争以前，关于以对南方政策为重点的态势转变问题，应考虑内外全盘情况来决定。……为了解决南方问题，可以使用武力。"②

这个文件，明确记载了日本要武力南进，侵占南太平洋地区。所谓把"对南方政策为重点的态势转变"，就是意味着日本政略和战略上的重点，将转移到南太平洋地区。

近卫内阁还要求整顿战备，加强对外态势，约在 1940 年 9 月底左右完成武力南进的各种准备。

可是，由于中国战场"百团大战"等战役对日军的打击，使日本统帅部企图立即缩减在华日军，拼凑南进 11 个师团兵力的计划落空，加之德国军队推迟在英国本土登陆，日本南进的战略计划不得不延宕下来。因此，中国人民的英勇抗战，大大地减轻了日本对英、美等国在太平洋地区的压力，为他们争取了对抗日本法西斯进攻的整军备战时间。

日本要实施武力南进政策，势必使日美之间的矛盾日益尖锐化，但双方没有放弃继续通过外交手段调整两国关系的企图。从 1941 年 3 月开始，美国为保护其在中国及东南亚地区的既得利益不受侵犯，与日本进行了较长时间的外交谈判。

1941 年 6 月 22 日，德国突然发动了对苏联的进攻。这一震惊世界的事件，

---

① 日本防卫厅防卫研究所战史室：《中国事变陆军作战史》第 3 卷第 2 分册，第 233 页。
② ［日］堀场一雄：《日本对华战争指导史》，第 450～454 页。

使日本在对外扩张政策上，又面临新的抉择：一是北进，配合盟友德国，进攻苏联，实现其早已既定的战略企图，即侵占中国后，首先北进攻打苏联；二是武力南进，夺取南太平洋的战略资源；三是维持现状，待机而动。

日本大本营和政府经过长时间的认真研究后，于 7 月 2 日确定了"秘密作好对苏作战准备"，"如果德苏战争的进展情况对帝国极为有利，就行使武力解决北方问题"的新国策。然而，由于日本关东军的兵力不能与苏联远东地区兵力形成较有利的对比态势，日本大本营准备从中国战场抽调 5 个师团对苏作战的计划，也因中国军民的打击牵制，难以实施。日本对苏联大规模的军事进攻计划被迫搁置下来，苏联在远东受到的最严重威胁，也由于中国战场对日军主力的牵制而趋向缓和。

日本北进不成，又不得不转向南方寻找出路。1941 年 7 月 21 日，日本与法国达成法属印度支那的共同防御协定。29 日，日本第 25 军进驻法属印度支那南部以主力驻屯西贡附近，对英美在东南亚的势力造成进一步威胁。美国总统罗斯福要求日军撤出印度支那。7 月 25 日，美国冻结了日本在美国的财产，荷属东印度、英国及其属地也相继仿行。26 日，英国废除了日英、日印、日缅通商条约。28 日，荷属东印度废弃了日荷石油协定。美国于 8 月 1 日对日本禁运飞机用汽油及润滑油。26 日，菲律宾军队编入美军。日美矛盾进一步尖锐，太平洋战争的爆发迫在眉睫。

8 月 9 日，日本大本营陆军部通过了无论德苏战争如何演变，打消在昭和十六年（1941 年）解决北方问题的企图，专心致力于南方的方针。为此，制订了《帝国陆军作战纲要》。其要点是："（1）以驻中国东北、朝鲜的 16 个师团对苏严加戒备；（2）按既定方针继续对中国作战；（3）对南方以 11 月为限，加强对英美的战争准备。"①

9 月 6 日，日本御前会议制订了《帝国国策实施纲要》，决定对南方的对策按

---

① 《大东亚战争全史》第 1 册，第 162 页。

照下列各项原则执行：

一、帝国为了确保生存和进行自卫，并以不辞对美（英、荷）开战的决心，大体上以10月下旬为期，完成战争准备。

二、帝国在进行准备的同时，对美、英采取一切外交手段，力求贯彻帝国的要求。

三、通过前次外交谈判，到10月上旬如果仍然没有希望实现我方要求时，立即决心对美（英、荷）开战。①

10月16日，日本近卫内阁因对美政策及在和、战问题上内部意见分歧而倒台。天皇命令力主南进的强硬派东条英机组阁。18日，东条内阁上台，从而大大加快了南进的步伐。

东条内阁在加紧发动太平洋战争准备的同时，派日本驻德国大使来栖到美国活动，迷惑美国，以争取备战时间。10月20日，日本政府提出所谓和谈"新"建议，继续要求美国承担原有对日本的义务，而日本在日中议和前，在行动上不受约束。美国拒绝了这一建议。11月26日，美国国务卿赫尔向日本政府递交了一份备忘录：要求日本从中国及法属印度支那全面撤军；不承认南京伪"国民政府"及伪满洲国，废除德意日三国同盟。日本拒绝了美国的要求，但为继续施放和谈烟幕，并未立即通知美国。12月7日，当在华盛顿的野村、来栖将日本的决定通知赫尔时，已是日军突袭美军珍珠港海军基地1小时之后了。

实际上，早在11月5日，日本御前会议就决定对美、英、荷开战，并采取以下措施：（1）发动进攻的时期定为12月初，陆海军应做好作战准备；（2）对美谈判按附件要领进行之；（3）加强和德意两国的合作；（4）在发动武装进攻以前，和泰国建立密切的军事联系。② 当日，日本天皇即批准了陆军这一作战计划。翌日，日本大本营下令编成南方军。总司令官为寺内上将，以第14、第15、第16、第25军（计9个师团3个独立混成旅团）及第3、第5飞行集团（计17个战

---

① ［日］崛场一雄：《日本对华战争指导史》，第650页。
② ［日］崛场一雄：《日本对华战争指导史》，第657页。

队）为基干。接着，从中国方面抽调 6 个师团（第 21、第 33、第 5、第 18、第 38、第 4 师团并抽调第 3 飞行集团的主力等），编入南进序列。同时给各军下达了准备应付开战的命令和具体部署。

11 月 15 日，日本大本营又对南方军下达了作战准备命令，即南方军总司令官与海军协同，迅速攻占南方各要地：（1）应占领的要地为菲律宾、英属马来、荷属东印度的各要地及缅甸南部的一部等；（2）实施作战时，务必保障泰国及印度支那的安定，同时从该方向实施对中国的封锁；（3）为了恢复占领地的治安，取得重要国防资源，且保障自给，应对占领地施行军政管理。①

12 月 1 日，在日本政府全体阁僚出席的御前会议上，天皇批准了开始进攻的命令，开战日期定为 12 月 8 日。至此，太平洋战争终于爆发。

1941 年 12 月 7 日 23 时 55 分，日军佗美浩少将指挥的以步兵 3 个大队为基干的佗美支队，在第 3 水雷战队护卫下，于哥打巴鲁附近的海上抛锚。翌日 1 时 35 分，第一批登陆舟艇群齐向海岸进发，受到岸上机枪、火炮的一齐射击。2 时 15 分，日佗美支队在英属马来半岛登陆成功。日本不宣而战揭开了太平洋战争的序幕。

12 月 8 日 1 时（夏威夷时间 7 日 5 时 30 分），远征 3500 海里到达夏威夷北方 230 海里处的日本海军，从巡洋舰"利根"号及"筑摩"号上，各射出零式水上侦察机 1 架，对美国珍珠港海军基地进行战前侦察。1 时 30 分，由日本 183 架飞机编成的第一批攻击队，一直向南飞去，奇袭珍珠港。2 时 45 分，由 167 架飞机编成的第二批攻击队也离舰，飞向珍珠港。② 珍珠港的美国海军基地，在毫无戒备的情况下，突遭日军 350 架飞机两个多小时的狂轰滥炸，手足无措，结果被击沉战舰 6 艘、重巡洋舰 1 艘，击伤巡洋舰、驱逐舰等 10 余艘，击毁飞机约 300 架，美军死伤 4000 余人，损失惨重。

---

① ［日］堀场一雄：《日本对华战争指导史》，第 668 页。
② 日本防卫厅战史室编纂：《日本军国主义侵华史料长编——（大本营陆军部）摘译》（中），第 1~3 页。

图 26.1　日军空袭珍珠港，美军战舰被击中

日军偷袭珍珠港，其目的是斩断"对准日本咽喉的一把匕首"，以解除美军太平洋舰队对其南下进攻的威胁。日本在珍珠港几乎全歼了美太平洋舰队主力，为其南下作战扫除了侧翼威胁，解除了后顾之忧。

太平洋战争开战之初，日军一面大举南下，一面东进突袭夏威夷，在东太平洋和西太平洋两个广阔的战区长驱直入，纵横驰骋。

日军南下进攻的结果是：1941 年 12 月 25 日占领香港；1942 年 1 月 2 日占领菲律宾的马尼拉；2 月 15 日，驻新加坡新任英国远东军总司令珀西尔中将向日军无条件投降；3 月 8 日，日军攻占缅甸仰光，并向纵深进军；3 月 9 日，驻万隆荷军宣布投降，荷属东印度遂告沦陷。与此同时，日军还进击了西太平洋诸岛。1941 年 12 月 10 日占领马里亚纳群岛中的关岛；同日，占领了吉尔伯特群岛中的马金岛和塔拉瓦岛；12 月 23 日占领了威克岛；1942 年 1 月 23 日，日军占领了新不列颠岛的腊包尔港；并先后占领了俾斯麦群岛、新爱尔兰群岛、新不列颠群岛、中所罗门群岛的大部及新几内亚岛的东北部地区。5 月 3 日，日军攻占图拉吉岛，其进攻前沿阵地已远离日本本土 5500 公里。5 月 6 日，在巴丹半岛曾从事英勇抵抗的美、菲军总指挥温赖特将军投降，日军最终占领了美、菲军在菲律宾的最后一个军事据点。

至此，日本侵略者控制、占领了东南亚地区和西南太平洋海域，形成了北起

图 26.2　新加坡的英军向日军投降

千岛群岛，经威克岛、马绍尔群岛、吉尔伯特群岛、所罗门群岛、帝汶岛、爪哇岛、苏门答腊岛、安达曼群岛至缅甸的一道"外围防御圈"。其土地面积达 386 万平方公里，相当于日本的 10 倍，人口 1.5 亿。中途岛以西太平洋上数以千计的岛屿和大约 3000 万平方海里的广大海域，一时间竟成了日本的"内陆"和"领海"。日本已完全掌握了太平洋战场上的制空权和制海权，在第二次世界大战中的侵略扩张达到了极限。

交战双方的损失，据不完全统计，日军共毙、伤、俘美、英、荷等盟军官兵 30 余万人；击沉、击伤大型作战舰只约 40 艘。日军伤 2.5 万人，亡 1.5 万人，沉驱逐舰 4 艘，伤巡洋舰 2 艘，损失飞机约 380 架。[1]

二、中国对日宣战与国际反法西斯统一战线正式形成

太平洋战争是日美两国在亚洲历经 30 年争霸，终于酿成的一场巨大规模的战

---

①　王书君：《太平洋战争分期问题初探》，见《第二次世界大战史论文集》第 2 辑，第 175～176 页，国防大学出版社 1986 年版。

争。它的爆发使第二次世界大战的形势，尤其是东方战局，发生了深刻的变化。至此，日、德、意法西斯侵略集团已将全世界几乎所有主要国家和地区拖入了战争状态。珍珠港的炸弹，炸醒了美国人民，把美国从"孤立主义"的迷梦中解脱出来，宣告了西方帝国主义绥靖政策的破产。

太平洋战争打破了美国长期以来在军事上利用中国抵抗日本而自己不参战的可能性，日本的一部分兵力将被美国吸引过去。这或多或少地能减少日军对中国战场的压力，有利于中国人民的抗战事业。因此，当蒋介石在12月8日凌晨4时得知日本偷袭珍珠港的消息后，立即从重庆南郊黄山的乡间别墅赶赴重庆。当天上午8时，就召开了紧急的国民党中央常委特别会议。兴奋异常的蒋介石讲道：我国对日宣战，已无问题。会议决定向美国建议，成立中、美等国军事同盟，并由美国领导。下午，蒋介石分别召见了美、英、苏三国驻华大使，除通知他们中国已决定向日、德、意法西斯同盟正式宣战外，并将中国提议成立中、美、英、苏、澳、荷、加等国军事同盟的建议当面交给了三国大使。蒋介石的建议迅速得到美国总统罗斯福的积极响应。

1941年12月9日，国民政府发布对日宣战文告，称"过去4余年之神圣抗战，原期侵略者之日本于遭受实际之惩创后，终能反省"，"不料残暴成性之日本，执迷不悟，且更悍然向我英美友邦开衅，扩大其战争侵略行动，甘为破坏全人类和平与正义之戎首，逞其侵略无厌之野心，举凡尊重信义之国家，咸属忍无可忍。兹特正式对日宣战，昭告中外，所有一切条约协定合同，有涉及中日间关系者，一律废止，特此布告"。同日，国民政府还公布了自当日午夜起，中国与德国、意大利两国立于战争地位的文告，宣布所有一切条约、协定、合同，有涉及中德或中意间之关系者，一律废止。①

太平洋战争爆发的第二天，中国共产党积极为加强反法西斯统一战线，打败日本侵略者而努力。中共中央发表了《为太平洋战争的宣言》和《关于太平洋反

---

① 《中国国民党历史事件人物资料辑录》，第146页，解放军出版社1988年版。

日统一战线的指示》。《宣言》分析了太平洋战争爆发后的国际形势，指出："全世界一切国家一切民族划分为举行战争的法西斯阵线与举行解放战争的反法西斯阵线，已经最后地明朗化了。"反法西斯阵线的最后胜利局面是已经确定了。《宣言》呼吁："中国政府和中国人民应该继续过去五年的光辉战争，坚决站在反法西斯国家方面，动员自己一切力量，为最后打倒日本法西斯而斗争。"《宣言》提出了建立太平洋抗日民族统一战线、积极准备大规模的战略反攻、八路军新四军坚持华北华中敌后抗战等八项重要任务。《指示》指出："我全国人民，全体海外侨胞，及南洋各民族在抗日战争中的中心任务就是建立与开展太平洋各民族反日反法西斯的统一战线。"《指示》又指出："中国人民与英美的统一战线特别有重大的意义。一方面，在与英美合作之下，消灭日寇是中国民族解放的必要前提。他方面，中国内部团结一致，改革政治军事，积极牵制打击敌人，积极准备战略反攻，又是英美战胜日寇的重要条件。为此目的，中国共产党应该在各种场合与英美人士作诚恳坦白的通力合作，以增加英美抗战力量，并改进中国抗战状况。"①

太平洋战争的爆发，扩大了世界反法西斯阵营，欧亚美许多国家也纷纷对日宣战。

12 月 8 日，美国总统罗斯福致函国会，请求对日宣战。罗斯福在请求对日宣战的咨文中写道："余兹请国会宣布于 1941 年 12 月 7 日遭受日本蓄谋非法袭击后，合众国与日本帝国间，已有战争状态存在。"②

1942 年元旦，中、苏、美、英等 26 个国家在华盛顿签订了《联合国家宣言》（截至 1945 年 5 月 1 日止，除原签字国外，又有玻利维亚、巴西等 21 个国家加入了本宣言），规定凡签字国政府保证运用其军事与经济之全部资源，对抗法西斯同盟国及其附从国家，并在反法西斯斗争中相互援助，紧密合作，并不与敌人缔

---

① 外交学院编：《现代国际关系史参考资料》（1939～1945），第 221～222 页。
② 《中国近代对外关系史资料选辑》（1840～1949）下卷第 2 分册，第 161～162 页，上海人民出版社 1977 年版。

图 26.3　美国、英国、中国、荷兰四国简称为 ABCD，四国联合对垒日本。游行队伍中举起了 ABCD 的胜利标志

结单独停战协定或和约。① 2 月 23 日，英、美两国签订了《关于在进行反侵略战争中相互援助所适用原则的协定》；5 月 23 日，苏、英两国签订了《对希特勒德国及欧洲五国作战的同盟和战后合作互助条约》；6 月 2 日，中、美两国签订了《抵抗侵略互助协定》；6 月 11 日，美苏两国签订了《关于在进行反侵略战争中相互援助所适用原则的协定》。国际反法西斯统一战线正式结成。中、苏、美、英等国更加团结合作。中国人民的抗战事业得到更多的更广泛的帮助和同情，第二次世界大战的进程和性质发生了重要的转折和变化，对第二次世界大战及战后的世界格局产生了深远的影响。

　　国际反法西斯统一战线的正式形成，保障了世界反法西斯战争的胜利。这一胜利不仅使以德、意、日为首的穷凶极恶、妄图征服全世界的法西斯势力归于灭亡，而且造成了一系列社会主义国家的兴起，造成了大批被殖民主义者奴役的国家的独立，使统治了亚洲、非洲大多数国家一二百年的殖民帝国土崩瓦解，中国和这些新独立国家组成的第三世界进入了世界政治舞台的重要地位。

---

　　① 《国际条约集》（1934～1944），第 343～344 页，世界知识出版社 1961 年版。

可谓战争教育了人民，人民赢得了战争，赢得了和平，也赢得了历史的进步。

三、日本促使国民政府屈服阴谋的失败

日本帝国主义挑起太平洋战争时，为了从泥足深陷的中日战争中解脱出来，全力对付太平洋战场上的英、美，就妄图把中国拉向日本一边，利用中国的人力、物力资源对英、美作战，从而进一步加紧了使重庆国民政府屈服的活动。

在太平洋战争开战前的 1941 年 11 月 15 日，日本在制订的《关于促进结束对美、英、荷、蒋战争草案》中，就提出如下方针：利用形势发展，尤其是作战成果，抓住有利时机，采取积极措施，促使重庆政府屈服。

12 月 10 日，日本参谋本部鉴于太平洋战争进展极为顺利，当即着手研究"对重庆工作"。18 日，在日本参谋本部部长会议上，重庆问题作为紧急议题被提出。议题的内容是，加强"重庆屈服工作"，"特别是抓住进攻南方要域告一段落的时机使工作取得成功"。

为加紧使"重庆屈服工作"，1941 年 12 月 24 日，日本大本营政府联络会议作了如下决定：（1）首先设置对重庆谍报路线。由大本营陆军部负责，有关部门协助。该工作仅限侦知重庆方面动向，概不涉及屈服条件等。为此，应采取利用中国要人及其他外国人等措施。（2）通过帝国取得的战果及对其要害部门的强大压力，乘重庆方面动摇适时由谍报工作转为屈服工作。其时机、方法由大本营政府联络会议决定。①

日本对于促使重庆国民政府屈服工作，开始估计比较乐观。它认为对英、美初战的胜利，将使蒋介石政权发生动摇，重庆国民政府就会屈服投降。殊不知这只是一厢情愿而已。这是因为：太平洋战争的爆发，中国政府的对日宣战，对国民党内部的亲日势力无疑是一沉重打击，扼制了他们的投降活动。其次，美国对

---

① 日本防卫厅战史室编纂：《日本军国主义侵华资料长编——（日本大本营陆军部）摘译》（中），第 28 ~ 29 页。

日宣战后，更需要依靠中国抗战，把大批日军继续拖在中国战场上，以利其在太平洋战场上的反攻、决战。为此，它除在军事上、经济上援助中国外，还需要同中国进行直接的军事合作。这使重庆国民政府坚定了依靠英、美期待胜利的思想。即使日本一再诱降，重庆国民政府也不会轻易就范。这正如1942年3月9日，日本大本营政府联络会议做出的《对各国可能采取的策略、动向的判断》中所分析的："重庆政权抗战力量虽渐低落，其财政经济状况亦甚紧迫，但以其党及军队之威力为背景，尚能坚持强韧的抗日意识，且因期待反轴心阵营的最后胜利，尚不至放弃抗战意志。而最近与苏联之合作愈益加强，并与印度民族谋求接近，此等动向，均可认为力图促成抗日阵营之统一。"①

日本诱降不成，又多次谋划用军事力量攻占重庆，迫使重庆国民政府屈服，但又抽不出足够的兵力。日本无可奈何，于1942年6月1日发出了《对重庆作战的困惑》：即使以武力攻占重庆，也不会解决问题。"在经济上，照现在情况进展，即使攻占重庆，二三年内也不致垮台。在政治上，中国基于最后胜利在反轴心国方面的信念，依靠英美及本国地广人多，即使重庆被攻占，蒋介石的抗战意志也不会改变，甚至即使和战两派对立，形成军阀割据的局面，能否屈服，也成问题"。② 至此，日本侵华政策已陷入左右为难的困境。

---

① 日本防卫厅战史室编纂：《日本军国主义侵华资料长编——（日本大本营陆军部）摘译》（中），第132页。
② 日本防卫厅战史室编纂：《日本军国主义侵华资料长编——（日本大本营陆军部）摘译》（中），第375页。

一、美国援华的加强与中美在对德日作战问题上的歧见

在太平洋战争爆发前，美国尽管通过了租借法案，但仍不敢公开地、大规模地援华。太平洋战争爆发后，中国政府即向美国政府提出《经济援助方案说帖》，宣称"现中国之财政金融及一般经济，情势至为危急，尤其法币之发行，已达饱和点以上，将至恶性膨胀之程度……若无适当之力量迅与补救，则形势有更趋恶化之虞，足以造成严重之危机"，为此呈请美国提供 5 亿美元的借款。①

美方原先坚持中国必须制订借款具体方案，限定用途，并受美国监督。财政部长摩根索（Henry Morgenthau）甚至建议将款项直接作为军饷按月拨款。但蒋介石拒绝这种方法，坚持借款"不能有任何之条件及事先讨论用途与方法"。② 罗斯福总统出于支持中国战场的考虑，同意了蒋介石的要求，于 1942 年 1 月 30 日召

① 《战时外交（一）》，第 323 页。
② 《战时外交（一）》，第 332 页。

集美国务院和财政部商讨。2 月 7 日，美国会通过这笔贷款，并于 2 月 13 日由罗斯福正式签署成法案。

美国对中国的军需物品援助也有所加强，中国的胃口也愈来愈大，仅 1942 年 4 月 18 日，蒋介石向美国催要的急用军需品中，就有步枪 20 万支，手枪 45000 支；手提机枪 22000 挺，轻机枪 15000 挺；战车防御炮 720 门，山炮 720 门，榴弹炮 454 门；高射机枪 1360 挺，高射炮 1360 门；子弹 3 亿发。[①]

1942 年 5 月底，中美签订了《抵抗侵略互助协定》（又名"租借器材案草约"），规定："美国政府继续以美国大总统准予转移或供给之防卫用品、防卫兵力及防卫情报，供给中国政府"，"中国政府将继续协助美国之国防及其加强，并以其所能供给之用品、兵力或情报供给之"。[②]

图 27.1　1943 年，宋美龄在美国国会发表演讲，呼吁美国加大对中国抗战的援助

据统计，从 1942 年 1 月至 1944 年 9 月，美国援助中国的军火器械计有：飞机 326 架，战车防御炮 362 门，各类火炮 657 门，迫击炮 514 门，火箭筒 1030 具，战车防御枪 1269 挺，重机关枪 3044 挺，手提机关枪 16690 挺，步枪 21000 支，手

---

① 《战时外交（一）》，第 495～496 页。
② 《战时外交（一）》，第 502 页。

枪 442 支，各类子弹 26950 万发，各类炮弹 90 万发，各种汽车 700 余辆。[①]

在缅甸失陷以后，中国的受援物资仅靠飞越喜马拉雅山的中印空中航线担任。承担运输任务的有美国空运队（American Ferry Command）和中国航空公司。由于航线初开辟时飞机很少，美国又拒绝提供四引擎的大型运输机，故空运量很少。1942 年 12 月，美陆军运输队（Army Transport Command）接替了空运队工作，陆军运输队拥有 225 架运输机，使运量大增，到 1943 年 12 月时，每月空运量已达 12590 吨。[②]

然而，尽管如此，中美关系上依然存在较大矛盾，这主要是由于下列原因引起的。

第一，中国战区的地位问题。中国战区成立后，中国战场的地位却始终得不到重视。中国代表不仅被排斥于英美参谋团联席会议（Combined Chiefs of Staff）和军火分配委员会（The Munitions Assignments Board）之外，且连适用于《租借法案》下的美国援华器材也改由美军代表史迪威控制。而在此之前，援华物资一经装船离美，所有权即归中国。蒋介石屡次通过间接的方式向罗斯福表示："如果英美参谋团联席会议与物资分配之机构不能扩大，使中国得以参加，则中国在此战争中只是一种工具而已"，[③] 声称"中国民众今已渐怀疑窦，岂联合国将以为无维持中国战区之必要耶……深感中国名为同盟国，实被歧视"。[④]

第二，援华物资数量问题。自滇缅路中断以来，美援华物资数量急剧下降，1942 年 5 月、6 月、7 月的空运量分别是 80 吨、106 吨和 73 吨。而约 4.5 万吨的援华物资堆积在印度无法运抵中国。美国原定派 50 架四引擎"空中堡垒"式大型运输机（每架运载量为 3 吨）担任中印空运，后改派 24 架，最终这 24 架飞机也调往地中海。美方还通知中国，鉴于援华物资在印度严重积压，7 月份拟停运在美待运的物资器材（约 15 万吨）。中国政府要求美国加强在华空军力量，结果

---

① 根据《战时外交（一）》所载各时期军火供应情况统计。
② 吴相湘：《第二次中日战争史》（下），第 830～832 页。
③ 吴相湘：《第二次中日战争史》（下），第 818 页。
④ 《战时外交（三）》，第 145 页。

不仅一架飞机未得到，就连名义上隶属中国战区指挥的美国驻印第10航空队在奉命全部飞往北非作战后，竟未通知中国战区的统帅。蒋介石极为恼怒，于6月29日通过史迪威向美国政府提出"保持中国战区最低限度之需要"三项："（1）八九月间美国应派军队三师到达印度，与中国军队合作，恢复中国与缅甸之交通。（2）自八月份起应经常保持第一线飞机五百架，如有损失，随时补充，不令有坠此标准以下之空隙。（3）自八月份起经常保持每月五千吨之空中运输量。"①

第三，史迪威来华的使命与身份问题。中国战区成立以后，蒋介石曾电请罗斯福总统指定一位高级将领出任中国战区统帅部参谋长。而1942年3月，史迪威来华就职时却具有双重身份：其一为美国总统驻华军事代表，负责管理美对华租借物资，指挥驻中、印、缅之美军，出席中国战区军事会议之美国代表，滇缅公路监督人，蒋介石和魏菲尔（Archibald Wavell）之间的联络人；

图27.2　蒋介石、宋美龄夫妇与史迪威在缅甸

其二为中国战区参谋长。② 这种双重身份使蒋介石颇为不快，认为"彼以予之参谋长之资格应服从予之命令，然彼以总统代表资格，所取态度又截然不同。此实使予茫然不知以何等人物待遇之，如为余之参谋长，自应以部属视之，然为总统代表则又应以上宾遇之"。③ 尤其是7月2日，蒋介石又因租借物资的分配权问题同史迪威发生争执。为此，史迪威致函蒋介石，陈述自己的地位是"出席中国任何军事会议之美国代表……故在任何上述军事会议中，本人所有其他地位皆不适

---

① 《战时外交（三）》，第173页。
② 《战时外交（三）》，第561～562页。
③ 《战时外交（一）》，第645页。

用"。① 这使蒋介石大为恼火，当即致电宋子文，称史迪威"以总统代表资格挟制统帅"，令其同美国政府"重新协商参谋长之职权"，并声言今后"凡在中国战区内既任参谋长职务，则其所有其他地位皆不能适用"。② 自 7 月 3 日以后，蒋介石拒不接见史迪威，对其书信也不予回复。

为调解中美矛盾，美国总统行政助理居里衔命再次来华，于 7 月 21 日抵达重庆，8 月 6 日离渝。在重庆的 16 天中，先后同蒋介石会谈了 13 次，其内容包括史迪威的地位与责任问题；印度独立问题；改善中英关系问题；三路反攻缅甸问题；中苏关系问题；中美外交隔阂的原因问题；中印空运物资的数量问题；战后土地分配问题；国共关系问题，等等。讨论的重心是史迪威的地位与身份以及中国战区的地位问题。

蒋介石对于中国不能参加英美联合参谋会议忿忿不平，认为"中国迄今仍未经视为一重要战区，战时所得之待遇如此，和平恢复之后，复有何希望可言？届时……一切和平条件，将由英美独断为之"。③ 居里却称中国的地位是接受援助而非输出援助，又无海运能力，故无需参加讨论分配剩余生产之必要。蒋介石对于原定的援华飞机改拨地中海一事耿耿于怀，并重申每月 5000 吨援华物资和 500 架飞机是中国参与反攻缅甸的必要条件。关于史迪威的双重身份问题，双方始终未能取得一致意见。

蒋介石还请居里将几份备忘录转交罗斯福总统，劝其修正"先德后日"的战略，并维持中国战区 500 架飞机和每月 5000 吨援华物资。他在备忘录中声称"不先解决日本，而欲先解决德国乃为不可能之事"，"以美国力量，在欧洲开辟第二战场，当不能有大助于英国与苏联，而美国本身反不能免除日本之牵制"，因此，他劝罗斯福对于"先德后日"之战略，"必须加以修正"。④ 另外，他请罗斯福维持中国战场的最低限度之需要，否则，"中国军民若一旦灰心失望，则侵略者之

---

① 《战时外交（三）》，第 608～610 页。
② 《战时外交（三）》，第 608～610 页。
③ 《战时外交（一）》，第 635～636 页。
④ 《战时外交（一）》，第 674 页。

横行与世界战局所蒙之不利，自不难想象而知"。① 这不啻是一种变相的威胁。

居里访华在一定程度上改善了中美关系。9 月 16 日，罗斯福致电蒋介石，保证今后必将"尽速尽量以接济"中国，但亦表示"美国暂时除在中、印建立美空军与建立空运路线，使足以维持美国空军在华作战与继续供给中国兵工材料外，实不敢多所作为"，② 对于派遣美军赴印缅作战之请求实亦加以婉拒。对于史迪威的地位，仍坚持其双重身份不变，这就为后来蒋、史关系的恶化埋下了种子。

所以，居里访华的结果，"除对空运稍有进步外，关于恢复缅甸及五百架战斗机计划，并未能使之切实接受，总统亦不愿鞭促，原因皆在注重对德"。③ 这是对美中关系摩擦原因的一个较客观的分析。

二、中英在印缅问题上的龃龉

自 1940 年 10 月英国重新开放滇缅路以来，中英关系有了极大改善。同年 12 月，中英又签订了《共同防御滇缅路协定》，开辟了中英军事合作的新途径。蒋介石还草拟了《中美英三国合作方案》，建议成立中、美、英三国同盟共同打击日本。但丘吉尔认为"吾人若向日本挑衅，实为不智"，拒绝了中国的建议。④ 然而，当 1941 年 12 月 8 日太平洋战争爆发以后，丘吉尔即于翌日致电蒋介石，称"英国与美国业被日本攻击，我等向为良友，现则同对一敌共同奋斗矣"，⑤ 表明了中、英、美合作的积极姿态。蒋介石当即回电表示"从此中英两国人民并肩作战，誓必摔除共同之仇敌"。⑥

共同的利益将中、英两国紧密地联合起来，但是，不同的出发点又使得中、

---

① 《战时外交（一）》，第 676 页。
② 《战时外交（一）》，第 722 页。
③ 《战时外交（一）》，第 723 页。
④ 《战时外交（二）》，第 45 页。
⑤ 《战时外交（二）》，第 89 页。
⑥ 《战时外交（二）》，第 89 页。

英双方各行其是，合作伊始就发生了尖锐的对立。

蒋介石自认为"英美以后则不能不集中全力先解决远东之倭寇"，[①] 因而拟定了中、美、苏、英、荷 5 国太平洋联合作战大纲，幻想立即依靠国际力量来打败日本。他更希望英国坚守东南亚，尤其是缅甸，以保持中国海上通道的畅通无阻。然而，英国对于与中国共同作战根本不感兴趣，英国只是希图借助中国陆军力量来延缓日本凶猛的攻势，它没有死守缅甸的信心和计划。因此，在重庆召开的中、英、美联合军事会议上，英国驻印军总司令魏菲尔对联合作战毫无兴趣，硬要会议讨论如何保卫缅甸问题，并提出 3 项要求：（1）调昆明美国空军志愿队前往仰光协防；（2）从美国援华物资中拨出一批飞机、大炮、卡车和通讯器材供英军使用；（3）中国军队派两个师入缅作战。[②] 在此之前，英国军方未经中国政府同意便擅自将美国援华物资中的 150 辆卡车和大量军需品调拨英军使用，这次又毫不考虑中国方面的急需而要将陈纳德空军志愿队和美援军火转往缅甸，此种利己态度，无疑使中英矛盾公开爆发。何应钦在会上当即表示："愿将所有在缅甸的一切租借物资军火全部退还美国，撤回在缅甸的机关与人员，停止中、英、缅间的一切合作。"[③] 后经美国代表麦克卢尔（Robert McClure）出面调解，英国正式道歉并保证不再发生类似事件，美国也训斥了在缅甸掌管援华物资的官员，事情才得以平息。

其次，中英在印度问题上也有龃龉。英国当时在印度的殖民统治正陷入深刻的危机之中。印度国大党在甘地领导下，正进行不合作运动，拒绝支持英国对德、意、日的战争，而日本利用"亚洲是亚洲人的"口号，煽动印度的民族主义情绪，动摇英国在印度的统治。印度对于欧亚两个反法西斯战场均有重要作用，尤其对中国更为重要。为了调停英印冲突，蒋介石于 1942 年 2 月访问了印度，并同印度国大党领袖和英印总督多次晤谈，但由于英国顽固的殖民主义立场和国大

---

① 《蒋总统秘录》，第 13 册，第 3 页。
② 《战时外交（一）》，第 83～85 页。
③ 吴相湘：《第二次中日战争史》（下），第 787 页。

党人坚决的独立要求，使蒋介石印度之行未达成预期的目的。蒋介石因而对英国政府流露了不满，回国后继续向英政府施加压力和影响。在英印矛盾全面爆发，英印当局于8月将甘地、尼赫鲁等人逮捕入狱后，蒋介石反应强烈，多次召见英国驻华大使薛穆尔（Sir Horace Seymour），迫其释放甘地等人，并呼吁罗斯福出面干预。8月31日，丘吉尔致函蒋介石，以严厉的措词批评了蒋介石，认为他袒护国大党人，干涉了英国内政，并暗示蒋介石如不停止这种干涉行为，将要承担由此而产生的一切严重后果。①

再次，中英在缅甸的联合作战使双方产生了较深的隔阂。太平洋战争爆发后，英国远东军队在日本攻击下显得狼狈不堪：远东海军舰队全军覆没；香港、新加坡危在旦夕，缅甸和印度也面临险境。为此，英国驻华军事代表丹尼斯将军于12月10日请求蒋介石履行中英协议，派军队协助保卫缅甸。蒋介石对英国颇存戒心，表示中国军队愿意入缅作战，但"唯一要求，为防守某地区或某线时，必单独负责，绝不愿与英军混合作战"，②显然不愿受英国指挥。英国驻华大使卡尔为此紧急拜会蒋介石，称"局势紧迫，急待援军"，"捧双手以恳求贵国之协助"。③而当蒋介石同意派8至10万军队入缅作战后，英国又拒绝这么庞大的中国军队入境，英军总司令魏菲尔表示，"如由贵国军队解放缅甸，实在是英国人的耻辱"，④只要求中国先派3个团进入缅甸。事实上，英国是怀疑中国人入缅的动机，害怕中国军队在这块以前中华帝国的藩邦之地卷土重来。由于英国的阻挠，中国远征军直到2月初才被允许开入缅甸一二个师，以后逐次增兵，直到3月初还未抵达预定阵地。而且英国此时允许中国军队入缅的目的，已不是同中国协守缅甸，而是要让中国人去抵挡日军锐不可当的进攻，掩护英军的撤退。加之英军在战役期间利己的表现，加深了中英间的不信任。缅甸战役的结果，中国不仅损失了五六万最精锐的部队，还被切断了滇缅路。更有甚者，丘吉尔在5月10

---

① 《战时外交（三）》，第486~487页。
② 《战时外交（三）》，第62~63页。
③ 《战时外交（三）》，第62~63页。
④ 《战时外交（三）》，第93页。

日的演讲中，对中国军队援缅的功绩只字不提，这使蒋介石十分愤怒。他批评丘吉尔及其英国"以怨报德，徒有势利而无信义"。①

影响这一时期中英关系的最大因素，是双方在反攻缅甸问题上的尖锐分歧。

缅甸的失守，使中国唯一的国际交通线断绝。美国和史迪威将军力图联合中、英力量打通滇缅路，收复缅甸，但中、英对收复缅甸的态度却有本质上的不同。英国对于收复缅甸毫无兴趣，并不愿意派一卒一兵；中国尽管由于交通线被切断，物资军火更趋匮乏，但蒋介石出于保存实力的考虑，不愿单独承担收复缅甸的重任，坚持美、英海陆空三军必须联合一致，同中国共同收复缅甸。所以，当史迪威于 1942 年底拟定了英、中、美三国军队由印度阿萨姆、中国云南和孟加拉湾三面攻击缅甸日军的军事计划后，中、英在反攻问题上的歧见更趋明显。英国认为，第二次世界大战的重心在欧洲，英国海、空军没有力量南移而加入收复缅甸的战役。因此拒绝海军开赴孟加拉湾攻击仰光，只同意陆军方面的配合作战。中国坚持反攻缅甸必须由水、陆两路同时进行，蒋介石指出："这次缅甸作战的中心问题是在英国有没有能力掌握孟加拉湾的制海、制空权，以阻止仰光的日军增援，如海、空军实力不够，我不愿令派一兵一卒参加这次战役。"② 收复缅甸的计划于是被搁置。

在 1943 年 1 月 14 日举行的卡萨布兰卡英美首脑会议上，美国以退出欧战相要挟，迫使英国同意派海军参战。中、美、英三国高级官员在印度加尔各答开会，决定反攻缅甸的战役在同年 10 月底进行。但同年 5 月，丘吉尔又在华盛顿三叉戟会议上改变态度，表示英国海、空军无力东顾。如此几经反复，中英两国在反攻缅甸问题上争执不下，严重影响了两国关系。

尽管中英关系充满矛盾，但中英关系毕竟得到加强与发展。1942 年初，英国同意向中国贷款 5000 万英镑（约合 2 亿美元）；滇缅路被切断后，以印度为基地的驼峰运输线的开辟，在一定程度上缓解了中国军用物资匮缺的燃眉之急；中国

---

① 《党史概要》（四），第 1226 页。
② 吴相湘：《第二次中日战争史》（下），第 854~855 页。

驻印军官兵 32000 余人在印度兰姆伽训练营接受军事训练，为后来收复缅甸北部，打通滇缅路交通奠定了基础。

三、陷入低潮的中苏关系

自 1941 年初以来，中苏关系在某种程度上受到损害。这一方面是由于国民党发动皖南事变，采取反共政策，导致了苏联的不满。另一方面则由于 1941 年 4 月苏日签订《中立条约》，宣布"苏联誓当尊重满洲国之领土完整与神圣不可侵犯性；日本誓当尊重蒙古人民共和国之领土完整与神圣不可侵犯性"，[1] 侵犯了中国主权。加之 6 月苏德战争爆发，苏联已不可能有较大的物质力量来援助中国抗战。

1941 年底爆发的太平洋战争，使蒋介石幻想将苏联拖入对日作战，他屡电斯大林，陈述苏联参战的理由，声称"大陆对日作战必须中苏两国同时宣战，方能击破共同敌军之日本"，[2] "此时惟有苏联能及早先发制人，则太平洋局势尚可挽救，而苏联在远东之现状乃可获得安全"。[3] 但斯大林出于本国战略的考虑，屡拒了蒋介石的要求。他在致蒋介石的电报中，指出，"在整个反轴心集团的阵线之系统中，抗德阵线，具有决定之意义"，"本人以为苏联之力量，目前似不宜分散于远东"，故恳请蒋介石"勿坚持苏联即刻对日宣战的主张"。[4] 同时，苏联还拒绝参加由中、美发起的太平洋 5 国军事会议。

尽管蒋介石对苏联存在极大的猜忌与深刻的敌意，但出于抗日的需要，他还不敢公开同苏联交恶。1942 年 5 月中旬，中英军队在缅甸遭到惨败之后，中国唯一的海上通道被切断，重庆政府一直在为美英援华军械物资假道苏联运抵中国而努力。美、英政府也力促苏联同意此举措。在美、英的压力之下，苏联曾表示愿意与美国政府商洽开辟阿拉斯加经由西伯利亚到达中国的空中航线问题，但旋即

① 《战时外交（二）》，第 391 页。
② 《战时外交（三）》，第 42 页。
③ 《战时外交（三）》，第 68～69 页。
④ 《战时外交（二）》，第 391～392 页。

因顾虑日本会因此进攻西伯利亚而予以拒绝。中美两国政府也要求苏联政府允许援华物资由波斯湾的沙赫普尔（Bandarshapur）经波斯铁路转道苏联中亚铁路；或由卡拉奇经波斯扎黑丹（Zahedan）、苏联阿什哈巴德（Ashkhabad）再转运至中国新疆哈密的计划。但苏联政府以波斯及中亚铁路军运拥挤为由加以拒绝。①

中国驻苏大使邵力子从 3 月 22 日起，至 5 月 22 日止，两个月中先后同苏联外交、外贸等部交涉 6 次，"所得答复，均同情我国之需要，而技术上须研究方能决定"。② 6 月 22 日，邵力子再催促此事，仍不得明确的答复。1943 年 3 月，中国新任驻苏大使傅秉常再向苏联外贸部长米高扬催问假道之事，米高扬称"此事关键不在苏联，实因印伊路运量过弱"，而英国允诺援助之汽车又未到。他并表示"苏联援助中国之心始终不懈，目前不能积极援助，实因力有不足"。③ 但后来英美增运 1000 辆卡车来华时，苏联仍拒绝援华物资假道。

实际上，苏联此时不愿积极援华，主要有两个原因。

其一，为害怕引起日本的过火反应，进攻西伯利亚。苏联此时极不愿意，也没有能力进行欧亚两面作战，为了稳住日本，苏联当然不愿冒激怒日本的风险。

其二，为中、苏因新疆问题产生了激烈的矛盾。1942 年 7 月 9 日。苏联驻华大使潘友新（A. S. Panyushkin）在重庆向蒋介石转交了苏联外长莫洛托夫 7 月 3 日致新疆督办盛世才信函抄本。此信列数了盛世才 1934 年、1936 年、1941 年 3 次反蒋的历史，并称苏联每次都坚拒了盛世才的要求，"谆谆劝告"他"对中央政府应矢诚拥戴，并与中央政府统一战线以与帝国主义奋斗"。④ 苏联的意图，是向中国政府申明对新疆没有领土野心。

但蒋介石在召集何应钦、程潜、徐永昌、张治中、贺耀祖、周至柔等商讨后，认定"苏联有吞并"新疆之阴谋，现将此信函抄送重庆政府之目的，在于"挑拨离间盛世才与中央之关系，迫其铤而走险"，"以便扶植另一傀儡，以维护在新疆

---

① 《战时外交（二）》，第 395 页。
② 《战时外交（二）》，第 396 页。
③ 《战时外交（二）》，第 402～403 页。
④ 《战时外交（二）》，第 436～437 页。

既得权益"。① 于是，他们决定"一面利用盛之地位及力量并扶之，使其逐渐中央化；一面敷衍苏联，迟缓其对新之策动并尽速加强我甘、青、藏边军备，及一切必要之准备，俟机再确实控制之"。② 同时，他们还计划"乘日寇北进攻苏，或苏对德军事惨败，或其他对我之国际地位更有利的时机，向苏联提出解决两国外交悬案（取消承认伪满、伪蒙，不得支持中共，撤退驻新之红军第 8 团及空军、战车部队）"，"中央军有力部队开入新疆各要点，以武力确实控制之"。③

7 月 16 日，蒋介石召见潘友新时称："今后两国凡有关新疆省之事，深盼能由贵国中央政府直接与敝国中央政府洽商协议，不可再与新疆省当局迳行交涉，以免发生误会。"④

另一方面，蒋介石先后派朱绍良、翁文灏赴迪化安抚盛世才。同年 8 月，蒋介石又亲赴甘肃、青海、宁夏视察，并派宋美龄携其亲笔信飞迪化抚慰盛世才。蒋介石在信中表示全力支持盛世才反苏反共，要其肃清新疆共产党，逼使苏军撤离新疆，收回迪化飞机制造厂。重庆政府并支援其轻重机枪 100 挺。9 月 5 日，盛世才果然命令苏联撤走所有驻新疆专家、顾问以及星星峡苏军。17 日又在新疆全面清共，逮捕了陈潭秋、毛泽民、林基路等中共驻新疆领导人。蒋介石利用盛世才反苏反共的阴谋得逞。

从 1943 年 4 月中旬起，苏联决定撤退驻新所有专家、顾问及军队，将迪化飞机厂撤运回苏联。尽管中苏矛盾没有演变成激烈的正面冲突，但新疆问题无疑给中苏关系蒙上了阴影。

正是基于上述原因，苏联政府在 1943 年 10 月于莫斯科举行的美、苏、英三国外长会议上，坚决反对将中国列名"四强"，几使会议流产。斯大林也多次对英、美政府批评蒋介石抗日不力。

中苏关系的紧张理所当然引起美国的担忧，当美国官员询问此事时，重庆政

① 《战时外交（二）》，第 438～439 页。
② 《战时外交（二）》，第 439～440 页。
③ 《战时外交（二）》，第 439～440 页。
④ 《战时外交（二）》，第 441 页。

府官员称"中苏间的主要问题是苏联支持中国共产党，如苏联誓言不利用中共来干涉中国内政，中苏两国就可获得基本谅解"。[①] 中、苏这种外交关系上的低潮，一直持续到战争结束。

四、不平等条约的废除

抗日战争全面爆发以后，帝国主义强加在中国人民身上的不平等条约尚未废除。尽管日军侵占了沿海地区，但外国租界、租借地还存在，英、美、法等国在法理上还保持着领事裁判权等各种特权。它们也企图在日本侵华的同时继续保持各自的在华利益。

中国人民强烈要求废除不平等条约，中国政府也多次要求英、美修改不平等条约。鉴于当时的政治形势，尤其是欧战的爆发，英、美不得不放弃原先的顽固立场，宣布愿意同中国商讨这一问题。从 1939 年至 1941 年，英国与美国均先后三次宣称，要在远东战事结束后的适当时期，同中国商讨取消领事裁判权等问题。1941 年 5 月，中国先后同美、英通过换文的方式取得了美、英同意废除治外法权、交还租界的承诺，但仍须等到远东和平恢复以后方可实行。[②]

太平洋战争爆发后，各地租界与香港、九龙均为日军占领，英美的实际利益已经丧失。更重要的是中国的抗日战争已成为世界反法西斯战争的重要部分，中国已变成英美

图 27.3　1941 年 12 月 8 日，日军坦克开进了上海租界

---

① 《美国国务院文件》，Eoreign Relations：China 1942，第 251 页。
② 《战时外交（三）》，第 708～710 页。

的盟国。因此，蒋介石及其重庆国民政府认为战后废约已同其现有之国际地位不相符，希望战时废约。同时，汪伪政府也在向日本提出接管上海租界的要求，这一事实更刺激了蒋介石立即废约的愿望。

美国也开始意识到自动放弃对华不平等条约将对于中国抗战有促进作用。从1942年4月至10月，华盛顿和伦敦之间的外交接触频繁，其中一个重要议题，就是自动放弃对华不平等条约的问题。英国政府尽管不太情愿立即放弃对华特权，但由于美国政府的态度较坚决，不得不依美国的意见行事。

与此同时，蒋介石也采取了较积极的外交活动来促成废约的早日实现。1942年10月初，他电令在美国的外交部长宋子文立即向美国政府交涉，希望美国率先自动放弃对华不平等条约。10月5日，他又授意陈布雷以新闻稿的方式表明中国政府敦促美国率先自动废约的态度。该新闻稿声称："纯以民众立场说明中国受不平等条约之束缚者已一百年，偏颇的限制既阻碍了国家建设的发展，而屈辱的情感尤使四万万五千万人伤心饮恨。去年英、美两国与我郭大使交换放弃特权的文书，对中国自不失为一种安慰。但那个诺言是以战争结束后为实行的时限，在一般人看来似乎……感觉到遥远而不可即。""我们实在希望盟邦尤其是美国对这个问题考虑一下，中国对于这一次大战，既然是担负着同等义务，负荷同样的责任，为鼓励士气与国民精神，似乎应使其没有一些卑抑之感才好。"希望"美国能百尺竿头，更进一步，发挥其一贯对中国友善的精神，作一件转移世界视听、彰明盟国道义权威的大事……单独自动的将对华条约中所包含的不平等条款，就在这时候率先声明放弃，不必待之战后再出以双方谈判的形式"。①

10月10日，美、英政府分别发表声明，宣称准备立时与中国政府进行谈判，缔结一规定美英政府"立时放弃在华治外法权，及解决有关问题之条约"。② 同一天，蒋介石在重庆宣布了这一消息。11日，他分别致电罗斯福和丘吉尔表示感

---

① 《战时外交（三）》，第710～711页。
② 《战时外交（三）》，第713页。

谢。为了争取外交上的主动，他指示外交部"关于废除治外法权事，应静待美国政府提出其所谓简短之草约后，我方再行表示意见，此时不必作任何交涉"，但我方可以间接表示"甚望其将过去所有各种不平等条约，一律作废，整个撤销，重订平等合作之新约"的愿望。①

中美关于签订新约的谈判从 1942 年 10 月 24 日正式开始，进展较顺利，尽管美国还无意完全放弃诸如内河航行权、沿海贸易权和军舰游弋权等，但由于中国的一再坚持，美国最终放弃了上述特权。1943 年 1 月 11 日，美国国务卿赫尔（Cordell Hull）与中国驻美大使魏道明在华盛顿签订了中美新约。

中英间关于新约的谈判则障碍重重。英国驻华大使薛穆尔在重庆同宋子文的谈判中，不仅在通商问题上横生枝节，并且坚持九龙租借地不能提前归还。中国代表坚持九龙必须收回。英国外交部公开宣称，废除不平等条约并不包括将香港交还中国的问题，中国则坚持先收回九龙，作为将来解决香港问题的基础。英方的顽固态度使谈判难以进行下去。

就在中英争执不下之时，日本也在同汪伪政府进行所谓废约谈判，蒋介石为赶在汪伪之前签订新约，被迫向英方让步，将九龙问题作为悬案搁置起来，并于 1943 年 1 月 11 日同英国签订了新约。然而，汪伪政府还是抢先了两天，于 1 月 9 日同日本政府签订了所谓"废除治外法权"的协定，使重庆政府在面子上很不好看。蒋介石在日记中写道："美国对新约一再延搁，以致日汪先行发表伪废除不平等条约消息，殊为遗憾。"②

不平等条约的废除对激励中国人民抗日的斗志，有极大的作用。同时，在中国外交史上也是一个划时代的大事。但是，由于中国落后的科技与经济，低下的国际地位，还不可能真正完全取消不平等条约所带来的影响和后遗症，中英关于九龙问题的悬案就是一个很典型的例子。

---

① 《战时外交（三）》，714 页。
② 《蒋总统秘录》第 13 册，第 43 页。

五、中美英三国首脑出席开罗会议

太平洋战争爆发以后，中国在名义上成为四强之一，但由于英美重欧轻亚的战略，中国战区始终得不到重视。尤其是英国对中国的军事力量不屑一顾，中国不仅被排斥于同盟国的最高军事指挥机构——英美参谋团联席会议（CCS）和军火分配委员会（MAB）之外，而且英美首脑间的历次会谈（如卡萨布兰卡会谈、华盛顿三叉戟会谈、魁北克会谈等）均不邀请中国参加。蒋介石对此种处境十分不满，曾向美国驻华军事代表麦克卢尔指出："中国民众今已渐怀疑窦，岂联合国将以为无维持中国战区之必要耶？……中国军民对此措置，刺激甚深。深感中国名为同盟国，实被歧视。"[①]

美国出于在未来的世界中抗衡苏、日的目的，竭力主张让中国在战后世界和平中扮演大国的角色。为此，罗斯福总统于 1943 年 11 月向中、苏、英三国首脑建议召开开罗会议，以讨论对日本的联合作战计划以及战后远东新秩序的安排。由于斯大林拒绝出席，开罗会议就变成了中、美、英三国首脑的会谈。

由于中、英两国在上述问题中歧见很深，故罗斯福打算在充分倾听中、英两国的政策与见解之后，以调停人的身份来使中、英政策趋于一致。为此，罗斯福特派赫尔利来华向蒋介石说明开罗会议的目的，并询问蒋介石的要求。蒋介石表达了以下几个愿望：（1）反对帝国主义与共产主义的原则（显然暗指英国和苏联）；（2）罗斯福必须找到能为四强所一致接受的原则；（3）中国无法接受从属的地位；（4）盟军应向日本本土发动进攻，才能击败日本。[②]

为出席开罗会议，中国政府当时准备了 3 个方案，综合起来有如下原则：

（一）关于军事：（1）美国应分三批装备中国陆军共 90 个师；（2）同盟国应于 1944 年雨季之前以陆、海、空三军力量收复缅甸，打通中缅路；

---

① 《战时外交（三）》，第 145 页。
② 吴相湘：《第二次中日战争史》（下），第 917 页。

（3）美国应派 13 个师在华南登陆，并在蒋介石指挥下向华中、华北进攻；

（4）美国援华物资每月至少空运 10000 吨。

（二）日本投降应接受之条件：（1）战后日本存留之大部分舰船、飞机、军械以及作战物资应移交中国；（2）日本应将东北、台湾及澎湖列岛归还中国，并承认朝鲜独立；日本战犯应受审判；（3）日本应归还从别国掠夺的一切财富，并赔偿中国自"九一八"以来的一切公私损失。

（三）关于战后重要问题：（1）以中、美、英、苏为主席团的联合国应继续存在，维持世界和平，并保证印度于战后若干年内获得独立；（2）战后中美应加强经济合作，美国应提供资金、物资与技术来帮助中国稳定货币，发展经济。①

11 月 18 日，蒋介石由重庆启程，途经印度，于 21 日上午抵达开罗。23 日会议正式开始。在 4 天内，蒋介石分别同罗斯福和丘吉尔举行了多次正式会谈。

同罗斯福的会谈，是蒋介石开罗之行的重要目的，蒋介石同罗斯福先后会商了 4 次，涉及的主要内容有：中国国际地位问题，日本未来之国体问题，军事占领日本问题，日本对华赔款问题，中国收回失土问题，战后中美军事合作问题，美国对华经济援助问题，中美联合参谋会议问题，朝鲜、越南、泰国问题，国共问题，中苏关系问题，中英关系问题，等等。

蒋介石、罗斯福会谈在上述问题上大多趋于一致，但在某些问题上分歧亦较大，甚至尖锐对立。如罗斯福坚决主张中国应成为军事占领日本的主要力量，但蒋介石不愿意派兵；蒋介石要求美国再提供 10 亿美元贷款，罗斯福未置可否；蒋介石要求允许中国参加英美参谋团联席会议，罗斯福加以婉拒；罗斯福对国民党派大量军队监视共产党军队表示难以理解，批评蒋的政府不是现代民主政府，并建议国共组织统一政府，蒋介石却抱怨美国驻华官员的报告与事实有出入。②

---

① 《战时外交（三）》，第 498～506 页。

② 《战时外交（三）》，第 527～530 页；《党史概要》第 5 册，第 1808～1810 页；吴相湘：《第二次中日战争史》（下），第 922～923 页。

中英首脑会谈成为会议的难点之一。蒋介石同丘吉尔正式会谈了 3 次，反攻缅甸是中心话题，蒋介石坚持认为"攻缅胜利之关键完全在于海军与陆军之配合作战，同时发动"，① 而丘吉尔则以"海军集中，事关机密，不便在此宣布"② 为借口，拒绝告知英国海军的具体发动时间。后来由罗斯福出面向蒋介石担保，英国海军同意进行登陆缅甸的作战。其他诸如西藏、香港和借款等问题的会谈也一事无成。诚如罗斯福对蒋介石所说："现在所最成问题令人痛苦者，就是丘吉尔首相的态度。"③ 蒋介石亦深有感触地说："开罗会议之经验，无论军事、经济与政治，英国决不肯牺牲丝毫之利益，以济他人；对于美国之主张亦决不肯有所迁就，作报答美国救英之表示。其于中国之存亡生死，自更无论矣。"④

但无论如何，开罗会议取得了重大成果，这就是中、美、英三方在对日作战及战后对日处置方面已达成一致。12 月 3 日，《开罗宣言》发表。宣言宣称："三国军事方面人员，关于今后对日作战计划，已获得一致意见。我三大盟国决心以不松弛之压力，从海、陆、空各方面，加诸残暴之敌人。""三国之宗旨，在剥夺日本自从 1914 年第一次世界大战开始后在太平洋所夺得或占领之一切岛屿。在使日本所窃取于中国之领土，例如东北四省、台湾、澎湖群岛等，归还中华民国。"⑤ 这样，中国收回东北、台湾和澎湖群岛的权利得到了国际保证。

---

① 《战时外交（三）》，第 537 页。
② 《战时外交（三）》，第 543 页。
③ 《党史概要》第 5 册，第 1809 页。
④ 《党史概要》第 5 册，第 1818 页。
⑤ 《战时外交（三）》，第 547 页。

第 28 章
第三次长沙会战

一、配合香港作战，日军再攻长沙

1941 年 12 月 7 日，日军偷袭珍珠港，太平洋战争爆发，两天后，国民政府正式对日本宣战。世界反法西斯战争和中国的抗日战争都进入了新的阶段。

作为实现南侵计划的一个步骤，驻广东的日军第 23 军在 12 月 8 日向英国统治下的香港发起攻击。次日，国民政府军事委员会命令各战区牵制日军，以利英军的作战。中国第 4 战区（司令长官张发奎）开始向广州进攻，第 9 战区所辖的欧震第 4 军及邹洪暂编第 2 军奉命南下支援。日军第 11 军认为有必要对第 9 战区再兴一次攻势，"牵制其南下的行动"，以保证第 23 军香港作战的顺利。

第二次长沙会战后，第 11 军上下普遍轻视中国军队的战力，所以才敢于在距上次大规模会战后仅两月，部队的补充休整尚未完成、准备不充分的情况下便决定作战。12 月 13 日，阿南惟几下达作战命令，内称："我军以策应第 23 军及南方军作战，立即准备对江南地区发动攻势。"决定调集第 6 师团全部及第 3 师团、第 40 师团主力共约 7 万人，由于作战属于配合性质，所能集中兵力又有限，第 11 军只计划用两周时间在汨罗江沿岸击溃中国第 20 军、第 37 军后，"即结束作战"。[1] 同前两次湘北作战事先仔细侦察、周密规划相比，这次显得匆忙而粗疏，犯了兵家大忌。各部日军得令后迅速向岳阳以南集结，分别到达新墙河以北一线地区。阿南惟几也在 22 日飞抵岳阳指挥所，准备第三次席卷湘北。

中国第 9 战区虽在第二次长沙会战中受到挫败，部队伤亡较大，但中方及时召开了第三次南岳军事会议，检讨会战得失。蒋介石与会，对第 9 战区的高级将领痛加责骂，并再三强调防守长沙等处的重要性，布置长沙防御工事的构筑。12 月 17 日，第 9 战区又专门召开了由战区所属官兵代表参加的"第二次长沙会战检讨会议"，薛岳根据前两次会战的经验教训，提出了一套在湘北实行后退决战的战略方针，并详加发挥著成《天炉战》一书，下发给各军官学习，以作未来作战指导。会上薛岳还仿照蒋介石不久前在南岳军事会议上的口吻责令官兵："尔后各部队作战，不论大小战役、不论任何部队，不能存有打三天、五天、七天、八天就算了了事之恶劣观念，必须立下必死之决心、必胜之信念，不胜则死，不胜则亡；前进则生，后退则死，绝无有败生退存之理。"[2] 加上中国宣传机器大肆颂扬"第二次长沙大捷"，一般士兵的士气未因战败而受大的影响，太平洋战争的爆发，更使全国军民受到巨大鼓舞，对抗战前途充满信心，部队战斗力恢复较快。日军第 11 军在其友军香港作战的同时大量集结兵力，中方判断敌方有进攻湘北，策应香港的企图，便着手应战准备。薛岳在 9 月 22 日召集战区军事首长会议，进行部署。同日，国民政府军事委员会又临时把彭位仁第 73 军、夏楚中第 79 军、欧震第 4 军、王耀武第 74 军 4 个军划归第 9 战区指挥，令各军迅速赴湘北，使战区的战斗部队大为增加。具体战术上，仍是利用几条河流的屏障节节抵抗，在敌人的正面、侧面及背后进行袭扰，最后在浏阳河、捞刀河间地区将进攻长沙的日军全歼。[3]

---

[1]　日本防卫厅防卫研究所战史室：《长沙作战》，第 140 页。
[2]　陈寿恒等编著：《薛岳将军与国民革命》，第 372 页。
[3]　《抗日御侮》第 8 卷，第 95 页。

三次在湘北的作战，日方均以消灭保卫长沙的中方主力部队为目标，而中方则判断敌方目标在于攻占长沙，并以长沙的得失作为衡判胜败的标准，每次都以保卫长沙或收复长沙为目标布置兵力，即使是第二次长沙会战中损兵折将，但因日军退出了长沙，第 9 战区在战后的总结却说："本会战敌在战术、战斗上虽获相当成功，而战略上则全失败。反之，我军在战术、战斗上固有失败之处，而在战略上实获绝大之成功。"① 这是双方战略指导思想上的差距，也因此使日军在湘北的几次军事行动都演成了大规模的会战。

9 月 23 日，日军第 40 师团主力开始向中国第 20 军（军长杨汉域）下辖第 134 师设在新墙河北岸的前沿阵地进攻。第三次长沙会战由此揭开了大幕。

湘北 12 月的天气通常是晴朗干燥的，气温也不致很低，可日军进攻时，却突降雨雪，气温骤降至零度以下。道路泥泞，河流变得又深又急，这对于长途奔袭、机械化程度高的日军是极端不利的。乌云锁天，连日不开，日军飞机无法配合地面作战，空中优势不能发挥。不利的天气变化，是日军在前两次湘北作战中所未曾遇到的，给其行动带来了很大的困难。

24 日傍晚，日军第 6 师团乘大雨和夜色突破了中国第 133 师的阵地，从新墙附近渡过了新墙河。稍后，第 40 师团也击穿中国第 134 师在河北的前进阵地，渡过新墙河。中国主力奋力抵抗后。在夜幕掩护下向东南侧山区的王伯祥、十步桥、观德冲一线撤退。同时，仍有少量部队坚守日军正面据点，以求消耗敌人。奉命固守傅家桥阵地的王超奎营在敌军层层包围、猛烈攻击之下，利用颓垣弹穴做殊死的阻抵，战至全营官兵壮烈殉国。②

25 日，渡过河的日军在破坏殆尽的泥泞道路上向中方的二线阵地追击前进。中国士兵冒着风雨严寒与优势之敌浴血激战，"有冻馁死于阵地者，有全营共阵地俱亡者，伤亡虽重，士气未衰"。③ 双方激战 1 天后，日军仍未能完全攻破中方

① 《抗日御侮》第 8 卷，第 95 页。
② 吴相湘：《第二次中日战争史》（下），第 794 页。
③ 《杨森致徐永昌密电》（1941 年 12 月 27 日），国民政府军令部战史会档案，中国第二历史档案馆藏。

防线。第 6 师团、第 40 师团主力便利用守军防线的间隙，绕出守军的背后，扑向汨罗江北，与先沿粤汉路南下的第 3 师团会合，准备渡过汨罗江，击溃江南的第 9 战区主力。

中国守卫汨罗江一线阵地的是不久前刚受严重打击而稍事整补的第 37 军（军长陈沛）和第 99 军（军长傅仲芳）。两军以新市为界划定防区：第 99 军配置于新市以西至湘江的江南地区；第 37 军配置于新市以东至张家坡的江南地区，接受前次会战中平行设置防线，敌人击破一点，全线即溃的教训，为能实现逐次抵抗的目标，两军注意了工事的坚固，并在主阵地后面构筑了可以互相支援的纵深阵地。

日军第 3 师团沿粤汉线一路南下，26 日到达汨罗江北岸后，便着手清扫江北，准备渡河。日军在炮兵、空军的支援下，向第 99 军在河夹塘、归义的前沿阵地发起攻击，两军展开了一场血战。此时日军获知中方在江南岸的部队有撤退的迹象，可能使其围歼企图落空，便强令先头部队不待后援，立即"提前渡河"。[1] 27 日中午，第 3 师团主力冒着守军从南岸的不断扫射所构成的枪林弹雨，强渡汨罗江，第 99 军虽很顽强，但不敌日军的密集火力，主力后撤至牌楼峰、栗桥一线。第 3 师团为完成预定在汨罗江围歼中国第 37 军的任务，实现对第 37 军的包围，在 29 日全力突破第 99 军第二线阵地的一段后，即改变原先由北向南的攻击方向，转向东方的新开市，准备"迂回攻击第 37 军"。[2]

28 日，负责主攻中国第 37 军的第 6 师团、第 40 师团也分别在新市、磨刀滩等处渡过了汨罗江，日军在渡江前后遭到了第 37 军顽强阻击，加上连日雨雪，河水上涨，增加了渡河的难度，以致伤亡较大。同第 99 军一样，第 37 军抵抗两天后，也不敌日军强大攻势，为免遭更大损失，于 30 日向东侧山地转移。

至 30 日，日军进展比较顺利，已攻至汨罗江南岸，对中国部队实施了打击，吸引第 9 战区部队无法向南影响香港作战，基本达到了预定目标。按第 11 军原定

---

[1]　日本防卫厅防卫研究所战史室：《长沙作战》，第 153 页。
[2]　日本防卫厅防卫研究所战史室：《长沙作战》，第 153 页。

计划，此时日军应全力合围第 37 军，将其击溃后，相机结束作战。同时，日军第 23 军已在 25 日占领了香港，第 11 军在湘北作战的配合作用完全丧失，更应尽早收兵，结束这次匆忙进行的作战。可是，阿南惟几却无视战前准备的不充分（如第一线兵团仅携带 7 日所需的粮弹等），突然改变了原定计划，命令部队继续向南进攻，争取攻占长沙。这就意味着彻底改变了作战目标，延长了作战时间。这一决定，成为导致日军在第三次长沙会战中惨败的直接原因。

同一天，一心想报上次失败之仇的薛岳认为日军已迫近预设之决战区域，决战在即，便向所部官兵下达如下手令：“第三次长沙会战，关系国家存亡、国际局势甚巨；本会战岳抱必死决心、必胜信念，为捕捉战机歼灭敌军，获得伟大成果计，特规定下列三事：（子）各集团军总司令、军、师长，务必确实掌握部队，亲往前线指挥，俾能适时捕捉战机，歼灭敌军。（丑）薛岳若战死，即以罗（卓英）副长官代行职务，按照预定计划，围歼敌人；总司令、军、师、团、营、连长如战死，即以副主官或资深主官代行职务。（寅）各总司令、军、师、团、营、连长倘作战不力，贻误战机者，即按革命军连坐法议处，决不宽恕。”[1] 薛岳的决心为蒋介石所肯定。

二、长沙保卫战

阿南惟几在策动第三次长沙会战之初就有乘势攻略长沙的意图，开战之后在汨罗江以北地区的顺利进展，更让他产生了可以轻而易举地占领长沙的错觉。他对长沙在中国抗战中的战略地位相当清楚，认为香港作战结束，第 11 军虽已无牵制中国军队的必要，但攻占长沙仍具有多重战略意义：“予蒋政权以无声的威胁”；“把（中国）向南方集结的兵力牵制到北方，使其有湖南随时有可能受到袭扰之感”；“表明皇军尚有余力”；“予第 6 战区以威胁”等等。[2] 他低估了中国部

---

① 陈寿恒等编著：《薛岳将军与国民革命》，第 379 页。
② 日本防卫厅防卫研究所战史室：《长沙作战》，第 158 页。

队的战力恢复程度，对于中方已在长沙周围屯集重兵的情况茫然无知，凭前次的经验断定汨罗江南至长沙间中方已无二线兵团进行有效抵抗，长沙的守军十分薄弱，因此，便不顾日方是仓促作战，后方供应困难，气候不利，敌情不明等兵家大忌，于 29 日贸然下达了"以主力向长沙方向追击"的作战命令，要求第 3 师团及第 6 师团一部进攻长沙，第 6 师团主力、第 4 师团则扫荡长沙附近地区，保证攻城部队的安全。①

日军作战计划的骤然变更，使在艰苦条件下连续作战的一线官兵疑惑不解，"没有理解作战目的"，"士气难免受到影响。负责后勤供应的参谋副长二见秋三郎和负责侦察中国军队调动情报的作战主任参谋岛村矩康，均对攻长沙有异议，二见秋三郎更直言进攻长沙是"自暴自弃之作战"。②

第 3 师团渡过汨罗江后已经于 29 日向东移动，参加围歼中国第 37 军的战斗，可当晚却接到了"迅速由近路向长沙追击"的新命令，便重新部署，至 31 日，第 3 师团主力已南攻至长沙附近的㮾梨市和东山，准备攻击长沙。

鉴于上次会战中长沙失守而受蒋介石责备，薛岳对长沙的守卫不敢掉以轻心。他命第 10 军军长李玉堂死守长沙，并按蒋介石在第三次南岳军事会议指示的修筑工事要诀，让第 10 军下辖的 3 个师分别守外围阵地和核心工事。他对第 10 军的作战要求是："第一步确保长沙；第二步，待敌进至浏阳河北岸，向长沙攻击三天后，待命向东反击敌军。"③ 薛岳还命令长沙警备司令部、宪兵第 18 团、三民主义青年团等单位协助第 10 军固守长沙。长沙军民加紧在城墙内外、交通要道、重要建筑物等处筑工事、修碉堡，严阵以待。第 73 军在岳麓山和湘江西岸布置阵地，与第 10 军形成内外呼应之势，尤其是建在岳麓山上的重炮阵地，可直接轰击市内目标，于会战中发挥了重要的作用。

在日军进攻长沙的企图完全暴露后，蒋介石于 12 月 30 日向第 9 战区指示长

---

① 日本防卫厅防卫研究所战史室：《长沙作战》，第 161 页。
② 日本防卫厅防卫研究所战史室：《长沙作战》，第 162 页。
③ 《第九战区第三次长沙会战战斗详报》，国民政府军令部战史会档案，中国第二历史档案馆藏。

沙保卫战的作战方针："战区在长沙附近决战时，为防敌以一部向长沙牵制，先以主力强迫我第二线兵团决战，然后围攻长沙，我应以第二线兵团距离于战场较远地区，保持外线有利态势，以确保机动之自由，使敌先攻长沙，乘其攻击顿挫，同时集举各方全力，一举向敌围击，以主动地位把握决战为要。"① 第 9 战区下令各主力部队以长沙为目标，分别从南、东、北三个方向作"求心攻势"，指定了各部队须准时到达的第一次攻击线（距长沙较远的四周地区）和第二次攻击线（长沙附近地区），以期在日军围攻长沙时，不断缩小包围圈，集中优势兵力，从外线对其实行反围攻。

1942 年 1 月 1 日凌晨，日军第 3 师团从榔梨市和东山附近渡过浏阳河，在 20余架飞机支援下向长沙东南的阿弥岭、林子冲、金盆岭等中方阵地发起进攻。惨烈的长沙保卫战开始。

布置在外围阵地的预备第 10 师（师长方先觉）与日军展开了激烈争夺，"激战五小时，我阿弥岭、金盆岭阵地全被敌空炮摧毁，守军大半牺牲"。当天下午，在工事被敌人炮火摧毁、战士伤亡很重的情况下，预备第 10 师放弃了第一道防线，后退至半边山、左家塘、农林实验场一线，继续抵抗。② 日军以飞机、大炮掩护，连夜轮番进攻。擅长夜战的日军精锐加藤大队（大队长加藤素一）曾一度攻下邬家庄和军储库附近阵地，威胁到长沙市区。预备第 10 师迅速派兵反击，"即与敌肉搏战斗，并纵火烧毁民房，敌无一幸免"。中方又击退敌人，夺回了两处阵地，"是役毙敌加藤少佐及小琢登大尉以下官兵百余员名，并俘获敌作战命令、阵中日记等机密文件甚多"。③ 从加藤身上搜出的文件显示了日军弹药已严重不足，这更激励起中国官兵的斗志。

2 日，中日两军仍在长沙东南郊的预备第 10 师阵地前激烈争夺。几乎所有据点都反复易手，得而复失，失而复得，阵地前沿尸横遍地。中国守军装备火力不

① 《蒋介石致薛岳密电》（1941 年 12 月 30 日），国民政府军令部战史会档案，中国第二历史档案馆藏。
② 《陆军第十军司令部第三次长沙会战机密日记》，见《抗日战争正面战场》，第 1149 页。
③ 《陆军第十军司令部第三次长沙会战机密日记》，见《抗日战争正面战场》，第 1151 页。

及敌人，但岳麓山上的重炮阵地用猛烈炮火轰击日军，有力地配合了友军作战。战斗呈胶着状态。蒋介石为鼓舞守城将士士气，给第 10 军军长李玉堂及 3 个师长周庆祥、朱岳、方先觉打电报，内称："我第 10 军官兵，两日来坚守阵地，奋勇歼敌，致堪嘉慰。此次长沙会战之成败，全视我第 10 军之能否长期固守长沙，以待友军围歼敌人，此种光荣重大任务，全国军民均瞩目于我第 10 军之能否完成，亦即我第 10 军全体官兵成功成仁之良机。敌人悬军深入，后方断绝，同时我主力正向敌人四面围击，我第 10 军如能抱定与长沙共存亡之决心，必能摧破强敌，获得无上光荣。"① 次日，蒋介石又命令前线各军师长，应勇猛前进彻底歼灭敌人，如敌军由各部之作战境内安全逃窜者，即严惩该部各级主管及幕僚长。

　　由于第 3 师团攻城遇到前所未有的阻击，久攻不克。第 11 军决定增加兵力，命令在栗梨的第 6 师团"以主力进入第三师团的右翼，攻克长沙东侧和北侧"。②

该师团立即向长沙挺进，在 3 日拂晓从长沙东北侧开始攻击中国第 190 师阵地。这时，长沙城的东侧成了激烈的战场。第 10 军官兵英勇抵抗，使敌人死伤惨重却进展甚微。第 6 师团虽有一部从北郊冲入城区，但在中国重炮轰炸之下无法立足，被守军反攻驱出城外。

　　日军主力攻城 3 天，仍未能入城，虽取攻势却已是强弩之末。日军原来并无攻长沙的计划，工兵"没有携带足够破坏城墙的炸药"，攻城更加困难。其他部队所带弹药也有限，连续苦战，消耗极大，在进行长沙外围的战斗时，弹药已经极端缺乏，有的士兵只有靠拼刺刀和

图 28.1　第三次长沙之战中守卫长沙古城垣的第 9 战区士兵

----

① 《蒋介石致薛岳等密电》（1941 年 1 月 2 日），国民政府军令部战史会档案，中国第二历史档案馆藏。
② 《长沙会战》，第 171 页。

肉搏作战。[①] 虽有飞机空投些物资，但对于
激烈战斗所需的补充来说，只是杯水车薪，
无济于事。

第 9 战区为加强长沙城内的力量，在 3
日命令第 77 师渡过湘江进入长沙，归李玉
堂指挥，成为第 10 军的总预备队。此时，
处在外围的中国各军也由远处向长沙逼来，
基本上到达了战区规定的第一次攻击线。

在长沙久攻不下，又有被围可能的不利
情况下，日军开始考虑撤退问题。当时，第
3 师团伤亡已达 700 多人，所携带弹药几乎

图 28.2　穿插行进中的第 9 战区士兵们

消耗殆尽，其司令部和后方部队也"不间断地遭受来自岳麓山的重炮轰击，对官
兵的精神威胁极大"。[②] 阿南惟几在参谋人员反复陈说日军的种种不利因素后，决
定放弃攻占长沙的计划，于 1 月 3 日晚下达"反转"命令，限各部队"自今停止
扫荡长沙，于 1 月 4 日夜开始反转"。[③] 在长沙前线的第 3 师团师团长丰岛房太郎
曾以第一线部队已冲入城内，正在巷战，离占领长沙只差最后一步为理由，"希
望把反转日期再延期一日"，遭上级拒绝。[④] 丰岛对死伤惨重而无战果极不甘心，
尤其是想夺回已失去联络的加藤素一大队长。因此，第 3 师团在 4 日晨向长沙发
起了最后的攻击。经过数日血战的双方军队都以残、疲之师做最后一搏，战况空
前惨烈。中国守城部队在官兵伤亡极重的情况下，以传令兵、杂务兵、担架兵、
输送兵组成一个连，在阵地上与穷凶极恶的敌人殊死搏斗，"肉搏至再至三，阵
地失而复得者五次"。[⑤] 中国第 10 军不仅顶住了日军的疯狂进攻，还对敌人阵地

---

① 《长沙会战》，第 171 页。
② 《长沙会战》，第 173 页。
③ 《长沙会战》，第 183 页。
④ 《长沙会战》，第 173 页。
⑤ 《陆军第十军司令部第三次长沙会战机密日记》，见《抗日战争正面战场》，第 1153 页。

进行逆袭，颇有斩获。第3师团、第6师团的最后努力，不仅未达到目的，反而使其损失更加惨重，便在4日晚乘夜色迅速脱离战场，分别向东山和樐梨市撤退。

此时，中国军队正在向长沙开进中，准备对敌实行围歼。薛岳获知日军已开始后撤，立即变更作战部署，命令各部队从不同方向对敌军展开围追堵截，要在汩水以南捞刀河以北地区全歼日军。其具体部署为：第19集团军总司令罗卓英指挥第73军、第4军、第26军为南方追击军，由南向北追击；第27集团军总司令杨森率第20、第58军为北方堵击军，堵击后撤敌军；第30集团军总司令王陵基指挥第37、第78军为东方截击军，由东而西截击；第99军军长傅仲芳率军为西方截击军，自西向东截击。"尔后随追击战况之推进，始终按追击、堵击、截击反包围歼灭战之要领围歼溃逃之敌军"。①

由于日军在长沙周围胶着时间过长，使中方有了从容布阵的机会。和前两次较顺利地脱离战场不同的是，日军这次的退却从开始就十分的艰难。第3师团刚离开长沙，即在金盆岭、林子冲一带遭到中国第4军的截击，苦战一天，始得突围，并被迫改变退却路线，与第6师团合流。第40师团主力由金井退往春华山。因遭到猛烈阻击而一度被迫折回，其留守金井掩护主力的一部（龟川部队）为中国第37军所围攻，待增援部队救出时，伤亡已近400人，战斗人员仅余20，几乎是全军覆灭。② 8日，第6师团向福临铺方向退却，途中被第73军等4个军的反复围打，损失惨重，后经第3师团和空军的全力援救，才得以突围。

在中国军队的不断阻击和追击之下，日军几乎一直是且战且退，处境相当艰难，后撤速度缓慢。经过10天苦战，各师团主力才陆续渡过汩罗江。过江之时，由于受到中国军队的追击，日军争先恐后，乱作一团，"多自相践踏，因此落水溺毙者甚众"。③ 14日，日军在汩罗江北集结完毕，一齐向北撤退。中国军队仍继续以各种方式攻击敌军，但因日军主力已经相对集中，漏洞较少，到1月16

① 《第九战区第三次长沙会战战斗详报》，国民政府军令部战史会档案，中国第二历史档案馆藏。
② 日本防卫厅防卫研究所战史室：《长沙作战》，第197页。
③ 陈寿恒等编著：《薛岳将军与国民革命》，第383页。

日，日军基本上回到新墙河以北的阵地。第三次长沙会战以日军的惨败而告终。

图 28.3　第三次长沙会战为当时盟军黯淡战局中的亮点。图为中国军方展示战利品

此次会战，中日双方伤亡均重，日方的损失更大。中国军队的战报说：日军仅在战场上就遗尸 56900 多具，其中有大队长、联队长以上军官 10 人；被俘者139 人。被俘人数之多，为历次会战所罕见。① 第 11 军发动会战的目的是策应香港作战，结果不仅作战时间上较香港作战为长，伤亡兵员更高达香港的 2.5 倍，②对军心士气的打击尤大。

第三次长沙会战是太平洋战争爆发后中国战场上首次大规模的作战。此时，日军在太平洋各战场上的进攻比较顺利，美英军队接连失利，长沙会战的胜利在盟军方面引起了强烈的反响，对于提高中国战场的地位和盟军士气、支援英美部队在南方战场上作战有一定的作用。

① 《第九战区第三次长沙会战战斗详报》，国民政府军令部战史会档案，中国第二历史档案馆藏。
② 日本防卫厅防卫研究所战史室：《长沙作战》，第 214 页。

第 29 章
正面战场湘、鄂、浙、赣方面的作战

一、浙赣战役

太平洋战争爆发后，美国为打击日本的嚣张气焰，鼓舞本国士气，决心对日本进行一次空袭。在罗斯福总统支持下，美国参谋长联席会议制订了行动计划，组成了一支经过改装的 B–25 型双引擎陆军远程轰炸机队，其指挥官为几次打破飞行速度记录的美国优秀飞行员詹姆斯·杜立特（James Doolittle）中校，轰炸机由航空母舰"大黄蜂"号运到了日本东部海域。1942 年 4 月 18 日，杜立特率领美国 16 架 B–25 型轰炸机从"大黄蜂"号上起飞，逐次攻击了东京、横滨、川崎、横须贺、名古屋、四日市、和歌山、神户等地。美机在完成轰炸日本本土任务后，没有返回航空母舰，其中有 5 架安全降落在中国第 3 战区辖内的浙江机场。

美机此次轰炸东京等地，是日本历史上第一次遭到空袭，民心惶恐，社会骚动。日本大本营认为：美、英、中空军将以中途岛、海哀尔、澳洲等方面为基地，或从航空母舰起飞空袭日本本土，然后飞到中国寻找降落地点，或从中国大陆起飞，空袭其本土，"此种情况将会愈益增多，此次在浙江省的机场群对于敌军将有极大利用价值。为了粉碎敌上述企图，迅速摧毁浙江省的机场群，特别是丽水、衢县、玉山等地的机场，最为有效"。① 鉴于此，日本大本营遂于 1942 年 4 月 30 日下达如下命令："中国派遣军总司令应尽快开战，主要击溃浙江方面之敌，摧毁其主要航空根据地，遏止敌利用该方面空袭帝国本土之企图"。②

日本中国派遣军接到上述命令后，制订了如下作战方针：以第 13 军主力于 5 月 15 日自杭州方面开始攻击中国第 3 战区东部，摧毁浙江航空基地。以第 11 军一部攻击第 3 战区西部，策应第 13 军。同时命第 1 飞行团迅速攻击中国各航空基地。

日本大本营的作战设想是，给第 13 军配属第 1 军及华北方面军一部，向西进军，摧毁浙江航空基地，作战目的比较简单。而日本中国派遣军则我行我素，乘机扩大作战规模，调集第 13 军计 5 个师团与 3 个混成旅团、第 11 军 2 个师团与 4 个支队，6 月下旬又从华北方面军增派 3 个大队，共约 7 个师团 82 个大队，15 万余人，即大约两倍于大本营方案的兵力，由 13 军司令官泽田茂指挥，进行歼灭中国第 3 战区军队、夺取浙江航空基地、打通浙赣路的大规模的浙赣战役。③ 无论是作战目的，还是投入兵力，都越过了大本营预定的范围。

此役自 1942 年 5 月 15 日始，至 8 月 30 日止。这是日军从 1939 年至 1943 年 5 年间，使用兵力最多，作战时间最长的战役。

日军自 4 月底开始在余杭以东至奉化各个地区集结，第一线兵团于 5 月 13 日大致部署完毕，第 13 军浙赣作战战斗指挥所也于 5 月 11 日进驻杭州。

中国第 3 战区侦察到敌人调动迹象后，进行了紧急部署：上官云相第 32 集团

---

① 日本防卫厅战史室编纂：《日本军国主义侵华资料长编——（日本大本营陆军部）摘译》（中），第 210、214 页。

② 日本防卫厅战史室编纂：《日本军国主义侵华资料长编——（日本大本营陆军部）摘译》（中），第 210、214 页。

③ 日本防卫厅战史室编纂：《日本军国主义侵华资料长编——（日本大本营陆军部）摘译》（中），第 214~215 页。

图 29.1　日军大本营决定摧毁浙江衢州一带的中国空军基地。1942 年 5 月开始了军事行动，6 月 7 日占领衢州

军驻淳安，指挥钱塘江北岸部队；王敬久第 10 集团军驻金华，指挥钱塘江南岸及金华守军；李觉第 25 集团军驻缙云，指挥浙南部队。国民政府军事委员会还从第 9 战区抽调第 49、第 26、第 74 军配置衢州附近，以保卫浙赣两省间的机场。第 3 战区预定"在浙赣路西段持久抵抗，集中主力于浙赣路东段"，利用已设阵地逐次抵抗，迟滞、牵制日军，最后在衢州附近与敌决战。①

　　5 月 15 日，日军第一线兵力 5 个师团及 2 个混成旅团，从余杭至奉化一线地区，向金华方面发起大规模攻势，中国军队一面逐次抵抗，一面向敌后转移兵力。18 日，第 3 战区第 28、第 88 等各军，在桐庐、诸暨、新昌一线阻击日军后，主力向金华、兰溪之线转移。日军跟踪追击，21 日占领义乌、东阳。23 日占领武

---

　　①　《第三战区浙赣会战作战指导》，中国第二历史档案馆藏。

义、建德，并以一部直逼金华、兰溪。在此地区的中国守军凭坚固阵地，以山炮、迫击炮等进行顽强抵抗，形成敌我对峙态势。狡诈的日军以一部继续攻击该地区，另以一部沿金华、兰溪公路向兰溪背后突进侧击，26 日陷汤溪，27 日陷龙游。此时，金华、兰溪守军已陷于孤立无援境地，经数日激战后，为保存实力，遂于 28 日放弃阵地。金、兰保卫战，予日军以沉重打击。日军第 15 师团师团长酒井直次中将在兰溪北部 1.5 公里处被守军设置的地雷炸得人仰马翻，血肉横飞，当场毙命。其兵器部长、兽医部长等官兵被炸死伤者甚多。日本战史著作里写道："在职师团长阵亡，自陆军创建以来还是第一个。"①

敌占金、兰后，又兵分两路，迅速进至衢江北岸和衢州以东铁路两侧，发动了对衢州的攻势。第 3 战区按预定计划部署如下：第 86 军固守衢州；第 30 军驻寿昌以西的大同镇；第 26 军驻衢州以西的江山、常山之间；第 40 师在铁路正面；第 49 军驻衢州以西的招贤镇，准备在外围给进攻衢州日军以包围攻击。

此时，在第三次长沙会战中败北不久的日本第 11 军为策应第 13 军进攻衢州，调集第 34、第 3 师团及今井、井平两个支队和部分伪军，约 4 万兵力，由司令官阿南惟几指挥，于 5 月 31 日自南昌渡抚河东犯，6 月 3 日进至同源、李家渡、进贤一线，与自金、兰出动之日军，形成东西夹击中国军队的态势。

第 3 战区认为，衢州决战时机已经成熟，乃于 6 月 3 日下令至各部队，准备 6 月 4 日与敌决战。就在第 3 战区下令的当日，蒋介石认为，日军已从缅甸北部攻进云南，形势比浙江前线更为严峻，令第 3 战区避免在衢州附近与日军作战。第 3 战区司令长官顾祝同接令后，命第 86 军一部守卫衢州，其他主力部队向浙赣路两侧阵地转移。

6 月 3 日拂晓，日军第 15、第 22、第 32 师团向衢州发起总攻。黄昏以前突破纵深 10 公里内线的阵地带。衢州东部中国守军阵地全被摧毁。4 日，大雨如注，乌溪江等各河水上涨，日军无船，铁路桥又被中国军队在 3 日午夜炸毁，被滞留

---

① 日本防卫厅战史室编纂：《日本军国主义侵华资料长编——（日本大本营陆军部）摘译》（中），第 329～330 页。

乌溪江东岸。5 日，日军趁天气好转，全力以赴攻击衢州南部守军阵地，并力图渡过乌溪江，但因缺乏器材，渡河毫无进展。同日，守城的第 86 军第 16 师命留一团继续守衢州，其他部队共 2000 人，由城东南方向突围，突围部队遭日军袭击，伤亡甚重，当到达南溪口街与 26 军会合时，只剩千余人。6 日，暴雨倾盆。清晨，日军河野旅团将铁路桥临时修通，渡河向衢州城北侧进逼，第 15 师团自衢州城南铁路沿线及西南地区，压迫衢州城外围中国守军。中国守军虽进行了英勇抵抗，但寡不敌众。日军于当日 8 时 15 分攻占了衢州机场，随后又占领了营盘山附近的航空学校。入夜，日军继续猛攻，相继占领了衢州城的大南门、中南门、东北门、北门及城墙西北角。中国守军拼死抵抗，日军未能突入城内。①

7 日晨，中国守军因弹药打尽，无法再战，乃从衢州城东突围。日军占领衢州，并立即将机场破坏殆尽，实现了其发动浙赣战役的部分战略目的。

日本第 13 军在攻陷衢州后，调整了部署，以第 16 师团及河野旅团警备该地区；以第 15、第 22、第 32 师团等部队继续西犯，向玉山、常山、广丰、上饶方向进击。

6 月 9 日，日军攻陷常山。12 日下午，攻陷玉山。中国守军暂编第 13 师一部与日军在广邦附近五峰山奋战 6 昼夜，歼灭日军 1 个联队。中国军队某营仅剩官兵 7 人，仍坚守阵地。14 日 22 时，日军第 22 师团占领中国第 3 战区司令部所在地上饶。②

在赣东方面，日本第 11 军为配合第 13 军打通浙赣路，在东犯并于 6 月 2 日攻陷进贤后，遭到中国军队有力阻击。中国第 100 军第 57 师一部在将军庙、东乡等地与敌逐次战斗，并在邓家埠给敌较大打击后，主力即向鹰潭、贵溪以西撤退。企图在此地区阻止第 11 军东犯。6 月 11 日，第 11 军令其第 34 师团进击鹰潭，并令第 29 独立飞行队相配合。13 日，该师团进入鹰潭、贵溪之间地区，遭

---

① 日本防卫厅战史室编纂：《日本军国主义侵华资料长编——（日本大本营陆军部）摘译》（中），第 337～341 页。

② 日本防卫厅战史室编纂：《日本军国主义侵华资料长编——（日本大本营陆军部）摘译》（中），第 342 页。

到该地区守军第 100 军的顽强抗击，激战至 16 日，鹰潭、贵溪失守。在此期间，浙赣铁路之南日军第 11 军一部于 6 月 12 日前，先后占领崇仁、宜黄、南城等地。自 6 月 12 日起，中国军队进行了局部反攻，至 16 日，第 79、第 4 军等部先后收复南城、宜黄、崇仁等地。此后，日军曾再次攻陷崇仁、宜黄。

7 月 1 日 10 时 30 分，沿浙赣路东西对进的日军第 13、第 11 军各一部在横峰城会师，实现了其打通浙赣线的战略目的，遂把作战重点进一步转向竭力破坏中国军事设施，尤其是机场、铁路，并大肆掠夺中国的军需资源。

图 29.2　日军占领临川、横峰等地，打通了浙赣线

在浙东南地区，中国撤退至敌人后方的军队，乘日军西犯之际，对其进行了频繁的袭击，以牵制西犯之敌，相继克复寿昌、永康、浦江。6 月 18 日，一度克复武义。敌人匆忙抽调兵力再犯浦江。中国新编第 21 师奋力抗击，第 63 团几乎全部阵亡，全师仅存 2000 余人。日军还于 24 日攻占丽水，破坏了丽水机场。7 月 9 日沿瓯江进占青田，11 日再占温州，打通了瓯江水上运输线。

自 7 月初起，浙赣线两侧中国军队利用日军转防之际，发动了局部反攻，收复了一些地区。7 月 7 日，第 192 师克复新登；15 日，该师又收复桐庐。19 日，第 62 师克复建德。第 75、第 108、第 147 等师，也于 18 日、19 日先后收复横峰、弋阳等地。

7 月 28 日，日本大本营鉴于发动浙赣战役的目的已经达到，下令其中国派遣军停止浙赣作战，向原驻防地返转。因金华附近地区盛产日本炼铁、制铝工业急需的萤石，日军为保障源源不断地掠夺此资源，将第22师团等部留置于金华、武义、东阳地区，以达其长期占领之目的。其他各部队自8月中旬起开始撤退，至8月30日基本返回原驻地。

中国军队乘敌收缩兵力收复了失地。至8月30日，除日军继续占领的金华附近地区外，第3战区大致恢复了战前态势，浙赣战役结束。浙赣战役历时3个半月，日军侵占浙、赣两省48县，达10余万平方公里，给中国军民生命财产造成了重大损失。中国军民死亡25万人，其中军队官兵阵亡4万余人。日军亦遭受严重损失，死伤官兵共28955余人，军马2600余匹。

战役前期，中国军队在金华、兰溪、衢州地区，顽强抗击日军进攻，使其受到相当阻滞，尔后又主动放弃原定在衢州与敌决战的部署，把大部队转移到外线山地作战，这有利于保存有生力量，机动打击敌人。战役后期，中国军队也能主动出击，收复失地。

但是，中国军队也存在严重的缺点，当日军随着战场扩大，逐渐丧失战役初期集中兵力、强攻突进能力，陷入分散被动态势时，中国军队某些高级将领消极避战，保存实力思想严重，缺乏积极出击敌人侧背的决心和部署，贻误了不少战机。尤其是中国军队虽已觉察到日本撤退的意图，但无乘机反攻、大量歼灭敌人的气魄，没有实施像第三次长沙会战中那样的追击包围战，给敌人以更大的打击。

二、鄂西会战

1943年4月，日军第11军为打击鄂西中国第6战区主力、进一步控制长江上游交通、威胁四川、夺占洞庭湖主要产粮区，发动了鄂西战役（日本战史著作称为"江南歼灭作战"）。此役自1943年5月5日始，至6月10日止。

4月16日至5月4日，日军第11军第3、第13、第34、第39、第40、第58等6个师团及独立混成第17旅团，共约10万人，分别在宜昌、枝江、弥陀寺、藕池口、华容一带地区集结完毕，第 11 军战斗指挥所进驻沙市，准备向鄂西发动进攻。为抵御日军进攻，第 6 战区在宜昌以西的石碑至石首以南的南县，沿长江一线及其纵深地区，部署了 4 个集团军共 14 个军。计划先依托已设阵地，逐次阻击日军，待日军进至石碑以南渔洋关一线时，反攻包围日军，将其歼灭。

5 月 5 日黎明，第 11 军各部在军司令官横山勇的指挥下，沿藕池口、华容一线向洞庭湖北岸进攻。6 日晚，日军独立第 17 旅团在攻击黄成嘴时，遭到中国军队顽强抵抗，日军独立步兵第 90 大队长舛尾中佐被守军打死，日军于 7 日拂晓占领该地。7 日至 8 日，日军小柴支队在进攻南县途中，遭到中国军队在梅田湖至荷花市之间的猛烈阻击，日军步兵第 234 联队第 3 大队（坂田大队）的中队长及以下全部被打死或打伤。9 日 16 时，日军占领南县。

5 月 12 日夜，日军第 13 师团左右两路先遣队在枝江、洋溪间偷渡长江，13 日拂晓大致完毕。守军第 87 军后路受到威胁，遂放弃公安西撤。14 日，日军第 13 师团占公安，22 日，占渔阳关。23 日黄昏，日军第 39 师团由宜昌渡江，24 日黎明，由卷桥河南岸地区向西南方向发起攻击，守军第 18 师、暂编第 34 师据 12 处山地据点抵抗。5 月 29 日，日军第 11 军各部已分别进入石碑渔阳关之线。[①]

第 6 战区鉴于日军已进入预定的反击包围地区，当即令第 79 军由石门向渔洋关方向进逼，第 74 军由桃源向石门集结，计划 6 月 1 日反击日军。5 月 30 日，第 6 战区各部完成了切断日军后方交通线，将其包围的任务，遂决定提前于当日进行全面反攻，空军亦以大编队机群协助作战。经激烈围歼，31 日，日军全线动摇，开始后撤。中国第 74 军及第 29 集团军先后克暖水街、三家厂、新安，并进逼至公安附近。6 月 5 日，日军第 13 师团一部在磨市被中国军队包围，大部被歼。日军第 40 师团残部向藕池口、石首逃去，第 3、第 34、第 39 师团残部分别由宜昌、红花套间逃走；独立第 17 旅团从牛浪湖方向撤逃。6 月 7 日，宜都被围日军，在江北日军的策应和救援下，突围东撤。8 日，中国反击部队收复宜都，

① 日本防卫厅战史室编纂：《日本军国主义侵华资料长编——（日本大本营陆军部）摘译》（中），第 748～761 页。

克复枝江。6 月 10 日，日军第 11 军战斗指挥所自沙市返回汉口。鄂西会战至此结束。双方遂恢复战前态势。

鄂西会战历时月余，第 6 战区先是依托要塞工事和长江天险与敌激战，尔后又反击和尾追日军，收复了失地，毙伤日军万余人（一说 4600 余人[①]），给敌人一定的打击。中国军队英勇作战，阵亡 25400 余人。[②] 在此役中，中、美空军参战飞机达 165 架，飞机性能亦较日机优良，预示着中国在抗日作战中夺取和掌握制空权已为期不远。

三、常德会战

1943 年秋，太平洋战争形势发生了根本性的变化，日军由攻势被迫转为守势。在中国战区，盟军正计划反攻缅甸。日军为了策应太平洋战争和印度、缅甸作战，于 8 月 28 日制定了《1943 年度秋季以后的中国派遣军作战指导大纲》，要求刚刚发动过鄂西战役不久的第 11 军对湖南常德发起攻击，"覆灭第六战区根据地"。[③] 日军认为，"常德是西部军事、政治、经济的中心，是重庆军补给命脉的一环，也是战略要冲。如占领此地，东南可窥伺长沙、衡阳，西可窥伺四川东部，威胁重庆"，[④] 遂发动了所谓的"常德歼灭战"。此役自 1943 年 11 月 2 日起，至 1944 年 1 月初止。

1943 年 10 月中下旬，日军在华容、石首、藕池、闸口、湖堤、弥陀寺、浣市、江陵、沙市等地，集中了第 11 军的第 3、第 13、第 39、第 68 师团，第 13 军的第 116 师团，及古贺支队、佐佐木支队、宫胁支队、柄田支队、飞行第 44 战

---

① 何理：《抗日战争史》，第 289 页。
② 日本防卫厅战史室编纂：《日本军国主义侵华资料长编——（日本大本营陆军部）摘译》（中），第 744 页所列数字累计。
③ 日本防卫厅战史室编纂：《日本军国主义侵华资料长编——（日本大本营陆军部）摘译》（下），第 41、47 页。
④ 日本防卫厅战史室编纂：《日本军国主义侵华资料长编——（日本大本营陆军部）摘译》（下），第 41、47 页。

队，合计兵力 10 万以上。同时在监利、沙市间江面，集泊船舰 30 余艘，滨湖各河汊集泊汽艇 300 余艘、民船千艘以上，坦克、汽车也均大量增加。至 10 月底，日军已完成战备，有弯弓待发之势。①

日军的频繁调动，已为中国军队所侦知。10 月 28 日，重庆军事委员会据来自各地的情报分析，判断日军将进攻长江、洞庭湖三角地带，并可能进攻常德。遂电令第 6 战区作如下应战部署：第 10、第 29 集团军以各军之一部于河沼地带阻敌，各军主力利用津（市）澧（县）河流及暖水街一带之山地，侧击敌人；第 74 军第 57 师固守常德，该军主力置大附山附近，准备机动；第 100 军推进至益阳待命；中、美空军立即向沙市、监利、石首、华容之敌及沙市、岳阳之间的敌舰轰炸。② 第 6 战区接此命令进行具体部署：第 29 集团军第 44 军守备滥泥沟子、南县、甘家厂（不含）之线及津、澧；第 10 集团军第 79 军主力、第 66 军一部守备甘家厂、公安、新江口（不含）、宜都之线；江防军第 30 军守备茶子至平善坝之线及石牌西塞；第 26 集团军第 75 军守备之游洞、毡帽山、阎王口之线；第 33 集团军第 77 军主力与第 59 军一部守备票溪、转斗湾之线，主力分别控置于石门、暖水街、聂家河、三斗坪、窑湾溪、兴山、报信坡、刘倏集、安家集、建始各附近，准备歼灭入侵之敌。③

11 月 2 日 17 时，日军兵分 12 路，向滥泥沟子、百弓咀、章田寺、末积田至新江口之线发动了全面进攻。3 日至 6 日间，第 6 战区第一线部队先后于南县、官垱、甘家厂、公安、磨盘洲、新江口之线，及大堰、张家厂、街河市、西斋各附近地区，予敌坚决抵抗，毙敌颇多。敌虽备受打击，仍挟其优势，在攻占南县、公安、松滋后，猛进不已。迄 6 日，第 6 战区第一线战地被突破，战区复调整部署，形成了外线态势。

6 日，第 10 集团军第一线各师已转移至王家厂、暖水街、刘家场、洋溪之

---

① 第六战区长官司令部：《第六战区常德会战战斗要报》（1943 年 11 月 1 日至 12 月 26 日），国民政府军令部战史会档案，中国第二历史档案馆藏。

② 《军令部报告书》，国民政府军令部战史会档案，中国第二历史档案馆藏。

③ 《第六战区常德会战战斗要报》（1943 年 1 月至 12 月 6 日），国民政府军令部战史会档案，中国第二历史档案馆藏。

线，敌跟踪西犯，并以其主力第13师团全部及第3、第34师团各一部，指向暖水街地区。日军要攻占常德，只有占领暖水街，才可保障右翼侧背之安全。于是，在暖水街展开了一场激烈的争夺战。暂第6师与敌反复争夺，战况至烈。黄昏，后续之敌分由两翼钻隙迂回。7日晨，南钻之敌被98师、第194师在红土坡、岩壁下附近分别围击；北钻之敌受第199师一部邀击，死伤颇多。暖水街正面之敌，不断猛攻，守军凭工事抗击，血战三昼夜，阵地屹然未动。

7日，蒋介石令"10集团军王敬久部，即刻集中主力，击破向暖水街方向突进之敌"。① 正当第10集团军遵令调动部队，准备歼敌于暖水街地区时，日军先发制人，除留一部和守军对峙外，其主力迂回暖水街以南地区南进。至11日夜，第10集团军与日军呈阵线交错，相互混战状态。

11月12日，日军第3、第13师团借夜色转锋南下，麋集石门以北地区，于13日向石门方面的新安、塘坊、樊家桥、螺丝坝第77师及第15师阵地猛扑，守军猛烈抵御，全线展开激战，伤亡皆巨。14日晨，敌兵力续有增加，借炮火掩护，由易家渡强渡至澧水南岸，企图南北夹击，合围石门，夺取这一常德北方的战略要地。14日夜，石门正面阵地在敌强攻下，渐形缩小，终全面被围，又兼背水、态势不利，乃不及南下，主力向西转移，仍留暂第5师固守石门要点。自14日晚至15日黄昏，该师彭士量师长亲率所部在敌进攻的重点地区石门北郊的笔架山、大山尖、孙家大山方面，与日军短兵相接、白刃搏斗，官兵伤亡殆尽，阵地几乎全毁，彭士量亦壮烈殉国，时年38岁。以后在收殓遗体时，发现一纸遗嘱："兹奉令守备石门，任务艰巨，当与我全体官兵，同抱与阵地共存亡之决心，歼彼倭寇，以保国土；倘于此次战役中，得以成仁，则无遗恨。唯望我全体官兵，服从副师长指挥，继续杀敌，达成任务。"②

15日、16日、17日石门、澧县、津市、慈利先后失守。慈利先陷，常德西

---

① 《蒋介石致孙连仲、王敬久密电》（1943年11月7日），国民政府军令部战史会档案，中国第二历史档案馆藏。

② 《抗日战争时期国民党正面战场重要战役介绍》，第148页，四川人民出版社1985年版。

北已无险可守。

11 月 19 日，蒋介石致电第 6 战区代司令长官孙连仲，令"第 74 军、第 44 军、第 100 军，应尽全力在常德西北地区与敌决战，保卫常德，而与之共存亡"。[1] 上述各部在常德西北地区与敌展开了鏖战。

19 日，日军第 3 师团主力由澧水南渡，直扑陬市、桃源。21 日，敌机编队 16 架在桃源上空投弹扫射，并趁势降落伞兵 560 余，与地面之敌呼应袭击。该城守军不足一营，被迫西移，桃源失守。敌复向陬市进击，第 150 师师长许国璋亲率该师一部在陬市西北抵御，后壮烈殉国。敌陷陬市后，向北急进。[2] 日军占领桃源、陬市，又获得了常德的西南门户，至此，日军迂回包围常德的计划已具备了实施的条件。

图 29.3　湖南常德是湘西的政治经济与军事中心，日军动员了 4 个师团进攻常德城

22 日，进至常德附近的日军兵分五路，攻击常德外围各重要据点：一路由苏家渡（沧港北）扑德山，一股由井鼻滩扑德山市、新民桥，另三路分别向七里桥、黄土山、袯河猛犯。23 日，由陬市向西北进击的日军第 3 师团主力已进至常德南站。至此，日军已完成了对常德的合围，总数已逾两万以上，为敌第 3 师团一部，第 116、第 68 师团主力。从而，常德保卫战从外围的攻防转入了城内外的

① 《蒋介石致孙连仲等皓电》（1943 年 11 月 19 日），国民政府军令部战史会档案，中国第二历史档案馆藏。
② 《第六战区常德会战作战经过要报》（1943 年 11 月 1 日至 12 月 26 日），国民政府军令部战史会档案，中国第二历史档案馆藏。

鏖战。

24日，敌向常德城区猛扑。常德内外，战火纷飞，硝烟弥漫。奉命固守常德的第74军第57师在师长余程万率领下，与敌反复搏斗。中午，城南中国军队的岩凸阵地经过双方五易其手后陷落，守军退至陡码头再战。在城东北方的七里桥、城西的落路口，战况亦异常惨烈，激战至夜间，城南告急。在蔡码头及南站的日军，白天曾由南站强渡沅江攻城，被击退。夜幕降临，日军乘夜色再次强渡，中国守军一排士兵决死抵抗，全部战死。日军强渡过沅江后，一部由城东南角水星楼间攀登城垣，突入城内沅清街附近。为了驱退敌人，第57师立即调整兵力驰救，分路合击水星楼日军，经激烈拼杀，将敌逐出城外。日军溃逃途中，守军又予以伏击，歼敌数百人。

25日，日军再次发起总攻，以20余架飞机助战，向城内狂轰滥炸并投放燃烧弹，顿时火光冲天，烟焰蔽日。在轰炸后，日军从东、西、北门附近地区全面进攻。七里桥处，双方反复拉锯作战；西门外，双方在船码头激战。此时，守军炮弹已经耗尽，火力锐减，日军逐步逼近城垣。

图29.4 常德之战中中国军队在断垣残壁中作战

在常德保卫战中，中国空军多次袭击日军，有力支援了地面作战，给日军以沉重打击。在25日对日军空袭中，即击毙日军第3师团第6联队联队长中畑以下官兵多名。

26 日晨，敌全线再攻。北门贾家巷一连守军全部战死，西门一排守军壮烈阵亡，日军乘势逼近西大门。敌惨无人道，仅此日就对"常德守军施毒 13 次"。在此次常德会战中，敌"使用毒气次数之多，为抗战以来所仅见"。[①] 至此日，第 57 师参战的 8315 名官兵仅剩 500 余名，弹药消耗亦将尽，形势异常严峻。

27 日，敌机狂炸愈紧，日军再次全线出击。东门外日军 3 次冲入城内，均又被守军逐出城外，北门外日军 5 次扑进城垣，亦均被守军击退。敌虽受重创，仍倾全力猛冲，并不断使用毒气。

28 日，日军再次全线猛攻。东门外日军在炮火掩护下采取步步为营战术推进城内，守军剩余兵员与敌白刃格斗，拼死肉搏，将日军逐出东门。日军乃改变战术，调集炮火毁灭性地猛摧一点，步兵逐次跟进，再次攻入东门，以民房废墟掩护，四处出击。东门失守后，第 57 师代参谋长皮宣猷即赶赴城东，将城东南角划成新的防线，指挥残部封锁该线，并令守军利用断壁残垣分点固守，阻敌扩展。在北门，日军施放毒气后，以 5 路向城内猛攻，守军一营与敌肉搏七八次，所剩兵员不足一班，守军退至天主堂、体育场等巷战工事。在大、小西门，日军亦冲锋多次，均被守军击退。至此日，守军第 57 师各级指挥官伤亡达 95%，后勤兵员均到一线作战，且大部牺牲。日军曾向城内空投劝降书，爱国将士断然拒绝。

29 日，敌机竟投掷烧夷弹，城区大火蔽天，房屋碉堡皆成灰烬。在日军攻击和熊熊烈焰吞噬下，东门工事全毁，守军全体为国捐躯。在南门方面，日军将水星楼摧毁，楼内守军全部牺牲。在北门，日军仍向天主堂、体育场的守军攻击。至此，守军已被压迫在城中心狭小范围内，第 57 师剩余官兵下定了必死决心，师长余程万电告第 6 战区代司令长官孙连仲："弹尽，援绝，人无，城已破。职率副师长、指挥官、师副、政治部主任、参谋主任等，固守中央银行，各团长划分

---

① 《常德会战日军使用毒气概况》（1943 年 12 月 26 日），国民政府军令部战史会档案，中国第二历史档案馆藏。

区域，扼守一屋，作最后抵抗，誓死为止，并祝胜利。"①

30 日，日机轰炸第 57 师设在中央银行的师部。日军从东、北、西门分别向大小高山巷、局北街、中山南路、体育场推进。守军官兵人自为战，全部战死在其散兵作战位置上。

12 月 1 日，日机继续轰炸中央银行师部，东、南、北门的阵地已全部失守，只剩下兴街口经中山南路和大西门一隅城区。敌穿墙凿壁，节节紧逼，师长余程万及各级幕僚亲任指挥，尺土之微，誓死必争。

此时，由衡阳增援的中国第 10 军预备第 10 师进至常德附近与日军第 3、第 13 师团一部遭遇，已激战了 4 昼夜。第 6 战区各路反击部队，由沅江、澧水两岸向常德逼近，对日军实施外线包围，并曾先后克复慈利、桃源等多处失地。第 10 军 30 日占领了德山，先头部队进抵常德南站，因无法渡过沅江，难入城与第 57 师会合，守军仍以所剩无几的将士与日军死战。

2 日，日军攻陷常德城中的兴街口，中国守军阵地仅剩方圆数百米的区域，且粮、弹告罄，实难继续坚守。3 日凌晨，余程万率余部冲出重围，渡沅江与南岸友军会合，加入反攻作战行列。城内仍留少量部队由第 169 团团长柴意新率领与敌作决死之战。柴意新率少量官兵与敌肉搏 10 余次，全部壮烈战死，常德城陷落。

常德陷落后，第 6 战区外线部队继续反攻作战，接连收复失地，并于 7 日开始反攻常德，扫除常德四郊敌军。9 日，中国军队渡过沅江，从东、西两面夹击常德，并从西门攻进常德城内，日军仓惶突围北逃，常德克复。

10 日开始，日军全线退却，中国军队尾追不舍，乘机歼敌，克复了此役日军占领的失地。至 1944 年 1 月初，会战双方恢复了战前态势。

在此次会战中，中国守军在恩施、芷江、衡山、白市驿（重庆西）、梁山等基地，出动战斗轰炸机合计 200 架，出击 261 次，使用轰炸机 280 架次、战斗机

---

① 《第六战区常德会战作战经过要报》（1943 年 12 月 26 日），国民政府军令部战史会档案，中国第二历史档案馆藏。

1467 架次，① 对常德、藕池口、石首、华容等地日军实施攻击，有力地支援了陆军作战，并在空战中击落日军飞机 25 架，在地面击毁日军飞机 12 架。②

图 29.5　常德之战中的日军尸体

为策应常德会战，驻守在长江以北的中国预备第 4 师、第 6 师、第 37 师、第 38 师、第 141 师、第 179 师等部队，从 11 月 8 日起，向进攻常德之敌在江北的据点发动了猛攻，至 12 月 13 日止，攻克敌大小据点 30 余处，毙伤敌 2000 人以上。其中，第 37 师一部曾于 11 月 25 日围攻当阳，激战竟日，先后突入西关、祖师庙，包围敌第 39 师团司令部及敌东关空军指挥所，毙敌大佐一员，参谋副官以下 150 余人，并焚其仓库数所。③ 敌后院战火四起，受到一定牵制，有利于常德附近中国军队的对敌作战。

此次会战，总计毙敌联队长中畑护一、布上照一、和尔基隆等，敌官兵伤亡约 4 万余人。中国军队亦阵亡第 150 师师长许国璋、暂编第 5 师师长彭士量、预备第 10 师师长孙明瑾，伤亡官兵约 5 万余人。④ 在会战中，中国军队除少数部队外，均极为努力认真，勇往直前，即使迭经战斗、损失甚重者，亦能斗志旺盛，反复进击。尤其是第 57 师官兵，在敌飞机狂炸、火炮猛轰、毒气弥布下，与敌血战 16 昼夜，兵亡官继，弹尽肉搏，宁可战死，决不投降，表现了大无畏的爱国主义精神。

---

① 日本防卫厅战史室编纂：《日本军国主义侵华资料长编——（日本大本营陆军部）摘译》（中），第 65 页。

② 《常德会战之检讨》（1944 年 2 月），国民政府军令部战史会档案，中国第二历史档案馆藏。

③ 《第六战区常德会战战斗要报》（1943 年 12 月 26 日），国民政府军令部战史会档案，中国第二历史档案馆藏。

④ 《常德会战之检讨》（1944 年 2 月），国民政府军令部战史会档案，中国第二历史档案馆藏。

第 30 章
美国空军在中国战场

美国空军在"二战"后才成为一个独立军种。"二战"期间，美国空军配属于陆军和海军，苏联空军亦如此，但空军的作战行动除配合、支持陆、海军外，亦有许多独立的作战。太平洋战争爆发后，美国空军常年在中国战区与中国军队联合对日作战，对战局的演变产生重大的影响。其中，陈纳德在华时间最长，他组建的飞虎队、第 14 航空队等在对日作战中战功显赫，给人印象深刻。驼峰航线输送的战略物资有助于中国抗战力量的恢复和增强。中国战场的转向反攻首先是从空中开始的。

一、陈纳德与中国空军美国志愿大队

克莱尔·李·陈纳德，1893 年出生于美国得克萨斯州一个小农场主家庭，其祖先是追随法国名将拉法叶特将军所组织的、支援美国独立战争的法国志愿军的一员，所以，他是法兰西民族的后裔。是否也由此，组织并参加见义勇为、打抱不平的志愿军就成了陈纳德家族的传统之一。他 20 岁大学毕业后当了 4 年教师，

为实现自己当空军的愿望，1917 年 8 月，他考入印第
安纳州的本杰明士官学校，学习飞行。因为有巨大的
兴趣，且聪明好学并勤于钻研，很快就熟练掌握了飞
行技术。1918 年秋，他已担任了第 46 战斗机联队的
副官。1923 年，被调任驻夏威夷珍珠港的第 19 驱逐
机中队的中队长，在此任职期间，陈纳德编写了《战
斗机飞行技巧手册》，显示了他对战斗机（又称驱逐
机）飞行、作战的精通。1930 年，他被派往位于弗
吉尼亚州的兰利空军战术学校学习，毕业后在亚拉巴

图 30.1 飞虎队指挥官陈纳德

马州马克斯韦尔基地的空军战术学校任教官。1932 年，陈纳德组织了一支名为：
"三人空中秋千"的特技飞行队，在得到空军领导同意并支持的基础上，在全美
各地进行特技飞行表演，以激发人们对于飞行的兴趣，从而有利于美国空军的发
展。在 1936 年 1 月的一次飞行表演中，他被来美国考察空军的、时任南京政府所
属之"航空委员会"办公室副主任兼中央航空学校副校长的毛邦初看上，当即当
面邀请陈纳德赴中国帮助培训飞行员。但陈纳德拒绝了。因为作为美国空军顶级
飞行员的陈纳德，他的主要工作是培训美军战斗机飞行员，以提升他们的飞行技
术和战术、技巧水平。陈纳德个性倔强，关于空军的战术战略思想独到，常与
陆、空军高层观点相左并时而产生争执，这不可避免地影响了他军阶的提升。
1929 年，他晋升为空军上尉；1937 年，他依然是上尉。他极强的自尊心和好胜心
不能容忍，4 月，他提出退役申请并获准。恰在此时，他收到了已被中国政府聘
为位于杭州笕桥的中央航空学校教官的好友霍勃鲁克的来信，说中国航空委员会
秘书长宋美龄想请他到中国去，担任飞行教官，并兼任中国空军顾问；还开列了
较优厚的聘用条件，包括每月 1000 美元的工资，津贴除外，配备专用汽车及司机
还有翻译。在美国怀才不遇的他立刻答应了并欣然前往。1937 年 5 月 29 日，在
全面抗战爆发前夕，陈纳德来到了中国。

　　6 月 3 日，宋美龄在上海接见了陈纳德和霍勃鲁克。陈纳德后来在其回忆录

中记述道："这就是（蒋）总统的夫人，看上去比我想象中的还要年轻 20 岁，说英文时带着浓重的美国南方口音。我被她彻底迷住了，直到今天都还记忆犹新。那天晚上，我在日记中这样写道：她是我心中永远的女王。从那时起，我和蒋夫人一起共事，分担失败的痛苦，共享胜利的欢乐。"① "她接过了解决处理纷繁错综的中国空军问题的担子，引起官场上一片不屑之词，然而她决心要管好这件事。她需要了解空军的情况——真实的情况，而且要尽快得到这些情况。我答应三个月之内提交一份完整的报告。"② 在毛邦初的配合支持下，陈纳德认真调查了中国空军的实际状况，并向宋美龄坦言，中国空军的实际情况远非蒋介石自己认为的那么好。七七事变发生时，陈纳德正在中央航校洛阳分校调查。"我立刻给蒋总统发去电报，表示若有用我之处，愿意效劳。我这样做，主要出于以下三个方面的考虑：1. 我从来不逃避战斗。2. 多年来我一直为自己的空战理论在教室里不懈的争辩，我需要有机会让我的理论经受实战的考验。3. 我预见到中日战争将导致更大规模的太平洋战争，而美国将不可避免地卷入其中。我想如果在开战早期就能更多的了解日本，给他们以更大的打击，最终都是在为我的祖国做贡献。"两天之后，他收到蒋介石的回复：对您自愿提供服务深表感谢。请立即赴南昌，指导最后一期战斗机飞行员训练班。③ 7 月 15 日，陈纳德和毛邦初赴庐山向蒋介石当面汇报中国空军状况，陈纳德将诸多问题如实相告并提出了一些很好的建议，如加强飞行员的训练、注意维护（修理）飞机以提高作战飞机的完好率、在上海、南京、武汉等重要城市建立空袭警报网——通过加强对空警戒、观察与侦察等措施，均被蒋介石接受。此后直至陈纳德去世，他始终得到蒋介石的高度信任。他的上述诸多建议被采纳、落实后，使中国空军在八一三事变之后直至武汉会战的第一期抗战中获益匪浅。从 1937 年 6 月至武汉会战结束，陈纳德在宋美龄、蒋介石的信任与支持下，帮助中国空军做的主要工作包括：1. 调查、了解中

---

① ［美］陈纳德：《我在中国那些年：陈纳德回忆录》，第 43 页，中国工人出版社 2013 年 3 月第 1 版。
② ［美］陈纳德：《我在中国那些年：陈纳德回忆录》，第 44 页。
③ ［美］陈纳德：《我在中国那些年：陈纳德回忆录》，第 48、49 页。

国空军的实况，并提出改进之建议。2. 于杭州、洛阳、西安、南昌等航校授课，培训中国飞行员。3. 作为中国空军顾问，参与了淞沪抗战、南京保卫战、徐州会战、武汉会战等重大战役的空战谋划，还仔细、认真地观察了日本空军的袭击、空战的战术和技术，也认真、仔细地观察并了解了苏联空军志愿军取得优异战绩所采用的战术和技术。还仔细比较了日机和美机、苏机的性能、优劣。所有这一切，都为后来飞虎队、第14航空队取得辉煌战果打下了坚实的基础。这一时期，有两件事给陈纳德留下了极为深刻的印象。一是中国政府领导层对日寇的痛恨和坚定的抗战信念。八一三事变当天，军事委员会在南京中央军校召开最高国防会议，直至深夜。会议期间，中国的军事将领们并无怯战，相反，他们认为更有希望在上海打一场胜仗。"这时，一份电报送到了蒋总统手中，他看过了之后递给了蒋夫人，并向大会宣布了电报的内容。夫人哭了。她抽泣着用英语告诉我们：他们轰炸了上海市中心。他们在屠杀我们的同胞，在屠杀我们的同胞啊！那么你们打算怎么办？我问道。蒋夫人抹掉眼泪，抬起头来坚定地说：我们迎战！……我建议可以对为敌军步兵提供重炮掩护的日本战舰轮番进行俯冲和高空轰炸。"①宋美龄对日寇的痛恨，一直贯穿抗战始终。武汉会战后，日本已知吞并中国完全不可能，遂托请德国出面媾和，德国特使冯·戈宁携希特勒亲笔信至重庆，宋美龄接见了他。但对之言："敝国领袖蒋中正，我本人，敝国的全体政府官员，全体将军、军官、士兵以及全国国民，万众一心，誓与日本侵略者血战到底，一定要把侵略者全部赶出中国国土。现在、将来，都绝不和侵略者——日本强盗讲和。"希特勒特使阴险地说："中日战争以来，中共发展迅速，你们不考虑这个心腹之患吗？""宋美龄眼睛睁得更大了，说：我们中国有一句奉行了几千年的成语：兄弟阋于墙，外御其侮。说的是，两弟兄在家院里面斗殴得很厉害，可是外面来了强盗，弟兄立刻停止斗殴，同心协力去抵御强盗。今天，日本侵略者乃一汪洋大盗，要亡吾人之国家，灭吾人之种族，我中华之全体国民，包括本党与中

---

① ［美］陈纳德：《我在中国那些年：陈纳德回忆录》，第55、56页。

共，除了弘扬弟兄手足之情，同心同德，共御日寇之外，别无选择。"德国特使又言，是否考虑到中共夺取政权之威胁。"宋美龄又一次打断冯·戈宁的话，语气坚决地说："此乃吾人骨肉同胞之间的事情。"① 如此坚定的抗战立场，令陈纳德终身难忘，加之宋美龄等与陈纳德的友谊、信任关系，对陈纳德影响甚巨。二是弱小的中国空军顽强抵抗并积极出击，取得了令人料想不到的战果，也令陈纳德印象深刻。八一三之后仅仅一年，号称日本空军四大天王的四个王牌飞行员，均在空战中被中国空军飞行员击落毙命。时任日本海军航空兵本部长的山本五十六为此曾痛哭流涕。1939年11月4日，战力殆尽的中国空军仍奋力作战，击落了亲自率轰炸机群空袭成都的日军第13航空队司令官之战机，该司令官当场毙命。1938年8月，陈纳德奉宋美龄之命赴昆明重组中央航空学校为中国空军军官学校。年底，出任该校飞行总教官，同时仍任中国空军顾问。该校学生大多为抗战爆发后投笔从戎的青年学生，其中甚至不乏大学生。这些学生从一开始就给陈纳德留下了良好的印象，也更加深了他此前对中国飞行员勇敢奋击的印象。他结合抗战以来中国空军的作为和眼前这些学生们勃勃向上的朝气，认定中国空军将获得新生。

1940年至1941年，是中国空军抗战史上最为艰难的两年。1939年9月1日，纳粹入侵波兰，欧洲局势陡然恶化，为全力奋战西线（苏联知道希特勒主动提出签订《德苏互不侵犯条约》完全是权宜之计，苏德必有一战。斯大林只是想通过签订该条约把战争爆发的时间尽量后延，以便苏联做好充分的准备。他期望战争不早于1943年爆发），苏联开始逐步撤出空军志愿军。中国空军战力（飞机、人员）损失殆尽，又得不到及时充分补充。日军却在不断加强其侵华空军，除不断补充、增加飞机及飞行员外，还动用了其驻台湾的空军、航母舰载航空兵。1940年夏季后，日军经法国傀儡政权——维希（贝当）政府同意，入驻越南。其后，日本驻越空军成了空袭中国大西南战略后方的主力之一。日军完全占领越南后，

---

① 《百年潮》2014年第9期，第78、79页。

更是如此。综述以上，敌我战力严重失衡，日益失衡。1940 年至 1941 年，日本空军基本掌握了中国战场的制空权。尤其是 1940 年下半年至 1941 年底，更是如此。有人将这一时期称之为中国空军抗战史上"比较黑暗的时期"。① 1941 年 3 月，中国空军第 5 大队 34 架战机迎战日寇 12 架零式战机，结果被击落 13 架、击伤 11 架，日寇仅被击落击伤各一架。为此，第 5 大队番号被撤销。直到后来其新换了美国战机，取得了出色战绩，第 5 大队番号才予以恢复。猖狂的日机在 1941 年 7 月侵袭成都时，竟然还在太平寺机场着落，抢走了机场的青天白日旗，以资炫耀，并在心理上打击中国人民的士气。

1940 年 6 月，蒋介石派宋子文赴美，与美方商谈援助中国抗战事宜。宋抵美后，蒋即电示他："现在美国若有最新式驱逐机 300 架，远距离重轰炸机 50 至 100 架助我，则抗战必能加速胜利。"宋子文复电认为："飞机补充与人员训练同等重要。"并提出是否请陈纳德拟一份训练大纲，由美国协助中国培训飞行员。10 月初，蒋介石再次电示宋子文："此时以获得美国新式飞机为唯一急务。"10 月中旬，蒋介石向美国政府正式提出空军援助计划，希望美国能先提供中国 500 架飞机"以济眉急"。② 并希望"美国空军志愿人员能来华助战"。③ 11 月，蒋介石派陈纳德返美协助宋子文推进这一计划。陈纳德返美后，与宋子文配合默契并奔波于美国各州，宣扬中国人民的抗战伟业及其艰难，争取美国各界和美国人民的大力支持。罗斯福总统身边的若干工作人员均被陈纳德的宣传所打动，在总统跟前力推陈纳德关于建立志愿援华航空队的计划。④

美国与苏联一样完全明了纳粹及日寇妄图统治全球的野心，同时也希望日寇深陷中国战场而迟滞其南进（南下）。1941 年 3 月 11 日，美国国会在罗斯福总统

---

① 《大鹏月刊》第 1 卷第 8 期，第 13 页，1942 年元旦版。

② 《战时外交（一）》，第 410、411、413 页。

③ 中国社会科学院近代史所民国史组编：《胡适任驻美大使期间往来电稿》，第 97 页，中华书局 1978 年版。

④ 云南卫视《经典人文地理》：《飞虎传奇：美国志愿援华航空队影像档案》，第 22 页，中国友谊出版公司 2013 年 4 月版。

的坚持与敦促下，通过《租借法案》，开始大力援助英国抗击纳粹。5 月 6 日，美国政府宣布《租借法案》推行、适用于中国，开始大力援助中国抗击暴日。此前，于 4 月下旬，美国已同意从根据《租借法案》首批援助英国的 500 架战机中紧急调拨 100 架支援中国。此举引起英国的异议，罗斯福总统承诺稍后将补充 100 架给英国，英国才支持了该方案。4 月底，100 架 P－40B 型战斗机（亦称驱逐机）于纽约港装上一艘挪威的货船，运往当时英属缅甸的仰光，然后转运中国。但装船时因操作不慎，装有一架飞机的一个货柜掉入了海中，所以实际启运的飞机数量为 99 架。

同期，美国在空军人员上也予中国以大力支持。1940 年 12 月 15 日，罗斯福总统签署一份不公开的总统令，允许美国飞行员离职赴中国作战。并要求美国政府各部门配合这一方案的实施。1941 年 4 月 15 日，罗斯福总统再次签署不公开的行政命令，允许预备役军官和陆海军退役人员参加援华志愿航空队。陈纳德及其助手们依据罗斯福的总统令和中国政府开出的给予美国空军志愿人员的较优厚待遇：飞行员月薪 600 美元，中队长 750 美元，地勤机械师 250 美元。每人每月津贴 30 美元。每年可享有一个月的带薪休假，旅费及住宿费由中国方面承担。击落 1 架日机可获 500 美元奖金。同时为每一个志愿者购买 10000 美元的人寿保险。伤残或死亡，本人或其家属可得到 6 个月的薪金，并支付死亡者的丧葬费。他先后奔波于 17 个美国空军基地，进行秘密招募（因为当时"珍珠港事变"还未发生，美日并未交战），以中美合资合作的中央飞机制造公司的名义与志愿者签订合同。招募志愿者的工作于 7 月初结束。7 月 8 日，陈纳德乘飞机离开美国。"就在我将要离开的时候，得到消息说罗斯福总统已经批准组建第二批美国志愿（援华航空）队轰炸机大队（陈纳德亲自招募和组建的为战斗机大队），由 100 名驾驶员和 181 名枪炮手及无线电人员组成，他们将于 1941 年 11 月到达中国，之后同样数量的人员将于 1942 年 1 月到达。"① 陈纳德途径夏威夷、菲律宾（当时为

---

① ［美］陈纳德：《我在中国那些年：陈纳德回忆录》，第 135 页。

美国殖民地），一路会见其战友、朋友，并为志愿航空队做宣传，最后到达香港，旋即由香港飞赴重庆，"向蒋委员长报告从美国带回来的超乎想象的成功消息"。然后又由重庆急赴成都，安排把过去苏联航空学校留下的弹药运往重庆。7 月 23 日，他搭乘中国空军的运输机飞往仰光，与即将到来的首批志愿航空队的队员们会合。①

1941 年 7 月 10 日，由 110 飞行员和 150 名地勤工程技术人员组成的首支志愿航空队，搭乘荷兰"耶格斯方丹"号客轮离开美国前往仰光。日本特务获悉了消息，日寇在其无线电广播中宣布："第一批准备在中国参战的美国志愿队飞行员已经乘船离开旧金山。"同时，日寇在广播中狂妄地宣称："那条船永远也到不了中国，它将被击沉到海底。"美国政府预见到了形势的严峻，派两艘巡洋舰护航，远远尾随着客轮，警戒着日本舰艇，直到澳大利亚。其后，由荷兰巡洋舰接过护航任务，将客轮护送至新加坡，然后直航仰光。7 月 28 日，美国志愿队队员抵达仰光，陈纳德在码头上迎接他们，随即他们一同乘火车前往同古（Toumgoo），在那里利用英国人的机场及设施进行战前训练。英国人怕激怒日本先是不同意，经美国官方多次交涉后才同意了，但强调只能进行飞行训练，不能进行作战训练。珍珠港事件发生后，英国同意可以进行作战训练，但不能将同古机场作为作战机场，即美国志愿队的飞机不能由此起飞进行或参加战斗。

1941 年 8 月 1 日，蒋介石以中国政府航空委员会委员长的身份，签署了批准成立中国空军美国志愿大队的命令："1. 美籍志愿军第一大队于本日组织成立。2. 仰陈纳德上校（陈纳德来华不久，蒋介石即已提升其军衔为中国空军上校）将来华参战之美志愿军组成该大队，其因完成该大队之组织而须增派之华籍人员由本委员会供给之。3. 仰陈纳德上校就该大队指挥官之职，于组织完成后，将详情具报。"② 同时任命中国空军上校王叔铭为志愿大队参谋长，协助陈纳德的工作，以协调、解决志愿大队所需要供给的一切。

---

① ［美］陈纳德：《我在中国那些年：陈纳德回忆录》，第 136、137 页。
② 云南卫视《经典人文地理》：《飞虎传奇：美国志愿援华航空队影像档案》，第 49、50 页。

志愿大队的训练在紧张地进行（同期，陈纳德应蒋介石之召，多次往返于同古—仰光—重庆之间，为对付日本空军出谋划策）。"我把我对日本人的了解也都告诉了他们（志愿大队队员们）。每天上课的内容都取自我的笔记本，那上面记载了 4 年来我的实战经验和体会，我毫无保留地把从南京到重庆（中国空军以及城市被炸）的惨痛经历都讲

图 30.2　休息时的美国飞行员

了出来；还有截获的日军飞行和操作指南，由中国人翻译成英文，也成为我们的教材。从这些教材中，美国飞行员掌握的日军战术比日军飞行员知道的要多得多。"① 陈纳德还对比了美机和日机性能的优劣：P－40B 机身坚固，引擎强劲，俯冲速度极快。日本零式战斗机轻巧灵活，转弯半径小，飞行速度和爬升速度快于 P－40B，升限亦高于 P－40B。但 P－40B 装备的新型机炮火力较强。由此，陈纳德强调在空战中一定要用己所长，攻敌所短。首先爬升，抢占高度，还可于云中、云端设伏，待占据有利高度后，全速俯冲攻击，干掉敌机，然后迅速脱离，再次寻找战机。在空战中，只有一旦获得高于日机的高度，立即全速俯冲攻击。"利用速度和俯冲进攻强度打乱他们的战术，迅速射击，迅速侧滑，甩掉敌人。"② 同时，强调协同作战，双机配合，甚至四机配合，前后呼应（"一架飞机总是护住另一架飞机的机尾，形成互相保护"），全方位警戒，全方位互相掩护并寻找战机，抢占先机。"所有飞行员都接受了 72 小时的课堂教学，再加 60 小时的专门（针对性的）飞行训练。"③ 11 月初，陈纳德致电宋子文和蒋介石，"告知他们我们将于 1941 年 11 月底前准备完毕。志愿队可以根据战斗需要，打多久都没有问题。但是我们急需配件，以保持飞机的战斗力，"④ 配件供应问题在中、美双方的

---

①　［美］陈纳德：《我在中国那些年：陈纳德回忆录》，第 145、146、147 页。
②　［美］陈纳德：《我在中国那些年：陈纳德回忆录》，第 145、146、147 页。
③　［美］陈纳德：《我在中国那些年：陈纳德回忆录》，第 145 页。
④　［美］陈纳德：《我在中国那些年：陈纳德回忆录》，第 151 页。

共同努力下，终于通过 1942 年 5 月开启的驼峰航线初步得以解决。1941 年 11 月底，陈纳德将志愿大队编组为 3 个中队，每中队 33 架 P–40B。志愿队员们均为来自美国陆海空军和民航公司的年轻人，他们给 3 个中队分别起了风趣、有意味的名字：第 1 中队称"亚当与夏娃中队"，其机身上绘制有亚当追逐夏娃的图案。第二中队称"熊猫中队"，机身图案则是飞行员的漫画像。第 3 中队称"地狱天使中队"，机身图案是姿态各异的小天使。12 月 18 日，陈纳德上校留第 3 中队协防仰光，率第 1、2 中队北上昆明。志愿大队成战斗布局展开，严阵以待。

　　1941 年 7 月下旬，日本并通过德国施压法国贝当政府，同意日本使用法国在越南的 8 个机场和 1 个海军基地。11 月，日本就将 245 架战斗机、轰炸机进驻越南，准备寇犯云南。12 月 20 日上午，日军 10 架轰炸机从河内机场起飞，直犯昆明，负责监视空域的防空情报网迅速探悉并立即报告了中国空军指挥部及美国空军援华志愿大队。陈纳德立即命令第 1 中队起飞 16 架战机，抢占高度；第二中队起飞 8 架战机，正面迎敌。待日军轰炸机群抵昆明东南郊上空，志愿大队机群先敌出击，一举击落日军轰炸机 6 架。余下 4 架降低高度，紧贴云层向南逃窜。第 1、2 中队勇猛追击，又将其击落 3 架。志愿大队无一伤亡，仅一架飞机机翼受伤。9∶0，志愿大队首战告捷。12 月 25 日，日机再袭昆明，志愿大队奋勇迎战，日机遭重创后逃遁。与此同时，志愿大队第 3 中队在保卫仰光的空战中亦获佳绩。1941 年 12 月 23 日，日军出动 54 架重型轰炸机，在 20 架战斗机的掩护下空袭仰光，第 3 中队与驻防仰光的英国空军协同作战，以损失 3 架飞机和牺牲两名飞行员的代价，击落日机 25 架。[①] 英军则以损失 11 架飞机和牺牲 5 名飞行员的代价，仅击落日机 7 架。12 月 25 日日机再袭仰光，第 3 中队又独立击落日机 19 架，自己损失两架，飞行员跳伞获救，人员无一伤亡。[②] 1940 年 6 月以来，日军频繁空袭昆明。8 月至年底，几乎达到每天至少空袭一次。除星期天因日本飞行员自身要休息外。1941 年，日军空袭昆明达 92 次。1942 年，陡降至 34 次。这不能不归功于志愿大队对日寇的沉重打击。志愿大队在 1941 年 12 月作战中的神勇表现，

---

　　① ［美］杜安·舒尔茨：《陈纳德与飞虎队：独行其是的战争》，第 171、177 页，云南人民出版社 1989 年版。

　　② ［美］杜安·舒尔茨：《陈纳德与飞虎队：独行其是的战争》，第 171、177 页。

赢得了社会各界的广泛赞誉。12 月 21 日，志愿大队首战告捷的第二天，一位记者在其报道中以"飞虎"即"飞行的老虎"来形容志愿大队及其志愿队员们，这一称呼迅即不胫而走并得到民众的广泛认同。美国报刊很快也采用了这一称谓。志愿队员们也均认同这一称号，并干脆用"Flying Tigers"为自己的队伍命名，志愿大队由此成为后来享誉世界的"飞虎队"（也有一种说法，取名"飞虎"是来自宋子文的提议）。后来，好莱坞沃尔特·迪斯尼协会的罗伊·威廉斯应中国空军将领王叔铭之约，为飞虎队设计了队徽：一只插翅的猛虎，其背景是一个象征胜利的字母"V"。飞虎队这一标志后来成了闻名世界的图案。与此同时，驻仰光的第 3 中队飞行员埃里克·希林从《印度画报周刊》上看到在北非利比亚沙漠地区作战的英国空军的澳大利亚飞行员在自己的飞机上画了鲨鱼的嘴和牙齿，觉得不仅有趣，而且很有象征意义（吓唬、吃掉日本小子——陈纳德常鄙视地称日军为"日本小子"），便问陈纳德是否能把这个图案画在自己的飞机上。陈纳德认为希林的提议很好，可以提高士气并威慑日寇。数天之后，飞虎队的每一架战机头部，都变成了"鲨鱼头"。画有这一图案的飞机形象后来也闻名于世界。飞虎队首战之际，珍珠港事变已经发生，陈纳德激动地对其队员们说："日本人已经进攻珍珠港，这也意味着我们再也不必躲在幕后作战了。我们是美国志愿航空队，我们的工作不再仅仅是为中国而战，我们现在也是为美国而战。现在应该是我们对准并打击共同敌人的时候了。从现在起，我们在地面上每天 24 小时都处于战备状态。"他的讲话不断被其队员们"这些该死的日本人"、"这些猴脸小杂种"等叫骂声所打断。① 这显然也是飞虎队战力倍增的重要原因。

图 30.3　飞虎队的飞机阵容

---

①　[美]陈香梅：《陈纳德与飞虎队》，第 78 页，上海人民出版社 1986 年版。

1942 年 1 月至 5 月，飞虎队仍然在滇缅两地作战。在缅甸仰光，仅 1 月下旬，在与英国驻仰光空军协同的对日空战中，就击落日机 50 余架，大部为飞虎队击落。第 3 中队连续作战，亦有一定损失，陈纳德急调 17 架战机前往增援。至 3 月 8 日英军弃守仰光，在飞虎队协防仰光的 70 天里，共参加空战 31 次，击落日机 217 架，可能击落或击伤（因无法准确核实）143 架，付出的代价是损失 16 架战机，牺牲飞行员 4 人。与日机的战损比达 1:13.5。陈纳德自述，战损比一度高达 1:15，令英国空军惭愧惊叹。① 英王乔治六世以代表英国最高荣誉的十字勋章授予在仰光作战的美国志愿队队员。陈纳德认为这一荣誉根本上是来自于美国志愿队在仰光上空的奋勇作战。②

仰光弃守后，第 3 中队及其增援部队移驻仰光西北面的马格威空军基地。3 月 21 日，日军出动近 300 架次战斗机、轰炸机狂轰滥炸此基地，英国空军和飞虎队战机措手不及，未及升空者大多数被炸毁于地面。驻缅飞虎队遂转场滇缅边境瑞丽江畔的垒允机场。陈纳德特别不能容忍日军的骄狂之气焰，从心底看不起日军，认为无论是飞行员素质还是空战战术，飞虎队均优于之。日军动辄轰炸中国民众，陈纳德更是从心底厌恶，决心必须狠狠打击日军。陈纳德选择了泰国最北边的日军清迈机场和南邦机场作为报复对象（泰国已于 1941 年底之前，被日军侵占），并从第 1 和第 2 中队中挑选人员去执行复仇任务。3 月 23 日，8 架从昆明起飞的飞虎队战机飞往垒允机场加油后，悄悄转场喜河和南桑前沿（野战）机场。24 日凌晨，8 架战机携带足够的弹药成两组编队（4 架一组），分赴清迈和南邦机场。日军驻于清迈的 40 多架轰炸机遭飞虎队战机反复俯冲，扫射轰炸，准确命中，日机一架接一架爆炸起火并引发连环爆炸，终致全部被摧毁。事后，日军甚至彻底取消了该空军联队的番号。进击南邦机场的飞虎队战机因日机转场，扑了个空，遂对机场设施、营房、车辆，以及守护机场的日军部队及其装甲车轮番扫

---

① ［美］陈纳德：《我在中国那些年：陈纳德回忆录》，第 146、147、148 页。
② ［美］陈香梅：《陈纳德将军与中国》，第 123 页，台湾传记文学出版社 1978 年版。

射，轰炸，致南邦机场严重破坏，日军伤亡惨重。"我们算是报了马格威的一箭之仇。"[1] 此役，飞虎队亦损失飞机 3 架，两名飞行员牺牲，一名跳伞获救。

4 月中旬，飞虎队终于得到一定的补充（通过滇缅公路和中—印空运航线），战力有所恢复。陈纳德深知"日本小子"的报复心理，又据 1938 年 4 月 29 日武汉空战的经验，判断日军定然会于所谓"天长节"[4 月 29 日乃日本天皇裕仁的生日，中国民众称之为"鬼王节"，意即日本鬼子的最大头目的（节日）生日]袭击垒允机场，以向裕仁寿辰献礼。遂命令加强空中巡逻及警戒，同时加强对于泰国方向（方面）日本空军的侦察。4 月 29 日，日军出动 27 架重轰炸机空袭垒允机场，遭正在空中巡逻的 15 架飞虎队战机的迎头拦截，日机被击落 22 架，铩羽而遁，飞虎队无一伤亡。因飞虎队的出色战绩，4 月 15 日，美国空军授予陈纳德上校军衔。陈纳德成了当时唯一拥有中、美两国上校军衔的军人。

4 月 29 日，日军攻陷英军守卫的缅北重镇腊戍，旋即沿滇缅公路直犯滇西。首次出征的中国远征军因失利分两路分别向印度、云南撤退，垒允机场顿失地面部队的防卫。情急之下，飞虎队将在垒允基地因伤待修的 22 架战机付之一炬后，全部撤往云南省境内。5 月 1 日，垒允沦入敌手。此后至 6 月初，飞虎队主要在云南省境内作战。

日军战略意图，不仅欲陷缅甸全境，一以切断中国一切外援通道，二以威逼英国在亚洲最大也是最重要的殖民地印度；而且欲沿滇缅公路寇犯云南，威胁四川及重庆。日军这一战略图谋极其险恶，若其得逞，则中国抗战的战略态势将彻底改变。飞虎队立刻投入了抗击日军侵略、保卫云南的战斗。5 月 4 日，日机空袭滇西重镇保山。驻保山机场的两架飞虎队战机起飞迎战，一架被日机击毁，飞行员牺牲，另一架在击落两架日机后，转场昆明。5 月 5 日，日机再袭保山，飞虎队以 9 架战机迎战，击落日机 9 架，余者逃返。5 月 6 日，日军沿滇缅公路进逼怒江（在缅甸境内段称萨尔温江）西岸，滇缅公路反被资寇，形势万分危急。中

---

① ［美］陈纳德：《我在中国那些年：陈纳德回忆录》，第 189 页。

国军队在撤退中炸毁了怒江惠通桥，此举有利于将日军阻滞于怒江西岸，但凶焰万丈的日军准备抢渡怒江。陈纳德电报请示蒋介石、宋美龄（陈纳德当初乃应宋美龄之邀赴中国，且宋一直任职于"航空委员会"，一以贯之地关心、支持中国空军和飞虎队），"对萨尔温江和龙陵之间的目标发起攻击"。宋美龄代表蒋介石复电："最高统帅命你派志愿队所有兵力对萨尔温江和龙陵之间的卡车和船只发起攻击。请转告志愿队，我感谢他们的忠诚，并望在此生死存亡之关头加倍努力。请务必击沉萨尔温江上的运输船。如形势有变，我将立即电告。"[①] 从 5 月 7 日至 12 日，飞虎队集中其驻于昆明、祥云等各机场的战机全力出击，扫射、轰炸（为攻击日军地面部队和机场，飞虎队特将部分战斗机改装成了轰炸机）怒江西岸滇缅公路沿线的日军车队、坦克、步兵，还摧毁了日军在江面架设的浮桥及架桥设备、大量船只，予日军以重大杀伤。同期，飞虎队所有战机和驻扎云南的中国空军战机，不断往返于保山和怒江峡谷之间，扫射、轰炸日军以及怒江峡谷的山体，不仅把日军赶回了芒市，而且峡谷山体的大量炸落，堵塞了滇缅公路的许多地段，终致滇缅公路彻底中断。同时，飞虎队与中国空军还与窜犯、拦截的日机频繁空战，重创日空军。所有这一切，为中国军队赢得了增援和备战的时间，终于稳定了滇西战局。

随滇西战局的稳定，日军已再无东渡怒江、袭占云南之可能。6 月初，飞虎队奉命移防重庆，受到重庆人民的热烈欢迎。随后，飞虎队不断得到一些有限的补充，战力也不断得以一定的恢复，其又奉命进驻桂林、衡阳、零陵等地机场，以支援华中、华南中国地面部队的作战。6 月 12 日、28 日，飞虎队在桂林的两场空战中，共击落敌机 24 架，自己仅损失 3 架。此后，华南日军空军再不敢妄言轻战。驻衡阳的飞虎队于 6 月下旬至 7 月初，不断出击日军长江舰队及其码头和汉口机场，炸沉炸伤敌舰艇 10 数艘，炸毁大量军用设施和物资，毙伤日军甚众。大大冲击了华南、华中日军的制空权。此间，留驻云南的飞虎队还经常出击怒江西

---

① ［美］陈纳德：《我在中国那些年：陈纳德回忆录》，第 207 页。

岸的日军，为巩固滇西战略态势、实现未来的反攻作出了贡献。

鉴于飞虎队已在实际上成为一支重要的空军力量，为统一指挥中国战区及中缅印战区的美国空军，加之与飞虎队员们签的合同已届期满（一年期，1941 年 7 月至 1942 年 6 月），7 月 4 日，美国政府决定不再续签合同，而是将飞虎队纳入美国空军的正式编制序列——将其整编为美国空军驻华特遣队，下辖第 23 战斗机大队、第 16 战斗机中队、第 11 轰炸机中队，隶属于美国驻印（度）空军第 10 航空队；任命陈纳德为司令（指挥）官，授予其准将军衔。特遣队总部（指挥部）仍设于昆明。不少飞虎队员因思念家乡和亲人，选择了离华返美，但基本骨干力量都保留了下来。美国志愿援华航空队从 1941 年 8 月 1 日正式成立到 1942 年 7 月 4 日撤销、转编，历时 11 个月，实际作战 7 个月（1941 年 12 月 20 日至 1942 年 7 月初）。共计作战 50 余场，击落日机 299 架，击伤和可能击落 153 架，摧毁日军大量车辆、坦克、舰艇及运输船只，消灭大量日军。在空战中损失 12 架战机，在地面损失 61 架（包括在垒允撤退时自己焚毁的 22 架）。包括建队时 3 名中队长在内的 20 多名队员牺牲。其中 4 人阵亡于空战，6 人牺牲于日军地面高射炮火的攻击，3 人牺牲于日军的空袭轰炸，10 余人在飞行事故中殉职，另有 3 人被俘。全队有 54 人荣获中国政府颁发的云麾勋章或星序奖章，10 人荣获英、美的十字勋章。[①]

飞虎队战绩卓著，但累计 11 个月的财政开支也达到了 800 万美元（300 万美元用于支付队员薪酬及战功奖励）。陈纳德对支出超过预算深感不安，在飞虎队撤消之际，他向国民政府外交部长宋子文表示了歉意。宋子文深受感动，言："志愿队是中国所曾做过的最好的投资。你竟然考虑到费用，使我深感惭愧。"[②]

1942 年 7 月 3 日，飞虎队整编之前夜，《新华日报》发表短评"贺'飞虎'的胜利"，予之高度赞誉："中国空军美国志愿队来华作战十一个月，歼灭寇机近 300 架，战绩辉煌。中国人民对之有'飞虎'的佳誉，且经年之慰劳之情，历之

---

① ［美］陈香梅：《陈纳德与飞虎队》，第 112 页。
② 云南卫视《经典人文地理》：《飞虎传奇：美国志愿援华航空队影像档案》，第 152 页。

不衰,可见中国人民与美志愿队情意之笃。美志愿队在空战中的胜利,充分表现出美国空军杀敌果敢的精神和熟练的技术。同时也表现出美国制造的军用飞机的性能确比日寇要好……现在,飞虎队即将改编为美国派遣在华作战的正式空军。我们祝贺其过去的成功,并盼望美国政府更加强其实力,予敌更大的打击。"

二、从特遣队到第 14 航空队

飞虎队虽撤消了,但其英勇作战和辉煌战果,帮助中国空军渡过了其在抗战中的"黑暗岁月",极大地鼓舞了中国人民的斗志和胜利信心。转编为美国空军驻华特遣队后,其基本骨干力量保留于其中,司令官依然是陈纳德,中国民众和媒体也依然以飞虎队称之。这一称号还涵括了后来的第 14 航空队。

特遣队甫一组建完毕,在装备和人员较之以前有所加强的基础上,立即频繁出击,攻炸日军。1942 年 7 月中旬,特遣队轰炸机从衡阳基地出击,不断轰炸武汉、广州、南昌及九江一线的日军机场、仓库、舰船和兵营,予敌毁伤甚众。7 月 19 日还轰炸了设于临川的日军侵华陆军司令部,并掩护、支援了临川一线的中国军队,使日军惊骇万分。自 7 月 30 日起,日军组织了 118 架战斗机、轰炸机对衡阳进行了 36 小时连续轰炸。特遣队与之展开激烈空战,击落日机 17 架,挫败了日寇摧毁衡阳基地的企图。8 月,特遣队将空战战线扩展至缅越一线,反复轰炸、扫射缅甸、越南的日军,给日军造成巨大损失。8 月 12 日,特遣队空袭越南海防,日军这一基地基本被摧毁。对缅越一线的出击持续到 9 月底,日军遭受巨创,其轰炸昆明、重庆的频度剧降,凶焰也大不如前。仅 7、8 两个月,特遣队就炸毁日机 30 架,击落 28 架,自身仅损失 5 架,牺牲飞行员 4 名。1942 年 10 月 24 日,特遣队从桂林机场出动 22 架战机,空袭香港日军基地、兵营、舰船,并投放抗战传单等宣传品,日军出动 26 架战斗机拦截、阻击,特遣队以损失一架轰炸机的代价,击落日机 20 架。10 月下旬,特遣队飞赴华北,空袭日占开滦煤矿及其兵营,战果显赫,中国媒体称之为"飞袭华北第一声"。同时对香港、九龙一线的日军基地实施了反复轰炸。11 月 25 日，特遣队首次进行夜袭，轰炸汉口日军海军基地，日军长江舰队遭受巨大损失。圣诞节，日军冒天下之大不韪，空袭美军云南驿（在祥云）机场。次日再袭，特遣队奋力迎战，击落日机 8 架。此期，特遣队还多次奉命为驼峰航线的运输机队护航，并不断出击滇缅一线之日军空军，还反复攻击怒江西岸之日军。不仅进一步稳固了滇西战局，而且开始夺取滇缅战场的制空权。

特遣队自 1942 年 7 月至 1943 年 2 月，在 8 个月的作战中，仅空战就击落日机 149 架。还摧毁了日军大量舰船、车辆、坦克及军事设施，杀伤日军众多。自 1942 年 7 月至 1945 年 8 月，特遣队之主力——第 23 战斗机大队，即原飞虎队，在三年空战中，共击落日机 941 架，与日机的战损比保持在 1∶5 以上，成为美国空军"二战"期间最著名的战斗机大队之一。[①]

陈纳德指挥的飞虎队、特遣队尽管作战英勇，战功卓著，但其战损补充总是不及时，不充分。具体原因有三：第一，飞虎队首战之时，也正是珍珠港事变发生之际，太平洋战争爆发，日军旋即侵犯缅甸得手，切断了滇缅公路，断绝了中国的对外联系通道（除已失去军事援华功能的中苏公路外）。1942 年 5 月，驼峰航线开启，但至年底，因诸多因素，导致成本高昂，成效低下，运至中国的各类军事物资仅相当于计划数的 10% 多一点。由此造成各类军事物资的匮乏及补充困难。第二，1942 年初，罗斯福和丘吉尔在华盛顿会议期间，达成了极其重要的二战战略共识：先欧后亚，德国第一。这一根本战略的正确性无可非议，且已经历史实践之检验。但这一战略的实施势必减少对亚太战场物资之供给，对中国战场就更其如此：物资供给（有所）减少，战略运输又异常困难，因此导致物资匮乏和补充的严重困难。如果说以上两个原因是客观的，第三个原因则是主观（认识）造成的：1942 年初，经罗斯福总统提议，中国战区成立，由蒋介石任中国战区最高统帅，史迪威任参谋长。史迪威成为蒋介石事实上的美国军事顾问并基本掌握了美国援华军事物资的分配权。虽然后来与蒋介石发生了认识上和性格上的

---

① ［美］陈香梅：《陈纳德与飞虎队》，第 115 页。

一系列冲突，但史迪威将军为中国抗战的尽心尽力和所立下的卓越功勋已是不争的史实，其贡献也获得了周恩来等中国共产党人的高度赞誉。但在军事思想上，史迪威将军是一个陆军主义者，他虽然不否定空军的作用，但始终认为空军只能起有限的辅助作用，决定胜负的是陆军。而陈纳德将军恰恰是一个空军主义者，他认为只要空军足够强大，完全可以决定战争的胜负。他是否已预见到 20 世纪末的新一轮军事革命，或对空军的战略作用及地位之重大变化有预感或革命性认识不得而知。但两个人的军事思想针锋相对是显然的。今日视之，两位著名将领的各执一词于当时皆有失偏颇。但史迪威是陈纳德的上司，陈纳德指挥的空军隶属中国战区，而史迪威是中国战区参谋长。陈纳德的空军为特遣队时，隶属美军驻印（度）第 10 航空队，属附属于中国战区的中缅印战区，而史迪威兼任该战区司令长官。史迪威还掌握了援华军事物资的分配权，陈纳德所受到的待遇就可想而知了。两个人不仅军事思想相左，个性也都很要强、倔强，两人冲突剧烈时，史迪威还多次要求解除陈纳德的指挥权，但均被蒋介石顶住了。倒是同为陆军主义者的麦克阿瑟，在飞虎队抵华之初，应陈纳德之请求，从其驻防的菲律宾（马尼拉）急调了一批 P－40 战机的起落架轮胎支援之，令陈纳德终生感念不已。①

　　1943 年始，上述情况大为好转，并进而获得根本改观。1 月，在卡萨布兰卡会议上，罗斯福总统强调了扩大美国驻华空军部队的军事、政治意义，除能有力打击日军外，还将"大大鼓舞中国人民的士气"。在会后致蒋介石的电报中，罗斯福承诺将大力增援陈纳德。3 月 8 日，罗斯福总统决定组建美国空军（陆军）第 14 航空队。3 月 11 日，奉总统令，美国空军驻华特遣队正式改编、扩编为第 14 航空队，从第 10 航空队中独立出来，不再隶属之。授予陈纳德少将军衔，并任命其出任第 14 航空队司令官。罗斯福总统强调。要逐步加强第 14 航空队的实力，使其战机最终达到 500 架以上。罗斯福总统给第 14 航空队确定的任务是：保卫驼峰航线；轰炸、破坏乃至摧毁日军飞机、军事营地及日军在华军事设施；轰

---

　　① ［美］陈纳德：《我在中国那些年：陈纳德回忆录》，第 152 页。

炸、攻击日本舰艇、船只，破坏其水上运输；轰炸、攻击印度支那、缅泰和台湾的日军及其设施，使其丧失作为日军后勤基地的作用；以一切可能之方式支援中国地面部队作战，鼓励中国的抗日士气。[1] 此后，随美国巨大工业生产潜力的发挥，其军事物资之产量终于可以兼顾欧—亚两线战场，美国成为反法西斯国家的兵工厂。驼峰空运的状况自 1943 年起，也日趋好转。陈纳德及其第 14 航空队的实力终于日益增强，其战损补充也日趋及时、充分。其间虽仍有所反复，但向好发展趋势一路不可阻遏，不可逆转。

自第 14 航空队建立，其在中国抗战中担负了 6 个方面的重要任务，发挥了巨大作用，为中国人民的抗战伟业立下了历史殊勋。第一，守卫、防护中国大西南大后方的城市，特别是昆明、重庆，抗击反击日军之空袭。前已述及，在飞虎队的沉重打击下，日军空袭昆明的次数急剧下降，1941 年为 92 次，1942 年剧降为 1941 年的近三分之一，为 34 次，1943 年又降为 21 次，1944 年仅 7 次。且自 1942 年始，每次均遭重创。自 1944 年下半年第 14 航空队逐步夺取了中国战场的制空权后，日军对昆明的空袭基本停止。敌非不为也，乃不可为不敢为也。重庆亦然。自 1942 年 6 月飞虎队主力移师重庆后，来犯日机均遭痛击。1943 年始，一方面因太平洋战场之需，日军调去了部分飞机和飞行员，一方面因陈纳德及其第 14 航空队的奋勇作战，使日军犯渝飞机被击落者甚多，遭击伤者更众，致日军的大规模空袭渐行停止，以小规模的侦察袭扰为主，但亦遭无情还击。1943 年下半年起，日趋减少。至 1944 年 4 月美国空军第 20 航空队进驻四川时，四川上空已基本不见日机，第 14 航空队已基本夺取了滇川缅战场的制空权。史迪威为保卫第 20 航空队庞大的 B－29 重型轰炸机机群的安全，一再向陈纳德强调必须由第 14 航空队的战斗机群驻防 B－29 机群进驻的机场一带，防日寇空袭。陈纳德奉命派出第 312 战斗机联队（又称"华西突击机群"）驻防成都—重庆一带，但因基本未见日军胆敢来犯，遂于 1944 年底撤防，第 312 战斗机联队调往华中作战。考虑

---

[1] 参见前引陈香梅著作以及 ［美］罗伯特·达莱克：《罗斯福与美国对外政策》（下），商务印书馆 1984 年版。

到日军对 B－29 机群轰炸的胆战心惊和切齿痛恨，哪怕有丝毫可能性，其亦会寇犯。可见，日军空军实在是无能为力了。于此亦可见陈纳德所指挥的空军对大后方防御所作出的战略贡献。

第二，为驼峰航线护航，并支援滇西、滇缅战场，夺取这一战场的制空权。第 14 航空队组建后，立即将滇缅战场作为其重点作战区域之一。通过其反复攻击、轰炸进犯滇西的日军，并切断滇缅公路和怒江运输线，加之中国陆军的奋勇作战，终致滇西日军只能取战略守势而毫无战略进攻之力。至 1944 年滇缅反攻，第 14 航空队也奋战配合，不仅夺取了战场制空权，使日军失去空中掩护，还对日军反复轰炸、扫射、断敌后勤运输补给，大量杀伤敌精锐有生力量，并掩护中国远征军强渡怒江，为夺取滇西、缅北反攻的巨大胜利作出了不可磨灭的贡献。驼峰航线开启以后，第 10、第 14 航空队均多次奉命护航，防反缅甸日机拦截、袭扰，尽力保障了航线的安全。至 1944 年 3 月，随滇缅反攻揭开序幕和盟军逐步夺取了滇缅战区制空权，为驼峰航线护航的使命宣告结束。

第三，组建中美联合空军。1940 年，中国空军抗战进入最困难的时期，至该年底，仅剩飞机 65 架。① 1941 年始，美国援华军事装备开始增加，包括战机在内。到 1942 年底，中国空军共接受美制 B－25 型轰炸机 19 架，P－40 型驱逐机 27 架，P－43 型驱逐机 41 架，P－66 型驱逐机 82 架。作战部队仍有 7 个大队，1 个侦察中队及 1 个美国志愿大队即飞虎队，拥有各型飞机 337 架（涵美国志愿大队战机），② 大体已与全面抗战爆发前持平。与此同时，为尽快掌握美式装备，中国政府根据《租借法案》的相关规定，经与美国政府洽商并征得英国政府同意，自 1941 年 6 月始，将中国空军第 1、2、3、4、5、11 大队分批调往印度，由美国驻印空军培训并接受美援飞机。同时，中国空军军官学校第 12 期至第 24 期的学员也移师印度，由美国驻印空军进行初级培训。初级培训结束后，再赴美国分别进行中、高级培训。至 1945 年秋，赴美培训的中国空军人员共达 2722 人，其中

---

① 何应钦：《八年抗战之经过》，第 109 页。
② 王道平主编：《中国抗日战争史》（中），第 286 页，解放军出版社。

803 人在培训结束后回国参战。[1] 1943 年 6 月，在卡拉奇（当时属印度，现属巴基斯坦），美国空军建立了作战飞行训练中心，主要用于培训中国飞行员及空勤人员，培训科目包括：美制战斗机和轰炸机的驾驶技术、轰炸和射击技术、低空编队、战斗机协同战术、战斗机与轰炸机协同战术、空中通讯联系、空地通讯联系等。参训者多为抗战以来参加空军的青年学生，其中不乏大学生。文化基础好，又有抗战的勇气和信心，培训取得了极好的成效。（同期，中国政府也派出了数百名海军骨干——多为青年军官赴美、英学习、培训，数十名赴英学习、受训成员还观摩、见习了诺曼底登陆。受训、学习人员回国后，于抗战胜利，驾驶指挥着缴获日军的以及日本赔偿的、美、英援助的、自造的与购买的舰艇，终于重建了中国海军舰队。）中国空军因此具备了恢复和发展的新生力量及人力资源基础。1942 年 9 月起，在印培训的中国空军人员，驾驶美产战机，分期分批归国参战。经中、美双方商定，中国空军主要驻扎于恩施、芷江、汉中等地，负责鄂西、湘西及其北方一线。美国空军特遣队驻防于桂林、柳州、衡阳、零陵等地，负责大西南一线。重庆、昆明等中枢要害，由两军共同驻防。且在中国空军中均派有美国空军顾问和教官。中美空军的联合作战、联合抗战在实际上已经开始。当然，中美空军的联合作战、抗战最初开始于 1941 年 8 月 1 日美国援华志愿大队成立之际，当时，蒋介石就将其纳入了中国空军的正式序列。但中国空军恰处极度困难之际，名为联合，实际上是以飞虎队为主。此期，才谈得上真正的联合。1943 年，陈纳德提议组编"中美空军混合大队"，即将中国空军主要战力与美军第 14 航空队混编，以使两军更好地协同作战，更强地发挥两军战力。此建议获中、美双方高层同意并批准。1943 年底，中美空军混合大队诞生。此后，与日军的较大规模以上的空战，对日军的轰炸、攻袭，大多为中美空军协同进行。在第 14 航空队的出击中，多有中国空军战机的参与，有时甚至以中国战机为主。中国空军通过此配合、协同、联合，终于得以恢复并发展。

---

① 姚峻主编：《中国航空史》，第 108 页，大象出版社 1998 年版。

　　第四，支援中国地面部队作战。自第 14 航空队成立，中国战场的每一场大会战都得到了其全力支持。有了强大空中支援的地面部队，一改以往会战中的压抑状态，于士气，大获鼓舞；于军事，奋力进攻；致日军连遭败绩，狂妄自信渐无，骄横之气挫失殆尽。1943 年 6 月鄂西会战中，第 14 航空队全力出击，支援中国陆军作战。其轰炸机大队分批、轮番不间断地轰炸了宜昌、蒲圻、白螺矶等地日军基地及其指挥中心，致日军驻于该地飞机几乎丧失殆尽，重型装备"也尽损失"。中国空军奋勇配合，中美空军基本掌握了这一战场的制空权。中国陆军备受鼓舞，近战接敌，与日军展开抗战爆发以来乃至整个二战中最大规模的白刃战，杀出了中华民族的威风和力量，致日军张皇失措，凶焰全无，中国军队终获鄂西大捷。11 月，常德会战展开。日军集结 250 余架战机欲与中美空军争夺制空权，第 14 航空队与中美空军混合大队亦集中 200 余架战机痛击之。自 11 月 10 日会战始至 12 月 16 日会战结束，中、美空军共出动 216 批次，1747 架次，其中战斗机 1467 架次，轰炸机 280 架次，轰炸扫射常德、华容一线的日军，共击落、炸毁日机 37 架，击伤炸伤更多，炸毁日军船只人马甚多。① 并基本夺取了这一战场的制空权。常德中国陆军经神勇作战予日军重大杀伤后，突围而出。在增援部队和中、美空军的支援下，将沦入敌手仅 6 天的常德克复。常德会战以日军惨败告终。1944 年豫湘桂战役日军狗急跳墙，拼死一逞，致中国该线陆军措手不及，处置失当，遭重大挫败。即使如此，中、美空军仍奋然全力出击，迟滞了日军的进攻，多次挫败了日寇的攻势，大量毙伤日军，最终支援陆军终止了日军的进攻。中国地面部队虽遭败绩，但也正是在此场大战中，中、美空军最终夺取了中国战场的制空权，并充分运用这制空权打击日军，在相当程度上抵消了日军的所谓战果。衡阳失守后，据日军统计，第 14 航空队仍频繁空袭日军，达 171 批次、1000多架次，致日军"部队前进受阻，而且受到相当大损害"。② 正是通过如此的努力奋战，于陆军溃退中，空军夺取了制空权。

----

① 《白崇禧回忆录》，第 266 页，解放军出版社 1987 年 5 月版。
② 《湖南会战》（下），第 138 页，台湾印行。

第五，轰炸、攻袭日军阵地、基地、运输船只和车辆以及交通线路，歼敌有生力量，毁敌军事设施，破坏敌之后勤供给及作战保障。1944 年的滇西反攻中，日军的许多坚固工事和据点，都是被第 14 航空队的 B－25 轰炸机低空打击，投掷500 磅乃至 1000 磅的炸弹所摧毁的。为抗击日军的反扑，第 14 航空队每天都对日军的补给线和集结兵力狂轰滥炸，几乎摧毁了日军的所有战车、运输车辆与辎重，彻底粉碎了日军的进攻乃至反扑的念头。第 14 航空队夺取的滇缅战场的制空权，保障了滇缅反攻的最终胜利。自有战争始，后勤供给就是交战方的生命线。中国古代兵家就一再强调，兵马未动，粮草先行。断敌粮道因而成为制敌取胜的有效战略之一。现代战争，除粮食外，各种军火的补充甚至更加重要。由此，破坏乃至摧毁敌人的后勤供给亦然是制敌取胜的重要战略之一。日军妄图封锁、围困中国，断绝中国外援，实施的亦是这一战略。第 14 航空队组建后，亦奋力实施这一战略，打击敌寇，取得丰硕战果。常德会战期间，第 14 航空队及中美空军混合大队对东南沿海的日军运输船只频仍轰炸攻击，致日军在东南沿海的运输能力缩减一半。11 月底，情报获悉，日军由海上运抵香港 40 架战机，欲以加强其驻于华南之空军。12 月 1 日，中美空军断然出击，空袭香港日军机场、设施、码头、仓库，日军所运抵战机悉数被毁。并摧毁敌停于机场未及起飞战机 31 架，且在空战中击落日机 2 架。中美空军仅损失战斗机 1 架。12 月 25 日，美空军第 14 航空队空袭台湾日寇新竹机场，摧毁并击落日机 45 架，自损 1 架。二战期间，台湾已成日军重要后勤补给基地及作战基地。此后，经中美空军多次进击、奋战，封锁了台海沿线，致台湾作为日军重要战略基地的功能基本丧失。1944 年来临之际，第 14 航空队已拥有战机 254 架，至豫湘桂战役发生，已增至 500 余架，驼峰航线的供给也日趋剧增，这一切，赋予第 14 航空队以更强的战力、攻击力。5 月下旬到衡阳失守前夕，第 14 航空队仅在豫湘桂战役的湖南战场，就出动了 5287架次，投弹 11640 吨，炸毁日军卡车 595 辆，炸沉日军运输船只 1000 余艘，炸毁桥梁 14 座，击毁日机百余架。12 月 18 日，中美空军狂轰滥炸日军汉口空军基地，基本摧毁了日军在华中的这一最重要空军基地。1945 年 1 月 17 日，第 14 航空队轰炸上海日军机场，摧毁日机 65 架。2 月，第 14 航空队的作战几乎全力用于切断日军的交通运输线路。破坏了 37 座桥梁，炸毁了 142 辆机车。1944 年 11 月至 1945 年 2 月，第 14 航空队还对日军发动了要塞战、据点战，即集中战力，一个一个地消灭日军前线机场。共计出动飞机 747 架次，投弹 1100 余吨，毁伤日机 312 架，致日军一线机场基本丧失。① 类似上述战例战绩不胜枚举。中国民众对于中美空军的空袭不胜欣喜。

第六，夺取制空权。日军对美国飞行员的素质和战技一直心存不服，早在飞虎队初战之际，1942 年 6 月，日军就嚣张地在桂林机场上空撒下传单，扬言要与飞虎队员们于 6 月 28 日下午 3 时在桂林上空决战。届时，日军派遣 60 架战机寇犯桂林上空，陈纳德如约应战，升空 24 架战机与之较量，仅仅十几分钟，即以损失 4 架战机的代价（飞行员均跳伞获救），击落日军 14 架最先进零式战机，日寇 14 名飞行员全部毙命。此后，日军再无狂妄挑战之举。第 14 航空队组建后，不断发展壮大，连续出击日军，1943 年 7 月轰炸了广州、香港、越南的日军机场、基地。7 月 9 日始，其第 308 轰炸机大队对日本本土——东京湾内的舰船进行了一系列轰炸，日军损失惨重、死伤累累。7 月 23 日起，日军集结 150 余架战机，分别从汉口、广州两基地起飞，分四个批次袭击第 14 航空队驻扎的衡阳、零陵、桂林机场，第 14 航空队与之展开了连续 9 天的华南制空权争夺战。至 7 月 31 日，日机共损失 76 架，被击伤者略次于此数。第 14 航空队仅损失 8 架飞机，牺牲三名飞行员。② 华南战场的制空权由此彻底易手。日军终于自己承认："日下美国驻华空军质量都好。其驾驶员素质均优秀。"③ 日军承认自己的飞行员各方面均次于美军后，1943 年秋天始，一般已无主动寻衅美军第 14 航空队的行为。经过前述第 14 航空队和恢复、重建的中国空军的连续主动出击，日军侵华空军之战机、人员均日趋耗尽，包括其驻于台湾、香港以及越南等地的。鄂西会战后，中国战场

---

① 日本防卫厅防卫研究所战史室编：《昭和二十年（1945 年）的中国派遣军》第一卷第二分册，第 32 页；第一卷第一分册，第 139 页、140 页，中华书局 1982 年、1983 年版。

② 《新华日报》1943 年 8 月 3 日刊文：《美驻华空军光荣战绩》。

③ 《新华日报》1943 年 8 月 21 日消息。

制空权开始全面易手。1944 年，在美国政府的大力补充和支持下，第 14 航空队的战机数量有了迅猛增长，春天即已达 500 余架。许多已是二战亚太战场最好的战斗机 P－51 型（绰号"野马"），其各方面性能均优于日本的零式，常德会战后及豫湘桂战役中，中国战场制空权终于被中、美空军夺取。1944 年底，在中国上空已少见日机。1945 年 3 月始，日本空军在实际上停止了在中国上空的一切行动。如此，侵华日军陆、海军彻底失去空中掩护，成了中、美空军的地、海靶标。日方声称，自 1944 年底始，将残剩战机调回了日本，用于本土防卫。① 实际情况乃属逃离中国战场。其若不被调返，必被中、美空军全歼。

至 1944 年第 4 季度，第 14 航空队已拥有 501 架战斗机、106 架中型轰炸机、46 架重型轰炸机。② 到 1945 年 8 月抗战胜利，上述数字还有增长，达于其鼎盛期，计有战机 3000 余架、官兵 1 万余人③（应涵括中美联合空军）。自 1943 年 7 月美国空军援华特遣队建立始，到 1945 年 8 月抗战胜利，特遣队和第 14 航空队共击落日机 2900 多架，炸沉日舰艇 44 艘，炸毁日军后勤运输船舶（大多为日本商船）数千艘，总吨位达 223 万吨。毙、伤日军 86000 余人，若加上 1942 年 9 月以后中国空军的毙、伤数，超过 100000。特遣队和第 14 航空队总计损失飞机 496 架。亦有许多中国人参加了飞虎队、特遣队、第 14 航空队，主要从事地勤工作，亦有部分从事空勤工作，直接参与了空战。至 1945 年 8 月抗战胜利，飞虎队、特遣队、第 14 航空队共牺牲中美成员 3386 人，其中美国飞行员及地勤人员 2264 人。④

---

① 日本防卫厅防卫研究所战史室编：《昭和二十年（1945 年）的中国派遣军》第一卷第一分册，第 143 页。
② 《近现代史与文物研究》2014 年第 1 期，第 155 页。
③ 云南卫视《经典人文地理》：《飞虎传奇：美国志愿援华航空队影像档案》，第 276 页。
④ 云南卫视《经典人文地理》：《飞虎传奇：美国志愿援华航空队影像档案》，第 276 页。

三、第 20 航空队的在华使命

1942 年 4 月 18 日，美国空军的王牌飞行员之一、当时仍保持着多项世界飞行纪录的杜立德中校，率领并指挥 16 架经过改装的 B－25 型轰炸机，从距日本海岸 1237 公里之遥的大黄蜂号航母起飞，对日本东京进行了战略轰炸。此次空袭成效有限，但代价高昂。16 架战机除 1 架安全降落于苏联的符拉迪沃斯托克外，15 架分别迫降、坠毁于中国的浙江、安徽、江苏境内，迫降的也基本损毁，主因为飞机航程有限，可载燃油耗尽。75 名飞行员中，64 人生还，牺牲 3 人，8 人被日军俘虏。但此次堪称壮举的轰炸意义非凡，它启发并开启了后来彻底摧毁日本军事基础和工业体系的战略大轰炸。

1943 年，二战期间最强大的重型轰炸机 B－29 问世，其载弹量高达 10 吨，航程可达 6600 公里，时速可达 598 公里，升限可达 12000 米（这是任何日本军机都达不到的高度）。对日本实施大规模战略轰炸的作战计划随即提上日程。1943 年 8 月底召开的美英魁北克首脑会议上，美国空军将领亨利·阿诺德（时任美国陆军航空兵司令。美国空军在战后才成为独立军种，当时分属陆军和海军，苏军亦然。为方便起见，直称美国空军）提出了一项代号为"马特霍恩"（Matter－horn）的针对日本本土进行大规模战略轰炸的计划，以摧毁日本的战略军事基地、工业体系及其战争潜力。同时，沉重打击日本的士气，摧毁其顽抗心理。一句话，摧毁日寇的大后方，迫使其无条件投降。罗斯福总统批准了这一计划。该计划以美国第 20 航空队的庞大 B－29 轰炸机群进驻中国四川，以四川作为轰炸日本的前进基地（机场），以印度作为第 20 航空队的补充基地（补充物资由美国专运至印度加尔各答港、吉大港，然后转运至驼峰航线的起点机场，经驼峰航线运往中国），英国政府也同意了该计划。1943 年 11 月 12 日，罗斯福总统致电蒋介石，通报了该计划的基本设想，并表示希望在成都附近建设 5 座大型机场，由美国提供必须技术，中国调配劳力和物资。并希望于 1944 年 3 月完工。蒋介石表示同

图 30.4　首批从航空母舰起飞轰炸东京的美国飞行员们有一批降落在浙江衢州，后路过衡阳。图为受到招待的飞行员及他们的签字

意。四川省政府为此紧急动员 29 个县 35 万多劳工，除扩建、加强了成都机场外，并以成都为中心，新修建了新津、广汉、彭山、邛崃四大重型轰炸机机场，供 B－29 机群起降。中国劳工尽心尽力、任劳任怨使用着原始手工工具修建着现代化的军用机场。陈纳德感动地说："在这些机场上干活的 35 万多人，从表面看来杂乱无章，但实际却分工明确，体现着中国式的劳动特点。这些在数量上相当于 30 个美国师或新泽西州的泽西城全城人口的四川劳工和他们的家庭，在三个月时间里便建立起了四个机场，全部拥有可承受美国最重型（实际为当时世界最重型）轰炸机冲击力的 8500 英呎跑道。还完成了六个带有住宅区、地下燃料库、防空壕、滑行跑道和连接线的战斗机机场。"① 3 月底，4 座新机场及成都机场的扩建如期完成。4 月 24 日始，美国空军第 20 航空队开始由印度转场中国四川。

---

　　① ［美］陈纳德：《飞虎将军陈纳德回忆录》，第 338 页，浙江文艺出版社 1998 年版。

图 30.5　数十万四川民工在赶修机场

6 月 15 日起，从中国四川基地出发的 B-29 机群开始对日本实施战略大轰炸。截止至 1945 年 1 月底，第 20 航空队撤离中国，其从四川基地出发，共对日寇进行了 24 次战略轰炸。其中轰炸日寇占领的中国东北鞍山两次、沈阳两次；汉口 1 次；台湾 6 次；其他 13 次均为轰炸日本本土。共计出动 1589 架次，平均每次出动 66.2 架次，满载载弹量达 670 吨。即平均每次投弹 670 吨左右。24 次大轰炸，第 20 航空队共损失飞机 55 架。① 但日寇的损失是惊人的。其设于沈阳的"奉天造兵所"（生产枪炮及弹药）、"满洲飞行机制造株式会社"基本被摧毁；鞍山钢铁厂及本溪铁矿在轰炸后基本停产；旅顺军港（轰炸鞍山时附带轰炸之）摧毁大半；汉口机场也基本被毁；日本本土设于九州大村的最大飞机工厂连遭六次大轰炸后，基本被摧毁；八幡钢铁基地经三次大轰炸后，也基本被毁。日本上至裕仁下至普通国民的心理防线几近崩溃。

由中国四川境内开始实施的"马特霍恩计划"，证明了战略大轰炸对于彻底打垮日本的强大功能效用；磨练了美国空军战略大轰炸的战术；使美军获得、积累了大量战略大轰炸之经验。自 1944 年起，美国已在西、南太平洋地区取得了一

---

① 据《近现代史与文物研究》2014 年第 1 期第 147～148 页李龙文表格统计。

系列决定性战役的胜利，基本控制了西、南太平洋区域。从该区域诸多岛屿、群岛机场起飞，持续对日本实施战略大轰炸，补给更易（可海运补给，海运量远远大于空运量），成本更低。1945 年 1 月底起，第 20 航空队开始转场西、南太平洋美国空军群岛、岛屿基地（以马里亚纳群岛为中心），继续对日本进行更大规模的战略轰炸，直到把东京基本炸毁，最后在广岛、长崎投下两颗原子弹，促成日本无条件投降。

第 20 航空队进驻四川时，其指挥官为肯尼思・沃尔夫少将。1944 年 7 月，由古迪斯・李梅少将接替。其转场西、南太平洋基地后，仍由李梅指挥，以致李梅后来令日本人谈之、闻之色变。战略轰炸的威慑力、震撼力于此可见一斑。中国四川基地的贡献自不待言。

美国空军的援华抗战战绩显赫，战果辉煌。但中国军民于此也作出了巨大贡献：首先，如前所述，修建机场及其各种设施，且使用的多为手工劳动工具，其艰辛不言而喻。考虑到机场数量及其设施之多，就更是如此。其次，中国军民承担了大量地勤工作以及巨量的卸装运输工作，包括驼峰航线输华物资的卸运工作，亦为中国劳工所为。最后，1942 年 9 月始，中国空军恢复并扩建，此后其对于美国空军作战的诸多支持与配合，对美国援华空军的战绩战果，亦贡献良多。

中国历来为信义之邦、礼仪之邦，中国人民爱憎分明，嫉恶如仇，但亦感恩图报，生死相许。飞虎队赴华参战之际，中国政府航空委员会就印有"救生符"相赠，以备飞虎队员跳伞或迫降逃生时，遇中国军民而言语不通之际使用。上印民国国旗，并印有"来华助战洋人（美国）军民一体救护"之大字。落款署航空委员会。且每一块救生符均有编号。其后，特遣队、第 14 航空队一直使用此救生符。救生符也确实拯救了许多美国飞行员及空勤人员的生命，以至于被他们称之为"血幅"，意即他们付出了血的代价，中国军民为救助他们同样付出了血的代价。张爱萍将军指挥的新四军部队就多次救助美国飞行员。1944 年 5 月 7 日，战斗在湖北洪湖地区的新四军部队救助了美国飞行员白莱德中尉和另一名美国飞行员。8 月 2 日，美国驻华大使致函朱德总司令，感谢八路军在北岳区正太路沿线与日军激战、营救美国飞行员一事。陈纳德将军在其回忆录中感动地说："日军极少俘获第 14 航空队队员。在日军阵地后方降落而未死的美国空军人员，至少有 95% 得到中国人的救助，并护送他们回到基地。日军在 1942 年初杜立德空袭东京后大兴问罪之师时曾宣布，凡救助美国航空人员的，不但一律处死救助者，并且要连坐家属和当地民众（因杜立德轰炸机群的飞行员，绝大多数被中国军民救助生还）。然而在其后的战争期间，却从未见过一个中国人不肯救助美国航空人员的实例。"

陈纳德将军虽战功显赫，但因与史迪威的矛盾以及支持史迪威的马歇尔（时任美军参谋长联席会议主席即总参谋长）的不和，以少将军衔终其援华抗战。1957 年 8 月，他当选为美国空军十大杰出将领和二战亚洲战场空军代表人物之一。1958 年 7 月，经美国国会特批，美国总统艾森豪威尔授予其中将军衔。当时他已重病在床，不能参加授衔仪式。艾森豪威尔特发贺电言："这第三颗星（中将军衔标志）早在 10 多年前就应当是属于您的。"7 月 31 日，陈纳德将军溘然长逝。

四、驼峰航线与战时中国

中国联系世界（各国）的国际交通线路乃影响中国抗战的规模、时限乃至成败的命脉之一。之所以如此，原因有二：其一，中国是一弱国，现代化军工体系不仅或缺，甚至连雏形也不具备。华北事变后，暴日欲侵占全中国之野心已是路人皆知，国民政府随即加强了军事工业之布局、建设以及军事装备和用品的生产。但因工业基础薄弱，中国生产的武器装备与日本较先进水平之装备相比，存在着很大的差距。且种类极不齐全，高端装备如作战飞机、各类军舰、坦克等，几乎完全不能生产。顶多生产若干非核心部件，然后引进先进国家生产的核心部件（如飞机发动机等）加以组装。即便能够生产的装备，也因生产水平不高、能力不足而产量有限，不能支持、满足连续作战的需要。而抗战，就是一场持久战，必须连续作战。军工体系是工业化国家最高端、最尖端的部门，中国本来就远远没有完成工业化，遑论军工体系了。日本则是当时亚洲唯一一个基本完成工业化的近代化国家，虽然其工业化水平远不及欧美，也不及 20 世纪 30 年代后期基本完成了工业化的苏联，但比之当时的中国，却领先得太多。抗击如此先进且残暴的侵略国，中国不能没有外援。中国迫切需要得到同情、支持中国人民抗战的发达国家的援助，特别是军械装备的援助。国际交通线路的重要性于此彰显。

其二，国际援华，大多数（特别是在 1941 年 5 月美国决定将《租借法案》推行、适用于中国之前）还是通过国际军火贸易的方式进行的。即使 1937 年 10 月开始的苏联大规模军援中国，采取的仍旧是这一形式。苏联提供了大量的卖方信贷——由苏联提供专项贷款给中国政府，中国政府将此贷款专门用于购买苏联的军火。《租借法案》应用于中国后，许多援助也是以（美国）卖方信贷的方式进行的。其他国家的对华军火贸易，卖方信贷基本皆无。当然，在美英等国尚未与日本开战的条件下，能够置日本抗议于不顾，对华出售哪怕是有限的军火，也是对中国抗战的支持。同时，这些国家与日本也进行着军火贸易，以示公平（对待）。既然是贸易，买方就必须要支付货款。中国货币并非硬通货，必须通过赚取外汇才能支付，而赚取外汇的唯一途径就是开展并进行国际贸易。中国作为一个落后国家，并无任何高附加值的产品可供出口，高附加值产品多为现代化工业产品。中国的出口商品基本均为农副产品和矿产品等初级产品。初级产品大多价值低廉，且出口初级产品的国家大多为落后国家，在国际市场上没有定价权，甚至没有话语权，唯能以较大的出口量换取尽量多的外汇。国际交通线路的重要性于此更加凸显。险恶的日本对此也看得非常清楚。1937 年 8 月 20 日，日本宣布封锁中国海岸，以切断中国获取外援和进行外贸的主要通道。

1904 年至 1905 年日俄战争之后，日本就完全占领、控制了辽东半岛。一战期间，日本又对德宣战占领了德国控制的青岛，控制了胶东半岛。至此，日本已控制了整个渤海湾和黄海最重要的港口青岛，并南北夹击、威逼威海（刘公岛）、烟台（当时由英国控制）。驻于朝鲜南部和辽东半岛、胶东半岛的日本海军，亦直接沿黄海海岸南下，控制了黄海一线。日本舰队逡巡于渤海、黄海，中国已痛失重要的国际通道（口岸）。淞沪之战后，日寇尽占上海与浙江沿海口岸，中国失去了最重要的国际通道（口岸）。此后，日本不断窜犯闽粤沿海，虽被多次击退，但在武汉会战之际，日寇袭占了厦门、马尾、广州口岸，并侵占了海南岛。中国军队为避遭日寇南北夹击，主动弃守武汉，武汉会战由此结束。而闽粤沿海口岸也尽失陷于敌手。武汉会战是抗日战争中由中国军队所进行、实施的规模最大的会战，双方投入部队多达 110 余万。中国军队在装备极其低劣的条件下，以伤、亡 20 余万的代价，毙、伤日寇 10 万以上。此战过后，日本领导层、统治层已意识到妄图征服、侵占全中国是不可能的。中国若有外援，就更其如此。哈勒欣河战役之后，日本领导层、统治层完全明白了此点。加之积极准备南进，遂加强乃至倾全力封锁中国的国际交通线路，妄图迫使中国屈服。据此战略意图，日本遂于 1939 年底窜犯广西沿海，相继袭占了钦州、北海、防城港及南宁。此后，中国军队虽取得了桂南会战之昆仑关大捷，但也仅因此将战线稳定在了桂中、南一线（两军相峙于此），广西口岸已尽失陷于日军之手。至此，中国接受外援、进行外贸的海上国际交通线路已全部被日军切断。中国接受外援、进行外贸的国际运输线路仅存：一、由苏联至新疆至兰州的公路运输线。二、经由缅甸至云南（昆明）的滇缅公路。缅甸时为英国殖民地，美英因与日本在东南亚及西、南太平洋地区的利益矛盾日益激化，皆支持中国的抗战。但英国为避欧、亚两线作战，常常讨好日本，宣布关闭滇缅公路。三、经由越南至云南（昆明）的滇越铁路。越南时为法国殖民地，法国在外交政策上追随英国。三条线路均为陆路交通线。1940 年 5 月，希特勒入侵法国，法国战败，沦为被德国占领的国家。德国一面直接控制法国，一面为获取此种控制的合法性，扶植了法国的傀儡政权——贝当政权。因德日法西斯的联合，1940 年 6 月，日本直接并通过德国施压于法国的贝当傀儡政府，迫使其主动切断了滇越铁路。珍珠港事变及太平洋战争爆发后，日本迅即取代法国侵占了越南全境。滇越铁路彻底断绝。《苏日中立条约》签订后，苏联逐步减少援华军火供应并逐步撤退驻华军事人员。1941 年 6 月 22 日，苏德战场爆发，至 1941 年 10 月，苏联援华物资供应已完全停止，军事人员也基本撤完，至 1942 年初，全部撤完。由此，苏联—中国公路交通线的军事功能及意义不再、失却、丧失。中国获取外援的唯一通道仅存滇缅公路。1942 年初，日本调派其陆军精锐第 15 军并配属较强的空军入侵缅甸，迅即击溃英军，英军退守印度，并集中军力扼守印度。5 月初，缅甸全境沦入日军之手。日军旋即沿滇缅公路北犯，入侵中国滇西边境地区，直达怒江西岸，畹町、潞西、龙陵、腾冲相继沦陷，滇缅公路完全被切断，形势顷刻雪上加霜。这一严峻的局面立刻危及中国的抗战：中国成了一个完全被封锁的国家，成了一个孤立待援而无援的国家。

正义的事业决然是不可战胜的，否则人类就仅仅是又一种动物物种而无任何价值意义。1942 年 1 月，华盛顿会议召开，以苏、美、中、英为首的反法西斯 26 国共同签署并发表了具有里程碑意义的《华盛顿宣言》。反法西斯国家重申并强调联合起来打败德、日、意法西斯国家（政权）。鉴于当时苏联的极度困难处境，美国决定继续援引、沿用《租借法案》，大规模援华，支援中国抗战。美国大规模援华除罗斯福总统同情、支持中国人民的抗战外，亦具有其自身战略目的，这一战略目的与当初苏联大规模援华之战略目的是一致的，即牵制、分散日军主力于中国战场，使日本深陷并大量消耗于（包括人力、物力、财力）中国战场，从而利于美军及其他盟军在西、南太平洋地区的作战。必须打垮日本，决不能让日本实现其战略意图，乃至达成德、日法西斯于西、南亚军事会师的战略目标。这是美国更深层次的战略考虑。早在 1940 年 12 月 29 日罗斯福总统发表的"关于国家安全的炉边谈话"中，他就高度赞扬了中国的抗战："在亚洲，中华民族进行的另一场伟大防御战争正在拖住日本人。"[①]1941 年 5 月 6 日，他敦促美国国会作出决定：将《租借法案》推行、适用于中国。1942 年初，他对儿子伊里奥·罗斯福说："假如没有中国，假如中国被打垮了，你想一想将有多少师团的日本兵可以因此调到其他方面来作战？他们因此可以很快打下澳洲，打下印度……他们甚至可以一直冲向中东，和德国配合起来，进行一个大规模的夹攻，在近东会师，把俄国完全隔离起来，并吞并埃及，切断通过地中海的一切交通线。"① 所以，必须打垮日本；同时，美国必须成为反法西斯国家的伟大的兵工厂。罗斯福总统一再强调。

日军入侵缅甸之际，罗斯福总统已预感到滇缅公路将被日军切断，遂在总统召集的办公会议上提出了开辟援助中国的空中运输线以及另辟一条陆路补给线的设想。并请美国资深外交官哈里曼与时在美国的中国外交部长宋子文接洽，听听中国方面的建议。宋子文与哈里曼洽谈后，立即致信罗斯福总统，建议开辟从印度东北部阿萨姆邦的萨地亚到中国云南昆明的航线。美国的军援物资可由印度的加尔各答港上岸，然后经铁路运至阿萨姆邦的萨地亚（机场），最后由飞机转运昆明。宋子文还计算了从萨地亚到昆明的航程为 700 英里，约 1126 公里。他认为若使用 100 架中、大型运输机，一个月可以将 12000 吨物资空运至昆明。为了劝说罗斯福总统开辟这条航线，宋子文谎称该航线经过的是比较平坦的空旷地段。他这一用心良苦的谎言很快被哈里曼揭穿。哈里曼在转呈宋子文信的同时，谨慎地提醒罗斯福总统，这条航线将飞越世界最高的高原，有着地球上人们可以遇到的最可怕和最险阻的地段。所谓平坦、空旷之处，大约仅指起、降机场的跑道而言。② 罗斯福 2 月 9 日致电蒋介石，表示："经印度通往中国的补给线可以采取空运的办法保持畅通。"③ 4 月 28 日，他又强调："不管日本人取得什么样的进展，我们总会想方设法把飞机和军需送交蒋介石委员长的军队。"④ 1942 年初，根据罗斯福的提议，反法西斯盟国决定将亚洲—太平洋战区分设为中国和美国、英国、荷兰、澳大利亚战区。中国战区除中国外，还包括泰国和法属印度支那即越南、老挝、柬埔寨，由蒋介石出任中国战区最高统帅，美国的史迪威中将出任中国战区参谋长。不久，美国又将缅甸、印度划入中国战区，专设中缅印战区，由

---

① ［美］伊里奥·罗斯福：《罗斯福总统见闻秘录》，新群出版社 1948 年版。
② ［美］舍伍德：《罗斯福与霍普金斯：二战时期白宫实录》（下），第 93 页，商务印书馆 1980 年版。
③ ［美］舍伍德：《罗斯福与霍普金斯：二战时期白宫实录》，第 93 页。
④ 《罗斯福选集》，第 361 页，商务印书馆 1982 年版。

史迪威兼任司令长官，隶属于中国战区。如此，空中援华航线的开辟就成为中国战区属内之事，涉及中、美、英三国（当时印度为英国的殖民地，由英印殖民当局管辖）。以丘吉尔为首的英国政府也完全明白援华空中航线的重要性，他多次表示，我们（通过缅甸、印度）与中国的联系在整个东方即中国战区中，是最重要的一环。① 在缅甸完全沦陷之前，滇缅公路实际已被切断。在宋子文与美国洽商开辟空中援华航线之际，蒋介石夫妇在英国驻华大使卡尔的全程陪同下访问了印度，在丘吉尔的赞同与支持下，与英印当局达成了开辟印—中航线的意向。4 月，中国政府与英印当局正式达成开辟加尔各答至重庆、昆明航线的协定。不久，英国政府及英印当局承认美国空军亦参与该航线的开辟并享有飞越该航线的权力。至此，中、美、英三大反法西斯盟国一致达成了开辟空中援华航线的战略决策。按罗斯福和蒋介石的原意，还应同时开辟一条印度至中国的公路交通线、运输线，即修筑中印公路。中国政府为此专门进行并完成了勘探、设计工作。但因地势险阻、气候及气象条件多变且不利，工程量也极其浩大，加之日军的封锁、破坏，该公路至 1945 年 1 月才建成通车，蒋介石命名为史迪威公路。但质量、路况均不理想，至抗战胜利，7 个多月的时间里，仅运送了 5 万吨物资，远不如驼峰航线的运送量，未能发挥战略运输之功能及作用。但该公路的设计与修筑，巩固并发展了由加尔各答港、吉大港通往阿萨姆邦雷多、汀江及萨地亚的公路网线，增加了援华空中航线的物资上岸口岸和起运启航机场（地区）。这非常有利于扩大空运的规模。

印中援华空中航线由中美合资合营的中国航空公司和美国陆军空运司令部所属印中空运联队共同开辟，并执行援华战略空运任务。美国空军驻印度第 10 航空队为航线的开辟和运输执行了部分护航任务以及运送部分作战部队的任务。其中，美国陆军空运司令部所属印中空运联队是开辟该航线并执行援华战略空运任务的主力。但人力、物力均极其有限的中国航空公司亦全力投入、勉力而行，作

---

① 丘吉尔：《第二次世界大战回忆录》第四卷，商务印书馆 1975 年版。

出了与其规模完全不相称的巨大的贡献。1942 年初，中国政府在征得英印当局同意后，就由中国航空公司开辟了自重庆、昆明经缅甸腊戍、密支那抵印度加尔各答的航线，并在缅甸沦陷前飞越了数百架次，熟悉了航路，取得了较丰富的经验。这些经验，为此后美军的大规模飞越提供了难能可贵的帮助。1942 年 3 月 10 日，美国陆军空运司令部成立。

3 月 21 日，美国陆军空运司令部成立印中空运队，专用于开辟印中航线并执行战略援华的空运任务。旋即从泛美航空公司紧急借调 25 架运输机赶赴印度。5 月，美国空运队开始执行空运任务。7 月，美国空运队的飞机数量增至 32 架；9 月，增至 54 架；10 月，增至 75 架。中国航空公司的飞机数量，在 1943 年底之前，则一直保持在 10 余架，包括不断损失而不断补充的。[①]

印中援华空运航线的艰险即使在今天也是难以想象的，考虑到当时飞机的速度、高度及综合性能以及地面导航、通讯等保障设施的极度缺乏，其艰险就更加难以想象。航线西起阿萨姆邦萨地亚、汀江、雷多等地，东至云南昆明，途中飞越号称"世界屋脊"的喜马拉雅山山脉南坡，平均海

图 30.6 驼峰空运

拔高达 4000 至 5000 米，最高处海拔达 7000 米以上，地形复杂，气候恶劣，当时喜马拉雅山区的气象记录基本空白，是为空中禁区，迄今仍为空中险区。横贯中印边界的喜马拉雅山山脉高耸入云，延绵不绝，矗立的群峰蜿蜒起伏，恢宏壮观，飞行员们形象地称之为"驼峰"。他们和其他空勤人员或穿行于"驼峰"即山谷之间（若"驼峰"海拔过高的话），或飞行于"驼峰"之上（若"驼峰"海拔低于飞机升限高度的话），"驼峰航线"由此得名。驼峰航线是人类反法西战争

---

① 徐康明：《二次大战中的驼峰航线》，见《云南大学学报》2003 年第 2 卷第 3 期，第 87、88 页。

期间，美国军援盟国的三条著名航线中最艰险的一条（其他两条为援助苏联的阿拉斯加—北冰洋—摩尔曼斯克航线和援助英国及西欧的北大西洋航线）。1942 年 5 月 7 日，日军攻占缅北重镇密支那，英军修建的机场及其设施反为日军所用。日军加强了驻密支那的空军，配备先进战机，袭扰、拦截往返于驼峰航线的美、中运输机。迫使航线经常北移，飞越海拔更高，气象条件更为复杂、多变的西、北喜马拉雅山脉，使航线愈加险恶。由此，驼峰航线分为南、北两条航线，南线航程为 820 公里，北线为 1150 公里。南线后来虽时有美空军驻印第 10 航空队和陈纳德第 14 航空队的护航，但损失仍较大，险恶程度高于北线。故飞行员们及空勤人员常常绕远飞北线，这增加了因地形复杂和气候恶劣而导致的损失。除地形、气候、日机拦截这些原因外，还有飞行员们不熟悉航线、飞行经验不足；印—中起点与终点两地机场及其设施如通讯、导航等设施严重不足（航线刚开启时，阿萨姆邦能够被航线使用的机场仅有一个，且设施极其简陋，以至于维修飞机只能在露天进行）；飞行损耗的零配件得不到及时供应、补充，且维修及地勤人员短缺，降低了飞机的实际出航率（如 1942 年 7 月，美国空运队拥有的 54 架飞机中，能够出航的仅 30 架左右）；加之美国为了保证欧洲—苏德战场的需要而将中国战区的重要性始终置于欧洲—苏德战场之后（在整个二战期间，美国及罗斯福总统最重要最根本的战略决策是：欧洲第一，德国第一。首先必须倾全力打败纳粹，赢得欧洲。然后可以要求苏联回师东进，与反法西斯盟国一道，彻底打败日本。这一战略的正确性当然无可非议）等诸多原因，致使驼峰航线开运以来的半年多，成本高昂，成效低迷。经该线运送 1 加仑汽油到中国，运输飞机自身要消耗 1 加仑汽油，有时甚至要消耗 6 加仑汽油。[①] 以至于中美空军向日寇投下一吨炸弹，需要该线空运 18 吨物资予以保障。1942 年 5 月至 12 月的月平均运输量还不足计划运输量（月平均 5000 吨）的 10%。[②]

---

① 刘小童：《驼峰航线》，"引子"，广西师范大学出版社 2010 年 5 月版；［美］巴巴拉·塔奇曼：《史迪威与美国在华经验》（上），第 443 页，商务印书馆 1985 年版。
② ［美］巴巴拉·塔奇曼：《史迪威与美国在华经验》（上），第 443 页。

针对以上问题，美国空运队和中国航空公司均不断改进，扎实前行。在 1943 年 1 月由美英首脑参加的卡萨布兰卡会议上，确立了由中美英三国军队反攻、收复缅甸的"安纳吉姆"作战计划。同期，罗斯福总统决定将陈纳德将军指挥的美国援华空军志愿航空队扩编，纳入美国空军编制序列，正式组建为美国空军第 14 航空队，对侵华日军展开大规模轰炸，并与之进行大规模空战，以夺取中国战场（战区）的制空权。1943 年 11 月，美国空军第 20 航空队也开始进驻中国四川，以其作为当时全世界最先进的 B-29 重型轰炸机（后来向广岛、长崎投放原子弹的即为该型飞机）对日本本土实施战略大轰炸的基地之一。1943 年，经过中国人民艰辛、顽强的抗战，日寇的强弩之末之颓势已然显现，中国军队的活动、出击频仍。上述中国战区（战场）攻守态势逆转之初现，均须迅疾扩大军援中国之规模。1942 年 12 月 1 日美国陆军空运司令部将印中空运队的编制由大队（相当于团级）升格为联队（相当于师级）。美国空军最高（规模最大）的作战单位为"队"，即军。如驻印的第 10 航空队、驻中国的第 14 航空队即为美国空军第 10 军、第 14 军。联队是仅次于队的高规格编制。这一升格，亦凸显了美国对于驼峰航线及中国战区、中缅印战区战略地位的高度认同及肯定。美军先后任命爱德华·亚历山大上校、厄尔·霍格将军、威廉·滕纳将军出任印中空运联队司令官。随即，美军派出大量工程技术人员赴印，帮助改进、完善"驼峰航线"的导航设施和通讯条件。联队的飞机数量也激增，至 1943 年 9 月，已达 200 余架，而且近四分之三为 C-46 型双发运输机，它一次可装运 4 吨物资，是其前身 C-47 型的两倍，乃"二战"期间美国陆军空运部队的最大型运输机。为解决飞机维修及零配件供应问题，美国陆军空运司令部实施了代号为"流星快车"的供应计划，配备专门运输机往返于美印之间，以保证急需的零备件 4 天之内即可运达。地勤维修技术人员也从美国大量调来。中、印两国为此战略空运新修建的机场也在剧增。至 1943 年 12 月，空运联队在印度拥有的基地、机场已达 26 个。同样，中国政府在云、贵、川三省动员了数十万民工和军队，扩建、修建了 20 多个机场，近一半在云南。中国航空公司的飞机数量也在增加，至 1943 年 12 月，已达

20 余架，并可使用美军空运联队的机场、基地、设施、装备，还可由美军帮助维修维护。除上述诸多方面的巨大进展外，飞行员们及空勤人员的飞行经验及技术也日益丰富、成熟。1943 年，驼峰航线空运量剧增，平均每个月的运输量均超过1942 年 5 月至 12 月的全部运输量（51580 吨）。从 8 月开始，月运输量超过 5000吨，10 月已高达 7240 吨，12 月更是达到了创纪录的 13450 吨，是 1942 年 5 月至12 月总运量的 2.5 倍以上。为此，美军印中空运联队获得了罗斯福总统和中缅印战区司令官史迪威将军的嘉奖，1600 余名官兵获得了军功奖章。在上述运输量中，有 11% 至 12% 是由中国航空公司完成的。相较于美军的实力，足见中国航空公司的非凡努力。

1944 年初，美军再次扩大印中空运联队，使其拥有的飞机数量超过了 300架。1 月，驼峰航线空运至中国的物资已达 14472 吨。其后，不断激增。5 月 17日，中（驻印军）美联军突袭、攻占缅北密支那机场，致日机失去了袭扰、拦截"驼峰航线"南线机群的基地，驼峰航线遂大举南移南迁，南线逐渐成为主航线。7 月底至 8 月初，中美联军收复密支那，南线由此完全成为了主航线。南线的地形地势及气象条件均比北线有利，航程也缩短了近四分之一，驼峰空运的数量及效率，因此均大大增长和提高。同期，陈纳德将军指挥的第 14 航空队的奋勇作战，已基本夺取了中国战场的制空权，使日本空军既无力也基本不敢随便窜犯中国抗战的大西南大后方，这也有利于驼峰空运的安全，促进了"驼峰"空运的疾速发展。至 1944 年底，驼峰月空运量已突破 40000 吨。1945 年 1 月，高达 44000余吨。1945 年 7 月，驼峰航线的月空运量达到了最高峰——当月运抵中国的物资为 91100 余吨。71000 吨为美军印中空运联队运送，20000 余吨为中国航空公司和美军驻印第 10 航空队运送。此时的美军印中空运联队，已拥有飞机 600 余架，绝大多数为大型运输机，官兵 34000 余人，并雇用了 47000 多名印度劳工，还得到了数以 10 万计的中国民工的支持与保障。[1]

---

① 姚波："中印驼峰空运"，见《抗战时期西南的交通》，第 246 页，云南人民出版社 1992 年版。

战略援华运输是人类正义战争史一次空前的壮举。前有苏联的"Z"计划，紧接其后，就是美国的战略援华。美国援华战略物资从美国东海岸启运，横渡大西洋后抵非洲西海岸，沿非洲西海岸南下过好望角入印度洋，横跨印度洋抵印度加尔各答港或吉大港，海运航程达 12000 英里以上；然后经铁路或公路由加尔各答港、吉大港运至阿萨姆邦的驼峰空运起点的各机场。陆路运输线长达 2000 多英里；最后经驼峰航线运往中国。如此漫长、艰辛和如此规模、高效特别是时效的战略运输线，就是今天也令人惊叹，甚至难以想象。自 1942 年 5 月至 1945 年 8 月，驼峰航线在 3 年又 3 个月艰苦坚韧的飞行中，中美双方共飞行了上百万架次，为抗战中国运送物资达 72 万吨以上（另一说认为达 85 万吨以上），已远远超过滇缅公路的运输量记录。包括 1000 多架作战飞机（这是陈纳德将军指挥的第 14 航空队能够立于不败之地并最终夺得中国战场制空权的根本条件），能够装备几十个师的现代化武器装备，大量医药用品。还运送了中美官兵 33477 名，大部分是中国赴印度补充驻印军的官兵，以及赴印度受训的中国空军人员（1942 年 6 月之后，中国空军的人员培训，大部分由驻印美国空军负责进行）。还运送了大量外贸商品（在飞机返航印度时）和反法西斯盟国进行军工生产急需的矿产品及其初步加工品：1943 至 1945 年计有：钨矿（砂）25085 吨，锡 17170 吨，汞 204 吨，还有数百万公斤的农副产品。[①] 由此，"驼峰航线"不仅具有支援中华民族抗战的突出军事意义，还具有维系抗战战时经济的突出意义。驼峰航线还告诉中国人民，中国不是孤立无援的，中国人民的正义事业得到反法西斯盟国的巨大支持，从而极大地鼓舞了中国人民的抗战士气，坚定了中国人民的胜利信心。美军先后投入飞机 2000 余架，飞越"驼峰"92 万多架次，运送物资 65 万吨以上。中国航空公司先后投入飞机 100 余架，累计飞越"驼峰"80000 多架次，共运送物资 7 万吨以上。1942 年 5 月至 1945 年 8 月，美中两国在驼峰航线上共损失飞机

---

① 刘小童：《驼峰航线》，"引子"。徐康明："二次大战中的驼峰航线"，见《云南大学学报》2003 第 2 卷第 3 期，第 91 页。

611 架，牺牲飞行员和机组成员近 1700 人（另一说为 2000 余人）[1] 平均两天损失飞机一架，每天牺牲飞行员及机组成员 1 人以上。少部分为遭日军拦截，绝大部分乃因航线自然条件的极其恶劣而失事。1945 年 1 月 6 日深夜，正在驼峰航线上飞行的近 60 架美军和中国航空公司的飞机突遭特大风暴袭击，导致至少 30 架飞机失事，消失在茫茫的冰川雪峰之中。中国航空公司先后共有 100 多架飞机投入航线，累计损失 48 架，牺牲飞行员和机组成员 168 人，损失率几达惊人的 50%。美国印中空运联队司令官（总指挥）威廉·滕纳将军说："在第二次世界大战期间，在两个同盟国家间飞行，它的飞机损失率竟会超过对德国的轰炸。这，就是驼峰航线！"[2]

这是一条血染的航线，这是一条感人至深的航线，这是一条中国抗战的生命航线。有鉴于此，在全世界最大的空军博物馆——美国代顿空军博物馆的入口处，立有石块雕刻的驼峰航线纪念碑。在 1985 年纪念中国人民抗日战争暨世界反法西斯战争胜利四十周年之际，中国在云南昆明也建造了驼峰航线纪念碑。

---

① 徐康明：《二次大战中的驼峰航线》，见《云南大学学报》2003 第 2 卷第 3 期，第 91 页。
② 刘小童：《驼峰航线》，"引子"。

一、中国远征军的组成及其入缅作战

太平洋战争爆发后，蒋介石于 1941 年 12 月 9 日致电罗斯福、丘吉尔、斯大林，建议组成反法西斯各国常设的联合军事委员会或联合军事会议，并召开首脑会议。罗斯福、丘吉尔对此立即表示赞同，并希望"尽快行动"。斯大林虽极表赞同，但又表示苏联"目前不能对日宣战"，不便直接参与对日作战行动。

1941 年 12 月 10 日、11 日，蒋介石在重庆数次邀集有关各国大使和武官，商讨联合抗日的具体计划，达成了组织中英联军共同保卫缅甸，并由美国向中国和中英联军提供援助等协议。16 日、17 日、19 日，蒋介石为确保缅甸和滇缅路的安全，以便美国的援华物资能经缅甸和滇缅公路源源不断地输入中国，粉碎日本妄图困死中国压迫中国屈服，并进击印度与纳粹德国会师中东的迷梦。又数次同美国的高斯（Clarence E. Gauss）、麦克卢尔（Robert B. Mcclure），英国的卡尔（Orchibald C. Kerr）、丹尼斯（L. E. Dennys）和荷兰的保斯等人分别会谈，磋商组织联合军事委员会和召开中、美、英 3 国联合军事会议的具体步骤。

12 月 23 日，中、美、英 3 国联合军事会议在重庆黄山蒋介石官邸举行，美国代表是勃兰特（George H. Brett）和麦克卢尔两位将军，英国代表是在其殖民地印度担任全军总司令的魏菲尔（Archibald Wavell）爵士，中国参加会议的有国民政府军事委员会参谋总长何应钦等人。会议由蒋介石主持，达成如下协议：（1）组织中、美、英、荷联合参谋会议，定期开会；（2）建立中、英联合军统帅部，人选另商；（3）组织中国远征军 3 个军入缅布防；（4）由美国向中国军队和在中国的美国空军志愿队提供急需的武器、弹药、燃料和配件，并着手用美国武器装备中国在云南的军队；（5）使用美国空军协防缅甸和云南。26 日，中、英双方在重庆签订《中英共同防御滇缅路协定》，建立了军事同盟。中国远征军依此入缅与英军协同作战，打击日本侵略者。1942 年 1 月 1 日，中、美、苏、英等 26 个国家签署《联合国家宣言》，宣布共同对法西斯轴心国作战。1 月 2 日，蒋介石就任盟国中国战区（包括中国、越南、泰国）最高统帅。3 月 8 日，史迪威被任命为战区参谋长，中国遂与盟国共同对日作战。

1941 年，日军开始向缅甸进攻。12 月 23 日，54 架日本轰炸机第一次空袭仰光，滇缅公路（昆明—仰光）战云密布。中国政府即刻向英国提议，同意早已集结在云南的中国远征军入缅，协助英军。可是，英国对中、英军事合作三心二意，既不肯放下老大帝国的架子，藐视中国军队的战斗力，又担心中国军队入缅后将使中国在缅甸的影响扩大，助长缅甸人原有的反英情绪，危及英国的殖民统治。因此，英国虽前已同意中国军队入缅，但很快就出尔反尔，请中国军队暂勿入缅，延误了入缅时机。

中、英在缅甸的军事合作从一开始就矛盾重重。1942 年 1 月，日本第 15 军司令官饭田祥二郎指挥该军第 33、第 55 师团从泰国向缅甸发动攻势，第 55 师团于 19 日轻取缅南战略要地土瓦，31 日进占缅甸第二大港毛淡棉（Moulmen）；日军另一路第 33 师团于 2 月 4 日攻占毛淡棉北面的巴安，8 日强渡萨尔温江，突破了仰光东部的第一道天然屏障。3 月 4 日，日军第 55 师团进占仰光东北 100 公里外佛都勃固（Pegu）。开战仅仅两月，英军防御即濒临崩溃，缅甸战局危殆。英国为了利用中国军队阻滞日军，掩护在缅英军向印度撤退，才同意中国远征军陆续开进缅甸。

图 31.1　滇缅路况崎岖难行，翻车现象比比皆是

中国远征军入缅作战的部队番号和指挥官是：中国远征军第一路司令长官卫立煌（未到任，由杜聿明代理，后由罗卓英继任），副司令长官杜聿明；第 5 军（军长杜聿明兼），下辖第 200 师（师长戴安澜）、新编第 22 师（师长廖耀湘）、游击支队（司令黄翔）；第 6 军（军长甘丽初），下辖第 49 师（师长彭璧生）、第 93 师（师长吕国铨）、暂编第 55 师（师长陈勉吾）；第 66 军（军长张轸），下辖新编第 28 师（师长刘伯龙）、新编第 29 师（师长马维骥）、新编第 38 师（师长孙立人）、第 36 师（师长李光鹏）。[①] 中国远征军约 10 万人，从 1942 年 2 月起，陆续开进缅甸。

3 月 7 日，日本南方军又将第 18、第 56 师团补充给第 15 军。至此，由饭田祥二郎指挥的侵缅日军共约有 4 个师团 10 万人。3 月 8 日，由于美英未能在仰光组织有效的防御，仓惶撤出，日军第 33 师团几乎兵不血刃占领仰光。日军占领仰

---

① 《远征军印缅抗战》，第 449～450 页，中国文史出版社 1990 年版。

光不仅切断了滇缅公路的海上入口，加强了对中国的封锁，而且打开了通往缅甸全境的门户，掌握了缅甸战场的战略主动权。实现了其第一阶段的作战目标。随即日军又制订了预定于 5 月底以前捕捉中英联军主力，嗣即在缅甸境内"肃清残敌"的第二阶段作战计划。为实现此计划，日军分兵 3 路北犯：中路由第 18、第 55 师团沿仰光经同古向曼德勒（Mandalay）进攻，其为主攻方向；西路第 33 师团沿伊洛瓦底江进攻仁安羌（Yenang yan），包抄曼德勒的左翼，东路由第 56 师团进攻腊戍（lashio），企图切断中国远征军的回国退路。

二、同古、曼德勒方面的作战

正当日军兵分 3 路北犯时，中国远征军适时赶到前线，针对日军进攻，作了如下抵御部署：以战斗力最强的第 5 军担任日军主要进攻方向的同古到曼德勒之线的作战；以第 6 军担任东路莫契（Mawchi）、雷列姆（Lo－lem）方向的作战；第 66 军控制在曼德勒、腊戍一带为预备队，待机歼敌。西路伊洛瓦底江沿岸的作战，由英缅军第 1 军团（该军团辖英缅军第 1 军，英印军第 17 师，英装甲兵第 7 旅）担任。

中国远征军戴安澜第 200 师附骑兵团及工兵团一部，于 1942 年 3 月 8 日到达同古，9 日接收英军防务。11 日，以骑兵团等部推进至皮尤河（Pyu）及其南 12 公里处担任警戒。3 月 18 日，英驻缅军全部撤退，日军第 55 师团跟踪追击，到达皮尤南 12 公里处，与中国远征军发生了激烈的前哨战，远征军掩护英军脱离了敌人，安全撤退。远征军前哨部队连日完成预定任务后，即在黑夜撤退，埋伏于皮尤河南岸两侧，准备阻击冒进之敌。19 日晨，日军果然追击英军，以轻快部队冒进，当日军军用汽车数辆行至桥北端时，远征军即用早已准备好的电气导火爆炸，全桥轰然陷落，敌车尽覆，后续车辆霎时拥塞南岸公路，但日军仍下车顽强挣扎。这时，远征军骑兵团已完成既定任务，转移至后方既设阵地，皮尤河岸仅留少数部队，阻击迟滞敌人前进。战斗至深夜，也撤到既设阵地。

皮尤河前哨战是中国远征军踏上缅土后，对日军的第一次沉重打击，事实让英军改变了对中国军队的看法，同时也拉开了同古、曼德勒方面作战的序幕。

3 月 20 日，同古保卫战打响。敌自受远征军伏击后，行动极为谨慎。先头部队以步骑兵联合的五六百人，搜索前进。发现远征军在同古以南的鄂克温（Ok-twin）设有前沿阵地，随即以一联队附山炮 4 门，向鄂克温阵地猛攻。21 日，敌增炮 2 门，用 6 门大炮整日攻击，敌机还轮番轰炸同古。守军勇猛还击，阵地屹然未动。22 日，炮战激烈，敌一部企图迂回攻击，亦被击退。远征军第 200 师虽是孤军深入，后援困难，但师长戴安澜决心誓死抵御到底。他在致夫人王荷馨的信中写道："余此次奉命固守同古，因上面大计未定，其后方联络过远，敌人行动又快，现在孤军奋斗，决心全部牺牲，以报国家养育！为国战死，事极光荣！"① 23 日，敌增至两联队，炮 12 门，以战车、装甲车掩护向鄂克温阵地攻击，敌机 20 余架连续 6 次投弹。守军以步骑配合向敌侧反击，毁敌战车、装甲车各两辆，汽车 7 辆。夜八九时，敌再次攻击，阵地被突破一部，对战彻夜。24 日，日军在正面猛攻鄂克温阵地的同时，另一部五六百人向同古以北 8 公里的克永冈机场迂回攻击，并攻占了机场，切断了第 200 师与军部的联系。当晚，戴安澜调整部署，下令放弃鄂克温、坦塔宾前沿阵地，集结全师主力保卫同古。他带头立下遗嘱："只要还有一兵一卒，亦须坚守到底。""如本师长战死，以副师代之，副师长战死以参谋长代之。参谋长战死，以某某团长代之。"全师各级指挥官纷纷效仿，表示了与同古共存亡的决心。

日军进占鄂克温后，即兵临同古城下，尽管第 200 师官兵浴血奋战，但作战态势已对中国远征军十分不利。自 3 月 17 日起，敌机多次对同古狂轰滥炸，市区房屋均被摧毁，戴安澜虽要求派飞机助战，但是负责缅甸盟军空战的英国空军此时已一片恐慌，根本不愿派机助战。21 日，日机突袭英国马格威（Ma gwe）空军基地，炸毁飞机 40 多架，美国空军志愿队 6 架飞机也被同时炸毁。至此，英国在

---

① 安徽省政协文史资料研究委员会编：《戴安澜将军》，第 42 页，安徽人民出版社 1985 年版。

缅空军全部覆灭，日本取得了缅甸的制空权，对中国远征军造成了极大的威胁。

25 日拂晓，日军第 55 师团 3 个联队倾巢出动，由北、西、南 3 面围攻同古。第 200 师沉着应战，并火烧森林阻敌前进。26 日，敌主力突破城西北角，第 200 师退守同古铁路以东，继续抵抗。双方争夺战激烈，双方伤亡较大。27 日，敌主力继续围攻同古，因已是双方短兵相接，日军优势炮火失效，第 200 师官兵沉着固守，敌伤亡较重。28 日，日军第 56 师团赶赴同古参战，中国远征军第 6 军亦派新编第 22 师前往解围，双方援军对峙于同古以北的永冈一线。日军集中主力消灭在同古的第 200 师，对新编第 22 师暂取守势。日军地面炮火与空军协同攻击同古，并向城内施放糜烂毒气。日军还化装成英缅军及缅甸人士驱牛车暗带械弹，企图混入同古城内，里应外合，均被第 200 师查出消灭。当夜 11 时，一股敌军从同古东南渡过锡唐河，偷袭河东的第 200 师司令部，戴安澜指挥少量部队沉着应战，并令城内守军夹击，将敌军逐出，控制了局势。①

29 日拂晓，中国远征军新编第 22 师虽然攻克了南阴车站，但是，向同古的进展仍较缓慢，同古守军第 200 师在日军连续攻击下，弹尽粮绝，面临全军覆灭的危险。为了让第 200 师摆脱险境，保存实力。杜聿明不顾史迪威的强烈反对，下令该师于当晚突围。突围时，戴安澜率兵断后，并派一部佯攻，掩护主力过锡唐河。30 日晨，全师均有秩序地撤至叶达西（Yedshe）附近。

同古保卫战，历时 12 天，第 200 师官兵在强敌压境，后援不至的情况下，以高昂的斗志同 4 倍于己的日军第 55 师团激战，予敌以重创，打出了国威。是役被击毙的日军大佐横田所遗日记称："南进以来，未遇若是之劲敌，劲敌为谁，即支那军也。"日军对第 200 师的勇敢也深表钦佩，认为："其战斗意志，始终旺盛，尤其是担任撤退收容任务的部队直至最后仍固守阵地拼死抵抗，虽说是敌人也确实十分勇敢，军司令部饭田中将及其部下对其勇敢均表称赞。"② 此役，中国

---

① 杜聿明：《中国远征军入缅对日作战述略》，见《远征印缅抗战》，第 16～19 页，中国文史出版社 1990 年版。

② 日本防卫厅战史室：《缅甸作战》（上），第 64 页，中华书局 1987 年版。

远征军毙伤日军三四千人；① 第 200 师亦损失严重，伤亡达 2500 人。②

3 月 28 日，即同古保卫战最后阶段，蒋介石急电远征军："如同古完全失陷，拟即在平满纳（Pynman，是同古至曼德勒之线上的军事重镇），附近相机决战。"③ 3 月 31 日，杜聿明草拟了平满纳会战计划。其方针是："军以持久、消耗敌人之目的，即以阻击兵团逐次阻击消耗敌人后，以固守兵团吸引于平满纳附近，待其胶着，以机动兵团转取攻势；将敌夹击，包围于平满纳周围而歼灭之。"④ 并据此部署兵力：第 5 军第 22 师为阻击兵团基干，第 96 师为固守兵团基干，第 200 师配属特种兵一部为机动兵团基干。4 月 5 日，蒋介石第三次视察缅甸时，批准了这一方案。此时日军继续以主力沿同古、曼德勒轴线实施进攻，同时仍以东西两翼的进攻为策应。

4 月 5 日拂晓，同古之敌开始以飞机掩护，炮 20 余门，战车 16 辆，步骑联合约 1 师团的兵力向远征军第 22 师阵地猛烈进攻。嗣后每日不断以炽盛炮火及飞机多架轮番轰炸，向第 22 师斯瓦（Swa）主阵地右翼迂回。中国远征军官兵皆抱与阵地共存亡之决心，虽伤亡甚重，仍坚守不退，英勇抵抗。至 10 日止，当面之敌经斯瓦东西之线守军猛烈反击，攻势渐减。此间，远征军共毙敌两千余，守军伤亡营长 3 员，连长 9 员，士兵 3300 余名。⑤

4 月 11 日至 16 日，敌增援部队轮番进攻，新编第 22 师按照预订计划，逐次抵抗，转移至平满纳南侧山地新阵地。此间，毙伤敌约 2500 余，新编第 22 师伤亡营长以下官兵千余人。⑥ 正当远征军第 5 军实施平满纳作战计划大体就绪，准

① 《林蔚致蒋介石》（1942 年 3 月 29 日），国民政府军令部战史会档案，中国第二历史档案馆藏。

② 《同古战斗第 5 军人口伤亡数》（1942 年 4 月 6 日），国民政府军令部战史会档案，中国第二历史档案馆藏。

③ 《蒋介石手令》（1942 年 3 月 28 日），国民政府军令部战史会档案，中国第二历史档案馆藏。

④ 昆明参谋团：《缅甸战役作战经过及失败原因与各部优劣评判报告书》（1942 年 9 月 30 日），国民政府军令部战史会档案，中国第二历史档案馆藏。

⑤ 《杜聿明致徐永昌密电》（1942 年 4 月 10 日），国民政府军令部战史会档案，中国第二历史档案馆藏。

⑥ 《杜聿明致蒋介石密电》（1942 年 4 月 17 日），国民政府军令部战史会档案，中国第二历史档案馆藏。

备进至预定地区转为攻势时，英军负责的西路作战却接连失利，导致全线撤退，使第5军右侧后受到严重威胁，不得不放弃平满纳会战计划。

三、援助英军的仁安羌之战

西路方面，日军向英缅军第1军团防守地区进攻的是第33师团。英军士气低落，不堪一击。3月23日，正当日军第55师团猛攻第200师阵地不下时，日军第33师团即攻占了英军据守的勃生机场及勃坦。25日，第33师团继续北犯，英军稍事抵抗就放弃了缅拉、济贡、木参地、德贡（Tatkok）。31日，又撤出卑谬（Prome）。4月6日放弃阿兰谬（Allanmgo）。12日放弃萨斯瓦、东敦枝（Taungdwingyi）和新榜卫（Hsenwi）。14日放弃了重要空军基地和屏障仁安羌油田的要地马圭及新甸。15日，英缅军第1军军长斯利姆下令炸毁仁安羌油田，霎时，烈焰冲天，英军夺路而逃。日军派出两个联队急速扑向仁安羌，企图保住油田，捕捉英军。同时以一个联队乘车急驰，抢占宾河渡口，把英印军第17师堵在宾河南岸，使之陷入绝境。日军另以一部飞速抢占了仁安羌北面的宾河大桥，截断了英缅第1师和装甲第7旅北逃的通路。英军惊恐万状，虽武装齐全，又有坦克大炮，竟不敢对占据大桥的日军发动进攻，反而掉头后退，涌进附近几个村落和油田建设物中，想等待援军来救。该师师长斯高特即率第13旅来救，却被日军击溃。日军第33师团主力随即于午夜赶到仁安羌北郊，将英缅军第1师和装甲第7旅共7千多人团团围住。[①]

16日，被围英军，粮尽弹绝，水源断绝，岌岌可危。师长斯高特一再告急，谓中国军队若再不为之解围，英军便有瓦解的可能。

17日，中国远征军第66军新编第38师奉命驰救英军。该师师长孙立人当即派副师长齐学启率第113团乘汽车星夜直趋宾河大桥，同时派该团孙继光团长率

---

① 王楚英：《中国远征军印缅抗战概述》，见《远征印缅抗战》，第102页，中国文史出版社1990年版。

图 31.2　仁安羌之战中的中国远征军

突击队先行，袭取北岸桥头堡掩护主力行动；并派人和被围的英军联系，促其固守待援。孙立人则率本师主力乘汽车急驰，由纳玛北侧强渡宾河，迂回到仁安羌北侧，将敌包围，对敌展开迅猛攻击，经反复激烈拼杀，将敌击溃，克复仁安羌，歼敌 300 余人，致使残敌丢盔弃甲，向马圭狼狈逃窜，并及时救出了英军 7000 余人及被日军俘去的英军和美国传教士、新闻记者等 500 余人。并将战利品——日军夺取英军的 100 多辆辎重汽车和 1000 多匹马悉数交还英军。

　　中国远征军在仁安羌的英勇战绩轰动英伦三岛，扬威世界，受到中外人士敬佩。后来英国政府发给孙立人师长勋章一枚，美国发给孙立人自由勋章一枚。然而英军脱险后，竟不顾解救自己的中国远征军，继续往印度方向逃跑。仁安羌于 4 月 25 日再度失陷，不仅使中国远征军浴血奋战的战果付诸东流，而且使准备平满纳会战的远征军右翼受到威胁。

四、东路方面的作战

　　东路方面，担任防御的是中国远征军第 6 军。当第 5 军在同古附近与日军展开激战时，为掩护同古左翼侧的安全，第 6 军派出暂编第 55 师一部，向同古以东的莫契、乐可地区推进。同古失陷后，日军第 56 师东犯，4 月 6 日占莫契，并继续向东可方向进犯。中国远征军长官司令部命令暂编第 55 师主力进至乐可。又令第 93 师一部西移棠吉（Taunggyi），布置纵深防御。4 月 9 日，日军向第 55 师克马俾阵地进攻，守军英勇抗击，直至防御阵地被摧毁，始退守保勒一线阵地，与敌反复争夺数日，予敌一定的打击和消耗。此后，日军以战车、汽车组成快速部队，突破了乐可方面阵地，切断了暂编第 55 师后方补给线。日军越过乐可后，继续北犯，棠吉、和榜（Hopong）告急。第 6 军在该地兵力较弱，难以阻挡日军。4 月 21 日午后，第 5 军第 200 师及军直属部队一部增援棠吉，因途中延误，至 23 日抵棠吉两侧时，日军已攻占棠吉。24 日拂晓，第 200 师向棠吉攻击前进，进展迅速。至午，已攻占其西、南、北三面高地。黄昏，继续包围猛攻顽据棠吉市街之敌，至夜间 11 时，克复棠吉，日军大部被歼，残余一部分向东逃窜，仅有一小部分尚在棠吉东南隘路和附近坚固建筑物内顽抗。[1] 25 日，敌增援部队向第 200 师反攻，棠吉东面及西北高地得而复失，至晚始将敌人击退。棠吉东南隘路凭险据守之敌也被肃清。

当第 200 师向棠吉挺进时，第 6 军一部在和榜及雷列姆附近阵地，阻止日军前进。从 4 月 21 日起，日军向和榜阵地攻击，激战 2 日，守军阵地被摧毁，伤亡甚重，被迫撤至孟旁（Mongpawn）阵地。24 日，日军第 56 师团在占领雷列姆后，乘第 6 军后方兵力空虚，分两路向西保（Hsipaw）、腊戌进逼；28 日陷西保，29 日陷腊戌，截断了中国远征军退回国内的陆上交通，远征军遂陷入困境。5 月 1 日，日军占领新维。3 日，陷畹町。芒市、龙陵亦相继失守。5 日，日军先头部队窜抵惠通桥，被中国远征军第 36 师击溃。日军另一部于 5 月 3 日占领八莫，又于 8 日占领了密支那，切断了中国远征军从缅北回国的通路，[2] 后路既断，军心动摇，缅战全局已呈崩溃之势。

---

① 《杜聿明致徐永昌密电》（1942 年 4 月 24 日），国民政府军令部战史会档案，中国第二历史档案馆藏。
② 王楚英：《中国远征军印缅抗战概述》，见《远征印缅抗战》，第 104 页，中国文史出版社 1990 年版。

五、中国远征军的撤退

中国远征军在缅甸作战失利后，分两路向云南和印度退却。

第 5 军军长杜聿明鉴于入缅战败，将为印人所不齿，拒绝执行史迪威要他率第 5 军退入印度的命令，执意率第 5 军回国。但孙立人新编第 38 师仍照史迪威、罗卓英的命令向印度撤退。

5 月至 8 月初，第 5 军各部分为 4 路，从不同的方向撤退：该军直属部队之一部，新编第 22 师及长官部所属各单位由曼德勒转进至新平洋（Shingbwigang），因雨季延时 2 月余，又奉命改道入印。至 7 月底，到印度雷多。第 96 师及炮工兵各一部经孟拱、孟关、葡萄、高黎贡山返国；第 200 师及新兵训练处补充第 1、第 2 团自棠吉至罗列姆，以后沿途突破敌人封锁线，经南盘江、梅苗、南坎以西返国。

图 31.3　中国远征军从缅甸撤退时的情景

各部队经过之处，多是崇山峻岭、山峦重叠的野人山及高黎贡山，森林蔽天，蚊蚋成群，人烟稀少，给养困难。本来预计在大雨季前可以到达缅北片马附近，可是，由于沿途之道多为敌人封锁，不得不以小部队牵制敌人，使主力得以安全转进。因此，迂回曲折，费时旷日。至 6 月 1 日前后，军直属部队一部及新编第 22 师到达打洛，第 96 师到达孟关附近，第 200 师到达中缅边境南坎附近，黄翔部到达国境泸水附近，与国内宋希濂部取得联系。①

6月至7月，缅甸整日倾盆大雨，原来旱季作为交通道路的河沟小渠洪水汹涌，既不能徒涉，也无法摆渡和架桥。工兵制造的无数木筏皆被洪水冲走，有时连人也被冲走。加以原始森林特别潮湿，蚂蟥、蚊虫以及千奇百怪的小爬虫比比皆是。蚂蟥叮咬，破伤风病随之而来，疟疾、回归热及其他传染病大为流行。官兵死亡累累，沿途尸骨遍野，惨绝人寰。② 杜聿明途中患病，险些丧生。戴安澜在转战途中遭敌袭击，身负重伤，壮烈殉国。是年秋季，在国内为戴安澜举行了隆重的追悼会。中国共产党和八路军领导人高度颂扬了戴安澜将军的英雄气概和壮烈事迹。毛泽东题赠的挽词为："外侮需人御，将军赋采薇。师称机械化，勇夺虎罴威。浴血东瓜守，驱倭棠吉归。沙场竟殒命，壮志也无违。"周恩来的挽词为："黄埔之英，民族之雄。"朱德、彭德怀的联名挽词为："将略冠军门，日寇几回遭重创。英魂羁缅境，国人无处不哀思。"10月16日，国民政府追认戴安澜为陆军中将（原为陆军少将）。是年7月20日，美国总统授予戴安澜军团功勋章，以表彰他在缅甸战役中的卓越战绩和为中国陆军建树的崇高声誉。

图31.4　戴安澜将军

---

① 杜聿明：《中国远征军入缅对日作战述略》，见《远征印缅抗战》，第33~34页。
② 杜聿明：《中国远征军入缅对日作战述略》，见《远征印缅抗战》，第33~34页。

远征军第 66、第 6 军也于同期向云南撤退。第 66 军历经艰险，至 1942 年 9 月 5 日才突破重围，退至滇西碧江。因三面受敌，第 6 军最后放弃景东，撤回滇南。

中国远征军在撤退途中，由于指挥错乱，环境恶劣，致使各部队被敌杀伤、落伍、染病、死亡的比血洒战场的还多。如第 5 军入缅 42000 人，撤回 20000 人，战斗死伤 7300 人，撤退死伤 14700 人，① 为作战死亡的一倍多。远征军入缅 10 万人，撤到滇西和印度的仅 4 万人左右，足见其损失之惨。

中国远征军在缅甸防御战中英勇拼杀，屡挫敌锋，使日军遭到其发动太平洋战争以来少有的打击。远征军多次救援英军，创造了同古保卫战、斯瓦阻击战、仁安羌解围战、棠吉恢复战等出色战例，使中、外、敌、友莫不惊叹钦佩。

但是，远征军的喋血奋战并未能挽回缅甸防御战的颓势，失败原因是多方面的。首先，日军早已对东南亚地区各方面情况作了广泛调查，并积累了一定的山区丛林作战经验，准备充分，加之开战不久，即掌握了缅甸制空权，故进展迅速。其次，是中英两国战略目标不同。英国本无保卫缅甸决心，拟放弃缅甸，退保印度，中国则要确保仰光出海口，保护滇缅路的畅通。双方战略目的不同，在作战行动上就很难协调一致，相互配合。而且，英军又存私心，很少向中国远征军通报军事行动，一旦战局紧张，即迅速撤退，不顾中国军队安危。最后，令出多门，各行其是。中国远征军入缅作战，其最高指挥是史迪威与罗卓英，具体军事行动则直接受命于蒋介石领导的军委会驻滇参谋团；而英美则把缅甸划入英国负责的南太平洋战区辖制下的东南亚战区，结果令出多门，既没有制订协调一致的作战计划，又没有形成集中统一的指挥。其失败势所难免。

---

① 杜聿明：《中国远征军入缅对日作战述略》，见《远征印缅抗战》，第 34 页。

小　结

　　太平洋战争爆发，使中国的抗战局面发生了重大的变化：国民政府立即对日、德、意宣战，中国人民的民族解放战争终于和国际反法西斯战场连为一体。随着国际反法西斯统一战线的建立及盟军中国战区的设立，中国战场的重要性日显突出。

　　中外关系朝着好的方向发展，英国、美国对华援助有相当程度的增加。由于中国人民的艰苦抗战所赢得的国际声誉，也由于美国的帮助，中国的国际地位有一定的提高，蒋介石出席了开罗会议，列强在华的不平等条约得以废除。但是，由于中国的国力所限，各盟国间的利益不尽相同，合作过程中仍有一些摩擦。

　　在中国战场上，中国军民继续与日本侵略军浴血奋战，在第三次长沙会战、浙赣战役、常德会战等作战中给日军以很大的杀伤、消耗，保持了原来的战略相持状态，使近百万的精锐日军深陷在中国，有力地支援、配合了盟军在其他战场的对日作战。不仅如此，中国军队还组成远征军出国作战，在缅甸和盟军并肩作战，创造了同古保卫战、仁安羌救援战等出色战绩。中华儿女血洒异域，扬威海外，为世界反法西斯战争的胜利作出了很重要的贡献。

第七部分

敌后抗日根据地的
恢复和发展

第 32 章
华北抗日根据地军民继续
粉碎日军"扫荡"

一、华北敌后抗战的形势和任务

华北抗日根据地军民经过两年的艰苦斗争，挫败了敌人的五次"治安强化运动"。1943 年，各解放区均进入恢复和发展时期。

1943 年，第二次世界大战格局发生重大变化，整个战争时局对日本十分不利。太平洋战场的失利，中国战场的困境，国内政局的不稳定，经济力量的枯竭，日本民众及军队内部厌战、反战情绪的激增等因素，使日本侵略者日益陷入难以自拔的境地。

为摆脱困境，日本于 1942 年 12 月 21 日的御前会议上制订了所谓"对华新政策"，决定大力加强汪伪政权的政治力量，达到其"以华制华"的目的。为此，日军大本营在 1943 年度《对华作战指导计划》中，将确保日军占领区、重要资源开发区、城市和交通要道的安全作为中国派遣军的首要任务。

为贯彻"对华新政策"和日军大本营作战方针，日本华北方面军司令官冈村宁次于 1943 年 1 月 11 日发表谈话时强调华北仍作为其"兵站基地"，要求"华北方面军在此时机更要进一步发挥野战军的本领"，消灭严重威胁这一地区的"致命之敌中国共产党军"。① 3 月 24 日，华北方面军下达了 1943 年度《作战警备纲要》，将作战重点指向八路军。

日军对中共的抗日宣传、武装斗争、争取瓦解日伪军及发动群众坚持敌后游击战争等政治、军事攻势深为惊恐，担心中共力量的发展"不仅阻碍华北，而且阻碍整个中国"。② 因此，1943 年华北方面军将冀西、冀东、太行山区及鲁西、鲁南等抗日根据地作为主要进攻目标，要求作战部队对上述地区的"'剿共'作战，须彻底实行之"。③

中共中央在国际形势有利于中国抗战的局势下，针对日本侵略者犹作困兽之挣的情况，制订了敌后抗战的方针和任务，要求全党"对敌应用一切方法，坚持必不可少之根据地，反扫荡、反蚕食之军事斗争与瓦解敌伪之政治斗争，均须讲究最善方策"。④ 同时强调要加强敌后抗日根据地的政权建设（三三制政权建设）、经济建设（生产运动）、党的建设（整风运动）。中共中央北方局于 1942 年 12 月 23 日发出《关于华北抗日根据地 1943 年工作方针的指示》，指出华北抗日军民的基本任务是：进一步巩固抗日根据地，坚持敌后抗日游击战争，克服困难，积蓄力量，为反攻及战后做准备，以便迎接伟大新时期之到来。在政治上改造各级政权机关，实现民主政治。经济上开展减租减息，开展反贪污浪费等斗争。军事上普遍开展群众性的游击战争，加强民兵建设，提高正规军素质，对敌伪加强政治攻势，开展瓦解日伪军工作。⑤

华北各根据地军民，在上述敌后抗战方针指导下，积极开展对敌斗争，继续

---

① 日本防卫厅战史室编：《华北治安战》（下），第 275 页。

② 日本防卫厅战史室编：《华北治安战》（下），第 284 页。

③ 日本防卫厅战史室编：《华北治安战》（下），第 285 页。

④ 毛泽东：《国民党的五大困难和我党今后方策》（1943 年 6 月 1 日致彭德怀电），见《中共党史教学参考资料》第 17 册，第 313 页。

⑤ 中共中央北方局：《关于华北敌后抗日根据地 1943 年工作方针的指示》（1942 年 12 月 23 日），见《中共党史教学参考资料》第 17 册，第 250~251 页。

粉碎日军的"扫荡"、"清乡"和"蚕食"。

二、晋察冀军民反"扫荡"

晋察冀边区，是中共抗战期间创建最早的敌后抗日根据地。它直接威胁北平、天津、张家口、太原、石家庄、保定、唐山等敌占战略要地及伪满洲国，战略地位极其重要，为敌"扫荡"的重点，敌我斗争甚为残酷。根据地军民在根据地大面积收缩，主力部队伤亡较多，地方干部损失较大的严重困难前，继续坚持斗争。1942 年 9 月 11 日，中共晋察冀分局和晋察冀军区在聂荣臻主持下，在平山县寨北村召开了边区党政军高级干部会议，军区副司令员肖克在会上作军事报告，指出当前华北各根据地面临的困难是敌人"蚕食"政策的严重危害。为开展反"蚕食"斗争，会议确定了"以武装斗争为核心，配合各种斗争，向敌后展开全面攻势，变游击区为根据地，敌占区为游击区，敌进我进，向敌后之敌后伸展"的方针。① 明确提出"到敌后之敌后去"的口号。这次会议对扭转晋察冀边区对敌斗争的被动局面、恢复和发展根据地起了重要作用。边区各地军民在党政军统一领导下，积极开展反"扫荡"斗争。

晋察冀边区政府所在地北岳区位于平汉、平绥、正太、同蒲四大铁路之间，具有重要的战略地位。该地区在日军 1941 年的大规模"扫荡"和 1942 年的全面"蚕食"后受到严重损失。1942 年秋，根据地退缩了 20 华里，周围敌碉堡增至 1800 余个。② 是年 9 月以后，全区开展反"蚕食"斗争，深入敌后开展游击战，打破敌人的全面封锁。

1943 年初，日军为摧毁根据地领导机关，消灭八路军主力部队，在全面"蚕食"失败后，改为实行对预定目标分进突击的"跃进蚕食"战术，以迂回包抄向中心区压缩包围，或以夜间奔袭突入根据地中心的办法，进犯北岳抗日根据地。

---

① 魏宏运主编：《华北抗日根据地纪事》，第 340 页。
② 陈廉：《抗日根据地史略》，第 98 页，解放军出版社 1987 年 10 月版。

4月18日至5月11日，敌集中12000余人，对北岳区进行分区"扫荡"，八路军以主力一部坚持内线分散游击，在对敌阻击和侧击作战中予敌较大杀伤；一部转外线深入敌占区，乘敌远途奔袭、后方空虚之际，在敌深远后方开展袭击战和交通破袭战；地方武装和民兵配合主力部队，以地雷战、麻雀战连续打击敌人，使敌人在根据地内难以立足。

在这次历时一个月的反"扫荡"作战中，八路军共作战200余次，毙伤日伪军1700余名。[①] 敌军在八路军及地方武装和民兵英勇打击下，被迫撤退。其摧毁根据地指挥中枢的计划失败，事后日军不得不承认"共军的战斗意志极为坚强，只剩一兵一卒也要坚持抵抗"。[②]

1943年9月16日至12月15日，敌华北方面军第63师团及第110、第26、第62师团及独立混成第3旅团各一部及伪军共40000余人，对北岳区实行所谓"毁灭扫荡"，企图打击该区八路军主力，破坏秋收、屯粮计划，一举摧毁根据地。这次反"扫荡"战役历时3个月，按敌"扫荡"重点分为3个阶段。

第一阶段，敌对根据地中心区实行分散"清剿"，八路军以"集中优势兵力，打击分散之敌"战术打破敌"清剿"计划。第二阶段，敌以重兵"扫荡"滹沱河沿岸产粮区，八路军开展主力与民兵配合，掩护群众抢收、屯粮的斗争，使敌抢粮计划落空。第三阶段，敌采取奔袭合击战术袭扰八路军后方机关，掩护其主力撤退。根据地军民齐心协力，内线与外线紧密结合，主力与民兵相互策应，积极打击来犯之敌。但根据地在敌残酷"扫荡"下，损失较严重，在敌制造的多起惨案中，烧毁房屋13万间，被害群众5000余人。[③]

北岳区军民在这次历时3个月的反"扫荡"作战中，与敌作战4200余次，歼灭日伪军9400余人，攻克敌据点200余处，炸毁日军火车10余列，击毁坦克3辆、汽车240余部，击落飞机1架，并一度攻入保定、望都、唐县、完县、浑源

---

① 北京军区晋察冀战史编写组：《晋察冀军区抗日战争史》，第3章，第45页，军事科学出版社，1986年8月版。

② 日本防卫厅战史室编：《华北治安战》（下），第305页。

③ 北京军区晋察冀战史编写组：《晋察冀军区抗日战争史》，第3章，第64页。

等 13 座城镇，恢复根据地原有地区和开辟敌占区村庄共 3000 多个，粉碎了敌数万人的大"扫荡"。[①]

北岳区反"扫荡"取得胜利，具有重要战略意义。这一地区地处太行山脉北段，是八路军向冀中、冀东、察哈尔、热河进军的通道。也是晋察冀其他战略区的依托，是敌华北方面军 1943 年对敌后抗日根据地实施进攻的主要目标之一。敌华北方面军对北岳区深为重视，自 1938 年起不断进行"扫荡"，企图摧毁这块根据地。1943 年又对北岳区进行春季"蚕食"和秋季"扫荡"，企图彻底摧毁该根据地，减轻对其占领区及主要交通线的威胁，以便顺利抽兵南下。但敌两次"扫荡"均被抗日军民一举粉碎，根据地得到恢复和发展，对平津两市及周围交通线造成威胁，为以后的反攻准备了有利条件。

与北岳互为依托的冀中抗日根据地是晋察冀边区的重要组成部分。冀中平原地广人多，物产丰富，盛产粮棉，冀西（即北岳区）的布匹、粮食及兵源也主要来自冀中。该区位于北平、天津、保定、石家庄、沧州、德州之间，处于敌伪统治华北的腹心地带，具有重要的战略地位，且横连平汉、津浦，纵贯平津、德石等重要铁路交通线，这块抗日根据地的存在和发展，不仅使敌占领的平、津、保等大中城市时刻受到威胁，而且对敌交通命脉构成致命的威胁，使敌难以实现其确保华北占领区的企图。为确保冀中，日军调集重兵自 1942 年 5 月 1 日起，进行了空前规模的大"扫荡"。这次"扫荡"后，冀中形势十分严峻，根据地变为游击区，人口减少约三分之二，主力部队和领导机关向山地作战略转移，敌我力量悬殊，斗争异常艰苦。要在一望无边、无险可守且敌情严重的平原坚持斗争，只有利用我方"众多的抗日人民"和"敌人兵力不够分配"的条件，"采取流动作战"方式，广泛开展平原游击战争，[②] 才能有效打击敌人。

1943 年春，为贯彻中共中央北方局"坚持平原游击战争"的方针，主力部队

---

① 军事科学院军事历史研究部：《中国人民解放军战争史》第 2 卷，第 374～375 页。
② 毛泽东：《抗日游击战争的战略问题》，见《毛泽东选集》（合订本）第 411 页，人民出版社 1966 年 3 月版。

由山区陆续返回冀中，与地方武装、民兵紧密配合，发挥平原游击战争的特点，以"地道战"和"水上游击战"等战术，有效杀伤敌军。八路军化整为零，将部队改成"大班制"，以小部队分散游击。广泛发动群众，经过总结推广经验，将过去单纯隐蔽的、防御性的地道改造成能攻能守的战斗堡垒。许多地区经过地形改造、村落改建，构成房顶、地面、地道、沿村、街道、院落，纵横交叉火网，将村庄、野外、地道组成连环立体的作战阵地，既可野外出击，又能院落阻击，既利于防御，也利于进攻，形成坚固的"地下长城"，解除了平原无山可依托的顾虑，使八路军在敌碉堡林立，路沟如网的平原上，到处都有巩固的后方。如在雄县的米家务，八路军第10军分区部队利用地道作战，仅一星期即粉碎了日军1个大队、伪军1个团的进攻。[①] 冀中军民在残酷的战争环境里，集中群众智慧，筑成"地下长城"，使无险可守的平原成为坚固的要塞。在水上，又凭借芦苇掩护开展水上游击战，建立苇塘根据地，主动攻击日伪军。在袭击天津近郊杨柳青作战中，即以苇塘青纱帐为掩护，采用分散拦阻、以逸待劳等战术，与1万多敌军周旋，使敌飞机、大炮失去作用，打破了敌军"围剿"苇塘的计划，从而牵制了部分敌军，配合了相邻地区的反"扫荡"作战。

至1943年底，冀中区攻克和逼退日伪军据点碉堡600余个，恢复和扩大村镇3500多个，基本打开冀中抗日新局面。

敌在"扫荡"冀中的同时，亦将兵锋指向冀东。冀东是东北和华北的结合部，是日军侵华的咽喉要道，因此成为敌竭力争夺的重要战略区。自1942年秋冬到1943年春，日军对冀东抗日根据地实施第五次"治安强化运动"，在关内平原地带挖壕沟筑碉堡，在关外热南山区"集家并村"制造"无人区"。冀东八路军主力被迫转移至外线，冀东基本区大部被"蚕食"。1943年1月，冀东根据地党政领导决定，本年的基本任务是动员一切力量恢复基本区。

1943年冀东军分区主力开展了两次恢复基本区的作战。是年2月，入关部队

---

① 杨成武：《冀中平原上的地道斗争》，冀中军区司令部1945年5月编印，军事博物馆藏。

图 32.1　1943 年，冀东丰润县中学学生告别在校师生参加八路军

分 3 路进入基本区，途中东、西两路受阻，中路部队数百人在军分区司令李运昌率领下，由喜峰口附近入关，突破敌阻扰，南下至唐山西之南青坨与敌展开激战。后日军从唐山、天津增调援兵 1000 余人轮番进攻，八路军依托村落英勇反击，顺利冲出包围圈。敌围歼失败后，又以十倍于我之兵力，利用交通之便连夜构成封锁线阻击八路军突围部队。我军侦知敌情后，于黎明前迅速抢占制高点，准备殊死战斗。激战终日，八路军以地形熟、分散作战能力强等有利条件，胜利地突出重围。此役共毙伤日伪军 700 余人，我军伤亡 70 余人，[①] 打击了敌人的气焰，鼓舞了人民的斗志，改变了游击队过去"隐而少动"的秘密活动状态，转为较为公开的主动出击小股敌人的活动形式。这为进一步恢复基本区，准备了有利的条件。

6 月，第二次恢复基本区战役拉开战幕。主力部队连克敌据点多处，并迫使伪军 1 个营起义，瓦解了一条封锁线。在各部队协同作战下，恢复工作顺利开展，基本夺回被敌"蚕食"的地区。

---

① 中国人民解放军河北军区史编辑室：《晋察冀军区冀热辽军区抗日战争史》（初稿），第 53 页，1957 年 10 月编印。

从 2 月到 7 月，八路军先后恢复了长城以南、北宁路以北的大部分基本区，并扩大了北宁路以南、滦河以东的部分新区。至 9 月。又开辟了通县、三河、顺义等新区。至此，冀东全区包括东自临榆、西至通县、南临渤海、北到热中的大片地区。冀东区也于是年 7 月改为冀热辽区。

1943 年冀东部队共作战 200 余次，攻克敌据点 50 余处，歼敌 7000 余名。主力、地方部队及游击队人数逾万，全区人口近 400 万。[①] 冀东抗日军民反蚕食斗争的胜利，粉碎了敌控制冀东的企图。

三、晋冀鲁豫军民反"扫荡"

1943 年 1 月 25 日至 2 月 10 日，中共中央太行分局在涉县温村召开高级干部会议。会上太行分局书记邓小平作了《五年来对敌斗争的概略总结与今后对敌斗争的方针》的报告。总结了 5 年来对敌斗争的经验，确定了今后的斗争方针。会议决定继续贯彻"敌进我进"方针，向敌后之敌后发展，并对今后如何贯彻"敌进我进"，开展敌占区、游击区工作，提出了一系列具体的政策和策略。会后各地区组织近千支游击队，小部队深入敌后，普遍开展群众性的游击战争，坚决打击敌人的"扫荡"和"蚕食"。

1943 年 5 月初，日军为摧毁八路军总部和八路军第 129 师机关，调动第 36 师团所部及第 37、第 69 师团各一部和独立混成第 3、第 4 旅团和伪军各一部共 15000 人，分别从潞城、武乡、辽县、沙河、武安、林县出发，以大合围阵式，采取梳篦队形，向根据地中心区压缩包围，企图围歼八路军总部和第 129 师主力部队。

八路军事先获得情报，决定在敌合围圈形成之前先行转移。八路军先以小部队牵制敌人，以火力判明敌军间隙，主力部队利用夜色掩护和准确情报，及时跳

---

① 综合《晋察冀热辽军区抗日战争史》及陈廉：《抗日根据地发展史略》等资料。

出包围圈。敌企图未能得逞，转而疯狂捕杀根据地干部和群众。根据地军民以内线与外线相配合的战术，坚决反击敌军的"扫荡"。留在内线部队与地方武装、民兵一起，开展伏击战、麻雀战、地雷战，与外线部队对敌实行内外夹击，打乱敌合击阵式。外线主力部队积极向白晋线、平汉线进击，破袭敌补给交通线，袭扰敌后方。同时，太岳、冀南军区部队分别在白晋线、平汉线积极配合作战。5月下旬，敌分别向同蒲、正太、平汉铁路沿线撤退。太行区反"扫荡"作战，共歼灭日伪军2500余人。①

这次反"扫荡"作战中，我军敌情判断准确，军事准备充分，转移时机掌握恰当，运用了"敌进我进"、"声东击西"、"避实击虚"、"大胆穿插"等游击战术，取得了"反扫荡"作战的胜利，打破敌摧毁太行山抗日根据地、消灭八路军指挥机关的"扫荡"计划。

1943年8月，太行军区为歼灭平汉路以西伪军庞炳勋部，开辟豫北新局面，在八路军总部统一指挥下，与冀鲁豫军区在平汉路东侧发起的卫南战役相呼应，集中主力发起林南战役。

自1943年5月以来，分驻于新乡至安阳间平汉铁路各要点及两侧地区的伪军第24集团军各部，积极配合日军，不断袭扰抗日根据地。

7月10日，伪新5军、新7军、第40军及太行保安队各一部共约20000余人，与日军第35师团的3个步兵大队相配合，分别从辉县、临淇、水冶等地向林县县城及周围地区推进。

战役开始前，从辉县之西平罗、回寨，到林县之姚村地区，驻有日军第35师团两个大队及伪军共20000余人。敌伪军兵力虽强，但部署分散，加上日伪之间矛盾重重，伪军内部军心动荡，士气低落，整体指挥不统一，各部难以协调动作。根据上述情况，八路军第129师师部决定，以优势兵力先分割包围，各个歼灭林县县城及周围据点的伪军主力，而后在有利条件下，扩大战果，继续消灭东

---

① 军事科学院军事历史研究部：《中国人民解放军战史》第2卷，八路军重要战役战斗一览表，第29页。

姚、合涧、临淇、平罗等地之伪军；并以少数兵力围困日军据点，切断其与伪军之联系，同时组织兵力阻击、侧击和牵制出援之日车。

第129师参战部队分为东、西两个集团。东集团由第1、第10、第13、第34、第771团及警备第12团等组成，西集团以第2、第3、第20、第32、第769及警备第32团等组成。太行第5军分区部队，与地方武装、民兵等组成汤安支队，在水冶、观台之线阻击安阳出援之敌；抗日军政大学第6分校组成的武装工作队，在东姚、临淇、原康地区开展游击战，牵制、袭扰敌军，配合主力作战。太岳部队出击白晋路之日伪军，策应东、西集团军作战。

林南战役于8月18日开始。18日零时30分，八路军西集团军第769团首先对林县西郊伪军据点发起攻击。第20团和第3团分由东、西、南三面同时攻入城内，警备第32团与城北关守敌展开激战。拂晓后，伪军几次组织反扑，均被击退。激战至中午12时，我军攻克伪第24集团军前敌指挥部和保安司令部。除伪新5军军长兼前敌总指挥刘月亭负伤潜逃外，其余全部被歼。19日，林县外围敌据点全部肃清。与此同时，东集团军一面准备阻击安阳出援之敌，一面将驻守曲山、南北陵阳、东西夏城、蒋里、姚村、何家等地的伪新军暂编第5师师部、伪第10团及杨振兰之独立旅全部歼灭。20日，八路军东西两集团军乘势南下，扩大战果。分别收复东姚集、李家厂、鹤壁集、西鹿楼及合涧、原康、临淇和东西平罗等地。24日，安阳出援日军1000余人，辉县出援日军400余人，分别抵达林县、临淇。26日，两股日军会合进占原康。八路军西集团军以第2团组织反击，并向敌侧背坡底、小庄地区进击。出援日军被迫乘夜渡河撤回林县。时值秋雨，山洪暴发，渡河日军100多人被河水冲走，我军亦因渡河困难，停止追击。至此，历时9天的林南战役结束。是役，共歼灭日伪军7000余人，攻克和收复据点80余处，解放人口40余万。八路军伤亡700余人，第3团团长周东凯壮烈牺牲。①

林南战役，是1943年太行区八路军发动的一次规模较大的战役。此役由于八

---

① 军事科学院军事历史研究部：《中国人民解放军战史》第2卷，第31页；李达：《抗日战争中的八路军一二九师》，第332页，人民出版社1985年8月版。

路军准确判断敌情，适当布置兵力，正确运用奇袭、强攻、分割包围等游击战术，并利用日、伪内部矛盾，分化瓦解敌人，因此取得较大胜利。这次战役的胜利，使八路军控制了林县以南广大地区，同时还开辟了太南大片新区，挫败了日军重点"扫荡"太行山地的作战企图。

　　日军春、夏季"扫荡"被粉碎后，又开始实施其秋、冬季"扫荡"计划。日军作战目标为合击八路军主力兵团，捕捉根据地党政人员及维护其交通运输。太岳区是日军"扫荡"重点。10 月 1 日至 17 日，日军集结兵力"扫荡"岳北。日军第 1 军第 37、第 62、第 69 师团各一部及伪军共 20000 多人，在飞机掩护下，采取所谓"铁滚式"战法，对根据地实行毁灭性"扫荡"。

图 32.2　1943 年 8 月，太岳军区军官与日本人反战同盟成员合影

　　敌将参战日伪军编为 3 个梯队。10 月 1 日开始，敌第 37 师团、第 69 师团、第 62 师团，分别由西面、北面和东北面向根据地压缩包围。敌军首先"扫荡"岳北地区，并向临汾至屯留公路两侧推进，尔后主力越临屯公路继续南进，企图合围岳南地区。八路军主力适时转移，打乱敌合围计划。部队主力转到外线后，积极袭击敌后交通线，对白晋路和同蒲路东侧部分敌人据点开展袭击，对敌后方造成威胁，策应了根据地内军民反"扫荡"斗争。

10 月 26 日晨，太岳第 2 军分区第 16 团在临汾东北之韩略村伏击敌车队，全歼敌华北方面军为推广其"新战法"所组织的"战地观战团"。该"观战团"由旅团长和联队长以下军官 120 人组成。韩略村伏击战打乱敌"扫荡"计划，敌不得不抽调一部"清剿"兵力至临汾地区。10 月 28 日至 11 月 22 日，敌"扫荡"中条山地区，又被八路军第 4 军分区部队打退。从 10 月 1 日到 11 月 22 日历时 53 天的反"扫荡"作战，根据地军民共作战 720 余次，毙伤日、伪军 3500 多人，攻克据点 14 处，我军伤亡 800 余人。①

1943 年春，敌继续在冀南区推行其堡垒封锁政策。根据地内公路、沟墙成网，碉堡、据点如林，被敌分割的各小块根据地之间各自孤立，联系困难。"全区几乎都变成游击区，人口减少了二分之一还多"。② 为打破封锁，冀南区坚决贯彻中共中央北方局指示，实行"敌进我进"方针，以更多的武工队、小部队加强边沿区斗争，深入敌占区积极活动。扩大敌占区游击战争，依靠群众，坚持斗争，粉碎敌人对根据地的"扫荡"。③

冀南军民开展各种形式的游击战，其中作用最大，威力最强的是地道战。冀南区利用平原地带特点，在所有道路上掘出丈余深的道沟，使敌机械化部队前进时，须先填沟后行动，比步行还慢。道沟迟滞敌军行动，便利我军穿插作战及掩护群众转移。冀南军民为发挥地道战威力，进行地形改造，使村与村相通，乡与乡相连，日军的地面"扫荡"处处扑空，陷入被动局面。

1943 年初，日军以 2000 兵力"清剿"平乡地区，当地军民利用地道与敌周旋数日而未受损失。根据地军民还利用地道收藏粮食，与敌进行反掠夺斗争。地道战在平原地区反"扫荡"、反"清剿"作战中发挥了重大作用。

1943 年 7 月，伪暂编第 6 军等部 8000 余人侵犯平汉路以东冀鲁豫区滑县、长垣间之焦虎集、瓦岗集地区。冀鲁豫根据地军民为保卫和扩大根据地，根据八路

---

① 军事科学院军事历史研究部：《中国人民解放军战史》第 2 卷，重要战役战斗一览表，第 32 页。
② 李达：《抗日战争中的 129 师》，第 223 页。
③ 《中共中央北方局对目前冀南工作的指示》（1942 年 6 月 22 日），见魏宏运主编：《华北抗日根据地纪事》第 320 页。

军总部作战意图，发起卫南战役。7 月 30 日，伪暂编第 6 军一部 2000 余人向官桥营一带八路军新编第四路军作试探性进攻，冀鲁豫军区即以新编第四路军正面吸引敌人，以第 16 团、第 21 团分别向敌侧后迂回包围，尔后以奇袭战术，一举歼灭敌 1000 余人。31 日夜，八路军乘胜袭击伪第 7 师师部驻地焦虎集，经激烈战斗，全歼守敌。8 月 2 日晚，强袭敌独立旅驻地瓦岗集，激战至次日上午，全歼该旅旅长以下 1600 余人。战斗结束后，部队稍作休整，又于 8 月 19 日奔袭袁庄，歼灭该地伪第 7 师和独立旅残部共 2200 余人，同时击退大范庄出援之敌。当晚，又乘胜向大范庄伪第 6 军发起总攻，残敌退往卫河以西，战役胜利结束。是役共歼伪军 5600 余人，[①] 收复卫河以南地区，新建卫南、滨河、滑县 3 个抗日政权及地方武装。卫南战役是冀鲁豫军区组织的一次大规模战役。作战中，八路军充分利用日、伪矛盾，集中使用优势兵力，成功运用穿插奇袭、分割包围战术，达到了歼灭敌人的作战目的，新开辟了豫北地区，为继续向南发展奠定了基础。

1943 年，冀鲁豫区还开展了秋季反“扫荡”。是年 9 月。日军集中第 32、第 35、第 58 师团及骑兵第 4 旅团主力和伪军一部共 30000 余人，对冀鲁豫区实施“分区清剿”。9 月 21 日，敌调集 10000 余人，由济宁、新乡、开封、商丘、兖州等地出动，分 10 路向西南微山湖根据地中心区单县东南推进，对军区主力实行“铁壁合围”。该区八路军从敌薄弱部跳出合围圈，转至外线敌人侧后地区。敌合围扑空，转而追击，再度落空。10 月 3 日，敌主力万余人奔袭曹县西南八路军第 5 军分区驻地五厂地区，分区机关及第 21 团等部被敌围攻。经激战，第 21 团等部突出重围，但一部分机关遭到围歼，损失重大。4 日起，敌不断合击菏泽、定陶、曹县和滑县以南地区。分区主力及时转移外线，乘虚袭人敌占区，予敌以有力打击。

10 月 12 日，敌集中 15000 余人，分 13 路合围冀鲁豫中心区濮县、范县、观城地区。该地区八路军侦知敌人企图，适时跳出包围圈。18 日夜，我军主力突袭

① 军事科学院军事历史研究部：《中国人民解放军战史》第 2 卷，第 31 页，重要战役战斗一览表；中国人民解放军第二野战军战史编辑室：《129 师暨冀晋鲁豫军区抗日战争史》，第 168 页。

东平，捣毁伪县政府、警察所，尔后乘胜东进，连克夏诚、大井等 11 个据点，对敌后方及泰安至济宁补给线造成严重威胁。敌合围扑空后，慌忙转移主力，只留少数兵力在中心区实施"清剿"。八路军在内线坚持斗争的部队与民兵配合，10 天内作战 16 次，重创敌"清剿"部队。敌在八路军内外线部队有力打击下，被迫于 10 月 22 日退出中心区，撤向济南、开封等据点。11 月中旬，全部退出根据地。冀鲁豫军民取得秋季反"扫荡"的胜利。这次反"扫荡"持续 50 余天，大小战斗 300 余次，歼敌 4000 余人。①

四、晋绥军民反"扫荡"

1942 年，晋绥根据地"敌进我退"的形势十分严重。为扭转这种局面，毛泽东于 1942 年 10 月指示晋绥分局检查根据地缩小的原因，制订积极开展游击战争，向敌人挤地盘的方案。要求中共晋绥分局振奋军心、民心，向敌人采取进攻的政策。② 为贯彻这一指示，中共晋绥分局于 1942 年 11 月 4 日在兴县蔡家崖召开分局扩大会议，提出向敌人挤地盘是今后对敌斗争的方针和任务，会后分局发出关于开展《对敌斗争的指示》，要求"把敌人挤出去"。为适应这种斗争形势，加强对敌斗争力量，从部队和地方抽调 320 名对敌斗争经验丰富的骨干，充实武工队，将武工队扩展了一倍，由原来的 15 个发展到 37 个，同时还派近 40 个主力连和 50 个游击中队配合武工队。

1943 年 1 月，晋绥军区决定向离（石）岚（县）、忻（县）静（乐）、五（寨）三（岔堡）3 条公路及交城以西山地，开展"挤敌人"的斗争。

守备岔口据点的日军第 59 旅团第 83 大队一个中队及伪军一个小队，自 1943 年初起向据点周围地区频繁"清剿"，对抗日根据地加紧"蚕食"。2 月 7 日至 3 月 10 日，八路军晋绥军区第 8 军分区派出第 6 支队进入岔口地区与武工队配合行

---

① 军事科学院军事历史研究部：《中国人民解放军战史》第 2 卷，重要战役战斗一览表，第 32 页。
② 魏宏运主编：《华北抗日根据地纪事》，第 353 页。

动。先以武工队隐蔽活动，积极开展反"维持"斗争，破坏敌特务网，镇压汉奸首恶，打击了敌人的嚣张气焰，鼓舞了群众的斗争信心。第 6 支队掌握敌春节期间外出骚扰的活动规律，于正月初二在岔口以西的石沙庄设伏。7 日晨，当敌进入伏击地带时即发起攻击，歼灭敌军大部。石沙庄战斗结束后，我军又在岔口据点周围发动群众，开展反"维持"斗争。当地群众在八路军的掩护下，转移到根据地内，敌粮食来源及物资供应完全断绝，随即对敌据点实行围困。3 月 10 日，我军乘敌恐慌之际，夜袭岔口据点，歼灭该处守敌。

岔口军民在 3 个多月的"挤敌人"斗争中，摧毁 214 个村的"维持会"，歼灭日伪军 300 余人。晋西北各地也采取各种办法"挤敌人"，3 个月共战斗 460 余次，歼灭日伪军 1100 余人，摧毁了 827 个村的"维持会"，恢复了 535 个村的抗日民主政权，解放人口 80000 多，并组织了 290 多个村的"两面政权"。① 敌在根据地军民猛"挤"之下，退缩到到交通线附近，活动范围大大缩小。晋西北"敌进我退"局面基本扭转。

晋西北军民"挤敌"斗争的胜利，打破了日军的"蚕食"政策。晋绥军区部队在反击日军秋季大"扫荡"时，又取得甄家庄伏击战的胜利。

1943 年 9 月 23 日，日军第 3 独立混成旅团一部对岢岚、保德地区进行秋季"扫荡"。26 日，敌第 59 旅团第 85 大队合击兴县，妄图南北夹击晋西北领导机关和该地区八路军主力部队。八路军军区机关已先行转移，敌扑空后又分兵继续"扫荡"。

经分析敌情，进犯保德之敌独立混成第 3 旅团的两个大队兵力较大，并在保德建立了临时据点，不易歼灭；进犯兴县地区之敌第 59 旅团的第 85 大队兵力较小。该敌在去年田家会战斗中遭沉重打击，补充新兵较多，战斗力明显下降。且此次出犯已近一个月，沿途不断遭到袭扰，人马疲惫，弹药不济，长途奔袭，孤军深入，后援难济，难以持久，必很快撤退。撤退时有两条路可选择：一条向东

---

① 　红二方面军战史编辑委员会：《抗日战争时期 120 师暨晋绥军区战史》，第 157 页。

南经小善村、大善村返回据点；一条向东经兴县回撤。

根据以上判断，晋绥军区决定在敌第59旅团第85大队东撤时，采取伏击、袭击等手段将其逐次围歼。八路军战斗部署是：第26团及军区警卫营在兴县西北赵家川口东南的小善村设伏，阻击可能向东南撤退之敌；第17团则设伏于赵家川口以东之北坡村，阻击可能向东撤退之敌；第36团一部由临县进到小善村至北坡村之间的康家待机，视敌动向机动；第21团进至康宁镇附近，为第二线阻击部队，特务团东渡黄河袭扰牵制驻赵家川口之敌，并准备尾击东撤之敌。八路军第2分区则在上述主力作战同时，加紧围困保德、沙泉之敌，第6、第8分区积极袭击敌后方据点，破坏交通，予以牵制，以配合内线作战。

10月4日，八路军参战部队先后到达指定位置，特务团主力渡过黄河后即以两个连的兵力向赵家川口之敌发起攻击。5日凌晨，敌由赵家川口向康宁镇方向撤退，敌兵分两路，主力走山路向小善村前进，其余沿大路向冯家庄、大善村前进。拂晓，晋绥军区警卫营警戒分队在小善村与敌主力发生战斗。敌以一部兵力占领高地进行掩护，大部兵力向小善村展开进攻，企图以猛烈炮火打开退路。经激战，晋绥军区警卫营予敌一定杀伤后撤出小善村。敌军继续南进。此时，八路军第26团已占领有利地形，居高临下，顽强阻击敌军退路。向大善村方向撤退之敌，在冯家庄附近遭八路军第36团猛烈阻击后，被迫转向小善村东北与其主力会合。

在第26团、军区警卫营从正面阻击敌人的同时，第36团、第17团各以一部兵力积极向敌侧后进攻，协同第26团和军区警卫营，对敌形成四面包围。激战至中午，5架敌机飞来支援，八路军在敌地面、空中猛烈火力进攻下，仍顽强坚守阵地，打退敌5次进攻。下午，军区特务团赶到小善村以北，加入战斗。附近民兵和村民亦积极支持八路军。敌第85大队在根据地军民包围下急电求援，因其后方兵力不足，而保德、沙泉之敌与第85大队相距甚远，且遭根据地军民日夜围困，均无法前往增援。

10月6日，八路军决定乘敌突围之机，采取沿途设伏，逐次包围，最后消灭敌人。并以地方游击队和民兵配合主力，在大善村至康宁镇 17 公里的大道上设伏，各路口均埋设大量地雷，不断杀伤敌军。

6 日下午，敌在山上焚烧尸体，并炮击八路军第 36 团阵地，制造假象，迷惑我军，掩饰其撤退方向。晚 9 时，敌向康宁镇方向退去。我第 26 团、第 36 团、特务团和第 17 团等部队，立即跟踪追击。敌沿途屡遭我游击队、民兵埋设的地雷爆炸和袭击，天明后在飞机掩护下继续南逃。

7 日黄昏，敌逃至甄家庄东南，人困马乏，陷入包围圈，我军以主力部队围歼甄家庄残敌，另以一部兵力在甄家庄以东的郑家岔设伏，防敌东撤，并准备打击来援之敌。

8 日，3 架敌机低空盘旋，向被围之敌空投食品、弹药，并扫射和轰炸我军阵地，掩护其部队突围。八路军虽昼夜行军作战，仍然士气旺盛，紧紧包围敌人，防止敌人逃跑。此时敌军虽已十分狼狈，但仍继续固守待援。

9 日、10 日，八路军不断向甄家庄之敌发动攻击，敌军伤亡惨重。敌援兵未到，粮弹殆尽，仅靠飞机空投食品进行垂死挣扎。这时我第 29 团已奉命赶到甄家庄。为防止敌军突围南逃，10 日上午，第 17 团奉命进至甄家庄以南的安平村设伏，准备阻击敌人。当晚，特务团在甄家庄的部队全部调往郑家岔，以加强阻击力量。

在八路军连续攻击下，敌军阵地不断缩小，伤亡愈来愈大，有战斗力者不足 300 人。敌为轻装突围，10 日下午，将尉官以下伤兵一并焚烧。晚 9 时，残敌向东突围，我军跟踪追击。当敌军逃至郑家岔时，遭我特务团猛烈阻击。战至拂晓，敌大部被歼，残敌百余人乘夜向山村逃窜，以后只有零星敌人逃回王狮与赤坚岭据点。

此次战斗，共歼日军 700 余人，伪军 100 余人。①

---

① 军事科学院军事历史研究部：《中国人民解放军战史》第 2 卷，重要战役战斗一览表，第 33 页；军事科学院游击战研究组选编：《光辉的游击战》，第 282 页，军事科学出版社 1985 年 11 月版；红二方面军战史编辑委员会：《抗日战争时期 120 师暨晋绥军区战史》，第 163 页；红二方面军战史编辑委员会：《抗日战争时期 120 师暨晋绥军区战史》（附件）第 84 页。

在这次战斗中，我军采取集中兵力，对敌一部造成绝对优势的作战原则，在敌陆上与空中联合作战的情况下，集中近 6 个团的兵力，采取伏击、袭击、连续包围、进攻、追击等战斗方式，取得作战的胜利。我军在战斗中利用敌之弱点，积极创造和寻找战机。敌人进入根据地虽是孤军深入，后援不济，但其火力装备占很大优势，我军采取避敌锋芒，不断以游击战袭扰敌人，待敌战斗力疲劳消耗、后方空虚、交通断绝、粮弹不能补充、无兵来援、实行撤退之时，再以主力包围敌人，在其突围时利用有利地形进行阻击、侧击和追击，达到全歼敌人的目的。

八路军这次作战得到当地群众和地方政府的支援，敌人所到之处都遭到民兵的袭击。各次战斗都有民兵配合主力部队作战，自 10 月 1 日至 11 日，仅兴县民兵即作战 44 次。地方政府保证了军队的供给和伤员运输。因此取得甄家庄战斗的胜利，打击了敌人的"反挤"企图，为粉碎敌人的"扫荡"创造了有利的条件。

甄家庄战斗后，敌独立混成第 3 旅团再次对兴县地区进行报复性"扫荡"，均被当地军民打退。10 月 16 日，八路军在阳会崖、明通沟设伏歼敌，取得成功。

在这次反"扫荡"中，晋绥根据地军民共作战 300 多次，歼敌 1300 多人。[1] 秋季反"扫荡"的胜利，对巩固根据地起了重要的作用。

在反"扫荡"的同时，根据地军民打退了敌对我之"反挤"。打击了敌人的"蚕食"政策。至 1944 年 8 月，根据地军民经过一年又八个月的艰苦斗争，共挤掉敌伪据点 100 多个，收复村庄 2680 个。[2] 游击根据地的 3 块基本区得到恢复和发展。

五、山东军民反"扫荡"、反"蚕食"斗争

1943 年，敌在山东继续扩大"面"的占领，加紧"扫荡"和"蚕食"。这一

---

① 军事科学院军事历史研究部：《中国人民解放军战史》第 2 卷，重要战役战斗一览表。
② 陈廉：《抗日根据地发展史略》，第 64 页。

年敌人万人以上的大"扫荡"共 4 次，千人以上的"扫荡"共 46 次。1943 年上半年，根据地斗争形势十分严峻。清河区一年内受敌 3 次万人以上的大"扫荡"；鲁南根据地在 4 月、5 月、6 月 3 个月内敌伪增设了 18 处据点；胶东的南海和西海地区上半年增加了敌伪据点 17 处；冀鲁边区八路军分散活动部队及党政机关 1 至 5 月遭敌合击 8 次，损失严重。

日军据点增多，兵力减少，因此大力扶植伪军。山东伪军数量猛增，达 17 万之众，但战斗力很弱，加上其内部派系较多、成分复杂、各部之间矛盾很深。由于日军对伪军不完全信任，故对其不断编并、拆散，敌伪之间矛盾日益尖锐。此时，敌占区人民不堪敌之种种压迫和残酷掠夺，对日伪统治异常愤恨。这些情况有利于八路军广泛开展政治攻势和分散性游击战争。

为有效发挥我军战斗力，有力打击敌人"扫荡"和"蚕食"，1943 年 3 月，山东根据地对各级党政领导部门实行了调整和统一领导，同时，成立了新的山东军区，由罗荣桓任司令员兼政治委员。新的山东军区辖鲁南、鲁中、胶东、清河、冀鲁边、滨海等 6 个军区及所有主力与地方武装。将第 115 师、山东纵队所属各旅、各支队统一整编为 13 个主力团，同时加强地方武装。

中共山东分局和山东军区根据当前形势布置对敌斗争任务：大力坚持边沿地区斗争，广泛开展政治攻势，加强全面对敌斗争；有计划地组织反"蚕食"战役，相机拔除敌守备薄弱据点，打通与巩固各根据地之间的联系，条件成熟时夺回部队经济资源区，开辟游击区，改变被敌严重封锁的局面。"坚持我游击区，伸入敌占区，开辟边缘游击区"。①

山东根据地针对敌人继续实行其"总力战"和"蚕食"根据地的情况，吸收了太行山区对敌斗争的经验，决定广泛开展分散性游击战争。为此，加强了小部队、武工队、地方武装以及民兵建设。使主力部队、地方武装和民兵三者密切结合，提高了对敌斗争的主动性。

---

① 中共山东分局：《关于目前对敌斗争的指示》（1942 年 8 月 1 日），见魏宏运主编：《华北抗日根据地纪事》，第 329 页。

1943 年初，清河、冀鲁边军民先后粉碎日伪万余人的"拉网扫荡"。1 月 11 日，日伪军 12000 余人、汽车 200 辆，在飞机掩护下，对广饶北部垦区大举"扫荡"，企图消灭八路军清河军分区机关。我军先敌撤出，敌扑空后，又于 14 日夜在刘家寨、石村镇集结了 3000 余人，两路敌人于 15 日配合张店之敌 1500 余人及敌国警讨伐队 600 余人，合围高苑城西北之庄头、池涯、樊家林等地的清西军分区部队，我军大部安全突围。在分散突围中，该分区独立团一个连遭到敌合击，该连指战员与敌顽强战斗后全部壮烈牺牲。清河军分区在敌包围圈外作战的部队广泛开展破袭战，先后攻克沾化东北之韩家科等十几个据点，并一度袭入广饶西关。敌在内外夹击下，大部退缩到津浦铁路沿线，清河区军民反"扫荡"作战取得胜利。

1 月 17 日，日伪军 12000 余人对冀鲁边第 2 军分区突行合围"扫荡"。八路军采取分散作战，使敌连续 3 次合围失败。4 月 22 日至 29 日，敌集中日伪军 2 万多人，"扫荡"清河区。这次敌人更加疯狂，8 天之内连续进行 3 次"拉网"合围，企图消灭清河军区领导机关和主力部队，我清河军区机关与主力部队，先期撤出包围圈。

敌对清河区发动的 2 次万人大"扫荡"失败后，又对该根据地实行大规模"蚕食"。在清河区北面，部署日伪军 2500 人兵力以三里庄为中心，封锁黄河沿线，在南面以 7000 余人兵力沿小清河由东向西展开，严密控制小清河，企图夹击我军，逐步向内"蚕食"。我军以主力一部与民兵配合，在内线坚持分散游击，主力大部转至外线，寻机歼敌。

5 月底，八路军攻克北线敌重要据点三里庄，歼灭伪军一个团大部。[①] 6 月 4 日，敌从南北两线同时出动，占据清河中心区广（饶）博（兴）蒲（台）地区，安设据点 20 余处，切断清河区与冀鲁边区及胶东区的联系。我机关主力暂时转移。

---

① 中国人民解放军济南军区战史编辑室：《抗日战争时期山东军区战史》，第 202 页。

7 月，八路军利用青纱帐起、敌换防立足未稳、伪军内部混乱之际，对敌发起大规模反击。以小部队插入敌纵深，与地方武装和民兵配合袭扰敌人，拔除据点，予敌沉重打击。这次反"蚕食"作战，共摧毁敌据点 133 个，歼灭伪军 6 个团，毙伤日伪军 1380 余人，俘伪军 1700 余人。[1] 至 9 月中旬，我军不仅收复被敌"蚕食"之广（饶）北地区及小清河以南部分地区，并恢复了与冀鲁边、胶东区的联系。

1943 年 1 月，为配合清河区、冀鲁边区的反"扫荡"，八路军第 115 师教导第 2 旅一部打响了郑城战斗。郑城南邻陇海铁路，是敌在鲁南的重要防区，筑有坚固城防工事。攻击前，我军先以主力一部与数千名民兵配合围攻醋大庄等处敌据点，牵制"蚕食"之敌，同时发动万余群众破击临沂至郑城公路。19 日夜，攻城主力一部隐蔽接近敌人，突袭郑城守敌。突击组冒着敌人密集炮火迅速越过外壕，竖梯登城，控制了突破口两侧敌火力威胁。攻城部队攻入城内，分两侧逼进，敌被压挤到城中心。八路军以政治攻势配合爆破袭击，打击了敌人，动摇了伪军。我军一举攻克郑城，共歼灭日伪军 1000 余人，其中毙伤日伪军 400 余人，俘日军 7 人，俘伪军 600 余人，攻克据点 18 处。[2] 此役，迫使"蚕食"沭河沿岸敌军全部撤退，打破了敌对滨海地区的封锁计划，有力配合了冀鲁边、清河两区的反"扫荡"。这次作战，我军在战术上采取声东击西、交通破袭等战术牵制和迟滞敌援兵，攻城中又使用政治攻势配合连续爆破等手段打击和瓦解敌军，因而取得攻城作战的胜利。

在清河区反"蚕食"斗争的同时，滨海区和鲁中区展开了与敌伪抢占沂、鲁山区与诸、日、莒山区的战役。

沂山位于沂水县北，鲁山位于莱蒙县东，两山均海拔 1 千余米，西与泰山、南与蒙山相连，北抵胶济铁路，东达诸城、莒县，纵横数百里，构成山东中部最

---

① 中国人民解放军济南军区战史编辑室：《抗日战争时期山东军区战史》，第 20 页；中国人民解放军济南军区战史编辑室：《抗日战争时期山东军区战史》，（附件）第 76 页。

② 中国人民解放军济南军区战史编辑室：《抗日战争时期山东军区战史》，第 122 页；军事科学院军事历史研究部：《中国人民解放军战史》第 2 卷，重要战争战斗一览表，第 29 页。

大山区，为山东的战略要地，诸（城）、日（照）、莒（县）山区是滨海区北部最大山区，是八路军进攻胶济路东段、沟通滨海区与胶东区直接联系的重要依托。日军为阻碍我战略意图，割断根据地之间的联系，企图占领这些山区。自从原国民党吴化文、历文礼相继投敌后，鲁山区大部及沂山区一部已被日伪控制。7 月初，国民党军于学忠部突然南撤，保安第 2 旅张步云部投敌，这些山区将全部落入敌手，形势十分严重。山东分局和山东军区分析了当时形势，决定在敌人之先控制这些地区，争取抗日有利形势，随即部署了与敌伪抢占战略要地的战役。

八路军滨海军区主力一部于 7 月 5 日出发，至 14 日全部控制了诸日地区。16 日，击退了伪军张步云部对诸日地区的进攻。8 月 2 日，胶东军区第 14 团打通了胶东区与滨海的联系。7 月 28 日，鲁中军区部队经激战击败企图夹击我军的伪军历文礼和吴化文部，歼灭了历文礼特务团大部。与此同时，滨海军区第 13 团两个营越过台潍公路进入诸莒边，有力配合了鲁中部队的作战。八路军抢占沂鲁山区与诸日莒山区的作战取得较大胜利。在滨海区北部，我军已基本控制诸日莒山区，打通了与胶东区和鲁中区的联系。在鲁中区，八路军控制了沂山山区全部和鲁山山区的一部，面积约 2250 平方公里，[①] 控制这些战略要地，使我对敌斗争处于主动地位。

1943 年 11 月，敌军对鲁中区和清河区相继展开了大规模的冬季"扫荡"，其作战目的是摧毁这两处根据地，除去对其津浦、胶济两铁路的威胁，以便抽兵南下，同时掩护伪军吴化文侵占被我收复的北沂蒙山区。

敌军首先以第 32 师团的 5 个大队，第 59 师团的两个大队和独立混成第 5 旅团的两个大队及伪军共万人以上的兵力"扫荡"鲁中区。敌以伪军吴化文部向李集、金星头地区佯动，企图诱我主力出动。日军则在蒙阴、土门（新泰东）、沂水等地隐蔽集结，伺机围歼我军主力。11 月 9 日晚 8 时，集结于上述地区日军同时出动，以沂蒙山北部之朴里、金星头（蒙阴东北）为中心，由东、南、西三面

---

① 中国人民解放军济南军区战史编辑室：《抗日战争时期山东军区战史》，第 204 页；中国人民解放军济南军区战史编辑室：《抗日战争时期山东军区战史》，（附件）第 76 页。

向我合围，北面伪军吴化文部也配合日军南犯，企图对鲁中区部队形成四面包围态势。鲁中军分区机关和主力待敌四面展开后，避开敌军锋芒，巧妙转移至外线。敌合围失败后，又在根据地内辗转"清剿"。八路军内线坚持斗争的小部队和民兵游击队积极打击"清剿"之敌。鲁中第 2 军分区的第 11 团第 8 连 93 名指战员凭借天险，坚守南北岱崮（沂水县西北）18 天，冒着敌机炮火抗击了 2000 余敌人的无数次进攻，歼敌 300 余人，我军伤 7 人，亡 2 人。[①] 第 8 连受到山东军区的嘉奖，荣获"岱崮连"的光荣称号。面对我军的英勇顽强，日军不得不承认，尽管对坚守山寨的少数八路军使用了所有手段企图歼灭和招降，但其仍然"一直抵抗到底"。[②] 11 月 18 日，敌人"扫荡"鲁中区后突然将大部兵力转向清河地区，并将兵力增加到了 26000 余人，敌第 12 军司令官亲赴前线指挥。日军这次"扫荡"采取"铁壁合围"和"梳篦拉网"等战术手段，以飞机配合侦察，极力捕捉八路军主力部队与军区机关。18 日晨，敌合围广饶以北之辛店、北隋我军机关所在地。敌以骑兵为前导，在飞机掩护下，逐步压缩合围圈。我清河军分区机关转移途中与敌遭遇。为掩护机关突围，军分区特务营及直属团第 3 营利用隐蔽地形与敌展开激战，毙伤敌骑兵 30 余人，击落敌机 3 架，打退了敌人进攻，军分区机关于黄昏后顺利突出敌之合围圈。19 日，敌继续向利津东北的垦区合围。八路军转至外线的主力部队广泛开展破袭战，内线部队与民兵积极开展地雷战、麻雀战。敌在根据地军民内外线袭扰下，于 12 月 13 日，被迫撤退。

这次反"扫荡"，我军共歼日伪军 1600 余人，毁敌汽车 30 余辆、火车 1 列，攻克敌据点 10 余处，八路军伤亡 300 余人。[③] 这次"扫荡"历时 20 余日，是敌在一年内对清河区进行的 3 次万人以上大"扫荡"中规模最大的一次，在根据地军民英勇抗击下仍以失败告终。

---

① 军事科学院军事历史研究部：《中国人民解放军战史》第 2 卷，重要战役战斗一览表，第 33 页。
② 魏宏运主编：《华北抗日根据地纪事》（下）第 365 页。
③ 军事科学院军事历史研究部：《中国人民解放军战史》第 2 卷，重要战役战斗一览表，第 34 页；《十一月反扫荡战役总结》，军事科学院藏；中国人民解放军济南军区战史编辑室：《抗日战争时期山东军区战史》第 208 页，（附件）第 76 页。

　　山东抗日根据地，在反"扫荡"、反"蚕食"斗争中，以分散游击方式，广泛动员组织群众，大力开展边缘区、敌占区的工作。其中，民兵和武工队在对敌斗争中发挥了重要的作用。

　　边缘游击区，是根据地军民开展外线活动的跳板，也是通向敌占区和越过敌封锁线的桥梁。[①] 敌我双方争夺激烈，敌我斗争尖锐复杂。因此，根据地大力加强民兵建设，实行民兵联防，坚持边缘区对敌斗争。广大民兵根据山东军区提出的要求，采取"避强击弱"、"速战速决"等灵活战术，以"地雷战"、"麻雀战"、"车轮战"、"推磨战"、"蜂窝战"等战斗方法，打击小股出扰之敌，围困据点，破袭交通，平毁沟墙，对敌实行反封锁。战斗中，民兵的地雷战发挥较大威力，他们因地制宜，制造了铁雷、石雷、瓦罐雷、瓷瓶雷。在埋设地雷时发明了"绊雷"、"子母雷"等，予敌较大杀伤，使敌胆战心惊。

　　为实行"敌进我进"方针，在加强边缘区对敌斗争的同时，山东根据地还大力开展了敌占区的工作。根据地以600余名干部组成43支武工队，深入各铁路沿线敌占区进行隐蔽活动，并与小部队配合开展反特除奸，争取伪军反正的工作。

　　在开展敌占区工作中，出现了许多出色的武工队和小部队。著名的鲁南铁道游击队，经常深入敌占区，破坏敌铁路运输，飞车夺取日军物资等，对敌造成严重威胁，在开展敌占区工作中取得了很大的成绩。

　　经过1943年一年的艰苦斗争，山东根据地形势有了很大的改善。清河区和鲁南区基本改变了过去被敌严重分割封锁的状态，鲁中区和滨海区获得了相当的发展，并控制了沂蒙山区和诸、日、莒山区等战略要地的大部，为1944年春季开始的局部反攻打下了基础。

---

　　① 罗荣桓：《坚持我们的边缘游击区》，见《中共党史教学参考资料》第17册，第201页。

第 33 章

华中抗日根据地军民继续反"扫荡"、 反"清乡"、反"蚕食"

一、苏北等地区抗日军民反"扫荡"

1943 年，日军对华中抗日根据地加紧进行"扫荡"、"清乡"和"蚕食"，华中抗日根据地仍处于严重困难的局面。敌为确保江苏北部和京、沪、杭之间的占领地，加强对长江下游交通运输及东部沿海重要港口的控制，将进攻重点指向苏北、苏中和苏南地区。为实现以上战略企图，敌将华中兵力进行调整和扩充，使华中的日军总兵力达到 14 个师团又 3 个独立混成旅团。[1]

为了扭转华中困难局面，中共中央华中局于 1943 年 1 月 28 日发出《关于坚持敌后艰苦斗争的指示》，要求根据地军民"提高自己的信心和警惕，准备在任何严重的环境下，咬紧牙关，坚持敌后最艰苦的斗争"。[2] 华中各抗日根据地军

---

[1] 李惠等编：《侵华日军序列沿革》，第 182 页，解放军出版社 1987 年 10 月版。

[2] 中共中央华中局：《关于坚持敌后艰苦斗争的指示》（1943 年 1 月 28 日），见马洪武、王德宝：《新四军征途纪事》，第 271 页，江苏人民出版社 1988 年 12 月版。

民，在上述指示下，继续开展反"扫荡"、反"清乡"、反"蚕食"斗争。

日军为控制长江下游交通、掠夺粮棉等战争物资，决定消灭苏北国民党军韩德勤部，同时摧毁位于苏北盐阜区的新四军军部。为此，敌自 1942 年冬起，即加紧向苏北和苏中各据点增兵。中共华中局和新四军军部判明敌企图后，指示苏中、苏北根据地军民充分作好反"扫荡"准备，并将新四军军部转移至淮南抗日根据地。

1943 年 2 月上旬，敌已增兵 14000 余人。12 日，日军北面出动第 17 师团一部，由淮阴、涟水南进，南面以第 15 师团一部及独立混成第 12 旅团主力及伪军，从兴化、盐城北攻，先后完成了对韩德勤部驻地淮安以东地区及对我盐阜区的包围。

2 月 16 日，新四军军部向第 3、第 4 及第 1 师发出反"扫荡"作战指示，要求第 3 师立即拟定反"扫荡"作战计划；命令第 1、第 4 师及第 10 旅在苏中、淮北及淮海等地区，积极袭击敌据点及交通线，配合盐阜区反"扫荡"作战；要求第 3 师和第 1 师第 52 团，配合韩德勤作战。

苏北抗日根据地军民，根据华中局和军部指示，加紧进行反"扫荡"准备，开展了战前动员、精简机关、充实基层、坚壁清野、改造地形、争取伪军、反特除奸等一系列工作。新四军第 3 师兼苏北军区遵照华中局和军部指示进行了以下部署：以第 8 旅主力和第 7 旅第 21 团共 4 个主力团及盐阜地区地方武装，在内线坚持反"扫荡"作战，以第 7 旅主力和第 7 旅第 22 团转至淮海区，与第 10 旅配合行动，牵制敌人，积极策应盐阜区反"扫荡"作战。第 3 师师部及地方党政机关一部则于敌"扫荡"之前分散转移至盐东地区。

敌占领韩德勤部防区后，即集结 2 万余人对盐阜区抗日根据地进行大"扫荡"。17 日，分 5 路向东坎、八滩地区前进。19 日，占领阜宁、东坎，并以舰艇封锁沿海各口。20 日，以飞机掩护，继续向八滩、六合庄边区实行合围。我第 8 旅以一部沿途阻击、袭扰、消耗和疲惫敌人，主力转至敌侧后，隐蔽待机。敌合围扑空。21 日，敌分数路继续追击新四军主力。活动在苏中、淮南、淮北之新四军第 1、第 2、第 4 师，根据军部指示，同时出击当面之敌，积极配合盐阜区反"扫荡"。23 日，第 1 师攻克南通东北曹家城、孙窑等地；第 2 师乘虚攻入淮阴城；24 日，第 4 师攻克泗阳洋河镇。我八路军以内线与外线、分散与集中相结合的战法，使敌正面进攻受阻，侧翼亦受威胁，被迫停止全面"扫荡"。27 日起，敌对阜宁、滨海、淮安等地实行分区"扫荡"。根据地军民顽强坚持，相继袭击阜宁、湖垛等据点，予敌以沉重打击。

3 月中旬，敌留少数兵力守备据点，主力开始向新浦、淮阴、盐城等地撤退。我第 8 旅乘机反击。14 日起，连续数日伏击退敌，至 19 日，歼日伪军 420 余人。25 日起，连克敌据点 10 余处。在陈集战斗中，与敌展开肉搏，全歼日军 80 余人；在强袭八滩据点时，毙伤日军中队长以下 90 余人。①

敌"扫荡"盐阜区的同时，以一部兵力对淮海区进行"扫荡"。我第 7 旅第 19 团 1 个连在淮阴以北刘老庄，遭日军千余人围攻，该连 82 名指战员激战竟日，反复肉搏，在毙敌 170 余名后全部壮烈牺牲。

至 4 月中旬，历时两个月的盐阜反"扫荡"胜利结束。此役，新四军共作战 600 余次，毙伤日伪军 1800 余人，攻克据点 30 余处。② 这次日军对盐阜区的"扫荡"，其规模之大，在兵力和时间上均超过以往对华中各根据地的"扫荡"。作战计划由日军中国派遣军司令部拟定，"扫荡"分为前后两期。前期以国民党韩德勤部为主要作战对象，对新四军牵制袭击，造成迷惑，以隐蔽后期作战企图。后期集中对新四军盐阜区部队作战。经过近 3 个月的准备，日军抽调华北派遣军各一部和海陆空军各一部参加作战。作战部队分为封锁部队、迂回部队和突击部队。这次敌军"扫荡"的特点除计划严密、部署周密外，尚有各部队配合密切，

① 《陈集战斗详报》，中国军事博物馆藏；《苏中区（一师）一九四三年军事工作概况》，南京军区档案馆藏；《淮南区（一师）一九四三年军事工作概况》，南京军区档案馆藏；《苏北区（一师）一九四三年军事工作概况》，南京军区档案馆藏；《淮北区（一师）一九四三年军事工作概况》，南京军区档案馆藏。

② 黄克诚：《盐阜区反扫荡》，见《华中抗战史料》（下），第 1 页，华东军区第三野战军司令部 1951 年 4 月编印，军事博物馆藏；军事科学院军事历史研究部：《中国人民解放军战史》第 2 卷，第 61 页，重要战役战斗一览表；《新四军第三师第八旅兼盐阜军区战役详报》，南京军区档案馆藏。

南、北两面协同动作，发现新四军主力，一路打响，各处立即奔向该处；其次，搜索严密，先扫中心后扫边缘，到达一区即设据点，进行封锁和搜剿；最后，作战时伪装佯动，隐蔽集中，组织突然反攻和迅速分路撤退，以这些伪装迷惑我军而收成效。

日军这次"扫荡"，虽在战略指导、作战战术方面详细周密，但仍有其不可克服的弱点。由于日伪的残暴行径，所到之处，无不引起中国人民的憎恨和反抗。此外，因机械执行命令，其部队不能随机应变、灵活作战。由于根据地内道路破坏，敌大部步行，部队疲劳，给养亦困难，士气不振，日军一下士日记反映出敌第35师团不愿驻防盐阜区，要求撤回原驻地的情绪。①

新四军这次反"扫荡"作战，由于战前中共华中局与新四军军部"对敌人作战意图早已估计"到，② 并作了全面部署。我军战前掌握敌情，部署周密，准备充分，作战中内外线配合适当，反击及时有力，因而顺利地粉碎了敌对根据地的"扫荡"，打破敌消灭新四军主力、摧毁根据地的企图，改善了新四军在苏北地区的战略态势，为坚持苏北抗战和发展苏北根据地创造了有利条件。盐阜军民在这次反"扫荡"作战中有以下特点：一是在敌"扫荡"初期寻找新四军主力决战时，避开敌人锋芒，不作硬拼，发现敌人重兵包围迅速分散突围。少数部队如第19团的1个连即未坚决突围而全部阵亡；二是针对敌人组成的封锁，我突出"扫荡"圈外部队寻找封锁空隙，坚决突出封锁；三是这次反"扫荡"中我军中上级指挥员伤亡很大，团级7名，营级八九名，③ 主要是有些上级干部未能确实掌握敌行动规律，观察敌动向，识破敌佯动，因而造成中上级指挥员损失过大，战斗力有所减弱；四是群众积极支持。盐阜区过去在敌伪特工破坏下，一遇"扫荡"，土匪乘机滋扰，局面混乱。这次由于战前地方行政组织发挥作用，反"扫荡"时，该地未出现混乱局面。反"扫荡"中，除工人、农民、商人积极帮助我军送

---

① 《盐阜区反扫荡》，见《华中抗战史料》（下），第1页。
② 《华中抗战史料》（下），第3页。
③ 《华中抗战史料》（下），第6页。

消息、带路、破路、筑坝设障、运送伤病员、保护失散人员外，地主士绅多数直接帮助新四军保护干部、保存资财，少数未直接帮助，但对新四军抗日均表同情。反"扫荡"中，民兵主动配合新四军作战，他们打击汉奸、维护治安，成为主力部队的侦察和警戒。盐阜军民团结奋战、密切配合，成为坚持长期斗争的基础。

1943 年春夏，日军为保障长江和淮南路交通运输安全，对皖中抗日根据地中心区巢（县）、无（为）地区发动两次数千人以上的大规模"扫荡"。1942 年 12 月下旬至 1943 年 3 月，敌以数万兵力进攻大别山和鄂西第 5 战区部队，同时，对平汉路两侧抗日根据地进行"扫荡"。为保卫鄂豫皖边抗日根据地，新四军第 5 师主力及地方武装，积极出击敌人，牵制了敌对大别山和鄂西的进攻，粉碎了敌对边区的"扫荡"。

二、苏中等地区抗日军民反"清乡"

苏中根据地威逼南京、上海，战略地位十分重要。1943 年春，敌为消除长江下游及京、沪地区的威胁，决定在苏南继续"清乡"的同时，将"清乡"扩展到苏中根据地。为集中使用兵力和控制重要港口，敌以临江濒海的南通、如皋、海门、启东地区作为第一期"清乡实验区"，计划分两步进行。第一步进行两个月的"军事清乡"，第二步是 4 个月的"政治清乡"。

为实现上述战略企图，敌以地方伪组织、特务等编成"清乡队"在"清乡区"边缘构筑封锁篱笆，修建碉堡据点，隔绝"清乡区"的内外联系，企图以军事、政治、经济、文化等手段，使根据地全面伪化。敌从苏南抽调有"清乡"经验的第 61 师团的 4 个大队及部队宪兵，加上苏中地区伪军、特务等共 15000 余人，作为苏中"清乡"的主力，在南通设置了"清乡主任公署"，为指挥机构。

根据部署，4 月 1 日开始，各据点日、伪军倾巢出动，采取"梳篦拉网"战术，分几十路向根据地中心区分进合击，反复搜索我部队机关和主力。

中共华中局和新四军军部，于 1943 年 3 月 16 日发出反"清乡"斗争指示，分析了敌争夺苏中区的战略企图和当前国际形势及军事态势，强调了苏中反"清乡"与苏南不同的特点。指出，国际形势的好转，国共关系的好转，日伪内部矛盾的加深，较好的群众基础，苏中地势多水网，不便敌架设电网和篱笆，这些都是有利于我而不利于敌的重要因素。此外，敌虽有苏南"清乡"经验，我亦有苏南反"清乡"斗争的经验教训，加上我之主观努力，就一定能取得反"清乡"斗争的胜利，并确定了实行全民武装，普遍开展群众性的游击战争，采取伏击、破击、分散游击等各种斗争手段，长期坚持斗争的方针。[①]

苏中根据地军民在上述指示下，积极开展反"清乡"斗争。

4 月 1 日开始，敌实行"军事清乡"，以优势兵力实行梳篦式军事"清剿"，反复合击抗日根据地中心区。同时派出大批"清乡"人员挨户搜查，捕杀抗日军民。敌在"清乡"区边缘修筑竹篱封锁线，沿封锁线筑碉堡、设瞭望哨，分兵把守，严密封锁。

根据敌军事"清剿"的特点，坚持内线的苏中军区主力大部于敌"清乡"前分散隐蔽，避实就虚，插到敌侧后袭击敌后方及交通线，袭击和攻占了南通、启东、如皋附近据点多处，并多次设伏打击敌"清剿"部队及"清乡"人员。地方武装在根据地中心区坚持游击战，并组织短枪队潜入敌据点，一度潜入敌"清乡"公署所在地南通城内，袭击"清乡"机关，惩处"清乡"人员，打击了敌人的气焰。根据地还以抗日民主政府名义颁布了《反清乡紧急治罪条例》，发动群众起来锄奸。苏中区民兵组织锄奸组、狙击组，带领群众拆除封锁竹篱，一夜之间烧毁竹篱 100 多公里。两个月中，共组织破袭 100 余次，参加反封锁斗争的群众达数十万人次。苏中军民经过两个月的英勇斗争，挫败敌"军事清乡"计划，打破了敌封锁企图，取得反"清乡"初步胜利。[②]

---

① 陈毅、饶漱石、张云逸、赖传珠：《对苏中反清乡的指示》（1943 年 3 月 16 日），见《中共党史教学参考资料》第 17 册，第 270～271 页。

② 吉洛：《两个月的"清乡"与反"清乡"》（1943 年 6 月 6 日），见《新四军和华中抗日根据地史料选》第 6 辑，第 128～130 页，上海人民出版社 1986 年 2 月版。

6 月初，敌开始实行"政治清乡"，派出大批特工和保甲人员，编查保甲，委任伪乡长、保长，建立伪化统治，企图实行全面控制。敌计划从 6 月到 9 月先后强化启东、海门、南通和如皋 4 个地区。根据地军民一面揭穿敌人阴谋，抵制编查，一面积极开展武装，镇压一批汉奸和"清乡"人员，先后击毙日军小队长、伪警察局局长，使敌胆战心惊，遂改为"武装编查"，以武力配合，强行编查。

7 月初，为配合启、海地区反"清乡"，新四军通、如地区主力部队和地方武装发动攻势，挺进南通，开展大规模破袭战，敌被迫调启、海地区"清乡"部队回援。中共坚持启、海反"清乡"斗争的抗日武装，在该两地发动群众积极打击敌伪势力，使敌顾此失彼，疲于奔命。

8 月．敌因接连受到打击，兵力日益不足，又转为"机动清乡"。伪军在根据地军民反"清乡"取得胜利后开始动摇。因此，新四军自 8 月 15 日起首先发动政治攻势，争取伪军反正和中立。9 月中旬，我军又发动了一次全面的军事攻势。主力部队和地方武及民兵配合，主动出击日、伪军。政治、军事攻势打击了敌人的嚣张气焰，使敌整日缩在据点内不敢妄动。9 月底，南通境内十几个据点的伪军反正，敌政治"清乡"又告失败。

敌 6 个月"清乡"，没有达到预期目的，又转入为期 3 个月的"延期清乡"。敌一面以机动部队对根据地"机动清剿"，一面组成武装特务"突击组"，以乡为范围进行"清乡"，实行烧光、杀光、抢光政策，企图彻底摧毁抗日根据地。新四军在内线坚持作战部队不断遭敌袭击，党、政组织被严重破坏。为避免过多损失，苏中根据地军民在坚持武装斗争的前提下，在敌严重摧残地区改变斗争策略，加强合法斗争和秘密斗争，以麻痹敌人，同时派人打入伪乡自卫队，暗中加以控制。坚持"清乡"区斗争的武装，积极向边缘区和敌占区挺进以牵制敌人。苏中军民经过艰苦斗争，又粉碎了敌人的"延期清乡"。

苏中通、如、海、启地区军民，在持续 9 个月的反"清乡"斗争中，共作战2000 余次，歼灭日、伪军队及镇压"清乡"人员共 2400 余人，争取伪军、政人员自首投诚的 1700 余人，摧毁敌据点 49 处，开辟边缘区 92 个乡。根据地也遭到严重破坏，被捕杀群众 60000 余人，被焚毁房屋 5000 余间，被抢粮食 10000 余千克。①

苏中反"清乡"期间，苏南、浙东、鄂豫皖边区根据地军民也开展了反"清乡"斗争。

敌自 3 月至 8 月对苏南根据地实行了第 5 期"清乡"，苏南军民以隐蔽斗争方式，分散坚持，打破敌"清乡"计划。

敌于 2 月开始对浙东试行"清乡"，首先调集 2000 余兵力，对三北地区进行大规模"清乡"。新四军浙东第 5 支队发动和依靠群众，主动出击敌人，在黄沙湖、天元市、三灶等地连战连胜，取得反"清乡"斗争的胜利。浦东地区游击队在反"清乡"斗争中，运用灵活的游击，打击了敌人，保存和发展了自己。

6 月下旬，敌在鄂豫皖边区设立"清乡"机构，实行"清乡"。边区新四军第 5 师部队发动群众，组织区乡地方武装，坚持根据地内反"清乡"斗争，同时以主力一部及各县地方武装在外线积极作战，毁敌交通，击敌薄弱部分，有力配合了内线反"清乡"斗争，粉碎敌"清乡"企图。

1943 年，华中根据地军民经过艰苦斗争，取得了反"清乡"斗争的胜利。其中苏中反"清乡"斗争尤为突出。苏中是敌重点"清乡"地区，斗争十分残酷，任务非常艰巨。苏中军民之所以能够克服困难，取得胜利，是因为：首先，中共军、政领导机关制订了正确的战略指导方针；其次，根据地军民的英勇斗争；再次，军队与地方武装及民兵积极配合，充分发挥了游击战的主动性和灵活性；最后，政治斗争与军事斗争相结合，争取了伪军，孤立了日军。苏中根据地反"清乡"的胜利，保卫了抗日根据地，为以后的局部反攻创造了有利条件。

三、淮北等地区抗日军民反"蚕食"

1943 年，日军在对华中根据地"扫荡"和"清乡"的同时，还对根据地进

———————————

① 马洪武等编：《抗日战争事件人物录》，第 299 页，上海人民出版社 1986 年 6 月版；粟裕：《苏中四分区反清乡斗争概况简报》（1944 年 1 月 7 日），南京军区档案馆藏。

行"蚕食"。"蚕食"重点指向津浦路、陇海路交通线周围的淮北、苏北、苏中及鄂豫皖边区。

淮北抗日根据地军民继进行了 1942 年冬至 1943 年春的反"扫荡"后,又开展了以泗(县)宿(迁)地区为中心的反"蚕食"斗争。敌在"扫荡"根据地时打通了泗宿公路,随即在泗、宿地区增设据点 10 余处,侵占了淮(阴)、泗(县)、邳(县)、睢(宁)、铜(山)地区的陈集、林桥、顺河集及土山、叶场等地,不断"蚕食"抗日根据地。1943 年夏青纱帐起,是改变"敌进我退"局面的有利时机。新四军第 4 师以主力一部,配合地方武装及民兵在边缘区分散游击。7 至 10 月,组织了萧铜灵睢边区 4 次攻势作战,先后在泗、宿公路沿线及淮泗、邳睢铜地区,拔除了罗圩、顺河集、叶场等 26 个据点。又以武工队深入泗、灵、睢、宿等县的敌占区,恢复与开辟了 13 个区、70 多个乡的游击区。迫敌停止"蚕食",使淮北抗日根据地得到恢复和巩固。

在这次反"蚕食"斗争中,淮北军民灵活运用攻坚战、围困战及围城打援等各种战术,并充分发挥了民兵积极配合作用。如泗、宿民兵深入敌占区进行袭扰活动,配合主力伏击敌人,当主力部队攻打罗圩时,即有数千民兵协同作战。民兵创造了多种反"蚕食"斗争形式,如用土炮轰击泗县城、化装袭击伪乡公所、狙击敌抢粮队、破坏敌电话线、污染敌水源等,造成敌伪极大恐慌,被迫停止"蚕食"行动。

苏北地区,敌 1942 年冬"扫荡"淮海区时,即加修公路,增设据点,不断向据点周围"蚕食"。为打击敌"蚕食",淮海区军民发动群众开展了声势浩大的破路运动。通过破坏公路、改造地形、孤立敌据点、切断敌联系,根据地军民在敌据点附近开展游击战,围困敌据点,争取和瓦解伪军,进行了全面的反"蚕食"斗争。1943 年 1 月,苏北新四军在六塘河两岸发动攻势,破坏敌公路 150 余公里,攻克敌据点 10 余处。[1] 夏季来临,青纱帐起,新四军主力在地方武装和民

---

[1] 《苏北区(3 师)1943 年作战概况报告》,南京军区档案馆藏。

兵配合下，以沭阳河东南之塘沟为重点，发起夏季攻势，连克据点10余处，歼灭日、伪军5000余人。① 粉碎敌人"蚕食"，基本恢复淮海区原有地区。盐阜区军民继春季反"扫荡"取得胜利后，又在边缘区开展了反"蚕食"斗争。9月下旬，新四军第3师第8旅主力乘敌调防，在潮河以南地区对敌发动攻势，攻克敌据点20余处，恢复了滨海县原有地区。为配合边缘区反"蚕食"斗争，以武工队深入敌占区开展游击，开辟了部分新区。

苏中地区军民，在反"清乡"的同时，开展了边缘区的反"蚕食"斗争。根据地群众充分调动起来，参加围困据点的群众达30多万人次。敌"蚕食"计划在根据地军民英勇打击下彻底失败，苏中根据地得到恢复和扩大。

鄂豫皖边区抗日军民在反"扫荡"、反"清乡"的同时，还开展了反"蚕食"斗争。敌为保障其交通安全，对平汉路两侧地区进行"扫荡"、"清乡"和"蚕食"。新四军第5师主力一部与地方武装及民兵配合破袭敌交通，扰乱敌"蚕食"步骤，并派武工队深入敌据点附近，发动群众，开展政治、军事和经济斗争，取得反"蚕食"斗争的胜利，根据地得到恢复和发展。

四、浙东抗日军民坚持敌后抗日斗争

浙东抗日根据地，包括四明山、会稽、三北（姚江以北的余姚、慈溪、镇浦三县地区）和浦东4个地区，位于杭州湾两岸，沪杭甬之间，战略地位十分重要。1942年7月初，日军打通了浙赣全线。中共华中局和新四军军部根据中共有关指示和浙赣战役爆发后浙东地区的形势，确定了进一步发展浙东敌后抗日根据地的方针；争取有利时机，扩大和发展武装，大刀阔斧地创建敌后抗日根据地。7月18日，浙东敌后第一次干部扩大会议在慈北宓家埭召开。谭启龙在会上作了《目前国内外形势与我党发展浙东敌后游击战争建立根据地的方针》的报告。报

---

① 《苏北区（3师）1943年作战概况报告》，南京军区档案馆藏。

告传达了中共华中局对浙江敌后游击区工作的基本方针，分析了发展浙东敌后游击战争，建立抗日根据地的主要基础和条件，确定了发展浙东敌后工作的具体任务和政策，指出建立浙东抗日根据地是完全可能的。[①]

为加强浙东党、政、军领导工作，中共华中局和新四军军部派出大批干部到浙东，7 月 28 日，成立中共浙东地区委员会，谭启龙为书记。浙东区党委成为浙东人民抗日斗争的领导核心。9 月 22 日，浙东区党委通过了《关于长期坚持浙东斗争的决定》，指示浙东全党以最大努力，团结敌后一切抗日力量，组织领导发展敌后游击战争。在浙东区党委领导下，统一整编了三北地区人民武装，调整了各地党组织，从而增强了党和地方组织的战斗力。

1942 年 8 月，进犯浙赣线和浙南日军退守金华、兰溪，并且在宁波、绍兴和三北地区增设据点，对国民党地方部队进行诱降，对我三北游击队发动“扫荡”。国民党地方部队乘机加紧与中共游击队的摩擦。浙江抗日形势更为复杂。在此情况下，中共华中局和新四军军部指示浙东区党委，应坚持向敌后发展的方针，在沿海、山区打下长期坚持游击战争的基础，要利用各种矛盾，多交朋友。一切组织和工作要注意保持地方性、群众性，埋头苦干，采用隐蔽方式，力求保存与发展自己，达到在浙东保持战略支点的目的。

浙东区党委根据上述指示，对浙东形势进行分析研究，认为三北地区虽人力物力资源丰富，但系敌控制重地，且交通发达，便利敌人进扰，该地为东西狭长的地形，不利我军回旋。因此，三北不能作为浙东抗战的中心根据地。而姚江以南的四明山区地形复杂，又是余姚、慈溪、丰化、上虞等 7 个县的边界，我军在此开展游击战，进可攻退可守，大有回旋的余地。该地敌人力量较薄弱，群众基础好，虽然经济不及三北富裕，但有三北地区支援，可以成为长期坚持抗战的战略支点。经过上述分析，浙东区党委制订了“坚持三北，开辟四明”的工作方针，并决定第 3、第 5 支队挺进四明山区，第 4 支队坚持三北地区。

---

① 谭启龙：《目前国内外形势与我党发展浙江敌后游击战争建立根据地的方针》（1942 年 7 月 18 日），见马洪武、王德宝：《新四军征途纪事》，第 244 页。

　　1943年春，日军对三北地区进行大规模"清乡"。新四军第5支队发动群众，坚持斗争，取得反"清乡"斗争的胜利。第3支队为配合三北地区反"清乡"，于4月22日晚奔袭四明山梁弄日、伪军据点。我军兵分3路，左右两路先后攻克镇东北和西北控制点铁猫山与狮子山的伪军碉堡，尔后配合中路攻打伪营部和伪1连连部。23日下午4时，余姚、上虞两处日伪军170余人分两路增援，被我设伏击退。经17小时激战，我军胜利攻克梁弄。梁弄战斗的胜利，不仅支持了三北地区反"清乡"斗争，而且对坚持浙东根据地亦有重大战略意义。梁弄是姚南大镇、四明山的中心，是向南发展的重要门户，打下梁弄，即控制了四明山区，同时也推动了姚江南岸等地的抗日斗争。

　　皖江地区包括皖南、皖中。1943年春，皖江区党委成立，新四军第7师整编为沿江、含和、皖南3个支队。3支部队在敌后发动群众，一面加紧根据地各项建设，一面与地方武装及民兵协同作战，广泛开展游击战，坚持了根据地的抗日斗争。

第 34 章
华南抗日根据地的扩大

一、东江抗日根据地军民反"扫荡"

1943 年，日军为打通港九路，控制广东，建立太平洋战争的南方兵站基地，对东江抗日根据地发动大规模"扫荡"。敌以数千人围攻宝安沿海地区、中山县及九龙半岛，以 1 万余人"扫荡"东莞。根据广东人民抗日游击总队部"到新的敌后地区及靠近前线活动"，[①] 打击日军弱点的指示，东江抗日军民以一部坚持内线斗争，主力深入敌占区，袭击敌重要据点和交通线，迫使敌抽回"扫荡"部队，回援后方，从而粉碎了敌"扫荡"计划。

1943 年 5 月，日军集中 200 余兵力"扫荡"港九游击队。我沙田中队组织小分队夜袭敌启德机场，炸毁油库，袭击广九铁路桥梁，敌被迫撤回"扫荡"部队。

---

① 广东人民抗日游击部队部、政治部：《目前工作的补充指示》（1943 年 8 月），见广东省档案馆编：《东江纵队史料》，第 64 页。

6月至9月，广东人民抗日游击总队独立第2大队，在增城和博西一带不断袭击日伪军，抗日武装得到发展，日伪军在我军连续打击取得胜利情况下，军心动摇，伪第30师1个营投诚起义。11月，日军打通了广九路，占领铁路沿线各要点后，又集中日伪军万余人"扫荡"东莞、宝安地区。我抗日武装以分散突围、外线打击敌人的灵活战术，打破敌"铁壁合围"，粉碎了这次万人"扫荡"。

在1943年1月至11月的反"扫荡"作战中，广东人民抗日游击总队共作战70余次，歼灭日伪军1000余人，争取伪军起义投诚800余人，部队发展到4000余人，民兵近1000人，恢复和发展了惠（阳）东（莞）宝（安）抗日根据地。①

为进一步扩大华南人民抗日斗争，根据中共中央决定，1943年12月2日，在惠宝人民抗日游击总队、东宝惠边人民抗日游击队及增（城）从（化）番（禺）独立大队等东江抗日武装基础上，成立了广东人民抗日游击队东江纵队。由曾生、王作尧为正、副司令，政委林平，下辖7个大队。东江纵队的成立，有利于华南敌后抗日斗争的发展。在此后的斗争中，东纵以宝安、惠阳为中心，在东起海丰、西至三水、北达从化、南濒大海的东江战场上，连续打击敌人，发展成为一支坚强的抗日武装。1944年初，东纵第3大队向广九铁路两侧敌据点频频出击，使日军打通广九线的企图未能实现，敌虽重兵守护沿线据点，但广九铁路始终不能正常通车。日军惊呼：广州、香港之间地区为"治安之癌"。② 东江抗日根据地又通过开展整风运动和政权建设，得到巩固和发展。

二、琼崖抗日根据地的发展

1943年，日军继续对琼崖根据地实行"三光"政策。中共琼崖特委决定改变作战方针，以小部队坚持内线，将主力分为东西两路，突破敌封锁，在外线广泛开展游击战。东路的第3支队，以六连岭为根据地，向陵水、保亭、崖县一线展

---

① 《东江纵队史》编写组：《东江纵队史》，第85页。
② 《东江纵队史》编写组：《东江纵队史》，第96页。

开；西路第 4 支队，以儋县、临高山区为根据地，向白沙、昌河等县出击；第 1 支队主力留一部坚持琼东根据地，其余大部向沿海地带和澄迈等地扩展；第 2 支队南下昌感、崖县一带，开辟新区。

1943 年第 1 支队渡过南渡江，在仁兴一带开展反“扫荡”作战，攻克昆仑市。第 2 支队向琼东发展，由于日军对琼（山）文（昌）根据地的“扫荡”和“蚕食”，琼东地方工作陷于困境，我军进展困难。第 3 支队在六连岭附近田火公路伏击敌军，并袭击了乐会桥周围据点，取得作战胜利。第 3 支队长林伯熙在作战中英勇牺牲。第 4 支队在那（大）洛（基）公路两次设伏均给敌以较大杀伤。第 4 支队在战斗中得到发展，部队扩大成 3 个大队的建制。

经过东西外线作战，巩固了临高、儋县根据地。1943 年夏，日军结束对陵文地区的“扫荡”和“蚕食”，转向临高和儋县抗日根据地。我军采取内线坚持、外线出击的方针，挫败敌人的“扫荡”，建立了抗日民主政权，开辟了新区。第 4 支队第 2 大队又与“扫荡”新区之敌展开激战，战斗一天，歼敌一部后，乘夜突围。第 4 支队第 1 大队则乘胜挺进昌江，发动当地抗日群众，积极开展西南地区抗日斗争。第 3 支队于 1943 年 5 月至 8 月，攻克了万宁、和东、龙滚等市。1943 年冬，日军又对以六连岭为中心的根据地进行“扫荡”。我军仍采取内线坚持、外线歼敌的方针，在根据地群众支持下，坚持了一个月的反“扫荡”斗争，建立了陵（水）保（亭）崖（县）等地区乡抗日民主政权和县级政权。

1943 年秋，琼崖部队进行了军事整训。各支队经调整后，提高了战斗素质，积极开展游击战争，不断打击敌人，粉碎了敌人的“扫荡”，开辟了许多新区。琼崖抗日根据地是在极其困难的条件下发展起来的。在 1942 年夏到 1943 年春日伪军 8000 余人对琼文根据地的“清乡”、“扫荡”中，琼崖部队电台损坏，与中共中央联系中断，根据地军民独立坚持斗争，正确采取小部队内线坚持、主力外线作战的方针，粉碎了敌人的“扫荡”，巩固了原有根据地，开辟了新解放区，把游击战争推向整个海南岛。

从 1939 年初到 1944 年春，琼崖沦陷已 5 年，岛上游击战争从未停止过，各港口、机场均为敌占，岛上货物来源断绝，物资奇缺，价格昂贵。由于缺衣少药，部队常因疾病致死，"疾病的死亡数，多于战斗的死亡数"。① 加上1943年大旱，春秋两季粮食歉收，"百姓有的吃树皮、草根已半年之久，痛苦不堪"。②

为克服困难，琼崖根据地党政领导以团结抗日力量，坚持敌后孤岛苦战，争取抗战最后胜利为基本原则，制订了战时施政纲领和土地政策。由于政治、经济和军事相配合，推动了根据地的发展，抗日武装力量日益壮大。1944年秋，琼崖抗日独立游击队纵队改称广东省琼崖人民抗日游击独立纵队，司令员兼政委冯白驹，副司令员庄田。1945年春，部队由1938年的300余人发展到5个支队，共5000余人，地方武装2000余人，③使日军企图把琼崖建成南侵兵站基地的希望成为泡影。

珠江地区抗日军民坚持根据地的抗敌斗争。1943年秋冬，中山县中部的五桂山抗日根据地军民接连取得对伪作战5次胜利，粉碎敌人6路围攻。1943年底至1944年初，分别成立"逸仙大队"主力作战部队和"义勇大队"地方部队。根据地在各区、乡建立民兵自卫队，1944年5月成立中山县抗日民主政权督导处，召开中山县第一届人民代表大会，成立五桂山区抗日联乡办事处。1944年8月，各部武装力量在五桂山成立广东人民游击队珠江纵队，司令林锵云，副司令谢立全。"珠纵"成立后，开赴粤中与当地游击队汇合，开辟了东起新会、西至阳春、北接高要、南临大海的粤中抗日根据地。

---

① 《林平关于琼崖情况致周恩来并中央军委电》（1945年5月7日），见《冯白驹研究史料》，第479页，广东人民出版社1988年2月版。
② 《新华日报》，1944年3月2日；《琼崖人民在苦斗中，游击队实力强大》，第537页，解放军出版社1987年10月第1版。
③ 陈廉：《抗日根据地史略》，第537页。

小　结

1943 年是敌后抗日根据地恢复和发展时期。这一时期，日军继续为彻底摧毁抗日根据地进行频繁的"扫荡"、"清乡"和"蚕食"，根据地抗日军民在中共中央一系列正确方针指示下，继续开展了反"扫荡"、反"清乡"、反"蚕食"斗争。针对敌人各种残酷的破坏手段，创造了机智灵活的斗争形式，各根据地先后进入恢复和发展时期。华北、华中、华南三大敌后战场，各自制订了不同的斗争方针，经过努力奋战，不同程度地得到巩固和发展。

恢复和发展时期的斗争有几个方面的特点。第一，日军的"分区清剿"方针，予我以发展间隙。太平洋战争爆发后，日军从 1942 年至 1943 年春从华北抽调 5 个师团的兵力到南方，因而华北方面军战斗力削弱，兵力不足，只能集中兵力于一个地区实施"分区清剿"，使我得以向敌后纵深开展游击战争。第二，根据敌强我弱形势，利用敌战线拉长、兵力不足的条件，我军采取了"敌进我进"、"向敌后之敌后发展"的方针，主力之一部留根据地坚持内线斗争，主力之大部转移外线向敌占城市、交通线出击，使敌顾此失彼，被迫撤回"扫荡"部队。我不仅恢复了原有根据地，并开辟了新区。第三，根据地在坚持军事斗争的同时，还开展了整风运动、大生产运动和政权建设，实行了减租减息、精兵简政和拥军爱民等措施，克服了困难，增强了根据地人民的抗战热情和胜利信心，使群众性的游击战争广泛开展，民兵力量进一步发展，人民群众创造了各种游击战术，涌现了众多抗日英雄，有力地配合了主力部队的作战。

敌后抗日根据地的恢复和发展，与正面战场的军事行动形成呼应态势，在战略上起着相互配合的作用，使日军首尾难顾。因此，1943 年华北、华中和华南三大敌后抗日地的恢复和发展，具有重要的战略意义。